国家出版基金项目
NATIONAL PUBLICATION FOUNDATION

海上絲綢之路文獻集成

總主編 陳支平 陳春聲

民間譜牒編 76

主編 林楓

海峽出版發行集團
THE STRAITS PUBLISHING & DISTRIBUTING GROUP
福建人民出版社

本册目次

［福建南安］蓬島洪氏族譜不分卷

佚名纂修

〔福建南安〕《蓬島洪氏族譜》不分卷，佚名纂修。南安蓬島在今福建省南安市蓬華鎮。是譜載一世泰祖至十六世，俱詳生卒年及葬地，間附墓誌。據譜所記，洪氏自十三世以下，宗支蕃敷，多有遠赴海外、僑居異邦者。如十二世鍾頗派下，十三世清茂赴望嘉錫婚娶生育而葬於薩厘，清冰葬於寔力；十四世懋光斗渡吕宋而卒葬莫稽，懋光亮殁於唊叻波，懋光綢葬吕宋；十五世宜榮源卒於南洋。又十二世鍾頒派下，十四世懋新叟葬於咬嵧吧，懋啓恩葬於吕宋；十五世宜爲棟葬於吕宋，宜朝耻葬於南洋。又十二世鍾丙派下，十三世清琳於香港乘船前往吕宋，卒因颶風大作，不知所終；十四世懋伯耽葬咬嵧吧，懋湧定葬唊叻。又十二世鍾瀠派下，十四世懋印川葬外邦，懋寬厚卒於南洋，懋世緩葬吕宋；十五世宜早興、宜祖瑞、宜邦彦、宜白茅、宜尹宗、宜朝聘、宜琴君、宜琴葉、宜神祐、宜祖培、宜曉、宜光猜等皆卒於外邦。又十二世鍾珪派下，十四世懋鍔大、十六世宣伴皆葬於外邦，十四世懋璀球娶賴氏、蕭氏，同死海外。蓋是譜於洪氏海外往來之詳情，固未細言，而子孫往赴域外之頻及僑居生活之艱，亦可見一斑云。據民國間抄本影印，前數葉缺失，以排印本配補。

一世

泰祖公

福生公长子　　生于永乐己丑七年

号玄赐

生男四

绍先人之业，开后世之基，厥德茂哉。悼宗祀之未盛，隐君独善。钓水茹山以自娱，其志固其所也，若其厚成风补世，古所称无遗菖天者欤。

德配赖氏

谥懿淑

子

长卢官

次童官

三庶官

四佚名

二世

盧官公

玄赐公长子　　生于正统十年农历十二月初八酉时

号法显　邑庠生

生男三

公相天之时度地而蚤逝，庠求名不就，羽隐大演之阳，瞻彼鰲山，蔚乎苍苍，伊足乐也，仰所谓仁里之遗欤。夫大乡里宗族恒时，人不忍道者，然无迁乔有感而卜时斯，思雅怀有未肯以告人者，未可恒情测也，余之君仙之后，观前有感。

七世志孙应包谨志

德配赖氏

谥微柔　　生于成化壬辰八年农历八月廿六午时

卒于嘉靖乙巳廿四年农历二月十二戌时

子

长丕乔

次丕捷

三丕智

三世　丕養公

法显公长子
宇世寬号纯齐
生男三
生于成化辛卯七年农历九月十六戌时
卒于嘉靖廿一年农历九月廿三午时

德配賴氏

谥慈惠
子　长基富　顶科公
次基进
三基旋　出祖江西
生于成化壬辰八年农历八月廿六午时
卒于嘉靖乙巳廿四年农历二月十二戌时

四世　基富公

丕养公长子
宇崇裕号顺斋
生男四女四
生于弘治戊午十一年农历八月初十卯时
卒于嘉庆庚午四年二月初五戌时
享年七十三龄

原配鄭氏

谥慈懿
讳　娘
子　长继静
次继德
三继才
四继春
生于弘治壬戌十五年农历九月初四午时
卒于嘉靖庚戌廿九年农历十二月初六酉时

續配林氏

谥柔顺
读　娘
女　未详

纯斋公葬在本山土名墓后林虎形穴。坐巳向亥。
二妣与父俱与纯斋公同葬一处。

垦富公四子 繼春 字 汝和 號 後溪
生嘉靖十年辛卯九月初九日〻
萬曆三十四年丙午四月廿四日子〻

娶蘊氏 娘謚 慈順
生嘉靖十三年甲午五月初五日午時卒
萬曆三十七年己酉七月初七日丑時
以天啓元年辛酉八月廿六日丑時 公妣同葬本鄉
土名後昌壠厝角穴坐丑向未

生子二 孔瑋 孔頌

女一 適蓬島郭家

六世

三公子

孔埯字存儀號振溪　生嘉靖三十四年乙卯七月廿四日辰時　卒崇禎十三年庚辰九月廿二日巳時壽八十六

娶郭氏娘諡慈慎　系出蓬島郭家　生嘉靖三十四年乙卯八月廿七日酉時　卒萬曆三十六年戊申十月十四日巳時　葬本山土名烏石頭穴坐午向子兼丙壬

生子三　應逵　應瑞　應珙

續娶陳氏娘諡順正　生隆慶五年辛未三月十八日未時　卒崇禎十年丁丑十月十四日戌時

公及繼妣陳氏同葬本鄉土名溪頭坑七坵厝角坑　巽向乾

七世

孔璋公三子 應珙字職佩號興溪 生萬歷廿三年乙未七月廿二日巳時卒康熙六年丁未九月廿四日卯時享年七十三

娶陳氏 娘諡慈慎 生萬歷三十一年癸卯八月初五日巳時卒順治十一年甲午八月十二日巳時

公妣同葬本山峙岵垻崙穴坐坤向艮兼申寅

生子一 六娘居次

[illegible]氏 娘諡慈慎 生萬歷四十四年丙辰六月廿四日吉時卒順治十二年乙未八月廿二日卯時葬七[illegible]長巷丁向癸兼[illegible]

生子二　五娘居長　敦恒居三

女一　適安邑劉斗吳家

八世

應琪公次子

敦六諱似殷字道仁號弘山鄉飲賓生崇禎十一年戊寅五月初五日午時卒雍正六年戊申六月初七日寅時享壽九十有一

娶葉氏娘謚柔順系出永春七房鄉生順治七年庚寅三月初八日酉時卒康熙廿七年

生子一 士孔

女三 長適安邑劍斗吳述祖
次適永春小岵陳元隆
三適永春洋滿林天寵

續娶郭氏 娘諡勤慎 係出永春仙鄉人生崇禎十五年壬午九月十三日未時卒康熙四十[illegible]年[illegible]月二十二日酉時 葬本鄉二祖妣於康熙乙未年[illegible]月合葬安邑河內土名[illegible]坐[illegible]向坤兼寅申

續娶郭氏[illegible]娘諡貞良 係本鄉蓬島洋[illegible]生康熙八年己酉七月初五日午時卒乾隆[illegible]年[illegible]月十七日未時 以乾隆辛酉年十二月日公合葬在安邑河內鄉大分[illegible]坐癸向丁兼丑未

合

清待贈祖考九十一翁訛山洪公暨
繼祖妣六十九齡更良郭孺人合葬誌銘

盍聞古之葬者必有銘表彰其所為人以光泉壤今承重孫洪元選
將奉　先祖考暨　繼祖妣二柩合厝於清溪崇善里濠內鄉大坋頭
田中欲求於顯者思寒微無以潤而又竊患其未悉所詳也姑摭嘗
以誌其概　祖諱似殷字通仁號山其別號也世居南邑大衍為　曾
王父興溪公嫡子生於明崇禎戊寅年五月初五日午時昆季有三　祖
行居仲幼而明識通人倫常克敦養親承志葬祭以禮迨滄桑多
事乃輟舉子業然燕翼貽謀之計甚周而尊賢好士之念尤篤邑
都人士咸相推重亦瑰然偉丈夫也元配先祖妣葉孺人生父隻身
姑女三無祿早喪　祖續娶　祖妣郭孺人不數年又歿父於康熙
乙未年王正己謹請　祖命將　祖妣二柩今　于壽　善里

河閩峯頃工矣 二祖妣俱係永春望族爲之合塋斯土者乃
先祖再繼 祖妣也 妣出自本都蓬島庠生鄭諱金榜君女生康熙己
酉年七月初五日午時素嫻內則曰誨男女孫曹維孝維謹與
先祖琴瑟靜好有梁鴻舉案風焉 先祖於雍正戊申年六月初七
日寅時謝世春秋九十有一嗚呼惟時父已喪七月餘矣元選遭
重喪 祖母亦然所理喪事皆 祖母親行訓誨也無何烏情之報
未遂風木之悲又作 祖妣鄭孺人於乾隆丁巳年十二月十七日未時
而竟以內寢終嗚呼痛哉 祖生父諱希聖字時甫壽作乃其別
號也弱冠入郡庠娶母陳孺人安邑崇善里鄉賓諱承珂君女
女三長適安邑常樂里吳述祖次適永春南山陳元隆三適永春
太學生林諱天寵孫五人長即元選泰剛雍學娶安邑莪
十三諱清義君女次德二娶潘氏永春太學生諱謙

配陳二德三娶陳氏安邑崇善里庠生諱霞舉君女四德四娶
内氏永春南山元隆君女五德錦娶郭氏本都蓬島元金公女
女孫三人長適安邑感化里庠生李志揆公男毓標次適崇善
里庠生陳諱作梅男庠生諱錫雲三適永春九十都業士曄曾
孫七自元選出者四長敷魚生娶陳氏安邑崇善里諱寅喬公女
次敷英三敷芷英四啓英自德二出者二長敢英聘永春太學生陳
士龍君女次敢英未聘自德三出者一改英未聘曾孫女四元選出
者許安邑興二里太學生胡諱士晟男司徒其餘曾孫女俱未許
元孫一鍾壯自敷魚生出元選等罪戾深重際此復月遭母喪苦塊
餘生焉能襄事然双柩未安惨亡寢寐况牛眠已定吉期已占謹于
乾隆辛酉年十二月初六日巳時合葬清溪崇善里河内鄉大坊頭田
中坐癸向丁兼丑未庚子庚午分金元選等攀慕呼號不能顯揚萬

一謹次世系誌生卒書而揜諸壙
祖德高厚欲報無方幽明永隔痛曷有窮嗚呼哀哉
襄事承重孫元選
杖朞孫德二
德三
德四
德歸仝泣血稽顙
功服曾孫時敏　時贊
時整　時敵
時攺　時啓
緦麻元孫鍾灶仝稽首拜

九世

鄉賓祭六公子士孔諱希聖字時甫號睿作

郡庠生進泉州府學武生
生康熙十四年乙卯七月初七日巳時
卒雍正五年丁未十月廿五日寅時

娶陳氏娘謚敬慎

系安邑善里東溪鄉人承珂君女
生康熙十五年丙辰十月十九日戌時卒
乾隆六年辛酉十一月十二日巳時與公同
葬安溪崇善里河㘭鄉土名石牌山
中崙內坐庚向甲兼酉卯外酉卯兼庚甲

生子三　德一　德二　德三

女二 長適安邑湖頭李府庠生志揆公男毓檦
次適安邑東溪陳家生外甥武魁陳克諧官千總代理閩安協

黃氏 娘謚慈謹 生康熙三十四年乙亥七月廿五日辰時卒
乾隆廿九年甲申十二月廿二日申時葬在
本鄉土名溪溢崙坐壬向丙兼亥巳

生子二 德四 德錦

女一 適永春柿樹巃業士曄

十世 文行

郡庠生士孔公第四子 德四 諱克典 字克肇 號猶典 以孫振元貴 贈儒林郎 以曾孫武珍貴再 晉 中憲大夫

生康熙五十九年庚子九月初六日辰時卒
乾隆十六年辛未十一月廿四日卯時乾隆四十
年乙未葬從本鄉土名竹塢墘田中蜈蚣嶺
坐亥向巳兼壬丙

娶陳氏金娘謚肅順　勅贈太安人晉贈正四品太恭人系出
永春小岵陳元隆公女生康熙五十
八年己亥十一月十四日酉時卒乾隆九年甲子正月十五日
辰時葬安邑善里岐後山土名
穴坐寅向申兼甲庚

生子一　呈英　泗瑒

女一　適蓬島郭家

續娶郭氏祥娘 諡禎順 勅贈六品太安人再晉贈正四品太恭人系出本都蓬島郭因觀胞姊

生康熙五十九年庚子八月廿四巳時卒嘉慶十六年辛未正月初二日巳時享壽九十二塟本鄉佛仔坑蛇仔崙內坐乙向辛兼卯酉外坐卯向酉兼乙辛

生子一 時寅、

承繼子一 時雙 取岩內功兄德深次子入繼

女一 棗娘 適本都鳳波梁排觀 即黃埔

十一世

〻急大夫
禎四公
長子
時寅諱

字允恭號樸實以孫儒珍貴贈
生乾隆十五年庚午正月初八日未時
卒道光三年癸未四月初六日未時葬在本鄉土名
烏石壠底坐乙向兼卯酉

娶郭氏淑娘謚靜謹敕贈太安人
系本都蓬島人生乾隆十五年庚午
四月初四日卯時卒乾隆五十六年辛亥十月廿三日戌時葬
安邑善里東溪鄉土名運上田中坐艮向坤兼寅申

生子四　鍾頭　鍾頫　鍾頻
重貢　幼殤

心棟

長子 宣棉 孫

生同治十一年壬申十一月十八日亥時

十五世

懋棟次子宜綠洞

生光緒三年丁丑九月初三日卯時

宰

十五世 字行一曰斯一曰堯 一承胞二叔一承生父

懋棟三子 宜絲浅 生光緒六年庚辰六月廿八日午時

娶鄭氏佃娘 安邑善里格頭鄉鄭甲官之女生光緒十一年乙酉六月初六日午時

兩承子乙文嗣（殊）取胞兄孫潇入繼并承支派 生民三年甲寅三月初八日巳時

十五世

字行一曰斯一曰堯

生光緒八年壬午十二月十六日[illegible]

懋棟

四子

宜綵蒲

十四世 字行一曰傳一曰舜

生咸豐二年壬子六月初八日未時卒同治十三年
甲戌四月十二日巳時

清兩
次子 懋礁 字

娶郭氏年娘

生咸豐七年丁巳二月十六日卯時
系安邑善芸里美鄉郭配官 女改適

嗣子 董琴 幼殤

兩承子 宜綵浅 取胞兄三子入繼承嗣 兼承生父支派

文嗣

十八世

生民国三年甲寅三月初八日巳時

娶陳氏　娘

仙鄉朝元君女

生民国拾年辛酉九月廿七日午時

十四世

清丙三子懋譜 字 字行一曰傳一曰舜 一承胞伯父宗文 一承本生父文派

生同治六年丁卯九月初五日午時卒光緒廿一年乙未五月十八日 時

娶陳氏池娘 永春仙鄉陳稿官次女生同治九年庚午五月三十日寅時

改熙

十二世　字行一曰廸一曰君

時寅
次子
鍾頫字廸順諱有德號簡軒巡政廳　生乾隆四十五年庚子五月
初四日申時卒同治六年丁卯　五月三十日卯時

葬本邑艾芦芹水尾琵琶山田頂穴坐坤向艮兼申寅分金水出艮

娶陳氏愛娘謚和順　安邑東溪陳介觀三女生乾隆四十七年壬寅
六月廿日子時卒同治八年己巳十一月初一日未時

生子五　清良　清欄　清茂　清水　清葵

女一　碪娘　生嘉慶七年壬戌七月初十日寅時　適黃埔梁長發觀

十三世 字行一曰奕一曰致

鍾頤長子 清良 字衡平 號惟善 生嘉慶九年甲子五月初五日子時卒道光三十年庚戌正月三十日丑時歿葬在后門杵頭宮山接連路坂尖

娶蔡氏儉娘 謚節慎 系安邑蘇坑鄉蔡覡女生嘉慶十八年癸酉八月十六日酉時卒同治元年壬戌三月十七日申時

生子二 光斗 光亮

女一 厚娘生道光十七年丁酉十一月廿四日戌時適西何鄉陳汝覡

十四世

十四世

清良長子懋光斗號玉順

生道光十四年甲午七月廿三日子時卒
渡夷呂宋卒葬莫稽

清良次子懋光亮號得僅

生道光廿一年辛丑十二月初五日辰時卒光緒四年
戊寅十二月十七日吉時歿于番邦唉叻波

王姓

西房宗支一房本支係承繼仰齋支派

生光緒八年壬午二月廿六日申時

卒民國廿三年甲戌四月廿日戌時

葬在呼叱公冢

氏儞娘 諡忠儉

係安邑善黑東溪鄉陳忠觀次女生光

緒十五年己丑十一月廿一日申時但

卒光緒戊申年十月初二日酉時 三十四

葬在大

十三世 字行一曰奕一曰致

鍾頫次子 清欄 字杅奕 號桂松 生嘉慶十三年戊辰閏五月廿六日巳時卒咸豐元年辛亥正月初八日申時

娶范氏腰娘 謚順敬 永春磨石坑范涉覌次女生道光三年癸未十月十六日酉時卒道光廿九年己酉八月十五日亥時

生子一 光絪

十四世

清欄長子

懋光綢 號 蚕怕

生道光廿八年戊申六月廿九日卯時卒光緒五年己卯五月十二日酉時葬在耑邦呂朵

十三世 字行一曰要一曰致

鍾頎三子 清浅 字盛奕 號秀松

生嘉慶十七年壬申十月初二日辰時卒
道光廿七年丁未十月初三日辰時往番邦
望嘉錫婚娶生育卒葬在番邦猫厘

娶林氏音娘 原籍永春卓埔林能覌女在望嘉錫
生育婚娶

生子一 淡然

十四世

清茂
長子

懋安然

生道光廿三年癸卯閏七月初五日寅時
卒

十三世

鍾頫四子 清冰 字

字行一曰奕文曰啟

號惟堅 生嘉慶廿一年丙子八月廿一日酉時卒咸豐八年戊午六月初七日吉時卒葬在番邦寔力

十三世

鐘晦五子

清葵、諱時珍 字會一 會奕號月亭

巡政廳 生道光〻〻〻

卒光緒廿六年庚子二月初六日未時

娶陳氏笑娘諡壹德 永春仙鄉恩貢生陳浩源四女 生道光十年庚寅十二月初四日辰時

卒光緒戊申年二月初八日寅時

生子 中道 居次 中爾 殤

嗣子 光福 居長 提督 居三四

樾權 居三

生女一 奚娘生咸豐元年辛亥九月十六日〻時適東澳鄉〻〻

十四世 字行一曰傳一曰舜

生咸豐三年癸丑九月廿二日寅時卒光緒四年戊寅

清葵長子 懋光福 字覲 壽亭 四月初八日申時葬本鄉土名巫山寨後穴坐酉向卯兼辛山

娶陳氏到娘 安邑東溪陳故覌長女 生咸豐二年壬子二月十六日巳時 卒民國乙丑年十亥月十四日巳時

生子一 榮元 兩承宗支一承胞二叔父一承生父

十五世

光福長子 宜榮元

生光緒二年丙子二月廿七日卯時

十四世 字行一曰傳一曰舜

清葵次子

懋中道 字 號義成

生咸豐六年丙辰九月二十日巳時卒同治十二年癸酉三月二一日酉時葬安邑善里土名東溪鄉土名龍堀坑穴坐壬向丙兼子午水出丁

兩承子一 榮源 取胞兄光福長子入繼并承生父

氏

十五世

懋中遺兩承子

宜榮源字號金流

取胞兄光福長子入繼併承生父宗支

卒在南洋未詳

十四世　字行曰傳曰彝

清葵三子 懋權　字　號重德

生咸豐七年丁巳正月初六日酉時

卒宣統二年庚戌八月廿二日寅時

字行一曰傳一曰舜

十四世

清葵四子

懋提督字舜都號聿德 生同治四年乙丑八月十五日酉時
卒宣統三年辛亥八月十八戌時

娶黃氏掛娘謚慎孝 系廈島人生同治三年甲子十月　日時
卒光緒廿八年壬寅四月十四日子時

生女二 頼娘生光緒十年甲申四月十四日子時
輕娘生

生子一宜朝再　生

幼殤

續娶李氏歲娘　謚成儉

生同治十年辛未年十二月廿八戌時

卒宣統二年庚戌十一月十三未時

嗣子一宜朝興　諱金旺

生

卒民國十八年己巳十二月十一戌時

十四世

清葵五子 樾壬水

生同治八年己巳九月廿九日辰時

十二世 字行一曰廸一曰君

時寅公三子 鍾頫 諱碩德 字廸頂 謚聚軒

鄉飲賓以男儒珍貴封奉直大夫
生乾隆四十八年癸卯閏七月廿一日戌時卒
同治五年丙寅七月廿六日未時考妣合葬
本鄉土名腰背石內崙穴坐乾向巽兼亥巳

娶郭氏與娘 謚受慈

封太宜人系出本鄉蓮塢山後郭漆峴四女
生乾隆五十四年己酉閏五月初二日卯時
卒同治四年乙丑八月初四日寅時与公合葬載于其內

生子五 清篆 清咤 清讖出繼堂弟鍾珪 清旦 清狀幼殤

女一嬌娘 嘉慶十五年庚午七月初二日酉時 適本都山後鄉郭八觀

十三世 字行一曰奕一曰致

鍾頻長子清篆 諱玉珍 字致文 謚書齋 太學生 生嘉慶十九年甲戌九月廿一日戌時 卒光緒元年乙亥八月十二日寅時

娶黃氏添娘 謚成喜 本都苦坑鄉黃土觀女 生道光元年辛巳八月廿四日寅時 卒光緒四年戊寅三月初一日丑時

嗣子一 懋秩

生子四　深斐　天勸殤　懋醻　懋淼殤

女二　佑娘生道光十九年己亥九月廿日寅時適岱塘鄭許審覌

瑜娘生咸豐五年乙卯九月十四日酉時適岱塘鄭許惆覌

十四世

十四世

字行一曰傳一曰舜

嗣長子 永懋秧 字 舜分 號 秀福

生道光弍十年庚子八月廿四日寅時卒同治十一年壬申三月十九日午時

娶鄭氏石娘 諡 玉儉

永春夾漈西村鄭忠覌長女生道光廿三年癸卯五月廿四日未時卒光緒廿七年辛丑十一月十九日巳時享年四十九歲

嗣子二 為棟 居長 雲鵬 居三

三子皆兩承宗支一承仲次弟支派一承本支

生子一 雲梯 居二

女二 長肖娘 幼殤

次軟娘 生同治七年戊辰五月廿四日卯時適安邑金谷鄉謝茶花官

十五世 字行一曰斯一曰堯

懋秧
嗣長子

宜燕樓[illegible]堯樑

生同治元年壬戌[illegible]月初[illegible]日辰時

娶陳八燕娘

生道光[illegible]年壬申九月[illegible]廿七日子時

十五世

懋秩次子　宜雲　梯字堯階

生同治三年甲子十一月十五日申時
卒光緒壬寅十月十六日未時

娶李氏欣□

邑籌里坛尾鄉李材官長女　生同治三年甲子八月廿四日未時　卒光緒卅二年丙午九月初二日酉時

卅十九年

嗣子二　宜鑾　宜瓶

宜鑾　生光緒十五年己丑卯月酉時

宜瓶　生光緒十九年甲午卯月巳時

十五世

嗣三子（楚秧）宜雲鵬 字堯飛 生同治十二年癸酉正月廿一日酉時 卒

娶陳氏淵娘 系安邑金谷鄉陳官次女 生同治十一年壬申七月廿七日子時 卒十二月十二日未時

兩纺殤生女二 長未名 次梅娘 生光緒廿五年十一月初八日亥時 卒 生光緒己亥年十一月廿八日未時

續娶劉氏送娘 生

生子一 宣朝經 卒 生

生女一簡娘 生

十五世

承胞兄懋祧嗣長子入繼兩承宗支

深斐
兩承子

宜為棟字堯標

生同治元年壬戌十二月初一日辰時

卒葬在[illegible]宗

娶陳氏燕娘

安邑善里金谷鄉陳嗌觀次女生同治十一年壬申七月廿七日子時

十五世

深娶 两承 次子

宜雲梯 字堯階

取胞兄懋秧次子入継两承宗支
生同治三年甲子十一月十五日申時卒光緒卅年
甲辰十月十六日 时葬杉林崙

娶李氏欣娘

安邑善里芸美鄉李松覌長女生同治三年
甲子八月廿四日未時卒光緒卅二年丙午九月
初二日 时葬小林仔

生子嗣霝圭瑩
子坑棣

十四世　字行一曰傳一曰舜

生道光廿九年己酉七月初九日寅時

清纂三子　懋麟　字舜酌

娶鄭氏探娘

永春吉潔東面鄉鄭豐現長女生道光廿九年己酉十月十三日寅時卒光緒廿七年正月初九日卯時

生子

女　長秤娘生同治八年己巳正月初二日未時適邑坛尾鄉李味官長子

次　未名殤

嗣子一 淵成 幼殤

二 科傳

十五世科傳 生

子

懋醲嗣子 生

卒民國

四月廿二日

十三世 字行一曰奕一曰致

鍾頫
次子

清喨 諱儒珍 字致良 號御齋

州同以軍功 欽加五品銜
生嘉慶廿五年庚辰四月廿四日午時卒
光緒元年乙亥七月初一日午時葬本鄉岩
內土名大坑田中穴坐壬向丙兼亥巳

娶陳氏乃娘 謚順正
安邑芸美陳振覌女生道光三年癸未九月
廿八日酉時卒道光廿三年癸卯十二月初九日巳時
葬在本鄉土名小林仔坐卯向酉兼甲庚

續娶謝氏雖娘 謚順慈
安邑金谷鄉謝印覌三女生道光七年丁亥十
二月初七日卯時卒光緒二年丙子十一月十七日丑時

承繼子一 族兄清擬子入繼名新叟

生子一 新磨

女三

瓏娘生道光廿六年丙午十月初八日巳時適仙鄉陳賞觀

興娘生咸豐元年辛亥九月初八日酉時適𠃵塘鄉許金圍觀

銀娘生咸豐十一年辛酉八月廿二日卯時適吉湶鄉鄭錫官

系廈門人生道光十七年丁酉六月初二日寅時

卒光緒丁未年十一月十九日丑時

黃氏寶娘

生子二 新河 新襄

生女四

毛娘生咸豐六年丙辰十二月十四日寅時許安邑湖頭李梯舍

腰娘生咸豐十年庚申四月廿四日亥時適安邑湖頭李閣舍

來娘生同治元年壬戌九月廿九日寅時適永春仁鄉陳合觀

十四世

長子　清軍功五品吧𠯈　懋新叟　字舜逸　號利國

四子娘生同治十三年甲戌十一月廿九日申時

生道光廿八年戊申正月廿六日巳時卒同治十三年甲戌九月十三日戌時卒葬在番邦咬𠺕吧

娶陳氏示娘　安邑東溪鄉陳肥覌女生道光廿七年丁未六月初七日辰時　改適

生子一　此時

女一　佳貝娘　生同治七年戊辰五月三十日戌時　適永春埧田坑鄉陳習覌

两承子一 宜榮慎 取胞弟新乙三子承繼 并承生父宗支

十五世

懋叟長子　此時字堯吉

生同治五年丙寅五月十七日午時卒光緒廿四年戊戌　月　日　時

娶陳氏明娘

永州仙鄉陳葵觀女生同治五年丙寅正月廿七日酉時卒光緒十三年丁亥九月初八日巳時

安邑英墩鄉繼娶沈氏湛娘　改廿节仙鄉

生光緒丙子年八月廿六日寅時

十五世

新叟兩承子 宜榮慎字

聦能勇新摩三子入繼併承生父支派

十四世　字行一曰傳一曰舜

軍功五品清咾次子

懋新磨　字舜鯨　諱景鯤　又字寶成

中書舍人　生咸豐五年乙卯五月十五日辰時　卒民國九年庚申卅月午時　葬溪溢大崙

娶陳氏味娘　永春仙鄉陳鉄硯女生咸豐四年甲寅十月初六日酉時卒光緒廿八年壬寅六月初九日酉時　葬在岩仔堵奇崙嶺下

續娶鄭氏婀娘　生光緒戊寅年九月初一日未時

一赤竹墘　二鄭柏觀　三女

嗣子　宜尊

生子　宜華　宜慎　兩承宗支一承生父一承胞伯

長三未名殤

宜業宗　承祧子　作四子　生光緒卅三年癸未七月酒　仍殤

生女　長未名殤

中書新磨長子

十五世 諱論文

宜尊榮字

聘李氏罔娘

承繼子一宣朝乾 取族兄宜五美第七子

生同治十一年壬申十月十七日申時卒光緒庚寅年二月初十日未時塟楊篙籌

安邑吾里坑尾鄉李熊觀三女生同治十二年癸酉十二月初八日戌時

未婚娶改葬山后鄉

八

新曆次子　宜華（榮）　十五世　字萬堂　一字堯堂　例貢生　官名重光　號諭陶

生同治十三年甲戌十月十四日子時　卒民國十八年己巳胙月戌時

娶鄭氏楚娘　本係　諡　永春吉𡾵鄉鄭溪官長女　生同治十三年甲戌十一月十八日寅時　卒光緒（廿九年）癸卯年[illegible]月酉時

生子一　宜朝菊　生光緒廿年甲午八月廿弍日未時

續娶陳氏向娘（諡□氏係）刘向陳雲有女　生光緒四年戊寅七月初六日辰時　卒光緒卅一年乙巳九月十六日申時

又娶陳氏在娘（諡自係）浸溪陳忠芳次女　生光緒七年辛巳十月廿六日卯時

生子二　三朝璣　朝璇　嗣子一　次朝琛

生女二　鶯娘　緞娘

十五世

新唐三子 宜榮慎

兩承宗支承伯父新叟支派併承生父

生光緒十年甲申八月廿九日未時

卒民国七年戊午正月廿八日申時

娶黄氏快娘 東南邑英坑格黄甲娘次女

生光緒拾弍年丙戌四月初四辰時

生男三 長 宣清 生光緒卅四年戊申十月十二日辰時

次 宣磷 生宣統二年庚戌十二月廿一卯時

三 宣贊 幼殤

生女三 鏗娘 配西向陈□ 生光緒卅二年丙午正月初七申時

卜娘 配蓬島郭朝溪三子 生民國二年癸丑六月廿三子時

浅娘 配東溪陳吉為 生民国五年丙辰四月初四寅時

十四世

清喠三子

懋新河字舜忠

生咸豐八年戊午三月初十日巳時卒光緒廿三年丁酉八月初六日亥時

娶陳氏絨娘

永春仙鄉陳董官長女生咸豐十年庚申十二月廿三日寅時卒光緒廿一年乙未四月廿日[illegible]時

娶陳氏青錢娘 系永春洑溪溪園陳丕覌之四女 生民國五年丙辰十二月初三卯時

宜榮慎作長子

宣朝清 字氷年 生光緒卅四年戊申十月十二日辰時

十六世

十四世

清吨四子懋新儀字舜情長子選國

生同治四年乙丑三月初十日亥時

卒民国元年壬子四月亥時

娶陳氏不娘

永春仙鄉陳聯登官長女生同治九年庚午

閏五月十一日午時卒民国乙亥五月十五日巳時

生子一宜榮任

生光緒十八年壬辰十月廿四日寅時

兩房承嗣子一宜棠猪

生光緒廿八年九月廿七日子時

十四世

拔入內頁

清呢
四子
懋ㄙ新宜

生同治四年乙丑三月初十日亥時

生子二未名幼殤

娶鄭氏名娘謚柳儉

系永春夫際卿鄭辰池長女

生光緒廿一年乙未十一月初六申時

卒民國九年庚申二月初一日巳時

宜業華

長子宣朝南字東年

生光緒廿年甲午八月廿二未時

十六世

十六世

宜荣尊

承继子宣朝乾 字元年 官名 號

文字孝元

谥意顺

娶陈氏西娘 系永春西向

内娘 陈抵岘女

生男一 長 括成多

生女二 飭娘

波娶娘

生光绪十七年辛卯八月酉時

生光绪廿一年乙未六月酉時

卒民国十七年戊辰拾月未時

葬土地公崙

生民国十年辛酉十亥月十二巳時

生民国十三年甲子十一月十二日寅時

生民国十七年戊辰九月廿九酉時

幼適小姑陳鳴岘作[illegible]媳

續娶李氏差娘　係安邑湖頭鄉李然烜次女

生光緒戊戌年九月十八日酉時

生子一居次著培松　生民國廿一年壬申四月廿四日亥時

又一男居三著錦崑　生民國廿四年乙亥八月廿三日亥時

十三世 字行一曰奕一曰致

鍾頫三子 清旦 字致旭 諱家珍 號明齋 太學生 生道光七年丁亥十月廿七日戌時卒光緒元年乙亥七月廿九日卯時

娶郭氏完娘 謚提團 本都山後鄉郭耻觀次女生道光九年己丑正月初六日巳時卒咸豐元年辛亥七月初八日巳時葬在本鄉芹山外穴坐 向 兼

生子一 水爐

女一 註娘 幼殁

續娶李氏早娘　安邑芸美鄉李郎覌長女生道光十四年甲午六月初三日卯時

生子三　水沐　水赶　啓恩

女四

綏娘生咸豐五年乙卯　歿

照娘生咸豐十年庚申二月初一日丑時適本邑山後鄉郭講官

富娘生同治元年壬戌二月十四日丑時適永春仙鄉陳統官

抱娘生同治七年戊辰十月十七日辰時幼適垻田坑陳瑞覌　男

十四世 字行一曰傳一曰舜

清旦長子 懋水爐字 號芳玉 生咸豐元年辛亥六月廿三日卯時卒光緒七年二月初四日未時

娶陳氏鏡娘 永春仙鄉陳甫現長女生咸豐四年甲寅閏七月廿五日午時 改適

生女二 長文娘生同治十二年癸酉九月初八日子時幼殤 次未名殤

兩承嗣子 朝耻 一承宗支一承胞二弟宗支

十五世

兩承宗支一承水爐　一承水沛支派

字義藏

生光緒十年甲申七月初三日子時

卒宣統二年庚戌五月十三來葬南洋

生光緒十一年乙酉十二月十五日申時

繼水爐
兩承子

宜朝駐 字鐵

娶陈氏慈娘

生子　深癸

繼承子深根　由胞弟之子承繼

十四世　字行一曰傳一曰舜

清旦次子　懋水　沐字舜湧　號若泉　生咸豐六年丙辰五月廿四日卯時

娶謝氏養娘　謚意德　安邑金口鄉謝灶現長女生咸豐六年丙辰十一月廿四日寅時卒光緒二年乙亥八月初十日卯時

生子一　達殤

續娶鄭氏亭娘　安邑善里烏涂鄉鄭水現次女生咸豐九年乙未七月十一日亥時

批

生子
長派陡 幼殤　次朝秋 幼殤
三〻朝荅承小趙宗支

生女
長近娘生光緒三年丁丑十二月廿二日卯時
次瓦娘生光緒七年辛巳五月十二日酉時
三末名殤

嗣子
朝耻　兩承宗支一承胞伯父一承本支

十五世

樾水沐嗣長子宜朝聪諱金銅在南洋别世

生光緒十年甲申七月初二日子時

卒光緒卅三戊申五月十三酉時

娶陳氏密娘東溪陈玲之女

生光緒亥年乙酉十二月十五寅時

生子一宣深癸

生光緒卅三年戊申十一月廿三辰時

十五世　仍鵝

宜乞朝　改名嗣宇

懋水沐
次子

生光緒十三年丁未六月廿一日寅時穫

十四世 字行一曰傳一曰舜

清旦三子 懋水趕字舜理号芳順 生同治三年甲子五月初八日巳時卒光緒十年戊子三月初六日 時葬洋頂田中

娶謝氏緞娘 斷 安邑善里金谷鄉謝相官長女生同治六年乙卯年十一月十六日辰時 改醮

次 兩承子宜蒲取胞兄水洋次子入嗣承主又殤

嗣子 朝杯 号孟益 水趕嗣子生光緒二年丙子十二月廿九日寅時卒民國吉年吉月吉日吉時葬在 [illegible]

生女　日娘　月娘

生子　加種　深根

娶沈氏粉娘　安邑山門沈好女　生未儀

生光緒廿三年丁酉七月廿三日辰時

卒民國廿年辛未八月十六日寅時

葬南亭後寸崙

宜朝涉字萬宗　一字堯宗

生光緒廿年甲午九月廿三日巳時

卒民國卅六年丁亥十二月初三日巳時

葬在小林仔

第四子

樵水汴

兩承

十五世

十四世

懋啓思字 清旦四子 號芳爱 生同治九年庚午七月廿四日亥時卒民國廿年辛未四月初一日未時葬在後洋寨 四

娶陳氏門娘 諡門儉 系安邑東坂鄉陳朝女 生光緒四年八月十七日寅時 卒光緒卅年甲辰八月廿四日午時

嗣子一 宜朝垣 金田 生光緒廿六年庚子三月廿九午時 卒民國八年己未十一月廿八日寅時

續娶 小足 土生婆 戴氏直說娘 生光緒九年癸未六月初七日未時 系南安大埕下田鄉戴接觀之女

生子五　二宜朝契　三朝璣　四朝定
五朝西生　六朝北生
生女三

十五世朝契　字金典　配昭恩　生光绪廿九年壬寅六月初七日未时　卒民國十六年丁卯正月初八日辰时

十五世朝號　字金碼　配昭恩　生光绪卅一年乙巳十二月廿四日未时　卒民國二年癸丑四月初二日丑时

十五世朝定　三　呈鴉

十一世 字行一曰允一曰輔

中憲大夫德四公次子 時儺 諱國士 字允美 號端齋 太學生以子振元貴 勅贈儒林郎 以孫式珍貴 晉贈中憲大夫生於乾隆二十六年辛巳十月廿八日戌時卒道光五年乙酉八月初八日戌時享年六十有五

溫陵世族卓哉洪君厥字允美明秀而文芳型素覲懿德嘗聞和遜以順謙光彌尊廉隅是飭孝友克敦約身濟物排難釋紛朗於璧月藹若卿雲譽騰里閈慶溢家門瓜綿椒衍雀起麟振堂堂冢嗣鄉飲大賓昂昂仲氏藩幕參軍曰叔與季國學流芬既森樹桂更茁蘭孫植茲懋實榮被 恩綸載瞻遺像穆穆渾渾霜威秋肅日彩春溫仰惟粹行醇乎其醇請誦斯語如見其人

賜進士出身知巴東縣事　郭望安恭識

娶周氏蕴娘　謚　靜儉　勅贈太安人再　晉贈正四品太恭人系出
安邑善里湯內鄉周執翁長女生乾隆
三十一年丙戌十月初九日未時卒嘉慶十二年丁卯二月初一日亥時
公妣於道光廿三年癸卯六月初六日丑時同葬在本山大嶺虎形窩
厥域坐丙拱壬兼巳亥分金丁巳丁亥用碣刻誌銘敘後
土神坐巽向乾

嗣子一　鍾丙

生子三　長昭初殤　次鍾流　鍾珪

生女一絢娘生乾隆五十六年十初一日申時 諱是十一月廿六日申時
適安邑善里佛仔格郭開泰觀
續娶張氏懇娘謚靜德 敕贈太安人再 晋贈正四品太恭人
系出永春赤岈鄉張枝翁長女
生乾隆三十三年戊子四月廿三日子時卒道光三年癸未五月十八日亥時
咸豐五年乙卯十二月十四日卯時葬在安邑善里後岸鄉土名葫蘆山
之價穴坐乾拱巽兼亥巳分金 内棺外槨外實之以灰泥壙口格
聖人廳安我 府君壟 二位安人旧主併誌銘叙後

生子一江淮

皇清待贈十一世顯考太學生端齋洪公暨妣靜儉周孺人墓誌銘

顯考諱雙生學名國士字允美號端齋世居南邑十二都大演鄉 鼻祖
顯公由華美徙居于此傳至 端齋公乃九世祖考郡庠生 喬作公之孫十
世祖考楯典公次子也少孤失怙而事母以孝事兄以恭存心忠厚處世和睦
鄉里無間言雖未能盡述厥善亦可為當世完人矣迹其生平勤儉治家
務農通商增置田宅俾不孝等得繼其志而輪奐住屋建立書齋堂構
數處皆其所創遺業也 考生于乾隆廿六年辛巳十月廿八日戌時卒今道
光五年乙酉八月初八日戌時享年六十有五娶安邑崇善里金谷湯內鄉周執翁
長女少時內則素嫻姆訓克修逮于歸我 父婦儀可式 母道堪型不
幸中年而逝生于乾隆三十一年丙戌十月初九日未時卒于今嘉慶十二年
丁卯二月初一日亥時享年四十有二繼娶永春赤水鄉張孺人其生卒事實敘
別營宅穴故不合紀前大夫子四長嗣男鍾丙次國學生振元又次鍾琪俱
周孺人所出孫次 江淮張孺人所出女一 許周孺人出適安邑佛鄉將業儒

郭開泰現男孫十六人自鍾丙出者六津泓清淼清聲清林清濯清俊
自振元出者五如璧清漢清煌清慊荼花自鍾珪出者三明識明哲明
宣自江淮出者二維藩維穩女孫六人自振元出者二自鍾珪出者一自
江淮出者三曾女孫一如璧所出曾孫一維章明識所出其餘繩繩正未
有艾也婚聘悉名門未及備載今以道光癸卯廿三年梅月幸路駕江
黃紉齋先生駕臨卜吉地于本鄉大嶺山虎形崙穴坐丙向壬巳兼亥
分金丁巳丁亥謹諏六月初六日丑時合塟我　先考暨　妣周孺人於斯
父位居左妣位居右爰繫以銘曰
巍巍峯拱秀雲梯列屏太微垣位尾火見形砂局翕聚地脈鍾靈卜藏允吉
明德惟馨陟降屺岵永奠幽魂繩繩斯而衍慶兆來紫以盈庭

襄事子洪鍾丙　振元　鍾珪　江淮　仝泣血稽顙

期服孫清汃　清參　清林　清俊
如璧　清聳　清耀　茶花
清漢　明哲　清慊　維橫
清箴　清煌　維藩　明宣
曾孫建章仝抆淚勒石

皇清顯妣　勅贈六品太安人洪母謚靜德張氏墓誌銘

母諱懇娘謚靜德姓張氏系出永春赤碗鄉外大父諱枝官長女以男振
元貴　勅贈六品太安人先是　府君太學生　勅贈儒林郎端齋公娶安邑湯
內鄉　周安人不幸中年棄世　母歸　府君逮事　王母郭太安人主饋佐
餕克勤婦職佐　端齋公勤儉治家資詳日增撫　周太安人遺下子女與己

出視同一體長養婚娶繫　母是賴婦道也妻道也母道也均無愧焉他如和
妯娌慈臧穀賑恤里閭內外無閒言種々懿行不可枚舉　母生於乾隆戊子年四月
廿三日子時卒道光癸未年五月十八日亥時享壽五十有六　府君與周安人已別同塟
今以乙卯年十二月十四日卯時安厝　母於安邑善里後岸鄉土名葫蘆山之吉龍自
潤陽山來左帳側落穴坐乾向巽兼亥巳分金　山環水抱氣聚風藏卜云
其吉終焉允臧　男四長貞元鄉飲賓次振元布政司經歷又次瑞元貢生俱
周安人出又次均元貢生　張安人出女一周安人出男孫十七自貞元出者清
汎清參清聳清林　清耀清俊自振元出者廷珍國學生石珍職員　清
煌邦珍國學生　清荼自瑞元出者璇珍職員明哲明志自均元出者維藩
維楨　維納女孫六自振元出者二自瑞元出者一自均元出者三曾孫十六紫順
根本清汎出　濟川東川廷珍出博厚　敦厚石珍出樾建　樾顯樾岳璇珍出
樾千清參出伯卿清聳出廣大明哲出福緣清煌出樾燕清耀出子

邦珍出仲雍維藩出曾孫女四一自清汃出一自廷珍出一自清聳出一
清煌出以後繩繩未艾婚娶皆名門繫不備載刻石納壙以垂不朽　銘曰
後岸之鄉葫蘆之陽為毋宅安地久天長蒼蒼鬱鬱此佳城穴吉龍真慰
九京子而孫兮孫而子熾昌壽富貞吉亨

襄事子　洪　貞元　仝泣血稽顙
均元
杖朞孫　廷珍　明哲
朞服孫　清汃　清林　清浚　明志
石珍　邦珍　清荼　維肉
清聳　維藩　維栴　仝拭淚稽顙
功服曾孫　懋建　懋干　廣大　福緣
濟川　懋顯　懋燕　根本

十二世 字行一曰廸一曰君

中憲大夫時燮公長子 鍾丙 諱 貞元 字 君祝 號 誠齋 鄉飲賓生乾隆五十八年癸丑七月十二日申時卒光緒九年癸未正月十一日卯時葬大嶺格尚華美渓

娶陳氏容娘 謚 柔和 安邑芸美埼仔陳核觀長女生嘉慶元年丙辰九月十六日辰時卒嘉慶廿五年庚辰九月十三日申時葬在安邑善里谷田鄉土名上圭東墩田中坐 拱 兼 葬在本鄉震荻蕭 本寨腳

子 榮順 東川 樾臣 仲雍 博厚 敦厚 伯卿 子儀 仝勒石

生子三　長清汃　次幼殤　三幼殤

續娶謝氏歲娘諡柔婉　安邑谷口鄉謝忍覌女生乾隆五十八年癸丑正月初三日酉時卒光緒九年癸未正月十三日卯時葬本鄉土名峙岵垻穴坐　向　兼

生子五　清參　清聳　清林　清耀　清俊

十三世　字行一曰奕一曰致

鄉賓鍾丙長子　清汃　諱晉珍　字致澎　號新亭　巡政廳生嘉慶十九年甲戌五月初五日寅時卒光緒十年甲申八月十七日未時

娶陳氏琛娘謚温淑　安邑東凑鄉陳招著观長 中雇 四年
己卯四月廿五日亥時卒道光廿一年辛丑三月初六日
閏時葬在本鄉土美身名崎岵垻穴坐 壬嘉庚廿 年己卯

生子一　產殤母子俱歿

續娶陳氏截娘謚勤淑　安邑芸美鄉陳新觀三女生道光五年乙酉五
月初四日丑時卒光緒廿八年壬寅七月十七日卯
時葬在小林仔

嗣子一榮順

生子　根本　根納　根壐承胞二叔清發宗支併承本生父支派

長女陳氏爾娘 [illegible] 年 [illegible] 月 同年 [illegible] 嫁 [illegible] 民國 [illegible] 年九月十七日

十五世 兩承子一承本生父併承既 [illegible] 支派 拨入 [illegible]

生光緒 [illegible] 庚辰五月廿九日辰時

卒光緒三十年甲辰四月十七辰時

宜澤 作 字堯春 號萬述

長子 [illegible]

聘陳氏廿娘 [illegible]

系安邑善東塘鄉陳綿官長女 生光緒 [illegible] 六月廿三日申時

生子

生女 [illegible]

生光緒 [illegible] 年歲次癸卯年一月十七 [illegible] 徐鄉 [illegible] 官長男

女一 語娘生道光三十庚戌六月十六日卯時適永春仙鄉陳

十四世 字行一曰傳一曰舜

清八長子 懋榮順 字 號 得仁

生道光廿四年甲辰五月三月初三日寅時卒同治三年甲子七月廿六日酉時卒葬在厦門

娶郭氏臟娘 永春西向人 改醮

两承子 宜自 两承宗支一承支派一承次弟支派

十五世

榮順
兩承
嗣子
宜自 字堯游 号勤脩

兩承宗支一承本支一承晚二叔支派
生光緒七年辛巳三月廿五日丑時卒民國六年
丁巳八月初二日辰時葬在牛路

娶陳氏畏娘

生光緒十八年壬辰十月初十日戌時 卯

十四世

清
次子　懋根本　字舜德　號得才
生咸豐三年癸丑三月十九日卒光緒六年[illegible]
庚辰三月廿三日未時　葬在安邑山岸書里杉塘鄉
对陳家合山
娶陳氏銀娘
安邑芸美鄉東坂陳軋哯況女　生咸豐四年
甲寅五月廿六日酉時　卒民國十五年丙寅
二月廿日卯時　葬在碼坑仔山坐東南向墓地
生女一
玉娘生光緒四年戊寅二月三十日亥時　適永春仙鄉陳榕甥
嗣子
宜自
兩承支派一承本支并承胞伯父支派

兩承之派一承嗣父一承胞叔父

十五世

懋根本
嗣長子 宜自 字尭游 号勤脩

生光緒七年辛巳三月廿五日丑時

卒民国六年丁巳八月初二日辰時

娶陈氏畏娘

生光緒十八年壬辰十月初十日辰时

子 宜萬雷

女 長 林娘

十六世
宣萬雷字
娶陳氏吳娘
5

宜自嗣子生民國十年辛酉正
蔡東溪達妻生民國十四年乙丑十一月十八日亥時
卒民國卅七年七月十三日酉時

清八三子

懋根納 字舜交 號得音

十四世 字行一曰傳一曰舜

生咸豐九年己未六月初四日寅時 卒于光緒廿一年乙未十月廿三日酉時

娶陳氏錢娘 謚柔儉

安邑坛尾鄉陳乃官長女 生同治七年戊辰九月初九日申時 卒于光緒 年十 月初八日酉時

十四世

係承脃二叔宗支

清八四子 懋根璽 字舜符 號得節

生同治四年乙丑五月初七日丑時 卒于光緒十六年庚寅五月十六日午時

娶鄭氏法娘

系安邑善里金谷官垻鄉生貢鄭必烈官女

年 月 日 時

改椽西向

十三世

鍾丙次子 清參衾求 號見前 生道光五年乙酉四月初三日酉時卒道光廿五年乙巳八月十六日酉時

嗣子一千叁

兩承子

伯耽 取胞三弟清銓三子入繼兩承宗支一承本支一承本生父支派卒葬

根璽 取胞兄清八四子入繼兩承宗支一承支派一承生父支派

湧宰 取胞六弟次子入繼兩承宗支一承支派一承生父支派

十四世

清參長子 懋千叁號得萬 生道光廿六年丙午十二月初九日子時卒　年　月　日　時卒葬番邦

十四世

清泰兩房長子

懋根璽

厥胞兄清沂八四子入繼兩承宗支併承生父

生同治四年乙丑五月初七日丑時

十四世

懋湧 章華 字

清叅 兩承 次子

兩承子取胞六弟清俊次子入繼併承生父支派

生同治六年丁卯十二月初五日亥時

十三世 字行一曰奕一曰致

鍾丙三子 清聳 諱選珍 字致援 號小莘亭

太學生生道光七年丁亥二月初八日亥時

卒光緒十七年辛卯九月十七日子時葬小林仔

娶陳氏艮娘 謚坤意

安邑東溪鄉陳酒觀次女生道光十年庚寅

五月十九日寅時卒光緒十一年乙酉正月十三日子時

生子 伯卿 伯步 三胎幼殤 伯耽 承胞二伯清泰宗支併承

生父支派

女三 在娘生咸豐四年甲寅十月初二日寅時適永春仙鄉陳咸官

長汀娘 三惜娘 俱幼殁

十四世 字行一曰傳一曰舜

太學生 清贊長子 懋伯卿 字舜禄

生道光三十年庚戌十一月初七日戌時

六月廿日

娶郭氏嬌娘

永春西向鄉郭志視四女生道光廿九年己酉十月十三日寅時卒光緒十四年戊子八月十五日未時

塟小林仔

生子

嫣荐

兩承支派一承生父一承堂兄相甫支派

女一

先娘生同治八年己巳九月十四日酉時適永春仙鄉陳恥官

十五世

伯卿
長子宜嫣蓀 字堯舉

生同治十二年癸酉正月初十日酉時
卒民國廿一年壬申十二月十三日巳時
葬在內坋

娶陳氏曲娘
永春埧田坑鄉陳夜覘女，生光緒五年己卯正月廿三日午時

生子陞越

兩承支派，一承生父，一承胞弟伯號

媽荐　陞越

長子

次子

次女　暫

四女　妹

五子　江

生光緒貳拾陸年庚子四月十八日巳時
三歲殤

生光緒三十三年丁未十二月廿八日巳時

生宣統辛亥年十月初五日酉時

生民國（宣統）丁巳年正月十二日寅時

花 嗣瀚翔之 宣蘊芳 字文年 生 光緒三十一年乙巳正月廿四日寅時

卒民國卅三年甲申十月廿四日寅時葬在竹林

娶李氏椰娘 安葬溪渡頭

子長南華 次蕃昌

子

孫
三
房

諱冬字季年　生民国六年丁巳正月十一日寅

娶蔡氏名吴娘　生民國六年丁巳五月廿六日寅时

子南盆　生民国廿二年癸酉九月廿九日卯特　卒民国廿八年己卯十月十八日寅特

女碧石　生民国廿四年乙亥五月十五日丑特　卒民国卅四年乙酉十月十七日酉特

十四世 字行一曰傳一曰舜

清聳

次子 懋伯步 字

生咸豐六年丙辰十月初一日寅時

十四世

清贊三子 懋伯晩字 號 和善

生咸豐十一年辛酉九月初五日巳時卒光緒九年癸未正月初十日寅時卒葬在番邦咬嵧吧

十三世　字行一曰奕一曰致

鍾丙四子　清琳　字致瓊　號義亭　生道光九年己丑四月初八日戌時卒同治六年丁卯八月廿六日時在香港坐火輪船欲往呂宋不知所之因是日颶風大作諸親朋苦諫不聽卒受其禍哀哉

娶陳氏月娘　謚曰意　永春仙鄉陳爆晛次女生道光十三年癸巳十二月初一日戌時卒同治八年己巳九月初九日戌時

生子一　幼殤

嗣子二　相甫　瑞珠

十四世

清琳長子

懋相甫字

生道光廿八年戊申五月初八日午時

娶氏陳田娘

永春仙鄉陳次官女生咸豐二年壬子二月廿八日辰時　改適

兩承子

嫣荐　取堂弟伯鄉長子承繼並承生父支派

十四世 字行一曰傳一曰崢

生咸豐十年庚申二月二十日卯時

清琳次子 懋瑞珠

十三世 字行一曰琫一曰致

鍾丙五子 清耀 字致福號炳照 生道光十二年壬辰正月十五日寅時卒咸豐四年甲寅十二月十六日酉時

娶黃氏西娘謚玉懿 安邑湖上鄉黃九如观女生道光十六年丙申三月十七日卯時卒光緒三十四年戊申三月十八日巳時戌 葬在小林仔迁葬埔美溪

嗣子 文燕 旺開 天賜 文黨 切殤

十四世

兩承子一 玉鈞 取胞六弟三子入継承嗣並成生父

清耀長子　懋文燕　號得成

生道光廿九年己酉八月十五日未時卒同治三年甲子五月廿四日寅時卒葬在廈門

兩承子　啟頓　取胞三弟長子入繼兩承禋祀一承支派一承生父支派

十四世　字行一曰傳一曰燦

清耀次子　懋旺開

生咸豐二年壬子正月初四日申時

既歸原宗

十五世

文燉長子　宜啓頓字

取晩三弟天賜長子入繼併承生父宗支

生光緒十一年乙酉五月初六申時宜抄入文燕名下

十四世

取六弟清俊三子入繼併承生父宗支

清耀

生同治九年庚午十月初二日巳時 論年居[illegible]

懋玉鈞 字

兩承

次子

十四世 字行一曰傑 尚舜

清耀三子 懋天賜 号景福 小

生咸豐六年丙辰三月初八日卯時 論本居長
卒民國壬申年二月初五日戌時 葬在內坊

娶陳氏鍬娘 謚成德
安邑東溪鄉陳摘官長女生同治五年丙寅十一月初三
日卯時 卒民國庚辰年十一月二十日辰時 葬在牛路
改葬 [illegible]鄉

生子
宣頭 兩承宗支一承胞伯父一承生父
寶摧雖 往洋
憲榜

十五世　字行一句　百堯

懋天賜長子　宜啟頡

生光緒十一年乙酉五月初六日申時　殤

十四世

清俊長子 懋天信

生咸豐十一年辛酉六月十五日未時

往嘭嘚

十四世 字行一曰傳一湧舜

兩承宗支一承祀二伯清参一承本生父支派

生同治六年丁卯十二月初五亥時卒光緒十三年丁亥

閏四月十七日巳時卒葬在東咲叻

懋湧定 字幸

清俊次子

十四世 字行一曰傳一曰舜

兩承支派一承脫五伯清耀一承本生父字支

清俊三子 懋玉鈞 字舜平

生同治九年庚午十月初二日巳時

娶陳氏飲娘

系安邑崇善里東溪鄉陳沁官女

十二世　字行一曰迪一曰君

中憲大夫
時攸公
第次子

鍾淀 諱 振元 字 君清 號 毅齋 又號 鰲山 由布政司經歷授儒林郎例贈
文郎林 誥贈奉直大夫
生乾隆六十年乙卯十一月初八日戌時卒咸豐五年乙卯七月十六日戌時以同治
四年乙丑十二月十五日卯時葬在安邑善里河內鄉杉㘭土名堋墘林穴坐
巽拱乾兼巳亥分金庚辰庚戌　誌銘叙後
君之懿行實難縷陳姑述一二以紀其真醵金倡首祖宇重新爰脩廢
觀晏術明神成梁除道便厥祉壓善繼善述志事克伸啓建復嗣子孫
彬彬財豐不吝敦族恤鄰緬懷盛德今之古人　族弟寶光謹誌
娶趙氏紫娘 謚 敬勤
勅授安人 誥贈太宜人 系出安邑善里金谷鄉
趙貢翁長女生嘉慶二年丁巳正月初五日未時

卒同治二年癸亥七月廿二日巳時葬本鄉錫腳名湖坐亥向巳兼壬丙分金辛亥辛巳

誌銘叙後

生子六　如璧　如漢　三未名幼殤　如柰殤　如璉殤　茶花

嗣子一　如煌　居三

承繼子一　如慊　居四　取崗內族兄鍾執次子入繼

生女二　秦娘生道光四年甲申九月十八日亥時適永春炎溪西面鄭詩觀
蕙娘生道光八年戊子十月十九日丑時適永春仙鄉陳詠觀

皇清誥贈奉直大夫布政司經歷毅齋洪公府君墓誌銘

鄉進士文林郎候選知縣正堂姻家弟陳邦彥頓首拜撰文

賜進士出身刑部浙江司主事愚弟王玉書頓首拜書

丹并篆額

毅齋洪公與余誼屬通家交稱莫逆自咸豐乙卯秋登仙經今閱十一寒暑諸令嗣以父柩未葬下忘於心將卜其宅兆而安厝之囑余銘諸幽宮以光泉壤余與毅齋公相知至深稔其行事最詳爰不敢諉謹按厥狀而為之銘　公諱鐘謚字君清官名振元號毅齋世為燉煌望族乃祖　吉賜公由華美徙居大演數傳至尊甫

誥贈中憲大夫端齋公　端齋公娶　周氏
誥贈恭人生三男一女續娶張氏亦
誥贈恭人生一男昆仲四人公居其次幼而岐嶷童蒙之始嘗從功叔歲進士例授
修職郎　舜亭公肄業洒掃應對進退恪盡弟子職　舜亭公奇之早卜將
來之必成立也稍長輟業不辭勞瘁經營廈島廈地競尚繁華以相誇耀
公獨敦崇朴素力挽古風族叔鄉進士文林郎　曉峯公見而器重之每相過
從遂成知交事二親和顏怡氣菽水承歡喪祭以禮處昆弟友愛備至壎篪
協奏棣萼交輝其為人也廉公有威雖燕處必正衣冠尊瞻視匪惟家人無敢
惰慢即里黨同人皆生畏憚之心及其接人純是一團和氣臨臧獲未嘗少厲
聲色年逾服官見幾知足退隱居家鄉人有不平事質証於　公據理判曲直
無不輸服有犯法者至恐為　公知癸丑年春各處會匪沸騰　公不惜厚貲多
方設謀防禦所賴以安居無恐者詎止一人一家已哉凡義舉之事知無不為

如祖宇或華故易斁或纏補葺〔作葺〕祖墳或購地營塋或修整崩頹務必各得其當而後已龍傑宮為祖先崇奉境主之所年久圮壞諸謀族人醵金起蓋規模粗具資用不給 公出己力以成之至於修明譜牒平除道路施捨藥材親戚朋友有急難者盡心排解鄰里鄉黨告匱之者隨量賙濟 端齋公生父系出本族岩內蓬山公外祖安邑湯內鄉周姓忠信公其苗裔艱於祀俱為設法置祖以綿其血食嗟乎世俗之薄也豈無豐財之輩大都厚自封殖孰有如 公之足以風世者哉至若創業垂統以裕後昆則鰲騰號屋以為國族聚處計淑亭名齋以為子孫咿唔地育才設業以為誦絃高大資斯其卓卓大者其餘瑣瑣何必縷述哉性尤酷嗜書者敬禮文人學士延師課督子姪以故冢男廷珍於同治壬戌 恩科並補行辛酉正科中式舉人第二十七名異日高題雁塔捷步南宮又可拭目俟之公於道光戊申年

奉例捐納布政司經歷請
旨誥贈於乃祖乃父　綸音之寵賁郎所以高大門閭至子姪之多或身列
甲科或名登仕版或跡奮國雍一門之中彬彬濟濟福報若公真可謂祖
宗肖子者矣積善餘慶作善降祥方冀延年益壽以作當世之楷模
何意年甫逾甲遂騎箕尾而赴玉樓之召耶公生乾隆乙卯年十一月初八日
戌時距咸豐乙卯年七月十六日戌時別世享壽六十有一元配趙氏以公貴
誥贈宜人系安邑崇善里金谷鄉雍正甲辰科舉人知四川隆昌縣事趙元慧
公姪孫女生男五長廷珍舉人候選知縣現禮部會試次雲珍直隸州州
同三石珍候選巡政廳四猷珍五汶珍俱國學生生女二男孫十八自廷珍
出者濟川東川印川閒川自雲珍出者博厚敦厚寬厚自石珍出者福丹
福兆福緣福忠自猷珍出者子儀子魚子翼子錫子堅自汶珍出者

世守世綏女孫二一自廷珍出一自石珍出男曾孫四早興自濟川出（戩）
邦彥自博厚出光烈自福丹出挺秀自東川出女曾孫一自濟川出餘方
興未艾婚娶皆名門繁不備載將以同治四年十二月十五日卯時卜葬於
安溪縣崇善里河內鄉坪兜林穴坐巽拱乾兼巳亥分金庚辰庚戌　銘曰
河內之鄉坪林之陽孰遺勝境天作地藏卜云其吉乃建壇場佳城
鞏固福祚綿長

皇清敕授六品安人誥封太宜人洪母敬勤趙太宜人墓誌銘

母諱紫娘謚敬勤係安邑崇善里金谷鄉雍正甲辰科舉人知四川隆昌
縣事趙元慧公姪孫女也幼失怙以姨表親來歸　先君　誥贈奉古

大夫布政司經歷毅齋公雖稱齡即遵姆教年及笄行夫婦礼洞房之閣
琴瑟靜好鸞凰和鳴無非無儀中饋是主所謂無違夫子以順為正者歟
先君賈於廈　母持家政豐約得宜內外無間奉侍翁姑以婦職而代
子職教誨子孫以母道而兼父道真可謂令妻壽母者矣迨　先君
中年頗有餘積聊且成家　母循分以處未嘗稍露詞色以誇耀
於族黨里閭間至和妯娌綏婢僕及敬老慈幼恤孤憐貧尤足徵度
量之宏大　先君經營廈島無內顧憂得　母內助之力居多焉迨
咸豐乙卯秋　先君捐館哀悼憂傷幾廢寢食三年喪畢益以家
事為己任勤以盡職儉以脩身敬恕持己忠厚待人正供而外有贏餘
復加叔置課諸婦以女紅教諸子以義方當一堂聚首環列子婦而訓之

曰爾父既已辭世爾輩當各自努力惕厲憂勤日新不已得有成之日方足以酧爾父在生之志亦可以釋爾母未老之憂所以棣萼交輝鳳毛濟美一門之中或宴啟鹿鳴或名登仕版或跡奮國雍皆　母所福蔭方期金萱益茂寶婺增光俾不孝等得报鞠養之恩於萬一詎意子欲養而親不在竟一病不起辭世而歸冥府耶母生嘉慶丁巳年正月初五日未時距同治癸亥年七月廿二日巳時登仙享壽六十有七生男五長廷珍同治壬戌　恩科並補行辛酉正科舉人歷任嘉義縣灣臺縣儒學教諭先葬期發次雲珍直隸州州同三石珍候選巡政廳先卒四獻珍布政司理問五汶珍國學生生女二男孫十九自廷珍出者濟川次東川先卒三印川自雲珍出者博厚敦淳

寬厚自石珍出者福丹福兆福緣皆先葬期卒四福忠自獻珍出者子儀圖
學生守愈業儒子翼國學生子彬子堅子棋子欽自汶珍出者世守世綬
女孫二一廷珍出一石珍出男曾孫十八早興早瑞自濟川出挺秀自東川出浪函白
茅尹宗自印川出邦彥先葬期卒次冬吉自博厚出朝聘自敦厚出拱照自寬
厚出宜朕宜灝自福丹出琴協神祐自福兆出後圖自福忠出祖培自子儀出
為汀自子魚出光彩自世守出女曾孫七濟川出者一印川出者一敦厚出者一福丹出者
二子儀出者一餘方興未艾婚娶咁望族繁不備敘將以光緒癸未年十一月十九日辰時葬柩於本鄉錫腳石湖穴
坐亥向巳兼壬丙分金辛亥辛巳　母性業朴實不尚浮華處不敢馬揩仲巳筆以作懿美之表章特誌平生實事
及生平概諸幽宮以垂永久自愧鄙拙無文敢效古法繫之以銘曰　懿母之德淬世儀揚遽然仙逝天命靡常銘此
擬管倍加愴傷傳之後裔令聞令望　承重孫濟川泣血稽顙　襄事子雲珍　獻珍　汶珍仝泣血稽顙拜
杖期孫福忠　期服孫博厚　敦厚　寬厚　印川　子儀　世守　子魚　子翼　世綬　子錫　子堅　子棋　子欽仝杖淚頓首
功服曾孫挺秀　早興　琴協　早瑞　浪函　朝聘　宜朕　冬吉　拱照　宜灝　阜　祖培　神祐　尹宗　為汀　後圖　光彩　仝勒石

十三世 字行一曰奕一曰致

再署臺灣縣儒學正堂
由太學生加貢生分發東廣縣丞應
同治壬戌 恩科並補辛酉正科 中式

清如璧 諱 廷珍 字 致圜 號 錦亭

舉人第二十七名署臺灣府嘉義縣儒學正堂兼左堂仍兼理嘉義縣事
生嘉慶廿四年己卯八月十九日巳時卒光緒六年庚辰十一月二十日巳時葬在臺
灣府大北門城外開元寺左畔下土名馬房山許墓之側穴坐未向丑兼坤艮分金辛未辛丑
娶鄭氏先娘 謚 誠懿 懿 永春吉澄東西鄭諒觀長女生道光元年
辛巳十月十八日寅時卒同治九年庚午十月十九
巳時葬本鄉衍頭宫內甲坑坐亥向巳兼乾巽分金丁亥丁巳
嗣子五 濟川 東川 百川 幼殤 郎川 閬川 復姓歸原宗

市經歷
鍾澄
長子
公嚴礪經於光緒
年间迁徙回鄉現
葬在本鄉土名草
埔頂坐乙向辛兼
卯酉時在民国
三年八月廿日安
葬

生子一 未名㓜殤

生女一 御娘生道光二十年庚子八月十六日午時 適永春吉洋下巷 庠生加千總鄭昧君次男籌觀

續娶周氏鍊娘 謚寬懿 生道光十一年辛卯五月初三寅時 系出永春 八年戊子四 八日未
新田鄉周企官長女 卒宣統元年己酉閏二月十九日寅時

周氏美娘 謚玉美 系臺灣 人 生道光廿八年戊申十月二十日申時 辰
卒光緒十二年丙戌三月廿六日丑時 葬臺灣
大南門外師爺塚坐西向東

十四世 字行一曰傳一曰舜

懋濟川 字舜楫 號啓芳 舉人如璧長子

生道光廿四年甲辰正月初一日辰時

卒光緒卅一年乙巳年十月廿三日巳時卒

娶李氏幼娘 謚慈謹

安邑湖頭李禮舍長女生道光廿二年壬寅

六月廿五日未時 卒光緒廿七年辛丑年四月廿八日巳時

生子 早興 祖瑞 兩承宗支一承胞二叔父一承本生父

三四五俱未名殤

女

垂娘生同治四年乙丑正月廿四日酉時適湖頭李金舍

吉娘生同治十一年壬申四月十六日戌時適仙鄉陳家 幼殤

寵娘生光緒拾年甲申十一月十八日亥時

十五世 字行一曰斯一曰堯

濟川長子 宣早興 字堯藏 號興發

生同治元年壬戌八月初五日巳時
卒光緒丙午年十月初五日巳時 殁番邦

娶陳氏罔娘 安邑善里東溪鄉陳想官長女生同治六年丁卯九月廿三日戌時
卒民国廿二年四月廿九日未時 葬竹林

生子一 仁堪 幼殁

次子 陞教 殁外
生光緒丙午年三月初四日卯時

十六世
宣佔教字有領

生光緒卅二年丙午三月初四日卯時

十五世 兩承宗支一承胞二叔父併承生父支派

濟川次子 宣祖瑞 字

生同治八年己巳六月廿七日辰時

卒光緒丙午三月十八日 死畨邦

聘李氏冬娘 出

改稼下新厝

安邑湖頭鄉李園湿女生光緒五年己卯十月

初五日辰時

十四世　字行一曰傳一曰舜

舉人如璧次子　懋東川　號啓明　生道光廿八年戊申五月十六日丑時卒咸豐九年己未
八月廿五日寅時

承繼子　梃秀　懋末四子入繼

两承子　早瑞　取胞兄次子入繼兩承一承支派一承生父

白茅尹宗　皆取胞三弟次三子入繼兩承宗支并承生父

十五世

東川長子　宣梃秀　字堯直　號仕俊　生咸豐十年庚申八月廿七日亥時
卒民国拾一年壬戌六月廿日辰時　葬在牛路

娶鄭氏蟶娘號得慈　安邑善里格頭鄉鄭趣官長女生同治十年辛未十一月初一日酉時卒光緒十八年壬辰年九月廿日未時

嗣子

承継子芸梧幼殤　取族兄宜閱次子入繼

生子一湃沅　生光緒十六年庚寅十二月廿八日寅時卒民國十一年壬戌四月廿五日酉時

續娶陳氏勉娘号得勤　安邑蓬萊鄉鶴前崙頭陳錢官次女生光緒元年乙亥七月初一日辰時卒光緒弍拾年甲午十月廿七日戌時

十五世

宜祖瑞 字

懋東川　兩承子

取胞兄次子入繼兩承宗支併承生父

生同治八年己巳六月廿七日辰時

卒光緒丙午年三月十八日　死番邦

十五世

取三胞弟印川次子入繼兩承宗支併承生父

繼東川
两承子
宜白茅字
生光緒二年丙子三月初九日戌時
卒在南洋仰光

東川
两承子
宜尹宗
取三胞弟三子入繼两承宗支併承生父支派卒南洋仰光
生光緒八年壬午四月初九日辰時

舉人如璧三子

十四世

懋印川 字舜潭 号啓南

生咸豐元年辛亥三月廿八日寅時 卒光緒十九年癸巳六月廿二日 時 卒葬番邦

娶鄭氏珠娘 謚寶謹

永春夾漈鄉西面鄭湖琅瓷女 生道光廿七年丁未三月初三日寅時 卒民國十三年甲子 月 日 時 葬在牛路

生子 長幼殤 次幼殤 三白第作次子 四尹宗作三子 二子俱兩承宗支一承胞二伯一承本生父

嗣子 郎鹹居長

生女

桃娘生同治十二年癸酉七月初一日午時適永春夾漈鄉郭萬傳官長子

十五世十五世

生同治九年

生同治九年庚午十二月初六日酉時

懋印川

嗣長子

宜郎咸字堯簽

娶陳氏安娘

安邑善里東溪鄉陳裪規長女生同治九年庚午

五月初十日酉時卒光緒十五年己丑元月初九日酉

時

十五世

丙承宗支一承脫二宿併承生父

生光緒二年丙子三月初九日戌時

宜句茅 字 慭印川

丙承淳子

十五世

邱川丙承三子

宜尹宗字

丙承宗支一承脆二伯併承生父

生光緒八年壬午四月初九日辰時

卒南洋仰光

十四世

舉人如璧四子 懋閣川 復归原宗

生咸豐三年癸丑三月初七日亥時

十六世

運秀長子 宣湃沅 字灃年 號成龍

生光緒十六年庚寅十一月廿六日寅時

卒民国拾一年壬戌四月廿五日酉時 葬安赤坵尖

娶鄭陳氏蜂娘 謚飛鳳

安邑善里東溪鄉下埔面陳倚观長女 生光緒廿八年壬寅十二月廿一日申時

女一 枣娘

十三世　字行一同奕一同致

布經歷　鍾淀　次子

清如漢　諱雲珍　字致河　號湘亭　由監生加州同　生道光元年辛巳十月初一日辰時　卒光緒十二年丙戌九月十六日子時　葬

娶鄭氏參娘　謚柔慈　永春吉滎下蓉鄉鄭利覌長女　生道光二年壬午八月初一日未時　卒光緒六年庚辰正月廿日未時　葬本鄉土名嶺仔頭穴坐　向　墓　分金

生子二　博厚　敦厚

嗣子一　寬厚　居三

續娶傅氏實娘　謚順懿　係安邑湖頭鄉人　生道光三年癸未　月　日時　卒光緒十年甲申七月初四日午時

十四世 字行一曰傳一曰舜

州同 如漢長子 懋博厚 字舜篤 生道光廿四年甲辰十月廿四日卯時 卒葬在厦門 卒光緒二十年甲午六月 日時

娶陳氏越娘 謚恬和 永春仙鄉陳璉觀長女生道光廿三年癸卯十二月廿日辰時卒光緒十年甲申五月廿一日戌時

嗣子一 邦彥

承繼子一 銀鈎 取族兄懋薄 子入繼

續娶林氏水錦 廈門林如川次女生同治八年己巳十二月十三日辰時

十五世　字行一曰斯一曰堯

生同治元年壬戌正月十五日午時卒光緒　年　月

日　時卒葬番邦

博厚

長子　宜邦彥號司直

娶　氏

十五世

博厚次子

銀鈎

宜五湖

生光緒元年乙亥六月廿三日寅時

卒光緒 年 月 日 時卒葬在廈门

十四世 字好一曰傳一曰舜

生道光廿八年戊申十二月十二日戌時
卒光緒廿二年丙申十一月廿四日亥時

懋敦厚 字舜禮 號崇德

娶鄭氏塌娘 謚順園

永春吉滐鄉東村鄭棕覌長女生咸豐二年
壬子三月廿六日戌時

生子

朝聘 嗣碓井 生光緒十七年辛卯年六月廿四日寅時
卒在南洋峇叻呷

朝情 幼殤

女

好娘生同治八年己巳五月初一日未時適永春吉滐鄭衛官

性娘生 幼殤

真娘生光緒六年庚辰七月初五日申時適永春伏漢鄉姚金水官

卅同 加漢 次子

絶娘生
蒲娘

幼殤
幼殤

十五世

敦學
長子宜朝聘

嗣
長子愁銓生光緒辛巳拾貳年丙戌年十二月廿一日寅時 幼殤

生同治十二年癸酉正月十一日巳時

聘陳氏鍜娘謚貳懿

安邑坛尾鄉陳貴官長女生光緒元年乙亥五月十二日
子時卒光緒廿二年丙申七月廿六日未時

信娶李氏很娘出

生子秋蘭 生光緒廿二年丙午 月 日 時

十五世

敦厚次子　宜朝情

生光緒四年戊寅三月廿三日子時　幼殤

十四世

卅同如漢三子 懋寬厚字舜裕

生道光廿九年己酉七月廿三日亥時
卒住小甲洋候查

娶陳氏揆娘

永春仙鄉陳次晛長女生道光廿八年戊申九月初四日巳時卒 十二月廿五

承繼子 拱照取族兄懋察四子入繼

十五世

寬厚長子 宜拱照

生光緒元年乙亥九月初八日亥時

先室陳氏返娘 永春仙鄉陳翁官長女

生光緒壬午年十二月 日 時

卒光緒甲辰年八月十二日 酉 時 死土牛跡

繼室李氏近娘 生光緒丙戌年五月十三日巳時

安邑河內鄉李創官次女

生子長成斗 宣統三年辛亥二月初二日未時福生

布經歷
鍾海
三子

十三世 字行曰奕一曰致

清如煌 名石珍 字致輝 號初炎 巡政廳 生道光八年戊子七月廿六日申時卒
道光廿九年己酉八月初八日未時葬在本鄉
土名佛仔坑坐 拱 兼

娶陳氏腰娘 謚細懿媽 安邑東溪鄉陳岩觀次女生道光十年庚寅
九月十三日卯時卒宣統元年己酉七月初一日丑時
葬在大嶺

嗣子五 懋屼 幼殤 福册 福兆 福緣 福忠
兩承子一 楙子堅 取胞四弟五子入繼兩承宗支并承生父
生女一 絨娘生道光廿八年戊申二月十九日申時適安邑東溪陳錦堂觀

十四世

如煌長子 樾福册 字舜成 號榮霄

生道光廿四年甲辰十二月廿六日酉時卒光緒二年丙子四月十六日巳時葬

娶陳氏晃娘

永春仙鄉陳同碧舍次女生道光廿七年丁未七月十四日午時 卒民国癸亥年正月十一日酉時 葬

生子 熙烈 幼殤 嗣子 良浩 琴古 卒在南洋

女四 梅娘 幼殤 罘未名殤

佃娘生同治九年庚午五月二十日寅時適永春吉潾鄉鄭廣官長男鄭綢官

鸞娘生同治十三年甲戌八月十六日寅時 適本鄉達島鄉蘇鎂官

十五世

福州次長子 宜良浩

生光緒元年乙亥五月廿九日亥時
卒光緒十九年癸巳十二月廿四日卯時

福州三次子 宜琴古

生光緒四年戊寅八月十五日子時
卒光緒廿二年丙申四月廿六日 時 卒于夷邦

福冊長子 宜琴　眹

娶陳氏遂娘

生女二 保碼

宜坤

由樾訪于西彩

生同治九年己巳六月三十日未時
卒民国　年　月日　時葬在厦门

生光绪　年　月　日
卒民国廿五年丙戌七月廿一日酉時
葬在竹林

十四世 字行一曰傳一曰舜

清煌次子 懋福兆 字舜嘉 號榮泰

生道光三十年庚戌九月十五日午時卒同治六年丁卯二月十一日申時卒葬在[illegible]本鄉土名寮後穴坐 與榮善公親全葬

娶鄭氏添娘

永春東瀧鄉西面鄭澤覌孫女生道光三十年庚戌九月十三日子時卒于民國三年甲寅拾貳月十四日寅時葬在青佃

生子一 琴棄

嗣子一 神祐 兩承支派一承肥三叔一承本父

十五世

福兆長子

宜琴葉 字堯邦 號德望

生同治六年丁卯三月十九日丑時 卌一歲

卒光緒丁未年三月廿三日子時

葬在南洋

娶鄭氏羔娘

係永春夾際鄭由現長女生同治七年戊辰四月廿二日卯時卒光緒十七年辛卯九月初六日亥時

妾二

次春娘生光緒十六年庚寅年閏二月十二日午時

長未名[illegible]

福兆兩承嗣次子

宜神祐字

十五世

兩承宗支一承本支併承胞三叔福緣支派

生光緒七年辛巳三月廿五日午時

辛巳民國卅年辛巳二月初六日往南洋吧叻

十四世

清煌三子

懋福緣 字舜慶 號榮善 生咸豐二年壬子四月十一日亥時卒光緒二年丙子四月十一日亥時与兄榮泰公仝塟在本鄉土名寨後穴坐 向 兼

娶鄭氏鸞娘 係永春吉蓀人 改適

嗣子三 琴註 幼殤

神祐 兩承 一承本支 併承胞二伯支派

後圖 兩承 宗支一承本支 併承胞四叔

十五世

兩承宗支 一承本支併承胞二伯

生光緒七年辛巳三月廿五日午時

福緣兩
承嗣子

宜神祐

卒民国卅年辛巳年二月初五六日未時南洋

十五世

兩承宗支一承本支併承胞四叔福忠支派

福緣兩承嗣次子

宜後圖 字

生光緒九年癸未六月十七日戌時殤

十四世

清煌四子三 懋福忠字舜臣号榮義 生咸豐六年丙辰八月十一日申時
卒宣統己酉年四月廿二日午時葬在大嶺格

娶黃氏選娘 系永春佛溪鄉黃欄觀長女生同治二年癸亥八月廿日未時
卒民國廿四年乙亥十二月廿七日未時葬在大嶺門坳

生子 長未名殤
次名淑向生光緒八年壬午八月十八日亥時幼殤
茲授生光緒十一年辛卯七月廿六日未時

嗣子 後圖 生光緒九年癸未六月十九日戌時 兩承宗支一承胞三伯一承本父

生女卜娘生光緒廿六年庚子年十二月十三日寅時

生子茲澳生光緒卅拾年癸卯甲辰年二月廿七日申申時生

十五世

福忠丙承長子 宜後圖 生光緒九年癸未六月十七日戌時殤

福忠長子 宜茲授 字克敕 生光緒十七年辛卯七月廿六日未時 癸酉年二月二五日

娶姚氏 赵娘 係永春漢口鄉尾厝姚龍圖第二女 生光緒廿三年丁酉五月十二日子時

生子長 仍殤

嗣子文侶 繼長 文侶 生民國十二年癸亥年五月初二日外時 辛民國卅年十月初八日亥時

承繼子文海 出胞弟宜湾 三子承繼 承繼五子 從弟 文海 生民國廿五年丙子十一月十一日亥時

宜茲潤

生光緒廿七年辛丑十二月廿七日申時

娶陳氏兔娘

生光緒卅三年丁未七月初二日午時

係東溪南坑記官長女

嗣子紹瑞 生長子文傑 民國拾陆年丁卯正月十二日巳時 辛巳廿六年七月十九日午時

紹璟 長女儉英 民國拾八年己巳十二月十六日辰時 辛巳民国廿七年十二月十六日卯時

次子文通 民國廿四年乙亥二月廿二日丑時

次女秀蘂 民國廿七年戊寅七月初一日卯時

三女秀蘂 民國卅拾年辛巳五月卅日寅時

三子文添 生民國廿五年丙子十一月十二日亥時 未繼紀及

四子情松 生民国卅年十月十二日 亥時未來 繼溪 欽訓

紹璣子五 未名 生民国卅六年二月初九日辰時

宜兹澳

娶陳氏免娘

卒 十一月十六 时

生光緒卅拾年癸卯年二月廿七日寅時 拾 甲辰 申

係東溪墘坑祀官長女

生光緒丁未年柒月初貳日午時

生長子天傑 生民國十三年乙丑年十二月十二巳时

次女儉英 生民國十八己巳年十一月十六辰时

三子文進 生民國廿年乙亥年二月廿二晚酉時

四子文海 生民國廿五年丙子

五

布經歷
鍾添
四子

十三世　字行一曰奕一曰致

清如慊諱献珍字致快號慎亭由監生加布政司理問
生道光十二年壬辰十月初七日寅時卒光緒十二年
丁亥正月廿七日子時葬獅姑麓坐　向卯酉尹庚

娶林氏圖娘謚全美永春仙鄉林緬硯長女生道光十五年乙未八月
十四日寅時卒光緒十七年辛卯十一月十四日　時

生子
長子儀　三子翼　五子錫作第四　六子堅作第五　子棋作第六
次子魚　四子鑑幼殤　七子鯉幼殤　九子欽作第七
五子堅出繼胞兄清煌作兩承一承胞兄一承本支

十四世

布理問 清慊 長子 懋子儀 字舜朝 諱官名渠鳳 監生 生咸豐五年乙卯三月十一日未時

娶黃氏森娘 永春佛溪鄉黃瑠觀長女 生咸豐五年乙卯十一月初一日丑時

生子

生女 長紊娘 幼殤
次樣娘 生同治十三年甲戌九月初二日寅時 適安邑湖頭鄉李彥士官
三四 俱幼殤

嗣子（承繼）　宜祖培　取族兄懋寬柔五子入繼

十五世

十五世

監生懋儀長子

宜日　宜祖培　[illegible]

生光緒六年庚辰十二月初二日午時

卒歲[illegible]　年　月　日時　葬在番[illegible]

十四世

布理問清懍次子

懋子魚字舜登號鯉塘

生咸豐七年丁巳九月初六日酉時卒光緒十三年丁亥閏四月初四日丑時

娶李氏惜娘

安邑感化里湖頭鄉武舉李琳舍官名維霖都司長女

生同治元年壬戌四月十五辰時 改醮

生子 長為汀

嗣子 次德水 參德體字改新鋼田

十五世

懋子魚長子

宜為汀

生光緒九年癸未四月廿六日未時　幼殤

十四世

布理問清慊三子

懋子翼字焕貽諱景燕號勵軒

巡政廳

生咸豐九年己未十一月十二日酉時卒光緒三十四年戊申八月初八日卯時

娶陳氏汝娘

系出永春小岵鄉生員陳香官長女生同治二年癸亥二月初八日辰時

生子

嗣子　宜仁允

十五世

巡政廳
想子翼
嗣長子

宜仁允

生光緒九年癸未九月初六日午時殀

十四世

布理門 清慊 四子 懋子錫 字舜[illegible]

生同治元年壬戌八月初三日戌時

娶陳氏萬娘

永春仙鄉陳湖官長女生同治七年戊辰十月廿七日丑時

卒民国廿三年甲申四月廿二日未時 葬竹林

生子長新細 二新翹[illegible] 三新達[illegible] 新肯 順娘

十五世

懋子
錫長子　宜新鈿
子　次子　宜橋
三宜達
四宜背
要王氏五忠根
嗣子　亞貓

生光緒拾三年丁亥八月十五日酉時
卒□死生杯朐

生光緒
卒民卅七戊子年丁亥八月廿五日辰時
葬直竹林

生

生

生民國十二年癸亥

十四世

兩承宗支一承生父一承三伯父

生同治三年甲子五月初四日巳時卒光緒卅四年十二月廿五日午時

布理問清慷五子

懋子堅字舜賓號

聘陳氏不娘

安邑東溪鄉陳帆官次女生同治八年己巳五月初六日辰時

生子一 宜曉

十五世

子堅
長子宜曉

生光緒十八年壬辰六月十一日子時
卒葬南屏

次子宜𣽅　十嗣子出止

生光許

娶陳氏個娘东溪衙生光許

卒民國廿九年庚辰十一月初二日未時葬竹林

嗣子体玄

十四世

理問清慊六子

懋子樵字舜採號太古

娶黃氏慎娘

生同治十一年壬申七月十四日未時卒光緒廿二年丙申十月 日時

系永春伏溪鄉中洋黃 官 女生改醮

理閤
清慊
七子

懋子欽

十四世

生光緒四年戊寅五月廿七日寅時

十三世

布經歷
鍾淼
五子

清茶范諱汶珍字致山號秀亭太學生生道光十六年丙申十二月廿一日午時卒光緒弍拾年甲午十一月初一日辰時葬安邑崇善里茶寮

娶鄭氏年娘謚芳美永春丞滚鄉西面鄭銓晛長女生道光十八年戊戌十月三十日亥時卒光緒廿一年乙未六月十一日申時葬在本山牛路

嗣子 世守 世綬

生子 世創幼殤

生女二 貴娘幼殤 次未名殤

十四世

監生 茶花長子

懋世守　字舜持　号扶德

生咸豐六年丙辰五月初八日酉時　卒光緒三十四年戊申三月十九日卯時　葬在青伯屿

娶李氏格娘

安邑湖頭鄉李仕碧長女　生咸豐十年庚申九月十三日午時　卒民國丙寅年七月十七日酉時

嗣子　光猜

生子二　光著 [illegible]　未名殤　光金鐘　兩承宗支

生女一　未名殤

十五世字行一曰堯一曰斯

世守嗣長子 宜光猜 字堯新 號斯軒 生光緒九年癸未六月十五日卯時 卒民国廿四年乙亥四月初三日未時 在雲岸

娶鄭氏名杏娘 生光緒乙巳年正月廿日申時 初二辰 係永春大際鄉西村長諱官第三女

生子一 二宣潤 兩承宗洨一房 一月內幼殤

生女一名樣娘 生民國叁年乙卯九月十五日亥時

嗣子叔瑜 步

娶妾一 嗣子一宣猪

世守次子 宜光著 生光緒十二年丙戌十一月廿九日巳時 幼殤

世守次子

宜光鑫　两承宗支

一承胞弟世綏支派

併承本支

生光緒廿四年戊戌五月廿八日午時[illegible]

十四世

監生茶范次子 懋世綬字舜姜

生咸豐十一年辛酉五月廿二日寅時

卒民国十三年甲子年九月廿日吉時葬呂宋

娶陳氏庀娘謚玉懿

安邑善里坛尾鄉陳抱官長女生同治九年庚午十月初九日午時

卒光緒十四年戊子正月廿一日酉時

葬在小林仔

生子一 月渫幼殤

兩承子 光鑫 取胞兄世守次子承繼 時日載左內

生民国七年弍月十二日亥時

宣內字電年

光鐘兩

孫子一

十五世

世守嗣長子 宜光猜字堯新 卒民国廿四乙亥四月初二日吉時在南洋

嗣長子 長煥瑜 生宣統三年辛亥五月十七辰時

生子長月內細殤次寶閃 生民国癸未年二月十六日亥時

光精嗣長子

十六世

宣瑜 煥 字 宣猪

生宣統三年辛亥五月十七辰時

娶女陳氏曉娘

十六世

宣閔 字雹年 号[illegible] 生民國八年己未二月十六日亥時 卒公元一九七七年丁巳十二月初旬午時

娶鄭氏素歸娘 生民國十二年癸亥六月初七日未時 卒公元一九六七年丁未八月初二日丑時

子二 長 青山 生公元一九五五年乙未九月廿四日巳時

次 青良 生公元一九五九年己亥三月十七日寅時

女二 長 秀珠娘 生公元一九四九年己丑九月十四日戌時 出嫁本邑蓬島鄉深垵郭金山為妻

次 秀敏娘 生公元一九五三年癸巳八月初九日 出嫁永春浹漈鄉山武頭鄭祺君為媳

十二世　字行一曰廸一曰君

中憲大夫時體公第三子　鍾珪　諱瑞元　字君達　號玉齋　由監生加貢生

生嘉慶六年辛酉六月十七日丑時卒咸豐四年

甲寅九月初七日丑時葬（与妣公）在安邑善里東溪山土名造尖脚　穴坐巳拱

亥兼巽乾與妣同葬外坐巽向乾兼巳亥分金庚辰庚戌

誌銘叙後

娶陳氏雪娘　謚正勤

永春仙鄉陳扯覌女生嘉慶九年甲子八月

初二日辰時卒咸豐七年丁巳八月初二日申時葬

與公同葬在安邑善里東溪山西山寨造尖脚內坐巳向亥兼巽乾外坐巽向乾

兼巳亥分金庚辰庚戌

生子一　清翻　幼殤

承繼子一　清箴　取堂兄鍾嬪三子入繼為長子

嗣子一 明哲

王氏彩霞諡淑勤 生嘉慶廿三年戊寅四月廿四日未時卒光緒七年辛巳五月初六日未時葬在伍山

生子五 長河水殤 次明宣殤 四明波 幼殤 五明銑 幼殤

三明志

女二 長雅娘生道光十七年丁酉九月初九日子時適永春夾漈鄉西面歲貢生鄭露春胞姪生員樹穀 乳名甚觀

次姿娘幼殤

皇清誥贈奉直大夫例貢生長齋洪府君墓誌銘

鄉進士揀選知縣姻家弟陳邦詹頓首拜撰文

鄉進士文林郎揀選知縣宗愚弟曜離頓首拜書丹并篆額

歲癸酉余主梅峯書院講席適有武榮洪姓名保珍者余同學友也因父柩未安厝自

咸豐甲寅秋卒經今閱廿寒暑惓惓不忘於心茲者日月有時將葬矣來請於余曰
先君子昔厚於先生先生不鄙而愛之愛之斯録之矣顧得一言以寵諸幽余曰諛
墓非古也况　今先君誠朴終身世俗浮名澹泠久矣曷貴諸子意者有慕於
前人之德乎用不辭而為之誌曰　翁諱瑞元字君達號玉齋其尊甫
誥贈中憲大夫端齋公生男子四女一翁其叔子也少時舉止異人嘗與兄從功叔歲
進士舜亭公肄業每事克盡弟子職亦弗病能出塾門未嘗蹵躐先兄必
叙雁行而後進舜亭公見而奇之曰此子也才異日必為宗族光寵也已而輟業就
商與諸昆季經營廈島遠近巨商悦其誠朴由是貿易漸廣居積漸裕遂蒸蒸
然克成厥家嗚呼翁雖讀書未破萬卷亦蓄産既獲千金矣顧可羨者人方艱
辛拮据與翁無殊也迨豐財則怙侈滅義翁獨儉約甚固守甚夏葛冬縑而
外雅不效紈袴綺靡習其性之恬淡如此然未足以盡其德也當端齋公搆疾伏枕
時翁侍湯藥慎針砭衣不解帶者數昕夕及將溘然逝矣擗踊哀呼幾欲自絶端

端齋公知不能起乃婉詞慰之曰兒輩爾若克樹立不隳宗祊便無愧為人子胡戚戚為蓋素知公之孝而恐其哀毀滅性也處兄弟雖同父異母而塤箎叶律雍雍乎有萼棣風焉其行之醇摯又如此素尤明大體義所當為者不以鑽核沒其丈夫氣故平除道路施舍藥材有叩門来請者輒探囊以佽助若而新祖宇若而葺祖墳若而購地營葬脩明譜牒其凡概然任之翁亦無難色猶之築鳌騰私宅淑亭書軒也至其餘瑣瑣何用縷述大抵翁之生平不於分外攖其心亦未始分内靳其力不以一日怠創造之艱亦未始一時隳敢為之概今日德輝猶可溯也而幽明永隔余烏可無言哉翁生嘉慶辛酉年六月十七日丑時距咸豐甲寅年九月初七日丑時別世享壽五十有四元配陳氏　誥贈宜人側室王氏生男三長璇珍候揀巡政廳　誥贈奉直大夫次保琢國學生皆嫡出三尚琢貢生側出女一適永春吉

潾鄉庠生鄭樹穀男孫七曰璇琢出者景基候選布政司理問加二級景文
貢生景嵩業儒自保琢出者廣大曆大鍔大曰尚琢出者璀球女孫二尚
琢出男曾孫五毓書毓盰景基出毓符景文出廷對廣大出毓畏景嵩
出女曾孫三二自景基出一自景文出餘方興未艾婚娶皆名門繁不備
載蓀以同治十二年八月廿六日巳時卜葬於安溪崇善里東溪鄉坐尖脚
穴內坐巳向亥兼巽乾外巽乾兼巳亥分金庚辰庚戌余與翁誼屬通
家於其葬也謹撮其寔如右而係以銘曰
暨元配正勤陳宜人生嘉慶甲子年八月初二日辰時卒咸豐丁巳
年八月初二日申時仝葬於此
死者何知委翳陰隗道範依然不掩厥德天相吉人鍾毓幽室其
歸其藏長綿茲澤

十三世 字行一曰奕一曰致

貢生鍾瑾長子

清明淺 名 璇珍 字 致言 號 純質

巡政廳生道光三年癸未五月十二日卯時

卒咸豐四年甲寅八月初十日巳時葬本鄉後

坑坂穴坐乙向辛兼卯酉分金辛

娶林氏靜娘 謚 孝貞

永春大山鄉林琭觀次女生咸豐道光四年

甲申五月初二日卯時 卒于光緒廿三年丁酉年三月十一

日子時葬在後坑坂

生子三 懋建 懋顯 懋岳

女三 俱幼殤

十四世 字行一曰傳一曰舜

清箴長子 樾建 諱景基 字舜安 號立業 布政司理問 生道光廿三年癸卯三月初十日酉時卒光緒二年丙子六月十九日戌時

娶鄭氏治娘 永春吉滐鄉東面武生加千總鄭眛君長女 生道光廿三年癸卯閏七月初一日戌時卒光緒廿八年壬寅六月廿二日酉時葬小林仔

嗣子 毓書 毓渥 作三

生子二 長䞭貯 作次二胎幼殤
女三 前娘生同治四年乙丑六月十三日酉時適永春仙鄉陳夏蓮官
歘娘生同治六年丁卯十月初三日酉時適永春小岵鄉陳尋官
湖娘生同治十三年甲戌八月初八日巳時幼適上塘許𡨥規次男

十五世

理閭 楙建 長子 宜䞭書字堯詩號裕後 生咸豐十一年辛酉七月廿七日酉時卒光緒甚年三月十三日申時葬泉城渼尾

聘顏氏錦娘 永春龍堀鄉顏哲規次女生同治四年乙丑五月初十日卯時

生子　長未名殤

生女二　長未名殤
次綢娘生光緒十三年丁亥正月十五日亥時

生子三　潤澤　生光緒十七年歲次辛卯七月廿四日申時

次子　水澤　生光緒廿四年戊戌閏三月廿六日卯時　幼殤

十五世

理問懋建次子

宣毓貯 字光冰

生同治十年辛未十月十八日卯時卒光緒丙午年九月十一日卯時 葬厦島

娶鄭氏梅娘 諡御順

係永春吉洋鄉鄭思覌長女 生同治十三年甲戌正月初十日卯時 卒光緒十九年癸巳八月十二日辰時

續娶陳氏壹娘

系永春仙鄉陳康官長女生同治九年庚午四月廿六日午時 卒民國廿二年癸酉二月初二日卯時 葬在蜈蚣牙

生子丁幼殤

宣罕　幼殤

嗣子兩歲斷

生女

宣伴　蔡番邦

国四 [illegible]

晏根生光緒廿二年丙申八月廿三日午時

宣伴

聘陳氏耳娘

卒民国癸亥（十二年）年二月卅日卯時 [illegible]

生光緒癸卯年又五月初九日亥時 [illegible]

宣伴

嗣子宣毓長 [illegible]

卒　民国丙寅年二月十七日子時 [illegible]

生光緒庚子年三　十八日子時

十五世

理問 懋建 三子 宜毓渥

生光緒五年己卯正月十二日辰時

卒光緒三十四年八月十四日酉時

葬在小林仔

娶李氏名得娘

生光緒 年 月 日時 係坛尾大鋪

改醮東溪

生女一 錄娘 幼殤

十五世

理問懋建次子宜毓貯

此条抄入内帙

生同治十年辛未十月十八日卯時

十四世 字行一曰傳一曰舜

生道光廿六年丙午五月三十日未時

清箴

次子 懋顯 名景文 字舜謨 号丕甫 貢生

卒光緒十四年戊子正月廿一日申時

娶鄭氏甚娘 永春苽漈鄉西面鄭園觀長女生道光廿九年己酉五月初五日酉時申時 卒民國十六年丁卯十月廿二日寅時葬在蜈蚣牙

嗣子一 正位殤

生子 毓符 承省

女

哂娘生同治七年戊辰二月十九日巳時幼適東滘陳眺覡　男

次未名殤

三甘娘生光緒十一年乙酉六月十九日辰時幼殤

十五世

懋顯長子宜正位

生同治六年丁卯十二月廿五日丑時幼殤

十五世

樾顯長子

宣省（毓笏）　字克樞

生同治九年庚午七月廿二日酉時

卒光緒庚年（庚子）九月廿七日　時

娶陳氏吉娘　勤慎（辰）

安邑坛尾鄉陳坑官長女生同治十一年壬申十月十二日（癸酉五月十六日）

酉時　卒于光緒丁酉年十一月廿六日巳時

生女瞻娘（彬）

生光緒十七年辛卯六月廿八日子時

生子國伸（仲）

生光緒廿九年甲午四月十二日申時

卒民國己未年　七月廿九日申時[illegible]終

月娘 次 燦凡 嫁

娶潘氏命 子

永春達埔玲君次女生同治十八年壬申

三月初三日酉时

卒于光緒廿五年

己亥七月廿九日申时 葬小林乡

世 國仲宗 季年 生 錦吟

子

生光緒卅年甲子四月廿一日申时

卒民國八年己未七月廿九日申时

聘陳

次女兆娘 生于光緒丙申年七月十五日辰時

續娶潘氏命娘 係本眷樑浦潘岭觀之次女生于同治十一年壬申七月初三日酉時卒于光緒己亥年七月廿九日申時葬小林

繇筍 國仲 字季年

生子 聘陳氏銅娘

改熙

十四世

清職三子 懋岳 名景嵩 字舜恒 号詳海

生道光廿九年己酉七月廿二日未時
卒民国元年壬子八月廿九日寅時

娶陳氏奚娘 謚敬順

安邑芸美鄉陳 現女生咸豐五年乙卯式
月廿六日丑時卒同治十三年甲戌四月十六
日巳時

生子二 長毓東 宜淼

續娶李氏 諱盡娘 謚壯順

系安邑湖頭鄉李杠舍四女
庠生李應壬三妹

生咸豐七年丁巳正月十二日申時 卒于光緒廿三年丁酉年十二月初三日辰

生子 三 嫡能 生光緒十七年辛卯八月十一日丑時 卒於宣統元年己酉十二月十一日寅時 葬[illegible]門

生女 長梅娘生光緒二年丙子三月初三日子時 幼適蓬島鄉郭礎硯長男

次 俱幼殤

十五世

懋岳長子宜毓東

生同治十一年壬申八月十一日丑時卒光緒十二年丙戌五月初五日辰時

十五世

懋岳次子 宜淼 字尭龍

生同治十三年甲戌四月初五日午時

卒民國九年庚申十月初九日 附葬

娶蘇氏好娘

生光緒元年乙亥七月十二日巳時

生子

宜沂水

四女生光緒癸卯三月廿八日卯時 名麵娘 適東溪陳家

生女

宜巧娘 次女未名幼殤 三女澗娘幼殤

五女名枰娘 生光緒乙巳年十月廿五日丑時 適蓬島蘇家

十六世

宜汞長子 宣沂水

生光緒卄四年戊戌十二月初十日亥時 絕房

十三世 字行一曰奕一曰致

貢生鍾珪次子

清明哲 名保珍 字致顏 號德菴 太學生生道光八年戊子正月廿五日辰時
卒光緒十年甲申二月廿七日卯時葬本
邑後埈山土名元帥格坐癸向丁

娶陳氏柔娘 謚寬淑 永春仙鄉陳越觀女生道光十年庚寅十一月初
十日寅時卒道光廿九年己酉十月廿六日未時
葬本鄉術樹后穴坐乙向辛

生子一 廣大

續娶陳氏雀娘 謚朱淑 安邑東溪鄉陳純觀女生道光十五年乙未
十二月十九日戌時卒咸豐元年辛亥十二月
廿四日午時

續娶劉氏草娘諡芬淑永春卓埔[illegible]人生道光十二年壬辰二月十八日卯時卒咸豐三年癸丑七月十六日戌時

續娶陳氏蕊娘諡儉淑永春龍堀鄉陳鑾觀長女生道光八年戊子正月廿五日午時卒光緒十年甲申十月廿三日未時与布德庵公合葬

生子三　歷大　席大幼殤　鍔大　生女二俱幼殤

承繼子一淼大取清文三子入繼幼殤

嗣子一遠大幼殤

十四世 字行一曰傳一曰舜

監生明哲長子懋廣大 字舜譽 號浩然 生道光廿八年戊申十一月初[illegible]日[illegible]時卒同治六年丁卯七月廿九日戌時卒葬在[illegible]本鄉土名鄭宅頭尾穴坐乙向辛公妣合葬

娶黃氏栽娘 謚貞懿 永春坑園鄉黃景赫觀女孫生道光三十年庚戌四月廿一日未時卒光緒十三年丁亥五月廿七日巳時

生子一 廷對 嗣子廷策

十五世

廣大長子 宜廷對 字堯卿號華德

生同治六年丁卯十一月廿一日巳時

卒光緒二十年甲午六月廿四日午時 葬在厦門

娶陳氏亮娘

係永春龍堀鄉陳鷄官 女生光緒二年

丙子五月初八日寅時改配

十六世

宜廷栄長子

兩承繼子一 海蛟

生光緒廿八年壬寅正月初八日辰時

兩承嗣子一 海鰲

生民国三年甲寅三月廿四日辰時

廣大長子 宣廷對 此条抄入内帙

生同治六年丁卯十一月廿二日巳時

生光緒二年丙子正月初二日申時 卒民癸酉十一月初二日卯時 民国廿二

塟在青佃山

廣大次子 宣廷策 字堯奇

十五世

適安邑垵尾鄉陳瑾觀

婁 笑娘 生光緒己亥年九月十二日巳時

吁娘 卸殤 生光緒甲辰年十一月十八日丑時

眼娘 生光緒丁未年六月廿二日巳時 適永春西向鄉陳麒麟觀

娶張氏妹娘 系安邑河内鄉張賽官四女 生光緒八年壬午 六月廿一日寅時

卒公元一九五九年正月初四日寅時 塟在太

廷策長子 十六世 海蛟 字騰年 號河龍

生光緒廿八年壬寅正月初八日辰時

卒民國卅一年壬午十一月廿日 卯 塟在嘆

廷策次子 嗣子 海鰲 兩承宗支

生民国三年甲寅三月廿四日辰時

十四世

監生明哲次子懋歷大字舜鳳號季然

生咸豐七年丁巳十一月十八日未時卒光緒九年癸未七月十六日子時

娶陳氏賢娘

系永春龍堀鄉陳　觀女生咸豐十年庚申十一月十二日卯時卒民国拾柒年戊辰十二月初二日巳時謝世

嗣子　百合

百回一承歷大一承鍔大　兩承宗支

塋在芹头山

生女一　未名殤

十五世

懋虔大嗣長子 宜百合 行堯珠号

娶陳氏看娘

生子 水梘

生女 素蘭

生光緒七年辛巳三月十五日辰時

卒民国二十一年壬申十一月初五日卯時

葬在芹後山

係安邑東溪陳倫覌次女生光緒

己丑年十一月初九日辰時

卒民国廿三年甲戌二月廿七日寅時

葬在芹後山即赤头岀

十六世

百合長子 宣水梘

生民国五年丙辰年六月初八日辰特

十五世

懋盧大
兩承子
宜百回

娶張氏鏢娘

兩承宗支
生光緒廿三年丁酉四月十九日午時
卒民國丙辰年九月十四日子時

系安邑河內鄉張琴觀次女生光緒
甲辰年　月　日時
改配

十四世

監生明哲三子懋鏗大

生同治八年己巳正月十二日戌時卒葬耆邦 號

兩承子

百回 与歷大丙承宗支

十六世

諱棠
長男海蛟
生光緒廿八年壬寅正月初八日辰時
卒民国卅一年壬午十一月廿日未時

娶陳氏細𪎺娘
系安邑東溪鄉陳財觀長女生光緒三十四
戊申拾月十三日酉時

長子惠群
次子惠鵬
三男惠林

長女惠瑤
次女惠琼
三女惠裕

嗣子
細錫
細錫

養女陳氏惠清娘
生民国己巳年十月十二日丑時
安邑東溪鄉陳盛觀次女

十七世

惠群

娶陈氏瑞珠娘

长子文戌生公元一九六五年

次子文进

三子文象（文禄）

惠彬

娶黄氏玉梅娘

长子国良

次子[illegible]

娶林秀凤　生子文正

[illegible]

十六世

生民国三年甲寅三月廿四日辰時

廷榮次子 海鳌

娶張氏致娘

系安邑河内御張厝观長女生民国五年

丙辰正月十五日未時

長子提耒

卒民国廿七年戊寅八三月初三日卯時

次子惠彬

生公元一九三五年四月初九日辰时

十七世

三子文川

海鳌長子 提耒 公元一九三九年七月十三日

娶淑燕

長女 文英 生一九六四年十月廿六日巳时

次女 文慧 生一九六五年十一月初六

三女 文敏

四女 文雅 生一九六八年九月初八

提耒長子 文福 生一九五九年正月廿三日辰时

文虬 生一九六二年七月十六日巳時

十三世 字行一曰奕一曰致

貢生鍾珪三子

清明志 字致心 諱尚珍 號遠亭 貢生 生道光廿五年乙巳八月廿五日辰時 卒光緒廿八年壬寅十二月廿二日寅時

娶陳氏初娘 謚興淑 永春仙鄉陳世美觀女 生道光廿六年丙午九月廿三日亥時 卒光緒三十四年戊申正月廿七日未時

與公合葬本鄉大嶺穗形後中崙穴如將軍坐帳向 坐巳亥兼巽乾分金乾

嗣子 懋璀球

生子 璀璟 璀璨 璀璞

女

愈娘生同治三年甲子八月廿一日辰時適安邑東溪鄉陳荣華官次子

次三俱幼殤　五幼殤

四兕（四）娘生同治十年辛未十二月十二日巳時適永春仙鄉陳雲安官次子

六甜娘生光緒四年戊寅六月十一日丑時適永春仙鄉陳傳官長子

七凸娘生光緒八年壬午十二月十八日辰時適永春仙鄉陳為官長子

八尾娘生光緒九年癸未十二月十二日寅時適永春仙鄉陳債官次子

九盤娘生光緒十四年戊子二月初一日辰時

十四世

貢生明志長子

懋（璀）球

生咸豐十一年辛酉十一月初九日未時

娶

十四世字行一百彛一百傳

貢生明志長子楙璀琛字彛琅瑍號式齋生咸豐十一年辛酉十二月初九日未時

卒民國廿四年乙亥十月十七日未時

葬大小嶺仔坪

娶賴氏白娘字雲慎生同治六年丁卯十二月廿六日酉時

卒民國十年辛酉年二月初九日辰時 死葬南郊

庶蕭氏新娘生光緒　年　月　日　時 死葬南郊

嗣子長宜旺桂 生光緒十二年丙戌九月十七日酉時

次提旋 生光緒二十八年壬寅正月廿六日寅時

繼娶蘇氏瑞烟生光緒己丑十五年二月十四酉時生

生子

女惱娘 生光緒二十四年戊戌正月初九日卯時

懋球長子 宜旺 桂 十五世字材 一曰堯 一曰斯 字堯蘭

生光緒十二年丙戌九月十七日酉時

娶黨氏潤娘 死在暹邦

十四世

貢生明志次子 璀璟字舜璿號式宋 生光緒元年乙亥二月初七日辰時 卒光緒廿一年乙未六月廿四日辰時 葬虎竹村

娶黃氏炒娘 謚佳德 系永春湫溪尾洋黃諡規公次女 生光緒元年乙亥十一月初八日申時 卒民國卅四年乙酉九月廿八日戌時 葬在和坊

生女一 鉗娘 幼殤

嗣子 六 提登 兩承子一 提鑾 生時詳生父名下

系細三 係 戌 生民國癸亥年十二月初六日辰時

嗣長子懋璀璨宜提登 字森尚

生光緒廿三年丁酉十二月廿七日 時

公元一八九七年元月廿四日未時

娶黄氏森娘 係永春洑溪尾洋黄攄規次女生光緒叁拾

年甲辰二月十一日卯時

生四女桂英 民国廿三年甲戌五月十六戌时

生次女仁娘 民国拾年九月初七日丑時

生子 長華祥 華禧 生民国十四年乙丑年十一月十二日寅時

華錠 幼殤 生民国戊辰年閏二月十八日夕

十四世

貢生明志三子

懋璀璨

兩承子捷國

生光緒七年辛巳三月廿六日亥時

卒民國八年己未八月廿五寅時

葬在吡叻吧

取承繼入嗣宗支併生父派支

樹璀球 十五世

淚子 宜提旋 字堯然 生光緒廿捌年壬寅正月廿六日寅時

卒公元一九五七年九月卅日辰時 葬在

水尾服力獻北坐向

娶陳氏玩娘 明倫 安溪常善里東溪鄉陳快官之女

生光緒叁拾貳戊午十八月廿七日巳時

卒一九八八年九月 時 葬山京狀坪小益仔

生子 長国種 生民国戊辰二月廿七日申時

次国地 生民国壬申年十月廿六日亥時 卒公元一九五三

三国 乙亥年 月十一日巳時 出繼

[redacted]

生女 長 殞

次

三 遇

十四世 字行曰舜曰傳

貢生
明志
四子

懋璀璞字舜瑜號式泰

生光緒十一年乙酉二月初十日戌時
卒民国廿六丁丑年正月初九日卯時

娶蘇氏壇娘

生光緒十五年己丑二月十六日　時
卒民国[illegible]月初二日辰時[illegible]

生子

長提鑾出繼胞弟璀璨兩承
卒民国廿三年甲戌八月初二日
生宣統元年己酉六月初四日巳時
卒民国廿九年庚辰六月廿四日巳時

次提良出繼胞三弟璀璨兩承
生民国十二年[illegible]癸亥

嗣子三提順
生民国十四年[illegible]乙丑

女

長玉對
次玉燕
三玉陽
生民国十[illegible]年[illegible]申酉

五

十二世 字行一曰迪一曰君

中憲大夫 時雙公 第四子

鍾江淮 諱 均元 字 君桐 號 惠齋 由監生加貢生以男式珍捐同知加二級

誥封中憲大夫

生嘉慶十五年庚午九月廿二日戌時享年八十五齡

卒光緒弍拾年甲午正月廿四日丑時即於是年三月廿六日辰時

葬在安邑河內鄉楊厝山新寨前中崙穴坐乙辛

娶陳氏默娘 諡 勤和 誥封正四品太恭人安邑東溪鄉陳靈茅翁女

生嘉慶十四年己巳正月十一日戌時卒于同治九年庚午

七月廿六日寅時享年六十二即於是年十一月初一日巳時葬在本鄉柯宅洋田中

穴坐庚甲兼酉卯分金庚申庚寅

生子三 維藩 維楨 維內

長甯娘　生道光九年己丑十一月十四日酉時適永春庠生
千總鄭翰君次男太學生乾觀

女四　次拈娘　生道光十六年丙申十一月初五日辰適本邑十四都水閣鄉
太學生黃瀏君長男文彩觀

三箴娘　生道光廿二年壬寅正月廿九日卯時幼適安邑東溪鄉陳但觀

四　幼殤

續娶陳氏毓娘　謚順和　例封恭人　安邑東溪鄉陳曹觀次女生道光
元年辛巳十一月初二日申時卒光緒廿六年庚
子六月十六日申時享壽八十齡即於是年七月初四日卯時與公添葬
在安邑崇善里河田鄉楊厝山新寨前中崙

十五世

懋璞長子 宜鑾 字堯鸞

字一行曰堯白斯

生宣統元年己酉六月初四日巳時

卒民國廿四年六月廿四日未時 塟居告徵肴

岸嶺

娶李氏勸娘 生宣統庚戌年

卒公元七七年丁巳二月十九日午時

生子

長文崇 熊 生民國廿二年癸酉二月十九日巳時

此乃璀璞段稿

十六世

文荣能

娶陈氏香娘

长女秀梅

长男阿强

次男阿林

三男阿生

生民国廿二年癸酉年二月十九日巳時

生民国廿二年癸酉年十二月廿三日申時

生公元一九五六年七月初四日子時

辛公元一九九三年癸酉四月廿四日亥時

生公元一六零年庚子二月廿十日卯时

生公元一六二年壬寅十月初十日酉时

承捷錄

四男周佳
生公元一六四四年十月十七日亥时

次女明珠
生公元一六七年丁未五月初一日丑时

三男周全
生公元六九年己酉五月廿一日酉时

桂珠
生公元庚戌年十一月初八日子时出生王日

乡安伟改辛亥年九月初八日辰时

十三世 字行一曰奕一曰致

中憲大夫 鍾江雅 長子 清維藩 諱 式珍 字 致衍 號 畊村

由監生加捐同知加二級以軍功議敘 欽加
運同銜奉閩浙總督部堂左宗棠委
駐香港管理文報局務生道光十四年甲午五月初五日寅時
卒辛卯年六月十七日郎附葬在小宗身年五十八止
宣統三年辛亥回家九月十一日在協益一層葬在本鄉寨嶺山

娶陳氏珍娘 謚 莊淑
誥授恭人安邑東鄉溪陳真金觀女生道光
十六年丙申三月廿九日酉時卒光緒六年庚辰
九月廿九日巳時
葬在本鄉土名寨後山穴坐庚甲向申寅

生子一 仲雍 兩承宗支一係本生父一係晚五叔

十四世 字行一曰傳一曰舜

廷同
維藩
次子

懋仲謀字舜聰号向明

生同治元年壬戌正月十一日亥時
卒民国乙年壬子五月初七日酉時 壽六十二
葬在小林仔

娶陳氏支娘諡效德

系永春西向鄉陳猷官長女生同治二年
癸亥十一月十三日寅時卒光緒弍拾弍年丙
申六月廿五日未時葬在小林仔

生子

名[illegible]傳

生光緒廿年九月十二日卯時 [illegible]
幼殤

生女一未名殤

晏娘生光緒十二年丙戌正月二十日卯時東溪抱去幼殤

十五世

仲謀嗣長子 宜濃泉 瑭溪　生光緒十二年丙戌正月廿九日卯時　二平新山

娶陳氏語娘　亻　係東溪陳閣官三女 生光緒庚寅年六月智辰時

嗣子一 承晋　生宣統元年己酉四月初二日未時

生女 緞[illegible]　生民國壬子年正月初四日午時

十四世 字行一曰傳一曰舜

運同 雖潘 三子

懋仲賤字舜相 号經貴 生同治元年壬戌十二月十一日辰時 卒光緒三十一年乙巳三月十三日卯時 葬小呂宋

聘鄭氏漸娘 謚進德 系永春吉㟁鄉鄭燃觀女 生同治四年乙丑十月十六日卯時 卒光緒十八年壬辰五月十四日辰時 葬在大嶺

生子 名錶 生光緒 年元月廿一日申時 往南安滿埔鄉候查

生女 名謹娘 生光緒十年甲申五月十七日巳時 幼殤

十四世

運同 維藩 四子

懋仲節

生同治五年丙寅十一月廿八日午時光緒三年丁丑三月初一日殤

十四世 字行一曰傳一曰舜

運同 維藩 四子

懋仲專 字舜智 号惟心

生光緒元年乙亥八月十二日寅時卒民國十二年癸亥正月初一日卯時塟在大嶺

聘陳氏友娘 系安溪東溪鄉陳均官長女生光緒二年丙子八月十八日巳時

生女蔡娘 生光緒丙申年八月廿七日寅時

次如送娘 生光緒丙午年十一月廿七日申時

生子長名奇跋 光緒廿三年丁酉十二月廿九日丑時

生子次名奇猷號隆 生光緒廿六年庚子十二月廿七日辰時

三名奇閏 生光緒 年 月 日 時 幼殤

四名奇湖 生光緒乙巳年八月廿一日寅時 出繼族兄懋暻

五名奇登 過繼華義 光緒戊申二月初八日子時

六名寶祥 宣統二年六月廿五日亥時 出繼族弟懋醋

七名寶歟 民國二年癸丑年八月初六日酉時

八名奇陞 民國四年乙卯年元月十三日午時 卒民國廿三年甲戌九月十九 葬

十五世

仲專 長孫 竒政 字萬麗 號萬語

生光緒廿三年丁酉十二月廿六日丑時

卒民國廿二年癸巳二月初五日酉時 葬在大嶺

娶陳氏掛娘

系安邑東溪鄉陳蘭觀女

生光緒卅一年乙巳十二月十二日酉時 正時十月初七日巳时

卒民國廿三年甲戌九月　日 同葬土地公宮

子二 俱殤

女一 寵娘

宜澤繼

長子　松筠　字青年

娶妻陳氏雲華

系伏溪鄉陳道君長女

生民國十二年癸亥七月十九日卯時

仲專
長男奇欽　生民國二年癸丑年八月初八日酉時
聘芸美陳揚君次女陳箴　生民國四年十一月十一日巳時

奇欽
長男文輝　生民國廿九年庚寅年二月廿三日寅時
聘李里良漢君四女叔惠

文輝
長男民杰
次男民强

奇欽
次男文胜

民、卅六年丁亥廿三字

宣傑

卒民卅六年丁亥七月十七日午時

十四世

懋仲成 字

運同

維藩

六子

生光緒十年甲申十二月十六日辰時

卒在廈門

[illegible]
[illegible]

十三世 字行一曰奕一曰致

清維楨 諱吉珍 字致周 號梅村 監生加州同 生道光二十年庚子四月十二日巳時卒同治二年癸亥九月初八日辰時葬本鄉鰲山土名獅頭坪坐艮向戌兼辰乾

娶吳氏端娘 諡正淑 例授安人 安邑東門外吳嘉言觀長女生道光二十年庚子二月十一日亥時卒咸豐八年戊午十月廿三日戌時葬在大嶺

續娶黃氏千娘 諡慈淑 例授安人永春佛濠鄉黃雅覲女生道光廿四年甲辰八月初五日未時卒光緒十五年己丑八月廿日午時葬在大嶺

嗣子二　思齊　振成取族兄清麒三子入繼為次子胞弟維川次子并承生父宗支胞兄維潘長子併承生父宗支

承繼子一　夜雨三房

兩承子二　仲雍

生女一　未名殤

十四世

楙思齊號見賢　卅同維楨長子

生咸豐八年戊午二月初五日申時卒同年甲戌七月廿五日申時葬在書〻〻〻

嶺湖路邊下穴〻〻〻　丑艮坤

聘陳氏探娘　卒一月　永春田[illegible]陳[illegible]
生咸豐十年庚申七
[illegible]　卒向

承繼子　長宜善繼　取族凡懋慕五子入繼
次宜善作取胞弟夜雨長子入繼並承生父宗支
三宜澤諱取胞弟夜雨次子兩承宗支

十五世　字行一曰斯一曰堯

懋思齋
長子
宜善澤繼字　堯志　善堯承　[illegible]萬善
生光緒三年丁丑十一月十四日戌時
卒民國卅三年甲申二月十五日巳時葬在大[illegible]

娶陳氏桃娘　系永春埧田坑陳雲結官長女
生光緒十一年乙酉十二月弍拾日辰時

生子

女　桂娘　生光緒三十年甲辰拾貳月十[illegible]日寅時　適[illegible]　申
次涼娘　生民国四年乙卯二月十九日辰時　適山城郭家

嗣子　松筠
生民国九年庚申八月初九日申時

乚 姤言 山孫孝 申時卒未詳
公妣同葬本山華美紀暦林坐南向卯山

生子四 長養 次
三智
四失名 移居東溪無傳

三世

字世寬 號純齋
生成化七年辛卯九月十六日戌時卒嘉
靖廿一年壬寅九月廿三日午時享年
七十二葬本山土名前浦墩頭墓後林虎形坐巳向亥
向長婦鄭氏林氏祔葬

朝台
政英 名勇
時甚 名斯 子二
侍氏 名期

氏偏娘

謚忠儉

系安芑東溪鄉陳恋官次女生光緒拾五年己丑拾壹月廿四日申時卒光緒戊申年十月初二日酉時塟在大嶺

一凡婦人有內行純脩相夫助子勤儉成家
完節孝順可嘉無論蒙
恩旌表或未請旌者皆並書於夫君傳中或
贊之表揚貞德以爲閨閣箕幃法式
一自世祖以來凡遷居啟基置業貽謀之跡悉皆詳
載所以記造家勤勞欲後人慎世守之也墳塋
坐向土名必記示無遺忘也廟宇祀業書明爲
公立者崇善行且杜爭端也
一族中名字子孫有犯祖諱者除已往不改遵依
取定一以明昭穆之序一以示親親之意使
稱謂間口免著失次云云
一凡譜中子孫世次名字須本祖考所立字式毋
得自立行字以混昭穆
一凡祖考舊牒所載有世次行次名次失錯無可
者須仍舊文不得恃己見妄自筆削以誣後
此亦遵大聖人春秋有夏五郭公之義也
一凡有分派於外郡外省者自何世謂出即紀自開出一□
止毋得混填譜內以藉媒利之階
一凡譜中所列俱係一本百世不毀之義須篤宗盟雖富
勿恃而貧賤勿棄

勉學盡職上慰祖志奮揚其德出於礎者
賈自勤無失權貴之門永戒勿入有乖垂訓

慎婚姻

婚姻論財夷虜之道嫁女娶婦必稱吾家勿
利勿配匪倫往來晋謁庶幾全純

端習化

人之初生其性本善氣習漸染因之有遷庭
言孝言慈相爲勸勉鄉黨之中有禮有則
賢不親匪類正人欣羨久而自安見異莫遷訓
遵無忽所言

誠學問

族倫之中子孫振振恬靜俊偉殊覺泯泯閭
一三自當奮迅八歲入學師傅是親知類通
頭漸進中道而廢令人堪嗔爲父兄者薰陶
爲子弟者積累功深學問既至窮而師友
公卿成就子弟以大繼述此宜尤慎
以上諸條匪我言髦是所側聞於正人君子
幾不背乎理也固欲脩譜謹握管以識於茲
人勿以言俚意淺一一惟慎則宗道以盛家
而祖宗其式憑之矣後昆其仰賴之矣此

曜

時啓 字々 子四

時敏 字允惠 子四

時敵 字允德 子四

一月人 日初六

維楨 次子

十四世

懋夜雨 字舜露

聘陳氏出娘 謚 人德 系安邑 珀官長女 卒光緒辛□年

生子 長善 作承繼胞兄思齊為次 澤

次宜藹 兩承宗支一承伯父一承

三宜溦

生女 名鄭娘 生光緒十年甲申三月初五

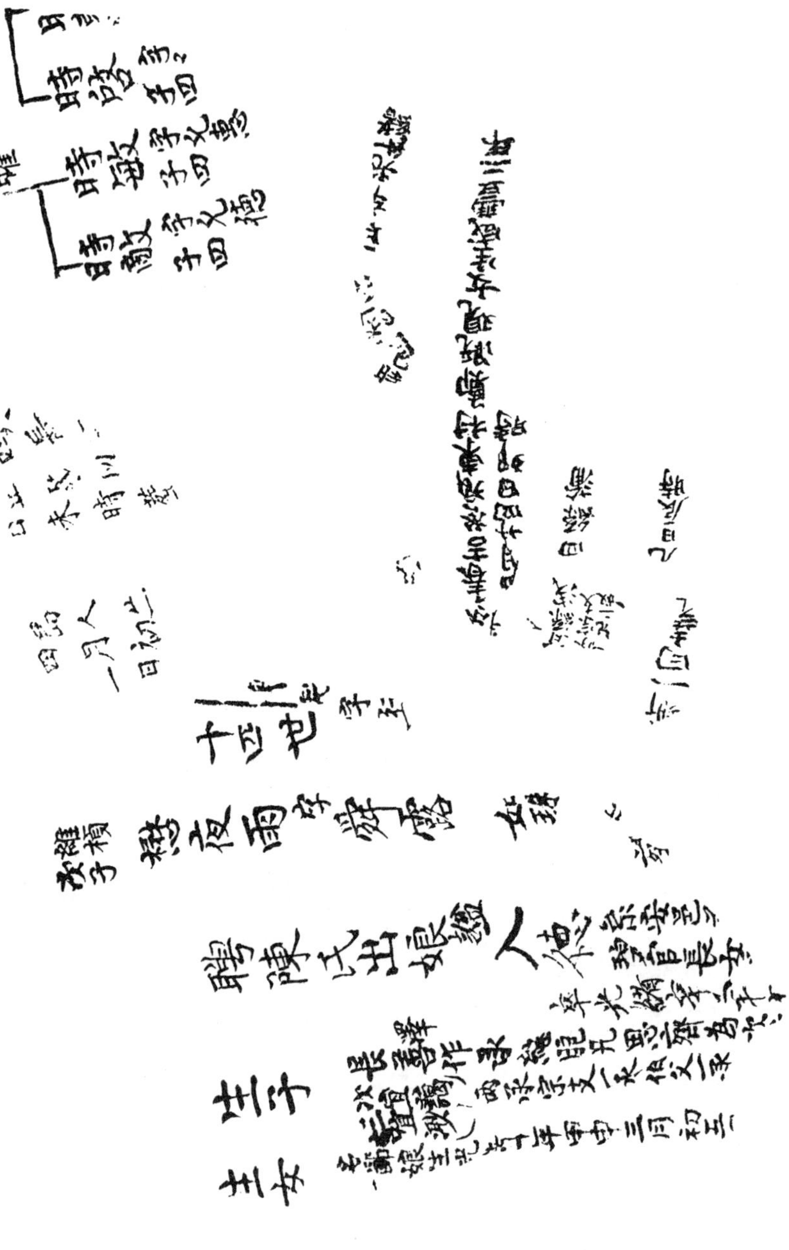

月二十日午
六日日時年四
居崙溪口內
合仙鄉人生乾隆四十
直六月廿五日丑
[illegible]巳時年八
丁亥
卯兄金顏三子入繼
[illegible]金用承繼子生嘉慶三
戌豐六年[illegible]午戊午十
七月廿
女生
已東混陳
卯三月初十日午
日申時
[illegible]

四

[illegible]

國梓次子婁壽生於一九六七年三月廿[illegible]子時

三子婁進欽生於一九六九年十二月廿五日戌時

四子佳乞生於公元一九七一年庚[illegible]八月[illegible]巳時

國梓妻[illegible]青清娘[illegible]公元一九六[illegible]庚子[illegible]長女

歿[illegible]

十一

國種 字宣布 号 生民國戊辰年閏二月廿六日申時

卒公元一九九五年乙亥年[illegible]申時

娶郭氏信娘 生民國廿七年戊寅[illegible]月初九日

卒[illegible]蓬島[illegible]

長子金財 生公己巳年[illegible]戊戌[illegible]亥時

長女素月 生陰公元一九六一年辛丑十一月廿七日[illegible]時

次女素英 生於公元一九六四年甲辰五月卅日丑時

丨崇霖 長兒令才次男

丨拱渺曉 次兒奠芳長男

双郎男 崇拱 渺霖

生公元一九七一年辛亥八月廿八日巳時

卒公元一九九一年辛未六月廿日巳時

令兒崇嗣友過嗣 葬亭

生子　長力水　生民国卅一年壬午九月廿六日酉時

生女　長淑[illegible]　生民国廿九年庚辰五月廿巳時

次女淑惠　生民国卅叁四年十二[illegible]日未時

三淑卿　生民国卅七年戊子正月初一日戌時

長男青山

生公元一九五五年九

巳时

長女秀珠娘

生公元一九四九年九月十四戌時

出嫁本邑蓬島鄉深坵郭金山為妻

次女秀敏娘

生公元一九五三年八月初九日亥

出嫁永春淶滦乡山武头鄭炯君女

次男青良

生公元一九五九年三月十七日寅时

［福建石獅］蓮江東林宗譜不分卷［一］

王慶麟纂修

〔福建石獅〕《蓮江東林宗譜》不分卷，王慶麟纂修。蓮江即福建晉江蓮埭（今福建省石獅市蚶江蓮埭村）。林氏於晉永嘉末年入閩，遷居莆田，再遷晉江。元時仲弦卜宅蓮埭，是爲蓮江東間林氏開基祖。族譜迭經五次編修，是譜分字行、新舊譜序、世德譜、墳塋譜、重修新譜等。原九册，現存八册。據譜中所載，族人遷居臺灣及南洋等地者甚衆，尤以遷居「嗊叻」（即今新加坡）者爲多，並載族人逝後葬於馬來西亞之情形。據民國三十六年（一九四七）石印本影印。

蓮江東林宗譜

晉邑蓮江
東林宗譜

民國丁亥年

蓮江東林宗譜

蓮江東林宗譜

九牧衍派

二民國丁亥年

十德傳家

三一善齋重修

蓮江東林重脩宗譜目錄

諸公傳 三十七

墳塋譜

附無稽神主錄

丁亥重修新譜共二十四本

民國三十七年戊子重脩東林宗譜名錄

編修福昷毓甫王慶麟

繕書晋江果生王　碩

總理十九世孫　謀鑨

廿一世孫　積鴿　積琛

積盒

董事十八世孫　哲樓

十九世孫　謀裕　謀裱

謀經　謀鰍

[illegible]

二十世孫

謀吒

謀油

謀吠

謀極

謀水

聖益　聖咢

聖潘　聖芸

聖褫

聖鎮

諱字行譜

嘗聞宗廟之禮所以序昭穆是宗族之中有昭穆何異國家之有典則也夫尊卑有別長幼有序名分以之而定彝倫以而叙則諱與字決不可一日無也明矣覺宗族之鴻模弗紊者亦昭穆之雁行有序者耳爰作諱字行譜以誌不朽云

諱行

肅艾哲謀聖　積善有餘慶　材為邦國寶

濱海山川秀　含生鍾毓靈

字行

恭寬信敏惠　存心本以仁　學乃子孫珍

禮義傳家法　明德在新民

蓮江東林重修宗譜序

溯蓮江林姓開族於元明間由莆田遷居十數傳而枝分派衍瓜瓞綿延傳至中葉蕃衍尤盛至人才蔚起殊極一時其先世之遺德懿行前人備述也詳考其譜牒至光緒壬午先後凡修此四距今蓋又百六十餘年尚未續修茲鄉中有 謀鏞積鴒等素熱心公益又識大義不忍族中彝倫之不立昭穆之失序勃然奮起尊祖敬宗之心嘗曰吾族同為一祖之親竟至分爭不和

之舉皆由於譜牒之不修故也爰集衆議首倡重修來商於余余才疏学陋且停修已久恐有遺漏未敢遽許嗣因余任於地有年情所難辭遂從衆意循次續修自丁亥仲春至戊子迴春幸得告竣一年之間傑然一部重新家乘庶後其子孫觀閱覺親其親無和和而和之列二房其有功於族中豈不大哉是為序

民國三十七年歲次戊子仲春福縣王毓甫撰

蓮江东间林氏重修宗譜序

窃惟人之有派衍也猶木之有本根水之有源委故本
根蟠者其枝葉必茂源委深者其流恒長人之衍派何
獨不然吾宗林氏肇自九牧繇甸假公綿綿延延歷
傳于今不可謂不盛矣吾中彙修譜牒其不啻
一而再再而三也吾人之述備矣然自乙未崇修
譜以迄于今蓋有四十八年吾族之人諮於父老
曰更十年不修子孫曰十年不修恐無以籍遠遡
蒸嘗漸矣雖稽五年不修可今曰五年不修恐

者朱凋謝杞宋忽焉無徵修之宜亟亟也況譜例有云十年不修譜比之不孝不慈今遠時許久待之無容待也理應重修以成一部家乘僉曰唯唯爰謀族議鳩費財啟先祠謝祖專出之支去如無工而操觚焉且大事必有主而後可成業必贊襄而能有濟修譜重事也族議難乎也使主贊之人勢必互諉而無統緒焉鮮擾可與圖始與難成終之舉也先靈默相使文協君華義君吾三其事使任董公文永君文貴君文天君文舒文榜文錦文孝文交文俊文星文日華箕華文華書仁光華祥

華麟華岱道君等贊襄其事又使君寶公子諍君栽華
至乃俱多分獻得人譜能祖宗隆底而終乎于時因
事寅恭功無或息閱十五個月而告成焉是役也
誌丁口五千人紀世一十有七其源上世無型而不敢
於以作言于其間譜牒備而彝倫敘昭穆以之而
定長幼以之而分祥後之人指而言曰某也年雖少
而序次在所先也某也輩雖長而倫列居乎後也
大小咸宜等畢焉然則族譜之為書詎不重哉
抑今日修譜之功豈細故哉異日其子孫觀先所以

可能紹先烈于不朽耀宗族于顯名又望于善
繼善述者也是為序

乾隆壬午歲陽月吉旦

賜進士出身文林郎孫曇撰

蓮江東閭林氏重脩宗譜序

宗譜一書由來已舊昔先伯父紹業公嘗諄諄詔余曰吾家譜牒經兩朝而如昨常一世而重新爾曹得志之日尚其踵武重脩余心念之而未敢忒忘竊期一經成名博取科第以為宗族光寵庶先公增輯遺緒於播遷之後者余小子潤色丕烈於熾昌之世乎無如有志未逮則寡學自羞幾不敢偹一家之文獻爲比辛巳冬宗中耆老咸感激而言曰譜牒需脩亟矣考之譜訓云一紀年不脩譜比諸不孝溯

乙未續脩至今四十七年則數過而時可矣有能紹前徽傳矣世其在斯乎其在斯乎維叔君賓曰此艱大之責也昔

念蓼公學問淹博運經濟之才于筆削之中今者微言大義遏絶於耳欸問其事而遺老盡矣今此恐無以慰衆望也余曰否不然哲人雖已遠典型猶在望也兹惟監成憲率舊章竊取其義而已非所謂作也而又何慮焉由是族中耆老共推家嚴

君與兄華義君總領事務而命余曰子既會是

說明是理則今日譜牒之重脩予宜欽承厥任已余以脩譜重事族大丁多故事浩繁又惧才疎學淺無以勝任而貽前後人羞固辞乃余父復言曰家族之所係者譜牒也若多歷年所必有無徵之憾其獲戾于祖考也大矣尔小子雖不堪自任惟是當勉旃毋自玩與君寶叔共成厥事慎勿違長者命而負先伯父志也可爰是與叔會族者于壬午孟春上元之旦啟祠以告重脩乃披閱舊譜尋究書中之微意且就正有道延訪長者之議論

蓋幾經玩索焉而大旨節目因以不誣其監古酌今拾遺補闕也要惟善述前人之事而凜夫孝之道初非妄援於已遠濫收於已疎者也且事未易精詳也試陳夫考核之情維是啟神主印舊譜疑似必查子孫失其祀者質之耆成傳聞幽隱闌至於耆成無聞神主無稽者但阻於時勢無可奈何窃比諸春秋夏五郭公之類亦望先靈默鑑予衷後人彌縫漏焉今自十五世以上已登諸譜者訛則訂闕則補信則書疑則仍闕之自十五世以下

未名者則書之其編年序齒以及宗支源流悉準前人矱矩一筆不敢妄加一字不敢涉私惟秉直道而行庶幾問心自慰可質祖宗而無疑若夫見識有未及則懸其義以俟高明之論斷綜而計之始自仲弦公迄今茲為年四百四十餘閱世十有七閱人幾五千自具藁以迨竣事起于正月己酉終孟冬壬辰十月而就之燦然一部重新家乘遂會族衆謁祖告成可云無忝厥事云爾　按法有趋蹌者例得録勲若君賓叔與余同事而歸沒于五月間矣　家嚴君

與光華義君同心激勸而爲族人倡者也若叔文永文貴文領文波君暨光斗三華箕華應華潘仁光華群華傳天麟華道君一時鳩衆力而賛襄者周並勒之以爲後人勸

時

乾隆壬午歲冬〻十月上浣十四世孫家寶謹書

蓮江東間林氏重脩宗譜序

嘗聞史氏之言君子所重乎譜者謂溯源流之所自以慎同異而別親疏也故無所證而強加之是謂誣其祖有可據而反遺之是謂忽其先誣祖忝孝也聖人之重彝倫而惟明禮教孝而已春秋之義有必攷其世系國其始終無務頗疏而詳公正焉斯其宗東林族氏蕃衍溯其始奉於九牧而推其源斷自假公自明迄于今

譜牒增修者五次自

大明嘉靖辛丑年纂輯成而

皇清順治庚寅年增訂重修者一而再旋而纂次遞遷系録

尤甚惓惓

國朝康熙丁卯科先曾叔祖諱逢翰號念蓼公以書經中式鄉
試癸酉舉賢書戊辰年吏部揀選回鄉謁祖族之耆老詢而告
曰前祖宗之靈光明紹業與建祠宇修集宗譜可得
于子孫再祇承厥任越二年庚子纂重脩于是欲修
宗譜共三而祠宇尚未興建至雍正己卯秋身病忽漸遺
囑諸姪恁曰祠宇未建而身先亡吾於九泉以難瞑也爾
曹當承吾志余先曾祖諱冠貞號誠直公聞言而心惻救
緣奮興于己卯冬先倡舉議至庚辰年書會族中協
資興工崇建祠宇逮經而成以紹念蓼公之志而先靈

庶民賴焉比乙卯歲族即續修宗譜吾先祖諱文宰號輔侯公
慷慨從事先輸捐款不惜家貲不避艱苦卒成續修之業
俾我後之宗族尊祖而敬宗其禮固然也譜籍中所明
敘年曆者其續修有由今欲家宗牒然具陳悞我美備
昭穆秩然至序源流世次不紊所謂不妄援於已遠不濫
收於已疏洵知孝道哉孔子有云夫孝者善繼人之志善
述人之事者也奉宗以譜牒莫而至曾叔祖曾祖父及祖父三
公世之事脩而得肇修人紀遺之庶幾乎厥祖云亦可
告無愧于繼述者矣其於明禮敬孝又何加焉故曰成法
其必百世祀以宜其食報綿綿子孫百行而無替乎今至

午春上元日宗中耆老議朱淩重脩宗譜族叔祖文協君
叔華義男仲董事族老仕慶公文永君文欽男文貴男
文天君文波男應星君應同君華萁君華應男華
潘君仁光君華侍男天麟君華珍君華益君華
棟君諾人告厥就訂維時執譜校羅仍因舊本貿其稿
于家侄叔祖君寶公叔子諱男同清贊襄誼與君寶
公天眷予長予克丕朱圖終豈能一只恨事噫亡之
命矣友孫年以晉之董史執筆而載書者當賴有人
焉且六世譜之為義也大矣脩之之道務另詳慎篤
其嚴禮救明闡之隆族屬坐喪大倫紀予敘將使昇階

當時蹤跡感矣為計今茲之重輯是編悉循譜例舊章
詳於世德作求繩其祖武庶幾不祇知其祖而忽其先
按之源流支派各仰分徵之款錄同異有條別類語等
祖敬宗於是乎萃之道也於是復於閏十月而成之
斟酌監補庶幾無罅漏也拳拳重修宗譜數易而成
正　余小子捷學淺才陋蒙誤昧怯囑曰修宗譜誨後
生始于宗族其穀手余實敢辭爰是設數家整泰居
西軒共勝纂典參贊激其添出當時之書謹誌以序云
并詩五言六韻
宗支衍派長　蓮錦溯流芳　君牧開基業　溫陵博澤

民國丁亥年

良簪纓傳世世閥閱見堂堂嘉樂重增輯德門寖熾昌文章運際遇科第應聯魚紀載奇重美澂修後昆光

乾隆二十七年歲次壬午冬十月吉旦

十五世孫清捷敬撰

東閩林氏續脩族譜序

從來剏作者爲功厥難繼述者爲可恒易失紀事之易也以物

爲以基之也既爲以基之所謂之易也亦視敝作者之易之耳

本宗之有譜牒也在嘉靖二十年始爲之譜係鳳池莊夫宗

美李君喬梓三人序傳世派至九世矣繼而祖琳諱加捷

公係癸酉鄉進士擢脩詞翰歷序上世宗支傳而至于十二世

已郁郁乎可欽矣示言播遷流離譜序竟是聊然率爾丁卯科

兄諱達翰字奏卿公康鳴標嘯嘆譜牒之殘墜生年月日

邈而難稽于庚午間重脩宗譜上自仲弦公至于四世止其

紀年編同祖像及新田宅爲紀文翰爲序圖概之分成一

家乘矣。茲宗後數矣，即後人亦不敢贅一詞也已。但自庚午歷今乙未二十有七載，則數易而時不矣。彼古譜則云一紀年不修譜牒，比諸不孝。循之宜亟矣。今乙未冬，莆江一派族議續修宗譜，其長君輝其命奏卿公翁之子承志留啟祠設牲誠吉以告績。十一世至十五世譜牒并紀年原依圖一準前人，故事一革不敢妄加一字，不敢虧私。其自十五世以上已發誅譜，其訛則訂之，闕則補之。十四世以下未有者則書之。若夫紀年序當亦酌舊牒而更新之。揆厥經始而告竣之日，則始于七月壬子日，越十有一月甲午日終，閱三月餘而成。儀以無失宗譜之依傳，無忘祖先之遺績也已。予於康熙丁卯科與兄奏卿同榜詞

後捷南宮居京師委身從事
朝廷示得再往蓮江謁祖但系原東宗諸叔姪兄弟以續修宗譜
請余為之序云
賜進士出身奉政大夫鴻臚寺少卿加一級前大理寺右寺正左寺副
國子監博士吏部稽勲清吏司員外文選清吏司主事分陝西
學中衛縣事己卯科鄉試同考官歲在乙未冬十二世孫洪烈
謹識

序

昔庚寅冬予宗人有事於譜兩閱月而成書小子逢翰年尚幼也嘗披展而考其源流睹厥世次自編年序齒以及屋宇墳田之詳宗中人若以翰爲可教者因語翰曰此非細務夫吾譜歷兵火而不墜傳今日而重新非祖宗呵護之靈不至此爾曹過闕則思入廟則思敬尊君愛祖之心一也數十年後脩明之責惟子是賴翰心識之而先贈父亦數言是譜考核精詳微寓激揚之意其壁儒田也以示勸也其置祀田也不忘本也其有賢德者立之傳也書用識也歆子孫歌咏於弗衰也翰聞是說蓋幾沉潛焉玩索焉益恍然於祖宗遺澤之遠也比翰躔入黌宫與叔興賓兄昺昌彬彬繼

起各竊一經每思所以報稱祖宗者而兩奉播遷故宮禾黍時事不可為矣迨癸丑海瀅歸湲然六陶復陶穴焉可蔽項逸年之樂農尚未得也翰用奮然曰搆祠宗脩譜牒願以身倡之丁卯歲憑藉先灵叨博一經旋亦遯隊公車毋〻就道竊冀與祖叔叅議公應期聯飛庶為吾宗光寵而羽鎩音哤若蘄之何也康熙二十九年翰過蓮江謁祖見夫比屋稠密禾黍遍野委巷中或嬉嘯成羣或咿唔不輟稺童雜遝幾不辨其孰昭孰穆也者乃知生聚有年教誨有年吾宗之興正未可量也翰顧而樂之而叔祖姪兄弟義激於中感發而言曰譜牒待脩亟矣念吾祖來於元盛於明綿衍於嘉靖崇萬之間至今日而子始貴今自播遷而後保無人異其鄉寓樂其國者

乎魯魚亥豕之差子安不凛凛也欽哉其董厥事翰自思不敏然不敏亦無所於辞爰是鳩族衆啟先祠寅諏于是春之吉而翰受任葽葽姑執筆而隨其後爲是役也閲世十有四紀人千餘丁自昃其纂以及竣事爲日五十有奇要皆按蓏人而增輯之信則書疑則闕而猶所審慎以俟後人之論定庶幾問心自慰以告無罪於祖宗云尔按書法有事趨蹌者例得錄勳若銘寶若際遇若銘璞顯宗及鯉皆宗中之耆德者也若濟英若贊皇若末科罷鳳若丑與殿信怨福点增等子姪之向義者也此皆仁孝之思感發而興一時同力贊襄以共成吾宗之文献者是當書之以爲後人勸於是共慶斯譜之告成且相期遠大之業尤光祖德於未艾也是爲序

民國丁亥年

歲在庚午秋七月望前

十二世孫逢翰謹撰

泉郡蓮江東閭林氏譜序

丁卯科解元文林郎蕭弘棵

舉人文林郎王維斗仝頓首拜撰

是歲之秋予弘棵等預爲公車計道經郡中而林子奏卿以酒食相訪呼余到蓮江相其山川因以知其風俗醇厚猶能説禮敦詩里巷中長幼畢集相與較晴量雨談情話舊桑麻依然無懷葛天之世予丁卯榜得士五十有四同郡僅有九人異姓弟昆而年兄奏卿於余尤篤遡其訂交本末入黌宮則奏卿知我同筆研則奏卿知我浪遊京師附詢勤懇則奏卿益知我凡予與奏卿臨明風雨無間初終者洵可謂莫逆之交同心之

民國丁亥年

侶矣劇談之暇奏卿出其宗譜數部示余時方成書因陳樂告
廟祝余以酒且索予以文予觀夫林之宗譜出自比干遺裔自
清河祿公從元帝南渡敕守溫陵因籍爲世有名宦歷十五
傳而爲瀛州刺史玄泰公而林益著時一支折而之蓮江者爲
仲弘公自公而下現十四傳而昭穆釐然世次不紊創業垂
統各有成規林之爲林其盛矣乎夫人貽厥孫謀靡不備至
能食報於數傳者鮮矣況能式廓於數十世之後乎能確
守前模箕裘罔替者鮮矣況能恢弘鴻緒俾光大於兵火
播遷之餘乎今奏卿以書升光寵予固不能限其所至
序次之詳筆削之斷其有功於譜甚大此皆深仁厚澤

之報而人所難者也獨念林祖世有隐德垂裕後昆即如儒田祀田諸務井〻有條林之熾昌匪予所得而私祝者然予與奏卿握手言歡得與聞其譜乘始末俾余水木興思孝心勃〻則不特尊祖敬宗而且以教孝也可詩曰孝子不匱永錫爾類其林宗之譜之謂與余初博一科言無足采而睹其仁里閱其成書有不禁愛之深而慕之至者於是共訂行期更浮数大白而樂為之序云

叙

宗譜一書本唐世傳之舊先廸功公爲遂昌佐郡時慮家乘廢闕無以備一家之文獻每公餘手自編輯不知幾閱月而後成尊祖敬宗睦族和親之意甚摯且慎也加捷生也晚雖弗獲記睹嘗展譜而攷其源流循厥世次閒爲祖圖者一爲宗圖者三其法以上世爲一冊莆田爲一冊晋江爲一冊而以本支宗派演其後炳炳燐燐瞭若指掌遡其得姓所繇則斷自殷少師遺胤武王因其誕於林中爰錫之爵而胙之氏而林著爲歷周秦魏晋世有傳人史不勝書然而時代遐曠風流浩渺書闕有間已越自晋永嘉之亂清河禄公從元帝南渡領合浦郡牧勅守溫陵因籍焉蓋入閩

自此始嗣是以後凡十五傳而為瀛州刺史玄泰公繼而藻蘊公兄弟以甲第開先攢以孝顯至伋公家晉江焉故在晉江斷自伋始至晉江而傳彌廣族彌蕃矣其後十葉遂為吾祖文興子山公蓋肇基文興祖繇子山公再遡是一傳而謙虛公則吾大宗又傳而廸功公則吾小宗也而繇子公再溯而上又一支為仲弘公元中葉間折居蓮江在嘉靖二十年始自署其譜為蓮江譜而以舊譜按之則仲弦於子山公實親叔祖也歲崇禎庚午加捷過蓮江拜謁先祠諸兄弟感而言曰譜牒待修有日矣予其董厥事時以闈期告迫姑未遑启数載有事四方未幾讀禮旋亦遨遊中州卒卒無須臾之閒比丙戌登賢書復過蓮江謁祖而時事已非又值有鳳城之行纂事竟見

是闕然今秋參昱廷瑄二弟及兒子雲輅義迫于中復諄諄趣余曰昔人有云三世不修譜牒比諸不孝今去前嘉靖辛丑始脩之歲不為不久矣昔之登斯譜者甫九世今累傳而至吾身吾子吾孫吾曾孫不為不遠矣其脩之亟於是捧舊譜啟先祠諏吉以告一準前人故事而加提執筆隨其後加提受事怦怦竊因之有感矣夫自甲申告變日月沉晦乾坤一大刼運也大江以南所在歲兵革不休衣冠匪古漢儀云亡縹緗裂為甲胄卷帙耗而零星幾於士無遺書家鮮藏史獨吾譜從兵燹洊叟中藉祖宗呵護之靈幸以不墜加提不敏敢不黽勉從事乃酌舊牒而更新之因復增輯先人行誼與生平年月廬墓所在以次孫子其自九世以上已登諸譜者詎

則訂闕則補疑則仍闕之其自九世以下未登名者則書之若夫編年序齒紀元一事竊比春秋書天書王之義而猶有所闕以俟珥筆者之論定則私史也而公史寓焉譜於是乎告成總而計之始仲弦迄今茲三百三十有餘歲紀世十三紀人千餘紀其經始與竣事之日則始於十月乙未越十二月癸巳為日五十有九而溯自嘉靖辛丑以逮茲役為年一百有十試律以前者人言所云則數過而時可此參昱廷瑄雲輅所以同心激勸亟起而為族人倡也按法凡有事賛襄者例得並書時則有若夢弼有若廷瑞有若復初有若維址有昂峻有若邦旺而叙歷源流留心具藁如鋒者均於是舉厥有賴焉用沕之以為後人勸

十七世孫加捷謹誌

蓮江東閭林氏重脩宗譜

序

吾宗綿〻蕃衍實祖德所貽推祖宗之心豈不欲支支並茂而無所區別於其際哉然其間有一二螟蛉者嘗亦祖宗所代為心測也螟蛉之登譜律以譜例戒之甚嚴是以衆議嚣〻久之然螟蛉非得已也勢也彼其先人焦思積慮以求延一線之脉而吾恝然一筆勾之甚非所以慰先人廣後裔也今議並登之中間稍存區別然所別者止其身耳子若孫則無異矣律設大法禮順人情此類是也予苦心思索博採先賢名宦之議而以一字之區分寓不為已甚之意㨿以告無罪於祖宗云耳謹誌

蓮江東閭林氏重脩宗譜卷之一

舊譜序

林氏出自子姓王子比干紂之諸父位為少師以直諫死夫人陳氏有遺腹方三月懼而遯于長林石室之間已而生男周武王克商未及下車封比干之墓徵其夫人寵所生男以其誕於林中石上故名之堅賜姓林氏食采于清河公封戶二千世為夫人出膺叔伯之寄入陪卿士之列閭世傑出代不乏人回則負赤子重義而棄璧之珍放則從聖人傷時而問禮之本以至炊鼻之戰奮不顧身懷報主之心蒲圍之役義不辭難發一怒之勇稷曲之師不狃誓不却戰盡必

死之忠咸見名於春秋傳自時厥後世遠支分因居著姓各以其
人尊在西都占籍於濟南以尚書論石渠官至太子太傅故林
氏之望以濟南者自尊始禮在西晉徙籍於下邳禮生穎〻
生二子曰懋曰禄懋為下邳太守子孫婚宦皆出於下邳遂
為徐州之冠族禄當永嘉之亂從元帝南渡充昭遠將軍
領合浦郡牧代還家于晉安之溫陵初漢武帝誅東越王餘
善以閩粵數叛其民於江淮久空其地至是禄公綏入閩故
林氏之族在晉安者自禄公始禄生景〻生綏其
封國仍世于南平八世而生孝寶為泉州刺史自泉州三世
而生玄泰為瀛州刺史玄泰生五子曰萬寵為饒陽太守

萬寵三子曰昌曰披曰韜昌之子曰萍澧州司馬未老投簪歸休于游洋之莒村今莒村之原塋域猶存韜生尊〻生攢居母喪廬墓側有白烏甘露之祥

德宗降詔褒異立雙闕于其墓旌表門閭時號闕下林家今之居闕下者皆攢之後也披自北螺遷于澄渚有子九人曰葦藻著薦蘀蘊蒙邁蔇貞元中同時為九州刺史時號九牧林家今之居澄渚皆披之子九牧之後也端州刺史葦生子曰愻曰應恕子左武衛兵曹叅軍逵〻子可徵自澄渚遷居于長壽社今州治之東也可徵子永唐末遇涅槃和尚復卜前埭之浦尾因家爲時號前埭林家今之居前埭者皆葦之後

也永公三世而蕡〻生三子曰矩作監簿曰伯材泉州司户曰國華鄉貢進士挺然以詩禮名而萼棣之族始廣矣猗歟林氏之族祖商之仁人起周之博陵維於濟南綿於下邳而大於晉安其源深蓄厚故能發大而流長至

唐太宗命高士廉等刋正族氏得九十八姓退新門進舊望而林氏乃為晉安郡姓之首所謂林黄陳鄭是也莆閩於福泉舊亦屬泉故其族蕃衍于泉之外邑如游洋如仙游所在跳跳而莆田為尤盛由晉安禄公東晉以迄于今凡七百餘禩中遭兵火衣冠裔緒流散于深山僻野不一再從相逢如其路人況地相去世之先後如此其久且遠乎哉考之唐史蘊以

詞學顯攢以孝友稱莆田人嘗怪當時自己無異不為伯仲及蘊及於秘閣得貞觀六年溫彥博所纂譜牒因自叙其世次其洋之之行則為從兄弟於攢之行則為再從弟姪然後知其本之所自出未始不同於一宗也年代深遠不可不謹系錄以示所承使我子子孫孫恢祖宗積累之業不墜於前振忠孝儒雅之風以貽厥後庶幾世世聿脩無忝爾祖云

紹興丙子年正月望日

福州長樂縣縣尉嗣孫鄉貢進士林　稃書

序

平陽林氏五季時自長溪赤崖来居四溪宋中葉自四溪折居嶺門嶺門之族字敘伯者持其譜圖指示余曰惟我林氏自周博陵公歷十八代而至于今二十七百餘年其名字世次皆於此見焉然以時論之今距宋唐未遠也上距晉魏則遠矣又等而上之距漢秦周則已遠矣遠者難稽近者易攷易攷者當詳難稽者當略今吾世譜頗詳於遠而難稽者略於近而易考者無他爲年代綿邈卷帙浩繁兵燹之荐更存於散軼之後得於毀裂之餘由唐而上全而有徵由唐而下不全而無徵故也吾于其有徵者既不敢忽而不録於其無徵者亦不敢旁求曲証故以舊譜寘于前而斷自

所可知者為嶺門譜系附于後葢林氏之在平陽也皆祖福唐尉後若干世徙四溪又七世徙嶺門又五世支為四房曰文曰行曰忠曰信其初兄弟也今服雖窮親雖盡而同所自出也先生倘以為弗畔則願為我序之於戲君子重乎譜者非以誇門第也所以慎同異別親疏也故無所證而強加之是謂誣其祖可據而反遺之是謂忽其先誣祖不孝也忽其先亦不孝也今敬伯之所為不妄援於已遠不輕棄於已疏真知孝之道哉仲尼不云乎夫孝者善繼人之志善述人之事者也古今林氏以德業顯著者余不暇論姑言敬伯之所自出者爲若福唐尉之執喪廬墓可謂孝矣若知諫之直言盡諫可謂忠矣事親不過乎孝事君不過乎忠臣子之

事君親而於忠孝無憾可謂成德之士矣成德者必百世祀此其子孫之所以有行而無替也自今敘伯率其族人相與勸勉處家廷則以尉之所以事親者事親列朝著則以諫院之所以事君者事君則信乎能繼述矣其於孝也又何加焉余見林氏之福澤方來而未艾譜之所書豈但若是而已哉

附序

知正公一派世居瑤湖演自吾宗五世質翁公之庶子也春秋祭祀咸在昭穆舊譜不載而僅爲一部私乘此事之闕有間也茲歲重脩宗譜諸族長公議並登之後世庶無親疎遠近之嫌爲是仁孝之心所感而興者亦體祖宗之意而行爲耳他重陽之祭墓儒田之祀先戶籍之隸圖上世以来各有定制不可改也　謹誌

附誌

其質翁公儒田小宗祭墓與知正公派無干以庶子不得執祭器故也

伯泰公安谷公重陽祭墓均不得與爲附誌

序跋

大爲常疑吾祖少師遺腹而胙之氏別無經見及覽宋朝追封七十二子放進國長山侯行贊之乃知放少師十二代孫因堅初生初長林而錫爵也蓋非一家無據之文林寶爲太常博士作元和姓纂叙林自比干正合且云藻蘊寶長山之後晉安祿之裔是也韶州蘊慶圖元和十四年書作家云大歷代宗中惟諫議一房爲近今國博士及京兆兵曹兄弟即吾伯仲也亦足以榮宗族鄉閭可叙列姓字繼之於後也姓纂所載希直諫議大夫之寶爲太常博士姪蟠之爲萊兆兵曹此一門衣冠赫奕屋濟南亦長山之後當時世系蟬聯可以按昭穆而知諫議遠近今續慶圖文字訛缺尚失本冑况其

枝葉乎韶州作府君墓誌云瀛州生饒州饒州生陸州塋壠祭掃灼然猶在而閩中名士傳以林放為少師後是矣言其祖有温陵牧後世弗紹流為編氓至十六代孫披生九子藻等蓁戒其弟曰吾忠烈之後今為遐服農人誠可恥也遂負笈西上連登科第按南平侯而下景公瀛州而上玄泰無一世而不簪纓而云後世弗紹則知黃璞作閩士傳在唐末乱離中耳目傳疑亦不信諫議一房近屬譜牒無不可見而泉州十六代流為編氓幸可以證其誣永明公重廣韶州之作比舊本最為詳備他日見異書秘記及遇吾族之顯于他郡者有能見當時譜牒全書庶增緝其後

紹興六年丙辰十月一日曾孫前進士尚書大鼎書

序

清源林氏之先出自唐孝子莆田林氏攢之後也攢為福州福唐尉以孝行能盡孝道聞母有疾不俟車奔還至羅雜疾尋卒水入口者三日或五日殆至殞絕自埏磚甓以營丘垅獨廬墓側而孝誠上格于天之降甘露復有白烏之祥廉使李公若初上奏

德宗皇帝降詔褒異立雙闕于其墓旌表門閭今門皆蠲徭役時號闕下林家而世代綿邈閥閱蟬聯皆公之餘慶也五世孫攸為泉州晉江縣尉因家于晉江焉攸生子三長杞任光祿卿致仕其詳具於郡誌次植為侍郎季朴杞子九人洎一女壻同為十知州世號為九子十知州之孫以為美譽自是以後子孫蕃衍分

居別處而世益繁大矣至于月程公克明之孫曰珪鄉貢進士為杭州路同知珪子潛傑以簪纓士裔詩禮傳家擇居于城之宗雲東石墻之北號雲西先生當之至正丙申胡兵擾亂宗祠燬付之一炬延及千家片瓦一木皆為灰燼公復依舊址營葺如故自非先人積德之深墳林廕護安能延蔓若是耶予因眷來日過莆田舊族以訪之十二世孫惟明氏出先人之舊譜以徵予言而紙墨零星先後失次繁嘆而言曰此乃人生根本來歷今人多忽此族屬無譜罪不序於親於遠人噫予嘉其言誠其意遂与其弟惟正重葺是編數撰成帙以為家譜仍參成宗備本使後之子孫無其長幼親疏瞭然在目無於

欺淩侵侮矣

时

大明洪武十九年丙寅仲秋月江心壹世孫再拜謹叙

叙

林氏之先系出殷王子比干之後比干諫而死夫人方娠懼而遯於長林石室之間已而生子及武王之克殷也求比干後得所生子於是為其誕於林中石上也賜之姓林氏名之曰堅此林氏之姓之始也歷漢之太子太傅尊尊以尚書論石渠將居濟南晉永嘉之亂黃門侍郎穎從中宗南渡穎二子曰懋為下邳太守林氏在下邳者出懋之後也曰祿自散騎中常侍遷合浦郡守改晉江因家焉至唐林氏在晉安者尤盛高士廉等承詔定天下氏凡九十八家林氏其一稱晉安所謂林黃陳鄭是也其後族益繁散處旁郡象林氏蓋皆祿之後祿十五世曰饒州太守萬寵二子披披

子九人同時爲州刺史端州第收居莆田之前埭號前埭林其第之後也第七世孫曰黃黃公三子曰矩曰伯材曰國華今譜自黃而上系爲圖以統至世從自矩三人而下生皆既多又別爲圖其三爲於先世出處隱顯言行生卒之概列以世傳其于圖之後至端修本末最爲核其至爲譜例仍唐之舊而推續其下所昌坟方之歐陽氏蘇氏二家之譜編集分合又自下誼例示和同也國華十一世孫崇璧以屬予序之崇璧以示余既成進士及第入翰林爲脩撰尋遷侍講以文學顯名于時而至用以示屬之於族之利於敦宗重本孝弟友愛不隱此世德纂至文於行未考者也然自至洪父罪矛爲當首名匡其志

衆又示我崇璧一人我乎為崇璧之孫也既同被

命來北都暇多往還因得覩其譜為其先世之題揚光而又見其為

崇璧者能克世其家之子尚也乃掇其世次源流余之所以慕

羨乎崇璧者為之敘云

大明永樂皇帝八年五月五日

翰林修撰儒林郎兼右春坊贊善廬陵梁潛書

序跋

林氏出自子姓世傳爲王子比干之後自殷歷周以迄于今秦漢魏晋唐宋不知其千祀子孫蕃衍族胄蟬聯分布于海内外莆田之林自九牧始盛九牧之中有曰葦者爲端州刺葦之後有子曰恕〻之後有子曰逢爲左武衛兵曹參軍逢之後有子曰可貞舉明經及第仕福州長樂縣令秩滿因家焉遂爲長樂始祖則長樂之林與莆田之林同宗支無疑矣永樂七年夏五月山東清吏司郎中林公致雍暇日以其家乘蹈橋門徵予言爲跋余而閱之因重有所感夫自九牧以至今有十九代世如此其久也莆田距長樂三百里許地如此其遠也服屬既絶而音問不通邂逅相遇曾弗若途人尚無譜以明之則何能使遠者爲近也

跡者為親乎何以灼知昭穆尊卑之次第乎若致雍之峯：斯譜可謂知所重矣使異時得志身居廟堂有萬鍾之禄必能為范希文置立義田以賙其宗族吾長樂諸林亦將有賴焉是宜為跋

永樂四年丙戌五月望日國子博士三山林　慈書

序跋

夫天下之事君子有未信而往或驗者何耶術之奇中有不偶然者耶人自為之耶余讀莆田林氏族譜異焉林氏出子姓比干後所由来遠自祿以晉中郎主簿徙晉安於閩越始有林氏藻以文學貞元中先歐陽詹為進士位節度使歷大順景福之間族盛蕃衍矣葦五世孫永自長壽社徙居莆棣關得石龜石笏有一異僧占之曰石龜與石笏五百祀後狀元出族人多傳誦之歲永樂丙戌永之彌孫環字崇璧以明經試禮部對策

大廷遂魁天下士考其數適然由是觀之所謂不偶然也者非耶使崇璧不奮勵問學苟墮以下其又能果然耶林氏先德於是盛可觀矣嘗崇璧

廷對余幸執事駿奔殿陛間竊獲窺其文辞及今為同志又相厚也出
族譜徵言余特識其事君是使林氏子孫觀是譜者益知自勉光昭
前人不尚弛墮以諉諸命其必由余言也夫

翰林院簡討錢塘王　洪識

重脩蓮江東林宗譜序

族何以有譜溯本始叙支分也溯本始何懼乎遠而無稽也叙支分何懼乎疏而無屬也是以世家巨族譜系日新百代源流瞭如指掌況由此前欽之垂德具超纘承之思後念孫支彌增垂裕之計乎夫人道親親也親親故尊祖尊祖故敬宗敬宗故收族語收族語而必本之尊祖敬宗何蓋以祖宗一人耳由一人而衍之百千億至於親盡情盡弔賀不通休戚不関甚者強凌弱衆暴寡小加大等於陌路人相猜而原其初則皆祖宗所衍之人也而寔爲祖宗一人

二〇〇七丁亥年

之身也念及先敎本睦族之意可以油然生矣譜牒之修亦安能少緩耶乙亥冬族叔議續修宗譜之可惟夢魁廣年廣三夢年夢隆夢元兄弟等慷慨從事先倡捐譜紙什費不惜厚贊其於贊成餘剞閱費甚浩爰是謀於族叔覺巽澄族耆等集議於衆祠設牲宴敘于乙亥冬興工自具稿以及後可繕於壬午仲冬蕤月新之煥然一部重新家乘可供是役也誌丁丑六千人紀年六十有九者準前人之典型而不敢妄作矜心於其間譜牒脩而彝倫敘昭穆以之而定長幼以之而分至有光于先烈而裕於後昆其庶幾可

無忝厥事云尔是為序

光緒八年壬午葭月吉日　賜進士出身翰林院編修湖北提学

政宗裔紹年　頓首拜題

重修蓮江東林譜牒序

嘗謂千百年前之人欲垂千百年後勲名事業之久遠

聖賢所以有典籍之著述為而千百年後之人能知

千百年前祖先世系之源流宗族所以有譜牒之紀

載為吾宗自仲弦公肇基泉之蓮江為蓮江东林始祖

十數傳而支分派衍瓜瓞綿延計自前明嘉靖辛丑迄清嘉慶甲戌凡十八世而歷代諸公尊祖敬宗互相繼起其而譜牒已五至修矣迄今多歷年所子孫蕃衍有心者嘗憂世遠年湮昭穆失序魁瀾

先祖仰高公先父尚義公逮存之日深感世風日漓謂魁曰吾宗俱仲弦公派下子孫一本之親乃分強弱一鄉之中竟難敦和其皆由譜牒不修之故吾欲舉乃迫於時勢尔尔子識之他日遇有機會亟宜勉力毋忘乃祖乃父之志魁念先人有志未逮拳拳服膺並見宗親族人每不修睦特

與寬奚叔爾行此事而寬奚叔能事之人也且又服衆見
魁意誠欲自修譜紙什費而屢指餘費尚浩乃與慶年三
夢年夢元夢隆洪弟昆等出為共請宗親族長會議公
公訂就丁鳩錢以敷其費於是章由舊章累魚鱗以完帙
第循故事集孫脈而成裘計自光緒乙亥修至壬午仲冬而
工乃始告竣魁當自幸然魁之幸非敢私幸能承先人之志
也特幸與吾宗寬奚叔合志同方故能敦宗睦族剏此
譜牒修明庶吾宗之觀閱覺親其親者亦知親而親矣
因喜而為之序

二　民國丁亥年

歲光緒壬午年仲冬之月十八世裔孫邑庠生夢魁拜撰

蓮江東閭林氏宗譜

世德譜

祖功宗德百世不遷孝子慈孫萬代如見故有善而弗揚是沒其親也無情而溢美是誣其親也摭實直筆潛幽見矣作世德譜

仲弦公傳

公字仲弦文之仲子仮之八世孫也其先世莆田人由玄泰傳十葉至仮居晋江又八世至公始擇居于晋龍津里之蓮埭即今之蓮江故以公為蓮江東閭林氏之一世祖云歷更兵燹家無遺乘公之行實無可考者按公生四子曰伯壽曰泗泰曰伯仁曰伯泰連袂崛起皆

能自豎而有締造之功傳至九葉人幾四百生齒且昌熾而未艾非公之蓄德樹善源深本固其支流烏能如是其蕃衍哉

贊曰維彼蓮江公之世代潛幽弗聞末裔可槩猶木分枝猶源演派敷濬而疏敷灌而溉蓊欝蔥青奔騰淜湃地久天長彌盛彌大

伯泰公傳

公諱生字順卿號伯泰仲弦公第四子也公生季元至正丙戌二十年来時丁草昧遷徙調發人人自危公居海濱安堵如故理乱若不聞者迨

太祖高皇帝混一區宇政化維新上下二三十年民雖樂業然困者方甦勞者方息人維自給足矣公乃暇結葺構以奠厥居豈立腴田以遺享祀年躋九十而考終又能預營樂丘圖喜容以為身後之所凡此皆其勤儉力本以裕其家故能處之逸以肇昌于厥後也

賛曰惟公少經離乱壯際昇平人惟自給公顧豐嘉後事之豫先見之明肇基林氏我實經營熾昌未艾億萬斯齡

恕齋公傳

公諱聚字四観號恕齋伯泰公仲子其爲人也言謹而確行慎以恒居家孝且弟處鄉則於物無忤日所事〻惟孜〻俛焉於隴畝間生平不識長吏足亦不妄入城市里有貿易征需公每應給初不較量多寡重輕凡事不能爲者不敢責望於人恕齋之號其稱情也公生洪武庚戌卒正統丁卯壽七十有八

論曰夫子謂恕之一言可以終身行之若公者其終身行恕者乎夫恕本乎忠公謹言慎行怡〻孝敬則在己者盡忠之謂也惟盡己者忠則推己之恕餘事耳嗚呼若恕齋者於道可幾矣故曰忠恕違道不遠

安谷公傳

公諱顕生字失紀號安谷恕齋公長子也誌称公性質端厚言行謹朴孝友謙冲優游田里不慕榮利信實録矣愚嘗按公孫子有誦其明言與善行誌載不悉者云公居海濱見人有趋射舟楫之利者曰浪迹風波亡身之孽也與世無競吶吶稠人中聞人之訟則曰糊名刑憲傾家之媒也其出口律身有如此者誌称其為隱君子又不誣矣

論曰履險則危終訟者凶易之道也安谷何足以知之而其言適與之符哉蓋其質厚近古其居也野曠江清無車馬塵囂之雜安而能慮靜而生明故其言黙契經傳可以傳家也可以風世也後胤思維寧能不為之興起也耶

高風公傳

公諱宗諭字細觀號高風恕齋公仲子少有俠氣見義必為無所畏怯其家素為里之執役者征需侵漁公未成立時已懷不平及長謂其人曰公需自有限數容彼之暴取耶宜直之于官遂赴刑臺鳴之時
國初法嚴持平者尚中正召鞠得情直置侵漁者罪抵淅之塩徒因是鄉服其義名重海陬矣後世有從孫慕公志者每歲必率子弟趨公之祠而
瞻拜焉曰吾家鄉望之祖也

論曰凡人卑猥不振俯首甘心受制於人者多由其志之不立而氣之或不足也高風少豪俠壯能自奮憤素侵暴於我者而服報復之竟置之法而折服焉非其剛大之氣不餒而志卓然以為之

帥能然乎噫若高風者振懦戒貪為鄉領袖其有功於林門不細是宜後人之景行也與

質翁公傳

質翁公晉之名人蓮江安谷之伯子也晉人知公者皆以富右爲昔称不知公有大爲者公質朴而識宏不事詩書力行與理道每相默符弟患夭殁遺孤在娠息在襁褓毋絜歸寧未幾其家族疫死者相藉人不敢近公聞欲亟取之尼之者衆公曰疫能染人乎吾不忍弟之無後也遂親往懷歸育㧞于成授以完業從父子端亦早孤公曰均之吾骨肉也為之撫育婚娶備至晉歲荒鄉將以海舟告糴時海寇縱横衆患之公

議多集舟偕行戒以一舟有警衆援護之遂如公約泩還無虞荒賴以濟海岸橋路圮脩之以便人行給棺以殯死無所歸者凡此皆公行義之尤著者也若迺豊貲殖田戶十倍拓大立儒田畀後昆之力學詩禮者又其褡於家之前後者然也公諱玉字孔彰質翁其別號云

論曰凡人生無益於世沒世而名不稱其人焉能為有無若質翁者世其可無斯人乎家無翁則二孫無以護生從父與弟永為不祀鬼矣鄉無翁則民將病涉途有餓莩人死皆曰非我也公於家若鄉生者得全死者無憾世其可無斯人乎又曰仁者壽仁者必有後翁年踰耋奇三子而孫若曾若玄振蟄未艾翁其仁者與曰近之翁殆古之所謂木者仁之質也故曰近仁其翁之謂乎

介庵公傳

公諱尭字時雍介庵其號也其先家于晋邑之蓮江龍津里世為望族公之父質翁以来嘗以行義名望為衆所推俾為民正至公乃益懋世德為人忼慨特達樂善嗜義乃建蚶江橋以便徒涉又為棺槨以殯死之無歸者凡百利害不憚興廢由是鄉慕其義民有爭不肯訐于官而必至於公門一斷之以理喻之以義咸帖然順听於是數鄉中爭者以和怨者以釋敦質尚實力本屏奸而人從化故其民朴而野忠而不譎務農力穡互糾以非梁上之徒不獲寄跡于其境内也公承先業既饒至公又拓而大之以遺厥浚然雅不以門第自高督其子姪以民事脩其忠信而已鄉亦化之曁公没四十餘年而其故家

遺俗流風猶一日云

遯齋公傳

質翁仲子遯齋公諱舜字時孝性曠達胸無滯礙於彜倫大閑毫不踰焉其氣槩又有足稱者少小偕群兒章句列坐有自榻下匍穿入者即呵斥之此可占其終身為人矣日無所事惟圖籍自娛不治舉子業而論議筆札灑灑有餘味善飲酒興發則操壺觴或臨風或對月酣劇嘯歌僊僊如也聞人間勝負若聞角於蝸牛之角見榮耀若浮雲之過空落紅之綴地耳其中邈無所動好義樂施里有告之者與無留諾不徵其息甚者不責其償是宜獲厚於天

以永其年也竟以不壽而終焉惜哉

論曰人生以有限難得之歲月而營營於身外無益之求多見其自敉也若遯齋者進是遠矣志無他慕惟與圖書壺觴相周旋真若寒蟬孤潔不入倍調商山之矣嵇康之鉄柴桑翁之素桐殆與公同一風致也乎

知止公傳

宗美方有識時聞蓮江有偉人焉既而卜媾誤蒙東廂之選方知其為知止公也接其手度論議信如昔者所聞爰下迭主賓者二十有二年今公棄背又二十有五年矣心迹存亡幽明判隔通者妄董家秉欵傳公潛德登載譜牒固陋奚堪曩歲曾具行狀祈司徒顧公新山作誌閱舊篋藁尚存仍掇而為之傳曰

公少負穎質意氣詩書其冠進其衣逢其容良儼然壯然祺然肆然若儒生也多才智精練世故居家庭上有質翁公難乎其為子也次有介庵遯齋公難乎其為弟也公百服勞供職無愆質翁能以父逸介庵遯齋能以兄逸上世丘隴蕪壞公恐為狐兔場啟藏㮊而更厝

之鄉之人無苦而不殯者恐其委之於壑也公曰先人嘗興哀於是矣遂賑之以棺久壙無祀壇帥衆昜建之居嘗背海離植為鄉藩薮海岸橋道界陳江玉瀾浦長數十百丈風波之衝屢治屢圮公曰吾世責也而捐已貲修之行者不病于涉海寇猖獗商船不通郡大夫向侯命督捕一援方略獲無遺類鄉有室而不平者質公召慰而釋之使不犯于有司悉而德焉生平襟懷磊落交接士夫談古今臧否人物皆禮重之宴會賓朋雖酣後笑語亦絕有風韻善治生有田下下人所棄者與直而耴之鑿井砌池以為灌溉歲反豊稔公襲豊饒之裔貲産拓大若考作室公之肯堂文物又煥然一新矣晚歇俗涸常斗酒携族之二三弟兄與朋舊之知家者逍遊于雲山烟水之濱有葛天無懷之趣焉自

號知止示箴銘以自戒也公名晉字特學林氏之克肖者也

論曰人生天地間能不碌碌而嶄然拔出於品彙儔伍之中者必振古之豪傑乃能之若知止公者謂之豪傑可乎以公器量之宏深才具之優長識見之明敏苟寄一命焉必能裨補君上福利民物履盛滿而必知戒惜窮而在下隱而不耀耳噫若公者雖不得為振古之豪傑其亦今一鄉一邑之豪傑乎

饒翁公傳

晋之蓮江有處士曰林君諱伯喬字時昴號饒翁其鄉人之善者也夫善以實勝亦以名徵自閭史既廢文學興名士之好脩而處者行不越鄉非有公是足人不為華綺所勝又幸而不為私徇浮論之所排擠則觀民者無從下采後之人亦無從稽而述之以至身名俱沒者何限亦可悲已其有處於時能修於家推於鄉而獲旌於當路是亦足矣蓮江距城南之西數十里許予自弱冠聞公然不甚詳歲甲申侍御简公按泉旌善果檄公公以名勝為恥而以疾老弗應嗚呼蓋亦足以槩公之生平矣士難於名故有疾没世不稱者而尤難於不伐必求以副其名由是二者公其又可没乎哉

宣齋公傳

宣齋諱五字懷恩蓮江東向林仲弦公之六世孫也生三月而孤兄方七歲無遺産鞠于母蔡氏煢丁顛頓稍有知識之安平習藝既而之東廣治商又遷而卜築邑之蓮湖治農二三十年辛勤勞悴四民之業公已歷其三矣聞公商之始營也貲未厚聚僨嘗稱貸於鄉之烟婭償不踰期聞者爭以貨授之蓋其信之孚於人也用是豐貲産結華構而優游於蓮湖之桑梓齋者偕壽子姓循循雅飭而孫支振振未艾夙思厥考舊藏遠且不稱還遷茔呂山之原挈其兄之子相與群居其從兄之子在祖宅者亦均蒙撫字之恩爲其孝有如此者公善行類此尚多族子周欲爲表揚屬立傳夫傳所以闡潛幽生者不立傳恐

其節有或移也今計公年已踰耆望稀矣事定功成諒能不易其操者也又自伯仁公一丈傳公已五葉矣獨公一人超前裕後而為一支之特不得不以義起而為之論著云

和毅公傳

公知止公冢嗣也名敦字甫德别號和毅公生綽有父風垂髫毋黃棄背號泣朴地瀕死数四居喪旬日不粒守禮若成人弱冠知止營樂丘丶嘗躬負土石夜則㞐場以守丘距居第僅里許歷歲月工未竣落不家還愛諸弟怡于春如異毋弟厚將納聘知止費從約能不靳自弊以相其孝友得諸天分者類如此禮內外姻友情文周悉於中疏戚賢否又井井不混施志業多未遂空費歿以沒也噫

新江義齋二公合傳

介庵處士邑蓮江里之豪人也有子七人長曰潛字甫昭號新江其曰淵者行五字甫源號義齋與其弟濵同母紀出紀介庵公寵也家有正嫡位在小星不得干内政紀受介庵教循々惟謹二公奉尊人命亦循々惟謹事嫡一如事所出忘其為腹我非腹也禮非宗子齒雖長不得主鬯新江於序為兄然守此禮甚嚴每事必謙自退抑曰有嫡弟不敢先也義齋率益謹執弟子禮益恭曰有兄在有嫡兄在不敢專也其孝而敬和而有禮如此至於折箸分產田廬讓而受餘貨賄讓而受寡無纖毫較量于其間綜厥行誼逴々相類嘉靖辛丑其從弟周有修譜之役是時新江辭世已十年子中桂能光大前緒與義齋効力贊襄以成一家

之文獻君子曰新江有子矣義齋又賢乎哉按公等先世家蓮江凡六七傳自介庵置別業酒庫于錦江後院之陽距蓮江不數武烟火上下隱隱相望厥後義齋以孫子蕃盛遷居于此規模堂構煥然一新視前人又加責焉子中梗孫光爊嗣起而先後黌序間凡今之蟄蟄環酒庫者皆義齋詒也而新江之後仍舊蓮江者復方興未艾

警齋公傳

警齋知止翁少子也名慎字甫脩取古人箴銘曙戒之義以志警故自號曰警齋也性高潔恥與庸輩為伍而志行醇謹惕〻競〻雅與名稱公兄弟四人凡三母所鞠公母少知止翁二十歲歸翁為繼室以是知止公舉公最晚鍾愛之選婿于名閥為巴陵令梅嶼洪公聞女得丈夫子四董之以學嘗引自警之意以為戒曰業殖于勤荒于嬉不殖將落也嘉靖二十七年戊申期當歲校學使者周公奉檄按郡公命長君春蒸就試果為周所識拔聲蜚黌序若而年謂非公式訓力哉居無何丁巳戊午之间海夷登岸蓮江廬舍燒毀殆盡公乃起而拾餘燼理遺

構以燕子翼孫焉百年風雨之思未嘗須臾忘也惜年甫望耆而遂弗祿長君仲季旋亦修文地下遺大投艱于三子芳一人夫豈公意哉公行誼不少槩見他日芳志公藏石有言曰先君子隱君子哉不習計然董群兒以學亦足見公之一班云

宏齋公傳

公諱周字甫博別號宏齋知止公叔子也家世溫厚鴈行輩出公尤其錚錚者公為人慷慨豪舉所與游多士大夫賢豪長者里中無大小咸習聞其姓字嘗騎馬過別里有兒童數輩從旁指之曰林甫博也蓋少小不識忌諱素因人稱甫博則甫博之云爾維時公聳之咲語之曰阿小識我乎一若重慰其相知者然善繼述明于大義于敦宗睦族之意尤篤不忘先是知止公謀欲輯家譜而未竟厥志公曰吾世責也率先諸弟昆相與啟先祠具世系禮致其姊夫文學李君宗美執簡而從事焉供具帳設百凡鄭重所以奉李君懽心者靡不至公曰吾為先世及孫子故

大椽之筆將以光載乘而垂永久敢草莽以為君子羞雖一帋一墨之費公自備給不煩諸弟昆與其族人也經營四閱月譜成廟告悉如禮迄今百有十載林氏之族得整然一部家史者皆公之功不祧矣公善行不勝書特傳其大者如此享年七十有五子三家孫茂桂以武科兩得雋

北野公傳

公諱中麟字思振果庵公中子生而孝友治舉子業恂恂有古風擇地而趋擇言而發時著為文章原本經術可售矣而不售非其遺也每聚徒講學郡中名士多執贄從之少保襄惠黄先生與焉黄先生方困泥淖中人莫之識公獨奇之曰子公輔器也異日勳名登國史矣迨黄先生成進士守贛州公時已老亟以書奉公之郡一見色喜相與徵前言若左券猶以枳棲未展若將拭目寥廓而後慰者久之竟卒署中遂為李中賡所扶櫬以歸自是之後襄惠黄先生出筦樞机入賛密謨敭歷中外垂四十年得以行其所學而公不及見矣嗚呼南州之道行于身河汾之數行于徒公兩得之又何愧焉公兄伯曰中熊

亦治舉子業屢試屢蹶棄而之椽已忽忽不樂公語之曰蕭曹事業起自刀筆何苦厭椽為也及在曹文無害逡逡繩尺有儒風公兄仲曰中祺公之嗣公曰吾不可使仲氏無後也遂為之立繼公舉子凡三次公正所能世其業有聲庠序間云

情江公傳

公諱中棟字可遠號情江義齋公季子平生忼慨洞達有大志其早年能脩計然之策而恢大之會倭奴跳盪閩中九邑之右族散處村落者咸受其殘酷公是時以大户故往省會督造樓船倉皇歸挈其家避兵山澤間卒獲濟既而配洪孺人以病没復子身入戈戟中下具窀穸靡不周悉自是倭難平而公之先人室廬已動為黍離丘墟矣久之脩葺遺址稍稍如故未幾又以大户部糧往京自京回數年復董均田之役蓋吾郡萬曆初常均田按畝定稅無羨溢無飛詭自兵火之後灌莽極目豪右隱占里胥又從高下其手當事者病之公奉檄清丈折衷均適縣尹彭公褒授冠帶扁曰秉公效勞為大約公持心平恕

處事綜密故施德於鄉而不責其報受事於官者再而皆獲其厚奬
至其出入鋒鏑脫險就夷雖其智計有過人者亦若有默相爲晚爲
鄉祭酒鄉人化其教無敢以非禮得譙呵者繼娶德府教授沈公女克嗣
徽音能撫養前子如已出諸子亦繩繩守耕讀以無墜家声云公生嘉
靖丁亥九月初十日卒萬曆丁酉五月十六日享年七十有一

終

還巖公喬梓合傳

還巖諱春芳字日喬其大父知止翁父警齋翁樂道尚義崇儒術黜巧計然世有隱德為蓮江之望昆弟四人公其三也幼讀書識奇字稍長能文警齋公喜不自勝其外祖巴陵令洪公甬愛之尤篤公年十三時兄春蒸君已蜚聲黌序公輒發憤為雄視伯氏不少遜爲受室未幾中遭兵燹之慘公自是稍輟舉子業然父母兄弟無恙也越數年而家變頻仍嘉靖辛酉壬戌之交浹日以内丁父母喪者二有兄弟之喪者三零丁孤苦莫此為甚公爰卜芳地營窀穸先厝二尊人于郭山之原後迨伯仲季諸柩各次第就窆嘗自撰府君墓誌條款詳備憂思悽惻風木零涕之感情見乎詞蓋由其讀書能文亦天性孝友然也生平行誼為衆

所欽里舉約正推公為祭酒事無大小必質公有不平者公召而慰之而
爭者和搆者釋則其盛德叡望素足服物又有然者卑傳而得昇
巖君生光明偉俊緯有父風其為人也正而和直而不阿事父兄聯
族屬睦里党亦絶與公相類以故公没之後里父老望昇巖一如望公
於是復以約正為請僉曰此遷巖公後身也是能繼公志述公事者
是能明六諭之訓為吾屬所矜式者則其世德作求又若此遷巖享
年七十有六昇巖享壽又七十有九大抵其性同其德同食報亦同積厚
福昌理正相券故合表而出俾後之採實者得觀覽焉

環山公傳

公諱嘉筠字國翰東田公長子也生而奇顯自少以孝友聞稍長有大志博習经史將一蜚鳴於當世倭夷之變崎嶇兵燹間幸免於厄諸弟及從弟陷擄逃歸者纍纍相依朝夕給哺公先世故豪於貲者也至是始篷落始廢舉子業披蓁闢莱凡百勤勛以至堂有搆瑩有栖田疇有植而家穀廼隆隆起矣然公雖廢業稍暇即手不停披趨庭之訓諄諄詩禮故長君稱積學作文日益有聲皆公之教也惜乎不假以年耳抑最難者銀同蔡大廷先生未補諸生時旅滯郡城貧無以為家公一見物色之曰蔡郎也而窶人子乎妻季女字之遂納之甥館加調維為數年而釆芹數年而登賢書人于是而益嘆公之能覔快也能玉

成也其配於洪爲大夰新齋公猶女方伯敬潭公姑然公不以伊緜故碁綺裘馬作夸靡之態而洪孺人亦不以華腴故每舉案挽庶相莊如賓有恒少君風

靜吾公傳

給諫任公莊先生癸撰

公諱東沚字國參友齋公次子也世族蓮江傳五葉始分居錦江至翁而九傳矣倭夷之乱翁年方十歲隨友齋翁避乱郡城已從鰲城城陷公與友齋俱没賊中賊寘父於營而獨遣公齎金以償翁往未幾旋詣賊給之曰無也僅有薄田在以吾童子而鬻券不之信也當以吾父往而吾身為質賊然之速父歸時以翁童子莫之防至中夜竟逸去寇平歸里舊戶告燼與兄告碩吾公蔭一壁煬一灶朝謀夕餐夕謀朝餐日致甘瀡以奉二尊人然而所贏亦無幾也一日至郡中有日者奇之曰公丰神頓異但當如主父偃朱買臣之暮收也者公曰笑遲年命也蕆蓑俟之耳既而年五十有二果以貨殖顯廼

大拓舊址昂而新之即與碩吾公築二尊人塋而連阡廣陌今之子孫席有餘業者皆翁之詒也㞐恒事碩吾公如父老而益篤生年差数歲鴈行里中龐眉皓髮望之者指為兩地仙碩吾公享年八十三翁享算亦八十有二孝同友同壽同嗚呼真孔懷弟兄哉

賛曰公孝友人也而考其生平然喏不侵步履不踰恂恂然又一長者耳迺為兒時即能紿賊而免親於難机警也胡還若是哉盖胸有繩尺而不露其鋒家有餘貲而益恬其德嗚呼此其所以為翁而成其素封也

正所公傳

公世占蓮江里北野公之仲子生而岐嶷少聰穎有奇才善讀父書初洛江台巖先生未第時與北野相友善夙器公公因攜笈從事年二十友教大夫士雅以尚書業名世台巖先生延之西舍令其家子弟北面師事之今乾所先生位至尊顯即其幼受學公素刮目者也在洛江十餘年洛江一帶企函丈者履滿繇是教日益廣弟子日益進雖奇累試不遇而志不少衰薦紳先生重尊禮焉歲萬曆丁未與弟光爌並時為督學熊使君所亟賞是時同案黃靜谷先生甫垂髫而公兄弟年差長覆試之辰熊使君進而祝曰遇合須有時遲早非所論也子勿怠晚成黃子亦弗得於年少維時公壯甚間有為公喜者公不之喜也曰吾年四十

餘博一矜何足介意吾力吾學爲耳浚落〻諸生間凡若年風雨雞
鳴罔替晨夕其志之壯有如此者丁已歲允姪婿蔡大廷公之請之吳
國抵署大廷委二子以從爲每退之暇與公叅論政事商確今古交相
得懽甚居二年以事告歸距家不及七十里疾卒〻時年五十有六大
約公半生自少而壯而老攻苦無虛日公諱擅國字國毅號正所嘉誼
其夙名也

錦陽公傳

明府亨溟龔先生天池撰

葢予弱冠時即與錦陽公締莫逆歡云錦陽公為冠帶靜江公之子生而穎慧絶操染即屈其同舍生伯父文學鳳崖公愛之鳳崖公未有子於時遂子公稍長即從孝廉楊振奎先生學苦思勤索人不休人卧不卧大肆力於文字間歲丁未遂為督學熊公所拔補邑博士弟子員于時如行吾張先生元魯王先生慕其名俱延之西席加禮重焉王先生時初舉孝廉每與公為竟日七義之程至灯夕而公文先就王先生讀之嘆曰以兄之才弟僅為瑜而兄為亮乎遂筆研訂盟日相為摩勵乃王先生上春官遂颺去而公僅為廵臬詹公所識季試拔第二大抵公数奇值小試則列前茅值科榜則居後殿愈顛頓廼愈辛勤乎

生毅然以天下為己任迨年踰古稀迺始嘆曰吾其為政於家足矣蓋公性孝友事父母與嗣父母色養偹至與弟象江公華萼相韡而日課諸子及猶子以力學所謂政於家者此也則又嘆曰吾其為政於鄉足矣蓋公寬厚有大度鄉有約推公為祭酒公平生率物遇曲直則處分之遇利病則率鄉人白於官所謂政於鄉者此也蓋享年八十學者稱為錦陽先生云

肖敏翁傳

錦江之林有隱士焉曰肖敏翁者敏吾公子也生而孝友七歲失所恃嗣母黃氏事之如鞠腹有一弟二妹撫之如同乳性簡朴安恬守淡足罕涉城市目不識官府終其身以耕穫自給舍旁有隙地種菜其中有問者曰灌園樂乎曰樂灌園何樂曰吾上之不能發憤下帷鋭意公居業次之不能擁重貲北走吳南走粵作豪商巨賈又次之不能守一廛近獵錙銖之利惟是一丘一畝聊以自老既無履霜之操亦無角弓之嗟數椽安居一經課子抱甕而汲陶陶如也嘉賓至則摘我園蔬荷鋤倦則酌此春酒風雨塵途不足窘吾步烟波江上不能使余愁雖南面之樂猶不與易也而況其他哉或曰翁殆得道者與其漢陰丈

人之流也或曰翁孝友人也古稱力田供職者其是之謂乎翁自此遠矣

振南林翁傳

賜進士出身中憲大夫太僕寺少卿前四川道監察御史督理省直餉務廵按直隸宣大等處兼管學政眷生蔡鵬霄撰

振南林翁近里隱君子也自始祖仲弦公卜居蓮江世為蓮江人数傳而黙軒公徙居錦江則為錦江人公頎形偉貌魁然丈夫子少時父碩吾公愛之篤每令習鄒魯家言稍長見碩吾公作苦狀嘆曰父老矣吾終鮮兄弟吾不忍父任其瘁而子享其嬉也於是遂輟公車業一意習計然性俠舉重然諾每征車所至輙以豪長者稱之嘗徵直於福全近地所逋負者值百餘金丁巳之歲歷民喪疫者什而八九翁憫其貧困撫賬太息曰若屬安所得償乎悉取其賬焚之迨至

三山事亦類是人益奇翁長厚也里舉約長推翁督其事凡質成者得其一言無不意滿而去則季路之諾徵信於人者深耳居恒事父碩吾公母郭氏以孝聞一日碩吾公病大革公跽床簀間曰吾父年餘八十不為不壽第所憾者父身後抔土馬鬣未封願父少稽須臾以觀厥成即覓吉於金相寺左睪而崗之而碩吾公始瞑目逝人謂止孝之報云大抵生平行誼無一不以碩吾公為念所居堂宇碩吾公底之翁實成之碩吾公友於兄弟翁亦睦於族里碩吾公喜儒翁亦重詩書舉丈夫子五人即搆書室置專師課之長君舉孫朝乃喜益甚曰置膝上摩其首語曰吾數世未竟之業其在斯乎今孫朝為余家倩聞其根夙慧善讀書是貽亢而宗者遂臨河水必念崑崙於是

喜而傳之俾附于家乘之末以告子孫後人令揚先德於弗替云

仰山先君傳

先君諱望霄字子瞻仰山其别號也父生而徇齊長而敦敏祖父家自立塾教授弟子父毋津津向往之而勢有所絀竟是廢業故生平以不讀書為恨而嘗勸人讀書祖父贅佳婿蔡大廷甥館凡二十年自游黌至登賢書父調維之力居多迨為官於河南江淅之地不憚走千里相訪也天下名山大川遊覽殆盡比客歸期朝夕示余曰汝丈氏讀書吾家一窶人子耳一旦飈去而顯名世世今得膺百里之寄為親戚交游光寵皆疇昔稽古力也願汝曹效之昴之性喜客客至未嘗不置酒雖不嗜酒而輒喜人飲酒

有蘇子浩〻落〻之風焉父一生之槩大畧盡之矣父生甲戌卒癸酉享年六十憶父先是嘗祈夢於莆之九鯉授之曰子平先生太抵子平所謂有事不離一部六十甲子父花甲一週數適相符嗚呼前定之矣

元旭公傳

丁卯科舉人文林郎姪洪烈頓首拜撰文

林姓一支折而之蓮江者乃余族党也是春奏鄉兄重修宗譜將告成余過而賀焉因得讀祖伯振南公傳甚詳予問贈伯傳乎曰未也曰予聞之先王父矣王父嘗語先大人曰予不能致身通顯樹赫〻功顧自念生平惟循〻無過已耳而元而宗榮我以傳不然無以為也先大人奉命惟謹居無何而釆芹矣而登賢書矣又無何而捷南宮矣先王父曰是可以傳〻則無以壼文為也夫以子貴而傳其親以子貴而榮其親洵古今之大快況實有其可以傳者而必俟之顯親揚名之日而後即安此子路所以抱恨於累絪毛義所以奉檄而心喜也今贈伯

事親以孝接兄弟以恭待族党閭里以信平心率物禮賢樂士可謂賢矣而又能延師課讀遺兄一經是誠遠大為期高人一等豈積金遺後者所可望其萬一也哉予與兄同榜矣教日久知先德最稔不揣固陋之章而為之傳因以知贈伯之志與先王父果有合也然而兄之贈榮其親者豈區區一傳而已哉贈伯為誰諱毓珪字同葵元旭其別號也

欽授守備秉德公傳

康熙二年

天子徵諸道兵平閩仍勅兵部一户部一務以恩信招徠海上撫諸不用命者具以奏聞當是時海氛熾甚二部問閩人誰可使者郡縣舉公以行公至海上陳兵陛戟而後進公公顧謂其屬此王庭湊折韓之故智也誡其從人無得逡巡屏息而以單騎直造其壘時海上人相隨屬望公公慷慨言曰君輩虎踞數十年僅以區區小島守若地不足為六國奉若主不足為尉佗今大師　進發而部體

朝廷不殺之恩今我以一官撫汝此正轉禍為福之秋也諸酋聞之往往感泣而其主猶多猜忌趣公以還公履險涉阻往反數四馳書云

皇恩浩大以動之由是怗服樂附率其巨艘數百水師數萬来歸未至泉
公先驅謂二部曰爾欲掃國去就尚疑今急剪其羽翮而長養之其
餘無能為矣於是從中措置悉如公策海上由此遂弱越數年不敢
内騷而海邊以寧康熙三年二部復命
天子歆奏以美官公以武人不學不足以當大任許之
命下竟以欽授守備榮其身屋無何鯨波復熾
朝廷遣内官三大人来閩復修撫事強公再行而公亦力田自娛且辭以老
矣公生平好義兩京數省無不遍遊常以口辯懾服汛界司故雖遭
屢遷而鄉閭籍以賴靖少失恃不讀書然於書無不意悟嘗使
人移札郡縣必記室誦之然後以行其胸中豁達類如此昔人

有言曰一命書賢於十萬衆公以三寸舌招徠海上不折一矢不費一兵至今猶赫赫照人耳目予小子安敢不為之傳耶

姪逄翰撰文

楚玉公傳

公諱廷玉字子錫賡所公長子少聰慧書過眼成誦賡所公愛之課使治書早失恃喜有均甚之繼與季弟卯翼相依賡所公嘗指而言曰鄒魯之業汝為政程鄭之業弟為政故公益一意攻書古文時藝燗熳几案间皆手自纂抄積萬餘葉入其齋網蛛不拂逕艸不除然至作文輙肌瑩神秀無纖毫塵氣性侗朴布衣冠凡所與交者正

語之信給語之亦信而雄思自負則高坐百尺楼上下視世人呷彀若蝇耳苦善病々起輙著書灯窓矻々有意逢年之業試郡邑屢占前矛而不得補掌故者盖其數竒也所居斗室夏一扇冬々一炉綦縞之間不闻辞譪有子力田足供菽水故公雖不遇於時而未嘗困阨者職此之故也

節孝傳

節孝傳：盧氏之節與其子林仁婦楊氏之孝也盧氏石湖　女蓮江林五
時潔妻也昭質冷性出于天成子處膝下固已自閑陰教矣歸林循循
婦則効職無愆年二十八遭時潔不幸遺孤方五週歲家無餘産囊
無長物人危其一脉之如綫又恐其或斃於窮窘也盧惟知信以事
人義當從一靡他之矢確不可拔外此亦奚恤焉婺守有恒度終日
髼鬆掩扃獨處躬織絍以營生計撫幼孤為命身苦而心甘之生平
與女婦無私交亦鮮談笑家族咸欽羨其貞介晚年遇歲時子姓
相率趨拜固辭不出惟令其子將命曰免禮矣其衛之嚴有如此
者今年七十有八矣稱未亡人五十年志操冰玉猶一日也君子曰是

民國丁亥年

節而之死不移者矣林仁字甫岳盧所生者即五週歲遺孤也根心之愛明發而氣和愉婉以事其母少而長無所於違日治農以供養歸則奉侍左右定省昏晨身口之奉力能办者悉勉而致之忠不及爲家無私藏絲粟之入悉歸于母用則請給人或有假借雖犁鋤簑笠之微必告方敢與之僅亾一子名一朋童蒙時里多塾學東人競招徠辭以有老母在未敢輕諾既而請曰某塾某傅某之延也朋兒誰與從命可然後遣之其承順每如此仁妻楊氏順道之懿雖養自鴈山大姓蓋觀化於儀刑者實多乃能温顔怡色下氣柔穀以事其姑裘葛甘腝祭燠寒饑飽製澣而供具之不憚勞且不違時私或綻裂急爲補綴饌非飯餘雖其子在嬰孩時未嘗敢先染指以私咲之盡

近叟瞽姻族隣有饋遺者献而告曰某遺某物凡若干事也必奉其手而撫摩之與隨意向無敢違焉仁今年五十六楊五十三敵龢合志敬順尤篤君子曰其孝而終身不衰者乎夫自柏舟遠逝穎谷久荒山南之風已息故夫沒則議以再醮親存而不顧其養反唇相稽之習日益薄惡間有毋或以節著為之子者未必供其職子或以孝称之為婦者未能盡其道若夫合節與孝一時同萃於閨壼庭堦而聯芳媲美者蓋不多得吾於林之子母婦姑始及之焉嗚呼可以風世而勵俗矣惜莫之傳亦莫之由聞也雖然忠孝節義固所自盡也盡節盡孝亦何嘗有心而異其傳與聞哉然德無不彰善無不報况我爵爾縻人心同然節若孝豈終泯沒而不傳不聞耶表而出

之以俟傳聞者採焉

皇清鄉進士　恩授文林郎念蓼公傳

公諱逵翰字奏卿號念蓼乃余贈伯元旭公之長子也生於崇禎乙亥年少聰敏能文有大志凡有裨於祖先宗族鄉邑者罔不存諸胸中而欲見之行事大明賜進士出身太僕寺少卿蔡諱鵬霄公見而奇之妻之以姪女翁家貧讀書發憤為雄于順治戊戌年身入黌序克振家聲辛丑年海氛煽逼蓮江之祠宇鄉廬一炬焦土公被遷避入永邑設教而學問詞章日以益盛時山賊蜂起龍壞寨之俠豪欲吞滅獨坑白觀寨諸鄉翁慮生靈塗炭親自兩邉勸諭各息干戈保全數鄉民命是翁積陰德於冥冥之中也諸鄉之人德翁各以師事之當時從學之士若蘇文表張世朗林向林龍光林文

榮林雲程等皆為永邑之賢俊及甲子年回晋設教筍江若汪進外
施化溥立欽賜陳大年涂尚清等皆為筍江之英才併有文集行
世是翁之教澤普遍也今康熙丁夘年與予同榜登賢書戊辰年
吏部棟選回鄉謁祖族之耆老酌而告之曰以祖宗之灵累世之歆
采芹者多矣而遷移之後始發於予使祠址未建宗譜未修伊誰
責耶而翁曰唯唯此吾之素志也然重新祠宇費用浩繁未易遽
成昔我先叔大明鄉進士文林郎諱加捷公因六世知止公所修舊
譜重修四部厥功偉矣自順治庚寅年迄今繩繩綿綿時久者易
暌則脩譜當先焉乃翁於康熙庚午歲重修宗譜自一世至
十四世共六部煥然一新不五月而告廟此其志之所及者也嘗

於祖前默祝曰十二世孫逢翰若能得一官家貲稍豐願捐金為首與衆子孫共興祠宇未興而吾身先亡吾於九泉心難瞑也諸叔侄聞言而心惻越庚辰年族中鳩衆大興祠宇而翁弗親見此其志之所不及者也乙未歲族議續修宗譜而翁之子承志與房兄文宰文郁文寶等一時同事續修十一世至十五世斐然可觀二月而告成此亦如武成所云其承厥志者也余故畧述翁之素行筆之譜牒以畀子孫示不忘者也

論曰小雅有蓼莪之篇而翁何以念蓼命號也蓋翁少時性至孝好學能文元旭公愛之甚篤迨翁黌序蜚聲而其母猶存此如毛義之色喜於奉檄也名題雁塔其父親已往又如子路之抱恨於累裀

也昔王裒讀詩至哀哀父母生我劬勞未嘗不三復流涕门人并廢是詩否耶不然詩有蓼莪而翁胡為念之也乎曰筍江之名相李文節公字九五出六取蓼莪之第四章有九五之字之義而翁所以念之也然則翁之生平行事未可盡述但睹祠址之未建而興嘆思宗譜之当輯而重修是推念父祖以上之父祖也而翁以念蓼為號豈虛語也哉

賜進士出身奉政大夫鴻臚寺少卿加一級前大理寺右寺正右寺副國子監博士吏部稽勳清吏司員外郎文選清吏司主事分陝西漢中府沔縣事己卯科鄉試同考官弟洪烈頓首拜撰文

皇清恩榮八十二翁處士誠正公傳

賜進士出身文林郎文選司光祿寺卿弟洪烈撰文

兄諱寵貞字倜卿誠正其別號也兄從幼穎悟聰明沙堤黃諱道泉先生已器而異之称其倜儻非常因字為倜卿誠正之號亦以至誠方正使人顧名思字知兄之為人也已然不憶厥由来則兄之素行亦湮沒不彰兄天性剛直其事親也能盡誠敬以致潔送葬以盡哀其課兒孫也以嚴義處族人也以純厚弟未成人者為之完娶初無德色祖先之塋厝者為之擇地亦無難色孝友之風誠哉無愧于家庭間也已至如鄉族有是非者兄一言為之剖其曲直退無怨言亦無後悔兄之為人亦畧述可知矣弟烈自丁卯與兄奏卿公到蓮江謁祖憶兄晨夕與居之言思自播遷流離

海氣索餉兄之周旋艱難雖有鯨波鱷浪兄直奮勇争先而弗避至有人所不敢為者彼亦探入虎口而不惧即至費金百餘兄視之亦不甚惜此人所畏兄而遜讓者也厥後桑田一變兄與退鄉公經營南北中夜撫膺嘆息曰我两人不能建大義流芳後世財貨雖多何益哉已而退鄉公于己亥间捐金起搆祠宇又遭播遷鞠為茂草兄于庚辰间復猛然奮勵與弟誠衷公倡首鳩衆重建祠宇一在蓮江一在錦里朝往夕歸莫不执杖以相從爲是知有志者事竟成矣爺以冲斗公入庙從祀亦善則称親之意云尔斯時也鄉都通議欲舉兄為祭酒兄堅然固辞但遡厥為鄉建立帝庙始終以一身獨任其间至有人非神是之灵語默鑒于其中人固已欽其正直無私矣又有寧海將軍標員欲來鄉中分撥田地人所畏怖而不敢前者

兄為之分晝田坵員亦欽仰其芳規無遺焉至如両次丈量兄一人為之區處
配畝分産井條不紊曾蒙縣尊李公称其有经濟長才委以鄉老重任兄
雖不為祭酒之名已萬々矣所可異者兄幼雖未攻舉子業然文詞一经
目即了義延君俞課督孫曹家雖無有而菲物亦必致意听呷唔之聲
即心解而神悟有惑輙问是又能尊賢而樂于詩書之輙者也時長孫
應斗已能文應世矣不意長君弼主棄世斗故輟業然已能立门户與
弟斗三超羣而拔萃矣况次君獨寧之英々挺出曰光曰明曰正竚看蘭
桂傳香寧無慰兄之夙願也欣兄享年八十有二　恩榮賜養固已有
加矣又能於康壯之時與嫂預天命喚兒孫為吾董棺木整衣衾臨
終之日家人不至倉皇而莫措焉訃音一聞戚族莫不思慕閭里莫不

生悲苶彌宰君應斗孫一倅兄之送葬以盡哀誠祭以致潔夫非兄之盛德烏能有此哉今年春姪君俞與族衆續修譜牒彌宰君倡議先輸奉牲啟譜爰設筵饌以會族衆以為族人倡烏然而族人思公之名慕公之子若孫羨其忠厚又能不忘父志而董厥事烈安能不欣然之謹誌兄之盛德以為族人勸也已

皇清恩榮七十五翁鄉飲賓誠襄公傳
賜進士出身文林郎辱表黄觀光撰文
襄公家世东间林姓实巨族也里居蓮江砦與公之長君也余與公
戚屬係家姊祖道貴公之内姪也余從幼與公同社于姊家朝夕攻
舉子業嶄然見頭角余固知林氏有子矣自夫甲申一變日月沉
晦識乾坤一大劫運也襄公因輟業爲遯同伊姊懷甫公海上
招撫荷蒙兵部仝保題
欽授游擊讳皇部劉復以往来勤勞仍受賜于提督馬公銀牌
後值移駐維艱告蒭归農坂仑袂數十年焉迨至丁卯科余
與襄公弟奏卿公連騎往厦與靖海施侯告辞回郡同往蓮

江謁祖方知襄公為鄉之祭酒又能與兄倜卿公等倡衆重建祠宇族人稱其孝友敦睦焉都人士咸嘖嘖道其為人剛方正直慷慨然諾且又尊賢而重爵也無偏而無党也聚首數日益聞所不聞余固嘉其太丘之風焉夜間與奏卿公論文而奏卿公羨其兄銳志延師不論貲費因讀其家君俞翁社作以及售知于　李府尊獲居第三試草余稱賛弗已顧謂奏卿曰令姪之受業于君淵源有自余固拭目以俟也況襄公之令德課讀天其固可必也嗣後余往泉營任又多一方但儕素之暇未嘗不寄詢以知襄公之起居也正于聞訃之日享年七十有五都人士咸悲號奔弔不絶余亦遥憶音容

而涕淚為襄公之盛德於眾重建大宗而啓典公祠以從祀焉
是舉固已稱親云尔兹受　恩榮賜耆鄉飲賓之謚又已足
嘉為褒翰之貽寧無可慰歟今年其俞翁與族眾續修宗
譜請為識襄公傳序于余得其與弟昊長倡修為之共保前
於眾倜卿公之次君也所不嘆其俞翁之皓首窮經雖未博一
芹第以襄公之忠厚誠篤終必獲所報是為之傳以為俞翁
勉旃

誠直輔侯二公合傳

賜進士出身文林郎前任河南汝寧府知光山縣事
姻家姪柯偉生撰文

自古有德膺福克享天眷固理之常而揆其有可必者嘗徵公府録命表去侍以為梓為蓮江之望伏義執信其嘉引言狀皆見於篇則足為後法奬勸之道繇其先世五世祖默軒公徙居錦江為鄉之偉人輒以豪家長共稱之又六傳至冲斗公而生公公顧慕先世遺風寛厚有大度窮以忠誠質直之義由之故號曰誠直其顧名而思義也公諱寵貞字倜然少豪使壯能發憤為雄闾公天性剛直無私予雖不獲睹公之像

貌竊誦公橋梓之為人大引克敦其事親也誠敬以致孝送葬以盡哀則大概可知矣公生子二長君曰信侯字君宗次君曰輔侯字君長長克紹箕裘以能繼妹念夢公修譜而贊佐之其故以輔命號而稱實也信侯公之孫女為余堂兄之次媳歸實在姻婭之誼嘗以書來請余文余閱其盛德夙振于昔而除華于今可狀其平生之實引照若日星蓋誠直公以其劉毅輔侯公以其仁厚皆足以垂不朽云夫古聞人所以闡潛幽其實有德之積厚而流焉能毅施後世俾膺福壽無疆哉嗟呼為善無不報惟公盛德宜享其隆也觀二公年躋古稀其曰仁者壽之謂歟雖長君信侯中年早逝然孫

曹英之挺生席豐履厚亦足慰其素願也而次男輔侯積善尤
篤稱為温恭厚朴之人今冢孫德捷攻苦詩書可紹詩書矣
一脉吾以此預券為卜成器以可待識直公享年八十有二恩榮
錫券固已可喜矣而輔侯公亦享壽八十恩榮光寵足為閭
里推重夫非盛德烏能有此哉故曰履福可于其躬此理
之當然亦事之固然無足詫也綜厥行誼一以剛毅稱一以
仁厚著輔相光後以紹業于光族睦里之間凡所以區處勸
諭一以為公斷斯固為父作之子述之則詩所謂世德公侯
可為焉大抵其性同其德同食報亦同積厚福昌理之相
券後可欺推而考之誦二公之品行讀二公之事業及余

之序録其具見於表裏也於行事之論不贅矣故合表而出之以俟後之採實其得觀覽焉

贊曰人生斯世孰是為之亨積善餘慶家門不穀一生慈孝二公餘成真性於是由仁義行心存浑浑氣轟轟印望知之寬嚴各正躬於儕美同法一情

君邦翁傳

兄諱文協字君邦誠源公子雲裕公孫也鴈行輩出兄居其五少學鄒魯家言長習計然良策與兄并營家務而綜理于内政贏家貲先擇吉地安厝王父母及二尊人後置田疇構華屋卟燕孫子于書香一道尤琭琭有味爲嘗延西席厚意繾綣爲東家者十餘載未嘗稍懈課督其次郎子諍令姪子元學就舉子業而華萼相尚以道豈非遠大爲期志量越於尋常萬萬哉然兄之所詒謀者不獨一家一時之計也族處海濱

聖祖在位初年海氛煽逼播遷疊害廈屋宗庙一炬焦土桑梓變

為坵墟村背茂林斬伐蕭條明堂平案掘斷鏬隙兄憲風水損壞苟安日久起而再造焉于辛巳歲之春與房姪華義君捐金提衆覆培后山求買田地濬移水源并塞鏬隙維兄胞姪子陞君樂輸産地充公成就築甬水道是亦志之可嘉者既而事告成矣諸炸姪謂五世祖小宗遷都以還僅亦草創議欲重建恢大前規仍推兄為領袖兄曰此皆事所宜為者但當審其緩急而先後施之余觀宗譜一書修之尤要也昔我兄紹業公謀欲修之竟賫志以沒矣今歷年已久遠恐有祀宗無徵之憾焉遂偕房姪華義君謀族長于壬午孟春上元之旦啟祠謁祖以告重修經營十閱月而工告竣整然一部家

秉宗族咸称其盛兄之功偉矣哉葢兄之持心平恕處事綜密
正而直公而和其于敦宗睦族之道尤篤不忘故能宰任服
物而創垂于後世也如此余與兄分聯兄弟與其郎誼屬師
徒素知兄行事之大者不揣固陋而為之述其盛德俾後之
覽者觀感而動焉

丁卯科亞魁文林郎現會試候選知縣國蘭撰

林君子宜兄傳贊

人之能享大名称宗族者豈盡在才智過人文學超羣之謂哉第大行克敦諸凡秉公即可以仰不愧而俯不怍者矣余兄子宜自少時以来未嘗曽閲聖賢之訓睹詩書之文而其為人也恬退如不勝衣事上有禮訓子有方敦鄰睦族宗里俱無間言今年六十有六得為鄉里之望焉此卜氏所云雖曰未學吾必謂之學矣作時倡首重修族譜雖鳩衆出公然事々引為己任或先輸或捐己如君寶公與修譜之役不幸身病以至於故則一一先輸還之修譜先生出入往来則隨便捐己奉之至於前年鄉里移水亦為恳力不惜己財彼夫

世之較錙銖者豈可同日而語哉嗟夫為人如此其亦庶乎何容鋪張揚厲以欺時人之耳目耶

贊曰

言訥行篤秉心塞淵公道正直賦性乃然無華寧朴長久有年渾渾厚厚無懷葛天花花世事不與爭賢安俗樂業現在神仙齊眉舉案偕老良緣遶膝孫子鼓舞階前卜爾奕世瓜瓞綿綿余何以見總歸福田

誠源公仁孝傳

公諱月字言明別號誠源雲裕公之子也伯仲四人雁行居次少而精勤壯而好善孝悌本於天性睦姻順乎人情持己謙而以敬接人恭而有禮敬士尊賢交游多傑俊之彥輕財重義貧寒蒙鮮推之恩考其生平種〻善行矣猶憶

清順治辛丑歲海濱播遷家業蕩然無存不得已附母舅從戎於鎮海南山下而厥亦就其養且曰吾有順子毋寧死于此焉維時一旂同盟者五十人公序齒爲第十旂衆有好奸淫殺傷擄掠人家者公特切勸戒如有不從其勸則公密行預告其鄉人門啟橐懸收揭財物趨避於外以故民不被害身自從戎以來秋毫無犯沐

公德者不啻什〻爲厥後海氛既平兵散歸農而盟神太子佛卜從公歸是神之依於德先知其子孫能昌大也如此故公之家世事爲猶念父卒於外與人言輙流涕既得吉地遂偕盤費往而拾骸爲起程之時拜别老毋而囑諸弟曰鎮海多虎吾昔日從戎時曽夜遇之驚而失倒悟爲熟視虎三俯首跳躍而去其或天之報施善人未可知也今者此行計途程一旬應到吾家若遇風雨差遲亦不幾天倘有不至即被虎傷幸有子一望弟撫養宗族𨳝者咸嘆息稱其孝然公仁而有智又恐旂兵曽暴於鎮海或受其累到時哀告其鄉人曩者吾父被兵所虜卒瘞于此予尝埋磚爲記爲其人涕淚多爲之助且爲扞衛抑又誠能動物也因得歸塟其親爲

至則色事老母偕淑配洪孺人時奉甘旨無廢子職迄乎今日家業殷富子孫豪俊昌熾未艾寧非仁孝所致哉予與公之子誼屬宗弟稔知其德行之大者不揣固陋為之述其事以傳示於後焉

康熙甲午科鄉進士文林郎候選縣正堂姪廷講頓首拜撰

明經進士例授脩職郎晉奉直大夫瞻庭公傳

仰高公諱肅翛公字恭瞻號瞻庭例貢生厚德載福之人也世居蓮江東巷房伯仁公派也少而誠實長克儉勤於膂力方剛之秋遨游湖海四方經營之身既作室於前子亦肯堂於後跨竈振起白手成家家數十年來而公已老矣乃退居桑梓孫曾繞膝日為啣飴以自娛洎諸孫稍長延西賓教讀懇懇懃懇懇設皐比令諸少北面受業函丈間必躬親埽爭有一味之新美輙請師先嘗曰不如是無以抒吾誠

其尊師重傳有如此者於燕居時嘗閱古典謂諸孫曰某也善吾願汝曹效之某也不善吾不願汝曹效之也方其四男尚義之保舉軍功五品銜相知者為公賀公曰是出自薦辟之典不由科目之門吾欲諸孫勵志攻苦文武兩途得有出身科甲者是尤吾之志願也而諸孫竟欲敷公之志互相砥礪乃文乃武果接踵泮游而公之及見者有五人焉公用是富貴一門屢加卑抑雖其樂融融策杖鄉游玩乎山水之門於閭里中見有爭鬧者出為排難解紛而且、睦

鄉鄰和宗族遐邇稱其善親疎蒙其德固宜眉壽
永年子孫昌熾非厚德之載福者其孰能臻乎此
哉
鄉進士例授文林郎揀選知縣正堂宗弟奉瑋頓首
拜撰

二 民國丁亥年

蓮江東林重脩宗譜

墳塋譜

祖先體魄托寄原野世改代遷地隔道阻荊棘荒草之蓁蕪狐兔奸豪之窺伺不免爲故掃除展拜之脩經界隴阡之守不可廢也作墳塋譜

一世

仲弦公墓

二世

伯壽公墓

泗泰公墓

伯仁公墓

伯泰公墓一首坐落古柄山背乾面巽二壙合塋吳氏

三世

原公墓一首坐落西山背　面　壙

隱軒公添奴墓一首坐落洋墓山背　面　壙

恕齋公聚墓一首坐落赤泥窟内背　面　壙

四世

真生公一首坐落西山背　面　壙

高逸公任宗墓一首坐落加埔山背　面　壙

高逸公妣陳氏墓一首坐落洋墓大墓左畔背　面　壙

純毅公宗凱墓附葬洋墓邊

清耋公帳豚墓一首坐落加埔山背　面　壙合葬紀氏

安谷公顕生墓

髙風公宗諭墓一首坐落加埔山背巽面乾　壙合葬王氏

誠齋公璵墓一首坐落洋墓山背　面　三壙附顕齋與蔡氏

誠齋公妣陳氏墓一首坐落加埔山背巽面乾

毅齋公妣墓一首坐落埔上背　面　四壙合塋洪氏附塋

子質朴公應祖及婦于左右

剛直公赤奴墓一首坐落蓮湖呂山背　面

剛直公妣蔡氏附塋洋墓邊背　面

顯齋公赤治墓一首坐落洋墓山背　面二壙合塋

蔡氏係附誠齋公墓共三壙

質翁公玉墓一首坐落後林山背　面

惠公墓一首坐落赤泥堀内背　面合壟姚氏

黙軒公墓一首坐落加埔山背辰面戌二壙合壟李氏

鑑軒公美墓一首坐落古柄山背　面　二壙合壟楊氏

六世

質齋公森壽藏一首坐落加埔山背　面　二壙

介庵公堯墓一首坐落石龟山背乾面巽二壙合壟紀氏

介庵公配楊氏及繼配楊氏墓一首坐落古柄山祖墓畔　二壙

遯齋公舜墓一首坐落石龜周塘山背　面　四壙合塋

蔡氏及附塋子理及孫中翅于左右又添塋次子

智婦詹氏

知止公晋墓一首坐落龍安石纓山背　面　三壙合塋楊氏 張氏

知止公側室許氏墓一首坐落後林石龜山背　面

時和公墓一首坐落加埔山背　面　壙合塋黃氏

純齋公瑞墓一首坐落加埔山祖墓左畔背辰面戌合塋蔡氏

靖庵公德墓一首坐落加埔山背已面辛二壙合塋蔡氏

純朴公良墓一首坐落加埔山背　面　二壙合塋周氏

毅齋公時潔墓一首坐落古山背艮面坤四壙合塋盧氏

左右傍虛二壙以為樂山公配妣楊氏壽藏

端肅公琅墓一首坐落後林山背　面二壙合塋黄氏

衍齋公伯貽墓一首坐落水頭山仔背　面　四壙合塋洪氏謝氏莊氏

饒翁伯喬墓一首坐落洋崙山背　面　三壙合塋陳氏蔡氏

隐齋公時美墓一首坐落後埔山背艮面坤

七世

和毅公敦墓一首坐落壙頭山背乾面巽凡四壙合顧氏塋左

二壙虛右二壙以爲宏齋公周暨配王氏壽藏

甫琛公墓一首坐落水坑内背艮面坤二壙合塋王氏

甫修公慎墓一首坐本里鄭厝頭坐乙向辛合塋洪氏

雲崖公墓一首坐後林石龟山背　向合塋楊氏

果庵公豫墓一首坐本里坑山坐丁向癸合塋莊氏

蓮溪公勉墓一首坐本里洋墓合塋洪氏與子中清中秀

中郁並三婦共八壙坐癸向丁

新江公潛墓一首坐本里埔頂坐　向　合塋吳氏張氏子中桂

益齋公洪墓一首坐洋崙山坐辰向戌合塋朱氏許氏

洪氏共四壙

率真公溉墓一首坐東宮邊坐　向合葬張氏

義齋公淵墓一首坐十九都曾坑山坐卯向酉合葬洪氏

附子中模中梗中棟並三婦共八壙

甫逸公濵墓一首坐古柄山之原坐　向合葬吳氏

任齋公厚墓一首坐加埔山坐西向東合葬莊氏附子春暘婦陳氏

兹將無稽神主附錄于後

上長房

考名謀眗 生光緒辛卯七月十三日午時 卒宣統己酉七月初五日辰時

考名謀觀 生光緒庚辰四月十二日 卒宣統辛亥六月初一日

考名謀望 生同治甲戌七月初六日 卒宣統己酉七月廿九日辰時

考名謀葱 生同治甲戌五月十五日 卒宣統庚戌九月十五日申時

考下暦田 生宣統辛亥六月初九日 卒民國癸酉四月廿三日酉時

考名光枝 生光緒丁亥十月廿五日丑時 卒民國乙丑十一月初八日巳時

妣蔡氏名美 生光緒癸卯八月廿八日 卒民國丙寅十月廿七日寅時

考名聖松　生光緒辛丑八月廿一日申時　卒光緒丁未五月初四日巳時

妣蔡氏名漾　生民國乙卯　卒民國戊寅三月初七日子時

妣蔡氏名奎　生光緒丙午　卒民國壬子十一月廿五日酉時

埭尾房

考名艾守　生道光癸巳十一月廿九日午時　卒同治壬戌三月廿七日未時

考名艾魁字粲梧　生加慶戊寅正月初十日寅時　卒光緒丙子十月廿三日卯時

妣黃氏名三姑　生道光壬午九月十一日　卒光緒戊戌六月十三日

考名哲應　生咸豐癸丑六月初二日　卒光緒辛卯正月初六日巳時

引後房

考名艾盜　生咸豐戊午二月初九日己時　卒光緒庚寅十月廿三日戌時

考名艾用　生同治庚午八月二十日　卒光緒壬寅四月廿六日酉時

考名艾匀　生光緒丁亥六月廿九日亥時　卒光緒戊戌八月廿一日己時

妣紀氏　生道光辛卯九月十七日　卒光緒丙午五月廿六日

考名艾要　生光緒丙子十月初八日　卒民國己巳十二月十三日

考名艾錦　生失　卒五月初九日

考名哲命　生道光癸卯　卒光緒癸巳正月廿九日酉時

考名哲三　生同治辛未四月初八日酉時　卒光緒甲辰十一月廿一日己時

民國丁亥年

考名金柳 生光緒乙酉七月初五日未時 卒光緒乙巳五月初二日巳時 塟后湖路北

考名謀晟 生民國丙子正月初一日酉時 卒民國丙戌二月初二日辰時

考名肅戸 生道光丙午十一月廿八日 卒光緒庚子十二月廿二日

妣謝氏 名相 生光緒壬辰 卒宣統辛亥四月初七日申時 嗣子謀越

考名旂[illegible]亥十二月十九日辰時
[illegible]寅五月十二日丑時

考名哲打 生光緒丁丑六月廿二日
卒民國乙卯三月初三日巳時

考名謀品 生失
卒民國丁丑五月初七日

妣王氏名罵[illegible]戊申五月初五日巳時
[illegible]國辛未四月初六日卯時

妣程氏哲裕配名連娘 生光緒丙子正月初一日卯時
卒民國乙巳七月初八日

妣莊氏謀注配名祥娘 生光緒甲申九月廿六日
卒[illegible]申六月初五日

妣卯氏名舌娘 生光緒[illegible]子九月十三日巳時
卒光緒壬寅六月初九日未時

後厝房

考名嫣波號承直　生道光乙未八月十五日申時　卒同治[illegible]辰二月廿五日

考名水泉　生加慶乙丑七月三十日　卒光[illegible]正月十六日戌時　享壽八十三　嗣孫金英

考名謀交　哲首[illegible]子　[illegible]光緒癸卯十一月十八日酉時　卒民國癸丑六月初七日酉時

考名哲反　艾波之子　[illegible]光緒辛巳又七月十八日酉時

蓮江東林宗譜

十三世

三房派

仕居公嗣子

文偉

係肶弟仕咢次子承之生康熙癸未十一月初三酉時卒失

配蔡氏

古浮女生康熙癸巳十一月十四申時

十四世

華禪

字子傳生乾隆辛酉七月廿九日巳時卒加慶辛酉十一月十七日酉時

配李氏

台州女謚寬順生乾隆辛未

十五世

榮金

字德玉號婉吝生乾隆丙戌十二月廿八戌時卒加慶丙寅九月十四日寅時

配吳氏

錦亭女生乾隆戊子

十六世

肅紺

出嗣

肅辦

榮金公次子生加慶戊午十月初三日丑時卒失外亡

十七世

二民國丁亥

卒失
子三女一
適東安陳

九月三十日
寅時卒乾隆
戊申三月廿
六日申時
次
配歐氏
錦江女
生乾隆丁丑
五月十三日
亥時卒乾隆
己酉五月十
九日巳時
子四
公塋東安田
頭石纓知止
公墓后坐巽
乾大棺一
李氏塋東安

十二月初八
午時卒道光
丁未六月二
十日午時
子四
公塋瓦窑内
妣塋墩仔上
坐東向西

華禪公次子
榮婆
出承華執

榮金公三子
肅祚
生加慶庚申
八月十七日
巳時
卒失　外亡

榮金公四子
肅飽
生卒失

石纓知止公
墓后仝福英
合塋瓦棺二
歐氏塋坑山
邊

榮福
華禅公三子
生乾隆庚子
三月初四日
亥時卒加慶
丁巳二月廿
六日戌時
嗣子一
塋東安田頭
石纓知止公
墓后與毋仝
穴

肅紺
嗣子
本榮金長子
入承
生加慶丙申
十二月三十
日巳時
卒失 外亡

榮廳
華禅公四子
生乾隆丙午

肅衣
名沾衣

二

十二月廿二
戌時卒加慶
癸酉正月初
十日亥時
配蔡氏
謚順節
生乾隆辛亥
正月初五日
丑時卒道光
丁酉四月初
四日未時
子一
公塟坑山前
妣塟深内坐
東向西

生加慶丁已
十二月廿四
午時
卒道光丁酉
十一月廿八
卯時
塟深内坐東
坐西

文偉公次子
華運
出承文漢

文偉公三子
華學
生乾隆丁丑
五月初七日
未時
卒失

仕鴞公長子
文快
生康熙癸酉
十月廿九日
丑時卒乾隆
己巳四月初

華執
字子掾
生雍正乙巳
三月三十日
巳時

榮店
生乾隆甲戌
三月初四日
申時
卒乾隆癸巳

九日未時
配許氏
前山女
生康熙丙戌
二月十四日
寅時
卒失
子一女一
適吳
公塋台湾南
路鳳山縣竿
林內

卒乾隆辛亥
正月廿二日
寅時
配曾氏
東安女
謚遂澤
生雍正癸丑
八月廿八日
辰時卒加慶
壬申八月廿
七日卯時
子三
公附毋合塋
赤坔堀坐南
向北瓦棺二
妣塋墩上坐
東向西大棺一

六月十四日
午時
塋加埔山坐
北向南

華執公嗣子
榮婆
號守澤
華禪次子承
之
生乾隆甲午
四月十三日
酉時卒加慶
壬戌九月廿
六日午時
配紀氏

肅裕 殤
生加慶庚申
三月十六日
戌時
卒失

榮婆公次子
肅法 殀
生失
卒四月十七
日

甜江女
謚寬懿
生乾隆丁酉
五月廿五日
辰時辛咸豐
癸丑八月十
五日丑時
子二女二
長適塘頭王
次適甜江王
公塟東橋内
墩頂
妣塟眉石坐
東向西

○榮談 殀
華執公次子

生乾隆丁丑正月初六日酉時卒乾隆壬寅五月十四日巳時葬嶺頂坐東向西大棺

仕昺公三子

文漢

生康熙丙戌四月十五日辰時卒乾隆壬午六月廿九日子時

配邱氏

厝上女

嗣子 **華運**

字子會文偉次子承之

生乾隆乙丑七月初二日午時卒失

配李氏

榮扱

生乾隆己丑七月廿九日寅時卒加慶丙子八月十八日未時

配邱氏改

子二

肅宋 殤

生卒失

肅跑 殤

榮扱公次子

生卒失

諡慎柔
生康熙甲午
十二月廿七
戌時卒乾隆
乙丑十二月
廿四日卯時
嗣子一女一
適安溪潘
公塋金鐘山
坐西向東大
棺一
妣塋埭内本
宅地內艮坤
丑未大棺一

台州女
諡儉約
生乾隆丙子
四月十一日
戌時卒加慶
甲戌五月十
三日申時
子二

榮捷
華運公次子
生乾隆辛亥
四月初二日
巳時卒道光
乙酉十月十
二日丑時
配紀氏
蚶江女
生加慶丙辰
三月廿三日
卯時卒道光
乙巳五月十
三日未時
子二

肅砡
生失
卒于艋舺

肅
榮捷公次子
未詳

民國丁亥年

仕璧公之子
文笑
生康熙丁丑
四月初二日
戌時
卒失
配陳氏
亭下女
謚慈順
生康熙甲戌
四月二十日
寅時卒乾隆
庚午七月三
十日辰時
子三女一

華語
生雍正甲寅
二月十六日
子時
卒失
配洪氏
水頭女
生乾隆丙寅
十二月初十
亥時卒道光
甲申四月初
五日巳時
子一女二
長適洪次適

榮㷰
公歿于淡水
生乾隆壬辰
六月廿八日
卯時卒道光
丙申十一月
廿一日申時
配李氏
蚶江女
謚慈範
生乾隆甲午
十二月廿五
辰時卒同治
乙丑八月初
一日未時

肅掽
字恭
生加慶丙辰
十月十四日
未時卒道光
壬辰七月廿
六日未時
配黃氏
錦江女
謚孝慈
生加慶庚申
七月初七日
酉時卒咸豐
乙卯十二月

艾不
提

艾示
肅掽公次子
提

崙后黃

子二女二 長適水頭王 公與父母及 肅摅合塋嶺 頂坐東向西 瓦棺四首 妣塋嶺頂坐 北向南

十四日卯時 子二 公與祖父母 及父合塋瓦 棺四首 妣與次子合 塋嶺頂坐東 向西瓦棺二 首

肅降

榮媄公嗣子 本房榮奎次 子承之 生加慶庚申 二月廿七日 巳時

艾脩

生道光甲申 十月十四日 卒咸豐乙卯 八月初三日 與父同墳

華夏 文笑公次子
出承文葉

卒咸豐乙卯
七月初二日
配郭氏改
次配王氏
塘頭女
生加慶乙丑
七月廿四日
卒失
子二
公仝長子合
塋嶺頂坐東
向西瓦棺二

文緣 肅降公次子
提

文笑公三子

華棕
生乾隆己未七月初六日申時卒加慶丙子十月廿六日申時
配氏台州女生乾隆壬申五月廿二日未時卒道光癸未七月初四日未時
子一女一適洪

榮茅
生乾隆壬辰六月十五日戌時卒失
配戴氏台州女生乾隆癸卯二月初八日申時卒失
子三住台州府

肅孟
生加慶甲子九月十六日辰時卒失

肅仲
榮茅公次子生加慶丁卯十月初六日寅時卒失

榮季
榮茅公三子生加慶辛未

二月十三日
亥時卒失

仕彥公次子
文榮
生康熙甲午
七月初五日
辰時
卒失
配李氏
生卒失
嗣子二

嗣子
華夏
字勤職
文榮次子承
之
生乾隆丁巳
六月初五日
丑時卒乾隆
庚戌七月十
五日未時
配蔡氏
謚習業
生乾隆庚午
十月廿五日

榮樣 殤
生卒失
華夏公次子

榮研
出承

華夏公三子
榮環
生乾隆庚子
十月廿二日
子時
卒失　外亡
配王氏

酉時卒加慶
丙寅五月初
三日辰時
子四女二
長適邱次適
紀
公塋赤塗堀
與仕彥公公
妣仝穴瓦棺
三首
妣塋東橋內
墩頂坐東向
西大棺一

東安女
生乾隆戊申
五月廿二日
寅時
卒加慶己巳
二月初五日
寅時
塋東橋內墩
頂
華夏公四子

榮窓
生乾隆己酉
七月廿四日
辰時道光庚
戌六月初六
卯時
子一

肅鉶
生道光甲申
四月十七日
辰時卒失
配邱氏
東坡女

艾的
生同治丙寅
十一月廿四
未時
卒失

配王氏
生乾隆戊申
五月廿三日
未時卒加慶
己巳二月初
五日寅時
次
配蘇氏
生加慶丁巳
十二月十八
卯時卒道光
壬寅五月初
二日酉時
公塋嶺頂坐
西向東
二妣俱塋墩
頂

生道光庚寅
四月廿二日
酉時
卒失
公卒光緒丁
酉三月初六
未時

肅鋼公養子
艾砵
未詳

文使
仕增公長子
字君妙

華石
號順振

榮戴
號直軒

肅獺
生乾隆戊寅

華察
文葉公次子
生乾隆甲子九月初五日
卒乾隆甲戌正月
嗣子一
葬廿一都洋厝上

榮研
嗣子本華夏次子入承
生乾隆癸巳八月初六日辰時
卒嘉慶戊午六月初六日申時
外亡
配氏改
女一適蔡

諱皇華
生康熙丁未
二月廿三日
未時卒乾隆
庚寅六月十
七日寅時
配邱氏
厝上女
謚閨慈
生康熙己酉
十月二十日
巳時卒乾隆
戊辰正月十
七日辰時
子二女三
次適吳三適
洪

生康熙乙酉
十一月十九
戌時卒乾隆
癸巳九月十
八日辰時
配洪氏
東安女
謚節勤
生康熙戊子
九月廿四日
子時卒乾隆
辛丑又五月
初四酉時
子三女二
長適王次適
許
公妣與榮瓦

生雍正己酉
九月廿一日
申時卒乾隆
辛丑五月初
一日酉時
配王氏
東安女
謚勤儉
生乾隆戊午
七月初十日
卯時卒乾隆
辛亥正月廿
九日酉時
子四女二
公附祖父母
合塋都宮山
頂丁癸午子

十二月十七
申時卒加慶
壬戌三月初
三戌時
塋嶺后

榮戴公次子
肅偶
出承榮瓦

榮戴公三子
肅朧
出承榮倫

榮戴公四子
肅貯

艾佑

公塋南洋墩頂本地内坐東向西大棺一
妣塋赤塗北嶺坐西向東大棺一

合塟鹹庭宮山頂坐癸丁子午瓦棺三首

妣塋嶺㕒

生乾隆丁酉十月十五日戌時
卒失
配陳氏
温州女
生乾隆乙巳十月廿四日戌時
卒失
子三

生咸豐丙寅五月初四日寅時
卒未詳

肅貯公次子
㕛保
生咸豐戊辰十一月廿一戌時
卒失

肅貯公三子
㕛賜
生加慶癸酉三月十二日戌時
卒未詳

華石公次子

榮窐

生乾隆壬戌
十月初四日
卯時
辛未詳

華石公三子

榮瓦

生乾隆乙丑
五月初四日
丑時卒乾隆
丙戌三月初
一日未
嗣子一
與父廿合塋
塩庭宮山頂

嗣子

肅偶

本榮戴次子
入承
生乾隆辛巳
正月廿八日
卯時卒加慶
九月十八日
未時
子一女二

艾魚

生乾隆癸丑
十月十二日
巳時
卒未詳

生丁癸午子

長適蔡次適紀

配蔡氏
浦內女生乾隆庚寅十二月三十未時卒道光壬午五月初二日

華湖
文使公次子生康熙戊子六月十九日寅時卒乾隆丁亥八月廿一日寅時

榮碖
生乾隆壬戌九月初五日亥時卒乾隆丙申二月初七日未時

嗣子肅朧
本榮戴三子入承生乾隆癸未七月廿六日巳時

艾草
生加慶乙丑十一月初一卒未詳

配薛氏
錦江女
謚慈順
生康熙丁酉
十一月初七
卯時卒乾隆
丙寅二月廿
六日午時
子一女一
適張
公妣仝榮碖
合塋鹽庭宮
山頂瓦棺三

配吴氏改
祥芝女
子一
與父母合塋
都宫山丁癸
午子瓦棺三

卒失

配　氏
裡內女
生卒未詳
子一

仕增公次子
文進
字君忠

華玠
字子德

榮潛
字德淵

肅肴
生乾隆戊辰

養子
艾厝
外出

號仁齋
生康熙己酉
九月廿一日
辰時卒雍正
戊申六月廿
九日寅時
配侯氏
洋厝女
謚慈愛
生康熙癸丑
五月廿九日
丑時卒乾隆
丁夘十月初
九日午時
子三女三
長適陳次適
周三適劉

號誠吉
生康熙辛未
二月初十日
辰時卒乾隆
庚午十一月
廿七日亥時
配王氏
錦江女
謚勤慎
生康熙甲戌
六月十五日
未時雍正辛
亥二月初九
未時
子一女二
長適洪次適
周

生康熙丙申
九月十六日
亥時卒乾隆
壬寅十月廿
五日丑時
配許氏
石獅女
謚閨懿
生康熙丁酉
八月廿八日
酉時卒乾隆
庚戌五月初
十酉時
子一女一
適蔡
公塋坑山后
庚甲申寅

五月初七日
亥時卒加慶
丁巳三月十
八日巳時
配鄭氏改
子一
塋淅江鳳尾
山

公妣合塋坑山后本地内坐午子丁癸瓦棺二首

公塋福寧府福鼎縣三差河地方
妣塋坑山本地内坐午子丁癸瓦棺一與舅姑墓比連

妣塋坑山后辛乙戌辰

文進公次子
○華潘
出嗣

文進公三子
○華堅
生康熙丙戌
餘失

文進公四子

華本

字子寧
生康熙壬辰
三月初五日
戌時卒乾隆
辛亥九月二
十日巳時

配張氏

生康熙丁酉
九月十九日
亥時卒乾隆
乙卯四月十
三巳時
子四女二
長適王次適

榮赫

生乾隆丁巳
十二月廿六
戌時卒乾隆
丁卯六月廿
六日午時
塟新潭

華本公次子

榮孝

生乾隆庚申
正月初五日
亥時卒乾隆
癸卯四月十
二亥時外亡

肅毓

生乾隆庚寅
二月初五日
辰時卒道光
甲申三月十
六日申時

文冬

生咸豐丁卯
八月十五日
亥時
卒失詳

民國丁亥年

黄
公塋瓦窑庭
祥芝濆坐北
向南
妣塋嶺頂赤
湖路坐北向
南大棺一

配蔡氏
浦内女
生乾隆癸亥
十一月十七
酉時
卒失
子三女一
適洪

配王氏
山前女
謚閫約
生乾隆辛丑
十二月十一
巳時卒加慶
辛未六月初
三未時
子一女一
適李
妣塋赤石尾
岸頂
榮孝公次子

○肅先 殀
生乾隆癸巳
三月十二日

華本公三子

榮叟

生乾隆甲子九月十七日戌時卒乾隆癸卯四月十二日亥時

未時卒乾隆乙卯四月十二日亥時

塋都宮山北畔

榮孝公三子

肅沙

生乾隆

餘失

外亡
華本公四子
榮容
生乾隆辛已
十二月初五
戌時卒加慶
庚午四月初
六日巳時
塟赤石尾海
仔頭

仕增公三子
文遷
字君喬
號振億
生康熙己未
十月十四日

華揆
生康熙戊子
又三月初六
丑時卒乾隆
丙戌五月初

榮亞
生乾隆已巳
六月十三日
申時
卒失

酉時卒乾隆
丁巳五月初
十日亥時

配黃氏

埔錦女
謚柔資
生康熙乙丑
五月初三日
卯時卒乾隆
戊寅三月廿
七日巳時
子四女三
長適歐陽
次適錦埔黃
三適錦江紀
公塋赤塗坵
三尖尾坐南

三日

配蔡氏

生卒失
子一
公塋東橋邉
艮坤寅申五
棺一首

文遷公次子

華綢

號質守
生康熙壬辰
五月初一日
未時卒乾隆
壬子二月初
二日卯時

榮奎

生乾隆乙亥
四月十六日
寅時卒加慶
丙寅三月二
十日申時
子二女一

肅法 殤

生乾隆丁巳
八月初十日
未時
卒失

民國丁亥年

向北大棺一
妣塋隸內本
地內坐東向
西大棺一

配吳氏
石頭街女
謚守質
生雍正壬子
二月十八日
寅時卒加慶
壬申十二月
初三午時
子三女二
長適邱次適
蔡
公塋隸內五
斗坵
妣塋東橋內
墩

適日湖郭

配王氏
龍安女
生乾隆癸未
十一月十一
辰時卒道光
己酉十一月
廿六日酉時
公塋温州山

華綱公次子
榮老
出承二房
華世

榮奎公次子
肅降
生卒失

華綢公三子
榮剥
生乾隆癸未九月十九日寅時卒道光乙巳七月初二日未時
配洪氏
洪寮女
生乾隆己亥十一月廿九申時卒道光庚戌七月廿六日戌時
子三

肅髫
生乾隆癸丑十月初十日巳時卒加慶丁丑三月初五日寅時

肅才
榮剥公次子
生加慶辛未六月十七日丑時
卒失
配　氏改

民國丁亥年

肅綱
榮剟公三子
生加慶庚辰九月廿二日寅時卒道光乙巳四月十七日巳時

華論
文遷公三子
生康熙乙未五月十九日未時卒失

配氏
生卒失詳

文遷公四子
華北
出養

仕増公四子
文揔
字君制
生康熙壬戌
七月十七日
未時卒雍正
癸卯八月十
一日酉時
配盧氏
西坑女
謚勤順
生康熙己巳

華九
殤
生康熙
餘失

三月二十日酉時卒雍正癸卯八月十四日
子一女一
適盧
公妣合塋坑山后本地內坐午子丁癸瓦棺二首

仕增公五子
文督
字君立
號皇從
生康熙甲子十二月十九亥時

嗣子
華潘
本次兄文進次子入承
字子美
號直固
生康熙丙子

榮巖
字德峻
生康熙壬寅十月初二日卯時卒加慶己未正月廿

肅接
號紹輝
生乾隆庚午十二月廿八亥時卒乾隆戊子十一月

嗣子
文彙
本肅握三子承之
生乾隆甲寅五月十七日戌時卒失

卒康熙壬辰七月初三日酉時

配吳氏

生卒失

嗣子一

公塟坑山后坐午子丁癸與祖墓叱連瓦棺一首

十一月廿六日辰時卒乾隆己酉十一月初九午時

子一

公妣改塟坑山后丁癸未丑瓦棺二首

配蔡氏

蓮塘女

謚淑壽

生康熙甲申九月十九日寅時卒乾隆己酉四月廿五日卯時

四日午時

配歐氏

錦江女

生雍正丁未十一月十三子時卒乾隆戊辰八月十八日戌時

次配李氏

錦江女

謚慎淑

生雍正壬子十一月二十丑時卒加慶甲戌十二月初一日戌時

十一日卯時

聘蔡氏改

嗣子一

公瓦棺塟海埭

肅持

榮岩公次子

謚剛特

生乾隆戊寅五月初三日卒乾隆戊申三月廿七日丑時

配謝氏改

艾噴

生乾隆乙巳八月廿五日

卒未詳

艾孚

肅持公次子

生乾隆丁未

二 民國丁亥年

子四女一
適洪
公塋元頭丙
壬巳亥大棺
一
前妣塋元頭
丁癸未丑瓦
棺一首連祖
墓

赤湖女
子二
塋瓦窑庭祥
芝漕瓦棺一
十一月十三
卯時卒加慶
甲戌六月十
一日

榮岩公三子
肅握
字恭執
號經權
生乾隆戊寅
十一月初十
酉時卒加慶
庚午六月十
九日午時
配王氏
黃牛山前女

艾閱 提

肅握公次子
艾的 提

肅握公三子
艾彙
出承肅接

生乾隆庚辰五月十五日未時卒加慶丁酉三月十八日亥時
子三女二
長適塘頭王
次適水頭王
公歿于安南占澤門港口

榮岩公四子
肅掾
一名致遠
號寧靜
生乾隆乙酉又二月廿五

艾駱 提
肅掾公次子

艾闓 提
肅掾公三子

巳時
卒失
配吳氏
后安女
生乾隆丁亥
四月十一日
卒失
側　氏
室
安南女
生卒失
子七女二
長適吳次適
紀

艾勤
生乾隆甲寅
正月初三日
卒未詳側氏出
肅搸公四子

艾啓
生加慶丁巳
四月
卒未詳側氏出
肅搸公五子

艾元 提
肅搸公六子

艾他 提

仕建公長子
文合
字君符
號恒良
生康熙壬戌八月十一日巳時卒乾隆己未七月廿九日申時

華瑗
字子玉
號子佩
生康熙壬辰六月初六日丑時卒乾隆乙巳五月初二日酉時

榮袞
號德封
生雍正甲寅三月十四日辰時卒乾隆辛丑十二月廿三未時

肅開
生乾隆己卯十一月十四巳時
卒失
配蔡氏
赤湖女

肅搽公七子
艾深
生加慶丙寅九月十二日酉時卒道光戊戌六月廿七日丑時

艾取
生乾隆辛亥
卒未詳

肅開公次子
艾昌
生加慶丙辰

配張氏
謚淑慎
生康熙甲子
正月初三日
亥時卒乾隆
丁巳九月廿
四日午時
子二女二
長適邱次適
陳
公塋坑山后
坐南向北大
棺一
妣塋埭內本
宅地內坐艮
坤丑未大棺
一壙

配洪氏
龍堀女
謚慎柔
生康熙甲午
十二月初三
午時卒乾隆
甲子十月初
六日辰時

次配許氏
霞潭女
謚勤柔
生康熙壬辰
三月廿六日
巳時卒乾隆
壬寅九月十
八日卯時

配王氏
龍塘女
生乾隆己未
十月二十日
戌時卒道光
癸未二月廿
六日未時
子三女三
長次俱適龍
塘王三適塘
頭

謚勤慕
生乾隆癸未
三月廿七日
卒加慶丁卯
五月十七日
卯時
子二
公塋淡水
妣塋墩頂

四月十八日
酉時
辛未詳

榮袞公次子
肅閟
出承榮森

榮袞公三子
肅闡——**艾海**

子三女二
長適紀次適
陳
公塋坑山本
地内坐南向
北
洪氏塋坑山
后本地内坐
南向北
許氏塋南洋
墩頂坐東向
西

榮森
華璞公次子

肅閔
嗣
子
生乾隆丙申
五月初九日
戌時卒加慶
壬申四月十
六日午時
外亡
配吴氏
裡内女
生乾隆己酉
十一月初一
卒加慶丁酉
正月十二日
卯時
子一

二十一

文寬
生加慶癸亥
十一月初二
卒失

二十二 民國丁亥年

號誠茂
生乾隆丙寅
十二月廿三
寅時卒乾隆
戊寅四月十
七日酉時

配郭氏
后溪女
謚慈愛
生乾隆戊寅
十一月廿二
丑時卒乾隆
乙巳正月十
五日巳時
嗣子一女一
公妣俱塟南
洋墩

本榮裒次子
入承
生乾隆辛卯
六月十六日
戌時卒加慶
己卯八月廿
二日寅時

配王氏
水頭女
生乾隆丙申
四月十二日
申時卒咸豐
丙辰七月廿
四日酉時
子三女一
適蔡

生加慶癸亥
正月初二日
亥時卒道光
丁酉六月十
八日子時
肅悶公次子

文謹
生加慶辛未
正月廿五日
丑時
卒失
肅悶公三子

文條
提

華璲公三子
榮城
生乾隆己巳十月十四日酉時
卒失 外亡
配紀氏
蚶江女
生乾隆辛巳四月十九日未時卒道光戊子六月初五日申時
子三女一
適陳

肅閣 殤
生卒失詳

肅柱
榮城公次子
號將起
生乾隆己酉九月初五日未時卒加慶壬申七月十三日戌時
配王氏
水頭女
生乾隆辛亥

艾鐕 提

艾惻 提
肅柱公次子

十月廿九日
酉時卒道光
丁未二月廿
三日酉時
子二
公葬瓦窑庭
自己地内

榮城公三子
肅蘭
生乾隆壬子
五月初二日
申時卒失
葬淡水
配王氏
山前女

艾痛 未詳

肅蘭公次子
艾體 未詳

肅蘭公三子
艾達 未詳

華璉
文合公次子

榮若

二十三

肅紫
生乾隆乙卯二月廿二日戌時卒加慶壬申八月初十日巳時
配次蔡氏
蓮塘女生乾隆辛亥正月初五日亥時卒道光丙戌九月初一日未時
塟淡水
子三

艾鳳
提
一民國丁亥年

字子商
號華器
生康熙丁酉
六月十四日
酉時卒乾隆
癸酉四月初
四日寅時
配吳氏
裡內女
謚勤懿
生康熙己亥
八月十一日
卯時卒乾隆
壬子五月初
十日卯時
子四
公塋海埭內

字德仁
生乾隆己未
十一月廿一
寅時卒乾隆
戊申五月廿
三日卯時
塋台州
配龔氏
塘市女
生乾隆戊辰
四月廿九日
寅時卒加慶
庚辰四月三
十日辰時
子一

生乾隆己丑
七月廿六日
巳時卒道光
乙酉六月廿
八日丑時
配王氏
黃牛山前女
生乾隆癸巳
三月廿五日
亥時卒道光
甲申二月廿
六日戌時
子三女一
適王

肅紫公次子
文菅
生乾隆甲寅
正月初三日
卯時卒失

肅紫公三子
文錐
提

坐北向南
妣葬都宫山
坐南向北

華璉公次子
榮根
生乾隆壬戌
十二月十九
午時卒加慶
己未　外亡

配蔡氏
蚶江女
生乾隆己卯
五月初四日
巳時卒道光
乙未十月廿
九日
子四女一
適許

肅燒
生乾隆甲辰
正月初一日
巳時卒加慶
庚午八月廿
七日午時

榮根公次子
肅冷
生乾隆丁未
八月初三日
辰時卒道光
戊子七月初
十日丑時
歿于彰化縣

配王氏
坩江女
生加慶丁巳
七月廿六日
丑時卒道光
辛巳七月廿
四日午時
塋海埭內

榮根公三子
○肅
出宗

榮根公四子
○肅摺
出嗣

華璉公三子
榮芳
生乾隆乙丑
九月十五日
申時
卒失游台湾
華璉公四子
榮蕚
生乾隆戊辰
九月十三日
申時卒加慶
丙辰十一月
廿二日夘時
配王氏
龍安女

肅顔
生乾隆己酉
十二月初六
日申時
卒失 外亡
榮蕚公次子
肅鉄

仕達公次子
文研

嗣子
華從

榮宗

生乾隆壬午三月廿七日戌時卒乾隆癸卯二月初三日申時
次配**劉氏**獺窟女生乾隆辛巳十二月十二寅時卒加慶丁卯正月初八日寅時
子二女一
適籃邉

肅箴殤

生加慶丙辰十一月十六寅時
卒失　外亡

字君節
生康熙乙丑
十一月十二
未時卒乾隆
壬申五月十
五日午時

配呂氏
井尾女
生康熙癸酉
六月初八日
戌時
卒失
子一女二
長適本里蔡
次適橫頂蔡
公塋赤塗南
嶺坐東向西

字子隨
文春公次子
承之
生乾隆壬戌
十二月初四
亥時卒乾隆
戊戌三月初
二日卯時

配蔡氏
蓮塘前女
生乾隆
餘失
卒道光丙申
六月初
子一
公外出塋全
鐘

生乾隆丙申
正月初三日
午時卒加慶
己巳六月初
九日午時

配蔡氏改
子三
公在福州橋
溺水

生加慶
餘失詳

肅農
滎宗公次子
生加慶
餘失詳外亡

肅薏
滎宗公三子
字恭芢
生加慶丙子
正月
卒光緒戊寅
八月初七日
寅時

艾戎
未詳

艾蚶
肅薏公次子
未詳

民國丁亥年

在下垾祖墓
右大棺一

仕連公三子
文春
字君陽
生康熙甲戌
六月初九日
寅時卒失
配邱氏
埏下女

華鑽
生雍正甲寅
四月十一日
亥時
公緣事在外
卒不知
配洪氏

榮就
號謀猷
生乾隆己卯
八月廿四日
丑時卒乾隆
癸丑十月十
七日未時
子一女一

肅節 殀
生乾隆庚戌
四月初二日
巳時卒加慶
丁丑四月初
二日巳時

配陳氏
子二
生道光丙戌
十一月十六
卒光緒戊戌
二月初三日
巳時

生康熙癸未十月初九日亥時卒失詳子二

蚶江女謚寬柔生雍正甲寅六月廿八日戌時卒乾隆己亥九月初九日丑時子三女一適陳江丁妣塋塩庭宮頂祖墓邊向北

聘洪氏

洪䆳女生乾隆丙戌卒乾隆辛丑二月初二日酉時

配吳氏

石頭街女生乾隆壬午九月十六日辰時卒道光辛卯十月廿八日巳時

華鑽公次子

榮灘

字釋渚
生乾隆甲申
八月初七日
巳時卒加慶
壬申三月廿
四日午時

配丁氏

陳江女
謚解受
生乾隆乙酉
十月初十日
亥時卒加慶
壬申八月初
八日
子二

肅順

生加慶乙丑
正月初八日
卒失　外亡
榮灘公次子

肅經

出承榮托

文春公次子

華從 出嗣

公塋赤石尾

華鑽公三子

榮託

字德約

生乾隆丁亥五月十五日申時卒加慶己巳六月初一日午時

配氏改

嗣子一

公塋都宮山坐北向南

嗣子 **肅經** 殤

本榮灘次子入承

生卒未詳

仕助公之子

文送

字君玉
生雍正戊申
二月十一
未時
卒失

配陳氏

洪尾女
生雍正庚戌
十二月廿三
辰時
卒失
子二女二

華煥

生乾隆丙子
三月十八日
亥時卒加慶
甲子四月初
十日卯時

配紀氏

蚶江女
生乾隆庚辰
三月廿三日
卒加慶己巳
五月初八日
申時
子三女一
適蚶江紀

榮盛

名光盛
生乾隆癸卯
九月初九日
午時
卒失　外亡
華換公次子

榮慶

名揚慶
生乾隆壬子
九月初一日
丑時卒失

配紀氏

錦江女

公葬閿公頭
艮坤寅申
妣葬沙埔赤
塗巽乾己亥

文送公次子
華泰
生乾隆甲申
六月初七日
辰時卒乾隆
甲辰九月初
七日寅時
嗣子一
葬益九山西

生乾隆癸丑
十二月廿六
酉時
卒失
華煥公三子
榮延
出承華泰

嗣子
榮延 跃
華煥公三子
入承
名楊延
生加慶庚申
八月初十日
戍時
卒失

文乞
仕建公長子
名媽乞
魏振澤
生康熙辛卯
七月廿七日
午時卒雍正
戊申五月十
七日未時

聘周氏
石湖女
生卒未詳
嗣子一
附父母塋壙
頭坐東向西

畔

華貌
嗣子
本媽居次子
入承
字子恭
生乾隆壬戌
七月廿三日
亥時卒加慶
乙丑八月初
九日未時

配蔡氏
赤湖女
謚嫺草
生乾隆癸亥
十二月初八

榮樾
生乾隆己亥
七月十三日
亥時卒道光
癸巳五月廿
七日未時
塋墩上坐北
向南

配紀氏
蚶江女
生乾隆己亥
五月初八日
午時卒加慶
癸亥三月三

肅拴
字子恭
生加慶丁卯
正月初八日
巳時卒同治
壬戌十二月
廿六日

配劉氏
淡水女
生加慶乙亥
六月初七日
辰時卒道光
癸巳十一月
十七日午時

艾順 提

艾来
肅拴公次子
生道光甲辰
十月三十日
酉時
卒失

配鄭氏
生道光己酉
十月十五日
卒失

丸棺三首

亥時卒加慶
庚午二月初
二日戌時
子二女一
適王
公塋門口園
坐東向西大
棺一
妣塋墩頂坐
北向南

十日寅時

次配洪氏
后廳女
生乾隆丙申
四月初九日
亥時卒加慶
丁卯八月初
八日卯時
子一
二妣俱塋東
橋內墩仔上

次配駱氏
淡水女
生加慶辛未
十二月初八
卒同治庚午
六月二十日
巳時
二妣俱塋淡
水
子二

華貌公次子

榮再
名再来
生乾隆乙巳
正月初八日

酉時卒加慶
戊午十一月
初三日

文居
仕建公次子
名媽居
生康熙甲午
十一月三十
卯時
卒失
配蔡氏
本里橋頭女
生康熙甲午
十二月廿七
亥時卒失
子三女三

華袍
字子贍
號華鯉
生乾隆丁巳
正月初七日
未時卒加慶
丙寅七月廿
五日未時
配吳氏
錦江女
生乾隆庚申
四月十二日

榮料
字德成
生乾隆癸未
二月廿七日
申時卒乾隆
戊申六月初
一日酉時
配　氏改
子一女一
適郭
埅東橋內墩
仔頂

肅
未詳

長適紀次適
卯三適郭

未時卒加慶
已卯六月十
九日戌時
子三女一
適謝
公埊門口園

榮飯
華袍公次子
生乾隆癸已
二月十九日
未時卒加慶
丙辰五月初
七日
埊浙江鹿西

榮綻
華袍嗣三子
本榮監長子
入承
生乾隆戊戌
九月初一日

肅水
生加慶甲子
十月初四日
酉時
卒失　外亡

酉時卒加慶
甲戌四月廿
一日卯時
配郭氏
日湖女
生乾隆壬寅
正月十九日
辰時卒加慶
壬戌六月初
三日未時
次配邱氏
厝上女
生乾隆辛丑
十二月十九
卯時卒咸豐
癸丑四月十

文居公次子

華貌

出承文乞

文居公三子

華監

生乾隆丙子十二月十九未時卒道光乙酉五月初四日巳時

配郭氏

一日亥時

郭氏塟岏頭

郭氏塟門口

園坐北向南

榮錠

出承華袍

華監公次子

榮緻

生乾隆丙午十一月廿三卒道光丁未

肅雪

出承榮出

民國丁亥年

日湖女
謚嚴嫺
生乾隆辛巳
正月十八日
卯時卒加慶
甲子十一月
廿五日戌時
子四女二
長適蔡次適
歐
公塋失
妣塋門口園

三月十八日
戌時
塟門口園坐
北向南
配盧氏
謚謹織
生乾隆乙卯
十二月十八
卯時卒道光
丙戌六月廿
七日未時
次配紀氏
蚶江女
謚懿德
生加慶丁巳
正月初一日

肅忭　殀
榮鰍公次子
未詳

肅猿　殤
榮鰍公三子
未詳

午時卒同治甲子七月十九日未時子三女二長適蔡次適郎次妣塋亢頭坐東向西

華監公三子

〇榮云

生乾隆癸丑十二月初五卒道光甲申七月初九日巳時

聘蔡氏改

華監公四子
榮出
生加慶己未二月廿九日申時卒加慶庚辰八月十八日午時
嗣子一

嗣子
肅雪
本榮緻長子入承
生道光辛巳十一月初三酉時卒光緒丁丑十月廿八日寅時
配王氏
水頭女
生道光己丑十月十一日酉時卒光緒庚辰十一月初八日申時

艾榮 提
肅雪公次子

艾矜 殤
肅雪公三子

艾幼
生同治庚午四月初五日未時卒光緒庚寅正月廿二日戌時

仕建公四子
文娘
號振惠
生康熙庚子
正月十三日
寅時卒乾隆
庚辰正月廿
九日未時
配蔡氏
錦江女
生雍正乙巳
五月二十日
巳時

華郭
號奎復
生乾隆壬申
八月十八日
酉時卒乾隆
壬寅五月初
九日卯時
配黄氏
塘后女
生乾隆丙子
正月十七日
巳時卒道光

榮駝
字質直
生乾隆甲午
十一月十四
未時卒道光
乙巳二月初
八日卯時
配郭氏
日湖女
謚懿德
生乾隆丁酉
三月十八日

子三女二
長適黄次適
王

肅帶 殤
生加慶壬戌
九月十六日
巳時
卒失

肅爲 殤
榮駝公次子
生加慶乙丑
九月二十日
辰時
卒失

卒失
子一女一
適蔡
公塋門口本
地內坐東向
西大棺一

己丑四月十
一日酉時
子一女一
適紀
公塋元頭坐
辰戌巽乾大
棺一

辰時卒道光
甲辰二月初
九日巳時
子四女一
適蚶江紀
公妣仝子肅
老合塋元頭
坐東向西瓦
棺三首

榮駝公三子
肅申 殤
生加慶
餘失

榮駝公四子
肅老
字恭耆
生加慶壬申
八月廿三日
子時卒咸豐
辛亥六月初
五日申時
配蔡氏
生加慶丙子
正月廿七日

艾環 提

肅老公次子
艾進
生道光丁酉
九月初六日
亥時卒光緒
己丑十二月
廿一日

肅老公三子
又垂
提

己時卒同治
己巳八月初
五日申時
子三
公附父母合
塋瓦棺三首
妣塋元頭坐
東向西

仕建公五子
文生
名媽生
號振道
生雍正癸卯
正月十五日
寅時卒乾隆
丙寅正月十
四日

華荷
號守質
生乾隆丙寅
七月十一日
亥時卒乾隆
甲寅六月初
七日辰時
子三女一

榮光
生乾隆乙未
十一月初十
子時卒加慶
丁巳正月廿
六日
歿

配周氏
石湖女
生雍正癸卯
正月初三日
戌時
卒塋無考
子一

文湊
仕聰公長子
號振福

適日湖郭

配紀氏
甜江女
生乾隆辛未
四月初十日
戌時卒道光
乙酉三月十
七日酉時
公塋海埭內
大棺一

華蘊
字子結

榮檜
華荷公次子
生乾隆己亥
十二月廿七
丑時卒嘉慶
丁巳四月二
十日酉時

榮甘　殤
華荷公三子
生乾隆庚戌
十一月初十
戌時卒失

嗣子 榮寮
本華羗長子

生康熙戊辰三月廿五日酉時卒乾隆丁丑十二月初八日午時

配吳氏

山尾女
謚慈懿
生康熙癸酉十一月廿一辰時卒乾隆癸酉九月十四日午時
子二女一
適蔡
公塋赤塗南嶺坐北向南

號振藏
生康熙己亥九月初九日申時卒乾隆己巳十一月初一日巳時

配王氏

蚶江女
生卒失
嗣子一

入承
生乾隆壬午十一月十五亥時卒乾隆辛亥十二月初六日

華姜

文湊公次子
字子維
號贊篤
生雍正甲辰

榮寮

出承華蘊

妣塋門口本
宅地舍人宫
后坐北向南

二月初七日
申時卒乾隆
丙午十一月
十八日亥時
外亡

配歐氏

錦江女
謚慈淑
生乾隆丁巳
四月初八日
辰時卒乾隆
乙巳四月廿
一日午時
子一
妣塋嶺頂坐
北向南大棺
一

仕聰公三子

文愈

生康熙戊子八月廿一日申時卒失

配王氏

埔頭女生康熙丁酉十一月十一卒失子三女二長適蔡次適吳

華啟

生乾隆己未四月初四日子時卒乾隆辛巳十月初六日戌時殀

嗣子一

塋苦山前瓦棺一首

榮攘

嗣子

華忠長子入承

號地同

生乾隆乙卯七月初八日未時卒同治辛未正月二十日巳時

配紀氏

謚閨惠

生加慶丁卯二月廿五日卒道光戊戌六月廿三日

肅親

乳名海慝

字恭貴

生道光己丑十一月初五子時卒光緒丁酉四月廿六日亥時

配吳氏

松茂女

生道光戊戌四月初八日辰時卒光緒己丑十一月廿四日午時

艾麟

出承肅禁

肅親公次子

艾桂

生同治辛未八月廿六日戌時卒光緒己亥四月廿五日寅時

戊時
子二女一
適蔡
公塋元頭艮
坤丑未
妣塋眉石坐
北向南

文愈公次子
華曲
號進型
生乾隆甲子
九月廿一日
寅時卒乾隆
戊申五月十
八日寅時
配蔡氏

榮綿
號朴寔
生乾隆丁酉
十二月廿三
丑時卒道光
壬辰八月廿
五日巳時
配紀氏

子二女一
適王

榮擴公次子
肅元
出承榮唱

肅溥
號禹門
生加慶丁卯
五月廿一日
午時卒同治
乙丑七月初
六日辰時
配張氏

艾玷
生道光壬辰
十月
卒同治丙寅
四月廿三日
巳時

肅溥公次子
艾荇

蓮塘女
謚純儉
生乾隆丙子
正月廿七日
亥時卒道光
丙戌八月初
一日未時
子一女一
適吳
公塋元頭祖
墓南畔

蚶江女
謚慈範
生乾隆丁未
五月初三日
未時卒同治
乙丑七月十
二日丑時
子二女一
適洪

謚貞勤
生加慶壬申
十一月二十
申時卒道光
丁酉七月廿
七日己時
次配紀氏
生失
卒光緒辛己
八月廿五日
申時
子三
公塋后林

○肅領
榮綿公次子

生道光
辛未詳

配蘇氏
生道光癸卯
卒未詳

○苡百
肅灣公三子
生道光癸卯
八月初五日
辰時卒同治
癸酉七月二
十日未時
塋坑頭坐北

生加慶己卯四月十八日寅時卒咸豐癸丑六月初八日酉時

配王氏

生道光辛巳十二月廿八未時卒道光壬寅七月十七日未時

文愈公三子

華忠

生乾隆壬午六月十四日亥時卒道光

榮攘

出承華啟

丁酉七月廿三日丑時

配蔡氏

洪尾女

謚恬柔

生乾隆丙戌五月二十日亥時卒道光乙未二月廿七日未時

子二女一

適埔錦黃

公妣合塋闗公頭坐東向西瓦棺二首

華忠公次子

榮唱

生加慶己未三月初一日卯時卒道光丁酉七月初一日酉時

配紀氏改

原配蔡氏

未娶而亡

赤湖女

生九月初八

卒十二月廿九日

子二

嗣子 **肅元** 歿

本榮擴次子入承

生道光癸巳十一月初七

卒淡水

肅禁

榮唱公次子

生卒失

外亡

嗣子一

嗣子 **艾麟**

生同治乙丑十一月十三亥時卒光緒辛卯正月廿一日未時

公塋洋井山

文七 名八七
仕勇公之子
生康熙戊戌
九月廿八日
亥時卒乾隆
壬午四月初
三日未時
配郭氏
石湖女
生雍正丙午
十一月十八
巳時卒失
子二女一
適洪
公塋門口舍

華省
號敦守
生乾隆癸亥
二月廿九日
寅時卒加慶
乙丑十二月
廿一日未時
配歐氏
錦江女
謚勤敛
生乾隆辛未
二月十七日
申時卒乾隆
己丑五月初

榮怡
生乾隆辛卯
八月二十日
戌時卒加慶
丙寅四月初
十日未時
配張氏改
子一
塋淅江南北
屺山

肅砌
生加慶庚申
六月初七日
巳時
卒失

榮嵩
華省公次子

人宮後本地
内坐東向西

十日

出承華侬

次
配曾氏
謚慈勤
生乾隆丁卯
辛乾隆壬寅
四月二十日
子二
公塋門口園
大棺一
歐氏附舅姑
合塋嶺頂瓦
棺三首
曾氏塋嶺頂
瓦棺一
文七公次子

華邀殤

生乾隆壬午二月十九日辰時卒失

文探
仕秋公之子
號振遠
生康熙壬辰七月十四日戌時卒乾隆戊辰二月初一日卯時
配**李氏**
籃蒲內女
生康熙辛丑十月廿六日

華低
生乾隆乙丑八月十四日酉時卒乾隆庚子四月初五日申時外亡
聘**王氏**
五堡女
生卒失
嗣子一

嗣子 **榮高**
本華省次子入承
號仰久
生乾隆甲午十一月廿七卒加慶甲戌四月二十日寅時
配**洪氏**
蚶江女

肅揪
字恭宿
生加慶辛酉七月廿七日辰時卒同治丁卯七月廿六日戌時
配**洪氏**
謚淑慎
生加慶辛未二月十四日

養子 **艾煥**
提

申時
卒失
子二女二
長適黃次適
邱
公葬門口本
地內坐巽向
乾

華切
文探公次子

謚恬柔
生乾隆癸卯
九月十七日
午時卒道光
壬寅三月初
一日戌時
子二女一
適吳
公葬未詳
妣葬墩仔頂

申時卒同治
辛未四月廿
七日申時
公葬眉石坐
北向南
妣葬元頭坐
北向南

肅竊
榮高公次子
生加慶癸亥
八月三十日
巳時
卒失　外亡

生乾隆丁卯十月廿四日申時卒乾隆乙亥十月廿四日申時中殤

文解
仕智公之子
生康熙戊寅八月初七日亥時卒失
配邱氏
東埔女
謚順懿
生康熙壬午

華戴
號增輝
生雍正甲寅正月十三日亥時卒乾隆戊戌四月廿五日未時
配張氏
錦江女

榮猷
生乾隆己卯三月初十日未時卒乾隆癸卯四月十二日亥時
嗣子一
公外亡

肅佑
嗣子
本榮尚長子入承
生乾隆甲寅十二月初十巳時卒道光戊申三月初二日亥時
配蔡氏

文氣
出承肅行

文歐
肅佑公次子
生道光戊戌卒同治庚午八月初二日

正月十二日巳時卒乾隆戊寅三月十二午時子三女二長適柯次適吳郭氏塋門口全人宮后本地內坐東向西大棺一

謚勤靜生雍正乙卯十一月十四辰時卒乾隆壬辰十二月廿一未時子二女一適顏公妣合塋嶺頂瓦棺二首

榮尚

華戴公次子字德美生乾隆丙戌三月十一日巳時卒道光辛丑又三月廿七日午時

配郭氏

南安女生加慶戊辰六月初三日申時卒道光丁未正月十六日戌時子二

肅估

出承榮猷

肅行

榮尚公次子生加慶甲子九月廿一日未時卒光緒庚辰十二月

嗣子 文氣

本肅估長子承之生道光辛卯二月十六日

謚閨慈
生乾隆壬辰
正月廿一日
戌時卒道光
丁未十一月
十八日亥時
子三女一
適蔡

初六日亥時
配王氏
生失
卒光緒庚辰
十二月初八
亥時
嗣子一

肅苗
榮尚公三子
生加慶辛未
二月二十二
日寅時
卒失
外亡塋未詳

戌時卒失
配蘇氏
淡水女
生道光丁未
十一月初五
卒失

艾砵
肅行公之子
提

文解公次子

華口

生乾隆丁巳正月十四日亥時卒乾隆戊寅二月廿一日戌時

聘邱氏

東坡女
生卒失
嗣子一
附父母合塟赤塗南嶺坐東向西瓦棺三首

嗣子

榮煨

本華欵次子入承
號營業
生乾隆己亥十二月廿二辰時卒道光壬辰三月十四日未時

配謝氏

赤湖女
謚慈範
生乾隆辛亥十月初八日酉時卒同治

肅寅

生加慶癸酉八月廿三日巳時卒道光甲辰六月初一日丑時
嗣子一
塟后林坐東向西

嗣子

艾蚶

生道光乙巳十月十七日酉時卒失

配李氏

生咸豐癸丑十二月廿八
卒未詳

榮煨公次子

肅砵

字恭孟
生加慶丙子九月十三日

艾蚶

出承肅寅

庚午十月十九日酉時子五女一適王
公妣俱塟后林坐東向西

酉時卒光緒庚寅四月十三日卯時

配蔡氏

山兜女生加慶己卯四月廿九日午時光緒壬辰六月初七酉時
子一女二長適陳次適黃

榮煨公三子

肅守 殀

外亡

華歘　文解公三子

榮擱

肅焙

生卒失

肅塘　榮煨公四子　生道光癸未正月初一日酉時卒道光己酉四月十二日未時

肅蟶　榮煨公五子　生道光乙未正月初二日　卒失

號綱繩
生乾隆乙丑
五月十八日
亥時卒加慶
乙丑二月初
七日未時
配傅氏
后湖女
謚節儉
生乾隆甲戌
十月十九日
未時卒道光
壬辰四月初
三日午時
子二
公塋門口園
坐北向南大權

生乾隆丁酉
三月初三日
酉時卒道光
戊子六月初
一日申時
配陳氏
洪尾女
謚慎寬
生乾隆己酉
正月廿八日
亥時卒加慶
乙亥四月十
一日酉時
次配王氏
謚慎徽
生乾隆乙巳

生加慶己卯
七月廿三日
未時卒道光
庚子五月廿
五日未時
殀
塋洋井山

榮攔公次子
肅爆
生道光
卒失　外亡

榮攔公三子
肅塗
生道光
卒塋未詳

二月十六日辰時辛咸豐己未四月初六日戌時子三女一適王

卒光緒己亥五月十三日卯時

榮煨

華歇公次子

出承華口

文龍

仕恩公嗣子係兄仕建三子承繼生康熙丁酉

華縷

字子興生乾隆壬戌九月廿一日

榮臣

生乾隆癸巳九月十九日酉時卒加慶

九月初二日丑時卒失
配郭氏石湖女生康熙丁酉八月十三日辰時卒失子二女一

辰時卒咸豐戊辰九月初五日戌時
配蔡氏蚶江女謚靜順生乾隆丙寅三月十三日丑時卒乾隆壬辰九月初八辰時
次配張氏獺窟女謚靜勤生乾隆丙寅十二月十九

庚午九月初八日申時
配薛氏改公歿于淅江口倉
榮抱華縷公次子出承華造
榮針華縷公三子生加慶丙辰十一月初四卒加慶壬申九月初六日寅時

酉時卒乾隆己酉二月十五日戌時　塟台湾笨港

三配徐氏泉城女生乾隆庚辰七月十三日午時卒失子三女三長適周次適洪三適公塟門口園蔡氏塟埭内坐西向東瓦棺一張氏塟埭内

民國丁亥年

坐西向東大
棺一

華造

文龍公次子
生乾隆丁卯
十二月十四
卒乾隆丁丑
十二月廿二
戌時
嗣子一

榮抱

嗣子
本華綫次子
承之
生乾隆乙巳
十月廿一日
巳時卒加慶
丙寅三月初
八日亥時
歿于布袋澳

国家出版基金项目
NATIONAL PUBLICATION FOUNDATION

海上絲綢之路文獻集成

總主編 陳支平 陳春聲

民間譜牒編 81

主編 林楓

海峽出版發行集團
THE STRAITS PUBLISHING & DISTRIBUTING GROUP
福建人民出版社

本册目次

［浙江慈溪］慈東方家堰方氏宗譜七卷首一卷（卷二至卷三）

童成章等纂修

慈東方家堰方氏宗譜

慈東方家堰方氏宗譜卷二

世次總錄

第一世 第行

蘊公之子

始祖六府君行第二四諱希通幼名本字叔時官諸王府翊
善以朝請大夫告老終於家著書數十卷
生宋天聖八年庚午九月十五日申時
卒元符三年庚辰十一月十一日壽七十一歲
娶趙氏生宋明道元年壬申二月初四日辰時
卒元符元年戊寅正月十八日壽六十七歲
生一子　大府君

合葬九華山之原

公先世諱亮者任睦州刺史居睦之雉山即淳安縣也從諱千者號鳳雅先生居桐廬諱甲者自桐廬居池之九華山東太平鄉之上田八傳而及平公平之子也肥遯邱園不于仕進肆學有尚義風厥子堂因官明州家鄞徙鳳浦今以府君爲始君也

第二世伍行

大府君之子

大府君行伍十一諱彬幼名堂字克載號崧年　登元符三年進士除太廟齋郎兼編修右正言

生宋嘉祐三年戊戌　月　日　時

卒紹興六年丙辰十月初八日壽七十九歲

娶華氏生宋嘉祐四年己亥十月初一日卯時

卒紹興元年辛亥正月二十五日壽七十三歲

生五子長熙大衡三齡四名九融

合葬鳳浦窰張家井之原

公性聰明文學過人宣和間知明州以時方臘作亂

遠近驛騷郎謝事家於鄞後與第五子融徙定之鳳浦嫡子諱熙熙之子諱昌徙慈之横塘子孫蕃盛散居占籍者衆矣今之居鄞城鳳浦横塘畲湖松浦更樓等方者皆其裔也

第三世傳行

大府君之子

融府君行傳二七字惟昭

生宋元豐五年壬戌三月初一日

卒紹興二十三年癸酉五月初三日壽七十二歲

娶楊氏生宋元祐元年丙寅八月十五日辰時

卒紹興十四年甲子十月二十八日年五十九歲

生一子　小念二

合葬鳳浦楊家山之原

融府君之子

第四世 聲行

小念二府君 行聲二二 諱育　承事郎

生宋元符元年戊寅七月二十日酉時

卒無考

娶陸氏生卒無考

生二子 長□□不詳　次思賢

合葬

第五世 細行

育公次子

思賢 行細十四　承事郎

生宋政和六年丙申二月十八日戌時

卒淳熙十五年戊申二月十一日壽七十三歲

娶應氏生宋重和元年戊戌八月十二日

卒隆興元年癸未二月　日年四十六歲

生一子　子璋

合葬

第六世 添行

思賢公之子　子璋 行添七五　將仕郎

生宋紹興元年辛亥二月二十七日子時

卒開禧三年丁卯三月初四日壽七十七歲

娶周氏生宋紹興三年癸丑九月十二日寅時

卒嘉定五年壬申六月十四日壽八十歲

生一子　鳳鳴

合葬鳳浦山之原

第七世千行

子璋公之子

鳳鳴行千七　將仕郎

生宋紹興二十五年乙亥七月初五日卯時

卒寶慶元年乙酉十二月初七日壽七十一歲

娶葉氏生宋紹興二十六年丙子二月十九日酉時

卒嘉熙元年丁酉五月二十日壽八十二歲

生子原

合葬鳳浦隩山之原

第八世 萬行

鳳鳴公長子 原行萬十三

生宋淳熙元年甲午三月十三日寅時

卒開慶元年己未七月十九日壽八十五歲

娶馮氏生卒無考

生子 再一

附葬千七將仕之墓

第九世增行

原公之三子　再一行增一諱宗

生宋開禧二年丙寅十月二十日子時
卒元寶元六年壬午八月十二日壽七十八歲
娶胡氏生卒無考
生子其十三
合葬鳳浦隩之原

第十世端行

宗公之長子　其十三行端十三諱庭芳　通判

生卒無考

娶陸氏生卒無考

生一子　一二

合葬郎家坪方家跳

第十一世桂行

其十三公長子　一二行　桂十二　宋由鳳浦澳遷居於此是爲本族始祖

生宋寶祐元年癸丑　月　日　時

卒元至元三年辛巳　月　日壽八十九歲

娶吳氏生卒無考

生子　善十二

合葬鄖家坪之原

第十二世益行

一二公 亥子

善十二行　益十二諱公卿

生卒無考

娶朱氏生卒無考

生一子　彥彬

合葬郞家坪方家跳之原

公性明朗才華卓犖凡事森處有條父自鳳浦徙居

更樓克勤創業以垂統緒裒聚詩書作興俊乂鄉之

表也

第十三世仲行

善十二公之子　彥彬行仲一

生卒無考

娶　氏生卒無考

生一子　義一

合葬大畝下計田三分

第十四世 義行

彥桄公之子 義一 行義一

生卒無考

娶 氏生卒無考

生一子 統一

附葬大畝下計田三分

第十五世 統行

義一公之子

統一 行統一

生卒無考

娶　氏生卒無考

生三子 長珍一 次珍二 三珍三

合葬大畝下計田三分

第十六世 珍行

統一公長子 珍一 行珍一

生卒無考

娶 氏生卒無考

生三子 長璧一 次璧二 三璧三

合葬

統一公次子

珍二　行珍二

生卒無考

娶　氏生卒無考

生一子　璧四

合葬

統一公 珍三行 珍三
三三子

生卒無考

娶 氏生卒無考

生一子 璧五

合葬大畝下計田三分

第十七世璧行

珍一公長子

璧一行璧一

生　年　月　日時

卒　年　月　日時

娶　氏生　年　月　日時

卒　年　月　日時

生一子　奎一

合葬

珍一公　璧二行璧二
次子

生　年　月　日　時

卒　年　月　日　時

娶　氏生　年　月　日　時

卒　年　月　日　時

生一子　奎二

合葬

珍一公三子

璧三 行璧三

生 年 月 日 時

卒 年 月 日 時

娶 氏生 年 月 日 時

卒 年 月 日 時

生一子 奎三

合葬

珍二公之子

璧四　行璧四

生　年　月　日　時

卒　年　月　日　時

娶　氏生　年　月　日　時

卒　年　月　日　時

生一子　奎四

合葬

珍三公之子

璧五 行璧五

生　年　月　日　時

卒　年　月　日　時

娶　氏生　年　月　日　時

卒　年　月　日　時

生二子長奎五是爲小九公派　次奎六是爲容九公派

合葬銀街坵

第十八世奎行

璧一公之子

奎一 行奎一

生　年　月　日時

卒　年　月　日時

娶　氏生　年　月　日時

卒　年　月　日時

無嗣

合葬

璧二公之子

奎二　行奎二

生　年　月　日　時

卒　年　月　日　時

娶　氏生　年　月　日　時

卒　年　月　日　時

無嗣

合葬

璧三公之子　奎三行　奎三

生　年　月　日　時

卒　年　月　日　時

娶　氏生　年　月　日　時

卒　年　月　日　時

生三子長廷秀次廷顯三廷昌

合葬

奎三公派世次錄

第十九世 英行

奎三公長子 廷秀 行英一

生　年　月　日　時

卒　年　月　日　時

娶　氏生　年　月　日　時

卒　年　月　日　時

生二子 長天壽 次天助

合葬

奎三公次子

廷顯　行英二

生　年　月　日　時

卒　年　月　日　時

娶　氏生　年　月　日　時

卒　年　月　日　時

無嗣

合葬

奎三公三子

廷昌 行英三

生　年　月　日　時

卒　年　月　日　時

娶　氏生　年　月　日　時

卒　年　月　日　時

合葬

第二十世 桓行

廷秀公長子

大壽 行桓一

生　年　月　日　時

卒　年　月　日　時

娶　氏生　年　月　日　時

卒　年　月　日　時

生四子 長應龍 次應鳳 三應楨 四應瑞

女一 適顏

合葬上河河角頭

延秀公次子

天助　行桓三

生　年　月　日　時

卒　年　月　日　時

娶　氏生　年　月　日　時

卒　年　月　日　時

無嗣以智房士觀承祀

合葬上河河角頭

其父莫稽

天祥　行桓五

生　　年　　月　　日　時

卒　　年　　月　　日　時

娶　氏生　　年　　月　　日　時

卒　　年　　月　　日　時

無嗣

合葬

第二十一世秀行

天壽公長子

應龍行秀一

生　年　月　日　時

卒　年　月　日　時

娶姚氏生　年　月　日　時

卒　年　月　日　時

生三子長士觀次士俊三士逢三分智仁勇三房

合葬上河河角頭

天壽公
次子

應鳳　行秀四

生　年　月　日　時

卒　年　月　日　時

娶　氏　生　年　月　日　時

卒　年　月　日　時

生一子　士興

合葬

天晉公三子

應楨　行秀六

生　年　月　日　時

卒　年　月　日　時

娶　氏　生　年　月　日　時

卒　年　月　日　時

生一子　士欽

合葬

天壽公四子

應瑞 行秀八

生　年　七月初一日　時

卒　年　七月十四日　時

娶　氏 江蘇人 生　年　月　日　時

卒　年　月　日　時

生一子　士貴

合葬河角頭 六三 分祀田內退西北首一塚中間兩穴一

名章抖

第二十二世彥行

應龍公長子　士觀行彥一　智房

生　年　月　日　時

卒　年　月　日　時

娶張氏生　年　月　日　時

卒　年　月　日　時

生三子長朝辰次朝英三朝顯

合葬上河河角頭

應龍公次子　士俊行彥五字子位　仁房

生　年　月　日　時

卒　年　月　日　時

娶　氏生　年　月　日　時

卒　年　月　日　時

生一子　廷顯

合葬沈家馬東首黄狗墩後

應龍公
三子

士逢行彥八字啓貴　勇房

生　年　月　日　時

卒　年　月　日　時

娶張氏生　年　月　日　時

卒　年　月　日　時

生四子長朝陛次朝陞三朝志四朝階

合葬本菴後中兩穴

應鳳公之子　士興　行彥十一

生　年　月　日　時

卒　年　月　日　時

娶　氏生　年　月　日　時

卒　年　月　日　時

生一子　朝仁

合葬鎮邑莊市古塘

應楨公之子

士欽 行彥十四 字子敬

生　年　月　日　時

卒　年　月　日　時

娶張氏生　年　月　日　時

卒　年　月　日　時

生四子 長朝卿 次朝斗 三朝宁 四朝惠

合葬

應端公之子　士貴行彥十九字天爵

生清康熙二十一年壬戌六月十四日　時

卒乾隆九年甲子十二月初七日壽六十三歲

娶邵氏生清康熙　年　十二月三十日　時

卒乾隆　年　二月十六日　時

生一子　朝諫

女二長適刁　次適未詳

合葬文溪西首楊家村溪南山上約數十步

第二十三世謙行

士覿公長子

朝宸行謙三三

生　年　月　日時

卒　年　月　日時

娶胡氏生　年　月　日時

卒　年　月　日時

生一子　世法

合葬

士觀公次子　朝英　行謙三九

生　年　月　日　時

卒　年　月　日　時

娶　氏生　年　月　日　時

卒　年　月　日　時

生一子　世官

合葬

士覲公三子

朝顯行謙四三

生　年　月　日時

卒　年　月　日時

娶　氏生　年　月　日時

卒　年　月　日時

生一子　懷勤

合葬

士俊公之子　朝　行謙四九　字廷顯

生　年　月　日　時

卒　年　月　日　時

娶　氏　生　年　月　日　時

卒　年　月　日　時

生二子　長世章　次世　喚文

合葬父墳旁

士逢公長子

朝陛　行謙四一

生　年　月　日　時

卒　年　月　日　時

娶張氏生　年　月　日　時

卒　年　月　日　時

生一子　世

合葬存厚堂祀田北首土名下方圻

士逢公次子　朝陞　行謙四四

生　年　月　日　時

卒　年　月　日　時

娶盧氏　生　年　月　日　時

卒　年　月　日　時

無嗣

合葬

士逢公三子

朝志行謙四八

生　年　月　日時

卒　年　月　日時

娶曹氏生　年　月　日時

卒　年　月　日時

生二子長世良次世仁

合葬上河河角頭東首第二墳巔

士逢公四子　朝階　行謙五六

生　年　月　日　時

未娶而卒

葬

士興公之子

朝仁行謙五七字運有

生　年　五月二十日　時

卒　年　月　日　時

娶莊氏生　年　四月初八日　時

卒　年　九月二十六日　時

生三子長世惠次世昌三世沛

合葬

士欽公長子　朝卿　行謙二二

生　年　月　日　時

卒　年　月　日　時

娶　氏生　年　月　日　時

卒　年　月　日　時

無嗣

合葬

士欽公
次子
朝斗　行謙二九
生　年　月　日　時
卒　年　月　日　時
娶　氏生　年　月　日　時
卒　年　月　日　時
生一女適葉
無嗣
合葬文溪石臼隩

士欽公三子　朝宁　行謙三五

生　年　月　日　時

卒　年　月　日　時

娶　氏生　年　月　日　時

卒　年　月　日　時

無嗣

合葬

士欽公四子

朝惠　行謙四二

生　年　月　日　時

卒　年　月　日　時

娶　氏生　年　月　日　時

卒　年　月　日　時

無嗣

合葬

士貴公之子

朝謙 行謙十五 一名紹見 字廷岳

生清乾隆四年己未六月初四日時

卒 年 二月十六日時

娶孔氏生清乾隆 年 三月十二日時

卒 年 十二月十七日時

繼娶 氏生 年 月 日時

卒 年 月 日時

生一子 世福 繼配出

合葬祖墳之右

第二十四世和行

朝辰公之子

世法行和十八

生　　年　八月二十七日　時

卒　　年　五月十二日　時

娶張氏生　年　五月初二日　時

卒　　年　五月十七日　時

生一子　學進

合葬

朝英公之子

世官　行和二十

生　年　月　日　時

卒　年　月　日　時

娶　氏生　年　月　日　時

卒　年　月　日　時

無嗣

合葬

朝顯公之子

世　行和十九字懷勤

生　年　月　日　時

卒　年　月　日　時

娶　氏生　年　月　日　時

卒　年　月　日　時

無嗣

合葬

延顯公
長子

世章　行和二四　字秉文

生　年　月　日　時

卒　年　月　日　時

娶　氏生　年　月　日　時

卒　年　月　日　時

螟蛉一子　學聖

合葬父墳旁

延顯公
次子

世　行和三十字喚文

生　年　月　日　時

卒　年　月　日　時

娶　氏生　年　月　日　時

卒　年　月　日　時

無嗣

合葬

朝陞公之子

世　行和十六

生　年　月　日　時

未娶而卒

附葬父墳北首

朝志公長子

世良 行和三七

生　年　三月初六日　時

卒　年　十月初五日　時

娶張氏生　年　九月初九日　時

卒　年　四月十一日　時

生四子 長學文 次學武 三學斌 四學全

女一適盛

合葬木菴後西首兩穴

朝志公
次子

世仁行和四三字德富

生　年　月　日　時

卒　年　月　日　時

娶　氏生　年　月　日　時

卒　年　月　日　時

生一子學　將順

合葬

朝仁公長子

世惠　行和二五　字昌林

生　年　十一月二十八日　時

卒　年　四月初四日　時

娶莊氏　生　年　十一月十一日　時

卒　年　三月十六日　時

無嗣　以弟世昌長子學善入繼

合葬前潘潘家堰頭即鎮邑莊市

朝仁公次子

世昌 行和三五 字昌懷

生　　年　十一月二十五日　時

卒　　年　四月初二日　時

娶朱氏生　　年　九月十六日　時

卒　　年　十二月二十三日　時

生二子 長學善出繼世惠爲嗣 次學秀

女二長適曹家廟堰曹行有 次適橋頭張張紹年

合葬鎮邑莊市盧家間

朝仁公三子

世沛行和四四字昌彬

生　年　月　日　時

未娶而卒

葬祖墳旁

朝諫公之子　世福　行和八三　字資田

生清乾隆四十七年壬寅九月十九日辰時

卒道光二十七年丁未九月初三日巳時壽六十六歲

娶劉氏生清乾隆四十四年己亥七月初十日申時

卒道光三十年庚戌十月初二日巳時壽七十二歲

生六子　長學璲　次學璣　三學瑄　四學璠　五學璉　六學瑾

女二　長適姚　次適朱

合葬堰東北公之祀田內坐西朝東

第二十五世順行

世法公之子　學進行順六五

生　年　十一月十一日　時

卒　年　二月二十七日　時

娶　氏生　年　月　日　時

卒　年　月　日　時

生一子　國基

合葬

世章公
螟蛉子　學聖　行順四

生清乾隆三十三年戊子八月初八日　時

卒咸豐　年　三月初一日未時

娶鍾氏生清乾隆四十四年己亥　月　日　時

卒　年　月　日　時

生二子　長履中　次履正

合葬石橋下大路南第三片田內

世良公長子

學文　行順六

生清乾隆三十六年辛卯八月十八日　時

卒道光元年辛巳十月初二日　時年五十一歲

娶曹氏生　年　月　日　時

卒　年　月　日　時

繼娶張氏生清乾隆五十二年丁未十月二十日　時

卒咸豐十年庚申十月初五日未時壽七十四歲

生一女適金

無嗣

合葬本菴後有墓碑

世良公次子　學武 行 順八

生清乾隆四十年乙未　月　日時

卒　年　月　日時

娶劉氏生　年　月　日時

卒　年　月　日時

生一女適姚

無嗣

合葬上河薄刀田内

世良公三子

學斌行順十四字羽豐

生清乾隆四十九年甲辰正月十五日　時

卒道光十二年壬辰三月初六日　時年四十九歲

娶姚氏生清乾隆五十四年己酉十月十九日　時

卒道光十年庚寅十月初五日　時年四十二歲

生一子　國順

女一適𦀣

合葬上河童姓田內

世良公四子　學全行順二十字谷友

生清乾隆五十四年己酉九月十四日　時

卒　年　正月初一日　時

娶姚氏生清嘉慶二年丁巳　月　日　時

卒　年　月　日　時

生一子　國　全壽

女二長次均適胡

合葬上河楊家三畝田內

世仁公之子

學　行順二三字將順

生　年　月　日　時

未娶而卒

墓在杭州

世惠公繼子係世昌公長子

學善　行順百五二　字來發

生　年　十二月二十四日辰時

卒　年　四月十一日未時

娶費氏生　年　月　日時

卒　年　月　日時

繼娶莊氏　莊市八四房國寶翁女　生清咸豐六年丙辰十二月二十九日　時

生一子　國琛　費出

合葬鎮邑莊市

世昌公次子

學秀行順百五三字植發

生清同治二年癸亥七月十三日未時

娶林氏生清同治九年庚午十一月初五日　時

卒　年七月十八日　時

繼娶莊氏生　年　十一月二十六日　時

卒　年　三月初九日　時

又繼李氏鄞城千歲坊正大翁女　生清光緒五年己卯九月二十日巳時

生二子長國樑次國瑾均莊氏出

女三長適莊市莊運根莊氏出　次適鷺林葉　三適河

溪張文昌均李氏出

世福公長子

學璲行順七一字錦茂

生清嘉慶十一年丙寅十二月初十日酉時

卒道光十四年甲午二月初一日戌時年二十九歲

娶翁氏欽旌節孝生清嘉慶十三年戊辰三月初四日亥時

卒光緒十三年丁亥正月初十日申時壽八十歲

生一子　渭未娶而卒

又以四弟學璡長子國香入繼

合葬石橋之東北下方爿田內坐西朝東有墓碑

世福公次子

學璣 行順八二

生清嘉慶十五年庚午四月二十二日午時

卒道光二十一年辛丑八月初九日　時年三十二歲

娶徐氏生　年　月　日　時

卒　年　月　日　時

無嗣

合葬父墳右

世福公
二子

學瑄　行順九八　字錦章

生清嘉慶十八年癸酉十月二十四日戌時
卒道光二十年庚子二月二十四日戌時年二十八歲
娶王氏　欽旌節孝　生清嘉慶廿三年戊寅十一月十九日戌時
卒光緒十五年己丑二月二十五日申時壽七十二歲
無嗣以弟學瑾長子國昭入繼
合葬學璲公墓右有墓碑

世福公四子　學璠　行順百七

生清嘉慶二十一年丙子二月二十三日寅時

卒道光十四年甲午十二月初十日午時年十九歲

未娶而卒

附葬父墳之右與二兄學璣合

世福公五子

學璉 行順百二四

生清道光元年辛巳正月初一日卯時

卒同治四年乙丑八月二十日巳時年四十五歲

娶徐氏生清道光八年戊子十一月十六日戌時

卒光緒十三年丁亥四月十九日申時壽六十歲

生二子長國香出繼學璲爲嗣　次國春

女二長適馬徑張培元　次適莊橋葛珊梅

合葬學瑄公墓有墓碑

世福公
六子

學瑾行順百三三
生清道光四年甲申六月二十日午時
卒同治八年己巳九月二十四日午時年四十六歲
娶陳氏生清道光十六年丙申六月十四日未時
卒民國十一年壬戌夏正正月二十四日辰時壽八十
七歲
生二子長國昭出繼學宜爲嗣　次國明
合葬

第二十六世聰行

學進公之子　國基行聰五

生　年　四月　日時

卒　年　十二月十七日　時

未娶而卒

葬公之田內計一畝二分坐北朝南東首

學聖公長子

國　行聰六　字履中

生　年　月　日　時

卒　年　月　日　時

娶王氏生　年　月　日　時

卒　年　月　日　時

無嗣

合葬父墳南

學聖公次子

國　行聰十五字履正

生清嘉慶　年　二月十八日　時

卒　年　二月十八日　時

娶杜氏生清嘉慶十五年庚午　月　日　時

卒　年　三月十二日　時

生一子　家順

女二長適童　次適胡

合葬父墳南

學斌公之子

國順行聽二八

生清嘉慶二十三年戊寅九月二十一日時

卒光緒三年丁丑正月十二日　時壽六十歲

娶陳氏生清嘉慶二十二年丁丑三月二十二日丑時

卒光緒十八年壬辰八月二十九日　時壽七十六歲

生二子長家雲次家寶

合葬

學全公之子

國　行聽五十　小字全壽

生　年　月　日　時

未娶而卒

葬上河一畝二分頭國基公墓右

學善公之子

國琛　行聰百六六　字順寶

生清光緒三年丁丑九月二十六日　時

娶蘇氏生清光緒元年乙亥十月二十四日　時

卒光緒二十年甲午六月初三日　時年二十歲

繼娶刁氏　童市刁孫村坤山翁女　生清光緒七年辛巳四月初四日

時

蘇氏墓在莊市陳四隘地方

學秀公長子

國櫟行聰百七一字冬寶

生清光緒十七年辛卯十月二十七日子時

娶劉氏闡墻鎮景甫翁女　生清光緒十七年辛卯十一月初三日午時

生　子長家衡次家衍

女一適湯福楚

學秀公次子　國璉　行聰百七二　字汝寶

生清光緒二十七年辛丑五月二十九日午時

娶莊氏　鎮邑耀慶翁次女　生清光緒三十年甲辰十一月初六日寅時

生子　長家德　次家徵　三家衛　四[illegible]奎

女三

學璲公之子

渭　行聰七六

生清道光十二年壬辰十一月二十六日亥時

卒道光二十九年己酉五月二十八日戌時年十八歲

未娶而卒

墓厝堰之北岸

學璲公繼子係璉公長子

國香 行聰百二八 字品蘭

生清道光二十九年己酉二月二十三日申時

卒宣統元年己酉七月二十三日辰時壽六十一歲

娶周氏生清道光二十八年戊申正月二十四日戌時

卒民國十四年乙丑夏正十月二十九日壽七十八歲

生一子　家善

合葬文溪市之西首宋宅之南岸潘姓之旁

學質公繼子係學瑾公長子

國照行聰百四二字文熙

生清咸豐九年己未二月十七日丑時

卒光緒十二年丙戌十二月初三日年二十八歲

娶朱氏生清同治六年丁卯　月　日　時

無嗣

合葬

學蓮公次子　國春行聽百三五字梅先

生清咸豐四年甲寅四月十二日午時

卒光緒十三年丁亥二月初二日丑時年三十四歲

娶孔氏生清咸豐八年戊午正月二十七日辰時

卒民國八年己未夏正二月十二日辰時壽六十二歲

生一子　家義

合葬文溪市西宋宅之對面南岸潘姓之旁

學瑾公
次子

國明　行聰百五一

生清同治元年壬戌八月十三日丑時

娶曹氏生　年　月　日時

卒　年　月　日時

繼娶莊氏生清光緒二年丙子　月　日時

卒　年　月　日時

生一子　家美

第二十七世 明行

履正公之子 家順 行明一

生清道光九年己丑十二月十七日　時

卒咸豐　年　月　日　時

娶胡氏生清道光八年戊子十一月十七日　時

卒咸豐　年　月　日　時

繼娶盛氏生清道光十六年丙申正月十八日寅時

卒同治十年辛未　月　日　時年三十六歲

生二子 長維龍 次維麟中殤 葬父墳右

女一適胡

附葬父墳左

國順公
長子

家雲　行明三字祥龍號藹卿

生清道光十八年戊戌七月初一日酉時

卒光緒十九年癸巳八月二十三日　時年五十六歲

娶金氏生清道光二十一年辛丑十月十六日戌時

卒民國八年己未夏正三月初二日丑時壽七十九歲

生一子　維蓀

女一適　安甫

合葬

國順公
次子　家寶　行明四

生清道光二十二年壬寅三月二十三日申時
卒光緒七年辛巳十一月初九日亥時年四十歲
娶胡氏生清咸豐四年甲寅正月十三日酉時
卒光緒三年丁丑十月十二日亥時年二十四歲
無嗣
合葬祖墳右

國樑公
長子

家衡行明百四六字文奎

生清宣統三年辛亥十二月二十九日戌時

娶董氏老鶴灣天瑚翁女生清宣統三年辛亥十二月初三日戌時

次子

國棵公

家衍　衍明百四八　字斌奎

生民國四年乙卯夏正二月十九日丑時

國揮公
長子

家德　行明百五三　字永奎

生民國十六年丁卯夏正九月十八日戌時

國瑾公
次子

家徵行明百五四字聯奎

生民國十七年戊辰夏正十月初三日巳時

國璀公三子

家衛行明百五五字定奎

生民國十八年己巳夏正八月二十三日　時殀

國璀公四子

家傑行明百五六字增奎

生民國二十年辛未夏正十二月初十日申時

國香公之子

家善 行明七六 字寶楚

生清光緒元年乙亥四月二十一日辰時

卒民國十七年戊辰夏正八月初九日年四十四歲

娶嚴氏生清光緒二年丙子九月初三日　時

卒光緒三十年甲辰十月初十日年二十九歲

繼娶陳氏 壓賽堰逸章翁女 生清光緒十二年丙戌十月二十三

日　時

生二子 長維峰 次維嶺

國春公之子

家義行明九七字寶欣號祥甫

生清光緒八年壬午三月二十九日亥時

娶杜氏生清光緒十年甲申十一月初一日　時

生二子長維海次維山

女五長適西盛盛裁庭　次適横河堰包　三適童甫

童　四適龔李王　五未字

國明公之子　家美　行明百三七　字順才

生清光緒三十年甲辰六月十五日戌時

第二十八世睿行

家順長子

維龍行睿一字象九

生清道光二十九年己酉四月二十九日　時

卒　年　月　日　時

娶李氏生清咸豐四年甲寅　月　日　時

卒　年　月　日　時

繼娶　氏日本人生清　年　月　日　時

生三子長清鄉李出　次清東華　三清珍華均日本人出

家雲之子

維蒸 行睿三

生清同治三年甲子三月初九日酉時

卒宣統元年己酉八月二十六日辰時年四十六歲

娶盧氏離入菴修靜

繼娶曹氏生清同治七年戊辰七月十八日亥時

生一子　清榮 曹出

家善長子

維峰　行睿七八　字金德

生民國九年庚申夏正三月十二日辰時

家善次子 維嶺 行睿九十 字金如

生民國十五年丙寅夏正四月十七日申時

家義長子

維湘行睿三三字金燧

生清光緒二十九年癸卯二月十八日卯時

卒民國十一年壬戌夏正三月初七日丑時年二十歲

未娶而卒

墓厝太祖後面

家義次子　維山　行睿五九　乳名金毫　字培基

生民國三年甲寅夏正十一月十四日酉時

娶童氏　三蔚童文星翁長女　生民國七年戊午夏正正月二十一日時

第二十九世 智行

維龍長子

清鄉 行智一 乳名阿清

生清　月　日　時

卒光緒二十九年癸卯　月　日時

娶　氏生　年　月　日時

生一子　維　雲才

維龍次子　清　行智四　字東華

生清光緒二十七年辛丑正月十六日寅時

維龍三子

清　行智五字珍華

生清光緒三十二年丙午四月十七日辰時

維蓀之子

清榮　行智三

生清光緒二十五年己亥十二月十六日未時

卒民國十二年癸亥夏正十二月二十一日未時年二十五歲

娶孫氏毛頭女　川湖小生清光緒三十二年丙午六月初八日辰時

第三十世 軒行

清鄉之緝 行軒一 乳名雲才
子

生清光緒二十六年庚子十月二十五日丑時

娶 氏

一

奎四公派世次録

第十八世　奎行

奎四行奎四　璧四公之子

生　年　月　日　時

卒　年　月　日　時

娶　氏生　年　月　日　時

卒　年　月　日　時

生一子　廷佑

合葬

第十九世 英行

奎四公之子

廷佑 行英四

生　年　月　日　時

卒　年　月　日　時

娶　氏生　年　月　日　時

卒　年　月　日　時

生一子　天錫

合葬堰上紅板橋章坵計田一畝五分後人將一畝五分田助入忠恕堂公墳在矣朝南向有石檻低低狹

第二十世 桓行

廷佑公之子 天錫 行桓二

生　　年　正月初九日　時

卒　　年　二月十八日　時

娶錢氏生　　年　五月十五日　時

卒　　年　二月十六日　時

生一子　應惠

合葬父墳傍東首

第二十一世 秀行

天錫公之子　應惠 行秀二

生　年　四月十一日　時

卒　年　八月十二日　時

娶李氏生　年　八月十六日　時

卒　年　五月十二日　時

生一子　士恩

合葬祖墳右首就是西邊

第二十二世彥行

應惠公一之子　士恩行彥三

生　年　三月十二日　時

卒　年　三月十七日　時

娶趙氏生　年　三月二十二日　時

卒　年　七月初八日　時

繼娶孫氏生　年　月　日　時

卒　年　月　日　時

生三子長朝全次朝美三朝興

合葬堰上紅板橋一畝五分頭東首朝東向三穴磚墳

是也

第二十三世諱行

士恩公長子　朝奎行謙五一

生　年　六月十一日時

卒　年　八月初八日時

娶周氏生　年　二月十一日時

卒　年　九月十九日時

生子　世忠

合葬汶溪山

次子

士恩公　朝美　行謙五五

生　　年　四月十一日　時

卒　　年　十月十二日　時

娶王氏生　　年　十月十八日　時

卒　　年　七月十二日　時

生二子　長世進　次世達

合葬汶溪山

士恩公
三子

朝興行謙六十

生　年　正月十三日時

卒　年　八月十一日時

娶王氏生　年　十一月十五日時

卒　年　八月十二日時

無嗣

合葬汝溪山

第二十四世 和行

朝全公
長子

世忠 行和九

生　年　八月十八日　時

卒　年　八月二十八日　時

娶張氏生　年　正月初八日　時

卒　年　正月十五日　時

生三子 長學恆 次學東 三學高

合葬

朝美公長子

世進行和十

生　年　四月十九日時

卒　年　四月初一日時

娶劉氏生　年　十二月十四日時

卒　年　八月十九日時

生四子長學鳴次學飛三學翙四學翀

合葬

朝美公次子

世達　行和二三

生　年七月十一日時

卒　年九月二十一日時

娶姚氏生　年正月二十四日時

卒　年十月二十八日時

生五子　長學　次學　三學　四學　五學

合葬

第二十五世 順行

世忠公長子 學恆 行順七八 乳名新發

生　年　月　日　時

卒　年　月　日　時

娶胡氏生　年　月　日　時

卒　年　月　日　時

生三子 長國山 次大寶生 三小寶生

女一適姚

合葬

世忠公次子　學東　行順八五　乳名仁發

生　年　月　日　時

卒　年　月　日　時

娶葛氏生　年　月　日　時

卒　年　月　日　時

生五子　長永華　次永裕　三永慶

合葬

世忠公三子

學高　行順九九　乳名開發

生　年　月　日　時

卒　年　月　日　時

娶胡氏生　年　月　日　時

卒　年　月　日　時

生女二長適盛　次適陳

無嗣

合葬

世進公
長子　學鳴　行順八七

生　年　月　日　時

卒　年　月　日　時

娶　氏生　年　月　日　時

卒　年　月　日　時

生三子　長樑　次官　三相

合葬

世進公次子 學飛行順百二

生 年 月 日 時

卒 年 月 日 時

娶 氏生 年 月 日 時

卒 年 月 日 時

無嗣

合葬

世進公
三子　學翔　行順百十二

生　年　月　日　時

卒　年　月　日　時

娶　氏生　年　月　日　時

卒　年　月　日　時

生一子　權

合葬

世進公四子

學舞行順百十六

生　年　月　日時

卒　年　月　日時

娶　氏生　年　月　日時

卒　年　月　日時

生一子漢

合葬

世達公長子

學　行順九一

生　年　月　日時

卒　年　月　日時

娶　氏生　年　月　日時

卒　年　月　日時

生一子　國珠

合葬

世達公
次子

學　行順百三

生　年　月　日時

卒　年　月　日時

娶　氏生　年　月　日時

卒　年　月　日時

生一子　林

合葬

世達公三子　學　行順百八

生　年　月　日　時

卒　年　月　日　時

娶　氏生　年　月　日　時

卒　年　月　日　時

生一子　國斌

合葬

世達公四子

學　行順百十七

生　年　月　日時

卒　年　月　日時

娶　氏生　年　月　日時

卒　年　月　日時

無嗣

合葬

世達公五子　學　行順百二十

生　年　月　日　時

卒　年　月　日　時

娶　氏生　年　月　日　時

卒　年　月　日　時

生一子　國

合葬

第二十六世聽行

學恆公長子　國山行聽九十乳名阿高

生清道光十六年丙申十月十九日時

卒宣統二年庚戌九月初六日　時壽七十五歲

娶楊氏生清道光二十四年甲辰九月初十日　時

卒民國五年丙辰夏正八月初八日　時壽七十三歲

生二子長家明次家銀

女四長適陳　次適陳　三適邵　四適陳

合葬

學恆公次子
國　行聰　乳名大寶生
生　年　八月初三日　時
卒　年　三月初一日　時
未娶而卒
葬

學悟公
三子

國　行聰　乳名小寶生

生　　年　二月十五日　時

卒　　年　十月初五日　時

未娶而卒

葬

學東公
長子　國華　行聰　乳名永華

生　年　月　日　時

娶胡氏生　年　月　日　時

生一子　家春

學東公次子

國　行聰　乳名永裕

生清咸豐七年丁巳三月十五日　時

卒民國十五年丙寅夏正十二月二十七日午時

娶莊氏生清光緒三年丁丑正月初七日卯時

卒民國十六年丁卯夏正二月初六日卯時

生二子長家文次家發

學東公三子

國治　行聰　乳名永慶

生　年　月　日　時

娶　氏　生　年　月　日　時

學鳴公長子

樑 行聰

生 年 月 日 時

娶 氏生 年 月 日 時

生二子長家茂次家蕙

學嶋公次子

官　行聰

生　年　月　日　時

娶　氏生　年　月　日　時

生一子　家萃

學鳴公
三子

相　行聰

生　年　月　日　時

娶　氏生　年　月　日　時

無嗣

學翙公之子

權　行聰四九　乳名九阜

生清道光四年甲申六月十二日　時

卒　年　九月十二日　時

娶姚氏生清咸豐五年乙卯三月十五日　時

卒光緒二十八年壬寅二月初五日年四十八歲

生一子　仁林

合葬東畈大路北首沈家橫大路之東

學舞公之子

漢　行聰又九六　乳名小黃狗

生清道光十九年己亥正月初四日　時

卒光緒十二年丙戌七月十八日　時年四十八歲

娶　氏生清道光二十七年丁未七月二十五日　時

卒光緒二十七年辛丑正月十七日　時年五十五歲

生二子　長夏寶　次仁寶

女三長適童阿福　次適張家堰　三適姚鼎芳

合葬

學　公之子

國珠行聰五三乳名阿龍

生清道光五年乙酉　月　日時

卒　年　月　日時

娶　氏生　年　月　日時

卒　年　月　日時

無嗣

合葬

學林公之子

衍聰百五

生淸道光二十一年辛丑　月　日時

卒　年　七月二十三日時

娶董氏改適

生一子　家成

葬

學公之子　國斌　行聰　乳名阿來

生　年　月　日　時

娶羅氏生　年　月　日　時

卒　年　月　日　時

繼娶李氏生　年　月　日　時

生四子　長家福　次家祿　三家祈　四家祐

學公之子

國 行聰

生 年 月 日 時

娶 氏生 年 月 日 時

生一子 家升

第二十七世 明行

國山公長子　家明行明五九

生清同治九年庚午十月初一日戌時

卒民國十八年己巳夏正十二月十四日壽六十歲

娶陳氏生清光緒九年癸未六月二十七日酉時

生一子　維坤

女二長適張　次適陸

國山公次子　家銀　行明一百

生清光緒九年癸未十二月十五日酉時

娶范氏離

國華公之子

家春　行明百七

生清光緒十一年乙酉九月十一日　時

娶　氏

永裕公
長子　家文　行明百二十

生清光緒二十年甲午八月二十八日申時

娶　氏

永裕公次子

家發　行明百二七

生清光緒二十四年戊戌三月十二日辰時

娶　氏

樑公長子　家茂　行明十三

生清咸豐元年辛亥九月十二日　時

卒宣統三年辛亥十月二十三日壽六十一歲

娶唐氏生清咸豐十一年辛酉十二月二十八日　時

卒宣統三年辛亥十月二十五日年五十一歲

生一子　維禎

女二長適徐江岸　次適童甫

合葬

樑公次子
家蕙行明
生　年　月　日　時
娶　氏
無嗣

官公之子　家華　行明六二　字寶才

生清同治十年辛未十月二十八日　時

卒民國十三年甲子夏正二月初六日年五十四歲

娶　氏改適

無嗣以仁林子維雲入繼

葬

權公之子

家　行明九三字仁林

生清光緒六年庚辰八月初一日子時

娶孔氏生清光緒十六年庚寅九月二十二日午時

生　子　維震出繼家萃爲嗣

漢公長子

家　行明义九七　乳名夏寶

生清光緒八年壬午六月初六日　時

卒民國八年己未夏正七月二十四日年三十八歲

未娶而卒

葬

漢公次子

家　行明义百四　乳名仁寶

生清光緒十一年乙酉四月二十三日　時

卒民國十一年壬戌夏正九月十二日年三十八歲

未娶而卒

葬

林公之子

家成　行明四八

生清同治六年丁卯九月二十六日寅時

卒　年　五月二十九日

娶胡氏生清同治六年丁卯十一月二十九日午時

生女二長適胡　次適童

無嗣

國斌公
長子

家福行明十一 乳名五小娘

生清道光二十三年癸卯七月二十七日 時

卒光緒十五年己丑十一月十五日年四十七歲

娶姚氏生 年 正月十七日 時

卒光緒三十二年丙午九月二十五日

生二子 長維熊 次維彪

合葬

國斌公次子　家祿　行明十四

生清道光三十年庚戌十二月十二日　時

卒光緒二十八年壬寅二月十七日年五十三歲

娶吳氏生清同治元年壬戌三月初八日巳時

卒宣統二年庚戌四月十九日年四十九歲

生三子長維申次維駿三維和

合葬

國植公三子

家祈　行明十八

生　年　月　日　時

未婚而卒

葬

國斌公
四子

家祏　行明二五

生　年　月　日　時

未婚而卒

葬

國公之子

家升　行明三十　乳名小鹿

生　年　月　日　時

未婚而卒

葬

第二十八世睿行

家明之子

維坤行睿六五字雲根

生民國六年丁巳夏正閏二月二十六日戌時

家茂之子　維禎　行睿十八

生清光緒二十年甲午正月十一日酉時

卒民國二年癸丑夏正正月二十一日年二十歲

未娶而卒

葬

家華繼子係仁林子

維雲行睿七三字運來

生民國八年己未夏正二月二十二日亥時

家福長子

維熊　行睿乂三

生清同治四年乙丑十月初一日　時

卒光緒十年甲申十二月二十三日年二十歲

娶　氏改適

葬

家福次子　維彪行睿二又三字宏壽

生清光緒元年乙亥十二月初六日　時

卒光緒二十八年壬寅七月初一日年二十八歲

娶莊氏生清光緒九年癸未五月二十九日卯時

生一女適沈

家祿長子　維申　行睿六　字德明

生清光緒七年辛巳正月十九日卯時

娶張氏生清光緒十九年癸巳　月　日　時

卒民國四年乙卯夏正正月二十四日年二十三歲

生一子　清華

家祿次
子

維駿　行睿十二

生清光緒十五年己丑八月十八日　時

未婚而卒

葬

家祿三

子

維和行睿十八

生清光緒十八年壬辰十月初四日子時

第二十九世智行

維申之子

清華行智八小名阿毛

生民國二年癸丑夏正正月二十二日酉時

晉江陳埭丁氏宗譜　卷二

思恕堂

慈東方家堰方氏宗譜

慈東方家堰方氏宗譜卷三

世次錄

奎五公下小九公派

第十八世　奎行

璧五公長子　奎五行　奎五

生卒無考

娶　氏生卒無考

生一子　小九

合葬銀街垟

第十九世 英行

奎五公之子

小九行 英五

生卒無考

娶　氏生卒無考

生二子 長 富六 次 富七

合葬河東八分頭中穴

第二十世桓行

小九公長子

富六行桓四

生卒無考

娶　氏生卒無考

生一子　應錦

合葬河東八分頭東首第二穴

小九公次子

富七行桓六

生　年　正月初二日

卒　年　七月二十一日

娶　氏生　年　七月二十八日

卒　年　八月十五日

生四子長應華次應宿三應斗四應鎬

合葬河東八分頭西首第二穴

存厚堂公支下兩山牆外各留餘地三尺五寸

第二十一世秀行

富六公之子

應錦行秀三字武公

生　年　月　日時

卒　年　月　日時

娶　氏生　年　月　日時

卒　年　月　日時

生二子長殿行次士傚

合葬河東八分頭東首邊穴

富七公長子

懋華　行秀五　國學生

生　年　十二月二十九日

卒　年　十月二十二日

娶姚氏生　年　八月三十日

卒　年　正月初八日

繼娶姚氏生　年　七月初二日

卒　年　八月初九日

生三子　長士惠　次士傑　三士奇

二女　長適後林　次適童子厚

合葬河東八分頭西首邊穴　祀田一畝九分在鍾家橋頭

富七公次子

應宿行秀九　國學生

生　　年　五月十九日

卒　　年　十月十三日

娶邵氏生　　年　十月二十四日

卒　　年　十月十六日

生四子長士聰次士乾三士英四士仁

合葬堰下朝南東穴

富七公
三子

懋斗　行秀十　字有先　國學生

生　年　月　日時

卒　年　月　日時

娶童氏生　年　月　日時

卒　年　月　日時

生四子　長廷候　次士良　三士宏　四士宗

合葬堰下朝南西穴與弟並葬

富七公
四子

應鎬行秀十一　國學生
生　年　四月十一日
卒　年　正月十六日
娶唐氏生　年　正月二十一日
卒　年　六月初四日
繼娶陳氏生　年　正月二十五日
卒　年　十月初八日
生一子　士賢
二女長適吳　次適童
合葬堰下朝南中穴　後子士賢附於東穴孫附西穴

第二十二世彦行

應錦公長子

士　行彦二字殿行

生　年　月　日時

卒　年　月　日時

娶陳氏生　年　月　日時

卒　年　月　日時

生四子長朝德次朝迎三朝成四朝康

合葬沈家堰㳺北首朝南

應華公
次子

士傑 行彥十 字顯宗

生　年　月　日　時

卒　年　月　日　時

娶徐氏生　年　月　日　時

卒　年　月　日　時

生二子 長朝常 次朝綱

合葬沈家堰頭朝南弟墳東首

應華公三子

士奇行彥十二字顯達

生　年　五月二十七日

卒　年　六月二十六日

娶程氏生　年　正月二十四日

卒　年　五月二十七日

繼娶余氏生　年　十一月十九日

卒　年　四月初四日

生四子長朝股次朝肱三朝有四朝道

女四長適胡　次適邵　三適後林鳳鳴　四適畲角

沈嶴　合葬沈家堰頭朝南中穴

應宿公
長子

士聰　行彥十三　字玉生　從九品

生　年　月　日　時

卒　年　月　日　時

娶林氏生　年　月　日　時

卒　年　月　日　時

生一子　朝棟

合葬東岸地中朝南

應宿公次子

士乾行彥十五字世卿

生　年　十二月初八日

卒　年　六月初十日

娶盧氏生　年　正月十七日

卒　年　正月初五日

生四子長朝綸次朝綵三朝緒四朝統

女二長適沈大有　次適楊阿六

合葬河對岸長埭墳朝南

應宿公三子

士英 行彥十六 字顯章

生　年　四月　日　時

卒　年　三月　日　時

娶胡氏生　年　月　日　時

卒　年　月　日　時

繼娶韓氏生　年　月　日　時

卒　年　月　日　時

生三子 長朝翰 次朝曾 三朝上

女 長適門溪 次適田湖胡

合葬河對岸長埭墳中間朝南

應宿公四子

士仁行彥十七字則榮

生　年　十一月十一日

卒　年　六月初八日

娶杜氏生　年　五月二十四日

卒　年　月　日　時

繼娶邵氏生　年　九月初二日

卒　年　閏二月初四日

生二子長朝仰次朝唐

合葬沈家堰港朝南

應斗公
長子

士　行彥十八字廷候　國學生

生　年　月　日　時

卒　年　月　日　時

娶童氏生　年　月　日　時

卒　年　月　日　時

生三子長朝覲次朝冠三朝冕

合葬水圳邊朝東

應斗公
次子

士良 行彥二十 字聖才
生　年　正月二十九日
卒　年　正月初二日
娶唐氏生　年　十月初七日
卒　年　三月二十一日
繼娶童氏生　年　四月初六日
卒　年　七月二十三日
生三子 長朝昌 次朝隆 三朝興
女四 長適劉元虎　次適周大孝　三適團橋陳
四適沈大進　合葬沈家馬朝東

應斗公三子

士宏　行彥二一

生　年　月　日時

卒　年　月　日時

娶劉氏生　年　月　日時

卒　年　月　日時

無出

合葬沈家馬朝東

應斗公四子

士宗行彦二二字嘉賓
生　年　月　日　時
卒　年　月　日　時
娶朱氏生　年　月　日　時
卒　年　月　日　時
生三子長朝豐次朝濂三朝堯
女一適胡榮
合葬沈家馬朝東

應鎬公之子

士賢行彥二三字與叅

生　　年　　五月十二日

卒　　年　　八月初七日

娶戴氏漢文公女生　　年　　六月十九日

卒乾隆三十六年辛卯十一月二十八日

生二子長朝周次朝同

女三長適董惠雲　次適姚廷雲　三適張大學

合葬堰下朝南東穴

第二十三世謙行

殿行公長子

朝德行謙二字赤符

生　年　月　日　時

卒　年　月　日　時

娶徐氏生　年　月　日　時

卒　年　月　日　時

生一子　世奎

葬沈家堰港北首朝南獨穴

氏葬柘塘廟後祀田朝南獨穴

殿衍公次子

朝迎衍謙九

生　年　月　日時

卒　年　月　日時

娶何氏生　年　月　日時

卒　年　月　日時

無出

合葬沈家馬東南角朝東

殷行公三子

朝成行謙十二

生　年　月　日　時

未婚而卒

葬洗家馬東南角獨穴

殿行公四子

朝康　行謙十八　居蘇州

生　年　月　日　時

卒　年　月　日　時

娶　氏生　年　月　日　時

卒　年　月　日　時

合葬

士敬公長子

朝摯行謙十一

生　年　月　日　時

卒　年　月　日　時

娶王氏生　年　月　日　時

卒　年　月　日　時

生一子　世瑞

女一適徐家岸

合葬沈家馬朝東

士敬公次子

朝先　行謙十三

生清乾隆四年己未正月二十六日

卒嘉慶十八年癸酉二月十二日壽七十五歲

娶孔氏生清乾隆七年壬戌二月初八日

卒嘉慶十八年癸酉正月十三日壽七十二歲

生四子　長世琪　次世球　三世璋　四世珏

合葬廟後祖祀田北首朝東

士敬公三子

朝祖 行謙十七 字象賢 國學生

生清乾隆六年辛酉九月初六日 時

卒 年 六月初九日 時

娶童氏 生清乾隆十八年癸酉九月二十七日

卒道光二年壬午二月二十一日 壽七十歲

生五子 長世瑾 次艮玉 三世勣 四天祿 五世勝

女一 適洪塘舊宅

合葬柘塘廟後祖祀田南首朝東

實錄公業儒壯年患紅症因絕意進取舌耕之餘靜

養一室爲人惇厚古道好施濟其殁也遐邇惜

爲著有趨吉通書傳堂弟朝昌公

士敬公四子

朝孔行謙二四

生清乾隆十年乙丑正月十八日

卒嘉慶十四年己巳八月二十九日壽六十五歲

娶徐氏天聖公女生清乾隆十五年庚午三月十四日

卒乾隆四十三年戊戌六月二十一日年二十九歲

繼娶陸氏生清乾隆二十三年戊寅五月初十日

卒乾隆五十五年庚戌十月初四日年三十三歲

生三子長世珍次世玥三世琛

女二長適徐家岸徐聖從　次適西成廟劉亨祚

合葬沈家馬朝東

士惠公長子

朝　行謙一　字超宗

生　年　月　日　時

卒　年　月　日　時

娶　氏生　年　月　日　時

卒　年　月　日　時

生一子　世全

合葬沈家屋後王家三畝父墳西首

士惠公
次子

朝梁　行謙三　字奕千

生清康熙五十八年己亥六月初六日

卒乾隆三十七年壬辰七月二十一日年五十四歲

娶薛氏生清康熙五十八年己亥九月十六日

卒乾隆二十五年庚辰六月二十八日年四十二歲

繼娶李氏生清康熙六十年辛丑閏六月二十九日

卒嘉慶十一年丙寅十一月十八日壽八十六歲

生三子長世光次世秀三世肅

女一適張上金

合葬堰頭上河北首朝東

士傑公
長子

朝常 行謙四　從九品
生　年　月　日　時
卒　年　月　日　時
娶姚氏生　年　月　日　時
卒　年　月　日　時
生五子 長世安 次世科 三世泰 四世和 五國大
合葬沈家馬王家田朝東

士傑公次子

朝綱行謙七字佐臣

生　年　月　日時

卒　年　月　日時

娶洪氏生　年　月　日時

卒　年　月　日時

生一子　世奎

合葬沈家馬

士奇公
長子

朝股 行謙五 字艮翰　國學生

生清雍正十一年癸丑八月十四日

卒乾隆三十一年丙戌六月二十一日年三十四歲

娶林氏生清雍正十年壬子三月二十一日

卒乾隆五十九年甲寅八月二十七日壽六十三歲

生三子 長世恩 次世悌 三世愈

女二長適徐有寧　次適徐有英

合葬沈家塍頭父墳西

士奇公次子

朝肱行謙六字艮卿　國學生　覃恩上壽

生清乾隆二年丁巳十月初五日

卒嘉慶十二年丁卯正月十二日壽七十一歲

娶鍾氏生清雍正十三年乙卯十一月十一日

卒道光五年乙酉八月二十一日壽九十一歲

生三子長世惠次世忠三世憲

女三長適張　次適杜和光　三適孔毓瑞

合葬沈家堰港本祀田朝南

士奇公
四子

朝有 行 謙二八 字 景勸　從九品

生清乾隆十三年戊辰七月二十四日

卒乾隆五十六年辛亥十月初十日年四十四歲

娶劉氏生清乾隆十三年戊辰七月二十八日

卒嘉慶二十四年己卯正月二十三日壽七十二歲

生二子 長 世懋 次 世慈

女二長適邵鎮安　次適胡昌盈

合葬沈家屋後河斗朝南

士奇公
四子

朝道行謙五三字繼善　從九品
生清乾隆十九年甲戌五月十二日
卒嘉慶十二年丁卯三月十一日年五十四歲
娶蔡氏生清乾隆十九年甲戌八月十三日
卒道光十三年癸巳八月十七日壽七十歲
副室周氏生清乾隆三十七年壬辰十月二十七日
卒道光十二年壬辰八月十一日壽六十一歲
生一子　世愷
女二長適畄角沈先敬　次適劉元潛
合葬高田頭七畝堰上坐南朝北

士聰公之子

朝棟　行謙八

生　年　月　日　時

卒　年　月　日　時

娶張氏生　年　月　日　時

卒　年　月　日　時

生二子長世銘次世勳

合葬水斗邊本祀田朝東

士乾公
長子
朝綸行謙十
生　年　月　日時
卒　年　月　日時
娶姚氏生　年　月　日時
卒　年　月　日時
生二子長世振次世欽
合葬沈家河斗北首朝南

士乾公亥子

朝綵行謙十四

生　年　月　日　時

卒　年　月　日　時

娶范氏生　年　月　日　時

卒　年　月　日　時

生一子　世犖

合葬河對岸長埭墳朝南

士乾公三子

朝緒行謙十九

生　年　月　日時

卒　年　月　日時

娶　氏生　年　月　日時

卒　年　月　日時

生三子長世宏次世淳三世禎

合葬河對岸長埭墳朝南

十一世

[illegible]甄[illegible]，諱二[illegible]

生[illegible]十一月二十八日

卒　　年　　十一月十三日

娶[illegible]氏　　生　　十一月初二日

卒　　年　　八月初七日

生二子：長[illegible]、次[illegible]

女二：長適洪　次適[illegible]

合葬[illegible]

二五三
三二

爵聖公 謙二十六 字[illegible]三

生　年　月　日　時

卒　三　月　日　時

娶[illegible]氏 三十三　年　月　三　時

卒　三　月　三　時

子二

合葬[illegible]

士英公次子

朝曾　行謙二十

生　年　月　日　時

卒　年　月　日　時

娶張氏生　年　月　日　時

卒　年　月　日　時

無出

合葬河對岸長埭墳朝南

士英公三子

朝上行謙二三

生清乾隆七年壬戌十一月十四日

卒嘉慶十九年甲戌十一月初九日壽七十三歲

娶蘆氏文蘭公女生清乾隆十七年壬申八月十五日

卒嘉慶七年壬戌九月初八日年五十一歲

生二子長世禎次世祥

女一適後張

合葬河對岸長埭墳朝南

士仁公
長子

朝卿　行謙二一

生　年　七月十五日

卒　年　月　日　時

娶　氏生　年　月　日　時

卒　年　月　日　時

生一子　世信

合葬沈家堰港朝南

士仁公次子

朝麿行謙三六

生清乾隆十六年辛未五月十七日

卒　　年　　六月二十七日

娶翁氏生清乾隆二十三年戊寅九月十二日

卒道光十三年癸巳正月十三日壽七十六歲

生一子　世家

合葬沈家堰港朝南

廷候公長子

朝覲 行謙二七

生　年　月　日　時

卒　年　月　日　時

娶戴陳氏生　年　月　日　時

卒　年　月　日　時

生三子長世彩次世恭三國順

合葬水斗邊朝東

廷候公次子

朝冠行謙三七

生　年　月　日時

未婚而卒

葬水浒邊朝東

廷侯公
三子

朝冕　行謙四五

生　年　月　日　時

卒　年　月　日　時

娶孔氏生　年　月　日　時

卒　年　月　日　時

生五子　長世能　次世盛　三阿三　四阿四　五阿五

合葬水斗邊朝東

士良公
長子

朝昌 行謙五十 字紹昌 號嘉言 又號聿修
生清乾隆十七年壬申八月初一日
卒道光九年己丑三月二十八日壽七十八歲
娶洪氏生清乾隆十九年甲戌正月初四日
卒嘉慶六年辛酉九月初一日年四十八歲
生四子 長世沐 次世澐 三世潾 四世汶
女二長適龔光智 次適田湖胡朝東
合葬周家滙頭朝西南來第二穴
實錄 公始力穡事中年授朝伯祖業儒擅大撓術秉
必寬和處事有方言行謹慎教授族之子弟篤

責備嚴服則出入畎畝而又精於奇門遁甲惜
其書無傳又精於地理及春作等事以是遠近
卜吉者咸至焉至今傳大撓術者蓋自公始也

士良公次子

朝隆　行謙五四

生清乾隆二十三年戊寅四月初四日

卒嘉慶　年　九月初十日

娶范氏生清乾隆三十年乙酉正月二十五日

卒道光十二年壬辰三月初六日壽六十八歲

生三子長世元次世亨三世利

女二長適費家市費雲綱　次適邵克富

合葬堰頭上河北首朝東

三子　士良公

朝興　行謙五八

生清乾隆二十五年庚辰六月初六日

卒道光七年丁亥十一月二十六日壽六十八歲

娶童氏生清乾隆三十二年丁亥十月初一日

卒道光五年乙酉十月十九日年五十九歲

生三子　長世淼　次世森　三世晶

女一適觀音庄陳世寧

合葬東畈大路南首朝南

士宗公
長子

朝豐行謙三八

生清乾隆十四年己巳九月初九日
卒道光二年壬午七月十一日壽七十四歲
娶胡氏生清乾隆十四年己巳七月二十日
卒道光九年己丑正月初六日壽八十一歲
生二子長世美次世瑤
女一適蔡加明
合葬沈家馬朝東

士宗公次子

朝濂　行謙四六

生　年　月　日　時

卒　年　月　日　時

娶　氏生　年　月　日　時

卒　年　月　日　時

無出

合葬沈家馬朝東

士宗公三子

朝堯　行謙五二

生　年　月　日　時

卒　年　月　日　時

娶鄭氏生　年　月　日　時

卒　年　月　日　時

無出

合葬沈家馬朝東

士賢公
長子

朝周 行謙二六 一名紹周 字景濂 邑庠生

生清乾隆十年乙丑正月二十一日

卒　年　七月初八日

娶董氏生清乾隆七年壬戌十月初十日

卒　年　四月初八日

生一子　世揚

女一適董雲岫

合葬堰下朝南西穴

士賢公次子

朝同行謙五九一名紹同字鵬展　國學生

生清乾隆三十年乙酉五月初六日

卒道光二年壬午正月初七日年五十八歲

娶童氏亦慈公女生清乾隆二十九年甲申五月初三日

卒乾隆五十八年癸丑七月二十五日年三十歲

繼娶莊氏卓善公女生清乾隆四十年乙未四月廿二日

卒同治二年癸亥八月十三日壽八十九歲

生四子長世攀次世援三世授四世提

女五長適洪發相　次適徐一楷　三適蔡守明

四適王君樹　五適童甚元

合葬堰下朝南東穴

第二十四世和行

朝德公之子

世奎行和三三

生清乾隆二十九年甲申六月初三日

卒嘉慶二十五年庚辰九月二十日年五十七歲

娶　氏生　年　月　日　時

卒　年　月　日　時

生二子長學和次運三

女一適駱駝橋劉

合葬沈家馬東南舸朝東

朝擎公之子

世瑞　行和五二

生清乾隆三十三年戊子三月初一日

卒道光十年庚寅九月初六日壽六十三歲

娶童氏紹禹公女生清乾隆四十一年丙申十月廿六日

卒道光十八年戊戌十二月初五日壽六十三歲

生一子　學榮

合葬沈家馬朝東

朝先公長子

世琪 行和五四 字艮琳　國學生

生清乾隆三十四年己丑十一月十二日

卒嘉慶十七年壬申九月初三日年四十四歲

娶童氏在元公女生清乾隆四十三年戊戌五月十七日

卒道光十七年丁酉五月初四日壽六十歲

生三子 長學鵬 次學鴻 出繼世珏為嗣 三學鵠

女一適羅曹羅信海

合葬二橋港二橋頭北首朝南

朝先公
次子

世球行和六二字寶琳　從九品
生清乾隆三十八年癸巳十二月二十四日
卒道光十四年甲午十二月二十二日壽六十二歲
娶洪氏世提公女生清乾隆五十一年丙午五月十二日
卒道光十年庚寅九月二十五日年四十五歲
生二子長學鷃次學鶴
合葬沈家馬朝東

朝先公三子

世璋　行和七十　字昌琳　從九品

生清乾隆四十一年丙申十月十六日

卒　年　月　日　時

娶王氏生清乾隆五十二年丁未九月二十日

卒嘉慶十九年甲戌十一月二十五日年二十八歲

生一子　學元

合葬二橋港二橋頭北首朝南

朝先公四子

世珽　行和八一　字春琳

生　年　二月初五日

卒　年　六月二十七日

娶　氏生　年　月　日　時

卒　年　月　日　時

無嗣以長兄世琪次子學鴻入繼

合葬東岸田北

朝祖公長子

世瑾行和五六字懷玉　覃恩上壽

生清乾隆三十五年庚寅二月十四日

卒道光二十九年己酉八月十八日壽八十歲

娶洪氏世守公女生清乾隆四十七年壬寅正月廿一日

卒同治七年戊辰二月二十一日壽八十七歲

無出

合葬留車橋之舵隩

實錄公以家貧學貿遷往來蘇杭間喜山水暇輒登

臨心地和平終其身無惡口居武林日增有鄰

婦夜奔拒不納歿後有扶乩者公降壇中自言

[illegible]士坊碑示

朝祖公次子

世　行和六三字良玉　從九品

生　年　月　日時

卒　年　月　日時

娶　氏生　年　月　日時

卒　年　月　日時

無出

合葬

朝祖公三子

世勣行和六七字大勳號浩然　例贈文林郎

生清乾隆四十年乙未十二月初六日

卒道光十五年乙未六月十三日壽六十一歲

娶顧氏例贈孺人生清嘉慶四年己未正月初九日

卒道光二年壬午三月初三日年二十四歲

生一子　學梅

合葬東岸地朝北

實錄公初習藥業後至公門歷遊蘇松太倉通州等

處性仁慈好施衣食日課淨業寒暑不稍閒雖

居署中從未改鄉音其樸厚類如此道光乙未

夏端坐念佛而逝

朝祖公
四子

世　行和七六　字天祿　從九品　始居蘇州後遷上海

生清乾隆四十三年戊戌十一月癸巳日

卒　年　月　日時

娶蘇氏生　年　月　日　時

卒　年　月　日　時

生二子　長小牛　次小馬

合葬

朝補公
五子

世勝　行和八二　從九品
生　年　月　日時
卒　年　月　日時
娶　氏生　年　月　日時
卒　年　月　日時
無出
合葬

朝孔公長子

世珍　行和七四　覃恩上壽

生清乾隆四十三年戊戌六月初八日

卒道光二十六年丙午閏五月二十九日壽六十九歲

娶王氏雲臣公長女生乾隆五七年壬子閏四月廿五日

卒同治四年乙丑三月二十四日壽七十四歲

生二子長學卿次學偉

女三長適姚禮泰　次適姚　三適

合葬

朝孔公次子

世玥行和九十

生清乾隆五十四年己酉二月二十七日

卒道光六年丙戌八月二十八日年三十八歲

娶王氏雲臣公次女生清嘉慶五年庚申十月十六日

卒道光四年甲申五月十一日年二十五歲

生一女適王姓

無嗣

合葬沈家馬朝東

朝孔公
三子

世琛行和九四
生清乾隆五十六年辛亥十月初八日
卒道光二十六年丙午五月二十三日年五十六歲
娶劉氏利廷公女生清嘉慶十一年丙寅八月十一日
卒咸豐九年己未八月初五日年四十四歲
生一子　學紹
女三長適杜　次適羅
合葬沈家馬朝東

超宗公之子

世全行和一

生　年八月　日時

卒　年月日時

娶姚氏生　年十二月初四日

卒　年十一月初六日

生四子長學貴次學富三學安四學利

合葬洸家馬朝西

朝梁公長子

世光　行和四

生清乾隆九年甲子八月二十二日

卒嘉慶二年丁巳十月二十八日年五十四歲

娶應氏生清乾隆十三年戊辰三月十一日

卒　年　七月初六日

繼娶沈氏欽旌節孝生清乾隆十九年甲戌五月廿三日

卒道光十三年癸巳十一月二十九日壽八十歲

生三子長學海次學明三學康

女一適邵

合葬父壙北首

朝梁公次子

世秀行和七

生清乾隆十一年丙寅七月初十日

卒嘉慶九年甲子八月二十四日年五十九歲

娶華氏生清乾隆二十二年丁丑三月十九日

卒嘉慶六年辛酉七月十三日年四十五歲

生四子長學仁次學堯三學仕四學佐

女一適戴士年

合葬父壙南首

朝槊公

三子

世肅　行和十三

生清乾隆十七年壬申八月十一日

卒道光二年壬午二月初十日壽七十一歲

娶孔氏生清乾隆二十四年己卯五月初一日

卒嘉慶二十三年戊寅四月二十四日壽六十歲

生三子　長學山　次學崑　三學崙

合葬堰頭上河北首朝東

朝常公長子

世安行和十二字明第

生　年　月　日時

卒　年　月　日時

娶童氏生　年　月　日時

卒　年　月　日時

無出

合葬沈家馬河角朝北

朝常公
次子

世科　行和十五

生　年　月　日時

出外無查

朝常公三子

世泰行和二一　字國安

生清乾隆二十二年丁丑八月十九日

卒嘉慶二十三年戊寅五月初十日壽六十二歲

娶戴氏生清乾隆二十九年甲申四月十五日

卒乾隆六十年乙卯正月初八日年三十二歲

繼娶孔氏生清乾隆二十九年甲申十一月二十八日

卒嘉慶二十三年戊寅七月二十三日年五十五歲

生二子長學通次學進

合葬沈家馬王家田朝東

朝常公四子

世和　行和二六

生清乾隆二十四年己卯十一月二十日

卒　年三月十九日

娶王氏生清乾隆四十四年己亥八月十六日

卒　年四月十二日

生一子　學南

女二長適范永清　次適陳士富

合葬沈家馬王家田朝東

朝常公五子

世　行和三六　字國大

生　年　月　日　時

卒　年　月　日　時

娶　氏生　年　月　日　時

卒　年　月　日　時

生一子　學良

合葬

朝綱公之子　世奎 行和四八

生清乾隆三十二年丁亥二月二十六日

卒嘉慶二十五年庚辰十二月二十八日年五十四歲

娶盛氏植槐公女生清乾隆四十三年戊戌九月初八日

卒道光十七年丁酉五月初六日壽六十歲

生三子 長學釧 次學鐘 三學錦

女三長適朱成能　次適奉化　三適胡成方

合葬沈家馬父墳北首

朝股公長子

世恩　行和二八　䆁恩上壽

生清乾隆二十五年庚辰十一月十五日

卒道光十九年己亥九月二十九日壽八十歲

娶徐氏錫如公女生清乾隆二十五年庚辰十月初五日

卒嘉慶二十四年己卯二月二十七日壽六十歲

生四子長學英次學剛三學豪四學常

合葬水㪷邊朝東

朝股公
次子

世悌　行和四二　字洪愷　從九品

生清乾隆三十一年丙戌十二月初三日

卒道光三年癸未十月十一日年五十八歲

娶童氏步雲公女生清乾隆三十二年丁亥十一月廿二日

卒乾隆五十六年辛亥七月十三日年二十五歲

繼娶唐氏順悌公女生清乾隆四十年乙未三月初四日

卒咸豐九年己未八月十五日壽八十五歲

生一子　學寶

女一適沈啓榮

合葬沈家河斗朝西

朝股公
三子

世愈　行和五九

生清乾隆三十五年庚寅七月初八日

卒嘉慶十九年甲戌五月二十九日年四十五歲

娶龔氏憲寧公女生清　年　七月十八日

卒道光三十年庚戌十一月二十三日

生二子長學珍次學珠

女三長適姚萬林　次適周洪聖　三適徐茂森

合葬沈家馬河沜邊朝東

朝肱公長子

世惠 行和二九 字秉華　從九品

生清乾隆二十六年辛巳八月二十七日

卒嘉慶二十年乙亥十一月十七日年五十五歲

娶張氏永　公女生清乾隆二十七年壬午七月廿八日

卒嘉慶十一年丙寅八月初九日年四十五歲

繼娶劉氏元聖公女生清乾隆四五年庚子四月十五日

卒咸豐元年辛亥正月初一日壽七十二歲

生二子長學麟次學鳳　女四長適莊市　次適童知

道　三適杜義善　四適童慈滄

合葬河對岸本祀田朝南中穴

朝彪公
次子

世忠　行和三八　字秉仁　從九品

生清乾隆三十年乙酉九月初七日

卒道光六年丙戌九月二十九日壽六十二歲

娶洪氏有光公女生清乾隆三十三年戊子十月十八日

卒道光五年乙酉九月二十一日年五十八歲

生五子　長學孝　次學存　三學麒　四學彪　五學章

女一　適張耀洪

合葬東岸地後朝東西至河有墓碑

朝肱公 三子

世憲 行和五五 字東明 從九品

生清乾隆三十四年己丑十二月十八日

卒道光十二年壬辰七月初四日壽六十四歲

娶洪氏生清乾隆三十七年壬辰十月二十一日

卒乾隆六十年乙卯二月初二日年二十四歲

繼娶盛氏嘉聖公女生清乾隆四三年戊戌八月初五日

卒咸豐六年丙辰十二月初四日壽七十九歲

生四子 長學宰 次學相 三學曾 四學孟

女一適孔傳範

合葬沈家堰港北首朝南有墓碑

朝有公
長子

世懋　行和四一　字德昭　覃恩上壽

生清乾隆三十一年丙戌四月十五日

卒道光二十一年辛丑十一月初十日壽七十六歲

娶戴氏廷安公女生清乾隆四十三年戊戌正月廿四日

卒乾隆五十九年甲寅三月二十日年十七歲

繼娶周氏正發公女生清乾隆四五年庚子七月十七日

卒　年　月　日　時

生四子長學魁次學元三學科四學才

女一適桂有君

合葬沈家馬岡墳後朝南

朝有公次子

世慈行和八六

生清乾隆四十九年甲辰三月二十七日

卒道光十五年乙未十月十六日年五十二歲

娶桂氏生清乾隆四十七年壬寅二月十二日

卒嘉慶十三年戊辰六月二十五日年二十八歲

繼娶胡氏文佐公女生清乾隆五六年辛亥十月十八日

卒道光二十七年丁未二月二十日年五十七歲

生三子長學嘉次學慶三學和

女一適沈啓發

合葬二橋港北首朝南

朝道公之子

世愷行和六九字廷揚　國學生
生清乾隆四十一年丙申十月十五日
卒道光十七年丁酉四月初四日壽六十二歲
娶胡氏世甲公女生清乾隆四十一年丙申五月初九日
卒嘉慶元年丙辰正月十一日年二十一歲
繼娶張氏宗彝公女生清乾隆四四年己亥二月廿四日
卒道光二十一年辛丑六月十五日壽六十三歲
生一子　學乾　女五長適畐角沈南川　次適杜智
鵠　三適翁克銑　四適唐和垚　五適李國泰
合葬高田頭七畝堰父墳[illegible]首朝北

朝棟公長子

世益行和四五

生　年　月　日　時

卒　年　月　日　時

娶姚氏生　年　月　日　時

卒　年　月　日　時

生三子長學秀次學香三學科

合葬東畈路朝南

朝棟公次子

世勳　行和五七

生清乾隆三十五年庚寅四月十八日

卒道光十二年壬辰九月初五日壽六十三歲

娶唐氏禧候公女生清乾隆三十六年辛卯六月初六日

卒道光二十年庚子十二月二十五日壽七十歲

生二子　長學周　次學漢

女五　長適周貞　次適徐茂宗　三適孫昌才　四適

翁光明　五適鄭立遠

合葬水㪷邊二分頭朝東

朝綸公長子

世振　行和五

生　年　月　日　時

未婚而卒

葬

朝綸公次子

世欽行和十四字國良

生　年　月　日時

依本菴而卒

葬河對岸長埭墳朝南

朝綵公之子

世犖　行和二七

生清乾隆二十五年庚辰九月十八日

卒道光　年　五月十五日

娶范氏漢作公女生清乾隆三十年乙酉十一月廿三日

卒道光　年　七月三十日

生一子　學元

女一適東頭陳陳元英

合葬東畈路南朝東

朝緒公長子

世宏行和三二

生清乾隆二十八年癸未六月初二日

卒道光十六年丙申十二月二十九日壽七十四歲

娶陳氏朝康公女生清乾隆四十年乙未三月十八日

卒　年　月　日　時

生二子長學清次學濟出繼世禎爲嗣

女二長適胡昌鎰　次適王學泰

合葬東畈路南朝東

朝緒公次子

世淳　行和四十　寓居餘杭縣雙溪鎮開糖坊

生清乾隆三十一年丙戌二月初六日

卒　年正月二十八日

娶徐氏生清乾隆四十二年丁酉十月十一日

卒　年　月　日　時

生一子　學全

合葬

朝緒公
三子

世禎　行和六一　與二兄同開糖坊
生清乾隆三十六年辛卯十月十五日
卒道光十六年丙申十一月　日壽六十六歲
娶虞氏生　年　月　日時
卒　年　月　日時
繼娶開氏生　年　月　日時
卒　年　月　日時
又繼　氏生　年　月　日時
卒　年　月　日時
無嗣以長兄世宏次子學濟入繼

朝統公
長子

世彬　行和五八

生清乾隆三十五年庚寅四月二十七日

卒道光　年　十一月初一日

娶洪氏生清乾隆三十六年辛卯　月　日

卒嘉慶十九年甲戌正月十二日年四十四歲

生三子長學伊次學尹三學君

女二長適童宏　次適倪丙建

合葬沈家河沝朝南

朝統公次子

世彦行和六八

生清乾隆四十一年丙申五月二十四日

卒　年　四月二十六日

娶姚氏必先公女生清乾隆四十年乙未十二月十六日

卒道光二十四年甲辰七月十二日壽七十歲

生二子長學嵩次學有

女二長適胡　次適童其天

合葬河對岸公家墳東南角朝南

朝上公
長子

世禎行和七一

生　年　月　日　時

未婚而卒

葬河對岸長埭墳朝南

朝上公次子

世祥行和七八

生清乾隆四十四年己亥正月初八日

卒　年　月　日時

娶徐氏禹燕公女生清乾隆五十七年壬子二月十五日

卒　年　月　日時

生一子　學發

女二長適畾角沈金　次適劉綱

合葬

朝仰公之子

世信　行和五一

生　年　月　日　時

卒　年　月　日　時

娶蘇氏生　年　月　日　時

卒　年　月　日　時

生一女適徐賢朋

合葬堰港父墳旁

朝唐公之子

世家行和七三

生清乾隆四十二年丁酉三月十三日

卒嘉慶三年戊午二月初四日年二十二歲

未婚而卒

附葬堰港父墳旁

朝覲公長子　世彩　行和五十

生　年　月　日　時

卒　年　月　日　時

娶　氏　生　年　月　日　時

卒　年　月　日　時

無出

附葬水斗邊父墳旁朝東

朝覲公次子

世恭　行和六五

生　年　月　日　時

卒　年　月　日　時

娶馮氏生　年　月　日　時

卒　年　月　日　時

生一子　學能

附葬水斗父墳旁朝東

朝覲公三子

世　行和七二字國順

生　年　月　日　時

卒　年　月　日　時

娶　氏生　年　月　日　時

卒　年　月　日　時

無出

附葬水斗父墳旁朝東

朝覺公長子

世能行和六四

生　年　月　日時

卒　年　月　日時

娶　氏生　年　月　日時

卒　年　月　日時

無嗣

合葬

朝麗公次子

世盛　行和六六

生　年　月　日　時

卒　年　月　日　時

娶　氏生　年　月　日　時

卒　年　月　日　時

無嗣

合葬

朝冕公
三子

阿三　行和七七

生　年　月　日　時

卒　年　月　日　時

娶　氏生　年　月　日　時

卒　年　月　日　時

無嗣

合葬

朝麗公
四子

阿四　行和八十

生　年　月　日　時

卒　年　月　日　時

娶　氏生　年　月　日　時

卒　年　月　日　時

無嗣

合葬

朝冕公五子

阿五　行和八五

生　年　月　日　時

卒　年　月　日　時

娶　氏　生　年　月　日　時

卒　年　月　日　時

無嗣

合葬

朝昌公長子

世沐 行和七五 號愼齋

生清乾隆四十三年戊戌六月十六日

卒道光十三年癸巳十一月二十日年五十六歲

娶鄭氏邦隆公女生清乾隆五十年乙巳六月初三日

卒咸豐九年己未九月初四日壽七十五歲

生四子 長學本 次學金 出繼世澐爲嗣 三學宗 四學千

女三 長適田湖胡大發 次適盧有海 三適馬徑張

啓江

合葬周家漕頭父墳旁朝西向來第一穴

實錄公力穡事賦心忠厚語言謹愼精醫爛腳等症

惜其方未傳族咸推爲長者

朝昌公次子

世澐　行和七九

生清乾隆四十五年庚子十月初九日

卒嘉慶七年壬戌三月初七日年二十三歲

娶洪氏改適

無嗣以兄世沐次子學金入繼

葬沈家馬

朝昌公三子

世濟行和九二

生清乾隆五十五年庚戌四月初六日

卒道光五年乙酉五月十五日年三十六歲

娶陳氏彪公女生清乾隆六十年乙卯二月十九日

卒道光十五年乙未二月二十四日年四十一歲

生二子長學基次學錢

女一適劉其新

合葬周家漕頭父墳旁

朝昌公
五子

世汶　行和九五

生清乾隆五十八年癸丑二月初二日

卒道光十六年丙申八月二十七日年四十四歲

娶周氏永彪公女生清嘉慶五年庚申三月二十四日

卒同治二年癸亥五月十四日壽六十四歲

生三子長學芹　次學湖　三學玖

合葬周家漕頭父墳旁朝西

朝隆公長子

世元行和八七字敏叔

生清乾隆五十年乙巳八月十五日

卒道光七年丁亥十一月初五日年四十三歲

娶劉氏元勤公女生清乾隆五五年庚戌十一月初二日

卒咸豐六年丙辰九月十七日壽六十七歲

生二子長學美次學寧

女二長適費　次適龔增泰

合葬上河北首朝東

朝隆公
次子

世亨　行和九三　乳名小林叔

生清乾隆五十五年庚戌九月二十六日

卒道光三十年庚戌五月二十七日壽六十一歲

娶胡氏明發公女生清嘉慶二年丁巳六月二十六日

卒咸豐二年壬子七月二十五日年五十六歲

生一子　學善

女一

合葬上河父墳旁朝東

朝隆公
三子

世利　行和九七
生清嘉慶五年庚申五月十二日
卒道光五年乙酉九月十六日年二十六歲
未婚而卒
葬上河父墳旁朝東北首獨穴

朝興公長子

世孫行和八九字大全

生清乾隆五十一年丙午二月十六日

卒道光四年甲申八月十七日年三十九歲

娶張氏生清乾隆四十九年甲辰三月初三日

卒道光二十一年辛丑正月十三日年五十八歲

無嗣以三弟世晶長子長壽入繼

合葬東畈父墳旁西穴

朝興公次子

世森行和九一

生清乾隆五十四年己酉七月初七日

卒嘉慶十五年庚午三月初八日年二十二歲

娶童氏改適

生一子　學庚

葬東販父墳旁東首獨穴

朝興公 三子

世晶行 和九六 字畜叔

生清乾隆五十八年癸丑八月初八日

卒咸豐十年庚申九月二十八日壽六十八歲

娶姚氏啓孝公女生清乾隆六十年乙卯正月十二日

卒道光二十二年壬寅二月二十九日年四十八歲

生四子 長長壽出繼世淼爲嗣 次學 三學 四學

合葬東畈父墳旁朝南東來第二穴

朝豐公長子

世美行和六十

生清乾隆三十五年庚寅九月初四日

卒道光二年壬午三月二十二日年五十三歲

娶邵氏士宏公女生清乾隆四十七年壬寅二月十五日

卒道光十三年癸巳十月十二日年五十二歲

生一子　學廷

女一適畈地唐

合葬沈家馬北邊朝東

朝豐公次子

世瑤　行和八四

生清乾隆四十七年壬寅十二月初六日

卒道光二十二年壬寅八月二十五日壽六十一歲

娶孔氏光發公女生清乾隆五九年甲寅十一月十七日

卒　年　七月　日　時

生一子　學葱

女一　適鍾國昭

合葬沈家馬北首朝東

朝周公長子

世揚　行和四七　字易才　從九品

生清乾隆三十二年丁亥正月十二日

卒嘉慶十五年庚午正月二十五日　年四十四歲

娶徐氏公玉公女　生清乾隆三十四年己丑二月初六日

卒道光十六年丙申十二月十一日　壽六十八歲

生一子　學仙

女五　長適畈地唐鄭邦文　次適馬徑張大連　三適羅曹羅信孚　四適田湖胡昌維　五適徐江岸徐常魁

合葬西大路朝東

朝同公長子

世攀 行和八八 字丹枝 號騰芳　從九品

生清乾隆五十年乙巳十一月初六日

卒道光二十三年癸卯八月廿四日午時年五十九歲

娶童氏宏惠公女生清乾隆四十九年甲辰十月初六日

卒嘉慶十二年丁卯三月十二日年二十四歲

繼娶鄭氏朝林公女生乾隆五三年戊申八月廿七丑時

卒同治三年甲子三月初五日卯時壽七十七歲

生一子　學梧 無出　又以二弟世援長子學槐入繼

女一適韓靜川

合葬菴漕東

朝同公次子

世援　行和九八　乳名阿毛　字舒圃　號春芳　從九品

生清嘉慶八年癸亥三月初九日未時

卒光緒二年丙子四月二十八日午時壽七十四歲

娶徐氏常才公女生清嘉慶十三年戊辰十二月十一日戌時

卒同治十一年壬申正月二十四日未時壽六十五歲

生五子　長學槐出繼世攀爲嗣　次學蓁　三學楚　四學棟　五學樣

女一適童錫珍

合葬沈家洲斗門家漕西邊田名金魚田坐庚向甲兼卯酉有碑

朝同公 三子

世授 行和九九 字開芳

生清嘉慶十二年丁卯九月十五日

卒道光二十七年丁未正月初六日申時年四十一歲

娶陳氏永和公女生清嘉慶十五年庚午二月二十六日

卒同治九年庚午二月初五日午時壽六十一歲

生三子 長學柱 次學權 三學楙

女一 適莊市戴來芳

合葬東畈大路北首朝東中穴

朝周公四子

世提行和一百乳名桂芳字月三號薇軒　布政司理問

生清嘉慶十七年壬申八月二十日未時

卒同治六年丁卯九月十七日卯時年五十六歲

娶徐氏恒濟公女生清嘉慶九年甲戌閏二月十三日酉時

卒光緒五年己卯八月二十五日亥時壽六十六歲

生一子　學杭

合葬周家漕之西南又有本漕土名菱漕朝東中穴

第二十五世順行

世奎公長子

學和　行順六六

生清嘉慶八年癸亥　月　日　時

未婚而卒

葬沈家馬朝東

世奎公
亥子

學　行順八十　乳名運三

生清嘉慶十四年己巳五月十三日

卒光緒五年己卯七月二十日壽七十一歲

娶翁氏守鶴公女生清道光四年甲申九月十四日

卒　年　月　日時

無嗣

合葬

世瑞公之子

學榮行順九十字文貴

生清嘉慶十七年壬申三月二十三日

卒道光二十六年丙午十月十一日年三十五歲

娶童氏敏鳳公女生清道光元年辛巳　月　日

卒道光二十一年辛丑七月初七日年二十一歲

無出

合葬

世琪公長子

學鵬 行順四七 字萬程　國學生

生清嘉慶三年戊午十一月初五日

卒道光十三年癸巳十二月十一日年三十六歲

娶錢氏學豐公女　欽旌節孝生清嘉慶八年癸亥九月

十二日

卒同治五年丙寅十二月二十九日壽六十四歲

生二子 長瀚 次濂 出繼學鴻為嗣

合葬父墳旁

世琪公
三子

學鵠行順八十字繹堂　國學生
生清嘉慶十四年己巳七月二十日
卒咸豐六年丙辰十二月十五日年四十八歲
娶劉氏林高公女生清嘉慶二十二年丁丑三月廿七日
卒道光十八年戊戌十月十一日年二十二歲
繼娶洪氏世本公女生清道光二年壬午閏三月十六日
卒道光二十三年癸卯八月十一日年二十二歲
又繼張氏大基公女生清道光八年戊子十二月廿一日
卒　年　月　日　時
生一子　渠

世珠公
長子

學鷃　行順七三　字鳳鳴

生清嘉慶十二年丁卯　月　日　時

卒　年　月　日　時

娶鄔氏生清嘉慶十七年壬申六月初一日

卒道光十年庚寅三月十二日年十九歲

無嗣

合葬

世球公次子

學鶴行順百十四字鶴鳴

生清嘉慶二十三年戊寅十月二十四日

卒同治七年戊辰十二月十七日年五十一歲

娶徐氏茂盛公女生清道光五年乙酉二月十四日

卒同治六年丁卯十一月十七日年四十三歲

無嗣

合葬

世璋公之子

學元　行順百二二　字開全

生清嘉慶二十五年庚辰十二月二十二日

卒道光二十三年癸卯十二月初二日年二十四歲

娶曹氏奕才公女　欽旌節孝生清道光二年壬午三月

二十日

卒　年　月　日　時

生一子　渶

合葬父墳旁

世珪公
繼子係
世琪公
次子

學鴻行順六四
生清嘉慶七年壬戌十二月初十日
卒道光九年己丑九月十七日年二十八歲
娶　氏生　年　月　日時
卒　年　月　日時
無嗣以長兄學鵬次子濂入繼
合葬沈家馬朝東

世勳公之子

學梅字行順百十一　官名鵬　字雲騫　號芝磵

生清嘉慶二十二年丁丑二月初一日申時

卒同治七年戊辰二月初四日卯時年五十二歲

娶葉氏明義公女生清嘉慶二十二年丁丑八月三十日酉時

卒光緒二年丙子正月十一日巳時壽六十歲

生一子　池

女二長適國學生應瞻泒　次適李

合葬周家漕南首

實錄道光丙午遊庠咸豐辛亥壬子戊午己未歷科

薦卷庚申補廪辛酉春捐貢癸亥加捐訓導同
治丁卯補行甲子科中式本省鄉試第二十九
名

天祿公
長子

學 行順百十 乳名小牛

生清嘉慶二十二年丁丑正月己巳日

卒 年 月 日 時

娶 氏生 年 月 日 時

卒 年 月 日 時

無嗣

合葬

天祿公次子

學　行順百二八乳名小馬

生清道光二年壬午三月癸酉日

卒　年　月　日　時

娶　氏生　年　月　日　時

卒　年　月　日　時

無嗣

合葬

世珍公
長子

學卿　行順七六　字炳章　從九品

生清嘉慶十三年戊辰七月初六日

卒同治元年壬戌六月初八日年五十五歲

娶龔氏光烈公女生清嘉慶廿五年庚辰十一月廿三日

卒光緒七年辛巳七月二十二日壽六十二歲

生一子　水

合葬

世珍公次子

學偉行順百二一　國學生

生清嘉慶二十五年庚辰四月二十七日

卒同治十年辛未二月初十日年五十二歲

娶姚氏正和公女生清道光七年丁亥三月初九日

卒同治七年戊辰六月二十八日年四十二歲

生一子　湳

合葬

世琛公之子

學紹 衍順 百四一

生清道光十一年辛卯十二月十一日

卒咸豐四年甲寅五月十三日年二十四歲

娶　氏生清道光　年　月　日時

卒　年　月　日時

生二子長洲 次衍

合葬

世全公長子

學貴行順一

生 年 月 日 時

卒 年 月 日 時

娶 氏生 年 月 日 時

卒 年 月 日 時

無嗣以弟學富長子國盛入繼

合葬大畝下公地

世全公
次子

學富　行順二

生清乾隆二十五年庚辰二月初十日

卒嘉慶十八年癸酉九月初一日年五十四歲

娶陳氏文元公女生清乾隆四十一年丙申九月初七日

卒咸豐八年戊午三月初三日壽八十三歲

生三子長國箴出繼學貴為嗣　次國瑞　三國祥

女二長適張朝禹　次適劉元連

合葬沈家馬

世全公三子

學安行順三

生清乾隆三十年乙酉八月二十二日

卒道光二十一年辛丑正月初六日壽七十七歲

娶姚氏生清乾隆四十四年己亥十二月初二日

卒　年　月　日　時

生三子長國賢次國修三國恆

女三長適王君寳　次適胡昌毓　三適朱啓道

合葬洸家馬朝西

世全公
四子

學利　行順七

生清乾隆三十六年辛卯　月　日

卒　年　五月十四日

娶戴氏生清乾隆三十六年辛卯　月　日

卒　年　月　日時

生一子　金爐

合葬沈家馬父墳北首

世光公長子

學海行順十一

生清乾隆四十六年辛丑九月十二日

卒道光十二年壬辰三月十七日年五十三歲

娶童氏生清乾隆六十年乙卯十一月初三日

卒　年　月　日　時

生一女適鍾慶餘

合葬

世光公
次子

學明　行順十六

生清乾隆四十九年甲辰四月二十四日

卒道光四年甲申六月初九日年四十一歲

娶邵氏生清嘉慶四年己未十月二十六日

卒咸豐十年庚申三月初二日壽六十二歲

生一子　浩

合葬東岸地

世光公三子　學康　行順三八

生清乾隆六十年乙卯九月初一日

卒道光十四年甲午五月二十五日年四十歲

娶　氏生　年　月　日　時

卒　年　月　日　時

無出

合葬沈家馬朝南

世秀公
長子

學仁　行順九

生清乾隆四十二年丁酉正月初三日
卒咸豐元年辛亥正月十五日壽七十五歲
娶周氏大賢公女生清乾隆四十五年庚子九月十六日
卒道光二十五年乙巳十一月初九日壽六十六歲
生二子　長國均　次國堦
女四　長適范仲春　次適張世斌　三適林世斌
四適陳天裕
合葬柘塘廟前畈朝南

世秀公次子

學堯 行順十二

生清乾隆四十七年壬寅十二月二十六日

卒道光二年壬午二月二十三日年四十一歲

娶張氏大東公女生清乾隆五十六年辛亥正月十八日

卒同治十年辛未七月初七日壽八十一歲

生二女長適李　次適鄔

合葬柘塘廟前畈朝南

世秀公三子

學仕　行順二四

生清乾隆五十五年庚戌五月初一日

卒同治元年壬戌八月十八日壽七十三歲

娶童氏興德公女生清乾隆六十年乙卯十二月廿七日

卒同治六年丁卯十二月初二日壽七十三歲

生一子　芬

合葬

世秀公四子

學佐　行順三一

生清乾隆五十八年癸丑四月二十四日

卒　年　八月初一日

娶吳氏光志公女生　年　二月初二日

卒道光二十一年辛丑五月二十四日

生一子　壽福

合葬

世肅公
長子

學山 行順十五

生清乾隆四十九年甲辰三月十八日

卒道光十九年己亥十月十四日年五十六歲

娶沈氏良慶公女生清乾隆五十年乙巳十月二十九日

卒咸豐五年乙卯十二月初五日壽七十一歲

生六子長國奇次國章三國文四國森五國琛六國才

女二長適王振孝　次適徐二鎔

合葬沈家馬朝南

世肅公次子

學崑行順四一

生清嘉慶元年丙辰十二月二十五日

卒咸豐九年己未九月初三日壽六十四歲

娶張氏雲臣公女生清嘉慶元年丙辰五月二十四日

卒道光二十六年丙午正月十六日年五十一歲

繼娶湖氏生清道光二年壬午三月初六日

卒光緒二年丙子十一月初四日年五十五歲

生二子長泰次年順

合葬

世肅公
三子

學崙 行順五一

生清嘉慶四年己未正月二十七日

卒道光十八年戊戌八月十八日年四十歲

娶姚氏朝綱公女生清嘉慶七年壬戌十月二十四日

卒同治九年庚午八月十八日壽六十九歲

生二子 長榮 次華

女二 長適張斯敬　次適童惠忠

合葬東岸地朝南

世泰公長子

學道　行順二八

生清乾隆五十七年壬子正月十八日

卒道光三年癸未六月二十四日年三十二歲

娶陳氏大鵬公女　欽旌節孝生清嘉慶四年己未正月二十二日

卒光緒八年壬午八月二十三日壽八十四歲

生一子　春

合葬沈家馬王家田朝東

學進 世泰公次子 行順三三 寓居餘杭縣黃販溪鎮開永春堂藥店

生清乾隆五十八年癸丑十月十五日

卒 年 月 日

娶陳氏生清嘉慶三年戊午 月 日

卒道光十五年乙未十一月十一日年三十八歲

繼娶徐氏有美公女生清嘉慶 年 月 日

卒道光 年 月 日

又繼 氏生 年 月 日

卒 年 月 日

生二子長錫次權 女三

世稢公之子

學南　行順六八　寓居臨安縣横畈溪開恆山堂藥店

生清嘉慶十年乙丑五月初七日

卒　年　月　日

娶童氏敏威公女生清嘉慶二十年乙亥三月初八日

卒道光二十二年壬寅四月十七日年二十八歲

繼娶童氏生清嘉慶二十一年丙子六月初一日

卒　年　月　日

生一子　乾

合葬

國大公之子

學良　行順五六　寓居杭州

生　年　月　日

卒　年　月　日

娶　氏　生　年　月　日

卒　年　月　日

生子

合葬

世奎公長子

學釗　行順五二

生清嘉慶四年己未四月十六日

卒道光二十八年戊申九月初九日年五十歲

娶洪氏濟泰公女生清嘉慶十六年辛未四月二十四日

卒同治七年戊辰九月初十日年五十八歲

生一子　銀標

女一適胡

合葬

世奎公
次子

學鐘行順六七

生清嘉慶九年甲子十二月初二日

卒同治六年丁卯八月初十日壽六十四歲

娶吳氏雲高公女生清道光二年壬午　月　日

卒同治三年甲子五月二十三日年四十三歲

生二子長阿寶次阿雨

合葬

世奎公三子　學錦　行順九三　乳名阿三

生清嘉慶十八年癸酉四月初四日

卒　年　月　日

娶　氏生　年　月　日

卒　年　月　日

無嗣

合葬

世恩公
長子

學英　行順十

生清乾隆四十四年已亥六月初十日

卒道光　年　九月初八日

娶洪氏世康公女生清乾隆四十六年辛丑十二月初五日

卒道光二十三年癸卯閏七月十三日壽六十四歲

生四子長國豐次國登三國崇四國順

女一適胡帝堯

合葬水斗邊二分頭朝東

世恩公次子　學剛　行順十七

生清乾隆五十年乙巳九月十八日

卒　年　七月二十二日

娶唐氏賢昌公女生　年　八月初一日

卒　年　七月二十九日

生二子　長國鎮　次國定

合葬水涉邊大岙朝南

世恩公
三子

學豪　行順二七

生清乾隆五十六年辛亥　月　日

卒道光十七年丁酉　月　日年四十七歲

娶蔡氏世昌公女生清乾隆五十九年甲寅四月十九日

卒咸豐十一年辛酉九月十一日壽六十八歲

生五子長國華　次國榮　三國樹出繼學常爲嗣　四國昌　五國保

女三長適應　次適李　三適童

合葬水斗邊六分頭朝東

世恩公四子

學常 行順三四

生清乾隆五十九年甲寅八月初六日

卒道光二十八年戊申九月十九日年五十五歲

娶童氏宏有公女生　　年　七月二十六日

卒道光　　年　十月二十四日

無嗣以學豪三子國樹入繼

合葬水斗邊二分頭朝東

世悌公之子

學寶 行順四八 字惟三 號薇山 從九品

生清嘉慶三年戊午十一月初十日

卒同治七年戊辰七月二十五日壽七十一歲

娶杜氏智勇公女生清嘉慶六年辛酉九月二十五日

卒同治七年戊辰八月二十日壽六十八歲

生六子長淳 次津 三漁 四清 五泮 六濡

女一適羅靜泰

合葬沈家河垟父墳旁

世愈公長子

學珍 行順四六

生清嘉慶三年戊午九月二十日

卒道光十六年丙申八月十八日年三十九歲

娶鍾氏國順公女生清嘉慶四年己未三月初七日

卒嘉慶二十五年庚辰三月二十六日年二十二歲

繼娶沈氏智遠公女生清嘉慶四年己未正月十二日

卒咸豐二年壬子九月初一日年五十四歲

生二子 長湮 次瀞

女三長適胡隆煌 次適徐金富 三適唐

合葬父墳旁北首朝東

世愈公次子　學珠　行順七十

生清嘉慶十一年丙寅九月二十五日

卒道光二十年庚子十月十四日年三十五歲

娶李氏守雲公女生清嘉慶十六年辛未四月　日

卒光緒元年乙亥六月二十一日壽六十五歲

生一子　盈

合葬父墳旁南首朝東

世惠公長子

學麟　行順三五　字文祥　號坤　邑庠生

生清乾隆五十九年甲寅八月二十八日

卒道光二十三年癸卯十一月初三日　年五十歲

娶童氏宏惠公女　生清乾隆五十七年壬子十月十一日

卒同治五年丙寅正月二十五日　壽七十五歲

生二子　長淦　次潮　出繼學鳳爲嗣

女四　長適沈啓　次適王進璣　三適童開基　四適杜仁源

合葬父墳旁東首朝南

世惠公次子

學鳳　行順七二　字景釗　從九品

生清嘉慶十二年丁卯二月十六日

卒道光十七年丁酉五月初四日年三十一歲

娶杜氏智勇公女　欽旌節孝生清嘉慶九年甲子四月二十日

卒光緒三年丁丑六月初一日壽七十四歲

生二女長適杜仁文　次適陳錫光

無嗣以兄學麟次子潮入繼

合葬父墳旁西首朝南

世忠公長子

學孝 行順十八 字善先

生清乾隆五十一年丙午十二月十九日

卒嘉慶十六年辛未十月十七日年二十六歲

娶杜氏和成公女生清乾隆五十年乙巳十二月廿二日

卒嘉慶十二年丁卯五月十九日年二十三歲

繼娶楊氏宏定公女　欽旌節孝生清乾隆五十一年丙午六月初四日

卒同治元年壬戌八月二十五日

無嗣以弟學存長子淮入繼

合葬鍾家橋西南首

世忠公
次子

學存 行順二五 字葆性 覃恩上壽

生清乾隆五十五年庚戌七月二十二日

卒咸豐九年己未九月初二日壽七十歲

娶錢氏士揚公女生清乾隆五七年壬子閏四月初六日

卒咸豐九年己未九月十三日壽六十八歲

生四子 長淮出繼學孝爲嗣 次治 三沼 四濟

女二長適洪上道 次適范茂龍

合葬鍾家橋西南首

世忠公三子

學麒行順三三

生清乾隆五十九年甲寅正月十五日

卒嘉慶二十年乙亥六月二十八日年二十二歲

娶陳氏宏宗公女生清乾隆五十八年癸丑八月初八日

卒嘉慶十三年戊辰四月初四日年十六歲

無嗣以五弟學章長子濉入繼

合葬東岸地邊父墳南首朝東

世忠公
四子

學彪　行順三五　字希叔　覃恩上壽
生清嘉慶四年己未九月初八日
卒同治四年乙丑十一月十七日壽六十六歲
娶周氏大智公女生清嘉慶六年辛酉正月初一日
卒道光二十五年乙巳十二月初八日年四十五歲
繼娶郭氏生清嘉慶五年庚申十月十二日
卒同治元年壬戌十一月二十九日壽六十二歲
生四子長渼次濬三洵四淵　女二長適姚　次適張
合葬二橋港底河南岸朝西北有墓碑
郭氏另葬高路頭

世忠公五子

學章　行順五九字文煥

生清嘉慶六年辛酉四月初四日

卒咸豐十一年辛酉十二月十五日壽六十一歲

娶陳氏智善公女生清嘉慶十年乙丑九月二十五日

卒同治四年乙丑十二月初六日壽六十一歲

生二子　長湛出繼學麒爲嗣　次瀛

女一適胡汝霖

合葬父墳南首

世憲公
長子

學宰 行 順四四 字 樹勳　覃恩上壽

生清嘉慶二年丁巳八月初五日

卒同治二年癸亥四月二十七日壽六十七歲

娶胡氏方豪公女生清嘉慶元年丙辰八月二十四日

卒咸豐五年乙卯八月二十二日壽六十歲

生四子 長 源 次 澄 三 濱 出繼學相 為嗣　四 瀾

女四長適胡恒方　次適童啓祥　三適林魁狀　四

適姚巨超

合葬鍾家堰港父墳左首朝南至河

世憲公次子

學𣏌行順五八字茂勳

生清嘉慶六年辛酉二月二十八日

卒道光十五年乙未六月初四日年三十五歲

娶翁氏懷周公女生清嘉慶九年甲子十月初九日

卒道光五年乙酉十月初二日年二十一歲

繼娶童氏祥鴻公女　節孝生清嘉慶十三年戊辰五月初八日

卒咸豐十年庚申正月十三日年五十三歲

生三女長適姚含章　次適李國安　三適張九臯

無嗣以兄學宰三子濱入繼

合葬鍾界堰港

世憲公三子

學曾　行順八四　字維誠　國學生

生清嘉慶十五年庚午七月十一日

卒同治元年壬戌十二月十二日年五十三歲

娶王氏君茂公女生清嘉慶十四年己巳正月二十七日

卒光緒二年丙子十二月十二日壽六十八歲

生二子　長沛　次潔出繼學孟爲嗣

女一　適顧德勳

合葬張家堰西北首朝南

世憲公五子

學孟行順九四字修誠　從九品

生清嘉慶十八年癸酉五月十二日

卒同治七年戊辰九月十七日年五十六歲

娶葛氏關岐公女生清嘉慶二十一年丙子正月初六日

卒光緒五年己卯十二月二十七日壽六十四歲

副室　氏改適

生三女長適童遜組　次適童祥建　三適鍾明禮

無嗣以三兒學曾次子潔入繼

合葬鍾界堰港叉墳右首朝南至河

世懋公長子

學魁　行順六五　從九品

生清嘉慶十三年戊辰六月二十九日

卒　年　月　日

娶胡氏方豪公女生清嘉慶十三年戊辰九月初六日

卒道光二十年庚子九月二十四日年三十三歲

繼娶邵氏備成公女生清嘉慶廿三年戊寅九月十六日

卒　年　十一月二十九日

生三子長湳次淇三八福

女一適屠

合葬

世慈公次子

學元　行順九六　字介廷

生清嘉慶十八年癸酉十月十四日

卒道光二十七年丁未十一月二十九日年三十五歲

娶桂氏文巨公女生清嘉慶十八年癸酉十月二十九日

卒　年　八月二十一日

生三子長涇次湖三海

合葬

世懋公
三子

學科行順百一 字登榮

生清嘉慶二十一年丙子七月二十八日

卒道光三十年庚戌十一月二十八日年三十五歲

娶杜氏智殿公女生清嘉慶二十二年丁丑二月廿六日

卒　　年　　正月二十七日

無嗣

合葬

世慈公四子

學才　行順百二九　字啞子

生清道光二年壬午八月初六日

卒道光二十一年辛丑七月二十二日年二十歲

娶桂氏生清道光元年辛巳二月初七日

卒道光　年　十一月二十五日

無嗣

合葬王田三畝大爿朝南

世慈公長子
學嘉　行順八八
生清嘉慶十六年辛未正月初七日
卒咸豐十年庚申三月十六日年五十歲
娶徐氏二良公女生清嘉慶十八年癸酉十二月初二日
卒　年　月　日
生一子　渝
合葬

世慈公次子

學慶行順九七字錫明　從九品

生清嘉慶十八年癸酉十月十八日

卒咸豐九年己未九月二十二日年四十七歲

娶姚氏成道公女生清嘉慶十七年壬申六月二十八日

卒同治六年丁卯七月二十三日年五十六歲

生二子長國富次國宗

合葬

世慈公
三子

學和　行順百三八

生清道光八年戊子十二月十一日

卒道光二十八年戊申四月初一日年二十一歲

娶　氏

無嗣

合葬

世愷公之子

學乾行順六十字鎮安　國學生

生清嘉慶六年辛酉九月二十二日

卒咸豐三年癸丑六月二十六日年五十三歲

娶翁氏元清公女生清嘉慶四年己未四月初六日

卒道光七年丁亥七月初一日年二十九歲

繼娶倪氏配茂公女生清嘉慶十三年戊辰十月廿二日

卒咸豐三年癸丑十二月十二日年四十六歲

生四子長泳次滋三溥四潞

女二長適王丙文　次適李發茂

合葬父墳旁

世爺公長子

學秀　行順十三

生清乾隆四十八年癸卯　月　日

卒道光十三年癸巳正月十一日年五十一歲

娶劉氏生清乾隆五十五年庚戌　月　日

卒道光十二年壬辰十二月初七日年四十三歲

生一子　國

合葬東畈路南首

世益公
次子

學香　行順三六

生清乾隆五十九年甲寅　月　日

卒道光二十三年癸卯十一月初二日年五十歲

娶孔氏生清嘉慶七年壬戌　月　日

卒　年　月　日

無嗣

合葬東畈路南首

世益公三子

學科　行順三九

生清嘉慶元年丙辰正月二十一日

卒咸豐五年乙卯十二月二十日壽六十歲

娶劉氏豐年公女生清嘉慶十五年庚午正月十一日

卒光緒元年乙亥十二月二十二日壽六十六歲

生四子長國基次國貴三國奎四國堃

合葬

世勳公長子

學周 行順二六

生清乾隆五十五年庚戌八月十九日

卒道光二十年庚子十月二十八日年五十一歲

娶劉氏亨通公女生清乾隆五十九年甲寅十月廿四日

卒咸豐十年庚申十月二十三日壽七十一歲

生二子長國英 次國榮

女三長適徐光珠 次適孔季章 三適翁瑞愈

合葬水斗邊二分頭朝東

世勳公
次子

學漢　行順六二

生清嘉慶七年壬戌八月初三日

卒道光十三年癸巳三月十三日年三十二歲

娶　氏改適

無嗣

葬水斗邊二分頭朝東

世肇公之子

學元行順二三

生清乾隆五十四年己酉十二月十六日

卒道光十一年辛酉二月初十日年四十三歲

娶陳氏世倫公女　欽旌節孝生清嘉慶四年己未二月二十八日

卒同治元年壬戌八月二十九日壽六十四歲

生一子　國興

女一適朱三林

合葬父墳旁朝東

世宏公長子　學清　行順五七

生清嘉慶五年庚申三月十一日

卒　年　月　日

娶陸氏仙英公女生清嘉慶二十二年丁丑八月初二日

卒　年　月　日

生四子　長國柱　次國楝　三國梓　四國榆

合葬

世淳公之子

學全　行順四二

生清嘉慶二年丁巳二月二十八日

卒　年　月　日

娶　氏生　年　月　日

卒　年　月　日

無嗣

合葬

世禎公
繼子係
世宏公
次子

學濟 行順一百

生清嘉慶二十年乙亥正月二十七日

卒　年　月　日

娶聞氏生清嘉慶二十五年庚辰十二月初四日

卒道光二十六年丙午正月二十八日年二十七歲

繼娶俞氏維堯公女生清嘉慶廿四年己卯　月　日

卒　年　月　日

生一子　國

合葬

世彬公長子

學伊　行順四三

生清嘉慶二年丁巳四月十三日

卒　年　二月初五日

娶　氏生　年　月　日

卒　年　月　日

無嗣以弟學尹公長子國鰲入繼

合葬河對岸公家墳東首上片朝南

世彬公次子

學尹　行順五四

生清嘉慶四年己未十月十三日

卒同治元年壬戌十二月初十日壽六十四歲

娶陳氏生　年　五月二十一日

卒道光二十五年乙巳二月二十八日

生三子長國鰲出繼學伊爲嗣　次國元　三國潮

女二長適姚德道　次適

合葬

世彬公三子

學君 行順八三

生清嘉慶十五年庚午五月初三日

卒光緒元年乙亥十二月初五日壽六十六歲

娶劉氏豐年公女生清道光三年癸未七月初一日

卒同治十年辛未九月十四日年四十九歲

生一子　國鳳

合葬

世彥公
長子

學嵩　行順四五

生清嘉慶三年戊午九月十五日

卒　年　九月十九日

未婚而卒

附葬父墳旁朝南

世彦公次子

學有　行順七七

生清嘉慶十三年戊辰八月二十四日

卒光緒七年辛巳六月二十七日壽七十四歲

娶張氏生清嘉慶十四年己巳四月十一日

卒　年　八月初三日

繼娶葛氏宗仁公女生清嘉慶廿二年丁丑九月廿三日丑時

卒光緒二十八年壬寅十月初七日戌時壽八十六歲

生三子長國範次國弟三國筦

合葬

世祥公之子

學發　行順百十八　乳名阿烏

生清嘉慶二十四年己卯十二月初三日

卒同治元年壬戌十一月二十五日年四十四歲

娶童氏生清道光四年甲申十一月十八日

卒道光二十九年己酉十一月初九日年二十六歲

繼娶孔氏生清道光五年乙酉十二月二十日

卒咸豐十一年辛酉七月初七日年三十七歲

無嗣

合葬

世綦公之子

學能　行順五五　寓居杭州

生　年　月　日

卒　年　月　日

娶　氏生　年　月　日

卒　年　月　日

生一子　國

合葬

世沐公
長子

學本　行順六九　號彙源

生淸嘉慶十一年丙寅九月二十一日

卒道光十四年甲午四月二十三日年二十九歲

娶徐氏賢鵬公女生淸嘉慶十三年戊辰七月二十日

卒光緒六年庚辰九月初二日壽七十三歲

無嗣以弟學千長子國堯入繼

合葬沈家馬東北角朝東

實錄公繼先太祖業儒擅大撓術且精秉心質樸行

止端方語言寡和長幼有序規規有法而於婦

女處極整嚴此皆從少儀內則篇體

世沐公三子　學宗　行順九二

生清嘉慶十八年癸酉正月初八日

卒同治十一年壬申九月初一日壽六十歲

娶張氏大綺公女生清道光五年乙酉七月二十三日

卒道光二十九年己酉十月十九日年二十五歲

繼娶楊氏生清道光十一年辛卯八月十五日

卒　年　月　日

生一子　國幸

女二長適穆邦才　次適張阿高

合葬鎮邑沈家隔朝東中穴

世沐公四子

學千 行順百五 字冠英 號味菴 又號畊堰 別號善從子

生清嘉慶二十年乙亥十一月十八日

卒同治十三年甲戌十月初五日壽六十歲

娶童氏智寬公女生清道光八年戊子十一月二十四日

卒光緒十六年庚寅十月初八日卯時壽六十三歲

生四子 長國堯出繼學本爲嗣 次國舜出繼學善爲嗣 三國禹 四國履

女二長適王賢椿 次適盛孝章

合葬前片本族龍王會田坐辛向乙兼卯酉

實錄公始服賈既承先業儒擅大撓術秉心温恭克

勤克儉篤志好學語言謙和記其服賈之時日則應酬賓客夜則挑燈讀書至炎天之際蚊多攢膚恣渠血飽每不知覺達旦忘寐寒暑不倦熟成醫書三册其後業傳大撓術熟成協紀辨方一册道德類情一册皆理精法備纍纍貫珠以是遠近卜吉咸至至於各通所熟難以枚舉而又暇兼作詩文惜其公事紛煩一衿未青鬐年來精神倍添好學歐柳等字無日少懈曾造歷法錦囊一本錄成三台正宗二本選擇寶鏡六十甲子全一本選擇明鏡象吉并建書二十

四山造葬課一本敬時堂造葬用事課一本建
通用事一册分日月星辰四本董公書一本奇
門遁甲一本又拆訂建書六十甲子全四本其
餘他書亦所不備以上著作後之人須珍而寶
之以視公之創業垂統非易也迹其生平行事
曾錄行述一本倘子孫有問於公者當以行述
酬

世澐公繼子係世沐公次子

學金　行順八一

生清嘉慶十五年庚午正月十四日

卒同治三年甲子六月十五日年五十五歲

娶嚴氏改適

生一子　國相

女二長適張阿興　次適王桂仁

葬沈家馬學祥公墳旁

世濟公
長子

學基　行順百二五　乳名大春發

生清道光元年辛巳二月初八日

卒同治十一年壬申二月二十一日年五十二歲

娶　氏生　年　月　日

卒　年　月　日

生一子　國懿

合葬

世溍公次子

學錢　行順百三二　乳名小春發

生清道光四年甲申二月二十四日

卒光緒二年丙子八月初八日年五十三歲

娶姚氏德彩公女生清道光十六年丙申十二月廿二日

卒　年　月　日

生二子長國傳次國佐

女一適童謙均

合葬

世浚公
長子

學芹 行 順百二六

生清道光元年辛巳九月二十七日

卒光緒九年癸未七月　　日壽六十三歲

娶劉氏生清道光十六年丙申六月初十日

卒　年　月　日

生一子　國伊

女四長適胡生初　次適龔芝庭　三適盛　四適林

合葬

世洨公
次子

學湖　行順百三一　瞽目

生清道光三年癸未十二月初十日
卒咸豐十年庚申十一月初九日年三十八歲
未娶而卒
葬沈家馬祖墳之北

世汝公
三子

學玖　行順百三五

生清道光六年丙戌九月初二日戌時

卒光緒六年庚辰九月初八日戌時年五十五歲

娶應氏法揆公女生清道光二十年庚子八月初六日

卒民國九年庚申　月　日壽八十一歲

生一子　國尹

女二長適張仁餘　次適張雪卿

合葬

世元公長子

學美　行順九五

生清嘉慶十八年癸酉六月初一日

卒道光十四年甲午五月十七日年二十二歲

未婚

葬大畝下公地

世元公次子

學寧　行順百二七　乳名小娘

生清道光元年辛巳十月初六日

卒　年　十二月初二日

娶　氏生　年　月　日

卒　年　月　日

葬堰頭上河父墳旁朝東南首獨穴

世亨公之子

學善　行順百十九　字傳春

生清嘉慶二十四年己卯十二月初六日

卒光緒十二年丙戌九月二十九日卯時壽六十八歲

娶張氏大椿公女生清道光十五年乙未五月二十日

卒同治八年己巳六月十七日年三十五歲

無嗣以堂兄學千次子國舜入繼

生一女適潘家堰頭李永生

合葬廟前畈朝南中穴

世淼公繼子係
世晶公長子

學　行順百六　字長壽
生清嘉慶二十一年丙子正月初八日
卒　年　月　日
娶徐氏生清道光八年戊子　月　日
卒　年　月　日
無嗣
合葬

世森公之子

學庚行順百四三

生　年　月　日

未婚而卒

葬大畝下公地

世晶公次子

學　行順百九

生　年　月　日

世晶公三子

學　行順百十五

生　年　月　日

世晶公四子

學　行順百二三

生　年　月　日

世美公之子

學廷行順七四

生清道光十二年壬辰九月初五日

卒　年　月　日

娶　氏生　年　月　日

卒　年　月　日

合葬

世璐公之子

學葱行順百四二乳名阿生

生清道光十二年壬辰正月二十三日

卒光緒七年辛巳十二月初七日年五十歲

娶韓氏改適

葬鎮邑洸家馬祖墳旁

宗房長彙議國佐入繼決意不允不得已委國禹承

值嗣後房親不得再行爭論光緒二十年正月宗房

長註

世揚公之子

學仙　行順四十　乳名崑崙　字人山　從九品

生清嘉慶元年丙辰八月二十三日

卒道光二十九年己酉十月二十九日年五十四歲

娶童氏文烜公女生清乾隆五十九年甲寅九月初六日

卒嘉慶十九年甲戌八月初七日年二十一歲

繼娶陳氏大臣公女生清嘉慶元年丙辰十二月廿九日亥時

卒光緒元年乙亥十月十三日卯時壽八十歲

生四子長全次淶三湝四洪

女二長適胡紹金　次適塗順昌

合葬父墳旁南首

世攀公之子

學梧　行順百三九　字琴棠　號連槐

生清道光十年庚寅三月初六日寅時

卒道光二十九年己酉四月十一日酉時　年二十歲

娶吳氏改適

無嗣

葬菴漕對上坐西朝東抱子南邊第一穴

世攀公繼子係世援公長子

學槐 行順百三七 字啓堂 國學生

生清道光七年丁亥三月二十一日未時

卒光緒二十三年丁酉三月廿二日未時壽七十一歲

娶沈氏文義公女生清道光七年丁亥三月初二日卯時

卒光緒廿三年丁酉十二月廿一日未時壽七十一歲

生三子 長淞 次濤 三滐

合葬菴漕東世攀公墓南首朝東有墓牌

世援公
次子

學棻 行順百四十 字三槐 號谷香

生清道光十年庚寅十月二十四日戌時

卒光緒元年乙亥八月十三日辰時年四十六歲

娶鍾氏國全公女生清道光十八年戊戌十月十四日戌時

卒同治九年庚午九月二十九日戌時年三十三歲

繼娶陳氏生清道光十七年丁酉八月二十二日亥時

卒光緒四年戊寅十二月初五日年四十二歲

生二子長波次漳

女一適洪松壽

合葬

世援公三子

學楚 行順百四六 字仁槐 號漢川

生清道光十六年丙申十月初四日午時

卒光緒三十二年丙午二月十六日壽七十一歲

娶徐氏茂荇公女 生清道光廿三年癸卯十一月三十日寅時

卒光緒廿八年壬寅十月初九日壽六十歲

生二子 長沂 次雙 年夭

女三 長適朱生桂 次適曹榮慶 三適劉瀛川

合葬水斗邊朝南有牌漢川公墓

世援公
四子

學棟 行順百四九 字鳳槐 號巨任 從九品
生清道光二十一年辛丑十月十一日戌時
卒民國四年乙卯夏正九月初一日壽七十五歲
娶童氏 謙和公女 生清道光二十五年乙巳六月初二日巳時
卒光緒二十七年辛丑十一月初八日年五十七歲
生一子 澧
女二長適徐松茂　次適孔孝昌
合葬東畈大路南首有巨任墓牌

世援公
五子

學槎　行順百五一　字善槐　號玉河

生清道光二十六年丙午七月十二日辰時

卒光緒三十三年丁未二月十六日壽六十二歲

娶王氏　國本公女　生清道光二十七年丁未三月十七日戌時

卒宣統三年辛亥七月二十二日壽六十五歲

生三子　長汀　兼祧學杭為嗣　次滄　三藩

女二　長適童市二房童佐卿　次適葛老堰頭葛五樓

合葬周家漕西南首菱漕東邊薇軒公墓北傍有玉河

公墓牌

世揆公長子

學柱　行順百四四　小名五槐

生清道光十三年癸巳二月初五日

卒同治四年乙丑二月初二日年三十三歲

娶張氏其賢公女生清道光二十年庚子正月二十六日

卒咸豐七年丁巳五月二十六日辰時年十八歲

繼娶邵氏改適

生一女適章増元

無嗣

合葬東畈大路北首父墳旁

世援公次子

學權 行順百四五 小名六槐

生清道光十五年乙未七月二十一日

卒光緒二十一年乙未七月十七日辰時壽六十一歲

娶盛氏阿六公女生清道光二十五年乙巳正月十二日

卒咸豐十年庚申八月二十一日年十六歲

繼娶唐氏世祺公女生清道光廿五年乙巳七月十五日

卒民國九年庚申夏正九月十三日壽七十六歲

生三子長賡年次賡傳三香年

女一適盧學明

合葬東畈大路北首父墳旁

世援公
三子

學林行順百五十字廷槐

生清道光二十三年癸卯四月二十六日

卒光緒十八年壬辰閏六月初十日未時年五十一歲

娶吳氏汝揚公女生清咸豐四年甲寅六月初七日

卒民國三年甲寅夏正八月初八日寅時壽六十一歲

生二子長涵次漁

女三長適陳　次適徐　三適

合葬二橋港南首有墓牌朝西

世提公之子

學杭行順百四八字葦一號儒槐　從九品
生清道光十八年戊戌十月十六日酉時
卒同治十三年甲戌十月十四日申時年三十七歲
娶鄭氏立增公女生清道光二十年庚子十二月初二日戌時
卒光緒二十二年丙申二月十五日巳時年五十七歲
無嗣以學槎公長子汀兼祧
合葬父墳旁南穴有橫檻上葦一公墓

海上絲綢之路文獻集成

總主編　陳支平　陳春聲

民間譜牒編　80

主編　林　楓

國家出版基金項目
NATIONAL PUBLICATION FOUNDATION

海峽出版發行集團
THE STRAITS PUBLISHING & DISTRIBUTING GROUP
福建人民出版社

本册目次

［浙江慈溪］慈東方家堰方氏宗譜七卷首一卷（卷首至卷一）

童成章等纂修

［浙江慈溪］《慈東方家堰方氏宗譜》七卷首一卷，童成章等纂修。慈東方氏居今浙江省慈溪市，族人移居滬上，爲工商巨族。是譜卷首世系譜序、房譜序、前人奏章、行狀、墓誌、壽序、記文等，搜羅該備；卷一世系總圖及各支派下世系圖，卷二至卷七世次總録及各支派世次録。譜中載方氏小九公派下二十六世方汀娶日人平山氏，其次子家熷亦娶日人高木氏，是父子二人，俱與東洋有往來。據民國二十年（一九三一）活字本影印。

慈東方家堰方氏宗譜

民國二十年辛未

越東方家堰方氏宗譜

洪守謙題

慈東方家堰方氏宗譜重修創印序

譜爲一族之歷史前人創之後人修之乃能傳百世而不替不然則年湮代遠本源失而支派亂上無以昭祖宗已往之規下無以示子孫將來之法於是子忘其父諱者有之孫昧其祖行者有之稱伯叔爲爾我視兄弟如蠻貊者又有之甚至一本而二親骨月而路人嫡庶於焉不明姓氏可以冒易雖古宦大家隨世輕重與時高下亦往往有不知其爲何人之後者嗚呼宗譜之失修其弊若是可不懼哉是以創譜有人修譜亦不可不代其人也方氏之有譜族人朝昌公創之學賓學千兩公繼之而追本溯源分支派別完全作成者則爲余先師濟笙公所憾者其時資力不足未曾付之刊印耳至於今歷

年又四十餘矣後賢繼起有大年文輀玉庭韻笙葆欣其人者發起重修創議付印謂不修則數典忘祖事所難免不印則字跡不一册數有限精神雖在觀瞻不壯於是紹述之增訂之付之手民限期告成而譜乃可以多所分藏矣慨自人心不古世風日下以時事之多艱亦離亂之可虞而有譜以分藏之卽遇離亂亦不至散漫而無稽余嘉玉庭等能竟先人之志故樂觀厥成以爲萬世法而朝昌學寶學千漪笙數公當日作譜之苦心不亦大可慰乎夫學寶公爲漪笙公之父漪笙公乃玉庭之父三代同心世不多覯余是以知方氏之方興未艾也韓昌黎云莫爲之前雖美不彰莫爲之後雖盛不傳今方氏之後先輝映此之謂乎修方成而印告始玉庭囑余爲之序余

爲方氏之門人故不敢以不文辭而爲之序

中華民國二十年冬月

鄰村後學童成章桐莊謹撰

莞東方家圳方氏宗譜　卷

一　先兆堂

序

吾家遷居鎮西莊市鎮自
高祖逮余已歷六世既無宗祠又無宗譜每當歲時伏臘欲展孝思以承祭祀都付闕如且欲追溯本源敦睦宗族亦徒有心願恨不能償幸於前清光緒十四年間由親族徵明吾
高祖應鳳公實由方家堰遷居莊市者即以昭穆之序歸入東房此實我
祖宗在天之靈之所欣慰而亦吾世世子孫之所欣幸者也惟吾族有祖堂而無宗祠有草譜而無正式印譜族人等既於民國十一年間集議捐資將祖堂擴充加建兩廡以安神牌事誠善也惟當時因

經費不足故修譜一事仍未舉行去年春族姪家義邀同旅滬族人特來余處商議僉謂吾方氏宗譜約有五十年未修自應募資續修刊印成册且祖堂尚須修葺擬集資舉辦余嘉其志正合余意余即首先認捐族人等亦各熱心踴躍承認捐欵襄成是舉深爲可喜今宗譜已續修告竣并正式付刊爰誌始末以爲序

民國二十年冬月

二十五世孫學秀誌

修宗譜序

余操商賈業第解簿計法問以修譜事茫無所知也然譜不可不修亦不能不修是則余之所知耳況吾族舊譜出自先考手筆未曾見有印本回溯當年迄今又四十餘載及此不修年愈久而修愈難余是以知其不可不修也抄本之譜先考所謂重修其實仍在草創中其間世系世次固甚明晰詳備而凡例傳記壽序墓誌尚多未載者蓋有待於後人也而所以未曾付印者其意亦半在乎此此而不修非特無以對先人抑且無以風後世余是以知其不能不修也既知之必修之余亦未嘗無此志奈族無儒者有志未逮是以遲延以至於今今年春余因埽墓回里遇族叔大年從兄文輈族弟葆欣等諸

族人又與談及之莫不曰有志事竟成子但創議也可族無其人他山可以借助資有不足族人可與共謀父作子述之謂何子之責任實較其他族人爲尤重幸勿再事躊躇也余聆此一席話茅塞頓開於是稟白宗長集資以爲之託人而任之不半年而采訪謄錄校對編纂皆畢事而排印裝訂亦不日可以告成從此之足以壯觀瞻昭鄭重者皆由大年叔等諸族人指導督促而來余不過自行所志而已或有以首事之功歸余者余實不敢當

中華民國二十年仲冬月吉旦

二十七世孫家櫄玉庭謹誌

創修宗譜序

夫承先啓後有譜牒可以稽世系追遠愼終有廟貌可以奉蒸嘗故修宗譜建宗祠爲子孫當務之急亦應盡之職也溯我方氏自歷祖以來族本不繁雖有家譜乃各房各備並無合族統系雖有祖堂並非宗祠而無安置神牌之所族人等有鑒於此爰於民國十一年集議捐資將祖堂擴充加建兩廡以安神牌因當時經費不足故修譜仍未舉行去年春族人等提議是舉稟請宗長學秀公公大爲嘉許卽首先出資并囑族人等各認捐欵以成是舉族人等仰體秀公之意亟亟集資舉辦今宗譜業已續修告竣祖堂亦將修葺完備則肯堂肯構庶幾無忝於厥志睦族敦宗亦可告慰於先靈是爲序

民國二十年冬月

二十六世孫　方濚　方汀

方涵

二十七世孫　家棨　家櫄

家驥　家樂

家義　家營

家權

修譜職員列名

二十五世　宗長　學秀 楨發
二十七世 東房 房長　家義 寶欣
二十七世 南房 房長　仁林
二十七世 西房 房長　家祥
二十六世 北房 房長　方濼 棠水
總纂　童成章 桐莊
監督　家槱 玉庭
採訪　方汀 大年
謄錄編輯　石渭畋

校對　　黄協標

修方氏宗譜記

余本一譜工耳人皆稱爲譜師者以余老於譜事也余亦竊自負曾不赧所稱蓋寧紹兩郡中無論族大小譜之經余手屈指數百計間有體例不合者乎曰無有也間有次序失當者乎曰無有也余故亦以譜師自居未嘗遜謝之今年夏初方君玉庭欲爲其族修宗譜耳余名由邑紳沈先生角軒介紹囑余任其事余固操此業當然歡迎之但囑他人任排印而已裝訂而已其餘則不勝其任矣而余則但以采訪來一切可以包羅之況方君信任余余尤不敢爲之留缺憾查方氏舊譜抄本也且出於玉庭君考公伊笙先生之手筆觀其內容讀其翰墨實晚近難得之作余爲之續尤不敢不煞費經營以報

玉庭君者報考公考公有靈或亦鑒余之心也今譜已告成余之責任亦告了爰留數語於簡端以便後之人得以從而評論焉是爲記

中華民國二十年仲冬月

新昌末學石渭畋謹誌

慈東方家堰方氏宗譜目錄

世系譜序

房譜序

繼源之序

行第

忠直公劾蔡京奏章

與健翁韓邑尊書

柰何辭

題二樟書屋寄贈經堂兄學千

義門詩

佛光記

慈東方家堰方氏宗譜　卷

堯東乃家琪乃氏宗譜　卷

一民宗堂

凡例 新增

一家之有譜猶國之有史也體例應爾謹嚴不得妄事鋪張

一世次傳先書行第次書名再書職業與功名生卒嫁娶子女暨葬所等字樣

一妻書娶妻卒再娶書續娶妾書側室側室扶正書續室妻因犯條註犯條被出夫死改嫁註改適子有因母改嫁隨帶在外者准其歸宗

一族人果有嘉言懿行可以爲後人表率者准予立傳婦女青年守節有益風俗者尤應詳敘實載入譜中一以風示後世一以備采風者之旌表

一繼嗣先同胞次同祖次同族以倫序不失昭穆相當爲定世次傳內本生父名下則書某子某出繼某某繼父名下則書以某公第某子某某入繼以醒眉目兼祧亦然

一生卒日期自國家改行陽曆應照陽曆書之奈往年上丁簿中皆書陰曆今譜若改易之恐反致錯誤故此次修譜從其舊以後上丁則遵陽曆以便後之修譜者得從陽曆載入之

一異姓亂宗例不入譜吾族前有螟派不能不仍其舊特牽以墨線區別之其所以然者仍欲明嫡派杜爭端並非廢繼之謂也

一此次修譜共印二十二册每册八本分給宗長東南西北四房長二柱首各發起人各分藏一册外餘備僑居異鄉者購藏每册

定價　元

一宗譜有箱藏貯既歸各房保存倘有損失除責令補綴舒齊及限期查獲外再由宗房從重議處

□東方家坊方氏宗譜　卷

家規

一吾族聚處以來不准住異姓今仍其舊以遵祖訓

一族內無嗣之人親房可以承繼親房無人可擇遠房不准螟蛉所以杜爭端明嫡派也

一婦人出典敗壞風俗最爲吾鄉惡習族內嚴禁此風以正名分以存廉恥

一溺女最爲殘忍憐兒之鹿寸斷柔腸物類尚有愛子之情今乃初離母腹即投死所忍心至此是禽獸之不如矣族內如有溺女者從重議罰

一人子所當盡心者莫大於送終一事送終以哀爲主族內開弔但

許祭奠時權用鼓笛禁止歌唱不但省費且合禮法

一族內如有不肖子弟設煙攤開賭場及窩留匪徒初犯議罰再犯送官究治

一瀆倫之人大違天理擒詐之人藐視王章族內有此等人立卽譜上除名驅遣出族

一串客穢褻萬狀淫蕩人心實王法所必禁族內不准演此

一家譜前有筆抄一册同式六本分藏各房今子孫繁盛捐資重修採訪調查改印八本爲一部共計廿二部分給宗長東南西北四房長二柱首各發起人各愼藏壹部又有方鵾後人壹部因其遷居在慈谿城內尙餘剩四部暫存藏家𢜀處倘後有慷慨賢

者或助公堂田畝者給發家譜以備查

一各房宗譜各有譜箱宜懸於高潔處不得慢藏不得出借并不得藏於遷居外姓之房長如有遺失等情各房長須立追失主自備資斧的限兩月照式備錄告成之日并令其祭　祖邀各房長柱首檢視享餕以示大衆不得徇情以干不孝之律

一宗譜宜二十年一修庶不荒蕪前此兩次修葺並無資斧以吾族譜簡易修之不過兩月可以告成賢子孫宜思創造之難不可推諉耳如嫌譜末無抄錄地步可招訂工增訂尤爲便捷

一光緒十八年壬辰正月初二日宗長率令四房長柱首上午在忠恕堂序拜每丁給碗一隻無丁給竈碗一隻下午率令又至龔家河

斗及沈家河灣拜墳識祖自三歲至十六歲兩處共給八折香
餅八個倘有餘仗歸宗房照分派之

新增條規

一治家十宜　執業宜勤日用宜儉用宜多置屋宜少造祭祀宜誠敬上下宜和睦嫌隙宜忍耐閨門宜嚴肅斗秤宜公平粒米隻字宜愛惜

一治家十勿　勿骨肉忿爭勿簡慢尊長勿虐待婢僕勿搬弄是非勿游手好閒勿暴殄天物勿無故殺生勿病中妄行禱賽勿吸洋煙勿賭博鬭訟

族約　新增

一國家多難若遇抵制仇貨時代族人有願作奸商暗中活動者作辱祖論一經察出丁簿除名但罪人不孥佚其父而存其子可也若恐系有不接或者本人名下註明奸商被黜字樣亦可

一吾族族小宗祠未建向以忠恕堂（即老祖堂）代之祖堂爲先靈憑依之所與宗祠無異理宜修潔若有堆藏雜物者由宗房議罰罰款存爲修理祖堂之用

一族人有有功於族者不但指修譜助款者言當忠恕堂春秋兩祭分胙時應另增胙股以推尊之

一我族族小讀書者不多如有中學畢業或與中學有同等程度者

亦另給胙肉一股以奬勵之

一婚姻自由律所不禁但自由婚姻結固速而離亦多本族僻處慈鎮邊隅風俗尚從古樸對於婚姻一節仍以明媒正娶遵父母之命媒約之言爲是聯姻但論家世清白與否不論富貴與貧賤也各房長宜隨時勸導之

一士農工商中國謂之四民外國謂之四業凡我族人務須加意勸諭使少年子孫各執一業力謀生計以免他日誤入歧途

一族人子女如有出賣爲奴僕出押爲娼妓者非特祖宗之辱亦社會之羞宗房長等宜勸戒之勸戒不聽將伊譜名删去以昭烱戒

一風水不可不信亦不可過信與其因擇風水而致遲延不葬不如但就清爽之地而即葬之凡我族人當共喻之

一宗譜何等鄭重每當春秋兩次祭祖時藏譜之家須將全譜彙集祖堂俾族人檢閱一次以驗有無損缺

一始祖忠直公像先人獲之非易後人當珍藏之每當新正敘拜時懸諸祖堂中俾子孫共瞻拜之時過即晒而藏之不得輕易與人觀看

捐資人名

楨發　捐洋叁伯元

文翀　捐洋壹伯元

筠生　捐洋壹伯元

玉庭　捐洋壹伯元

蓮卿　捐洋壹伯元

聲揚　捐洋伍拾元

寶欣　捐洋伍拾元

方涵　捐洋伍拾元

奎揚　捐洋伍拾元

榮水　捐洋叁拾元

載揚　捐洋叁拾元

蓮生　捐洋貳拾元

泉生　捐洋貳拾元

維興　捐洋貳拾元

岑揚　捐洋貳拾元

星耀　捐洋貳拾元

炳偉　捐洋拾伍元

大年　捐洋拾元

子章　捐洋拾元

彩濤　捐洋拾元
家水　捐洋伍元
金輝　捐洋伍元
清耀　捐洋伍元
維峯　捐洋肆元
鎮祥　捐洋肆元
維秀　捐洋叁元
維賡　捐洋叁元
富揚　捐洋叁元　未收
家根　捐洋貳元

金林　捐洋貳元

金桂　捐洋貳元

培根　捐洋壹元

家駿　捐洋壹元

興隆　捐洋壹元

仁林　捐洋壹元

阿艮　捐洋壹元

維萃　捐洋壹元

維勳　捐洋壹元

挺生　捐洋壹元

家櫨　捐洋壹元
家煊　捐洋壹元
才揚　捐洋壹元

前列捐欵共計洋壹千壹伯伍拾肆元除付修譜洋壹千零拾貳元零捌分陸釐揭丈餘洋壹伯肆拾壹元玖角壹分肆釐此欵以作
忠恕堂修理一切不足之數再向前列名湊捐完竣

修譜賬略

排印七百十八板每板二角六分算	洋壹伯捌拾陸元陸角捌分
裝訂二十二册每册八本每本四角算	洋柒拾元零肆角
劃紅線	洋念叁元肆角玖分陸釐
刻題封及潤書	洋玖元
川資	洋拾元
起完工彩儀	洋捌元
採訪汀去	洋伍拾元
謄錄編輯	洋壹伯伍拾元
校對	洋肆拾伍元

瑜版紙及毛鹿紙等　洋壹伯肆拾陸元捌角捌分

墨筆硯硃月黃印棕砂皮生皮紙苧蔴麥粉等　洋拾貳元捌角柒分

盛紡白綾竹布　洋叁拾玖元

絲線　洋叁元捌角

印盤二只　洋陸元

拍彰公像照　洋拾玖元貳角

鑄銅版照相　洋肆拾陸元柒角貳分

印銅版照相　洋念貳元陸角

萬代丁册四本　洋陸元

譜箱一式二十二只每只貳元伍角　洋伍拾伍元

譜箱漆鋑鏈　洋貳拾元

申川二次　洋念伍元

雜項　洋叁拾貳元捌角肆分

現升　洋念叁元陸角

以上共計洋壹千零拾貳元零捌分陸釐

謝榮埭先生題忠直公像讚

嘗讀武侯出師表曰親賢臣遠小人此先漢所以興隆也親小人遠賢臣此後漢所以傾頹也若是乎賢臣之係乎國家大矣哉自古用賢臣則國家興不用則國家危豈漢爲然哉夫人主豈不欲得賢臣而用之乎特以君子爲小人以小人爲君子顛倒於取舍之間而小人者獨能愚人主之耳目多方以亂甚聰明至迫於危亡而不能悟良可哀已觀方先生之請誅蔡京可以知先生之爲人矣歲在戊午七月既望余秉鐸四明見署大堂藏先生像年久紙裂題字亦湮漶過半因重爲裝潢歲時奠以蔬酒以誌景仰且以俟先生之後裔訪而歸之略述先生大概并先生後裔在宋明者附述於此按先生姓

方氏諱軫字克載登元符元年進士授太廟齋郎大觀元年上書言蔡京睥睨社稷心懷不軌專以紹述熙豐之説爲自謀之計內而執政侍從外而帥臣監司無非京之門人親戚忠義之士投匭獻策者京分爲邪黨黥配編管不齒仕籍則誰復爲陛下忠言哉京又使子攸日以花木禽鳥爲獻欲愚陛下耳目使不知天下理亂臣以爲京必反也請誅京帝以示京京取其疏自辨詔軫獄父通諸王府翊善詔罷職軫編管嶺南尋放歸政和間復詣登聞鼓院進狀乞收權獨斷毋使國賊肆志帝以軫長惡不悛編管永州後放歸靖康元年復收敘其父通尚在亦敘原官軫遷鄞縣令不能歸遂占籍慈之鳴鶴山今循山而居皆其後裔先生孫諱昌性至孝母病劇或告以人肉

可療輒禱天卦刲股和藥進毋果效里人異之白於官旣沒爲之立
祠名孝慈菴明方仝翁字希元先生之裔溫厚誠篤博學力行志不
欲仕方國珍據有明致書以宗人稱欲强起爲輔同翁歷敘世次由
莆未敢附籍且懇詞勸之歸明國珍不從遂與之絶號遯菴以自明
其志守令至輒以政事相訪多所禆益終身澹泊自守以壽終

孝孺公年譜

旰江張紹謙道益鑒定

先生姓方氏諱孝孺字希直一字希古别號遜志其先桐廬人玄英處士於宋初始遷甯海緱城里世敦儒術爲邑禮義家高祖重桂鄉進士有學行學者尊之曰介軒先生曾祖子野祖炯元鄞庠教諭並以長者稱父克勤字去矜號愚庵金華宋太史濂謂其學問得諸考亭母林氏生二子長孝聞字希學先生其次也再娶王氏生女一未彌月而卒側母董氏生子一曰孝友字希賢

元至正十七年丁酉先生生始之夕有木星隨於其家

元至正十八年戊戌先生年二雙眸炯炯如電

元至正十九年己亥先生年三能識數目方隅遠者知其非凡

元至正二十年庚子先生年四精敏絶倫步趨不苟愚庵公奇之

元至正二十一年辛丑先生年五知讀書辨章句

元至正二十二年壬寅先生年六喜學能詩題山水隱者曰棟宇參
差逼翠微路通猶恐世人知等閒識得東風面卧看白雲初起時

元至正二十三年癸卯先生年七林夫人病故先生哀慕如成人

元至正二十四年甲辰先生年八讀書見册中載聖賢名字或聖賢
良相將形貌卽有願學之心

元至正二十五年乙巳先生年九能暗記五經

元至正二十六年丙午先生年十日讀書盈寸

元至正二十七年丁未先生年十一日坐一室不出門庭理趣會心

雖鐘鼓鳴風雨作不覺也

洪武元年戊申先生年十二繼母王夫人卒悲傷不輟

洪武二年己酉先生年十三善屬詩古文詞雄邁醇深千言立就鄉人呼爲小韓子

洪武三年庚戌先生年十四郡辟愚庵公爲甯庠師時先生作幼儀雜銘以自箴

洪武四年辛亥先生年十五朝廷聞愚庵公賢以書幣徵至京就銓曹試考以易中第二授濟甯府知府侍父宦遊歷覽齊魯故墟謁周孔廟宅間陋巷舞雩所在慨然曰顏閔縱未可幾及冉樊輩豈皆謨之但今無聖人出不得所依歸耳

洪武五年壬子先生年十六在濟甯謁曹國公李文忠公敬禮之朔
爲國士

洪武六年癸丑先生年十七在濟甯玩索濂洛關閩之說舉疑者以
質於愚庵公及兄孝聞先生之學故多得之庭訓後先生嘗曰某
所以粗知此道者非獨父師之教亦繇吾兄之訓飭也

洪武七年甲寅先生年十八在濟甯作釋統三章深慮論十首

洪武八年乙卯先生年十九侍愚庵公考績入朝曹縣令程貢嘗以
不職被笞至是誣上封事詔下獄先生上書政府願以身爲軍贖
父罪不報竟謫役江浦

洪武九年丙辰先生年二十愚庵公戍江浦留孝聞侍命先生往京

師以文爲贄謁宋太史於禁林太史深器之曰其爲人也凝重而不遷於物穎銳有以燭諸理間發爲文水湧泉流喧啾百鳥中見此孤鳳乃館置左右譚經歷三時愚庵公役將終會空印事起吏又誣及先生草書將詣闕適愚庵公卒悲慟至絕遂同兄孝聞扶櫬還家顏軒曰茹荼居處其中以勵志太史公賦詩十四章以送之

洪武十年丁巳先生年二十一在緱城春仲奉愚庵公柩與林夫人合葬於深灣童施山之原六月宋太史請事還浦陽先生即往承學同門多天下名士一旦擢出其下先輩如胡翰蘇伯衡皆自謂弗如先生顧末視文藝以明道闢異端爲已任於理學淵源之

統人品絕續之紀盛衰幾微之故名物度數之繁靡不會通底極見於論著太史時欲甥之及歸告祖母不允先生留浦陽越四寒暑嘗以周孔自處海內之人亦咸謂程朱復出矣至有欲䦨形貌果知古人否先生笑曰形貌與今人不異但心似古人耳

洪武十一年戊午先生年二十二在浦陽宋太史門

洪武十二年己未先生年二十三在浦陽宋太史門

洪武十三年庚申先生年二十四在浦陽宋太史門秋季歸省祖母太史惜別賦詩五十四韻揚其素有之善復勗以遠大之業且曰余所許者不獨在文二十年後當爲知言迨仗節之期適二十餘年矣

洪武十四年辛酉先生年二十五在緱城愚庵公文集刻成先生跋
記宋太史以孫愼事坐累安置茂州行至夔卒先生欲往省後以
故止乃爲文籲天願輸己壽以延師命周禮辯正成
洪武十五年壬戌先生年二十六在緱城娶鄭夫人秋季入都會葉
夷仲張廷璧林公輔王元采四君子登巾山絕頂縱談千古竟夕
忘倦先生自謂此樂乃蘇子瞻死後三百年所無冬十二月吳揭
沈樞薦先生學行可大用且言其父冤狀命聘至
洪武十六年癸亥先生年二十七應召如京師見高皇帝於奉天門
上曰爾父無罪爲奸臣所陷耳陳說頗多試靈芝甘露論益稱旨
上每面試舉子必親定高下註選至先生獨不注曰此異人也吾

不能用留爲子孫光輔太平顧謂沈樞曰孝孺孰與汝對曰十倍

於臣歎曰誠異才也令往見東宮錫之宴几稍欹先生必正乃坐

上使人覘之喜其舉動端整謂皇太孫曰此莊士當老其才以輔

汝論遣還鄉先生有奉試靈芝甘露論詩曰漢家圖治策賢良董

子昌言日月光自笑腐儒千載後御勞聖主試文章

洪武十七年甲子先生年二十八在緱城子愈生後蜀王字之曰師

韓

洪武十八年乙丑先生年二十九在緱城讀書石鏡精舍作四憂等

箴及君學雜著

洪武十九年丙寅先生年三十在緱城時先生卧病家人告絶糧輒

笑曰古人有三旬九食瓶無儲粟者貧豈獨我耶
洪武二十年丁卯先生年三十一讎家與叔氏搆難詞連先生有司錄其家械送京師上識先生名特命開釋令奉祖母及妻子還里
洪武二十一年戊辰先生年三十二在緱城修家譜祖母葉夫人卒膺鬲摧裂不復欲生是科姑子盧公原質登進士試策殿廷天子奇其文擢第三先生詩賀之曰奉天殿上榜初開共賀江南得秀才好是青蘿居士說近來文遜屬天台女貞生
洪武二十二年己巳先生年三十三在緱城周易考次成
洪武二十三年庚午先生年三十四在緱城武王戒書注宋史要言成

洪武二十四年辛未先生年三十五在緱城大易枝辭文統成
洪武二十五年壬申先生年三十六在緱城廷臣復交薦先生辟至
京上方重賞罰以其志存教化顧左右曰今非用孝孺時除將仕
郎漢中府學教授命水陸供舟車給行貲次女淑生
洪武二十六年癸酉先生年三十七閏四月抵漢中道變祭宋太史
墓下慟哭移時憮其家而去既官漢中每舟次必往祭焉漢中水
土暴惡病瘦瘵者十人而五先生安之甘蔬糲與諸生談道不倦
繇是山南人皆知向學四川聘主秋闈京府移文詔徵分考辭蜀
赴京取士八十八人得門下士俞允勉等
洪武二十七年甲戌先生年三十八蜀獻王聞先生賢聘爲世子師

尊以殊禮不名先生每見蜀王必以仁義道德之言陳於前王喜
甚恆曰方先生古之賢者也幼子憲生於官舍後被匿更名德宗
洪武二十八年乙亥先生年三十九自漢中又抵蜀蜀王顏其讀書
之廬曰正學蜀王從先生請恤宋太史遺孤有加帝王基命錄成
洪武二十九年丙子先生年四十在漢中聞兄孝聞卒於家悲悼絕
甚秋試召典京闈取士三百人
洪武三十年丁丑先生年四十一往蜀作蜀道易序蜀鑑及蜀漢本
末仕學規範皆承王命也
洪武三十一年戊寅先生年四十二序蒲鞭詩自警編五月高廟賓
天皇太孫即位以太祖遺命必先召方孝孺乃馳驛召爲翰林侍

講直文淵閣日侍左右備顧問先生德望素隆一時倚重凡將相大政議輒咨焉初王叔英與先生善至是同應召書致先生大率以時措之宜爲言先生深然之詔著東甌王碑銘遣夫人鄭及子女還家

建文元年己卯先生年四十三帝郊祀畢御奉天殿受羣臣朝賀先生進郊祀頌上好讀書每有疑即召使講解臨朝奏事臣僚面議可否必命先生就扆前批答先生嘗作書事詩曰斧扆臨軒几硯寒春風和氣滿龍顏細聽天語揮毫久攜得香煙兩袖還又曰風軟彤庭尚薄寒御爐香遶玉欄杆黄門忽報文淵閣天子看書召講官夏五月獻省躬殿銘秋命考文京府得吳中諸生劉政卷喜

曰此烏中孤鳳吾當虛左處之取士二百四十人置政第一靖難
後聞先生就戮遂悲忿不食死北平兵起
建文二年庚辰先生年四十四上大召名儒修高廟實錄及類要諸
書以先生爲總裁會改謹身殿名正心殿先生獻銘作御史府記
皆規正君德比定官制即改先生爲文學博士時命典會試偕董
倫高遜志等試天下貢士得王艮黃鉞陳繼之楊子榮胡廣金幼
孜吳溥胡濙顧佐皆知名士一時稱得人焉其後王艮陳繼之黃
鉞死難餘皆歸附云
建文三年辛巳先生年四十五先生獻凝命神寶論頌燕王書至上
召示書對曰今諸軍大集燕兵久羈大名若雨爲沴不戰自罷急

令遼東諸將入山海關攻永平眞定諸將渡蘆溝橋擣北平彼歸援窠巢我以大軍躡其後必成擒矣彼奏適至宜與報書往返踰月彼心解而衆離我謀定而勢合可反掌而定也上善之立命先生草詔言罷兵遣薛喦往還言燕軍强盛先生惡之曰此爲燕遊說也燕復上書上召先生諭意對曰陛下卽欲罷兵兵一散卽難復合彼或長驅犯闕何以禦之願無惑甘言燕師駐定州先生言於帝曰兵家貴間燕父子兄弟可間而離也帝問云何先生言其故且曰世子見疑必北歸而餉道通矣帝曰善命先生草書貽世子許王燕地先是先生門人林嘉猷被燕召至北平知高煦及三郡王不睦於世子屢譏於父乃遣張安持書至世子不啓封并安

致燕王所三郡王先已馳告燕王曰幾殺吾子父至親猶見間離
況君臣之際乎時先生有聞鵑詩曰一聲動我愁二聲傷我慮三
聲思逐白雲飛四聲夢繞荆花樹五聲落月照疎櫺想見當年弄
机杼六聲泣血濺花枝恐污堦前蘭蕙紫七八九聲不忍聞起坐
無言淚如雨憶昔在家未遠遊每聽鵑聲無點愁今日身在金陵
上始信鵑聲能白頭
建文四年壬午先生年四十六燕師渡淮乘勝而下先生進曰事急
矣宜以計緩之遣人許以割地稽延數日俟東南丁壯召集我據
天塹之險北軍不長於舟楫相與決戰江上勝敗未可知也上從
之及渡江先生請堅守京城以待四方之援憂憤盈臆念劉中丞

基潛然淚下夏六月乙丑燕師逼金川門谷王穗與李景隆開門納師須臾大內火帝遂去先生杖衰哭於闕下文皇清宮三日後被鎮撫伍雲執以獻文皇以姚廣孝言至京幸全方孝孺孝孺素有學行必不降殺之天下讀書種子絕矣計用之不屈遂繫獄晝夜慟哭遣人一月諭再三終不屈文皇欲詔天下問廣孝代草者曰他人不足服天下必須方孝孺文皇以廖侯二子鏞銘嘗受先生學令諭意先生怒曰汝讀幾年書還不識幾箇是字我頭可斷筆不可執也二子復命遂使人擁之入先生衰絰執杖仆地大慟聲徹殿陛文皇降榻勞曰先生何自苦余欲法周公輔成王耳曰成王何在文皇曰渠自焚死曰何不立成王之子文皇曰國賴長

君曰何不立成王之弟文皇曰先生無過勞苦此朕家事耳置之目左右授筆札曰詔天下草非先生不可先生援筆大批（建文五年永樂篡位）擲筆於地又大哭且罵且哭曰死卽死詔不可草文皇曰汝不顧九族乎先生奮然曰便十族奈何哭罵益厲文皇怒令以刀刔其舌至兩耳旁先生猶含血犯御座辭甚不遜文皇大聲謂曰汝焉能遽死當滅汝十族令復繫獄以俟詔收其夫人鄭鄭先自經二女被逮過淮相與投橋水死其弟孝友面縛就誅先生目之不覺淚下孝友乃口吟一絕云阿兄何必淚潸潸取義成仁在此間華表柱頭千載後旅魂依舊到家山又據其宗支及九族盡抄沒之每抄提一人輒示先生先生不爲動罵不絕聲文皇怒甚命磔

於聚寶門外先生有絕命詞曰天降亂離兮孰知其繇奸臣得計兮謀國用猷忠臣發憤兮血淚交流以此徇君兮抑又何求嗚呼哀哉兮庶不我尤又見樵夫攜斧斫松山古一律云樵夫攜斧入山巔斫倒蒼龍撼九天老骨劈開鱗剝落赤心剖出血腥鮮精神化作三更火正氣翻成半壁煙只恐鶴歸無立處長空依舊月嬋娟刑後命有市先生肉者賜以金門人廖鏞廖銘王稌輩潛拾遺骸葬於木末母族林彥清等妻族鄭原吉等五服之親先後捕誅行刑於門外凡七日詔夷其先人墓文皇怒猶未愈必欲誅十族如先生之言乃旁及游黨盧迴鄭居貞盧原質等門人鄭公智林嘉猷廖鏞廖銘輩誅之爲十族計被害者八百七十三人抄沒後

九族外親發興州等衛充軍尋調三萬衛又調甘肅衛死者復數
百人吁何禍之烈也

清康熙四十四年欽賜忠烈明臣扁額

清乾隆四十一年賜謚忠文

清同治二年從祀聖廟兹錄其當時禮部奏摺以寶之

禮部謹　奏爲遵　旨議奏事同治二年四月二十二日內閣抄出十八日奉　上諭給事中王憲成奏請將明儒方孝孺從祀學宮一摺著禮部議奏等因欽此欽遵到部據原奏內稱方孝孺昌明正學躬行實踐其事實具詳明史本傳其著作具詳所著文集黃宗羲稱其致命遂志得中庸之道與激烈殉節者不同恭讀　高宗純皇帝御批通鑑輯覽曰及至身臨鼎鑊而抗詞直斥侃侃不撓未嘗少降其志凜然大節洵爲無忝綱常正未可以其謀事之不成而概加吹

求　聖諭煌煌允爲千古定論按朱子之道傳授黃幹幹傳何基基
傳王柏柏傳金履祥履祥傳許謙謙傳宋濂濂傳孝孺查黃幹及金
華四子久經從祀　文廟而孝孺學術精純足爲師表與從祀之典
相符等語臣等伏查道光十九年奉　上諭先儒升祔學宮祀典至
鉅必其人學術精純經綸卓越方可俎豆馨香用昭崇報等因欽此
茲查明史列傳方孝孺甯海人幼警敏讀書日盈寸長從宋濂學恒
以明王道致太平爲已任洪武二十五年以薦召除漢中府教授日
與諸生講學不倦蜀獻王聞其賢聘爲世子師每見陳說道德王尊
以殊禮名其讀書之廬曰正學及惠帝卽位召爲翰林侍講國家大
政事輒咨之帝好讀書每有疑卽召使講解燕兵起廷議討之詔檄

皆出其手燕兵入成祖欲使草詔孝孺投筆於地慨然就死孝孺工文章醇深雄邁每一篇出海內爭相傳誦門人王稌錄爲緱城集故後得行於世又查四庫全書總目有遜志齋集二十四卷明儒學案稱其以聖賢自任一切世俗之事皆不關懷謂入道之路莫切於公私義利之辨謂聖功始於小學作幼儀二十首謂化民必自正家始作宗儀九篇謂王治尚德而緩刑作深慮論十篇謂道體而事無不在列雜誡以自警持守之嚴剛大之氣與紫陽眞相伯仲固爲有明之學祖則其學術精純可見其居官也以明王道致太平爲己任及靖難兵起力排衆議誓守社稷卒能致命遂志全節完名是以康熙四十四年　聖祖仁皇帝賜以忠烈明臣匾額　高宗純皇帝御批

通鑑稱其大節凜然無忝綱常則其經綸卓越可見歷代之論孝孺者明太祖稱爲莊士蜀獻王目爲正學姚廣孝謂爲天下讀書種子蔡淸謂爲千載一人而黄宗羲師說列孝孺于有明諸儒之首嘗私議其當從祀　孔庭是方孝孺學術經綸久有定論覈與歷年從祀學宮成案相符臣等公同商酌擬如該給事中所請准以明儒方孝孺從祀　文廟再祀典次序現奉

諭旨繪圖頒祭臣等當詳細查覈另行具奏其方孝孺從祀之處如蒙　俞允再行按次增入繪圖恭呈　御覽所有臣等覈議緣由是否有當伏乞　皇太后　皇上

聖鑒　訓示遵行爲此謹　奏同治二年五月二十二日奏本日奉

旨依議欽此

甯海系方氏本末記略　　辛巳夏月盧演文言謹述

按孝孺公抗命時金陵魏司寇澤謫甯海尉匿先生幼子德宗垂九歲天台矜士余學夔徉狂行乞迓公于城隅口喃喃歌曰當年豫讓豈純臣猶肯吞炭并漆身堪笑今來執政者叩頭新主乞恩綸又曰不慙周粟可偷生首陽節義如飄萍向日都俞今反目區區尚願效程嬰以諷澤澤心動叱曰扶顛子趣去兩日又歌如前澤知爲義人潛託德宗於學夔同家僮航海抵雲間泖島嶼歷青村諸鎮織網捕魚得活後學夔走華亭依先生門下士俞祠部允大參任勉亦餽金護持易數寒暑允甥德宗遂冒俞姓比時黨禁未弛余公引嫌尋改余姓亦仍其所自來也傳九世有名采者爲南昌司訓臨海葉明經

拔刺得其狀欲置田宅要司訓歸綏城奉先生祀其事未果著振發幽奇以表志弁洲麟洲各有傳略迨萬歷己酉南學使楊公廷筠爲方氏復姓建祠牒嫡裔忠枝忠奕樹節三人歸台嗟嗟少亡之子城郭室廬猶不記憶況二百餘年煢煢孤裔一旦返故里謁先祠其誰爲之扶掖乎幸有文學翁檟宿懷節俠慨然仗義延寓於家凡可爲方氏地者靡不勇奮圖之嗚呼前無魏余一綫奚託後無翁楊百代誰歸是四君子雖天啓之以佑我先生亦忠義素所蓄積也今忠奕貢入大學試最授井研縣令多惠績忠枝子振節己卯登賢書四方欣欣慶名賢之有後振節子城與岳幼聰敏屹屹有大志謝文肅云孫枝一葉是君恩抑亦正學先生慘忠之報也歟

節錄方孝孺公文

欽定四庫全書總目提要卷一百七十遜志齋集二十四卷計分訂襍著八卷書三卷序三卷記三卷題跋一卷贊一卷祭文誄哀辭一卷行狀傳一卷碑表誌一卷古體詩一卷近體詩一卷公學宗孔孟崇王道而其爲文縱横豪放東坡之後一人而已是則其文烏可不傳哉兹節錄其族譜序一篇斯亦足窺其一班云爾

民國二十年冬二十七世孫屏廬恭錄

族譜序

昔天地未分名曰混沌混沌以後名曰太乙太乙以後名曰太始太始以後名曰太初太初以後名曰開闢開闢之時始分天地清氣上

而爲天有日月星辰濁氣下而爲地有山川草木其氣清濁以成形結而爲人禽獸萬物之象清氣結而昇者爲聖人濁氣混而下者爲凡庶其類各有四大之形同稟五常之性性者情也有情則愛命兼愛天地自然之氣結爲男女則有夫妻既有夫妻則有父子既有父子則有兄弟則有朋友既有朋友則有爵祿則有謚號則有封邑既有封邑則有茅土既有茅土則有親疎則有宗族既有宗族則有譜序姓者生也共相生長宗者總也總統相連族者聚也非類不聚各相尊榮三皇以前無文無紀五帝以後典籍興焉莫不書其符策揚其德行典誥書其姓名顯其祿位序述千古所驗則名其世代者可序曰譜譜者普也普載祖宗遠近姓名諱字年號又云譜者布也敷

布遠近百世之綱紀萬代之宗派源流序述姓名謂之譜系條錄昏宦謂之籍狀天子書之謂之紀諸侯書之謂之史大夫書之謂之傳總而言之謂之譜譜者補也遺亡者治而補之故曰序得姓之根源記數世之遠近父昭子穆百代在於目前鄭玄曰譜之於家若網在綱綱張則萬目具譜定則萬枝在今恐一枝之上枯榮有異則强弱相淩一祖之後貴賤不同則尊卑相濫今舉大綱以明衆目是以四海各流乃東出而西歸九河分趣雖道異而源同是以樹有凋榮之幹羽有長短之毛或短褐輕裘咸出公卿之佩肩玉負薪不廢連枝共葉詩云獨行踽踽豈無他人不知我同父子相因不比他人之姓豈非百齋同居一祖千葉同生一株株强則葉盛根弱則幹微分之

五世之謂族元祖是稱之爲宗宗族同姓記之在此譜者乎先世之蹤以示萬代之孫也肯者繩繩不絕之義可謂不忘親也雖然散在九州而宗元無二分居百國而祖禰攸同但記之世數則尊卑可定必須忠孝於君親敬順於師長和睦於夫妻信義於朋友親睦於鄉閭恭勤志慕然後位進於公卿名揚於後世孔子曰從我於陳蔡者皆不及門也人之基業子孫根本不以無位門戸失次人善則門榮人惡則門賤所以敬二尊遠四惡敦五美修六藝九思十善不忘於須臾故常積學蘊心明以聽視先世之敘皆記於胸襟乃有孫不識祖字子不識父諱問其錄序則默然書其家傳則閣筆如此之徒非紹隆後世之子也或曰富貴運所招何用先人之蔭聖人自生不繇

父母中人以上皆有承籍至如曲木直枝頑父哲子但取當時之用豈有禰祖之業而不記乎在心而睹之目者也蓋聞譜者姓名之經緯昭穆之綱紀導一宗之根源提九族之總統人倫根蒂君子貴之是以赤者著之斯用之急也世數綿遠枝葉難分時運盛衰苗胄遼隔譜牒若存則依憑有據記注精顯則品類無差今古相承班序俱定次長幼之高卑累官階之大小問源則不惑問世則不疑傳之記之以續後生毋令斷絕勿有疑焉凡明十條例之於後

一序得姓之根源　二記族數之遠近

三明爾諜之高卑　四序官階之大小

五標墳墓之所在　六述妻妾之外氏

七載適女之出處　八彰忠孝之進士

九揚道德之遁逸　十表節義之鄉閭

武昌系方氏譜序

武昌系方氏譜序者明孝孺爲武昌方通政鼐所作也稽其系統係繇閩之莆田槪轉而之武昌證諸吾族亦繇莆遷至桐廬復而之浙之鄞郡復考孝孺公之先本亦桐人是則孝孺鼐二公固亦吾先祖紘公之裔也始知河川千流源出一脈孝孺公曰有徵而不書則爲棄其祖爰錄其文以徵吾譜然間有紕誤如吾譜序則紘生子雄不仕雄始生三子曰儕儲儼而方氏譜序則謂紘生儕儲儼又閩之始祖爲達而吾譜序則名叔達叔達子琡始舉唐進士官泉州長史生子榖武守王府懿議兼御史中丞徙居閩之莆田又云生子七人季日廷範歷官閩三邑民咸德之稱長官云爲遷莆始祖證以兩序則

殷武與其季子來莆是則閩之始祖爲琡而非叔達莆之始祖爲殷武也無疑要之孝孺公殉節後文禁甚嚴雖其門人王稌藏其遺稿宣德後始傳播而其中闕文脫簡頗多訛誤至不堪卒讀嗣經黄孔昭謝鐸重編然率皆理其文而訛其實是不足爲孝孺公病也至甯海方氏譜自經壬午慘刼後無所稽考矣

二十七世孫屛塵謹誌

方氏出於榆罔之裔方雷比他姓爲最著黄帝時有曰明在七聖之列其後有回爲帝舜友歷二代方氏不顯至周宣王時叔爲將伐叛有大勳烈詩人歌之然皆顯河洛間至西漢末曰紘者爲司馬府長史河南尹會王莽簒國遂棄官徙江南居歙於是方氏始來江南紘

生三子儕儲儀其後子孫甚多大抵江南之方氏皆紘後而歙其宗邑也今歙山間猶多有方氏祖廟云武昌之有方氏則自元巡檢漢祥始繇九江來遷漢祥之先本莆人而莆人方又本閩閩本泉州長史達達歙裔也漢祥之孫鼎以國子生仕於朝三轉爲通政參議輯其先之可知者爲譜而徵余序嗚呼天下之姓多矣孰有若方氏之最先者乎以唐虞以前之氏子孫蔓延江南宜其大顯非他姓比然而今北方之人以方氏爲鮮有之姓論姓氏者反不熟方氏何哉蓋姓貴乎後世子孫之賢彼李氏王氏鄭氏崔氏其先非必若方氏得姓之早也以其代有偉人出乎其間人習聞其功名之盛故皆灼然著人耳目方氏自叔以後雖未嘗衰絕特以無大顯名之人生乎其

間故迄茲不甚著聞然則爲人之子孫者烏可不勉哉使一宗之中得一人以顯其先自在他宗之中亦必有慕效而起者慕者愈多而所勉者滋衆則顯於世遂於後者可得也方氏雖欲無傳於人不可掩矣如是而立於世上以昭前人之緒下以開後嗣之基豈非丈夫哉鼐有學問多才能善爲其職朝廷咸稱之自茲以往使後世謂方氏顯於今者自鼐始武昌之後自鼐而著其將在斯乎

慈東方家堰方氏宗譜卷首

方氏宗譜序

方氏之先神農八世孫愉罔之子曰雷佐黃帝伐蚩尤有功封方山子孫因以爲氏世爲河南人西漢末有諱紘者官司馬長史於吳中時王莽將叛度天下必大亂避居世歙之東鄉因家焉生子雄雄生三子曰儕曰儲曰儼儕封關內侯儼爲大都督儲居孝廉官太常兼洛陽令封黟侯及卒贈尚書令士人立仙翁廟祀之生子觀之觀之生敦德敦德生簡簡生公績公績生叔達叔達生璥璥舉唐進士官長史生子殷武守王府懿議兼御史中丞徙居閩之莆田殷武生廷範任福州長樂令贈金紫有弟廷康官戶部侍郎徙居九華子姓同

居十一世詔褒義門廷範生仁載仁載官禮部郎中自剌桐巷徙居後塘仁載生諮諮贈禮部侍郎生子愼言官居諫議大夫愼言之子蘊兄弟七人並顯以七子皆貴贈儀同三司蘊生希通行廿四字叔時爲諸王府翊善以朝請大夫告老終於家著書數十卷吾明州方氏實自公始也有弟希爽之子轔徙居高郵希通生軫行十一字克載號松年登元符三年進士除太廟齋郎兼編修右正言劾蔡京不道被竄嶺南復販官永州得改鄞縣令遂居慈之鳴鶴

方氏修譜序

吾族距城三十里聚而居者百餘家相傳遷自鳳浦河頭道光間族兄學寶議立譜偕堂兄學乾抵河頭親訪之雖譜牒未泯而本支無稽歸而語於族弟學千乃得朝昌公手書譜稿一本其中支派頗詳細然僅始於小九容九公又無生没期寶兄增訂之始草本終楷書皆其子淳族弟學千手書閱一載完編迄今廿餘年戶口日增復命其四子濤補輯之修葺之暇即抵鳳浦訪譜乃查獲源本備錄一冊極詳晰復增訂之而譜始成夫家乘之作所以敦本睦族別長幼之序使夫人生相愛死相哀同姓不相娶禮至重也吾邑修譜者固多缺而不考者亦復不少叩其故或曰族無秀士言不文也或曰世務

叢集力不暇也或曰族寒貲不足也於是互相推諉因循不果年日遠齒日繁而考核日難若吾堂兄學寶習於稽事非嫻於翰墨者而又子孫振振婚嫁紛其心而又築鬧施材諸善舉勞其力而又秋成所入僅供仰事俯蓄計力何暇之有貲何足之有而乃一創之於道光間再修之於同治初族之尊卑次序生辰卒期以及窮擔苦節皆賴以存厥名曰寶洵足爲吾宗之寶矣吾祖彥彬公以下數代名號不可稽獨其墓在鎮邑離族半里餘代遠塚低幾沒於蓬蒿寶兄增其土而高之際桃符換舊時偕族之少長抵墓一展拜尊祖敬宗之心如是有加無已乎記之以爲因循推諉者勸

旹　在

同治三年歲次甲子十二月吉旦

二十五世孫　鵾謹誌

方氏修譜序

蓋聞族之有譜猶國之有史也吾族自鳳浦徙居至今已五百餘年譜牒無傳深可慨焉先祖朝昌公業儒擅大撓術嘉慶間創譜稿一本至道光丁亥年族譜回祿稿亦無稽己丑夏先祖病劇堂兄學寶以世系問先祖猶勉力答之是誠所謂一息尚存此志不容少懈者矣先祖沒長兄學本仍以擇日相繼長兄沒族兄學麟繼之麟兄沒不得傳焉寶兄曰祖宗作於前子孫宜述於後也於是肴人抵杭邀予歸寶兄語予曰繼祖業教子弟汝之責也而予於是年時年已三十矣丙午春寶兄議立譜予曰有先祖殘稿珍藏已久寶兄躍然曰於何得之予曰族譜回祿予年尚幼料應先祖拾於焦土中病革之

時精神恍惚所由以口授未以稿授也竇兄曰此譜之苗卽族之幸也於是稽世次查生卒始草本終楷書皆竇兄命子淳與予手書也今年夏又命其四子清修葺之并抵鳳浦訪譜備獲源本又增訂之而譜以成予曰吾宗之有譜先祖創於前竇兄成於後然非竇兄則先祖之前績不彰其功亦大矣哉孟秋又獲忠直公像公乃四明方氏之始祖不歸他支而歸吾宗抑始祖之靈耶抑立譜之誠所致耶因喜而爲之記

旹在

同治三年歲次甲子

二十五世孫學千謹誌

方氏修譜序

余當舞勺之年目覩先考之立譜也晝則與先伯兄執筆硯而出稽查族之分書祀簿祭祀牌以聯絡期功昆季旁近房親之支派塋墓生卒嫁娶亦採訪靡遺夜則謄寫較對往往不至漏三下不止如是者歷半載而稿始成然僅始於小九容九公先考猶以未及始祖爲憾明年丙午正月遂抵河頭親訪之譜牒雖存而本支未獲悵然歸矣越月餘族叔冠英先生適由餘杭服賈而還先考與談譜事先生謂吾祖朝昌公有手書譜稿一本取而印證之若合符節但缺生歿期耳先考於是深信無疑裝訂簡策命先伯兄與冠英先生分鈔一式六冊而譜始告成迨至同治年間先考慮譜牒之荒落也命余修

葺之而余於此時適得　始祖忠直公像於郡中先考珍重寶貴欣喜過望即命余抵鳳浦訪譜查獲原本則知我方氏由徽遷寧自忠直公始由鳳浦遷本族自一二公始抄錄一冊復增訂之譜始大成而先考於譜事乃於是乎無憾已然而自始立而終成已歷二十年矣夫譜牒之書君子所以維持人之孝悌之心也今人心日媮世風不古大族强宗往往生存者八九葉否則或六七葉不肖之子姓遇高曾祖父之輩行而概以叔稱之者有之以兄呼之者有之更有直叱其名字信口而出絕不知怪嗟嗟僭孰甚焉然此猶其微焉者也士夫讀聖賢書身列膠庠或因睚眦之怨而犬馬其尊長或因借貸不遂而草菅其宗族甚且有商賈之家叔姪分金而搆訟兄弟分產

而操戈父子分爨而耰耡不借致令高堂白髮啼饑號寒轉溝壑而不之顧嗚虖是可忍也孰不可忍也迨其後親則已矣身爲人父兒女長嫁娶迫度支繁蓋藏竭於是牽牛服賈去國離鄉五年十年天涯地角豕突狼奔沐雨櫛風得寸得尺積丈成幅瀕老垂危復我邦家問舍求田意將安享其福而孰知若考以釋屩爲快厥子以揮霍爲能或則攀花折柳洞入九迷或則喝雉呼盧業耽雙陸或則半剔一挑綺歲而垂涎鴉片三英五緘稚年而酷嗜貂裘犂牛之汗血大半爲豚犬之泥沙有餘則又羣起而窺伺之攘奪之不足則且詬誶之向之所施於吾父者今返而盡施於我向之所未施於吾父者今併而亦施於我至此而始歎竭數十年之經營工千百盤之計算懸

千萬里之險阻而得之者一旦而盡非我有依然身轉溝壑嗚虖孰使爲之孰令致之刼奪之數非啓自我也哉然而悔之於後曷若慎之於前也向使吾孝吾親吾敬吾長則吾子耳濡目染淪肌浹膚知愛知敬習與性成不必遺以良田美宅而始克篤天性也即食藿采甚堂上亦能怡志啜菽飲水膝下亦克承歡推而至於九族三黨靡不曲盡睦婣任卹之情以視世之遺金召禍積産構釁者果孰得而孰失哉此以知功名富貴無非過眼之煙花仁義中和眞是養心之菽粟此譜牒之書之所以不可不講也今我族去先考立譜之時已歷數十年矣先世之德澤又日削而日漓矣高曾之規矩又日壞而日甚矣余乃於再修宗譜之暇思挽宗風爰繪世系圖元旦懸於祖

堂之右元宵後始行收藏俾族之少長聚而觀之知某與我爲三服五服之親某與我爲五宗九族之親自上而順推之一本散爲萬派自下而逆數之萬派歸於一本觸目驚心孝悌之心其或油然動乎族有賢父兄與能陳譜於室朝夕爲子弟詔之勉之將木本水源之意豫養於平時則敬宗尊祖之心大發於異日雖曰人人親其親長其長可也夫何致梟獍成性致吾親於溝壑而不之顧耶我故曰譜牒之書君子所以維持人之孝悌之心也況我族之譜源流詳備脈絡分明其感人尤易者哉

昔在

光緒十二年歲次丙戌六月

二十六世孫景雲謹誌

方氏世系譜序

余方氏以號爲姓者蓋方雷氏出帝上古嗣世爲郡后而謂之炎帝胄子得封河南云厥後女妃黃帝生帝鴻氏淸陽氏春秋外傳方雷氏之甥也于時有方明左右黃帝大舜遷頁夏方回就見七友相助之德日深或者謬稱既禪而逃而吾方侯伯之封施及三代已肇造於此故譜以紘公爲始祖子曰雄孫曰儲其昆季儕儼各星居江浙吳越閩楚諸方蓋其出也儲生觀之觀之生敦德敦德生簡簡生公績公績生叔達叔達生琡今琡余九世祖後周始生子般武滅黃巢有功子七季曰廷範歷官閩三邑民咸德之稱長官云爲遷莆田始祖子六人皆貴京師時號六桂五曰仁載公自剌桐遷後塘今吾祖

也今殺其五代而斷自瑕公爲自一桂至六桂或就莆居或分居四方不能全錄將仁載公世次纍纍貫珠至六世以爲忠直公劾蔡京不道流之嶺南復收斂爲鄞縣令卽家於此凡寧郡五邑有方姓者皆其苗裔也更將仁載公以下昆季世次闕之止錄仁載公以至於軫公獨尊其自出條分縷晰宣和間與子融徙鳳浦嶴湖桂四公由嶴湖徙桃嶺河頭俾後之子孫易於觀者非蔑略祖也故記之

小九公派房譜序

宗譜莫善於眉山蘇氏盧陵歐陽氏後人作譜者多不越其範圍譜也者所以溯淵源別尊卑考嗣續辨賢否著敬宗睦族愛親之道非徒記名書字已也我族發源河南繼遷安徽由徽遷閩則自元符公始由閩遷甯居居慈北鳳浦窖則自克載公始其由鳳浦至堰頭不知始於何年道光間堂兄學寶等抵慈北通譜行次久紊不可稽以生齒之日繁也嫡庶之混淆也名稱之錯雜也爰倡譜議裒集成編予展閱之長幼釐然在目愛敬之心油然而生乃因其本修房譜先排行次世系圖世次傳又次家規旌典及德行文藝之可傳者而大旨亦不越歐蘇之範圍覽斯譜者知祖孫爲一氣則本不可忘知兄

弟無二脈則情不可傷夫義婦順恪守家規庶幾風俗醇美上足承先下可啓後無愧乎善繼善述者矣

咸豐辛酉孟春月下澣穀旦

二十五世孫　鵰謹誌

房譜序

我族自宋季遷居至今幾六百載聚而居者百餘家相傳舊無宗譜致令合族之支派未能聯絡以故　朝昌公創譜稿於乾嘉間

先府君成宗譜於道咸間皆祇及兩房已耳然後我族劈分四房此必成自往古斷非分自近今可知四房原出一本而實隔於前代之無宗譜也光緒乙酉族弟國香客蜀旋里羅致其房親之分書祀簿以及先代之契券等項稽查支派雖未能因流溯源追及　始祖而其本支之原委繪圖示余余喜其源流詳備脈絡分明我譜又增一派而無虞其荒矣故樂而附載於宗譜之後以垂不朽云爾

光緒十二年歲次丙戌三月吉旦

二十六世孫景雲謹誌

繼源之序

天地造化並育萬物而人以萬物之一故天地者人之始而父母者人之本也當知天地之大德曰生是以君子所貴夫報本然務本之道惟重家譜蓋家之有譜猶國之有史也粤自我　高祖應鳳公由方家堰之基礎徙於鎮邑西管鄉鎮名莊市下湯姓對面名曰薛姓產置居住爲昔時　余幼孤貧伯兄早殤賴母撫育得於成立嗣從奔走衣食萍路滬江前清光緒十四年得識同宗沛兄酒餘申懷藉知底蘊初猶未敢貿然乃遄返梓里詢　余姑母棠言都相符再稽以契券等益徵我爲方氏的派無疑蓋自我　高祖遷居於斯歷　曾祖士興公祖朝仁公父世昌公以逮於　余未一造祖基一展先塋得悉

之下慚汗涔然忘祖之愆余其難辭一念及此如芒刺背乃携契券分書出申集少長族人公議爰將分書並纂末歷史彙寄族中核對確有　應鳳公其人而譜無註續嗣蓋係徙後未一寧家音問遂致隔絕無從稽考耳嗣經宗長學槐柱首伊笙等公認而余十餘年來之負疚能贖前愆於一旦乎然時雖已認集而譜尚付闕如遺憾殊甚今余年竟化甲再不岌岌於此尤何以昭遺後世適舊族祖堂年久頹廢去冬由族人方汀家驤家椽家義等發起募資重建於今春新築落成以設安主擇於四月十三日公共合族進主族內函咨余返族請祖主陞座余得後應特返甬拜賀理誠族誼余並將先人兼兄主等又當余嫂氏暨妻並進龕主入祠以爲記於是囑從孫家義

抄就本房連枝一氣之夫譜以備異日修宗譜俾可一目了然也是爲序

中華民國十一年歲次壬戌閏五月　日

嗣孫學秀謹識

泉東丁家坮丁氏宗譜　卷首

鳳浦行第自一世起

第伍傳聲細　添千萬增端　桂益仲義統　珍璧奎英桓

秀彥謙和順　聰明睿智軒　彝倫昭穆序　福祿永平安

奕世承恩久　同源濟美寬　忠良多啓佑　瑞鳳祥麟觀

本族行第自十九世起

九富應士朝世學國家

新定行第自二十八世起

維清緝熙　金玉其相　以介景福　載錫之光

敬慎威儀　肅駿有聲　天保定爾　永觀厥成

奉先思孝　主善爲師　論道經邦　功加于時

協用五紀　惇信明義　咸懷忠良　由乃在位

忠直公劾蔡京奏章

崇寧五年二月十四日太廟齋郎編修右正言臣方軫謹言蔡京睥睨社稷內懷不道效王莽自立爲司空效曹操自立爲魏國公視祖宗神靈爲無物玩陛下不啻如嬰兒專以紹述熙豐之說爲自謀之計上以不孝刼持人主下以謗訕詆誣恐嚇天下威震主上禍移生靈風聲氣焰中外畏之大臣保家族不敢議小臣護寸祿不敢言顛倒紀綱恣意妄作自古人臣之奸未有如京今日之甚者爰自崇寧以來交通婦寺結託宮禁蠹國用則若糞土輕名器以市私恩內而執政侍從外而師臣監司無非京之門人親戚政事不合於大心法令徒結於民怨若設九鼎鑄大錢置二衞興三舍建樂府置辟雍於

國門外祭天地於南郊如此之類非徒無益又且耗蠹國用上下難
堪京有所爲必持兩端以刼人主一曰此三代之法也一曰熙豐之
遺意未及行也天下事無常是亦無常非可則因否則革惟其當之
爲貴京不學無術妄以三代之說欺陛下豈不爲有識者所笑神考
十九者典章文物燦然大備豈有未及施行之事豈京不得馳騁於
當年今乃誣罔在天之靈每有奏請輒乞作御筆指揮施行出語士
大夫曰此上意也明日或降指揮更不施行則又出語人曰京實啓
之也善則稱已過則稱君必欲陛下斂天下怨豈社稷之福乎元豐
三年廢殿前廨宇三千四百六十間迨尚書省分六曹設二十四司
以揔天下機務落成之日駕車親幸命有司立法諸門牆窗壁輒揩

修改易者徒二年其意安在京惡白虎地不利宰相讒殺拆毀收入
禁中是欲利陛下乎是謂之紹述乎拓地數千里屯兵數十萬建置
四輔郎遣親信門人爲四輔州總管又以宋喬年爲京畿轉運使密
令州父老詣闕請駕車登封意在東京留守萬一乘輿一動投間竊
發呼吸羣動不知宗廟社稷何所依倚陛下將措聖躬於何地臣常
中夜思之不覺涕泗横流也近聞京建議立方田法欲擾安業百姓
借使行之豈不召亂乎又況數年間行鹽鈔法朝行夕改昔是今非
以此賺客旅行者在途謂朝廷法令信如寒暑未浹旬又報鈔法變
矣鈔爲故紙鹽爲棄物家財蕩盡赴水自縊客死異鄉孤人之兒寡
婦之子號泣籲天者不知幾千萬人聞者傷心見者流涕生靈怨望

皆歸咎於陛下然京自謂暴虐無傷如皇天后土之靈何所幸者祖宗不馳一騎以得天下仁厚之澤涵濡生靈幾二百年矣四方赤子不忍生事萬一有壟上之耕夫河上之亭長嘯聚亡命於一方天下嚮應不約而從陛下何以支吾之乎內外臣僚皆京親戚門人誰將爲陛下使乎京乘此時談笑可得陛下之天下也元符末年陛下嗣服之初忠義之士皆明目張膽思見太平投匭以陳巳見者無日無之京欲鉗天下口塞陛下耳目分爲邪等賊虐忠良天下之士以忠義爲諱方且全身遠害之不暇誰暇救陛下之失乎奈何陛下以京爲忠貫日月以忠臣義士爲謗訕詆誣或黥配遠方或除名編管或不齒仕籍以言得罪者無慮萬人矣誰肯爲陛下言哉蔡攸者垂髫

一頑童耳京遣攸日與陛下游從嬉戲必無堯舜文武之道啓沃陛下惟以花栽怪石籠鳥檻獸舟車相御不絕道路今日所獻者則曰臣攸上進明日所獻者則又曰臣攸上進是京之意欲愚陛下耳目使之不知天下理亂也乃盧諫官不差人居之自除門人爲御史京有反狀陛下何從而知臣是以知京必反也且臣與京皆壺山人也按古讖云水遶壺公山此時方好看京諷水部使者鑿渠以遶山不知京欲爲何事臣是以知京有異謀也邇者孛星見於西方日蝕正陽之月天意所以啓陛下之聰明者可謂極矣奈何陛下略不省悟且以賜恩赦開寺觀避正殿減常膳舉常儀以答天戒而已然而國賊尚全首領未聞梟首以謝天下此則臣民共聞祖宗含怒在天之

日久矣陛下勿謂雉鳴於朝鼎穀生於朝不害高宗太戊之德九年水七年旱不害堯湯之聖今日禍發不測人情危慄惟陛下留神聽覽念藝祖創業之難思履霜堅冰之戒今日冰已堅矣非獨履霜之漸陛下不早圖之後悔何及臣披肝爲紙瀝血書辭忘萬死叩天閽區區爲陛下力言者無他所重者祖宗之廟所惜者天下之生靈而自忘其迫切陛下殺之可也赦之可也臣一死生不係輕重願陛下上體天戒下顧人言安可愛一國賊而忘社稷生靈之事乎臣冒瀆天威無任戰慄之至

與健翁韓邑尊書　名培乾後爲本郡太守

日前飽飫盛筵，并承厚貺，且感且謝。茲啓者，鵬聞溉田之法在引河水，引河之法貴置碶閘，蓄洩以時，旱潦無患，而瘠地可變爲腴田。敝鄉如化紙閘、四港閘等，皆有關於水利，而其大者莫如茅洲閘。閘在邑東十五里，灌田數萬頃，鄞、鎮二邑並蒙其利。國初設立閘丁數名，以時啓閉，用以阻鹹潮、洩山漲、供車戽，利至鉅焉。年湮代遠，丁廢而閘亦壞，修築非萬餘金不可。職員胡行周、生員沈槐等有志鳩工，逡巡未果。夫可與樂成，難與慮始，凡民之恆情也。翦除其害，誘掖其善，司民牧者之責也。伏望閣下約定日期，命駕踏勘，閘旁有福善菴可以憩息。更祈出示勸捐，發貼洲前，以醒衆目。夫備四時之水旱，關三邑之農工原人人有樂助之心特以倡始無人因循至今果得賢父母倡率其事順風而呼不日成功矣利興於下功歸於上時哉弗可失昔王元暐龔行修作它山堰陳秘閣治廻沙閘皆洞悉機宜澤流後世民到於今稱之今茅洲閘成功豈在王陳下哉縱慈父非借端以沽名而百姓必樹碑以頌德惠政所施有不與召棠冦柏俱永乎

謹泐蕪緘統希荃照閘誌附後

茅洲自建橋後得免沈溺董其事者沈茂才左三數年勞頓鬚髮俱蒼厥功偉矣雖然閘改爲橋豈本願哉錄存此書以俟有志復古者知是閘所關匪淺鮮也

柰何辭

學行鵾

晴不綢繆雨柰何暖不蠶織寒柰何豐不儲蓄饑柰何少不好學壯柰何富不儉用貧柰何健不保身病柰何生不積善死柰何賭博求勝輸柰何醉後狂言醒柰何人有千算柰天何

晉東方家坡方氏宗譜　卷首

一[illegible]

題二樟書屋寄贈從堂兄學千　學行鵾

菴側生老樟蟠鬱逾百年冰霜並閱歷奇幹仍挺然傍築方家堰繁陰落淸泉其東建蘭若鐘聲出樹巔吾族賢處士對影讀陳編六藝精敷學協紀得眞傳閒誦三昧經合掌禮金仙有時晝騰睡風濤起枕邊長夏不知暑四圍如綠天歲運同治初吾邑擾烽煙神靈此呵護不損一櫨椽惟願常覆蔭休息共談禪

義門詩

甘田美宅九華東頒白熙熙庭巷通倉廩甚虛無異爨衣冠雖變有淳風兒孫繞几稱堂壽羔酒堆盤樂歲豐聞降芝書旌孝悌爲君敦勸里閭中

佛光記

學行鵑

眞知不昧靈燄無窮照而常寂寂而常照者自性之光明佛光無非性光也先大人　浩然府君性仁慈好賙濟貧乏足跡所經施衣施藥雖居塵俗時有出世心初好道徧求丹訣繼遇善知識謂楞嚴十種仙猶難免刼數遂舍道而學佛道光初先妣　顧孺人卒不再娶惟日修淨業手持牟尼朗朗宣佛號兼誦心經大悲咒雖寒暑不稍閒壬辰歲不肖至虞山得依膝下嘗夜分睡醒見光明滿室以爲天曉攬衣而起俄而晦黑如故蓋先大人中宵趺坐習淨故有此靈應雲淨則月明水淨則波明心淨則智明至淨而感至明固理之常無足異者夫佛以智炬普照衆生橫亘十方豎通三際衆生爲無明所

覆遂不能顯現而先大人獨有此感應以是知淨業之將成也先大人知淨土法門徹上徹下三根普被嘗以此教導人信從者日多有臨終異香滿室者道光乙未夏寓吳門桂花衕得疾自知歸期於六月十三日端坐中廳念佛而逝享年六十有一歲次年丙申靈柩回里葬方家堰東岸不肖熟聞庭訓故雅慕蓮宗然心爲塵垢所累未能發妙光有忝於所生者多矣爰稽先執載之譜中以示後賢修淨業者

造祖堂修宗譜之始末記

鎮之西方姓村有祖堂焉曰忠恕矮屋數椽蓬戶甕牖入其堂蛛網羅列蓁莽荒穢不克須臾留也有學槎公者蓋斯堂之裔孫也目擊情形興念欲木之長者必固其根本流之遠者必浚其泉源思族之興者必壯其祖堂爰想堂之東西民房數楹設法收買重新建造以擴堂舍之範圍未果尋病終其子方汀君承先人之遺訓繼續努力進行迨民十冬有學秀方灤方涵家棨家驥家檁家義家樂等諸君襄助卽行卸舊建新之舉翌年夏鳩工告竣需金千餘堂基平廣風猗水潔祖堂巍峩超然凌雲雕棟畫梁氣象儼然其間主座三間位列昭穆宗親尤爲精華及奉主入堂儀仗畢舉應禮盡禮需費千有

餘金可謂盛矣顧堂宇落成堪慰先靈但於堂宇有密切相關之宗譜亦不得不積極爲之以昌民族而重血統憶是家之宗譜歲歷四十有九未曾纂修茲由學秀方濚方汀方涵家權家標家棨家樂家營家義等諸君倡議始於今庚實行纂修宗譜並聘任方汀君爲採訪方汀君肩此重任焚膏繼晷努力工作閱六閱月始告付梓成帙特筆書之以誌不忘

民國二十年十一月　日　　里人杜昂斯謹識

方家菴（即普照菴）碑記

方家堰藉以蓄淡水阻鹹潮田畝漑不下數千頃井竈汲引不數千家實鎭邑水利之一大防也道光二十餘年間浸漶過半寶居近咫尺不敢坐觀欲捐資堅築之適有同鄉應緒薪洪其汾唐懷新童學童慈潮方鎭諸君相與圖成并勸殷戸童慈潮助田貳畝有奇以爲看管之費當經慈邑存案出　示至於修堰之法底石以上敢鍊黄泥石灰鋪以寸許灑以桐油使石工打之使堅其後如法增高且堰下設門自爲啓閉以使潮之有上無下下河添立平臺石磋以便人之登涉其時適値連大雨寶一傘一屐顧視月餘庶得告竣爰勒數語以爲後世修堰者勸

童慈潮助田本在路沿唐因爲水路人換在近堰上河立有鎮龍堰

字號界石

大清同治五年孟冬首事方學寶立

普照菴禁碑立在雷祖殿東墻

立禁規十方紳士等今因本庵卜築慈土多歷年所住僧從來賢否不一大約初住者每能尅守清規傳及其徒屢多蕩檢踰閑爲此秉議禁規十則勒石菴中永宜懍遵如違驅逐

一禁常住檀授其徒須憑十方酌奪

一禁七佛

一禁宿山

一禁葷腥入厨

一禁賭博雅片

一禁僱女工

一禁備女人妝飾之具

一禁庵田十畝零僧墳在內計田二則土名二橋港毋許押賣

一禁趲換此碑地方

一禁接引婦女入僧房

大清同治五年冬十月

十方紳士公立

霞蔚書塾易名記

童君繩霞構家塾將落成過余而謂之曰昔先考之設義塾於宗祠也承先祖寄霞公之志故事成以霞蔚名其塾誌不忘祖也然數十年來族之子弟就學者歲常落落無幾人且我族不乏聞義勇爲之輩亦未聞佽助及此叩其故或曰受人施者常畏人是塾有自名之跡焉故來學者多趦趄或曰君子不掩人之美按是塾之稱乃明明爲一家物也故言助者常囁嚅信斯言也則知吾人之建業貴廓然而大公也今構塾將成請更名以示俾得顧名思義公爾忘私庶執經者黽勉從事好義者踴躍從公何如余曰美哉此即令祖考學而思滋擴而漸大之本志更名正善繼其志也童氏世居龍江故其族

之南有橋曰鎮龍其東曰見龍茲以龍江易其名可乎曰善遂誌之
以示巔末云

光緒十六年孟冬月吉旦　　方景雲譔并書

認族記

學秀公之認族也係前清光緒十四年間由族兄伊坒指謂東房因
閲其舊文書有房長應龍字樣確是該房無疑繼後于民國十一年
夏初重建祖堂完工進主時余代行細查東房有應鳳公遷徙無杳
想必是也今修譜問諸族人公議無訛以纂成血脈一統
廷佑公一派曰南房歷無房譜因該房無讀書識字之人由此失之
今次修譜余將該房所有新陳契券徧舊古書羹飯牌等一一細細
查察始得纂成系圖一脈流通惟世次配氏生卒殘缺不全此亦無
可如何且不敢僞造聊書數語以誌

民國二十年冬月　　　二十六世孫方　汀謹識

助田記 均是鎮邑田

學成公　助田壹畝貳分　土名銀街斗卽龔家河斗壁五公奎
六公奎七公墳前爿

學榮公　助田壹畝正　以上學榮公學槐公國香公三助田
統計六畝貳分土名龔家河斗由斗

學槐公　助田壹畝正　底進水小狹爿自童靖鹿墳前爿過

國香公　助田四畝貳分　通南小狹爿轉灣向東約一耙闊大
爿與童姓大爿合爿南首另有一爿
向北小長方爿出水至河

世提公　助田貳畝正　土名堰上鎮邑界由上河新車頭進

水至橫圳過小大圳在東坂大路北
通薇軒公墳前圳墳圳過黃狗墩下
出大溝流至沈家河斗出水與本家
田及助存厚堂四畝圳圳通圳不分
圳

廷佑公祀　助田壹畝五分　土名堰上鎮邑界章斗廷佑公墳圳

彥彬公　助田三分　土名大畝下裏

共計助田拾壹畝零貳分正

世提公生學杭公無出方汀承祧助田時鄭氏伯母晚年所有提公
置產將賣盡而宗房長勸諭留祀及助公堂故而助入忠恕堂貳畝

存厚堂四畝自留六畝貳分五釐除漕貳分留墳基貳分五釐計淨
田五畝八分正予遵預囑照助繼後因他造墳時虧耗不得已又撥
貳畝九分賣給童姓自己淨田亦祇有貳畝九分也所以助田不分
則尤防進出水關係

二十六世嗣孫方汀謹識

助餘地記

祖堂之東角族人家善義西牆門外有餘地數尺于民國十一年自願助入公堂所以重建時將圍牆築進以後他家之西牆門永遠不准開言明在先守信於後

宗房長公啓

民國十一年夏初

第二十六世國香公字品蘭所集就緒本房家譜房分祀產記

茲查廷秀公生二子長天壽公次天助公分書上天壽公係忠房天助公係孝房今仍其舊天助公乏嗣天壽公生四子長曰應龍公今定曰大房次應鳳公後嗣遷莊市今定曰二房三應禎公今定三房四應瑞公今定曰四房應龍公生三子長士觀公今定曰智房次士俊公今定曰仁房三士逢公今定曰勇房至孝房二房產業係大房承值我房有世遺祀田六分土名河角頭一名章斗世傳謂擡柩田云諒即是天壽公名下之祀產也此田第四房與仁房勇房挨次輪流承當同坵另有三分係仁勇兩房承值度即是天助公與應龍公應鳳公之祀田也三六分輪糧均聲遠戶其用俱作每年清明中元節

祭祀迄今永永不輟大房士觀公名下四傳至國基公而乏嗣遺有平屋兩間以屋易田得出一畝二分土名東坂以爲大房祀田亦第四房與仁房勇房挨次輪值自朝宸公至國基公生諱期制有羹飯牌一塊至今屆期香火不輟三房應禎公生一子名士欽公公生四子均乏嗣亦無遺產墳乏祭祀幸有世遺公產六分清明中元應與享焉此我房房分與祀產之大概情形也書之於簿以示後其餘有關於示後者隨各房行下以免重復耳是爲記

再查老文契等書朝宸曰孟房秉文公朝志公均曰仲房朝諫公曰季房皆因執筆者未嘗清查不知履歷之悞耳茲新定房分俾閱者一目瞭然不致上下房而混爲伯仲恐後輩檢閱老

契而犯擬故誌之

重集本房譜記

以於民國十一年壬戌歲閏五月　日我族祖堂建築工竣後而本房齊集進士入祠惟我房學秀公先人移居代有查確繼續彙集我房抄修是譜以明慎遠學秀公祖業産基墓等併自置等項均於鎮邑西管莊市地方以承基也恐後世繼續不周於是學秀公囑抄一式分譜以固源遠流長耳以爲記

第二十七世孫家義謹誌

晉東方家城方氏宗譜　卷首

一　思孝堂

方氏寄香祀記 方陸氏

欽旌節孝婦也年十六適族兄椿爲繼室椿兄客餘杭成婚後越年餘歸而復往適値咸豐辛壬間西匪亂音問絶陸氏紡織營生苦守以待其姑陳氏亦靑年守志早已請旌生平織布以爲食晩年積勞成病卧床十餘年陸氏侍養周至始終無惰容洵可謂節且孝矣然無所出房親亦無承祧者於是陸氏商於余曰吾今老矣無可待矣身後無祀何以妥先靈吾知本菴該族叔國香與叔家田脚錢四十千文每年菴僧應出息穀四百觔吾將代償其脚錢以每年息穀助入菴中以爲先人之祭費淸明中元每祭菴中設桌子備素菜十大碗杯筷五副除夕備素菜六盆爨鍋一個杯筷如前如是則先人無

祀而有祀可乎余曰此嫂氏極無聊思菴中極便宜事也爰轉商諸族弟國香以及菴僧與十方之紳士皆應之曰此志誠可憐而可嘉也並許之於是陸氏遂奉其先人神主於菴中余因名之曰寄香祀而爲之記

時在

光緒二十八年正月吉旦

方陸氏敬立

夫族弟景雲謹譔

姻愚姪童履謙書

學槐公傳

先伯考學槐字啓堂公幼穎異讀書倍常顧家貧不能以遂其志棄書就商服賈吳門既而粵匪事起遂返棹不復作遠遊想就業於寧郡操計然術億則屢中性慷慨而慈祥雖家本寒素遇有善舉莫不慷慨解囊戚舊有以窮乏告者輒周濟之常抱己飢己溺之懷鄉黨皆嘖嘖稱道且樂爲義舉如割膏腴田壹畝助入忠恕堂以裕祖業尤其餘事於前淸同治三年八月二十日得軫公像於乾泰煙葉行棧司之手當時如獲珍寶喜不自勝負歸交學寶公保藏以照愼重其間有不肖子孫盜取祖像獻給同邑柏墅方脂中得賄經多方交涉始克珠還合浦公生於前淸道光七年丁亥三月廿一未時卒於

光緒廿三年丁酉三月廿一未時享年七十有一歲葬於堰上北首

菴漕東之原云

二十六世孫方汀謹識

讀山先生家傳

先生名景雲字漪生又字讀山慈谿東鄉方家堰人宋崇寧時有名軫者嘗參蔡京謫官爲鄞令事詳宋史本傳子孫遂居慈谿之鳳嶴是爲先生之二世祖先生祖諱世悌父諱學寶皆有隱德先生少時值粵匪之亂或强之爲書記適有覬其識者卽讓與之由是得脫其禍人稱其智年　　歲補博士弟子員屢赴秋闈不第遂以授館終其身館於三斟者最久數十年不易主方氏始未有譜先生之父學寶公始修之先生事胥鈔之役先生適於城中得諡忠貞諱軫公者之像學寶公大喜珍藏之如異寶然余遇先生在光緒中葉先生長於余者幾三十歲和氣迎人輒爲余言谿上先正事娓娓可聽也

先生生於道光十三年癸巳卒於光緒二十七年辛丑年六十九歲

娶姚氏繼娶孔氏子三家梴家槺家椒女二適余適童

姻教弟陳祖詔謹撰

讀山先生家傳

先生名景雲字猗生又字讀山慈谿方家堰人始祖忠直公諱軫嘗參蔡京謫官宰鄞縣子孫遂居慈谿之鳳嶴祖諱世悌父諱學寶皆有隱德少時值粵寇之亂或强之爲書記有覬其職者卽讓與之由是得脫於禍亂平成諸生屢赴秋闈不售家貧以館穀養親授徒終其身館近村三斢童數十年不易主方氏初無譜牒一日適城市見忠直公遺像購以歸父大喜遂有志編輯譜乘先生爲父搜討放軼供胥鈔惟謹而譜始成完本云余遇先生在光緒中葉先生長於余者幾二十歲和氣迎人爲余言谿上先正事輒娓娓可聽也

同邑沈樹琪謹撰

方漪笙先生傳

先生姓方氏諱景雲漪笙其字也世居慈之東鄉方家堰村其先世系出鳳浦由鳳浦而徙居卜宅於茲至先生蓋將及十世矣由鳳浦而上溯代有聞人懋顯官居高位忠義自矢者有之抗節不屈者有之載在史宬彰彰可考其譜序中言之詳矣洎乎元明以後鮮有知者直至先生振衣而起軒然揚中流之波而蹶者復振有光先緒歲戊午余游漢得與其嗣君玉庭交時相過從晨夕言歡始略識其家世亦一邑中之望族先生幼聰穎性勤敏篤志好學朝乾夕惕歷寒暑無間如是者有年每試輒冠軍儕輩咸服之遂補邑博士弟子員爲邑名宿赴棘闈者再不售緣遭宿疾無意功名不復沾沾於舉子

業援例貢入成均然其志之不衰如故也卒授徒以終其身夫先生抱有爲之志而不獲大展其才其遇可謂窮矣而先生處之汨如絕不介意其課徒也一以務實學爲本先器識而後文藝凡遠近來學者一經先生之指示鮮有不破壁而去人以是益崇尚焉又於爲誨之餘時留心於譜牒其不忘敦宗睦族之念尤可嘉焉抑又聞之先生練達精明遇事則决斷如流洞悉靡遺人因之不敢欺誠聖門中果毅明達之流亞歟越十四年余館於其同里童氏適其家繼續脩譜工將竣其嗣君玉出家宬以示并囑余傳之余不文固辭不獲爰不揣鄙陋綴以數言以見先生之一斑未足以概先生之生平也若夫著述之留傳已於其門下士童君傳中及之不復贅

民國二十年長至月

後學鎮海張彬謨拜撰

邑庠生候選訓導景雲公傳

先生名景雲字瀞筌昆季六人先生行四淸同治朝邑庠生光緒朝貢元候選訓導好學能文多師轉益著有平遠山房詩文集惜未付梓行世自少而壯常抱疾病往往日至長夏棉衣尙難釋體太先生學寶公以其素體孱弱幾欲使之輟學就商先生銳意進取志不少衰縣府試屢列前茅以是文名大著遠近載贄而來者濟濟滿堂有應接不暇之勢奈豐才嗇遇僅博一矜且年逾强仕精神就衰絕意功名不赴鄉試維以課徒爲己任故館於童氏爲最久賓主契合爲最深里人童文崇先生之高弟也光緒甲午鄉試榜前將文呈先生閱完卽加批曰理題得此定卜朱衣點頭揭曉後果獲售先生目光

不滅座師矣性清眞遇事裁判曲直而圭撮不爽且能洞悉人之隱微即一面之詞百般文飾或語近支吾不合於理不難當機立斷使兩曹帖然讋服故里中不聞有因爭端而擾事者內外兼優如先生殊不易多得者矣使先生得邦家而理其將指方家村爲高陽里云至於孤寡無告者爲安排之困苦者無貸者爲存活之脩宗譜隆祀典尤先生之餘事也年六十九考終子二長家梃克繼父業惜享年不永次家標經商漢皋稱小康焉

門人童貽芳謹撰

方汀先生行狀

予與先生年齒相若總角交也先生方其姓字汀號大年讀書聰穎具有胆略稍長廢書就商曾經服賈東瀛其間營業折閱遄返祖國且淡於名利亦不復作重遊異國想矣輒設館課子弟先生爲人忠直勇於義舉方姓有石橋爲慈鎮交通要道因年久失修頹唐殆盡行人有裹足之懼先生目擊情狀憂形於色爰集族姓家義等倡議興修以利交通迨民國四年始興工建造於炎天烈日之下親自督造越二月始造竣工昔日之崎嶇今成平坦行人莫不嘖嘖稱頌今庚發起纂修宗譜君任採訪等事不辭勞苦努力爲之茲告成帙悉出一人策劃擬又建設路燈之意使里暗而現光明俾利行人君倡

先進於前不患繼起無後將來一村而推之於一邑光明世界樂觀厥成以垂其後然先生德行足徵欽仰予雖不能述生平於萬一用其所知畧述書之云

民國二十年十一月吉日

鎮邑杜昂斯拜譔

學槐自述

溯祖考朝同府君生於乾隆三十年乙酉五月初六日至乾隆三十六年十一月廿八日

曾祖妣戴氏孺人謝世立有遺囑時 祖考年僅七歲父母雙亡賴嫂童氏孺人經理家務迄乾隆五十一年二月遵遺囑分拍爲乾坤兩房屋宇田園均有可考

祖考朝同公諱於道光二年壬午正月初七日享年五十八歲

繼祖妣張氏年僅四十八歲伯考世攀公三十八歲繼伯母鄭氏三十五歲先考世授公年僅二十歲三叔考世授公十六歲四叔考世提公十一歲洪家姑母三十四歲已嫁徐家姑母三十三

歲已嫁蔡家姑十八歲王家姑十四歲童家姑十三歲韓家大
姐僅五齡而
先考荷一家之重任經理躬耕那時伯考設天保堂藥肆在慈北詎
知道光六年丙戌十一月初六日被天行不測合族罹災起初
分家的時候乾西坤東乃遵遺囑而行回祿後當與乾房學仙
商兌乾居東坤居西各自創造弟婚妹嫁各事紛紛持家非易
道光十三年又值大荒年於道光十五年三月上浣奉祖妣命
分炘爲文行忠信四房除遵祀贍長外各得民田二畝先考名
下得平屋三間又贍長孫屋基三間而已茲是躬耕經營以資
仰侍俯育丁繁子幼辛勞異常於咸豐二年冬替父母造墓奉

繼母莊氏孺人甚孝晚年常病五載公親侍湯藥莊氏母諱同治二年八月十三日卯時享年八十九歲當郎進穴咸豐七年冬捐從九品職銜咸豐八年戊午九月當宗長大修碶子瀂漕掄河鋪路修理河塘做一切公益之事咸豐十一年辛酉洪秀全革命進寧郡入慈谿擄民丁去當兵因此避入深山者衆野無工作之人田園荒蕪公設法牽羊宰豬擔酒送米入城勞軍再三向臨時官長懇情免去民役能使人民安居樂業雖然這幾句話但不容易繼續辦兵差倍嘗艱辛將自逐漸積聚倉穀散給無食者家人皆每日喝薄粥兩餐而已伯考摯諱於道光廿三年癸卯八月廿四日午時享年五十九歲堂弟學梧子郎伯

學槐自述

諱於道光廿九年己酉四月十一日酉時享年二十歲姪媳吳氏緣家無恒產歸其母收領自尋生計念嫂年將古稀子身無依於咸豐六年六月邀集宗親以長子學槐繼嗣養老終年嫂没同治三年甲子三月初五日卯時享年七十七歲乃同治七年冬安葬兄嫂並姪於菴漕之東同治九年春自營壽域於鎮邑沈家河堍周家漕之西北土名金魚田其墓坐庚向甲兼西卯庚申庚寅分金係申龍入首墓之前豎立鳳翼大碑題曰

舒園方公域暨配

徐氏孺人同域

同治十年辛未七月廿八日分五子爲積德致悠久五房如是

始了平生之願焉同治十一年正月廿四日先妣徐氏孺人先辭别而仙逝矣先考諱於光緒二年丙子四月廿八日午時享年七十有四歲擇於是年閏五月十二日出喪進穴安葬附輓對一聯

抱病不過半日服藥未獲親嘗懷恨終天其何極

同抱祇此五人易簀莫聞遺訓返身無地以自容

二十三世孫　學槐謹述

世援公生平孝友博愛

蔡守銘題

甕東丁家坵丁氏宗譜　卷首

百忍堂

方母孔太君七十壽序

歲己未九月同里嚴子芬有銘昆玉由漢皋貽余書請曰十二月十九日爲吾友方玉庭母孔太君設帨之辰蓋年臻七十矣世俗壽其親必有稱壽之文鋪張其平生事蹟以致其頌禱之意然而駢儷之體廓落之辭雖有盛德懿行反以掩其實若是者非君子之所以壽其親也故今玉庭爲其母壽特介吾兄弟轉求先生一言以爲之重願先生毋辭且曰方氏爲吾邑名族玉庭之父瀞生明經以名諸生教授後進聲名藉藉戶外屨常滿凡經其造就皆有行誼其間掇科舉以去者亦大有人而其母孔太君來歸時家尙寒素恃館穀以爲給家中事無巨細太君悉身任之弗使有內顧憂明經前室遺一女

太君視同己出養之教之以至成立備物遣嫁皆出自平日撙節刻苦所儲人尤以爲難明經兄弟六人食指繁多相約析箸異居當分財產明經自取荒頓者而讓肥美於諸昆季人皆稱明經之德並歸美於太君之內助爲不可及也明經晚年臥病床褥經年累月不愈太君躬侍湯藥終日不敢離夜或三五起無倦色亦無怨言太君治家嚴肅課子女未嘗稍假以詞色玉庭成立後卓卓有名商界中每值歲時歸省率子婦晨夕侍膳惴惴不敢戲笑視聽必端言語必謹容貌必莊衣冠必整非是即遭譴責性好施與見義勇爲痛母家之乏人承祀則設法補助俾春秋祭享永永不忒時或平治道路修建橋梁以利行人其寒士之無力就學者則供其學費孤寡之不能自

存者則給以月米而又施藥餌以拯貧病散貲財以助死喪凡諸義舉不能殫述至於今含飴弄孫年及古稀而耳目聰明精力强健其壽殆未可量也余聞之而歎曰方氏之興也宜哉夫一家之廢興視乎女德雖有奇尤異敏之士而苟無閫德以爲之佐則其家必不能有成從來稱女德者恆以無才爲德此特有所激而云然非通論也女德之大者曰相夫曰教子旣曰相夫教子矣則凡其夫若子之所以與世相酬接而表見於外者何莫非閨門之內優游寖漬隨事規益之所及而古之稱女德者顧乃徒舉至纖悉之事如盥漱櫛縰笄總衣紳之飾箴管線纊縏袠綦屨之佩羔豚膷臐滫瀡醯醢之調縫紉灑掃周旋愼齋之節以此爲閫帷內則之常而不及其他何哉蓋

事固有因小以見大由微以及顯者夫卽此閨帷內則之常君子猶樂爲稱道之而況乎從艱難困苦之餘以昌大厥家其爲賢也又豈止什伯千萬於此而已耶然則太君之以盛德享高年事固宜然玉庭試持余言以上達之太君太君倘以囅然色喜而爲之晉一觴乎是爲序

旹則

太歲在屠維協洽律中大呂之月宜壽艮辰

清賜進士出身授中憲大夫花翎四品銜法部編置司掌印郎中侍生同邑陳康瑞頓首拜譔并書

方老伯母孔老夫人七十大慶

有克家子遠賈漢臯仗先夫教育餘風已見桐孫能濟美

先多寶佛降生幽里喜賢母菩提素印長陪萊彩祝延齡

永奎

詠詩

姻世愚 童祥春率男炳蔚同拜祝

文蔚

文沅

浩然公墓碣 第二十四世

君諱世勣字大勳浩然其號象賢公三子幼即醇謹有陵侮者夷然不屑較及長遨遊江南義不苟取自奉雖儉甚然戚友有緩急與之言無弗應弱仕以後慕遠公蓮社日誦佛號及經咒夜則趺坐習靜勸人修淨業娓娓不倦雖塵垢深者聽之欣然動於中乙未夏寓吳門示疾日吾西歸矣時喆嗣在寧授徒或請待其來曰吾不能待矣端坐而逝昔龍舒王居士作淨土文謂至心念佛者必生極樂由君觀之益信古之人不我欺也聞乃兄世璀公平生正直歿而爲神今君且託質蓮邦超然登彼岸何一門之多賢哲與以視生榮歿已之徒赫赫於生前而昏昏於身後孰優孰絀必有能辨之者公生於乾

隆乙未年十二月初六日卒於道光乙未年六月十三日享年六十有一歲元配顧孺人先君十三年卒余自遷居慈東與喆嗣雲騫甚相得一月之中輒數數見雲騫將樹墓碑來丐於余文余在虞山時即與君相識君之懿行故夙知之因舉其大略如此云

賜進士出身翰林院編修前任山東運河道宗愚弟　墉拜譔

先伯父懷玉府君墓記　學行鵾

舵嶴郎大嶴沈茂才卻亭嫌其名不雅馴改爲舵先伯父懷玉公卜兆於此先是公葬漢塘壬戌春將啟厝與鄭氏昆玉省吾讀吾謀相與探嵐岫遊巖阿得吉壤於嶴內爰定馬鬣之封嶴在鞍南自留車橋折而西約百步許又折而北抵嶴口傍有仄徑透迤而上尚平坦無攀蘿捫葛之勞約半里許至牛山山如川字形墓居其間其西爲鳳凰山如飛如舞又西爲龍山獅山遙見煙雲杳靄色蒼蒼然前望青林諸渡大江茫茫在指顧間後接馬鞍山峭壁嶙峋皆環拱之勝境也公志行醇篤平素無他嗜好惟酷愛林泉客武林數十年暇卽探奇尋幽雖往返百餘里不告疲馮明經暎棠先生與公最友善先生家

小康時助杖頭錢爲遊山貲武林名勝之區足跡無不經今斯舉也山環水繞林木蓊翳風清月白之時庶幾怡然出遊乎雖然公一生寬慈自少壯至老未嘗出惡言厚德若斯殆殁而爲神神無往而不在者也無往而不在斯無往而不遊宇內名山大川洞天福地什百於斯者多矣何必拘拘遊斯隩哉余恐後人祭掃者迷葬處故既勒碑墓前又退而爲之記

方君學秀生壙記

方君學秀名楨發先世慈東方家堰遷鎮海之莊市遂家焉君父諱昌懷公服賈省垣勤儉自持家計日裕君幼失怙賴母氏朱教養成立商於滬以精勤稱後設信局業蒸蒸日上自郵局興而君之業仍如故可以知其信義矣有兄學善早世君視其子國信若已出事寡嫂敬禮有加總君生平孝友性成而待人以慈處世以誠爲吾鄉中所不數數覯德配林氏續娶莊氏李氏其自莊氏出者子二國粱國瑾皆習計然業女一自李氏出者女二孫男二亥奎斌奎孫女一皆國粱出也君生於前清同治二年癸亥七月十三日未時今年五十有五而矍鑠如壯歲乃先自營生壙其所見可謂達矣從堪輿家言

坐乾向巽營於後倪張家橋之原余知君稔故撮其崖略而薄爲之

記旹在

民國六年舊歷丁巳三月　日

同里陳啓新撰并書

讀山方先生墓表

先生諱景雲字漪生號讀山宋太廟齋郎軒之後也世居慈谿東鄉之方家堰父薇山母杜氏邑庠生試秋闈不售年四十餘遂絕意進取先生饒才智人多以事就謀之先生告之必忠與人交必信律己以廉接後輩以和粵匪之亂遇賊以計避去先世嘗設廛肆於餘杭至先生時遽折閱先生不以屑意給身以館穀自給姑充然尤餘蓋其米鹽筐篋亦井井有條也館童氏最久十餘年不易主善談論余過先生館輒爲言先輩事殊娓娓可聽也生於道光癸巳年十月初一日卒於光緒二十七年十一月十四日得年六十有九歲元配姚氏繼配孔氏子三長家樬先卒次玉庭三家椒塲女二適余適童玉

庭有聲商界今庚駸駸乎向榮矣諸先生積善之報預來者可以興矣

姻教弟陳祖詔拜撰

祭孔太君哀章

維

中華民國十六年歲次丁卯夏正九月初三日不孝男家標孫

維顯謹以淸酌庶饈之儀哭奠於

母親大人之靈輀前曰嗚呼吾母之棄不孝而長逝於今已一年餘矣光陰如駛不堪回首天倫樂事蕩焉無存每一念及悲不自勝此境此情非經過者豈能知耶嗚呼痛哉憶吾父之捐館也其時母固健在兄亦尚存今竟何如兄耶母耶俱安在哉環顧家庭妻妾雖多而克家者少吾心不懨誰與爲懽吾憂所在誰與爲解遺容往存告訴無聞不孝將何以爲情耶嗚呼痛哉明

年春不孝擬爲松兒完娶洗手作羹新婦或勝於諸母事亦未可知也然而當堂受禮吾母何在事雖可喜而吾心則終戚然耳吾母性率直抑强扶弱不特對外然即內而家庭亦無不然兒妾瑞英生性不敏同列輕之吾意憎之情亦有所難免而吾母則愛護周至視如所生在旁觀者以爲吾母之與有夙緣也而不知吾母之愛護正吾母之公道並非與之有緣也此心此意不孝知之而不敢違之所恨者伊之生女撫養曾賴衰親耳以妾累親不孝之非則更擢髮難數矣嗚呼痛哉吾母教子嚴不孝雖已生子行有不合鞭之撻之曾不少貸謂汝父淸德望汝繼之吾不責汝吾何以對汝父於地下由今思之不孝之所

以能不辱門楣者皆出吾母之所教也母教猶存母壽忽終言念及此能不悲乎吾家本寒素居處每苦隘吾母在時曾議稍稍擴充乃所議未行而吾母遽逝所行已成而吾母不在不孝其能釋然於懷乎吾母久患咳起居幸無恙以爲老人患此者多帶病亦可延年未足以爲憂也孰知舊疾未愈而時症忽來病未數日竟棄不孝而長逝乎嗚呼痛哉茲當葬期特設家奠吾母有靈尚其顧不孝而魄受一觴也尚饗

童桐莊撰書

晉東方家坑方上吳譜　卷首

[illegible]

無查疑似墓記確知葬處者另註於各房行下亦有知葬處遇事敘及者

廷秀公廷顯公廷昌公均不知葬處鎮邑上河河角頭我房有祀田六三分田內上前一埭坐北朝南共計五墳巔概是我房之墓左邊東首第一墳巔計三穴中一穴獨長些左右各坍一穴短些相傳係仁勇兩房之祖墳有祀田三分不悉係何代何公或曰天助公應龍公應鳳公三公必有其一云第二墳巔計兩穴係朝志公之塋第三四穴墳巔各計兩穴亦不詳何代公墓第五墳巔計兩穴相傳係六分祀田者應是天壽公抑係廷秀公墓乎年久代遠難確指第三四五墳巔各計兩穴俱相聯續無縫第一第二覺稍離遠有空處退後一埭計三墳巔然地基統相聯左東兩穴相傳係智房之塋不詳何代公中

兩穴係應瑞公右西邊兩穴係朝諫公大房應龍公二房應鳳公均
不曉葬處智房士觀公朝扆公朝英公朝顯公世法公世官公懷勤
公學進公概不悉墓葬何處所勇房朝陞公朝階公三房應禎公士
欽公朝卿公朝宁公朝惠公均不詳葬處惟三房有兩穴墓葬文溪
石臼澳一名大畝墩山山長計十丈闊計五丈在文溪市西循溪邊
大路行三里之遙抵楊家村村在溪之北溪之南路當衝要山麓有
亭子穿亭西至慈城八里面西望亭子左邊轉灣循山麓行數十步
從右手上山又數十步便是查山契係雍正十三年允才公所置公
名朝斗是兩穴諒即是公墓惜無碑記至天爵公墓亦葬文溪楊家
村溪之南山上自楊家過溪橋望南去上山數十百步便是山長計

十丈闊六丈亦是雍正十三年所置糧係天爵户公墓坐東南向西北允才公墓坐西北向東南均埋石鑿方姓界爲址雖是兩山頭然相隔祗半里許相傳予祖父母在日有葉友智者在乍浦采辦官銅局在東洋船上爲夥遠客日本長嶼島旋里時嘗至我家稱呼祖母曰舅母稱石臼隩之墓者曰外祖有此來歷然則石臼隩之墓確是朝斗公無擬矣因公乏嗣又鮮子姪故托我家代爲祭掃每年清明前後率子弟前去掃墓加土先燃香三枝遣人持往石臼隩相邀然後設祭在天爵公墓前禮畢焚紙率子弟至石臼隩亦焚紙加土畢旋楊姓管山者家散胙而回至今遵行不怠以上雖事多擬似誠恐失傳不得不錄之於簿以示後是爲記

亮東乃家坑乃氏宗譜　卷首

第二十六世孫國香謹識

思亮堂

得像録

同治三年歲次甲子秋啓在榮和號司帳得軫公像於乾泰煙葉行棧司之手同治三年八月二十謝洋六元

忠直公之像當着方洵貢歸藏於學寶兄家中初則每年底設祭筵一席向公堂支錢三百支邀宗房長參拜享餕光緒五年過止寶兄歿後此祭隨格而不行以後像藏方清家至於謝軫公之像計洋五元零酬藏晒之棧司洋一元此洋乃學槐字啓堂向榮和支俸代出於同治六年起正月初二日由存厚堂分給丁碗每丁一隻至光緒十七年止計三週一十二年自光緒十八年壬辰改清明日分見竈碗每竈兩隻因忠恕堂有慷慨助田始于是年正月初二分丁碗故

存厚堂清明分竈碗也

二十五世孫學槐誌

晴峰即羅玉田之小字表兄大人賜覽久別芝顔臨風懷想曷勝依依遥祝

玉體安康合潭均吉爲慰弟庸才碌碌無可告慰唯微軀尚安差慰

錦注耳昨觀啓堂叔一信云及得像謝金彼未滿意論子孫獲祖宗之像本宜竭誠酬謝實緣敝族寒素竟難如願故只酬洋兩元殊多抱歉然考軫公之像舊藏郡學名宦祠祠內恰有牌位且係咸豐戊午蒙學官謝方齋師重加裝潢并題像讚弟持於八月旣望衣冠叩謝送呈楹聯一副蒙方齋老師允諾準藏舍間限每年春戊秋戊兩次負像祭奠弟已承命屬實此像碍難送還祈爲婉言轉知得像之友至於謝金實因無力如果堅意要加惟二三元之間尚可相商過多難以遵命種種費神瑣瀆之至容當面謝此呈即請

近安并賀秋祺不一

啓堂叔均此

弟方清字頓

二十五世孫學槐誌

學槐閒中錄

宋方軫字克載閩之莆田人登元符元年進士授太廟齋郎太觀元年上書言蔡京睥睨社稷心懷不軌專以紹述熙豐之說爲自謀之計內而執政侍從外而帥臣監司無非其門人親戚元符之末陛下嗣服忠義之士投匭獻策者無日無之京分爲邪黨黥配編置不齒仕籍則誰復爲陛下忠言哉京又使子攸日以花木禽鳥爲獻欲愚陛下耳目使不知天下治亂臣以爲京必反也請誅京帝以示京京取其疏自辨帝令御史進擒取伏辨以聞付軫詔獄父通諸王府翌善詔罷職勅軫貸命追毁出身以來文字編管嶺南尋放歸政和間復詣

登聞鼓院進狀乞收權獨斷毋使國賊肆志帝以軫長惡不悛編管永州後以畋燕雲恩赦放歸靖康元年復收敘其父通尙在亦敘原官軫遷鄞縣令貧不能歸遂占籍慈之鳴鶴山今循山而居者皆其裔云（寧波府誌流寓入寧波府鄞縣學名宦祀）

隱山慈谿西北六十里鄞令方軫隱於此故名

孝子方昌慈谿人軫之孫性至孝母病劇或告以人肉可療輒禱天刲股和羹進母果效里人異之白於官既没爲之立祠名孝慈菴（入慈谿學祀同上志孝義）墓在慈谿縣西北六十里鳴鶴山

方山在慈谿縣西南十五里百二歲翁少卿劉伯淵墓葬此

方家渡亦在慈谿縣西南十五里

大方橋慈谿縣東南因狀元方山景宅於其旁故名舊名上顏家橋

方家堰即鎮龍堰同治五年冬月司事方學寶修堰記石碑藏普照

菴雷祖殿側世援公助之

方家菴即普照禪院有禁規十則碑在雷祖殿側與修堰記相表裏

方家菴漕向來皆說乃國香家雲維龍三家祖上有分故裏漕角裝

人車灌溉田畝乏人敢阻於今光緒十四年戊子六月廿六

日據族內總柱方清說查得上代老契此契在方清家珍藏實乃河沿

人名永定當時呼爲永定斷嘴於雍正年間押賣與忠恕堂

方氏合族老祖堂後於乾隆年間又加押價錢文曾找絕與

否契未檢出當囑宗長學槐對東房長品蘭妻周氏又家雲

學槐聞中錄

妻金氏維龍妻僑寓江北岸說知根由自此以後勿許再裝人車漑田當年十二月十二日爲長男方淞祖餞邀方清國禹在座據品蘭云永定者譜名世法乃學聖之伯父初將此漕押與姚姓旋據世福公取歸殊不知其又押與忠恕堂幸品蘭家雲之田皆注河可從河以進而漕水永禁不許裝車以佐合族食水（查光緒十年立碑禁漕十八年壬辰夏大旱標紅禁外姓不許挑取）國香字品蘭如蜀於十四年十二月廿四日歸里二十年四月初四日又歸造屋十二月十四日爲子畢姻家雲在杭業南貨於光緒十九年八月廿三日去世維龍久在東洋神戸於光緒十八年十一月分歸家爲子完姻修先人之墓二十年矮奴搆

嬰又歸

明方仝翁字希元鄞人鈐之裔溫厚誠篤博學力行士不欲仕已而方國珍據有明州致書以宗人稱欲强起爲輔同翁歷敘世次由莆來不敢附籍且懇詞勸之歸明國珍不從遂與之絕號遯菴以自明其志居鄉以齒德見推不敢以非禮聞守令至輒賓禮之車從及門以政事相訪多所裨益終身澹泊自守以壽終隱逸同上志

摘錄子史精華第一百十九卷方術部奇術寫東明二字周輝清波雜志徽宗召天下道術之士海陵徐神翁亦至翁好寫字與人多驗蔡京得東明二字皆謂東明

乃向日之方可卜富貴未艾後京貶死潭州城南五里

外東明寺

方禹修太守岳貢守松江最以清操始終如一凡培養士子禁戢衙蠹興修水利諸美政禿筆難書即以案牘之妙亦自不可及每讞獄竟信手疾書令堂吏抄一紙付兩造持去往在數十言不能了者一二語包括可盡偶記祁按君抵松時邑紳董葵初自以田多慮有役累呈請捐田助役祁公以為義舉檄府查覆方公隨批云捐田助役誠屬美舉然必如顧光祿能捐合縣之田以助合縣之役方可食報而無愧今田連阡陌之家輒捐數十畝曰我已捐田矣我已助役矣我子孫其永

不承役矣果爾則盡爲助役誰爲承役者天下事有聽言則
美旋於事則乖者此類是也立將原呈繳銷人咸服其明敏

唐方干字雄飛桐廬人爲人質野貌寢兎缺見人設三拜時人呼爲
方三拜不與科名身後宰臣張文蔚奏文人不第者十五人
干與焉皆追賜及第門人私謚爲元英先生

自縉雲赴郡溪流百里輕棹一發曾不崇朝敍事四韻寄獻段
郎中 處州縉雲縣有縉雲山

激箭溪湍勢莫憑飄然一葉若爲乘仰瞻青壁開天罅 形容峭壁與硤中相似
斗轉寒灣避石稜巢鳥夜驚離島樹啼猿晝怯下嵒籐此中明日尋
知己恐似龍門不易登

旅次洋州洋州郡寓郝氏林亭

舉目縱然非我思量似在故山時鶴盤遠勢投孤嶼蟬曳殘聲過別枝形與聲俱出涼月照窗欹枕倦澄泉繞石泛觴遲青雲未得平行去夢到江南身旅羇

唐方干遊雪竇寺

飛泉濺禪石瓶履每生苔海止山不淺天邊人自來度年惟檜柏獨夜任風雷獵者聞鐘磬知師入定回

登寺尋盤道人煙遠更微石窗秋見海山霧暮侵衣衆木隨僧老高泉盡日飛誰能厭軒冕來此便忘機絕頂空王宅香風滿薜蘿地高春色晚天近日光多流水隨寒玉遙峯擁翠波前山有丹鳳雲外一

聲過

同治三年歲次甲子八月十六　方鯤景雲送呈蕭山謝榮埭字方齋老師以謝之

遠佞親賢闡揚名教

勸忠褒直扶立綱常

燕翼肇貽謀蔚爾宗功祖績春曰禴秋曰嘗明德自當食報福祿有

私乎

瓜瓞衍雲礽必期子孝孫賢創厥業垂厥統後人咸正無缺箕裘勿

替矣

千子萬孫雖品類不齊總是一家骨月

遠宗近祖當馨香有薦休存兩樣心腸

宋方世隆好造船濟人後生一子名雲路任湖廣總兵奉勅征蠻全師俱覆隻身逃難前阻河路後有追兵仰天大哭忽有老人以船渡之追兵不及而返雲路問此地安得有船老人曰此汝父所造也雲路疑之及登岸老人與船俱不見方悟其父造船濟人之報

宋以朝臣出知杭州知州事

方偕字齊古莆田人五年自天章閣待制淮南江浙制置發運使知杭州

方中孚見唐大歷十才故聯珠云

方克勤明朝洪武四年秋知濟寧府循良化魯

方富福建莆田人由鄉貢官慈谿訓導憐才愛士無貧富皆子弟視之聆其教者如坐春風學士姚淶題其去思碑云師道立而教澤深可以知其人矣

明方孝孺字希直浙江寧海人聰慧絕倫尤善屬文以吳沉薦召至京上見其舉動端整謂太子曰此佳士也當老其才以輔汝除漢中教授蜀獻王處以賓師稱爲正學先生恭閔帝即位召爲文學博士及靖難兵至恭閔遜位成祖即永樂踐祚召之三詔而後至以衰絰見命草登極詔公投筆於地大哭大罵命割其舌磔諸市宗族姻戚門生坐死者八百七十三人國朝乾隆四十一年賜謚忠文

生於元至正十七年卒於明建文四年享年四十六歲大清同治二年從祀聖廟

古聖賢像傳略

治家以正倫理別內外爲本以孝友尊祖睦族爲先以勉學修身課子爲教以樹藝畜養紡織爲常守以節儉行以慈讓約已而濟人習禮而好德可以寡過可以免禍

河南曹氏曰祠堂之設所以盡根本反始之心尊祖敬宗之意實有家名分之首務開基業傳世之本也常須修理完固灑埽潔淨嚴加鎖閉非參謁薦時新之物毋擅開入及將一切應閑雜器物於內寘放

明主廓淸海宇士大夫尙節義遜志方氏名孝孺寧海人從

宋濂學蜀獻王聘爲世子師名其堂曰正學建文帝召爲翰林學士燕王簒位不屈而死著幼儀宗儀深慮論雜誡等篇謚文正

題朱買臣妻墓　　方孝孺

青草池邊土一邱千年埋骨不埋羞叮寧囑向人間婦自古糟糠合到頭

方山景京字子高宋嘉定十年進士南安運教授季仁之子季仁館於餘姚孫氏妻以女生山京旅泊母家幼孤固窮力學景定三年廷對狀元第一或以策尾短簡令增之山京正色曰吾生平所學在無自欺今既徹上覽將誰欺乎授承事郎簽書

平江節度判官時有星孛於井山京衡文天府發爲策問極言内帑之私公田之擾皆出院言者劾之遂歸杜門教子蕭然自適度宗登極徵用添差通判吉安州主管建昌軍仙鄉館遇疾不起寧波府誌人物入慈谿忠孝義祀狀元

方氏鎮海諸生陳尚友妻結褵甫期而尚友卒遺孤始生有勸其易節者因賦詩示志云繡幕絲牽一載紅鏡分鸞影夢魂通幾回欲絕松筠賦羞聽兒童誦凱風議遂寢卒訓子成名焉仝上列女下

方雲彪字爾章奉化諸生性孝友樂施與親早喪治喪以禮兄弟罷勉起家邑人周鶴鳴無嗣貧不能置妾彪助成之又隣人翁

履貲五十無室亦助完娶兩家皆得有後徐昌翰貸鬻祀產値已付矣知之還田而不責其償創建義塾人咸德之有司旌其門仝上孝義

方德初字孟仁奉化人五世同居百口共爨子二人姪十一人以其貲產均分之嘗於凶年爲粥以施貧者道拾遺金俟其人至還之鄰人鄭氏者以貧鬻女爲人婢初爲代贖自奉甚菲而性樂施予與弟德全俱爲賓飲者二十年同上孝義

明方應明字晦伯光州人進士萬曆四十七年知寧波府事愛士如子弟所賞拔無不登甲乙科者爲政善教時獘汰冗吏進選沿海各食侵冒五十石有奇禁溺女及火葬愛牒不用勾符學槐閒中錄

懸兩造姓名於郡門如期對簿稅司以舶稅缺額權及土產應明請免之上海防曰議皆中機宜援遼檄至郡兵皆譁應明撫之隨定郡大旱步禱萬山中龍湫夢白衣謝姓老人願盡力卽日兩兄如汪在郡三載善政累累陞湖州兵備副使改寧紹台道同上志名宦

明方鵬字時舉崑山人少穎悟能記憶前生事正德三年進士授南京禮部主事歷吏部郎中時大禮議起張璁桂蕚皆在南部謂公曰今上卽位與宋英宗不同豈可援爲口實公是其說因作書一篇以明之張桂喜甚用以入奏未幾陞浙江左參議遷山西提學副使已而張桂議行因改公右春坊右庶子

兼翰林院修撰經筵講官主順天鄉試及張璁入相事多更張不滿人望與公論事頗不合公乃移病遷南京太常寺卿予告歸以著述爲事詩文有矯亭存稾卒年七十一歲墓在朱塘鄉新瀆里

贊曰著書議禮遇主逢時惟張與桂公實啓之 吳郡名賢圖傳贊

方太常像連贊大鬍子

方鳳字時鳴與兄鵬同榜進士授行人擢南京御史服除改北畿按眞定時武宗數事遊幸公累疏諫止言極切直薦鴻臚寺卿王守仁忠節丕猷當越次起用江西副使胡世寧以觸怒宸濠被逮公申救甚力尋改南臺嘉靖初張桂以議禮驟貴公

力疏其非以兄鵬議與張桂合因奏劾其兄以謝天下然後自劾以謝其兄相持久之出爲廣東提學僉事乃引疾不起旋自免去兄弟素相友愛及議禮各行所是歸田之歲山林觴咏未嘗不恰恰如也年七十七卒

贊曰炎公議禮不阿其兄直抒已見豈以徇名

方明豪湖協左營署德清汛千總武舉光緒二年丙子科二十八名舉人於光緒七年辛巳六月初旬來會族宗長學友當辦其洋向存厚堂日興取用一元

方選光緒十六年庚寅科慈谿縣學第五名入泮十六年閏二月十七來報過祖堂家茂據稱此人乃家茂之堂叔與方樑同輩

其祖父乃世富公之弟兄未知是領出入贅於錢姓朱方嚴錢其父務農遷居
奉化選爲俊秀時與方清國禹兩茂才晤敘原名錢方選實
未復宗也

題童織雲孝廉玉照　　方晨雲

世路崎嶇人情薄宦途何似隱居樂筆譯墨舞硯田間此心不被浮名縛奚必樹榛栗室已塗丹雘奚必辦櫨梨畬亦肯播穫君知此意繪圖軸且把五車勤課讀課讀休尚寬尚寬防逐逐課讀休尚嚴尚嚴處歷歷童子天眞本爛漫首教歡心與娛目徵蘭爲朋同臭味揚揚香氣滿幽谷結竹爲隣師虛心猗猗嘉種分淇澳淸芬一室惟書聲撲去俗塵三百斛

方鵾字志騫丁卯科舉人著有但自新齋詩集茲于童小橋蕘蕘室詩話檢得晚過馬案山經亡友徐青橋舊居有感詩一首惜未窺全豹

天地吾廬寄此身靈山咫尺不迷津亂雲深處山千叠飛鳥還時月一輪滿眼松楸環古墓數家鷄犬結芳鄰知音强半歸黄土惆悵宣王廟裏人丙午鄉試與青橋輩仝寓周宣王廟今亡其三

記墓集略

一世祖行弟六府君諱希通娶趙氏官明州家於鄞徙鳳浦今以府君爲始祖也葬於池之九華山之原

二世祖行伍大府君諱彰字克載娶畢氏葬於鳳浦嶴張家井之原

三世祖行傳七念府君大府君五子諱融娶楊氏葬於鳳浦楊家山之原

四世祖行聲小念二承事諱宥娶陸氏

五世祖行細細十四承事諱思賢娶應氏

六世祖行添添七五將仕諱子樟娶周氏葬於鳳浦嶴之原

七世祖行千千七公將仕諱鳳鳴娶葉氏葬於鳳浦嶴之原

八世祖行萬　萬十三公諱原娶馮氏　葬於千七公墓旁

九世祖行增　再一公諱宗娶胡氏　葬於鳳浦嶴之原

十世祖行端　其十三通判諱庭芳娶陸氏　葬於郎家坪方家跳之原

十一世祖行桂　一二公庭芳公長子娶吳氏　葬於郎家坪方家跳之原

十二世祖行益　善十二公諱公卿娶朱氏　葬於郎家坪方家跳之原

十三世祖行仲　彥彬公　葬鎮邑大畝下東二坐北朝南墳前祀田三分裏三分

十四世祖行義　義一公　葬鎮邑大畝下東一

十五世祖行統　統一公　葬鎮邑大畝下東三

十六世祖行珍珍三公　葬鎮邑大畝下東四墳前
祀田三分外三分

十七世祖行璧璧五公生奎六奎七公　葬鎮邑銀街斗郎龔家河
斗坐北朝南

十八世祖行奎奎六公生小九公　同葬父之左右

十八世祖行奎奎七公生容九公　同葬父之左右

十九世祖行英小九公生富六富七公　葬於河東鎮邑地方八分
頭中穴朝南

十九世祖行英容九公　葬於東坂

二十世祖行相富六公生應錦公　葬於河東八分頭鎮邑界

父墳左首即東二穴

二十世祖行桓富七公 生應華公等四子

葬於河東八分頭鎮邑界

父墳右首西穴

二十一世祖行秀應錦公

葬於河東八分頭鎮邑界

東首邊穴

二十一世祖一行秀應華公

葬於河東八分頭鎮邑界

西首邊穴

二十一世祖二行秀應宿公

葬於慈邑界堰下朝南東

穴與弟並

二十一世祖三行秀應斗公

葬於慈邑界堰下朝南西

穴與兄並

二十一世祖行秀四應鎬公娶吳氏唐氏生士賢公

葬於慈邑界堰下河肚朝南中穴

二十二世祖行彥士賢公娶戴氏生朝周公朝同公

葬於慈邑界堰下父墳東穴向壬丙兼子午

二十三世祖行謙朝周公娶童氏

葬於慈邑界堰下河肚朝南西穴

二十三世祖行謙朝同公娶童氏莊氏

葬於慈邑界堰下河肚朝南再東穴向壬丙兼巳亥

二十四世祖行和世悌公

葬於鎮邑沈家河斗坐東

朝西洪愷方公墓橫石檻

二十四世祖行和世揚公

葬於慈邑廟後童屋之東南首朝東橫石檻世揚方公墓

二十四世祖行和世攀公娶童氏鄭氏生一子

葬於鎮邑菴漕之東坐空向滿郎東向

二十四世祖行和世援公娶徐氏生五子

葬於鎮邑沈家河斗西南邊周家漕之西北金魚田中

二十四世祖行和世授公娶陳氏生三子

葬於鎮邑東坂大路之北

首薇軒公墓之東南

二十四世祖 行和 世捷公 娶徐氏 生一子

葬於鎮邑沈家河斗之西南東畈大路北首菱漕前薇軒公墓是也坐酉向卯兼辛乙

二十五世祖 行順 學仙公 娶童氏 生一子

葬於慈邑廟後童屋東南父壙南首

二十五世祖 行順 學槐公 娶沈氏 生三子

葬於鎮邑菴漕之東石橫檻啓堂方公墓

二十五世祖 行順 學梧公

葬於鎮邑菴漕之東坐空

向滿卽東向

二十五世祖行順學柱公娶張氏邵氏
葬於鎮邑東畈大路北父
墳北首

二十五世祖行順學權公娶盛氏唐氏
葬於鎮邑東坂大路北父
墳南首

二十五世祖行順學蓁公娶鍾氏陳氏
葬於

二十五世祖行順學楚公娶徐氏
葬於慈邑水斗邊漢川方
公墓是也

二十五世祖行順學棟公娶童氏生一子
葬於鎮邑菴之東北東坂
大路南巨任方公墓碑

二十五世祖行順學杭公娶鄭氏

葬於鎮邑洸家河㪷之西南東坂大路北首菱漕前坐西向卯兼辛乙父南旁偉一方公之墓橫石檻是也

二十五世祖行順學槎公娶王氏

葬於鎮邑洸家河㪷之西南東坂大路北首菱漕前坐西向卯兼辛乙薇軒公墓之北首玉河方公墓碑

二十五世祖行順學懋公娶吳氏

葬於慈邑二橋港南首朝

東向

二十五世祖行順學寶公

葬於鎮邑沈家河抖坐東朝西薇山方公墓洪愷公墓之右首是也

二十五世祖行順學梅公字鵾

葬於鎮邑沈家河抖東南坐東向西臨周家漕芝澗方公墓碑

二十六世祖行聰方湝公字春巨娶沈氏

葬於對河坐北向南春巨方公墓

二十六世祖行聰方洪公字國洪娶唐氏

葬於對河二水路坐北向

南國洪方公墓

二十六世祖行聽方清公字漪生

葬於鎮邑沈家馬後小斗裏坐北向南讀山方公墓碑

二十六世祖行聽國香公字品蘭娶周氏

葬於汶溪與弟並葬

二十六世祖行聽國春公字梅先娶孔氏

葬於汶溪與兄並葬

二十六世祖行聽方濟公字用舟

葬於慈邑本宅之西北角坐西向東

二十六世祖行聽方濱公

葬於慈邑二橋港南首坐東向西

二十六世祖行聰方沼公

葬於慈邑本宅後西北坐西朝東

二十六世祖行聰國楚公娶費氏吳氏

葬於慈邑後新屋之西北坐北朝南

二十六世祖行聰國堯公娶龔氏

葬於慈邑二橋港南坐西朝東其勳方公墓碑

二十六世祖行聰方汀公娶徐氏蔣氏

葬於鎮邑沈家河斗西南東坂大路北首菱漕東學杭公墳南邊漁鄉方公墓碑

二十六世祖行聰國佐公娶張氏　葬於前園地坐東南朝西

北國佐方君墓碑

二十六世祖行聰國傳公　葬於前園地弟墓之南首

二十六世祖行聰方淞公娶盛氏姚氏　葬於堰上鎮邑谷樹車頭

坐西朝東傍劉墳

二十六世祖行聰方濂公娶沈氏　葬於堰上鎮邑谷樹車頭

坐西朝東河沿

二十七世祖行明家椿公娶姚氏　葬於慈邑二橋港南首坐

西朝東其勳公墓北邊

二十七世祖行明家棟公娶龔氏　葬於慈邑二橋港南首坐

東向西父墳南邊

二十七世祖行明家棨公娶邵氏

葬於慈邑二橋港南首坐東朝西父墳北邊

二十七世祖行明家燿公

葬於堰上鎮邑中車頭坐西朝東有碑

二十七世祖行明家相公娶應氏

葬於鎮邑對河二水路父墳西首

二十七世祖行明家棋公娶朱氏

葬於堰上鎮邑坐西朝東

二十七世祖行明家棨公

葬於鎮邑鍾家東北角坐北朝南

二十七世祖行明家楚公　葬於本宅西漕西邊坐北朝南

二十七世祖行明家梴　葬於二橋港坐西朝東南

二十七世祖行明家標　葬於二橋港坐西朝東南

以後查出再行加添今之所知者而述之

二十六世孫　汀謹誌

泉東丁家圳丁氏宗譜　卷首　思忠堂

慈東方家堰方氏宗譜

慈東方家堰方氏宗譜卷一

世系總圖

第一世　第二世　第三世　第四世　第五世

始祖六府君——大府君——熙

六府君：蘊公之子　行弟二四　諱希通　幼名本　字叔時　官諸王府翊善以朝請大夫告老終於家　著書數十卷　公先世諱

大府君：行伍十一　諱軫　幼名堂　字克載　號松年　登元符三年進士除太廟齋郎兼編修右正言　公性聰明文學過人

衡

齡

名

亮者任睦州刺史居睦州之雉山即淳安縣也從諱干者號風雅先生居桐廬諱甲者自桐廬居池之九華山東太平鄉之上田八傳而及平公平之子也肥遯邱園不干仕進肆學有尚義風厥子堂因官明州

宋宣和間知明州以時方臘作亂遠近驛騷即謝事家於鄞後與第五子融徙定之鳳浦嫡子諱熙熙之子諱昌從慈之橫塘子孫蕃盛散居占籍者衆矣今之居鄞城鳳浦橫塘窖湖松浦更樓等方者皆其裔

融
行傳二七
字惟昭

小念二
行聲二二
諱育
承事郎

思賢
啟後

家鄞徙原　也
浦今以府
君爲始君
也

第五世	第六世	第七世	第八世	第九世
思賢	子璋	鳳鳴	原	再一
育公次子 行結十四	行添七五 將仕郎	行千七 將仕郎	行萬十三	啟後

第九世	第十世	十一世	十二世	十三世
再一 原公三子 行增一 諱宗	其十三 行端十三 諱庭芳	二 行桂十二 宋由鳳浦 遷居於 本族爲始 祖	彝十二 行益十二 諱公卿 公性明朗 才華卓犖 凡事森處 有條父自 鳳浦徙居 更樓克勤 創業以垂 統緒裒聚 詩書作興 俊乂鄉之 表也	彥彬啟後

十三世
彥彬
善十二公之子
行仲一

十四世
義一
行義一

十五世
統一
行統一

十六世
珍一
行珍一

珍二
行珍二

珍三
行珍三

十七世
璧一　啟後

璧二　啟後

璧三　啟後

璧四　啟後
另詳

璧五　啟後
另詳

十七世　十八世　十九世　二十世　廿一世

璧一——奎一

珍一公長子　行璧一

行奎一　無出

璧二——奎二

珍一公次子　行璧二

行奎二　無出

璧三公下奎三公派世系圖

十七世　十八世　十九世　二十世　二十一世

璧三
子
珍一公三
行璧三

奎三
行奎三

廷秀
行英一

天壽
行桓一

應龍　啟後
應鳳　啟後
應楨　啟後
應瑞　啟後

天助
行桓三
無嗣以智
房士觀承
祀

廷顯
行英二

廷昌
行英三

天祥
行桓五
其父未知
是誰或顯
公或昌公

二十一世　二十二世　二十三世　二十四世　二十五世

應龍
天壽公長子
行秀一

士觀　智房
行彥一

朝展
行謙三三

世法
行和十八

學進　啟後

朝英
行謙三九

世官
行和二十
無出

朝顯
行謙四三

世
行和十九
字懷勤
無出

士俊 仁房
行彥五
字子位

朝
行謙四九
字廷顯

世章
行和二四
字秉文

學聖 蝶蛤
啓後

世
行和三十
字喚文
無出

士逢 勇房
行彥八
字啓貴

朝陞
行謙四一

世
行和十六
未娶而卒

朝陞
行謙四四
無嗣

朝志
行謙四八

世良
行和三七

學文
行順六
無嗣

學武
行順八
無嗣

學斌
啟後

學全
啟後

世仁
行和四三
字德富

學
行順二三
字將順
未娶而卒

朝階
行謙五六
未娶而卒

應鳳
天壽公次子
行秀四

士興
行彥十一

朝仁
行謙五七
字運有

世惠
行和二五
字昌林
無嗣以世昌公長子學善入繼

學善
入繼啓後

世昌
行和三五
字昌懷

學善
出繼世惠
爲嗣

學秀
啟後

世沛
行和四四
字昌彬
未娶而卒

應楨
子天壽公三
行秀六

士欽
行彥十四
字子敬

朝卿
行謙二二
無嗣

朝斗
行謙二九
無嗣

朝宁

行謙三五
無嗣

朝惠
行謙四二
無嗣

應端
天壽公四
子
行秀八

士貴
行彥十九
字天爵

朝諫
行謙十五
一名紹見
字廷岳

世福
行和八三
字賁田

學璲
啟後

學璣
行順八二

學瑄
啟後

學璠

行順百七
未娶而卒

學璉　啟後

學瑾　啟後

二十五世　二十六世　二十七世　二十八世　二十九世

學進——國基
世法公之子
行順六五
國基
行聰五
未娶而卒

學聖——國
世章公螟蛉子
行順四
國
行聰六
字履中
無嗣

國——家順
行聰十五
字履正
家順——維龍
行明一
維龍——清鄉
行睿一
字象九
清鄉
啟後
清
行智四
字東華

維麟　天
行睿
字配麒

學斌
世良公三
子
行順十四
字羽豐

國順
行聰二八

家雲
行明三
字祥龍
號藹卿

家寶
行明四
無嗣

維蓀
行眷三

清榮
行智三

學全
世良公四
子

國
行聰五十
小字全壽

行順二十　未娶而卒
字谷友

學善 — 國琛
世惠公繼　行聰百六
子係世昌　六
公長子　字順寶
行順百五
二
字來發

學秀 — 國樑 — 家衡
世昌公次　行聰百七　行朋百四
子　一　六
行順百五　字冬寶　字文奎
三

字樸發

國瑾
行聰百七
二
字汝寶

家衍
行明百四
八
字斌奎

家德
行明百五
三
字永奎

家徵
行明百五
四
字聯奎

家衛
殀

學璲
世福公長子
行順七一
字錦茂
以弟學璉
長子國香
入繼

渭
行聰七六
未娶而卒

國香入繼
行聰百二
入
字品蘭

行明百五
五
字定奎

家傑
行明百五
六
字音奎

家善
行明七六
字寶楚

維峰
行睿七八
字金德

維嶺
行睿九十
字金如

學瑄
世福公三子
行順九八
字錦章
無子以弟學璡長子國昭入繼

國昭入繼
行聽百四二
字文熙
無嗣

學璡
世福公五子
行順百二四

國香
出繼學璲爲嗣

國春
行聽百三五
字梅先

家義
行明九七
字寶欣
號祥甫

維海
行睿三三
字金炷
未娶而卒

維山
行膂五九
乳名金毫
字埥基

學璉
世福公六
子
行順百三
三

國昭
出繼學篚
爲嗣

國明
行聰百五
一

家美
行明百三
七
字順才

二十九世　三十世　三十一世　三十二世　三十三世

清鄉
維龍長子
行智一
乳名阿清

緝
行軒一
乳名雲才

璧四公下奎四公派世系圖

十七世	十八世	十九世	二十世	二十一世
璧四 珎二公之子 行璧四	奎四 行奎四	廷佑 行英四	天錫 行桓二	應惠 啟後

二十一世　二十二世　二十三世　二十四世　二十五世

應惠　天錫公之子　行秀二
士恩　行彥三
朝全　行謙五一
世忠　行和九
學恒　啟後
學東　啟後
學高　行順九九　乳名開發　無出

朝美　行謙五五
世進　行和十
學鳴　啟後
學飛　行順百二　無出
學翔　啟後

學舞　啟後

世達　行和二三

學　啟後

學　啟後

學　啟後

學　行順百十七

學　啟後

朝興　行謙六十　無出

二十五世　二十六世　二十七世　二十八世　二十九世

學恆
世忠公長子
行順七八
乳名新發

國山
行聰九十
乳名阿高

家明
行明五九

維坤
行睿六五
字雲樵

家銀
行明一百

國
行聰
乳名大寶
生未婚而卒

國
行聰
乳名小寶
生未婚而卒

學東
世忠公次子
行順八九
乳名仁發

國華
行聰
乳名永華

家春
行明百七

國
行聰
乳名永裕

家文
行明百二十

家發

行明百二七

國
行聰
乳名永慶

學鳴
世進公長子
行順八七

樑
行聰

家茂
行明十三

維禎
行睿十八
未婚而卒

家蕙
行明
無出

官　行聰

家萃　行明六二　字寶才　無嗣以仁　林子維雲入繼

維雲入繼　行睿七三　乳名運來

相　行聰　無出

學翔　世進公三子　行順百十二

權　行聰四九　乳名九皐

家　行明九三　字仁林

維雲　出繼家萃爲嗣

學舞　漢　家

世進公四子　行聰　乳名小黄
行順百十六　壽

家　行明五一　乳名夏寶　未婚而卒

家　行明五七　乳名仁寶　未婚而卒

學　國珠

世達公長子　行聰五三　乳名阿龍
行順九一　無出

學世達公次子行順百三

國林行聰百五

家成行明四八無出

學世達公三子行順百八

國斌行聰

家福行明十一

維熊行睿又三

維彪行睿二又三字宏壽

家祿　行明十四

維申　行睿六　字德明

清華　行智八　乳名阿毛

維駿　行睿十二

維和　行睿十八

家祈　行明十八　未婚而卒

學國
世達公五
子
行順百二
十

行聽

家祐
行明二五
未婚而卒

家升
行明三十
乳名小鹿
未婚而卒

璧五公下小九公派世系圖

十七世　十八世　十九世　二十世　二十一世

璧五
珍三公之子
行璧五

奎五
行奎五

小九
行英五

富六
行桓四

應錦啟後

富七
行桓六

應華啟後
應宿啟後
應斗啟後
應鎬啟後

奎六
行奎六

容九
行英六
諱後

二十一世　二十二世　二十三世　二十四世　二十五世

- 應錫　富六公之子　行秀三　字武公
  - 士　行彥二　字殿行
    - 朝德　行謙二　字赤衍
      - 世奎　行和三三
        - 學和　行順六六　未婚而卒
        - 學　行順八十　乳名運三　無嗣
    - 朝迎　行謙九　無出

朝成
行謙十二
未婚而卒

朝康
行謙十八
居[illegible]

士敬
行彥六
字禹常

朝擎
行謙十一

世端
行初五二

學榮
行順九十
字文貴
無出

朝先
行謙十三

世琪
行和五四
字艮琳
國學生

世球
行和六二
字寶琳
從九品

學鵬
啟後

學鴻
出繼世珏
爲嗣

學鵠
啟後

學鷃
行順七一
字鳳鳴
無嗣

學鶴

行順百十四
字鶴鳴
無嗣

世璋
行和七十
字昌俶
從九品

學元
啟後

世珏
行和八一
字春俶
無嗣以兄
世琪次子
學鴻入繼

學鴻
入繼
啓後

朝祖
行謙十七
字象賢
國學生

世瑾
行和五六
字懷玉
覃恩上壽
無出

世
行和六三
字良玉
從九品
無出

世勳
行和六七
字大勳

學梅啟後

諱浩然
敕贈文林
郎

世
行和七六
字天祿
從九品

學
行順百十
乳名小牛
無嗣

學
行順百二
入
乳名小馬
無嗣

世勝

行和八二
從九品
無出

朝孔
行謙二一四

世珍
行和七四
覃恩上請

學卿
啟後

學偉
啟後

世玥
行和九十
無嗣

世琛
行和九口

學紹
啟後

應華
富七公長子
行秀五
國學生

士惠
行彥九

朝
行謙一
字超宗

世全
行和一

學貴　啟後

學富　啟後

學安　啟後

學利　啟後

朝梁
行謙三
字奕千

世光
行和四

學海
行順十一
無嗣

學明　啟後

學康
行順三八
無出

世秀　行和七
　學仁　啟後
　學堯　行順十二　無嗣
　學仕　啟後
　學佐　啟後

世肅　行和十三
　學山　啟後
　學崑　啟後
　學崙　啟後

士傑 行彥十 字顯宗

朝常 行謙四 從九品

世安 行和十二 字明第 無出

世科 行和十五 出外無查

世泰 行和二一 字國安

學通 啟後

學進 啟後

世和 行和二六
學南 啟後

世 行和三六 字國大
學良 行順五六 居杭州

世奎 行和四八
學釧 啟後
學鐘 啟後
學錦 行順九三 乳名阿三 無嗣

朝綱 行謙七 字佐臣

士奇
行彥十二
字顯達

朝股
行謙五
字艮翰
國學生

世恩
行和二八
覃恩上壽

學英　啟後

學剛　啟後

學豪　啟後

學常　啟後

世悌
行和四二
字洪愷
從九品

學寶　啟後

世愈

學珍　啓後

行和五九

學珠　啟後

朝肱
行謙六
字艮卿
國學生
覃恩上壽

世惠
行和二九
字秉華
從九品

學麟　啟後

學鳳　啟後

世忠
行和三八
字秉仁
從九品

學孝　啟後

學存　啟後

學麒　啟後

學彪　啟後

學章 啟後

世憲 行和五五 字東明 從九品

學宰 啓後

學相 啓後

學曾 啓後

學孟 啓後

朝有 行謙二八 字景勸 從九品

世懋 行和四一 字德昭 覃恩上壽

學魁 啓後

學元 啓後

學科

世慈
行和八六

學才
行順百二
九
名啞子
無嗣

行順百一
字登榮
無嗣

學嘉
啓後

學慶
啓後

學和
行順百三
八

無嗣

朝道
行謙五三
字繼善
從九品

世愷
行和六九
字廷揚
國學生

學乾
啓後

應宿
富七公次子
行秀九
國學生

士聰
行彥十三
字玉生
從九品

朝棟
行謙八

世益
行和四五

學秀
啓後

學香
行順三十六
無嗣

學科
啓後

世勳
行和五七

學周
啓後

學漢
行順六二
無嗣

士乾
行彥十五
字世卿

朝綸
行謙十

世振
行和五
未婚而卒

世欽
行和十四
字國良

依本菴而
卒

朝綵
行謙十四
世犖
行和二七
學元　啓後

朝緒
行謙十九
世宏
行和三二
學清　啓後
學濟　出繼世禎爲嗣

世淳
行和四十
學全　行順四二　無嗣

世禎　行和六一　無嗣以世宏次子學濟入繼　與二兄寓居餘杭縣雙溪鎮同開糖坊
學濟　入繼　啓後

朝統　行謙一一四

世彬　行和五八
學伊　啓後
學尹　啓後
學君　啓後

世彥
行和六八

學嵩
行順四五
未婚而卒

學有
啓後

士英
行彥十六
字顯章

朝翰
行謙十六
字瑞元
無出

朝曾
行謙二十
無出

朝上
行謙二三

世禎
行和七一
未婚而卒

世祥
行和七八

學發
行順百十八
乳名阿鳥
無嗣

士仁
行彥十七
字則榮

朝佃
行謙二一

世信
行和五一
無嗣

朝唐
行謙三六

世家
行和七三
未婚而卒

應斗
富七公三子
行秀十
字有先
國學生

士
行彥十八
字廷候
國學生

朝覲
行謙二七

世彩
行和五十
無嗣

世恭
行和六五

學能
啓後

世
行和七二
字國順

無嗣

朝冠
行謙三七
未婚而卒

朝冕
行謙四五

世能
行和六四
無嗣

世盛
行和六六
無嗣

世
行和七七
乳名阿三

士艮
行彥二十
字聖才

朝昌
行謙五十
字紹昌
號嘉言
又號聿修

無嗣

世
行和八十
乳名阿四
無嗣

世
行和八五
乳名阿五
無嗣

世沐
行和七五
號慎齋

學本
啓後

學金
出繼世澐
爲嗣

業儒

學宗　啓後

學千　啓後

世澐　行和七九　無嗣以世沐次子學金入繼

學金　入繼　啓後

世潾　行和九二

學基　啓後

學錢　啓後

朝隆
行謙五四

世汶
行和九五

世元
行和八七
字敏叔

學芹
啓後

學湖
行順百三
一
瞀目
未婚而卒

學玐
啓後

學美
行順九五
未婚而卒

學寧

行順百二七
乳名小仰

世亨
行和九三
乳名小林
叔

學善
啓後

世利
行和九七
未婚而卒

朝興
行謙五八

世孫
行和八七
字大全

學
入繼
行順百六
字長壽

無嗣以三弟世晶長子長壽入繼

無嗣

世森
行和九一

學庚
行順百四
三
未婚而卒

世晶
行和九六
字畜叔

學
出繼世森
爲嗣

學
行順百九

學
行順百十五

學
行順百十三

士宏
行彥二一
無出

士宗
行彥二二
字嘉賓

朝豐
行謙三八

世美
行和六十

學廷
行順七四

應鎬
富七公四子
行秀十一
國學生

士賢
行彥二三
字與參

世瑤
行和八四

學葱
啓後

朝濂
行謙四六
無出

朝堯
行謙五二
無出

朝周
行謙二六
一名紹周
字景濂
邑庠生

世揚
行和四七
字易才
從九品

學仙
啓後

朝同
行謙五九
一名紹同
字鵬展
國學生

世攀
行和八八
字丹枝
號騰芳
從九品
以二弟世援長子學槐入繼

學梧
行順百三九
字琴棠
號連槐
無嗣

學槐
入繼
啓後

世援
行和九八
乳名阿毛
字舒園
號春芳
從九品

學槐
出繼世攀
爲嗣

學蓁
啓後

學楚　啓後

學楝　啓後

學槎　啓後

世授

行秝九九

字開芳

學柱

行順百四

四

小名五槐

無嗣

學權　啓後

學楙　啓後

世捷
行和一百
乳名桂芳
字月三
號薇軒
布政司理
問

學杭 啓後

二十五世　二十六世　二十七世　二十八世　二十九世

學鵬
世琪公長子
行順四七
字萬程
國學生

瀚
行聰五八
字企融

家業
行明二七
乳名意香

維
行睿三八
字瑞甫

濂
出繼學鴻
爲嗣

學鵠
世琪公三子
行順八十
字繹堂

渠
行聰百二
三

國學生

學元——淡

世璋公之子

行順百二二

字開全

行聽百九

乳名瑞昆

從九品

學鴻——濂——家樤

世珏公繼子係世琪公次子

行順六四

入繼

行聽八十

字企周

從九品

行明六四

無嗣以學鵬次子濂入繼

學梅
世勣公之子
行順百十一
官名鵬
字雲騫
號之碉
邑庠生
同治丁卯科舉人

池
行聰百三一
字懋官
號鼠濬
由監生加捐正五品候選府同知

家樜
行明八四
字文元

維鎰
行睿二八
字錦甫

維新
行睿四八
字祖康

維鼎

行睿六四
字銘甫

家模　幼殤

學卿
世珍公長子
行順七六
字炳章
從九品

水
行聰百十八
乳名銀水
無嗣

學偉
世珍公次子

湳
行聰百五六

一行順百二　乳名野狗
國學生

學紹　瀾　行聰百十
世琛公之子　無嗣
一行順百四

衍　行聰百十九

學貴　國盛　入繼　家華　維恆　清甫

世全公長子　行聰一

無嗣以弟學富長子國盛入繼

行明八八
乳名阿華

行睿四六
乳名瑞興

維
行睿六七
乳名興富

行智
乳名興富

學富
世全公次子
行順二

國盛
出繼學貴爲嗣

國瑞
行聰二

家雲
行明二
乳名雲德

維高
行睿二
字金福

清和
行智二
乳名興隆

國祥
行聰四

家槐
行明七
乳名阿狗

維
行睿十四
字金有
未婚而卒

維
行睿十七
字金林

清水
行習十五
字雪棠

學安
世全公三子
行順三

國賢
行聰三
無嗣

國修

行聰十一
無嗣

國恆
行聰二六
無嗣

學利——國——家
世全公四子
行順七
行聰十三
字余爐
行明三十
乳名蓮生

學明——浩
世光公次子
行聰四十
無嗣

行順十六

學仁
世秀公長子
行順九

國均
行聰七
未娶而卒

國堦
行聰十二
無嗣

學仕
世秀公三子
行聰八五

芬

家才
行明三四
乳名龍才

行順二四

家海
行明七四
乳名龍海
未婚而卒

學佐——國
世秀公四子
行順三一
行聰百十四
乳名壽福

學山——國奇
世肅公長子
行聰十六
無嗣

行應十五
國章　家
行聽十九
行明
乳名傳來

國文
行聽二五
乳名阿新
無嗣

國森
行聽三一
無嗣

國琛

行聰四八
無嗣

國才
行聰五二
無嗣

學昆
世肅公次子
行順四一

泰
行聰八七
乳名阿七
無嗣以泰
弟長子家
入繼

家
入繼
行明
字培根

泰弟
家
行聰
字年順
出繼泰爲
嗣

家
行明
字培生

學崙
世爵公三
子
行順五一

榮
行聰四三
無嗣

華
行聰六三
無嗣

學通—春

世泰公長子　行聽四一　字高林

行順二八　無嗣

學進—錫

世泰公次子　行聽九一

行順三三　寓居餘杭縣黃畈溪鎮開永春堂藥店

權

行聽九五

學南
世和公之子
行順六八
寓居臨安
縣橫畈溪
開恆山堂
藥店

乾
行聰百二
九

學釧
世奎公長
子
行順五二

國
行聰六八
乳名鋘標

家潛
行明五五
乳名如霖
未婚而卒

家

學鐘
世奎公次子
行順六七

國
行聰百六
乳名阿寶

國
行聰百二六
乳名阿雨

學英
世恩公長子

國豐
行聰八
無嗣

行明六八
乳名如芝

行順十

國登　行聰十

家　行明六九　乳名天生

家　幼殤　行明　乳名福生

國棠　行聰十四　字潤畝

家　幼殤　行明　乳名惠生

國順

行聰十七
未婚而卒

學剛
世恩公次子
行順十七

國鎮
行聰十八
字祥增
無嗣以弟
家津次子家
柱入繼

國定
行聰二三
未婚而卒

家柱入繼
行明十二
字作安

維萃
行睿七
號誠懋

清泉
行習九
字雪泉

清棣
行習十
字雪棠

學豪
世恩公三子
行順二七

國華
行聰二四
無嗣

國榮
行聰二九
無嗣

國樹
出繼學常
爲嗣

國旦

行聰四三
無嗣

國保
行聰七三
乳名阿十
無嗣

學常
世恩公四子
行順三四
無嗣以學豪三子國樹入繼

國樹入繼
行聰三六
字長春
無嗣家標
承值

學寶
世悌公之子
行順四八
字惟三
號薇山
從九品

淳
行聰三二
字德豐
國學生

津
行聰四四
字水香

家梁
行明六
乳名仁蘭
字瑁軒
無嗣

家柱
行明二八
字馥園

家棟
行明五
乳名仁芝
字松堂
無嗣以四

維勳
行睿八

維宏入繼
行睿九
字維秀

清
行智七
字友根

清厚
行智十九
字承基

弟家桀長子維宏入繼

家杜

出繼國鎮爲嗣

家椿

行明二三

字子壽

號茂萱

維喬

行睿十

字瑞和

清棠

行智六

字猶泉

號仲臨

家桀

維宏

行明三三
字懷薰

出繼家棟
爲嗣

維成
出繼家樵
爲嗣

維興
行睿二十

清堯
行智十六
字定發

濚
行聰六一
號久龍

家棟
行明四三
字鳳田

維剛入繼
行睿二七
字子愼

清林
行智十四
字承美

無嗣以弟家桑長子維剛入繼

清然
行智十八
字承惠

家桑
行明八十
乳名深甫
字文輈

維剛
出繼家槤
爲嗣

維永
行睿五一
號子升

維能

行睿七三
號子孝

清
行聰八二
官名景雲
字漪生
號伊筆
又號讀山
邑庠生

家梴
行明九十
號聽山
無嗣

家樑
行明九五
乳名玉庭
號纘山
又號平遠

維顯
行睿五十
乳名松齡
號靜山
又號秉彝

清晉
行智二五
乳名耀晉
號樹芳

家椒
行明百五
號循山
無嗣

泮
行聰九三
字彩泉
無嗣

澑
行聰九七
字巨源
無嗣

學珍 世愈公長子 行順四六

溇 行聰四五

家根 行明五四 乳名阿才

維嘉 行睿五七 字品華 兼祧家模 無嗣

瀞 行聰七八

學珠 世愈公次子 行順七十

盈 行聰七二

家模 行明五八 無嗣以家根之子維嘉兼祧

維嘉兼祧 行睿五七 字品華

學麟
世惠公長子
行順三五
字文祥
號坤
邑庠生

潮

淦
行聰六六
字以章
從九品

家栻
行明十五
字安雲

家桁
行明四一
字山雲

維
行睿二六
字紀宗

維
行睿二九
字紀興

清
行智二四
字樹財

出繼學鳳
爲嗣

學鳳
世惠公次子
行順七二
字景釗
從九品
無嗣以兄
學麟次子
潮入繼

潮　入繼
行聰七七
字清來

家杲
行明四十
字紹蓮

家臬
行明四九
字紹美
未婚而卒

家森
行明六六
字紹甫

學孝
世忠公長子
行順十八
字善先
無嗣以弟
學存長子
淮入繼

淮　入繼
行聰二七
字以均
從九品

家標
行明九二
字瑞芝

維安
行睿七七
字維根

家梓
行明十
乳名阿東
無嗣

家榛
行明二四
乳名阿富
又以家樞
長子維生
入繼

維相
行睿五
乳名芝清
未婚而卒

維生　入繼
行睿二五
字友生

清耀
行智十一
字興章

清
行智二三
字興華

學存
世忠公次子
行順二五
字葆性
覃恩上壽

淮
出繼學孝
爲嗣

治

家楧

維楠

行聰三五
字建平

行明八
字錫棨

行睿四
乳名阿南

家崧
行明十七
乳名小祥
未婚而卒

家楓
行明十九
乳名迎祥

家楚
出繼沼爲
嗣

沼　行聰四六　字采蘩　覃恩上壽　無嗣以兄　治國子家　楚入繼

家楚入繼　行明二九　小名阿多　字與珍

維　行睿十一　字梓蓀

清鶴　行智十三　字德興

濟　行穗七五　字用舟

家樞　行明七九　字雲富

維生　出繼家榛　無嗣

維垣　行睿四二　字泉生

學麒
世忠公三子
行順三三
無嗣以五
弟學章長
子濉入繼

濉　入繼
行聰五九
字亦香

家楠
行明二三
字益三
兼祧瀛爲
嗣

維揚
行睿十六
乳名挺生

清
行智二一
乳名紹章

學彪
世忠公四
子
行順三五
字希叔
覃恩上壽

溪
行聰五六
字臨川

家樟
行明四六
乳名水運

維康
行睿四四
字慎齋

維唐
行睿五八
乳名如九

字汝洲

濬　行聰六九　乳名阿寶

家楝　行明四五　乳名來福　無嗣以家楞長子維鄉入繼

維卿入繼　行睿三二　乳名春陽

清祥　行智十二　乳名伯勳

洵　行聰八一　字聖傳

家標　行明七三　乳名善來

維　行睿四五　字春雷

維
行睿六二
字雨金

澗
行聰八六
乳名九榮

家梧
行明三七
乳名金生
未娶而卒

家楞
行明五十
乳名連生
號坤泉

維卿
出繼家楝
爲嗣

維翔
行睿五三
乳名春發

家禾
行明九八
字瑞年

維龍
行睿六一
乳名雲珍

學章
世忠公五
子
行順五九
字文煥

湝
出繼學麒
爲嗣

瀛

家楠兼祧

維揚

清

行聰七一
字詠洲
無嗣以兄
涯之子家
楠兼祧

行明二二三
字益三

行睿十六
乳名挺生

行智二一
字紹章

源
行聰二二
字靜泉

家榮
行明九
乳名松壽

學宰
世憲公長
子
行順四四
字樹勳
覃恩上壽

澄
行聰三四
字涵清
從九品
無嗣

濱
出繼學相
爲嗣

瀾
行聰五五
字正康
無嗣

學相
世憲公次
子
行順五八
字茂勳
無嗣以兄
學辛三子

濱
入繼
行聰四七
字元康
無嗣

濱入繼

學曾

世憲公三子

行順八四

字維誠

國學生

沛

行聰百一

乳名企尧

字雨田

滐

家棣

行明七五

乳名芝生

字友棠

家

行明

維

行睿二一

乳名宸金

維新

行睿四七

乳名宸康

出繼學孟爲嗣

學孟
世憲公五子
行順九四
字修誠
從九品
無嗣以三兄學曾次子溹入繼

溹　入繼
行聰百二二
乳名企舜
字靜瀾

家棨
行明七八
乳名勤芝
字佐廷
無嗣

家藥
行明九一
乳名勤瑞
字苓香

維欽
行睿五四
乳名炳奎

維鈞

家樂
行明百十
乳名誠甫
字筍生

行睿六八
乳名炳照

維鏞
行睿九九
乳名炳燊

維銘
行睿四十
乳名宸奎
字佑人

維釗

行睿五二
乳名炳章

學魁
世懋公長
子
行順六五
從九品

湳
行聰五七

家善
行明十六
乳名阿行

淇
行聰九六

八福
行聰百十
一

學元
世懋公次子
行順九六
字介廷

涇
行聰八四

家
行明八三

家
行明九六
字雲寶

湖
行聰九四
字聚山
無嗣以弟
海長子家
榆入繼

家榆入繼
行明六十
字雲生

海
行聽百三
乳名阿川

家榆
出繼湖爲
嗣

家桐
行明七二
字雲栋

學嘉
世慈公長
子
行順八八

渝
行聽七九

家昌
行明三一
字義昌

維
行睿十五
字仁寶

維

出繼家桝
爲嗣

維
行睿三十
字仁甫
未婚而卒

維
行睿三六
字連甫

學慶
世慈公次子

國富
行聰九九
乳名春生

家
行明三九

行順九七
字錫明
從九品

家
行明九九

國家
行聰百二
七
乳名小春

學乾
世愷公之
子
行順六十
字鎮安
國學生

泳
行聰三三
字觀瀾
國學生

家楣
行明三二
無嗣以家
昌次子仁
興入繼

維
入繼
行睿二三
字仁興
承ometer

清良
行智十七
字承善

清忠

行智二二
字承忠

滋
行聰五一
字維新

家楨
行明
未婚而卒

家樵
行明二一
無嗣以家
棊次子維
成入繼

維成入繼
行睿十三
字紫章
承値滋公
祀

清鐘天

溥

潞

行聰百四

乳名瑞龍

字博泉

其祀火仁

興承値

行聰百二

一

乳名瑞齡

其祀火維

成承値

秀

學

國

行聰六九

乳名長福

世益公長

子

行順十三

學科
世益公三子
行順三九

國基
行聰六五

家
行明七七
未婚而卒

家浩
行明八七
字德良

國貴
行聰百八
字雙林

家泉
行明四四

國奎

家財

行聰百六
字三元

行明六五
無嗣

家水
行明八二
乳名阿福

維耕
行睿三四
小名祖耕

清
行智二十
字來榮

維耘
行睿四九
小名又耕

國華
行聰百三十

家
行明百十三

維
行睿九二
字友章

字連元

字金桂

學周——國英

世勳公長子

行順二六

國英

行聰二一

國榮

行聰三九

未婚而卒

學元——國興

世榮公之子

國興

行聰三七

無嗣

行順二二

學清
世宏公長子
行順五七

國柱
行聽九二

國棟
行聽九八

國梓
行聽百七

國榆
行聽百十七

學濟——國

世禎公繼

子係世宏

公次子

行順一百

行聰百十

二

未婚而卒

學伊——國鰲入繼——家琹入繼

世彬公長

子

行順四三

無嗣以弟

學尹公長

子國鰲入

繼

行聰三八

無嗣以國

潮長子家

琹入繼

行明六七

學尹
世彬公次
子
行順五四

國鰲
出繼學伊
爲嗣

國元
行聰六四

國潮
行聰八九
小名野囝

家琛
出繼國鰲
爲嗣

家玉
行明七十
未婚而卒

學君　世彬公三子　行順八三
—國鳳　行聽百二五　字長壽
—家玕　行明九四　未婚而卒

學有　世彥公次子　行順七七
—國範　行聽百十五　字禹九　從九品
—家璆　行明七一　乳名福生　號永研
—維權　行睿三九　字鎮祥　號夢雪
—家琳　行明八五　乳名頡生

未婚而卒

國第　行聰百三　三

國笵　行聰百四　七

家烇　行明百三　五　字棨棠　無嗣

學能　國　行聰百四　九

世恭公之子

行順五五
寓居杭州

學本
世沐公長子
行順六九
號彙源
業儒
無嗣以弟
學千長子
國堯入繼

國堯 入繼
行聰百二十
字其勳

家驥
行明八九
號聲錫

維松
行睿八九
乳名祥華
字松鶴

維柏
行睿九八
乳名漢華

家駿

出繼國舜
爲嗣

學宗——國宰
世沐公三子　行聰百四十
行順九二　乳名允寶
無嗣家驥
承值

學千——國堯
世沐公四子　出繼學本
爲嗣
行順百五
字冠英
號味菴
又號研堰　國舜

別號善從
子
業儒

出繼學善
爲嗣

國禹
行聰百三
六
字甸山
業儒

家驤
行明百四
字珉揚
號子仙
又號餘三

維
行睿六三
乳名永興

維
行睿九七
乳名永隆

家駧
行明百十
一

字庸揚
號聘魯

家駓
行明百十七
字琛揚

家駒
行明百二三
字定揚
未婚而卒

家駿

行明百三四
字五揚

國履
行聽百五五
無嗣

學金
世雲公繼子係世沐公次子
行順八一

國相
行聽百四四
乳名令理

學基　世濟公長子　行順百二五　乳名大春　發

國懿　行聰百四一　乳名順源　號子孝　居杭州存亡未卜

學錢　世濟公次子　行順百三二　乳名小春　發

國傳　行聰百四三　乳名允財

家　行明　字生揚

國佐

家景

維

行聰百五十
乳名雲富

行明百十二
字仁揚

家
行明百十五
字連揚

維
行睿六十
字振華

維
行睿七五
字德華

維
行睿七九
字永華

維
行睿八二
字松華

家喬
行明百二
四
字修揚

家權

維

維
行睿九一
字友華

維
行睿九六
字得華

行明百三二
字瑞揚
號聯慶

行睿八五
字聲華
號德龍

學芹
世浚公長子
行順百二六

國伊
行聰百五二
乳名雲秀

家
行明百二一
字才揚

維
行睿百一
乳名嗽膌

家
行明百二八
字富揚

學玐

世汝公三子

行順百三五

國尹

行聰百六三

乳名雲卿

家

行明

家

行明百三九

字貴揚

家

行明百五二

字貴章

學善　世亨公之子　行順百十九　字傳春　無嗣以堂兄學千次子國舜入繼

國舜入繼　行聰百三二　字緒唐　無嗣以長兄國堯次子家騤入繼

家鈞殤

家騤入繼　行朔百一　號載錫

維漢　行睿五五　字金華

維豪　行睿六九　字銅華

維定　行睿八三　字文華

學慈
世瑤公之
子
行順百四
二
乳名阿生
宗房長稟
議國佐入
繼決意不
允不得已
委國禹承
值嗣後房
親不得再
行爭論光
緒二十年
正月宗房
長註

學仙
世揚公之子
行順四十
乳名崑崙
字人山
從九品

洤
行聰四九
乳名阿明
未婚而卒

淶
行聰七十
字文立

家柄
行明二十
字寄生
無嗣

家龍
行明四二
字雲源
未婚而卒

湝　行聰七四　字春巨　從九品

家虎　行明五二　字才源

維秀　行睿三五　字忠興

家興　行明六三　字申源　未婚而卒

家棋　行明二六　字慶章　上海虹口設立醫院

家棖
行明三五
乳名阿福

維傳
行睿五六

維
行睿七一
小名娘子

洪
行聰八八

家相
行明三八
字才章
無嗣

家樹　行明五三　字永才

維倫　行睿二二　字彩濤

家林　行明八一　字運卿　號杏章　無嗣

學槐　世攀公繼子係世𢰅公長子　行順百三

淞　行聰百三九　字松年　號鑪章

家燵　行明百十九　字祥卿　號星耀

維文　行睿八十　字文龍

七
字啓堂
國學生

業儒

家煊
行明百二五
字卿甫
號光耀

濤
行聰百五四
字柏年
號聽帆

家瑩
行明百二九
乳名祇卿
字奎揚
號星華

維
行睿九四
字聚發

維益
行睿七六
字忠良

維寶
行睿八一
字賢良

維善
行睿一百
字寶良

㶟
行聰百五
七
字永年
號㶟水

家燿
行明百十
八
字禎卿
號介眉

家炎
行明百四
四
字謀卿
號祖三

學蓁

世援公次子
行順百四十
字三槐
號香谷

波

行聰百四五
字未年
號錦蘭

家杰

行明百九
字炳祥

維恆

行睿七二
字彩文

維悦

行睿八四
字紹文

維

行睿九三
字海文

維

行睿百二
字德文

家照
行明百十六
字炳禕

維
行睿百三
字官文

家燕
行明百三八
字炳狗
號鑫祥

漳

行聰百四八

字酉年

未婚而卒

學楚

世援公三子

行順百四六

字仁槐

號漢川

沂

行聰百六九

字昌年

雙年夭

家熹螟蛉

行明百五十

字祥禕

學棟
世援公四子
行順百四九
字鳳槐
號巨任
從九品

澧
行聰百六二
字岑年
號麗水

家煥
行明百二六
字炳勳
號煥文

家琰
行明百四三
字炳洲
號煥章
未婚而卒

維鳴
行睿八七
字鳴龍

學槎

世援公五子，行順百五一，字善槐，號玉河

汀

行聰百五八，字大年，號漁鄉，兼祧學杭公爲嗣

家烜

行明百三十，乳名祖紹，字兆奎，號祥[illegible]，又號屏塵

維鵬

行睿八六，字夢飛

滄

行聰百六一，字生年，號曙樓

家炘

行明百四七，乳名金輝

藩

家勳

維鶴

行聰百六五
字運年
號菊甫

行明百三三
乳名祖勳
號祥輝

行睿八八
字夢龍

學權
世援公次子
行順百四五
字六槐

漪
行聰百六十
字賡年
號靜波
未婚而卒

國
行聰百六四
字賡濤
未婚而卒

乳名祁根

國
漁　行聰百六
行聰百七
字香年
號饔香
家　行明百五
一
小名五麟

學楙
學梴　接公三
嗣提公之
行順百五
行順百四
字廷槐
字葦一
號儒槐
從九品
無嗣以學

涵
汀　行聰百六　兼祧
行聰百五
字華年
字大年
號漁鄉

家揚
家縉　行明百四　維
行明百四　行睿
乳名德根
乳名小娘
字紹箕

家興
行明百四

璧五公下容九公派世系圖

十七世	十八世	十九世	二十世	二十一世
璧五 珍三公之子 行璧五	奎五 詳前			
	奎六 行奎六	容九 行英六	德四 行桓七	應 啓後
			德五 行桓八	應 啓後

槎公長子

汀兼祧

二十一世　二十二世　二十三世　二十四世　二十五世

應
德四公之子
行秀七
字增

士
行彥四

朝芹
行謙三十

世忠
行和十一
無嗣以
公子
學金入繼

學金入繼
行順百三
四
無查

世盛
行和二二

學星
行順八五

學標
行順百四

學三啓後

應
德五公之子
行秀十二
字蓮

士
行彥七

朝爵
行謙三十

世
行和二
字永祥

行和四六
無嗣

世甲
行和三

學賢　啓後

學聖　啓後

學高　啓後

學明

行順八九
無嗣

學艮　啓後

學如　啓後

學四
啓後

朝賓
行謙三二

世
行和三一
無嗣

忠其
行和三九
字宗瑞

學
行順百三六
字宏良
無出

世

朝魁
行謙四十

世科
行和三九

學全

學凡
啓後

永興
行和十七
出家本菴
名大智師

學尚
啓後

學丹
啓後

行順三三
未婚而卒

學聆　出在河角頭楊姓

朝瑞　行謙三四

世英　行和六　無嗣以弟世斌長子學豐入繼

學豐　入繼啓後

世斌　行和八

學豐　出繼世英爲嗣

學見

二十五世　二十六世　二十七世　二十八世　二十九世

學三　子　世盛公三　行順百十　三　居刁家橋
元　行聰百三　六　無嗣
國恆　行聰百四　六　無嗣
國本　行聰百五　三
家茂　行明百二　二
維麟　行睿六八五

出繼永順爲嗣

世

學全

入繼啓後

行和五三
字永順
無嗣以兄
世科次子
學全入繼

朝貴

行謙四七

世

行和四九
字永元
寓居杭州

家定 行明百四十

家宏 行明百四五

國煊 行聰百五九

家興 行明百三六 乳名阿覺 無嗣

由丁家橋
居裘市

維龍
行睿七十

維真
行睿九五

維揚
行睿百四

家寶
行明百三
一
未娶而卒

學賢——國

永祥公長子
行順五

國
行聰九
字東明
無嗣

學聖——國、國仁、家

永祥公次子
行順二九
字二興

國
行聰二十
乳名阿祥

國仁
行聰三十
乳名阿毛

家
行明

學四——國興——家齊——維新

世盛公四子

行順百三十

居刁家橋

行聰百三四

名桂

號中和

家齊　行明百二　字子和

維新　行睿四三　未娶而卒

家經　行明百八

家煦　行明百十四

學如 世甲公次子 行順三十

恆 出繼學艮爲嗣

悦 行聰六二 乳名福金

家彦 行明三六 無嗣

家高 行明四七

維才 行睿二四 小名仁才 無嗣

學高　永祥公三子　行順四九　寓居杭州

國　行聰　寓居杭州

學良　世甲公長子　行順二一　無嗣以弟學如長子恆入繼

恆　入繼　行聰五四　乳名唐金

家祥　行明六一

家傳　行明八六　未娶而卒

行明百六
未娶而卒

恰
行聰百二
無嗣

行
行聰六十
未婚而卒

學豐
世英公繼
子係世斌
公長子
行順十九

杏
出繼學丹
爲嗣

維友
行睿三一
小名仁有

維發
行睿三七
小名仁發

性
行聰八三

家富
行明五六

維賡
行睿四一

家寬

學凡——鰲　入繼
世科公長　行聰一百
子
行順三七
無嗣以學
全長子鰲
入繼

學全——鰲
永順公繼　出繼學凡
子係世科　爲嗣
公次子
行順六三

學佾——濼——家

世斌公三　行聰百二　行明百三
子　四　小名運章
行順五十

學丹——杏　入繼

世斌公四　行聰百三
子　七
行順六一
無嗣以學
豐次子杏
入繼

国家出版基金项目
NATIONAL PUBLICATION FOUNDATION

海上絲綢之路文獻集成

總主編 陳支平 陳春聲

民間譜牒編 79

主編 林楓

海峽出版發行集團
THE STRAITS PUBLISHING & DISTRIBUTING GROUP
福建人民出版社

本册目次

〔福建同安〕銀同朝元門外張家族譜不分卷

〔清〕佚名纂修

［福建同安］《銀同朝元門外張家族譜》不分卷，清佚名纂修。張氏本於河南光州固始縣，唐末爲避黄巢之亂，兄弟九人隨王審知入閩，散葉於福州、泉州、漳州等地，該支始祖啓縈徙居同安銀同積善里張埭村。明正統間閩中遭兵燹，族人蔓散四方，后十世均錫遷回張埭村，傳二子，長益本，次益友，自此張家始繁沃。成化間郡邑遭寇，族人十餘人死難，本、慶、敏亦慘遭去勢，然幸得餘生，定計除寇，功聞於上，封御馬監太監、司禮監太監等。而後三人因護立太子有功，位益重，張氏浸昌。是譜依次記載家族源流、敕諭、聯讚、科第功名録、世系等，附後人手抄清代《詒德堂碑記》、《重修詒德堂捐題條約碑記》。譜文「文耿公派下」多遷往臺灣淡水居住，亦有往番邦者。如記嘉萬「往番邦」，嘉山「往實叻亡」。又記玉樹「爲人深潛智慧，有外才。先貧寒，後往夷邦販貨爲商，大得奇利，白手成家」。據清抄本影印。

乙

庶母無出不書而於其子書曰庶母某氏生　妾有命固
曰側室某氏生蓋所以明夫婦之義也嚴嫡庶之分而又使為之子
所以自盡其心也

一凡家譜之作固史之遺意也然列載之歷列書為焉

一凡吾家先世有封誥制命及碑銘序記之類皆附錄於譜後

一凡郡邑誌書有記載先世之可考者皆附錄譜後以彰先烈

一凡祖墳墓宇之所皆夫人謹擇地理而安葬焉其山向顯著所在亦書行
翻葬記理不可不明辨也然陰陽家代自然天成之物乃人子孫亦宜慎

一凡同姓而不同宗者雖貴且富又非譜認以亂宗族

一凡婦人於夫忘不名注其鄉某人之女有善亦併書之表婦忌致夫嗣
無嗣某氏

一凡子孫無論既顯但放僻為非有玷其父祖及侵墳墓賣祭田無孝者
之以示戒中有子孫能戒前愆改轍者之為便並祇去點又式

一凡年節奉祀忌辰正子孫追遠奉祖之意也非無主之隙大之子孫與夫二
蓋之用事子孫貧富雖有不同然思無外表其孝思之區也此號
以有夫祀之嚴也

一為子孫父祖之品行書於譜以據其實不可妄為稱譽以誣前人

右譜例二十條係宗周先王國章所輯蓋之
然爾宗後世之修譜於此未必無少補也
陳雨先生敬錄

銀同朝元門（小西门）外張家族譜

國有乘家有譜所從來矣余始

祖

妣弟兄八家於河南光州固始縣人及黃巢作亂贏糧相從以
避賊鋒厥後啟榮公自唐季隨陳岩公與王審知奉命戍
閩遂入銀同積善里張坑村而家焉派傳以来奕葉相
承譜係照然迨至正統拾四年閩寇猝起剽掠鄉村家廟
座宇尽灰於毒熖而啟詹公以下九代派傳　互遷居
異鄉蔓散四方暨及逋者各有傳丁焉丁傳吳卿籍歸同安
孟至均錫公回居張坑村而始著公有二子長孟本公次孟友公
欽西大門閣遂别創居宇於後厝以受孟友房日是生止
日繁沃衍蕃碩從前始焉　而世業公憫徒善祖之心切
塋域之存此在彼俱筆詳焉余小子稽閱公遺記追思始
祖之嫡系統接至均錫公祖祠及著書以示後世之徒述閱譜也
今是以均錫公為後世祖遂援筆以志為後來史信後之子
孫倘有志於徒述者請以是為觀覽云

世業公誌

張家族譜

自祖記家

唐禧宗乾符年黃巢作亂同邑人王審知知擁有閩嶺五州家祖
兄弟共九人飄粮而從之以避鋒鏑戡邦於福州洪塘板橋
泉州之清泉（源）同安漳州之長泰龍岩等処家祖讓公初
從閩卜地同安城東十五里而居地名平林村安溪
太平張原居草埔是廷公之後同安板橋乃恭弘
之後祖居福州板橋後移居同安不忘祖名板橋直
祖遂法與兄秉法弟進法等卸班為甲乃之於
大元至正明年今上張即進法之後時進法兩敵法至法謙去
共甲當差粮於石式斗四升而迪法移居田迹跡業今
況是張山頭未知的否
尝觀萬物本乎天人本乎祖祖者一族之肇基也家
祖自讓公以後卜地同安城東同禾十五里營立祖宅東
倚大帽而望蓮花是時地廣人稀樹木叢雜家祖披
荆棘而居之故名丰林村五季及宋系譜明白漸有昌盛
之端有郭吳顏者出自吾家時惡其聲呼為張閩詩
至大元至正年

儒林第九子
張讓生于1915年
1945年卜居同安
積善里十七都張埭村

至十七世 張埭公
生三子，一子張禮齋公（十八世）
長遷漢園 禮齋子
十九世蔚齋，遷毀公
漢園一世祖

又一子十八世分支東埔
又一子十八世分支古樓
三外出同榮，均十七世張埭
公之後。

峙巷、張埭、東埔均屬
如同安積善里十七都
石碼西门大墓群

東德遜德始分戶割籍而昆仲裂爲三家矣時遇蠹甫可傾
友定等倡亂閩境張沛丁稀戶替至明興橐蒻鼓舊存
家祖遜德及三房進生各認民立籍以造
明永樂二十四（丙午）年（1426）家祖用甫又与同房呂王分籍自卜宅櫃
屋之南山頸下西向而上下張訪由分焉余思太祖者人之祭
也父母者人之始也今父母之訪以生焉

滄浯青嶼前張族譜

族譜者一族之指南也上尊始祖下列昭穆載世係分支派
俾從世子孫有可考兼以他人而混入何訪稱爲族譜也
閩當讀重思堂集始祖啟蒙公乃河南光州固始人從
樹正公自晉永嘉末避地入閩卜同浯浯之青嶼遺居
焉祖宅倚玉枕御三台左太武右鴻漸玉帶水而七星羅
列紗帽石而鯉魚朝斗三石庭而襟帶鄭重五虎山而
咽喉保障美哉斯張家始基之善矣綿綿瓜瓞自小而
大侍五世而益彬公一迭而典時選琦入月侍者三人

成朝（化）本公慶公 啟公始膺蟒王六兴機務
啟公思水本之所自動追遠之長懷攢資構堂扁目

5

戰叔添丁未育被寇擄兄弟拓餘人壁遭毒割下物
死陷中惟本公兄弟三人氣壯回生潛尋裕餉入解其
縛將十餘人分四角來夜寄喊進殺強寇莫知擬進
兵進劉里夜寇自亂兩寇殺寇鳴鼓喊進寇矌愈殺
殺死者過半其走散者奔逃亦半強寇稱藏 本公兄
弟將寇首卒人攻取首級辭功一時哭趙消除
人民樂其昇平寇盜由茲滅絕郡縣之主馳詳合達
院部奏上 上憐兄弟三人有此義勇知仁敬氏於
水火之中即名見面賜兄弟封衛馬監太監宣入
內庭 本公兄弟侍
王輔躬丞痒夙夜匪懈上視為腹心之臣
成化五年 皇妣紀氏幸有龍娠萬貴妃嫉之甚紀氏
受其苦楚盜毒墜胎之藥胎竟不墮
敏公知其機密謀兄弟三人一心令紀氏出居另樂堂
督門宮禁人出入 成七六年 七月初

子誕生紀氏少乳 敏公商及兄弟劉務蘩貼乳美
育令女侍十分調護彌月慶后吳氏保抱惟謹敏公
兄弟每日小心兢兢反 太子六歲稍寬心神 上
未聞知先有太子九歲薨 上每日悽惶寢食靡
寧朝夕時偶有哀慟墜泪濤淋 敏公啼段英
太監來問奏反 皇太子事奉 上以聞 皇上
聞之百倍欣喜即出 皇旨宣 敏公跟 皇太子
相見体貌恢奇言語不凡稱敏公汝兄弟有此忠
誠報君凤祖惟謹劬勞盡職自古忠臣亦當乃
是 朕應加封重獎稱汝之功今勅賜蟒龍
玉帶姑顯具勳令該部酌議
加封職銜即隨誥封

成化十二年十二月十二日勅
嗣後有六次

成化天子親自玉音婢扁　　　褒忠祠

係贈聯於堂　御賜忠勤第　科甲世家登

本朝文武公侯伯係五府六部大臣各有聯讚

敏公　本公　慶公　三朝元老內大臣恩受

聖天子面稱忠勤臣

太子太傅英國公張懋讚

本公和而不肆直而不疎早承恩寵入侍金閨帝賡

大賚玉帶配魚服膺策命克承令譽

太子太傅保國公朱永讚

本公具知己也無怍其遇事也不苟若藍司帶兩京

之極在伯仲為三鳳之首効勞王事罔敢或失後而

題其真用題不朽

翰林院編脩兼吏官莆田陳音

聯　恩重臣家彝龍衣賜兼玉帶

功在王室麒麟閣褒徽圖書

賜進士中書舍人廬陵吳文

聯　効勞青瑣闥　褒忠第勤勞第

勅賜白玉堂　步玉坊文武全家

鴻臚寺尚掌寺事孔部尚書東安施純

10

聯
勳業光大安社稷
忠勤貫日奠山川
翰林院侍讀學士四明陳寔

聯
分虎符屏藩三省
伏鈇鉞坐鎮兩京
詹事府詹事安成彭華

聯
褒忠祠繼古簪纓
重恩堂累朝黼黻
凡朝內文武一二品各有聯讚

明奉
勅總督十三團營操練五軍官旗掄兵兼司馬監太監
加封一品忠勤且公張敏公公字輔淛其先河南光
州固始縣人後來同邑青蚓爲家焉高祖均正公
曾祖朝輔公公祖以恭考孟初尊德宗泰篤於
教子妣章氏有懿德公生魁梧有奇才遭時多
難與本公兄弟三人選入內庭侍
皇上於春宮小心勤慎罔敢或怠逮
上寶登天位命理中宮密察機務尋陞御馬監
太監兄本公御馬監太監鎮守南京撫恤軍民

慶公司設監太監鎮守浙江撫恤軍民至甲辰年
勅受總管十三團營兵馬士卒敬之如神明人民
愛之如父母賜蟒龍袍玉帶寶石酒器金鞍好馬
并給粮米三十六石且當面工爲魏喜神而賜以王
璽識并月於其上及五爪龍袍含珠龍也
敏公 生于宣德甲寅年三月十二日 卒于成化己巳年二月十九日 葬在北京通州
安德鄉西湯之原壙上
皇帝勅諭司礼監太監張敏公 今命爾同英國公張懋襄
城侯李瑾總管五軍營官軍操練坐營把總官
員悉聽爾等提督凡在營軍士務要依時點閘如法
教習用心教習撫恤養其鋭氣不許役使占用生事
科擾事関大体爾與懋等仍同会太監傳恭計議
從長處置其常行事務宜從爾等自行整理
若各營官大小頭目人等或有違犯輕則量情
責罰重則奏聞區處尓受朝廷委託當慮謝
效忠除奸革弊盡以律己正以率人勤以蒞事

12

公以服衆務使軍容整肅兵威振擧以壯國勢
以警奸心庶見爾能不忝推爾吊任爾其欽承
朕命毋忽故諭

成化十一年四月二十一日

皇帝勅諭司設監太監張慶今特命爾鎮守浙江地方
兼管銀場撫恤兵民操練五軍爲防禦賊寇禁
革奸弊凡一應合行事宜爾須會同巡按及三司等
官公同計議停當然後施行不許偏執已見有妨
重務遇有城池坍塌量撥軍夫脩葺勤補其缺
非奉朝廷明文一夫不許擅差一毫不許擅科爾
爲内臣受茲重寄務在持廉秉公正己率人盡
心經理以使軍民爲安地方寧静斯稱任使如或
操持不謹措置失當致令兇惡恣肆良善受害
乃爾之罪爾其敬之慎之故諭

皇帝勅諭司設監太監張慶近聞浙江所屬府縣衛
所中间有等貪污怠政官員往往侵漁妄獻通
同豪猾吏胥糧里情熟軍民人等夤緣作弊
虐魁害致人困斃又有等無籍刁潑軍民罪囚
官吏專一教唆詞訟嚇詐人財善良受害虽
官府亦莫敢誰何此等玩法蠹政之徒若不嚴
加禁治軍民何以安生今仍令爾鎮守前項地方
兼管銀塲撫恤兵民業經前諭該屬官吏果
有貪贓壞法虐害軍民衆所共知者被人告發
除軍職并甘三品以上者具奏區處其四品以下
者亦即拏送问刑衙门究治凡軍民詞訟盜賊
人命不公不法冤枉等項事情亦听尔准理仍時教
唆蠹害之人一体拿提问罪尔為内臣特兹簡任須
廉秉公正己率人齊心經理使宿弊清革豪猾斂
跡軍民獲安朕惟汝嘉乃或防範不周措置無方
致令奸惡恣肆良善受害則尔之罪奚其恕之

成化十四年十二月

13

14

評事。

寶

成化十五年十二月二十七日

慎之毋忽　右諭

寶

成化十六年十一月初八日

兩朝　天子諭祭　維

成化貳拾一年歲次乙巳年二月壬午朔越十日辛卯

皇上遣司設監太監陳魁　諭祭於司礼監太監加

封一品忠勤兒公　勅膺重鎮北京總統十三團營

我政張敏公曰爾以勤厚之質選入内庭侍朕有年

孝勤弗急擢令戒賜於重鎮總我操練軍政顯尔

奇能恩尔忠勤尔益殫誠佃政委尔但胡遽云亡

追念尔劳賜賻殉葬遣官諭祭尔靈不昧庶其

歆哉

新天子諭祭　維

弘治元年歲次戊申二月乙未朔越二日丙申

皇帝遣御馬監左少監郭鏞　諭祭於司礼監太監加

封一品忠勤公　勅膺重鎮北京總統十三團營操

練軍馬總都戎政張敏公曰惟爾夙侍幼君晨夕護
持朕躬劾勞供奉朕未蹔加封賞獎朕今悯慵雖
先帝深嘉劬劳寵眷日增克著声諅績茂青史故妻重
鎮軍威振於鉄鉞特勞大權帝令寄手簡式典天閑
而騏驥追風閑虎帳其貔貅逐電
先帝表爾勳猷旌汝貞忠以增華之也 朕甫袁官汝侄
遣官諭祭匪徒慰溟漠以表朕 之至懷灵乎
有知來格來歆
勅
上聞訃悼惜厚賜金帛彩霞為殯殮且遣司設監太監
陳公魁 御馬監王公晏治喪事復賜寶鈔二万
貫祭二壇户部給齋粮礼部辰敬工部造墳塋
賜蟒龍玉帶殉葬祭
奉
天承運 内
皇帝制曰昔者聖王之治天下也必資威武以方暨狄未尝

考修文而不廢武 朕特效古制設武職以衛治功當
既任者必忠以立身仁以撫衆智以察衛防姦禦侮
机無暇時能此則榮及前人福延後嗣而身旁永昌子
嚴之勿忽

寶

成化十二年十二月二十二日

張贇年二拾八歲 福建泉州府同安縣人御馬監太
監張敏姪叔陳
情乞
恩將贇量陞一級以圖補報成化八年九月二十八日奏奉
聖旨陞百户錦衣衛中所鑾輿司帶俸
成化九年二月十七日奏准補缺管事
司礼監太監覃昌傳奉
聖旨錦衣衛百户張贇陞正千户不世襲兵部知道欽
此仍住本衛所管事授武略將軍錦衣中所直襲而丁

16

户張太常順德將軍管軍正千户

母陳氏贈宜人　繼母許氏封大宜人　妻韓氏封宜人

奉

天承運

皇帝勅曰朕　惟大理寺乃詳刑之地有位于其職而勤劳

禁止其必得端慎勤敏之士乃克称厥位使尓大理寺

右評事張苗早以才能累經位使入直禁廷服劳

翰墨迨遷今職匪懈益勤宜錫　寵恩以旌劳

勩　茲特授尓階文林郎用錫

勅命以為尓榮尓其益礪乃心慎肅乃行勉修職紀庶称朕

位使意欽哉

勅曰夫婦人倫之始朝廷褒勸臣下而寵榮之典必及之所

以厚人倫也尓大理寺右寺右評事張苗妻楊氏克

修婦道以宜厥家爵旌封為孺人服兹榮恩毋忘

儆戒　初位直隸保定府定興縣宣化驛丞次仍

順天府都司稅副使　三位中書舍人　四位大理寺

17

18

寺右評事
成化十五年十一月二十七日
聖天子特恩不替賻以褒忠錫以王榮紫其寵眷之榮
乃夫貴予之厚群昭群穆簪纓閏（替）閣猗歟盛哉有吾
是反海島更遷祠宇灰燼乃今鞠為茂草幾不食
血於莽矣於戲浯地之衰未有如斯之甚也惟是兵
亂之後子姓散處若不修其實譜不惟路人判渙難舍則
秦越相視比比而立恐分别流為支派螟蛉類而干焉
汨家遨遊歸故慮及此閱覽是作隨博求重恩堂前
脩　均錫　均正　二公日譜合為一卷〻一脈之所鍾采而
登載非其種也黜而外之封不留此以尊吾宗亦使
若輩知非枝又可蔓延也庶幾有顯宗支昭穆無
譜〻矣其哉俟有志者每續是為序
裔孫萬牧重修譜序
康熙四十一年梅月
重恩堂前序
國家之恩澤猶天之雨露也而露之施無無而時四

甘霖不常有焉恩澤之布冕若可私而特恩異寵不多見
焉于不常有者而幸之不多見者而見之此乎可以為難也閩
之同安望族曰張氏 上世自河南徙居焉侍王益彬乎賢
能而倜儻鄉邑作亂監司廣乎才舉為千夫長領府衛
之敢死制勝固時論賞全生感於奸謀竟並以罪死乃
數十人從戎者五人選入内庭者三人三人者南京御馬監
太監 奉司設監太監 御馬監太監是以三公既
顯張氏駿昌由是公之兄弟曰太朝太育太治 皆膺寵第
之榮曰森別所選銓部姪曰苗位中書舍人陞大理右
評乃曰賓授錦衣百户陞正千户世襲 誥命乎父
太常官曰暉鴻臚序班曰凱陰陽訓術乎傳宗族子
姓彬彬而出者常多也惟敏公鍾光嶽之英負通
碩之才出入禁闈多歷年所爲大政多所勤勵簡
在帝心常與乎兄偕先後被蟒龍玉帶之賜矣
乃 門
成化丁亥戊子兩疏于上得免其兄太常太朝戍役已亥

20

以叔 孟昭孟弘孟讚之後見迫於清戎事由援蹻以聞
上曰 毋保除之公乃稽首稱謝而退爾所居之堂曰
重恩命工繪圖以紀其盛俾後之人至於考焉郭
公卿聞而嘉之又有言以發其事既成卷公乃屬序
于余惟古之人猶沾一命以榮其身固難矣况當其
兄弟近侍而位至於極乎兄弟並美固難矣况當其
一门五户而皆免戎役之苦乎謂
皇恩異寵其不于公見之乎又豈不就時而甘露之不常乎
乎宜公以之名堂而垂示於永久欲築予言告焉公
之先世積累之勤以有今日亦惟推前人為之後人者
所持滿守成感恩報恩以無忝於前聞以無負於
公之盛心所圖愈久而愈光也否則甘於自棄而人將
指其後背族於浦之邑东不惟冠婚喪祭無以相通
而祠廟坟墓其不能及者今日詠以語者以增修之必加
祥焉吾因而感其嗟秦之末無大之榮凡雞花者
门族日夫其序而張氏世系於兹振而未之忠孝之

而不就百載必睹于舜次公部法議韭声黌序忠貞
著族矜在倚昭吾知天之許以古式蒲古不遜溫陵唐
浯數先生文章科名乾八歷煩也余不敏得襲公之
訓又為公部晨夕切劘幸先署鞭値假舜養退
遠溯源流有仁親敦祖張氏之譜起于矣是為
序

康熙辛未年秋依月朔吉旦

賜進士第內閣中翰丁卯科順天同考試官林琛拜手书

湖運本族文武官職科甲登目錄

洪武十年賜臺臣參議　詔舉孝廉辟薦明經賜進
士出身特授官職國子張宗魯公号悟翁

永樂戊子科舉人任潮州吉安主簿擢餘姚
知縣張孝綱字思勇

永樂甲科舉人乙未科進士任山東按察御史
張守庸

以

22

永樂甲午科舉人　張衡　字秋辰

景泰癸酉科舉人　張復　号心齋

弘治辛酉科舉人　特授同知張元璽

嘉靖戊子科舉人張明

嘉靖丁酉科舉人首元授河南縣訓諭改任南京國
知縣張浚　号松軒字壹魁

嘉靖辛酉科舉人　張守為　甲午科舉人　張喬相

癸卯科舉人癸丑科進士特授戎位知府張喬檜

己酉科舉人聯捷　庚戌科欽賜進士僉事張峰

隆慶丁卯科舉人　辛未科進士官雲南按察
副使張會宗　欽賜進士出身中憲大夫
雲南按察使司　張澄江

乾隆壬申恩科舉人歷任大田漳浦臺灣府儒学
選授廣西陽朔縣知縣張錦

青尚李族文武官職科甲陞銓目錄

敕贈昭勇將軍錦衣衛指揮使世襲千戶兼嘉議大夫資
治尹南京通政使司張庸夫 号樸菴 字壽常

敕贈太常寺正々丞誥贈光祿左少卿張廷贊 号素菴 字太念

敕贈冠帶恩官張良夫 字泰珊

欽命鎮守北(南)京總督操練十三(五)軍營錫蟒龍玉帶玉璽
加封青巔鎮公原司礼監太監張本 字樾浩

欽命鎮守兩浙提督總戎軍政兼理銀錫蟒龍玉帶玉
璽加封忠(錄)勤公原御馬監司設太監張慶 字廷吉

敕封冠帶恩官南京錦衣衛正千戶張璷 字太怡

奉議太理寺々丞張森

欽命鎮守南京總督河務左少卿張璘

欽賜文華殿直前中書舍人進大理寺右評事少卿

23

24

嘉議大夫南京通政使 進階二品 張苗 號吳齋 字世英

欽賜 招勇將軍北京錦衣衛指揮使 世襲千户 張賈 字世傑

欽賜光祿寺左少卿經筵講官直授文華殿同修國史 三品

服帶進階嘉議大夫張暉光 號竹溪逸人 字世表

成化癸卯科順天經元 弘治庚戌科進士户部廣西清吏司

主事轉郎中陞布政左參議 張定 號純齋 字子靜 苗公長子

弘治辛酉科亞魁沅丘縣知縣張宜 字子中

欽賜武德將軍北京錦衣衛正千户張鵬 字子高

欽賜杭州府經歷 張禎 字子善

嘉靖戊子科舉人第七魁 任江南萬載縣知縣 張文錦

嘉靖丁酉科貢元任兗州府平陽縣儒學 張塤 字子貫

嘉靖丙午科貢元任江西清江縣儒學 張祖 號蓟水 字子漸

嘉靖乙丑科進士任都察院 張鳳徵 字舜夫

萬曆壬午科第七名亞魁 任靈璧縣 張日益 號斗南 字懋中

萬曆戊午科舉人乙未科進士任華亭縣張繼桂 號芳臣 字廷高

萬曆癸卯科舉人張汾 癸卯科舉人丁未科進
士張瑞圖号永花 丁酉科舉人辛丑科進士任大同
巡撫都察院張廷拱号輔吾入御覧 戊午科舉人授丘
部陜方清吏司主事陞武選司郎中張是綱号為之
天啟丁卯科舉人張鼎俊 丁卯科舉人張翰号漢符
丁卯科舉人張肅梁
崇禎庚午科舉人張翹楚 庚午科舉人甲戌科
進士張珽 癸酉科舉人任廣東惠州府平河縣
林光營參將張禎号毓中 壬午科舉人張瀛
号協五 壬午科舉人張珍
隆武丙戌科舉人張金棕 海澄式
順治辛亥科舉人貢元張震 丁亥年鎮守東海口

26

千總 張文

康熙四年任水師提標右綫旗千總 張功

康熙庚午甲申科舉人任仙遊縣教諭 張全友

癸巳科舉人戊戌科進士任江南鎮江府丹徒縣知

縣 張廷煌 号素園 字堅卿

乾隆丙子科舉人庚辰科進士欽點翰林院編修歷官

科外陞廣西右江兵備道 張光憲 號健堂 字成之

庚辰科解元 張克綏 辛卯科舉人張志遜 字仲敏

辛卯科舉人乙未科進士欽点翰林院改分部

爲由主事陞郎中任浙江溫州知府張慎和 号萩園 字達西

庚子科舉人辛丑科進士奉旨 分部學習

任刑部廣東司主事張鎮德 号瞻岷 字懿甫 壬寅科舉人

丁未科進士欽点刑部廣西兼办廣東司主事保

張祥雲 父錦

萬曆丁卯科第七經魁舉人張逢辰 號函江 字亞甫

萬曆丙午科舉人丙辰科進士任麗水永嘉金谿三縣陞
戶部主事欽差北鈔關粮餉又陞廣西蒼梧道於
參兼布政司左參議張朝綱 號楚臺 字思昂

兆路風火寨避繳手張珍

敕授文林郎江西清源縣知縣張黄垣 號吉園 字景白

崇禎己卯科舉人庚辰科進士第六亞魁聯捷進士名對
稱旨陞兵部職方清吏司耕郎中江西袁州府按察使陞
河南廣道陞廣西典試陞巡撫南贛汀韶惠潮郴桂等
知地方提督軍務都察院右僉都御史張朝綖 號青剡 字思藻

崇禎壬午科舉人乙未科副進士山東青源縣知縣陞湖廣
安陸府通判張汝湖 號虞巖 字夏重

隆武丙戌科舉人張拱辰

順治辛酉科舉人張逢震 字大年

順治甲午科貢元張汝進 一字廣鍾

順治丁亥科貢元任廣東南雄府儒學張鬧震 號嗣嵋 字寅含

27

28

康熙辛亥科貢元張霞 字俊人

康熙七年任山東兗州府都督同知張朱

康熙六年任四川成都府副總兵張士蔚 號起龍 字子芍

康熙甲午科亞元辛丑科進士授河南開封府太康縣知縣
張對揮 字丹鶴

康熙丁酉科經元辛丑科進士張星徽 號在亭 字北拱

康熙七年任浙江杭州府部院左標都督僉事張朝絃

康熙十五年鑲黃旗任湖廣荊州府總鎮兼轄管京口
官兵總兵官右都督張琮 號遠公 奉旨改名張忠

雍正丙午（四年）科舉人南平學教諭張憲三 字登芸

雍正己酉科拔貢壬子科舉人張法溥 字雨同

雍正壬子科副榜張際盛 字唐卿

乾隆甲子科舉人張時霖 字沛如

始祖啟棻公生二子 長繼連 次繼瑜

祖妣潘氏公生於唐季僖癸卯年六月初八日辰時卒于唐末乙未年七月十五日子時合葬不美女山脚樟樹林坐亥向巳兼壬丙与祖妣同向與山与蘇家買乙崙前至田後至山尾左右至分水流清為界樟樹乙株在分水內

二世祖繼連生二子 長尚登 次尚高

妣黃氏俱分住廣東惠州府歸善縣

繼瑜公妣蘇氏生一子尚祿 在張墟合葬予福塘山脚

29

30

三世尚禄公生三子
長思睿
次思知
三思行

妣劉氏葬在西行林次三子俱往浙江
温州府壓埜在文山坐癸向丁兼子
午

四世思睿公生三子
長伯堊
次伯元
三伯盛

祖妣吳氏　合葬在張倉後

長次二子俱分澎湖

五世伯盛公生二子
長華公
次才公

妣李氏合葬在張倉後兄弟不和
為東西居住各自立門户
永安之加

六世祖華公妣何氏生八子
長吉安 次吉慶 三吉昭 四吉左
五吉綱 六吉廣 七吉禍 八吉貞
合葬在崎壁邊

才公妣蔡氏生一子 吉珍 分為西邊居住 合葬在張宮門

七世吉安公生二子
長應祺 隨父充往海壇後浙江杭州府 公往娶
葉氏生應彪 號政菴 住宇中

吉慶公妣莊氏生三子
長應疇 在張埭 號建菴 公合葬在樟樹下
次應龍 號逊菴 分住張坑
三應鳳 號蔚菴 分住埔中央下龜中
子存住

31

七世祖吉貽公生三子 長寶鈎 次寶壽 三寶奄
長 次 俱住海澄鹿口 浦口
王石柯井

吉應公分住長泰山後
吉廣公住廣東海豐
吉貞公分住惠安縣
吉綱公分住龍溪霞美
吉賜公分住青浦後往浯口

八世應祺公生二子 長長歷 次二歷

應祷公妣周氏生二子 長乾歷 次坤歷
往廣東番禺羊山南京祖園
往坐南向北

32

九世長歷公生一子 總

二 歷公生一子 季連王海口青房

九世乾歷公妣郭氏生三子
長均錫
次均正
三均同

合葬在樟樹下
先王考葬後張墳

拾世總公生一子 朝貢

十世均錫公生二子妣潘氏
長益本
次益友

合葬在樟樹下三月初三日忌

青嶼

均正公生五子
長朝輔
次朝奎
三朝敬
四朝永
五朝俯

公七月初一日忌 妣二月二十日忌
俱分葬廿青房合葬在港尾

均正諱 媽奴贅唐嗎畢 行兵平亂
居同安青房

33

均用公妣蘇氏生二子
　長文沛　分住下尾溪
　次文潛　為浙江杭州府

朝貢生四子
　長大屏
　次大岳
　三大垣
　四大翰
　長次住海壇平潭
　三四住井尾里

益本公妣李氏生一子
　旋斌号盤谷　合葬在堂後

益友公妣王氏生三子
　長旋仁
　次旋佳
　三旋仕
　合葬在堂後

旋斌公妣蔡氏生一子
　号潤秀晦叟　公卒于正統四年三月十四日亥
　葬在山凹尾上坵　媽卒于八月廿八日葬在山凹後

旋仁公妣陳氏生三子　長養時　次養遷　三養志
先在張埭村分住小西门分後為徙居仝不
次三俱在廣東海豐住居

旋佳公妣劉氏生一子　興總号晦園　葬在南京地

旋仕公妣黄氏生一子　純碧号丞陞分住金墩　後遷仝禾　合葬在金山犁碑坑上

興润公妣謝氏生二子　長壺統　次壺業号雲卿　葬在池下園後迁葬在山尾

興總公妣王氏生一子　壺作号水仙　葬在壺後

養時公妣陳氏生三子　長國臣　次國棨　三國翰

純碧公妣王氏生五子　長國佐　次國禎　三國絃　四國組　五國棟

35

36

世統公妣林氏生一子玄清　葬樺樹下

世業公妣鄒氏生二子　長玄寅　次玄熙　葬在樺樹下

世作公妣吳氏生二子　長玄弼号文定　次玄朱号文荒　七月廿六日卒葬在張厝後邊

國臣公妣陳氏生四子　長振昌　次振興　三振祥　四振秀

國器公妣蕭氏生三子　長振宗　次振偉　三振闊

國翰公妣洪氏生一子廷弼　萬曆五年生員　葬白石西北向

國佐公妣李氏生二子　長文藏　次文標　任淮安府桃源縣丞　葬北山東南向

國禎公妣李氏生三子｜長文昌
次文稗
三文模

國經公妣蘇氏生三子｜長日新
次日益
三日漸

國維公妣江氏生二子｜長日耀
次日亮

國棟公妣洪氏生三子｜長日暄
次日進
三日長

玄清公妣林氏生二子｜長邦信
次邦礼
往杭州葬在南京祖園

玄寅公妣吳氏生二子｜長邦嶼 号奇礼
次邦斌 往住杭州
合葬在西行嶺林乜

玄魁公妣周氏生二子｜長邦乾
次邦集
合葬在南路王 葬在池下

玄顯公妣陳氏生二子 住平和小溪 葬池下園

37

玄 棐公 妣林氏 生二子 長 邦機 号李董 次 邦榕 号季卿 住同安縣

四 振昌公 生二子 長 汝倭 次 汝居

四 振興公 生一子 汝文徙居興化莆田

四 振秀公 生三子 長 汝智 次 汝信 三 汝忠

四 振偉公 生二子 長 汝顯 次 汝明

四 廷弼公 生三子 長 汝精 次 汝良 三 汝勤

四 文標公 生一子 早夭

四 文輝公 妣戴氏 生二子 長 汝善 次 汝壽

四 日新公 生一子 汝華 妣吳氏

四 日耀公 妣蔡氏 生一子 旺夭

四 日瑄公 妣葉氏 生子 徙居清漳苗工田

四 振祥公 生三子 長 汝仁 次 汝義 三 汝禮

四 振宗公 生一子 汝達

四 振闊公 生三子 長 汝通 次 汝聰 三 汝純

四 文熾公 生二子 長 汝觀 次 汝靖

四 文昌公 生一子 汝盧 妣顏氏

四 文煥公 生三子 長 汝高 次 汝吳 妣李氏 三 汝孝

四 日漸公 妻吾江氏 後置家於泉州西街

四 日晃公 妣林氏 四子 長 汝全 次 汝欽 三 汝脩 四 汝謨

38

漢寀公妣鄭氏生三子 長傳詔 次傳爾 三傳章 合葬在南路

漢洋公妣江氏生二子 長傳德号廿三 次傳行号廿四 葬在南路

漢盈公妣吳氏生二子 長傳慎号廿五 次傳忠号廿八 合葬在遺仔祖園 公忌九月廿二日 妣忌四月廿七日

漢罷公妣鄭氏生二子 分住同安 合葬在双林之地

傳謨公号榮我 生二子 長朝煌 次朝宸 公卒康熙庚戌年正月初五日 妣卒五月廿九日 合葬在長泰縣丁里後

傳譜公妣林氏生一子 朝緝 合葬在園仔內

傳烈公妣林氏生一子 朝催出外無回 住子濞生二子 長吳 次允 公葬在南京祖園

傳誠公妣陳氏生一子 朝壽

傳章公妣林氏生三子 長朝青 次朝綫 三朝綄 合葬在下亭官崎白石 坐寅向申

傳德公妣徐氏生一子 朝新

漢宰公　妣鄭氏　生三子　長傳評　次傳鋼　三傳章　合葬在南路

漢洋公　妣江氏　生二子　長傳德号十三　次傳行号十四　葬在南路

漢盈公　妣吳氏　生二子　長傳慎号廿五　次傳忠号廿六　合葬在遺存祖園　公忌九月廿二日　妣忌四月初二日

傳行公妣江氏生子 名來号朝福

傳慎公妣潘氏生三子 長朝稽 次朝當 三朝戲 葬中大泉田中

傳忠公妣林氏生一子 朝宾 合葬龍溪山头

傳崑公妣謝氏生二子 長朝文 次朝韜

傳崗公妣梁氏生二子 長朝武 次朝略

傳位公諱輔廷妣林氏生六子 長國通 次國周 三國佐 四國得 五國祐 六國興 四六分住杭州

朝武諱國安妣林氏生三子 長九 次十一 三尾 葬在南京坐東南向西北

朝煌諱國杭号憲伯妣李氏生三子 長志茂 次志乾 三志培 俱分浙江杭州

朝宸諱國志妣鄭氏生四子 長志純 次志祐 三志棕 四志禧 公葬在池下 妣葬在南京坐巽向乾

朝綰諱國望生一子 志嘉

朝緝諱國習名浣妣蔡氏生一子 志札

朝壽諱國山名五妣葉氏生二子 長志祐 次志輔 合葬在仙亭

42

朝貴　諱國昭　妣劉氏　生二子　長志言　次志勇

朝緩　諱國悅　名三　妣陳氏　生三子　長志鄂　二志壽　三志亨　公葬在宮　妣葬石宮東庵後

朝盛　諱森發　茂盛　妣陳氏　生三子　長志湖　次志惠　三志萬　合葬在良才烏石山　坐艮向坤兼寅申

朝權　妣林氏　生一子　志塑　分往長泰縣　公葬在大泉口

朝賣　娶王往北京

朝寶　妣林氏　生五子　長志紹　次志佑　三志著　四志恩　五志鄭　公葬在黃晋園中　妣葬南京

朝新　妣徐氏　生一子　志孟

朝瑞　妣陳氏　生一子　志廣

朝孫　妣許氏　生一子　志益　分住廈门

均正公　諱媽奴　生五子　長朝輔　次朝奎　三朝敬　四朝永　五朝脩　分居同安浯州青方　合葬在港尾　公忌七月初一日　妣忌三月二七日

十二 朝輔生二子
長 能哲 字彥遜
二 能周 字彥文

十三 能哲生三子
長 友政 字必敏 生一子 住書院
二 友安 字必恭 生三子 住宗廿
三 友嵩 字必宜 生一子 住東園

十三 能周生四子
長 友才 字必俊 生一子
二 友名 字必良 生一子
三 友仁 字必信 生一子
四 友宗 字必禪 生三子

十四 友政字必敏生一子復保字孟瑞生二子
長 庸甫 字太廷 生子宗福 字世爵 生子壽 字弼
二 與甫 字太和
三 庸甫生一子
三 祥 字世爵

十五 與甫生一子宗蕃字世朝生四子
長 彌 字子琛 生一子
二 善 字子周 生一子
三 韋 字子魁 生一子
四 猷 字子泰 生一子

十六 彌字子琛生一子雷字君豐生一子志順字亞坤生一子思恭字立垣

善字子周生二子
長 君賞
二 君達 生一子亞然字統夫生六子

44

思忝字立坦生六子
長 遷 字子彝 生一子 幼外
二 藹 字子美 生一子 無
三 蕡 字子敏 生一子 益
四 五妹 字子堯 生三子
五 七妹 字子舜 生二子 長子同 二子罴
六 八妹 字子禹 生一子 亞

子堯生三子 長子協 二子平 三子媽

統夫生六子
長 思仁 字立受 紝一子正謀生一子昆
二 思恭 字立耀 生二子 長正椿字子寶 二 三娘字子華
三 思礼 字立儀 生二子 長子曆 二子教
四 思智 字立明 生三子
五 思信 字立實 往海邑
六 思全 字立勝 生三子 長蘇 二冬 三潤

立明三子 長正朗 二正詰 三庭庭

正朗生二子 長 長字子亮生二子 長耀 二燦
二 使夫

韋字子魁生一子君遠生二子 長亞簡 生一子立涉生一子
二 亞考

猷字子乘生一子亞興生一子思慰字念衢生一子悅
悅夫往小按已往延平

立德生一子三哥 隨母嫁漳州山城墟

友安字必泰生二子
- 長復養字益初生三子
- 二復泰字益彬生三子

復養字益初生三子
- 長庸夫字太常生五子（通政使号樸菴）
- 二良夫字太翊生二子（兄弟往長岸 後往泉州府）
- 三敏夫字太德（御馬監太監 保育孝廟）

復泰字益彬生三子
- 長廷訓字太乾
- 二廷贊字太甫
- 三慶字廷吉

三人往李後長岸
太常寺丞
司設監太監

庸夫字太常生五子
- 長苗字世英生四子（南京通政使）
  - 長談字子靜生三子（世忠）
  - 二直字子中生二子
  - 三尊字子芳生三子
  - 四運字子遁生三子
- 二質字世傑生一子宏字子声 能文修百戶（錦衣衛）
- 三軒字世重生七子
- 四寔字世崇生三子
  - 長宸字子淇生三子
  - 二奐字子先生二子
  - 三甯字子漸
- 五善字世礼生一子寬生一子棣（義官）

45

46

軒字世重生七子　長宣字子遠生二子　二宗字子徹生七子　三宸字子御生三子　四賓字子敬生三子　五于字子亮生二子　長文候字君藩　二文倫字君臻　六賓字子慎　七完字子固生一子子儀字君善

定字子靜生三子　長文伯字君元生員　二文仲字君玉　三文儒字君聘

寧字子安生子文偉字君遠

憲生員字子循生三子　長文僑字君升　二文信字君正　三文階字君友

宜舉人字子中生一子文修字君永　錦衣衛百户分住北京

美字子吉袁生三子　長宸　二安重錄　三宥

良夫字太翊生二子　長翺字孟瑞　二翔字孟儀生三子　長翀　二翃　三翮

文仲字君立生一子志沂字亞勇生三子 長龍彩 二鳳彩 三麟彩

文僑字君竹生三子 長志添

文佶字君正生一子 志瑒

文偉字君遠生二子 長志穗 生四子 長良暘 二良照 三良暻 四朝纓
二志漆

文儒字君聘生二子 長志浯字亞祖生一子鵬彩
二志湄字亞桓継文伯之支

文偕字君友生一子鳳儀生二子 長立官
二連官生三子出祖福州

志詠生三子 長朝綸 二朝縉 三朝紳 出祖

志瑞字思昭 官名 朝縱 聯捷進士生五子 長外垣 二允登 三本垣 四晉垣 五泰垣

志穗字維卿 長子良暘字思最 官名 朝綱 萬曆丙辰進士

47

志溱字亦卿生四子 長經垣 二殷垣 三位垣 四書垣

寔字子先生一子文侍字君爾生一子夢生五子

殷垣生逢振辛卯科舉人

書垣生二子 長汝瑚乙午科舉人乙未科進士 二汝進貢元

鳳儀生二子 長立官 三連官生三子出祖祏卅

夢生五子 長雲 二龍 三鳳 四虎 五相

龍生一子協官分住英內梧桐寨

廷訓字太範生一子凱字安勳生五子 長祐字子吉生三子 二禎 三祥 四福 五祿

祐字子吉生三子 長居壞 二居美生一子亞文生一子興官字海進生二子 長朝周 二崇仙 住部山 三居田生三子

昌日生三子
长亚中 生六子 长伯宗 生四子
二亚良 生三子 长悦民 生一子 妹娘
三亚傑
俱分住惠安

友義字必宜 号格所 生一子 乾育 号樂所 生三子
长濬 字太淵
二清 字太儀
三渓 字太周

太淵生五子
长欽華 字世德 生二子 暎 字子昭 生二子
二欽愈（遷廿祖） 字世瑚 生一子 孫 字子庵 生五子
三廣山 字世洪 生二子
长垍 育去 字子昂 生三子
二垣 育去 字子漸 生二子
四惠賜（洪瀨祖） 字世寵 生一子 璟 字子照 生二子
五利貞 字世吉 生一子 芳 字子范

太儀生二子
长世博 字 生二子
长瑯 字子愫 生四子
二李 字子國
二善欽 字世雅

暎字子昭生二子
长仲立 字一中 生五子
长淳命 字文夫 義
二淳心 字統夫 生三子
三淳謙 字孔夫 生三子
四淳謹 字欽夫 生二子
五淳吾 字竹夫 生二子
二仲寔 字屋中 繼一子 淳謹

媽字子貴生三子
长希漁（廩生） 字榮中 生三子
二希洛
三大[illegible]

49

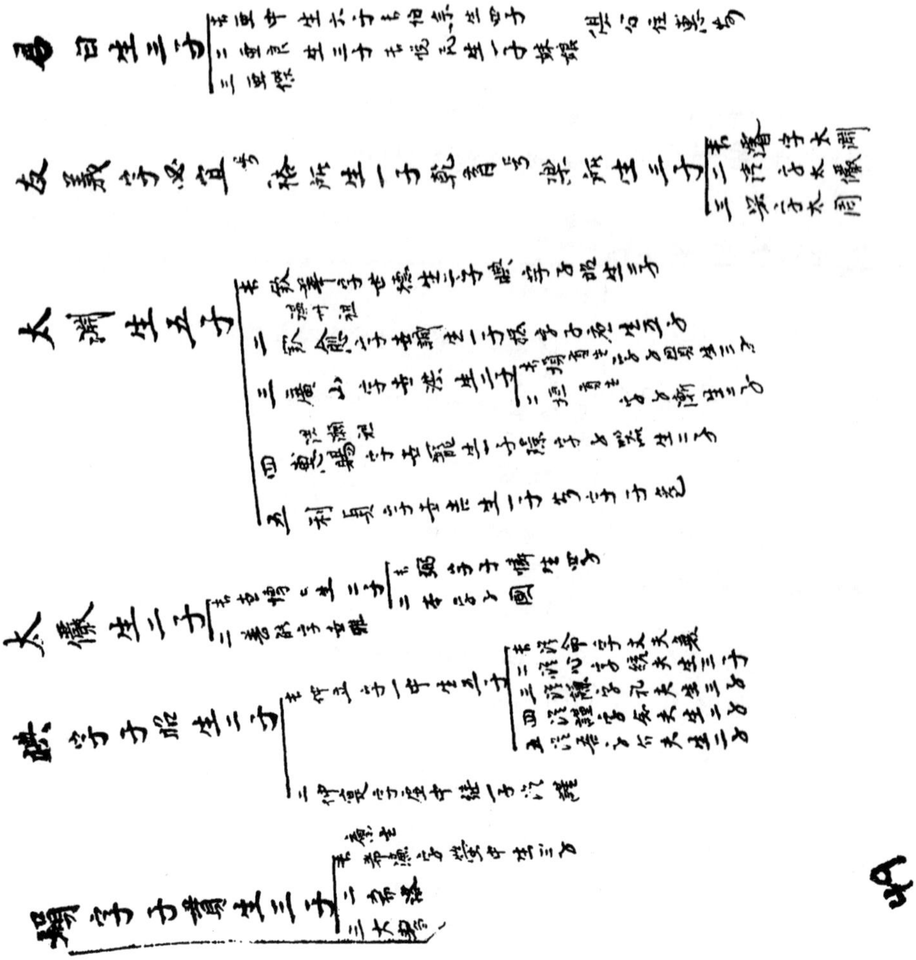

50

坦 字子漸 生二子（仕江陰縣儒學）
　長 希范 字棪中 生二子（生七月）
　二 日益 字懋中 生四子

彌 字子僑 生四子
　長 恆中
　二 由中
　三 悅中
　四 良中

板 字子應 生五子
　長 天敘
　二 維琛
　四 維瑯 字廷鳴 號任達 妻石
　五 維珩
　三 維璿
　長二三五俱出祖浙江温州

希瀘 字瑩中 生三子（主廣生）
　長 鳳徵 字舜夫
　二 鳳表
　三 鳳祥

希范 字棪中 生二子
　長 鳳竹 字紹夫 生二子
　二 鳳圖 字錫 生三子

日益 字懋中 生四子
　長 鳳紀
　二 鳳璽
　三 鳳章
　四 鳳誠

悦中生二子　長鳴陽字健夫

良中生四子
- 長鳴雷字振夫生二子
- 二鳴國字聲夫
- 三鳴家
- 四鳴德

從心字統夫生三子
- 長繼顏字廷辨生一子正淵字于蘊
- 二春萬字廷楷生一子正國字于定生一子庚
- 三春賦字廷煥生二子
  - 長正南字于載生一子
  - 二丑時字于習

鳳竹字紹夫生三子　長文炳字廷燮

鳳徽（嘉靖進士）字舜天生一子　繼桂（万历进士）字廷高生四子

鳳圖（貢生）字錫生三子
- 長繼塤字廷賓生二子
  - 長伯洸字于藏
  - 二伯沐字于盤
  - 分住彭湘
- 二繼垣字廷衡生子

鳴雷字振夫生二子　長啟伯字廷烈〻生子禹分住南日

鳴國字聲夫生四子
- 長廷居
- 二廷雄
- 三廷致
- 四廷寵〻生服參〻生德英分

卜

51

52

[illegible]陽字健夫生子五三之生二子 長勤公 二壽公 迁海澄青浦

鎰桂字廷高生四子 長喬棟 二喬椿 三喬楠 四喬梧

伯沐字千盤生二子 長庚 二真 俱迁住建寧府

繼熅字廷質生二子 長伯敬字子襄生二子 長群公 二連 俱分住北京

文炳字廷斐生二子 長伯璽字子先 二伯充字子寔 俱分住衢湖

乾育二子清字太儀之生普能字世椎之生子沂字子福之生四子 長江中 二雪中 三勝中 四代中

江中生大成字玉夫生二子 長廷樞 二廷檝

滕中生四子 長思孟字廷夫 二思周 三思程字靜夫 四思朱

思孟字任夫生子繕字廷縉生二子

立堂生二子
　長傍字于賜生二子
　　長子汝右生一子
　　二子佈
　二肴字于錫生一子子亮字啟望

良佐生二子
　長齊龍
　二齊鳳　出祖福寧州

建機字亜巽生四子
　長良柏
　二良性
　三良賢
　四良英

友仁字必任生一子勝宗字孟樽生三子
　長真賜字存貢生二子
　二真保字存舉生四子
　三真誠字存繹生二子

真賜字存貢生二子
　長緯字世裕生繼一子文字子燦生復祥字君慶無
　二綱字世紀生二子
　　長官生字子民生三子
　　二文生字乂燮過繼世裕

官生字子民生三子
　長祥鶚字君篇生一子望成
　二祥鵬字君衛生二子
　　長望鏞字亜賢
　　二望楷字亜坤
　三祥慶字君星生二子
　　長望調
　　二望型

真保字存舉生四子
　長紳字世善生一子惠字子和無
　二調字世審生一子璉字子凱
　三綫字世艷生一子英字子才生一子天麟字君趾
　四綬字世守生一子琮字子郁生二子

53

54

真鐵字存繹生二子
長純字世顯生一子堯生一子昂字君瑞
二繼字世統生三子
長天誠字子仕生三子出繼三房
長適字子啟生六子
三府字子脩生二子

琛字子鄰生二子
長會慶字君除 無
二會極字君建生三子
長嘉字亞鸞生一子進
二憲字亞鳳
三天字亞鵬生一子霞隨母嫁永春

適字子啟生六子
長理性字君有生二子
長拱振字亞金 舉人
二拱陽字亞亨生二子
二養性
三復性字君心生二子
四循性
五定性
六全性字君致

府字子脩生二子
長文憲
二文炳字君煋生五子

復性字君心生三子
長承祈字亞禹生三子
二承裕字亞鐸生一子祥舍隨母嫁平和
三承禎字亞夔隨母嫁福亭圩

全性字君致生一子拱北生一子良寅字立參生三子
長賡
二樂
三文

樹辰字亞奎生一子良澣字立策生二子
- 長莪官
- 二道官 俱分住福寧州

樹陽字亞享生二子
- 長良浩字立祇 分住永春
- 二良濤字立濟生一子縣官

文炳字君耀生五子
- 長尚文字亞伯生二子
- 二尚礼
- 三尚玉字亞璇分住福寧州
- 四尚冕字亞冠生一子鼎官隨母嫁泉州廠口
- 五尚鄉

承祚字亞萬生三子
- 長寅
- 二秀
- 三恩 分住河南

尚文字亞伯生二子
- 長惠
- 二使 分住惠安縣 賡生二子
  - 長鳳官
  - 二鍾漢 分住山東

友宗字必輝生三子
- 長祖榮字益華生二子
  - 長本字懋德 御馬監太監 堇在永寧寺
  - 二臻字太怡生五子正千户
- 二祖保字益述
- 三祖基字益緒生一子纘字太立生六子

臻字太怡生五子
- 長哲字世明生一子潛字子龍生三子
- 二信字世行 庠生
- 三倫字世道
- 四佑字世助
- 五仁字世安生三子

仁字世安生三子
- 長子惠
- 二子慱
- 三子壬生二子

卯

潛字子龍生三子
- 長養正字君聖生三子
  - 長彥辰字亜時
  - 二逢辰字亜甫　武舉人
  - 三向辰字亜叅生二子
- 二養中字君利生二子
  - 長南槐
  - 二南榾　住南安卅八都
- 三養崇字君完生三子
  - 長亜朱生二子
    - 長立權
    - 二立熩
  - 二亜玉生一子遜明生二子
    - 長五娘
    - 二文生
  - 三魁字亜平生四子

向辰生二子
- 長遜柱字立表生三子　長璜字奏生一子使
- 二遜燦字立偉繼一子墀　二墀字子對生一子包　住山東

魁字亜子生四子
- 長遜炳字明廷生四子
  - 長騂生二子　住安溪
  - 二卸
- 繼遜燦
- 二遜煥字廷華生二子
- 三廷艷　廷蘆　宋
- 四廷芳

遜煥字廷華生二子
- 長興字礼字子時生三子
  - 長亥字璋耆生四子　長子忠　二子惠
  - 二夏繼一子熔生二子
  - 三甲魚
- 二興字孟字子浩生一子

驥生三子
- 長酉
- 二冬冬生三子
  - 長樓生一子炮
  - 二家繼一子　住中都
  - 三進生一子淵
- 三勺

學孟字于诰生一子喜生四子
- 長子進生五子
- 二詒生四子
- 三俊生二子
  - 長子品
  - 二子
- 四英生二子
  - 長子永
  - 二子良

亥字璋省生四子
- 長子伴
- 二富生一子志
- 三燦出繼夏
- 四郁生二子
  - 長永佳
  - 二永

進生五子
- 長子坊
- 二鑲郎
- 三子淑
- 四子祥
- 五子扶

管生四子
- 長擇
- 二齊
- 三夏
- 四王

纘字太立生六子
- 長田字復生二子
  - 長鳳字子岐
  - 二麟字子堅
- 二望字世儀生五子
- 三衍字世蓄生二子
  - 長子勤
  - 二子愽
- 四富字世教生三子
  - 長子佳生二子
    - 長信字君全
    - 二縣字君範
  - 二子迎
  - 三子厲生一子思孟字君利
- 五德字世俊生一子子茹
  - 長子道
  - 二子延
- 六貴字世祿生二子

58

思益字君利生一子元榛字亜美生二子
- 長興祖
- 二顯祖

顯祖生子武林部院標都督簽事 諱 朝綜分住杭州

朝奎生一子能保字彥明生二子
- 長戍字必新生一子
- 二德字必淳生一子

戍字必新生一子乾佳字孟貞生一子恭元字太乾生一子應字世範

德字必淳生一子祖孫字孟昭生一子牛字太耕生一子翰字世量

翰字世量生二子
- 長子堯
- 二子數生一子山字君秀生二子
  - 長聘字亜贊
  - 二選字亜品

選字亜品生四子
- 長九興字立台生二子
  - 長天賜生一子藩
  - 二天助生一子成生三子住田墩
- 二九德字立道生二子
  - 長彥
  - 二天
- 三九思字立再生二子
  - 長子安
  - 二子能
- 四九儀字立身

三房

十二 朝毅生三子

長能淑無

十三 二能厚字彥祥生二子

長友中字必盛生一子勝宗字益觀

二友生字必民生三子

長勝安字益柔

二勝廷字益靜

拾伍

三能治無

拾四

益靜生一子致政字太基生一子敦善生三子

長子麥

二子堅

三子禾

四房

朝永生二子

拾貳

十三 長能泰字彥正生二子

長惠光字顯道生一子濱胄生一子

二訓光字顯儀生一子濱平生一子

十三 二能昌字彥仁生二子

長友寧字必道生一子宗潤字益胄生三子

二友寔字必裕生一子纘字益紹生五子

宗潤字益胄生三子

長旭字太白

二嵩字太宇生四子

三昭字太陽

長班字世白生三子 庠生

二賓字世賢生一子 庠生

三侃字世顯生一子 庠生

四潤字世孚生二子 庠生

漢胄生一子太修生一子于弘

59

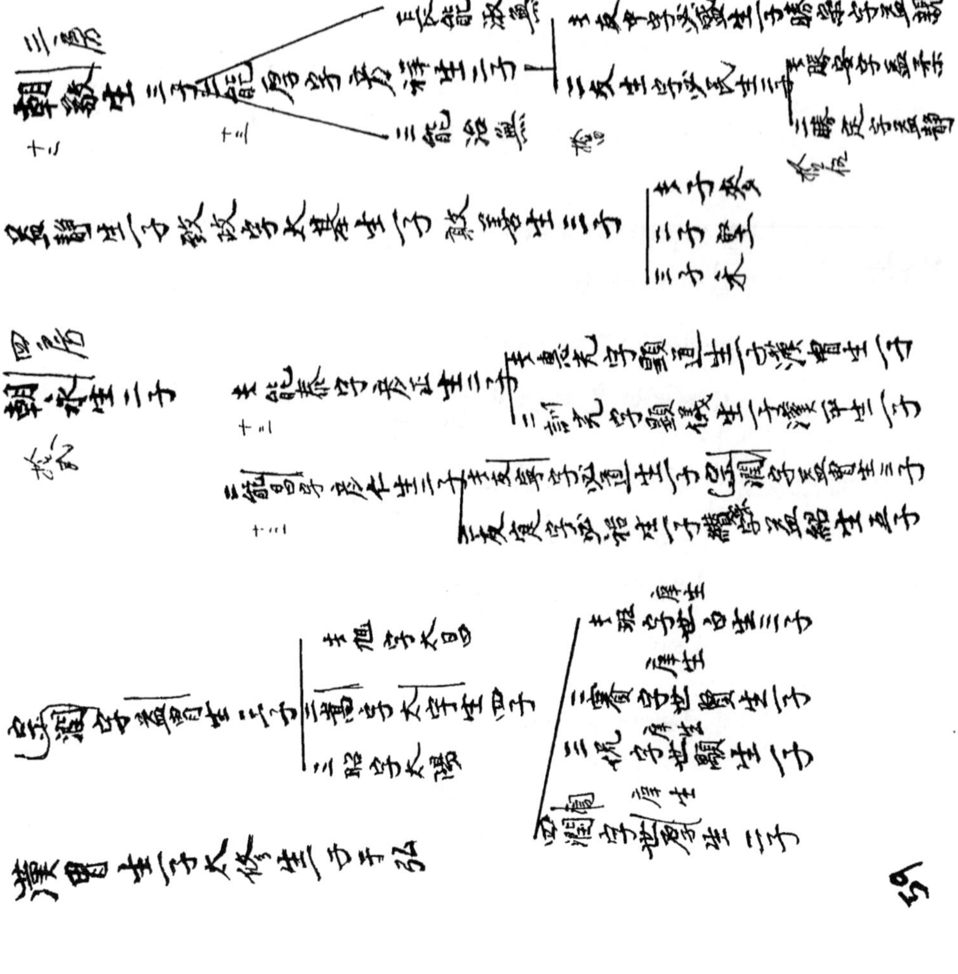

60

- 漢平生一子太英生三子
  - 長世範生二子
  - 二世充生二子
  - 三世甚生二子

- 世範生二子
  - 長子禎生一子礼字君祥生五子
  - 二子瑞生一子全字君慶生二子
    - 長貴字從順
    - 二富字從聘
    - 分住晋江劉灣

- 世充生二子
  - 長子旺生一子君用生四子
  - 二子執生一子君章生一子

- 禮字君祥生五子
  - 長志夫字仲進生一子萬悦字廷習
  - 二俊夫字仲文生二子
    - 長萬洋生二子
    - 二萬順
  - 三聯夫字仲發住温州
  - 四鵬夫字仲化生二子
    - 長正堯
    - 二元堯 住安溪
  - 五鳌夫字仲福生一子

- 君用生四子
  - 長仲仁生二子
  - 二仲儀生二子住福州
  - 三仲礼生三子入永春
  - 四仲智生一子入永

- 君章生一子亞玉生三子
  - 長仲招入安溪
  - 二仲俎
  - 三仲保入永

班字世白（庠生）生三子
長範字子信
二軌字子行生二子　長君尚　次君易
三軾字子恭

賽字世賢（庠生）生一子　專轉字子霆（建）生二子
長瓊字君策　亞勉　亞郗
次琳字君良　亞凌

侃字世顒（庠生）生一子　輅字子載生一子　君雅生二子

閻（YÍN）字世厚（庠生）生二子
長璘字子祥生二子
二璇字子機生五子

璇字子機生五子
長文煥字君佾生一子　鳴梧字亞賓生一子
二文解字君試生三子　鳴園字亞選生一子
三文會字君友（務農，往惠安洛陽石任村）
四文讌字君招生一子
五文華字君韶（往天津）

鳴梧字亞賓生一子　潯字立載生一子　仕蘭生二子
長鄉舍
二陞舍
（分往永春）

鳴園字亞選生一子　應辰字立留生一子　仕秋　往四川城

纘字孟紹生五子
長森字太雲生二子
長敢字世苗生一子　松字子壽
二敬字世恭生一子
二亮字太育生一子
三青字太澤生一子
四叔字太夏生三子
五田玔字太章生一子

61

62

亮字太言生一子愈字世力生一子謙字子綬
長文字世猷生一子大生生一子君謨生一子爵謨字亜裔
長公良
二兆良

秋字太夏生三子
二脩字世新生三子
三發字世暢生三子

脩字世新生三子
長椿生一子大本字君禹
二楠生二子
長大欽字君熙生一子
二大易字君萬生一子
三梓生一子

發字世暢字三子
長栢字壬子以卽生四子
二櫕生一子太岳字君鎮
三檀生二子
長大櫕字君述
二大賓生一子昭

五房
朝脩生二子
長能回字君房（興）生一子友善字必慶生三子
二能良字彥英生三子

十
十三

友善字必慶生三子
長復男字益讚生一子徵　正統十四年發應衛衛軍（充）　任南京
二復傅字益弘　亦十四年發河陽衛衛軍（充）敏公任大　監奏免
三復由字益載生三子
長熙字太烈生三子
二陽字太温
三蓮字太濟生五子

熙字太烈生三子
- 長世瞻生二子
  - 長君祥
  - 二亞儒
- 二世端生一子君班生一子亞基生二子
  - 長炳
  - 二灼
- 三世德生一子平字君偕生三子
  - 長亞吴
  - 二亞適
  - 三亞英

先字太濟生五子
- 長世結 住漳浦九曲 生三子燕生三子
  - 長君親諱俊生一子
  - 二君郎諱垣
  - 三君慧諱智生二子
- 二世紹生三子
- 三世維生三子
- 四世安生二子
- 五宗桃生六子

智字君慧生二子
- 長亞碧
- 二亞玉生一子立岡生三子
  - 長英生子觀使
  - 二貞生子能官 三人俱住長泰
  - 三仁生子壽官

俊字君親生一子亞申生一子文保守立 分住崎漢

垣字君郎生一子亞宙生一子永宝字立煌生三子 長廷錫生一子 正官 分住潮州

世紹生三子
- 長登禎字子育生一子輔字君樂生一子亞錫生四子
  - 長廷俊
  - 二廷瑋
  - 三廷宇
  - 四廷奇
- 二登礼字子登
- 三登棋字子廣 俱住漳浦爐飛

64

登礼字子容生六子
- 長純德
- 二純儀
- 三純讓
- 四純信
- 五純 仁字君儀生一子
- 六純忠

登祺字子广生三子
- 長君錫生二子
  - 長亞清
  - 二亞祥
- 二君待
- 三君用生二子
  - 長亞愛生二子
    - 長初
    - 二元
  - 二亞字生四子

亞字生四子
- 長長
- 二 四
- 二貴
- 四良

亞祥生一子啟桂生三子
- 長宴
- 二府
- 三棟

純仁字君儀生一子鳳字亞翔生二子
- 長鴻字立賓生三子
- 二雁

鴻字立賓生三子
- 長廷松字子馥生二子
  - 長謇家生一子
  - 二潛然
- 二廷桂字子榕生三子
- 三廷檜字子節生一子新　仝往西關衛俠嶺

廷桂字子柘生三子
- 長芳
- 二顯 生一子翥
- 三達

譽家生一子孟樑字一峰生五子
- 長汝
- 二漳
- 三珍
- 四瑾
- 五璟

世維生一子名振字發書生四子（在漳浦古致）
- 長恒訓生一子豫節
- 二恒信生一子豫盛生三子
- 三恒仁生一子立栻字豫學生員
- 四恒謨生一子豫周生三子

豫盛生三子
- 長東
- 二諒
- 三替

豫周生三子
- 長應文生一子誠生三子（武生員）
  - 長汝漳生四子
  - 二汝璜生三子
- 二應宿生三子
  - 長言生一子晉
  - 二衛生一子宅
- 三應貴生一子寬生一子順官

汝璋生四子
- 長卯
- 二鹿
- 三報
- 四臻

汝璜生三子
- 長郡
- 二坦
- 三昂

65

嘗讀大雅之詩曰無念爾祖聿修厥德
此但為帝王言之哉凡士庶民家皆當佩
之蓋自族派分而子孫繁衍開基之始
近共數百年遠共以千年未嘗不宜相
親而相愛而人往乚至於疏遠与他譜
系之序不傳而人各私其親故也桉旧
籍自（近嚴）遜（孫）仁公重錄至此朽蠹頹壞其
有不壞共尽是散註名字脉絡拖抱目殊
難清楚余二人因思我　祖之德豈可委
諸荒遠難稽致有貽訛妄昧哉既不敢
以妄昧蓋祖宗則考世系訪及或遠或

67

68

近皆一父之子也曾一父之子而可鬩牆生
釁角弓啟怨萁豆興誚至數友涼薄哉
此能追念我祖考詒以自能篤厚其親也
余再堂侄孫任曰君稽考我祖張氏自崇
義公以上我　祖讓公傳至汝俊等凡四世一
行兄弟叁拾肆人蓋寢明寢興烏容何天假
殆翊奔流四方致使為之後裔者漸矣稽
元五世六世七世矣而自　崇儀公以下考其支派
盡其譜圖如木之幹如水之源流柯葉枝
分澗壑競流而統會於一本將使後之
人觀之世次昭穆之序不混則友恭之

讓公 父玄仝母王氏兄温良恭儉弟勤勉（勉）遜妻陳氏生三子長應麟二應鳳三應龍唐乾符年從固同王氏審知入閩避黃巢乱

勤公 父玄同母王氏兄温良恭儉讓弟勉遜生一子應麒（麒）時黃巢乱見共縣王審知據有閩嶺故与兄入閩避乱

應麟 父讓母陳氏弟應鳳應龍子國臣國器國翰

應鳳 父讓母陳氏兄應麟弟應龍子國佐國禎

應龍 父讓母陳氏兄應麟應鳳子國經國維國棟

應麒 父勤迁而夭

國臣 父應麟母沉氏妻陳氏弟國器國翰子根昌根興根輝根祥

國器 父應麟母沉氏妻蕭氏兄國臣弟國翰子根宗根偉根祥

國翰 父應麟母沉氏兄國臣國器妻洪氏子廷弼廷慶曆五年生員塋白石西北向

69

國佐　父应鳳　母王氏　弟国禎　妻李氏　子文熾　文標　任淮安府桃源縣〻丞　塋在北山東南向

國禎 三　父应鳳　母王氏　兄国佐　妻李氏　子文昌　文輝　文煥

國經 三　父应龍　母李氏　弟国維　国棟　妻蘇氏　子日新　日益　日漸

國維 三　父应龍　母李氏　兄国經　弟国棟　妻江氏　子日耀　日晃

國棟 二　父应龍　母李氏　兄国經　国維　妻洪氏　子日瞻　日進　日長

振昌 四　父国臣　弟振興　振祥　振秀　子汝俊　汝彥

振興 四　父国臣　兄振昌　弟振祥　振秀　子汝玟　從居興化莆田

振祥 四　父国臣　兄振昌　振興　弟振秀　子汝仁　汝義　汝礼

振秀 四　父国臣　兄振昌　振興　振祥　子汝智　汝信　汝忠

振宗 四　父国器　弟振偉　振阔　子汝達

70

振偉　父国器兄振宗弟振閎子汝穎汝明

振閎　父国器兄振宗振偉子汝通汝聰汝純

廷弼　父国輸母洪氏子汝精汝良汝勛

文熾　父国佐母李氏子汝觀汝靖

文標　父国佐母李氏子晃夭

文昌　父国禎母李氏弟文輝文煥子汝康妻賴氏

文輝　父国禎母李氏兄文昌弟文煥子汝善汝壽妻戴氏

文煥　父国禎母李氏兄文昌文輝子汝高汝寔汝孝妻李氏

日新　父国経母蘇氏弟日益日漸妻吳氏子汝華

日益　父国経母蘇氏兄日新弟日漸妻王氏夭

日漸　父国経母蘇氏兄日新日益妻晋江丘氏後置家泉州西街

日耀　父国維母江氏弟日晃妻蔡氏子旺夭

71

日晃　父国維　母江氏　兄日耀　妻林氏　子汝全　汝欽　汝脩　汝謨

日暄　父国棟　母洪氏　弟日進　日長　妻葉氏　子徙居清溪草苗

日進　父国棟　母洪氏　兄日暄　弟日長　妻鄭氏　子汝椿　汝梧　汝松

日長　父国棟　母洪氏　兄日暄　日進　妻李氏　子汝松　過房

我

祖讓公傳至汝俊等凡四世一行兄弟叁拾肆人

益寖明寖昌烏奈何天假強虜使中原

沸閙地波騰致五六七三世系譜散擾拂

舊譜曰五世六世七世系譜時值金胡人

倡乱天下洶洶譜踪不脩至宋隆興年始

有續譜自八世起矣八世去五六七世未遠

72

八世弓(有)譜何五六七世失之耶乎
想八世譜能八世祖修之也又
是九世十世後之祖起而修乎
高曾祖等譜而八世以之譜
世數既遠名字旬忘安敢
鹿焉亥豕強不知以教化
耶切待(信)得傳疑姑闕以貽
後耳今將旧價本抄謄於
左　裔孫　元靜([illegible])　謹志

下張昭穆：
能汝布仕宜甫文世弘允孟彥啟光
廷永達乃佳孫子貽謀以克用

西洪塘昭穆之：
景甫宜惟文德元光崇(魁)良志宸世廷
永達乃佳孫　子貽謀克用

張林昭穆之（從十三世起）
仕朝于一廷孟彥啟光廷永達乃家　孫子貽謀以克世
君卿侯伯大其宗　孝友承前烈　和親篤本根

青嶼昭穆之：
奮坞朝彥少孟太世子中夫廷于省而乃其克之
聿嗣洪徽用光厥祖說禮敦詩聲名耀斗。

青嶼旧昭穆之：
德汝布壽仕宜甫文世弘允孟
彥啟光廷永建迺佳宗斯夫振

附

儒林七房世系表

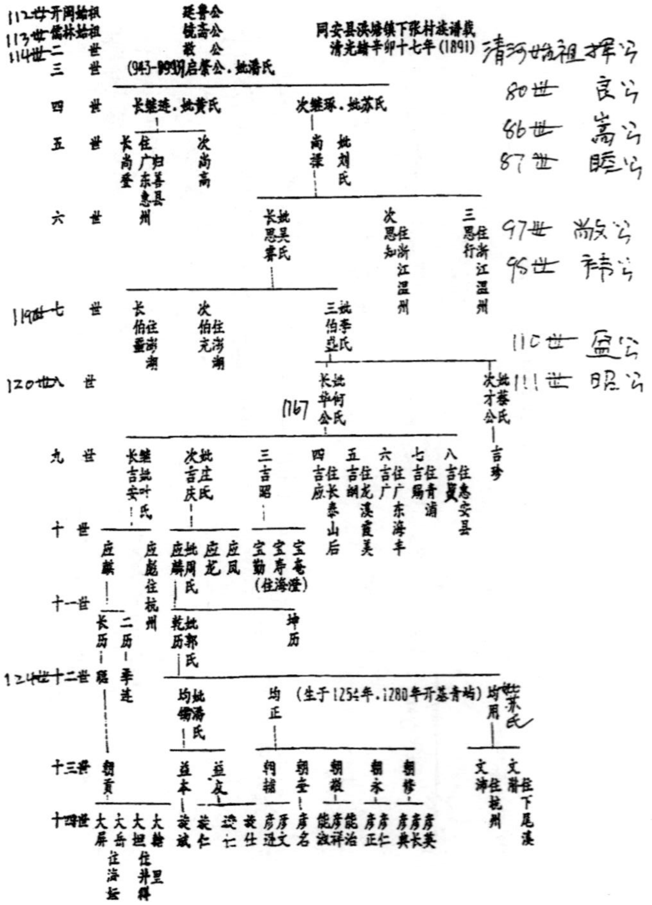

同安朝元门张树林、张水枝提供旧墓志铭志载。嘉字辈

妻蔡氏

同安朝元门張樹林（嘉字辈）張水拔提供旧墓志銘志載。

曾祖普生　祖質　父德號靜菴　母葉氏

石门先生諱華字国文排　妻蔡氏　妻陈氏

朝元门

行第二享年七十三　子三：長選全妻王佐女；次子鏊妻王氏庠生王行道女；三子棟隆妻佛嶺葉綱女

孙男二：選全子志湛——曾孫天植妻庠生葉、女，天楨妻南安吳時憲女，詵；棟隆子弘規

朝之

石門生於成化丙午年（二二年，公元一四八六）卒於嘉靖乙未年（十四年公元一五三五年）享年七十三歲　1559

蔡氏生弘治乙酉年（二年公元一四八九年）卒於嘉靖丁亥年（六年公元一五二七年）享年三十歲

陈氏生正德壬申年（七年公元一五一二）卒於萬曆己卯年（七年公元一五七九）享年六十七歲

王氏（鏊之妻）生於嘉靖乙未年（十四年公元一五三五）

頭下西面段玉自居祖基坟號為上下張今後

洪武十四年我

祖張進德與弟進保名立籍當差張進德官民田
地山五十八畝二合正耗粮米四石五斗八升五合九
勺折米一石五斗另個米五石六斗三升至
仁濟理掛右西巷田地山張善生立籍永樂二
十年解銀南京失船又書藏至木夾內不
泥十解自己失銀進回後數年合不見隨
又解到乃將葉某與始丈呂宏遠賠進回本
戶二二是我祖用甫與呂玉分籍後上地租上
頭下西而呂玉自居祖基故號為上下張今後
乃呂玉主使也

始祖張讓公

按舊譜自唐乾符至明洪武歷世系嗣續
綿綿可稽皆我

祖以來世脩而錄之以示後之子孫知所尊宗而

書叟

76

也自遂湮而後追致而重修矣迺漢功珍藏以
付吾子元静謹依舊譜系以近代脩之以啟
嗣後人俾知溯源推本歲時祭祀而肅孝敬致
大
昭功於
祖宗而宏燕翼于不艾矣也敬志不朽云

通甫 乏嗣養十三都吳繼祖之子丁養仔生子張旺苗張興養旺苗
生子再仔再安興養生子篤榮潤榮賜仔戌化十午歸
宗于十三都翔風里繼祖原户

文甫 娶陳氏 生子崇元 崇貴文甫養乳仲華 崇元無傳
長慶兒 次慶治

中個 娶王氏 子崇甫 崇同 崇甫無傳 崇同生三子長允良次允和
三欽順 四欽玫

宗文—有真 妣許氏
- 伯興 妣賴氏
  - 甫典 妣方氏
    - 進聲
    - 貴仔 避乱入山不知所之
  - 甫謨 避乱入山不回
- 伯楷

宗德—有度 妣紀氏
- 伯良 妣何氏
  - 甫猷 妣謝氏
    - 進嘉
    - 進良
    - 進益
- 伯功 逃乱失向
- 伯魁 妣刘氏
  - 甫勤 逃乱失向
  - 甫敏 妣方氏
    - 進受 雍正六年運城羅天麟反 漳州賊起入泉州居住

進嘉 妣柯氏
- 邦珍 妣許氏 又妣王氏
  - 安智 妣孫氏
    - 懿德
  - 安福 妣戴氏
    - 昭德 賽甫丁
    - 後為賽賊所掠
  - 安理 又名 妣吳氏 早亡
    - 淑德 避賽賊之入向
- 邦揚

乾隆二十七年万□賽甫丁據泉州□□受案去尋

進長（良）妣楊氏 — 邦憲 妣林氏 — 安清 与安智入泉城

安順 無傳

進益 妣顏氏 又妣李氏 — 邦伍 — 安任 妣李氏 — 啟德 妣魏氏 — 董芳 洪武年絶

標 大

至德

安玖 妣孫氏 — 謙德 妣刘氏 — 应宿

应辰 洪武年逃外縣

進益葬王雷巳石東向

進受 妣王氏 — 邦光 妣李氏 — 安琛 夭

邦輔 時陳桂龍反与父俱歿

崇信 生二子 有儀

有則 夭無

崇有 子逃福清

崇仁 子有瑾 無

崇本 子有璞 無

伯正 妣李氏
- 甫乾 避兵先向 一家為陳弔眼所虜
- 甫炳 妣李氏
  - 進平
- 甫舉 妣卓氏
  - 進烈

進昌

進盛 妣黃氏 生一子
- 邦用 妣蘇氏 無傳

進旺 妣蘇氏
- 邦才 妣方氏
  - 安球
  - 安貞 与父親自充捕盜為賊所殺
  - 安泰
- 邦器 妣葉氏
  - 安沛 与伯父邦才為賊所殺
  - 安喜 無

進昌
- 邦濟
  - 安甫 入泉城全銀巷
- 邦翰 妣吳氏
  - 安定 無

進烈 妣鄭氏 生一子
- 邦常 避陳弔眼從南安山內又從永春

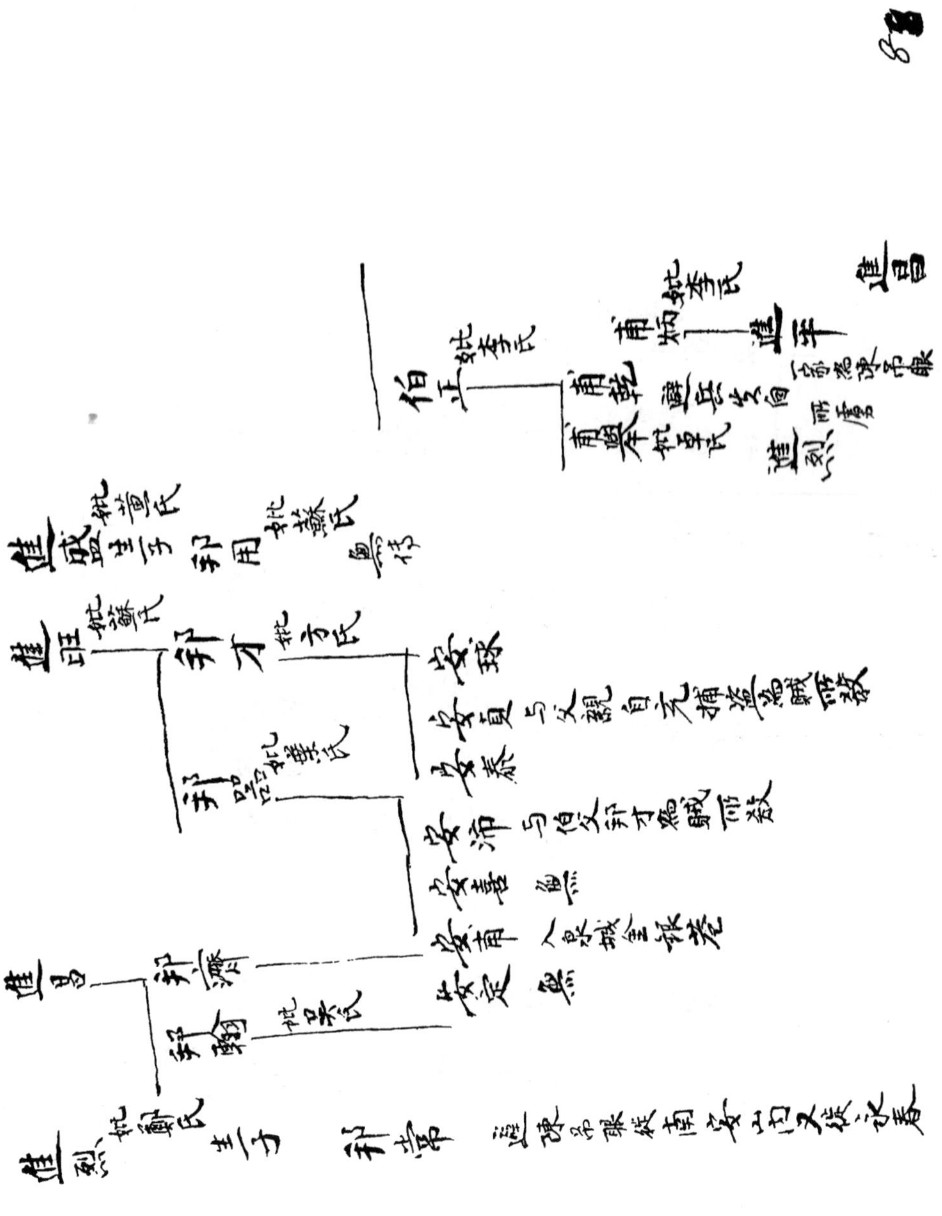

崇標
- 有直 妣呂氏
  - 伯時 妣刘氏 往呂宋不回
- 有守 妣吳氏
  - 伯升 妣郭氏
    - 鎷賜 徙居龍溪

崇儀
- 有福 無傳
- 有禎 妣洪氏
  - 伯坤 妣王氏
    - 甫和 無傳

崇儉
- 有樞
  - 伯萃 妣宋氏
    - 甫遜
    - 甫思 俱無傳
  - 伯復 妣許氏
    - 甫全 無

崇寔
- 有蘊 妣林氏
  - 伯俊 遊兵不知去向
- 有珍 妣周氏
  - 伯偉 妣陳氏
    - 甫貫 妣宋氏 妣方氏
      - 進盛
      - 進旺
      - 進[illegible]

9

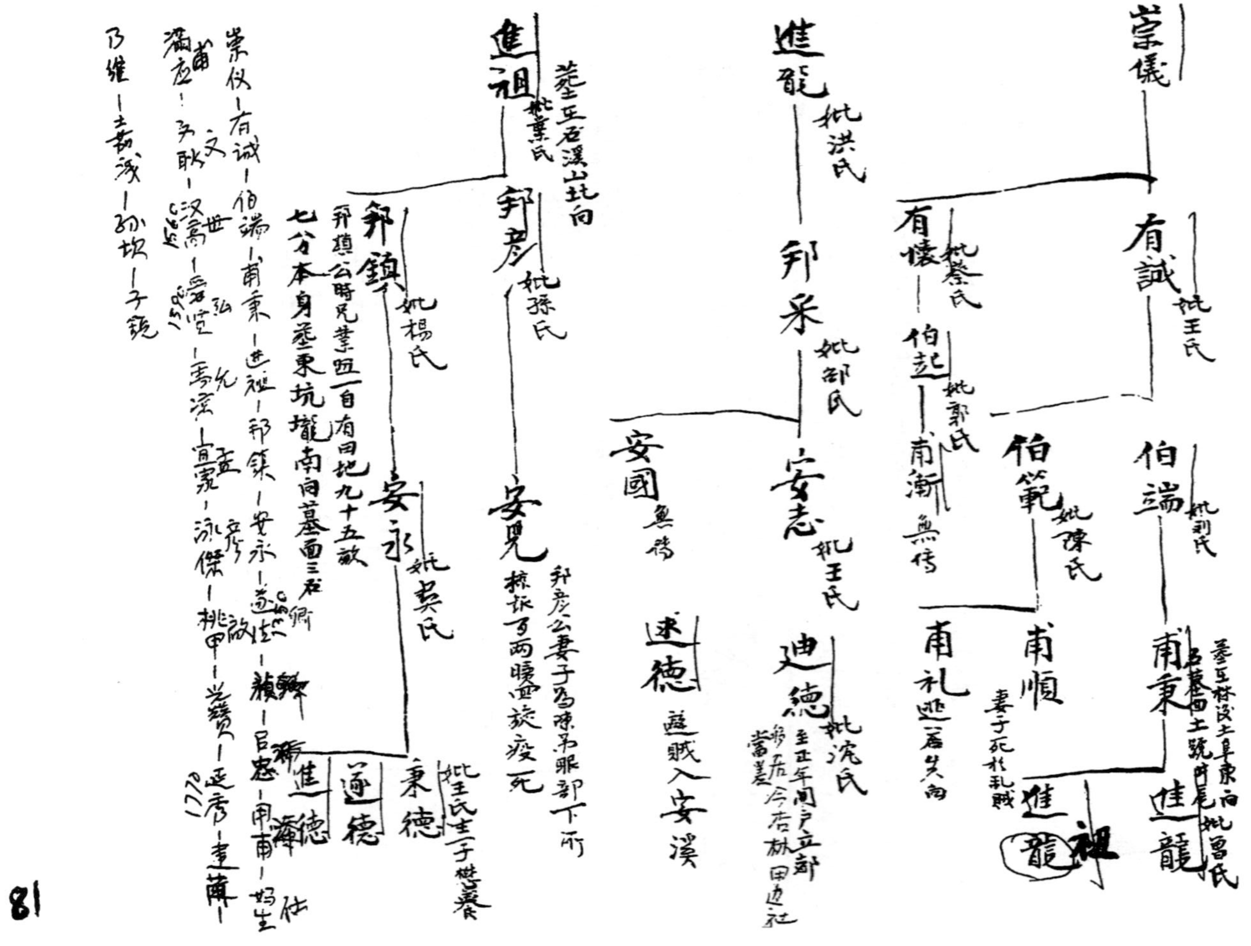
嵩儀
有誠 妣王氏
有懷 妣蔡氏
伯瑞 妣剡氏
伯範 妣陳氏
伯起 妣郭氏
甫東
甫順 妻子死於亂賊
甫礼
甫衡 無傳
進龍
進祖
進龍 妣洪氏
邦采 妣鄧氏
安志 妣王氏
安國 無傳
迪德 妣沈氏
述德 遇賊入安溪
進祖 妣葉氏
邦彥 妣孫氏
邦鎮 妣楊氏
安見
安永 妣吳氏
秉德
通德
進德
81

勤德

遂德國業在石西巷又見遭兵户丁稀少至正元年將理班七甲為甲首　身死於寳賊

吳佚治頂自開一户根莊仁法理里寺崖第進法為立户五都吳佚治下至

洪武十四年遂德又告退吳佚治下妻合葬埔山后石墓面西南向

遂德　妣吳氏

昌　妣趙氏

以　呂礼　妣林氏

通甫　1553

養吳　養子　旺苟　兩安　兩任

以養　万葉　偕黄　賜　簾

以　呂順　無傳

呂礼公葬在吉埔後壟

南边東南向

興　妣洪氏

以　呂玉　妣陳氏

文甫　仲华　崇貴　崇贊　庵生　庵兇

牛蘭　崇同　崇甫元　允良　允和　欽順　欽致

以　呂大　無傳

禎　妣許氏

以　呂忠　妣陳氏

周甫

成甫

禎公葬在埔山後田

上西向

呂玉公永樂二年為

周埔分分户

祥　出家僧號中　若川　無傳

遂德

妣陳氏又李氏生三子長欽二讓三君立至正年間户籍甲首

致德至居謙後當差有田地山米十石二斗四升

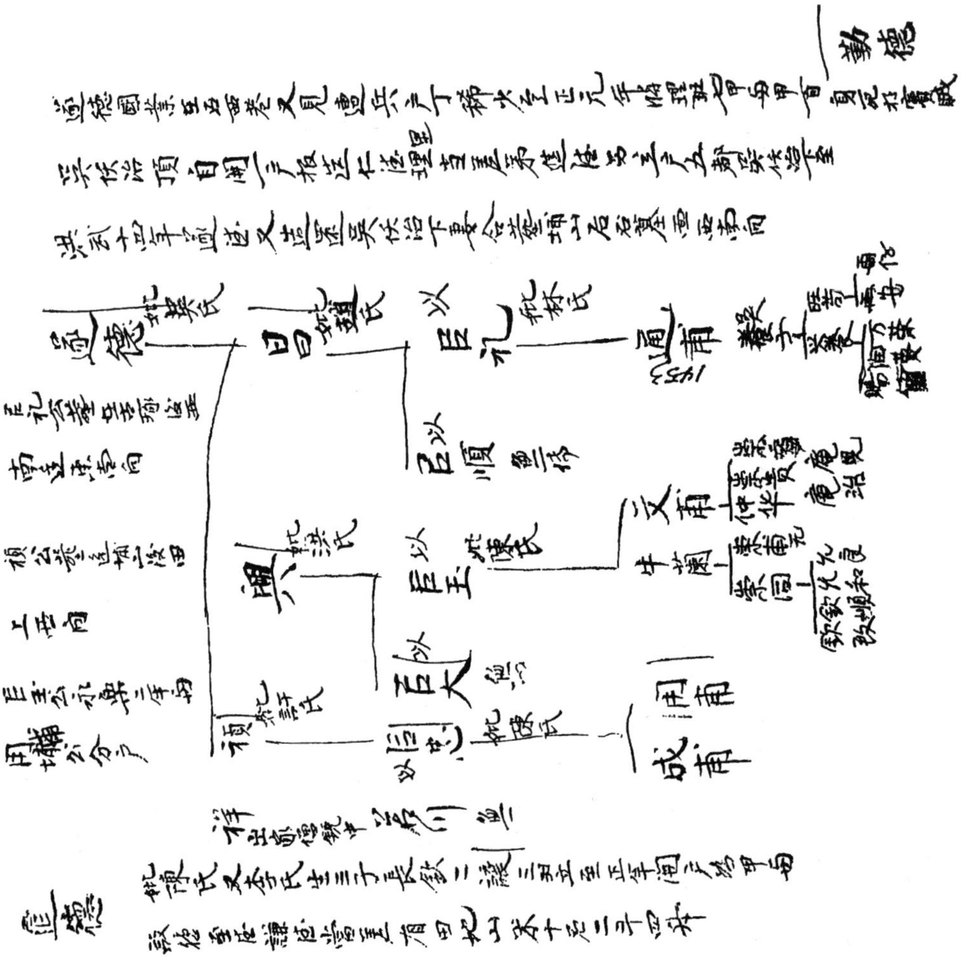

用甫葬二王林頭下南向今左附葬孫技大乾又附曾孫文駿技左右前及
新楓兇俱係歷世附技廿技八首妣陳氏葬王半林後南向用甫現存本于乙月十
七日生十月十二日辛永樂二十年壬寅爲巳王分户

用甫 妣陳氏
媽生葬王松柏頭灰壇上今號楓
脚兇公葬仍妣合葬王統十
四年因避賊逃林官軍巡今
四生媽生告給因帖安家
男婦八口時知縣徐覓帖尚
存
媽見原為陰陽官葬王
逐埔南向

媽生 妣葉氏
光庇公十一月初十日忌葬
王林頭下祖南向妣蘇
氏東向六月十五日忌

滿宗公五月十九日忌葬王林頭下祖墓左
逐南向妣蘇氏九月廿六日忌

媽見 字温蔡 妣桂氏

光應 妣蘇氏
宗應 無傳
滿應 妣蘇氏 字大乾

文吉
文玉 無傳
文耿
文忠

應同
勤同 無
森同 無
玄同 無

文明 逃入安溪
文偉
添仔

文吉 妣陳氏
文吉諱清正月初三日忌 葬王林頭下祖墓右邊
兩妣陳氏合葬兩墩南向五月

漢惠
漢程 無

舜德 妣黃氏
舜理 妣陳氏

禹善
禹運 無

83

84

舜德公二月廿三日忌　妣十一月廿三日忌　墓竿林後南向

舜理公墓在竿林後南向

舜煌移居灣門工保　墓在灣李宅　眉頭庚向

公五月初一日忌　墓在林頭下祖墓右邊　三凡五月十一日忌　墓在林頭下路門新搪　俱凡南向　性氣剛勁人呼為大槓

文耿　妣陳氏　諱照元

漢高司妣合墓在竿林後

舜賢司妣合墓在赤泥墓　分金壬丙兼子午坐北向南　公十月十一日忌　妣正月十二日忌

漢昌　妣陳氏
漢喬　無
漢世
漢高　妣賀氏
漢紀
漢岱山　妣李氏

舜哲　無傳
舜國　流居長泰白極
舜煌　妣鄭氏
舜賢　弘　妣李氏
舜豪　細叫　無
舜錦　妣蔡氏
舜扶

禹祚　無
禹濟　無
興瑞　無
禹會　無
禹諒　允
禹錄
禹昌
禹梧　妣葉氏　無
禹命　無

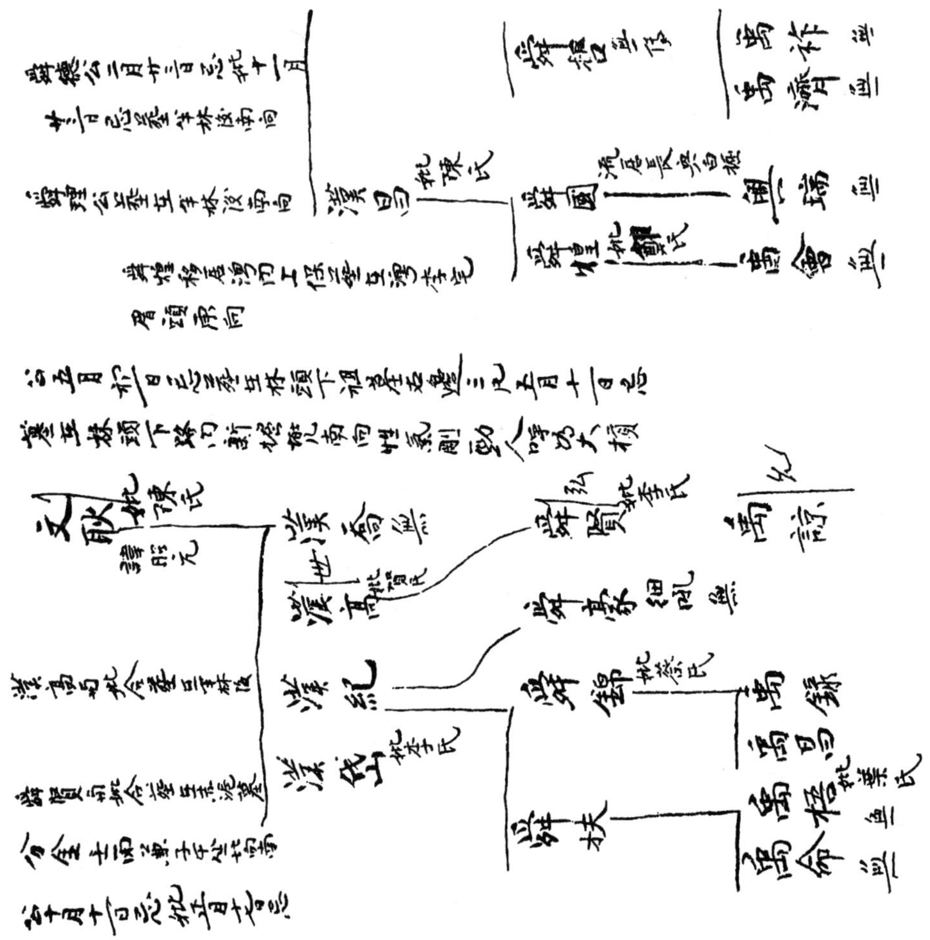

文忠諱□元墓在丘埔嶺尾田□東向大帽繼妣葉氏葬墓右邊三丈
光妣馬氏葬林頭下右前今遷葬泉空口南向公五月初九日忌

文忠 妣馬氏 又妣葉氏

漢節諱恭六月十一日忌
漢光妣□氏墓在林頭下
蘇婆墓南邊東向二月
初二日忌又妣楊氏六
月十六日忌

漢節 妣王氏
- 舜良 — 禹聲
- 舜仁

漢光 妣蔡氏 又妣楊氏
- 舜清 — 禹純、禹器
- 舜元 — 禹貢、禹鎮

漢浩 妣葉氏
- 舜成 妣曾氏 — 禹迎、禹憲
- 舜楊 — 禹式

漢靖 妣蘇氏 無傳
十二月初六日為賊所殺

85

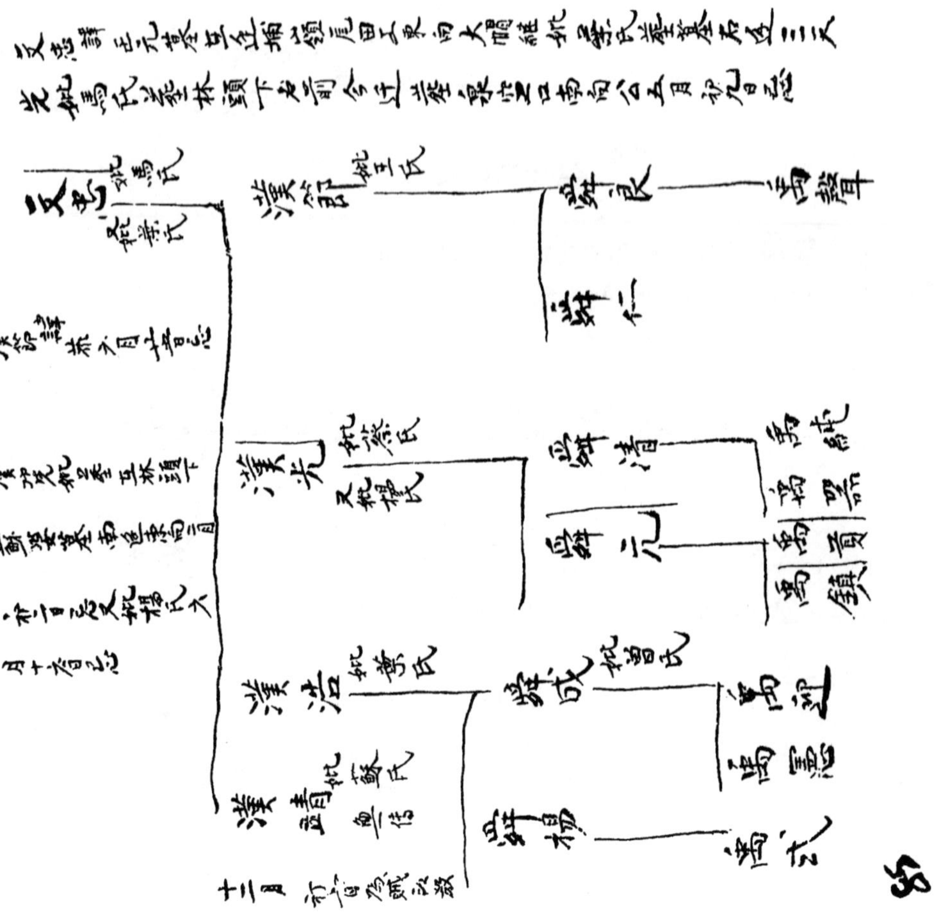

86

文輝 — 漢璧廿 — 舜眼弘 父漢璧移居董塘父墓在上董塘 西前山路上中客墓在西向

漢爵 入北山廟為稽

添仔 劫乞丙程順里五都江軟吉泰成收入户 今有汝才等是其正孫

文吉公派下

禹善允 — 宜膺孟 妣沈氏 — 泳景彥 — 桃慶啟 — 光亨

光明

泳仁 妣洪氏

泳日 妣徐氏 — 香

亭

泳寄 夭

泳景卯年三月十五日故葬上張大王公宮下坑乾地厝前 繼妣林氏

諱四天號象吉業儒

光亨生四子

長延喜

次延助

三延就 往台

四延賔

延喜生一子

建郎

延賔生三子

建彥

建貢

文耿公派下

禹諒公与妣孫氏合葬在半林後三塚墓下今號斜金攏壬坐丙向
乙公三月初二日忌妣七月十九日忌

禹諒 妣陳氏 諱諒濟
宜家 妣陳氏 諡淳康
泳英 — 桃元
泳豪 — 桃嘗、桃仲、桃敏
泳傑 妣紀氏 — 桃科（娶妻）、桃甲、桃選

宜家葬 家與妣陳氏合葬在古塚墓三歲石碕後五丈餘坐庚向甲兼
月廿七日忌妣十二月十八日忌

泳傑妣後埔紀氏公葬在烏甘脚地今號古塚南邊坐庚向甲妣葬在尾埔坐丑向未有石碑男舜舉為記公十二月十六日忌

桃科葬在松柏頭下長坵坐 向十月廿五日忌

禹錄 妣蔡氏
宜植 無
宜妙 — 泳量 住浚水寮番薯

87

88

- 宜贊 妣許氏 繼妣蘇氏
  - 泳想
    - 桃旺 移居翔鳳里山頭
  - 泳賽 妣方氏
    - 桃弁
    - 桃束 俱往台灣淡水
  - 泳勤 妣陳氏
    - 桃掌 妣陳氏
      - 光富
      - 光春
      - 光賀
    - 桃爍 妣李氏
      - 光賜

桃掌葬在松仔下甲庚向

- 禹昌 妣李氏
  - 宜疇 妣陳氏
    - 泳專 妣陳氏
      - 桃取
        - 光立 往淡水
      - 桃快 妣陳氏 並往台淡水
      - 桃志 妣魏氏
        - 光德
        - 光毅
    - 泳亨 妣戴氏
      - 桃允 妣陳氏
        - 光諧
        - 光亙
      - 桃舌 妣戴氏
        - 光扶
        - 光脩 無傳實何?
      - 桃弟
        - 光升
        - 光偶?
      - 桃篇 妣紀氏
        - 光卿
        - 光猛?
        - 光海 往台淡水
  - 宜趣

出祀于宜趣

光卿住石浦

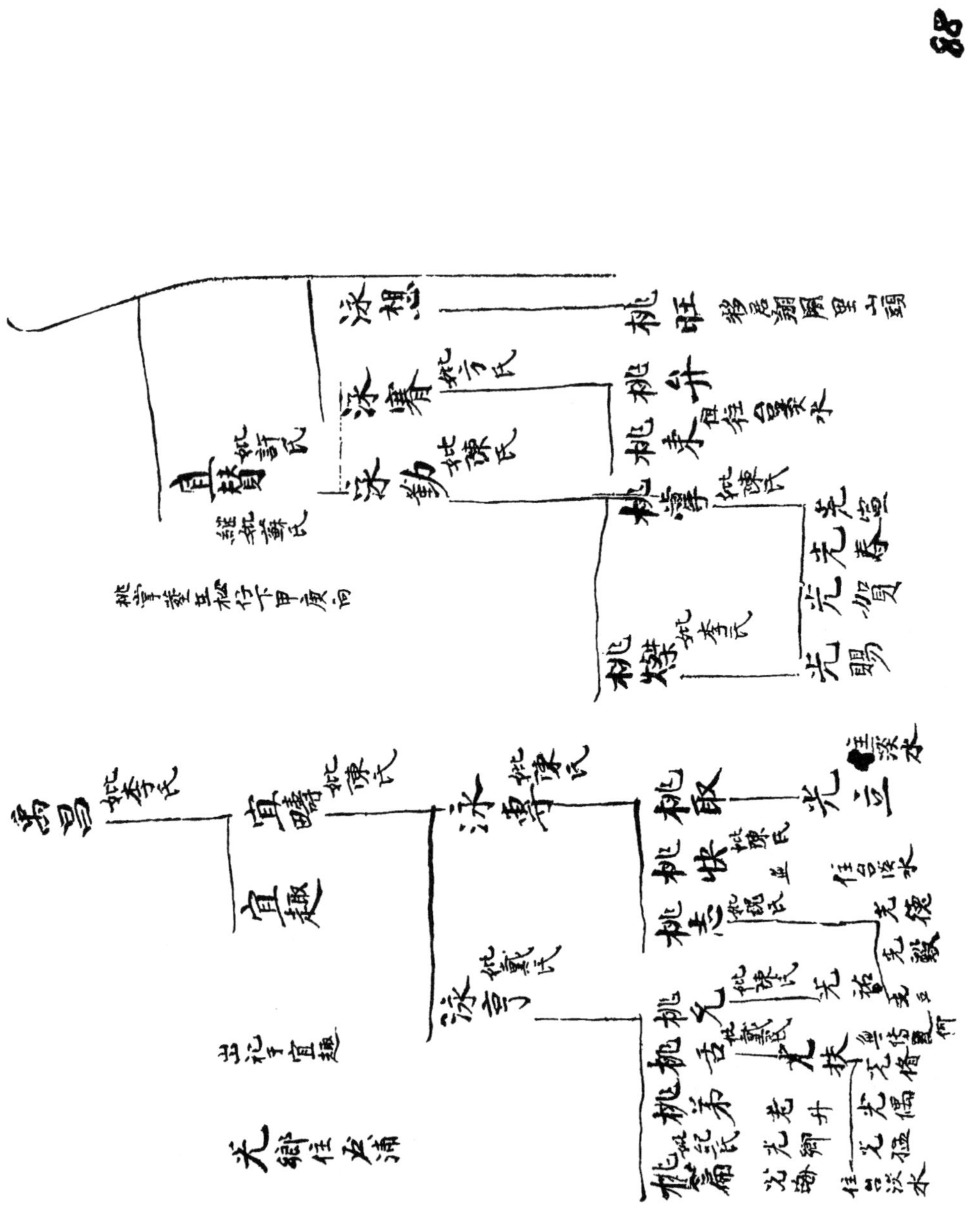

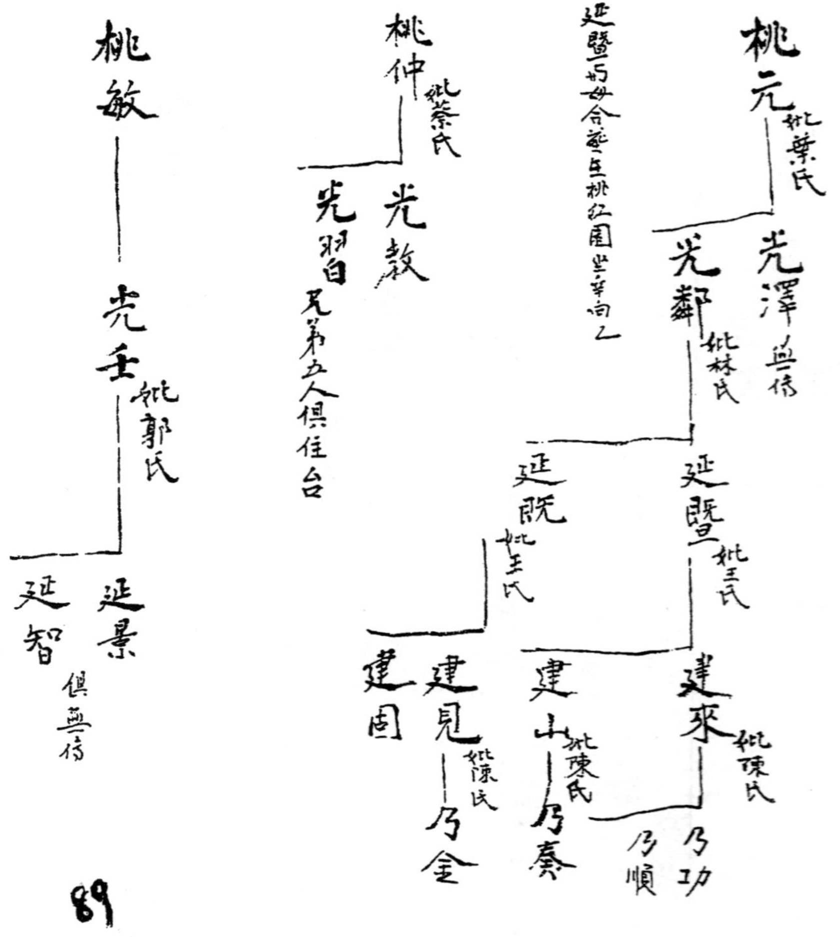

桃元 妣葉氏
光澤 無傳
光鄰 妣林氏
延暨与母合葬在桃红园坐辛向乙
延暨 妣王氏
延既 妣王氏
建來 妣陳氏
建山 妣陳氏
建見 妣陳氏
建固
乃功
乃順
乃奏
乃全
桃仲 妣蔡氏
光敎
光習
兄弟五人俱往台
桃敏
光壬 妣郭氏
延景
延智
俱無傳
89

- 桃掌
  - 光宣 妣黃氏
    - 延凱
      - 建懿
      - 建驎 隨母嫁刘厝
  - 光春 妣黃氏 妣陳氏
    - 延才
    - 延靜 住台淡水
  - 光賀 妣洪氏
    - 延芳 妣黃氏
      - 建琛
      - 建銓
      - 建填
    - 延疊
      - 建蟾
      - 建鳳
- 桃燦
  - 光賜 妣紀氏
    - 延協
    - 延桃 今居長興施山尾
  - 光祐 妣吳氏
    - 延等
    - 延意 妣陳氏
    - 延廩
    - 延撐
- 桃志
  - 光德 妣賀氏
    - 延萬
    - 延試 住台淡水

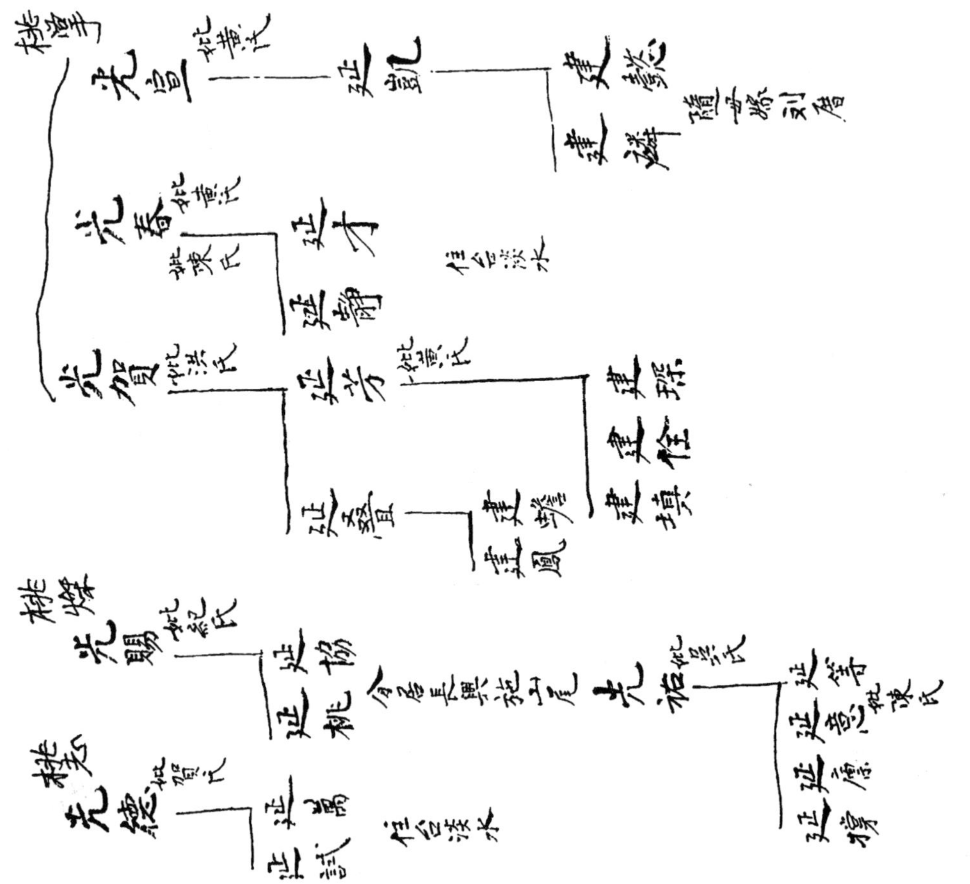

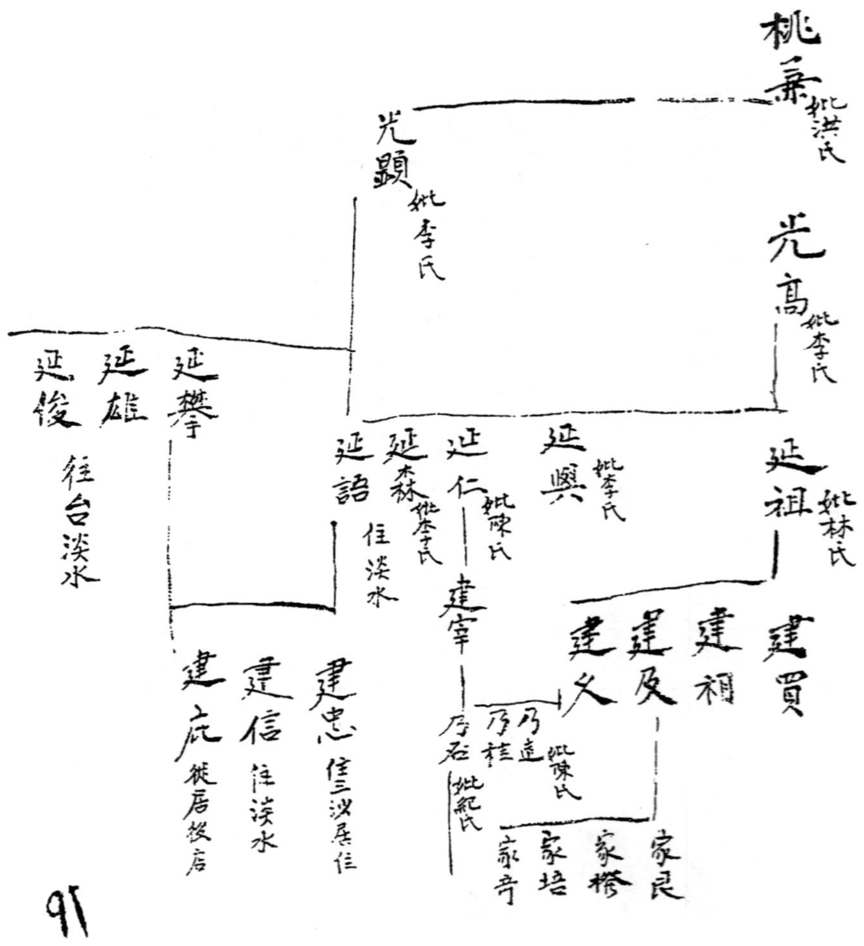
桃秉 妣洪氏
光高 妣李氏
光顯 妣李氏
延祖 妣林氏
延興 妣李氏
延仁 妣陳氏
延森 妣李氏
延語 住淡水
延攀
延雄
延俊 往台淡水
建買
建祠
建及
建久
建宰
乃達 妣陳氏
乃桂
乃石 妣紀氏
家良
家榕
家培
家亭
建忠 住三汊居住
建信 往淡水
建庇 徙居後店
91

桃甲公葬在面前魚池上坐壬向丙　妣葬在污仔
後坐西北向東南

澙

桃甲　妣洪氏

光贊葬在工張墓後坐北
向南有石碑記

延秀葬在本社大垅坪坐壬向
丙兼子午分金辛巳辛亥　二月初三日忌

妣紀氏葬在本山李仔園坐
壬向丙兼子午　六月十八日忌

光天葬在污後坐西向東

延潘葬在古塚山坐北向南

光贊　妣李氏　號弍玉

延秀葬在鋪貿祖坟
右邊

延哲與妣戴氏合葬松下
作丙推坐北向南公倚西邊

延禹妣陳氏葬在深泥堀工坐西北向東南後公葬鉼仝
坐西向東繼妣葬在宮后坐東南向西北公四月廿日忌妣
陳氏正月十四日忌繼妣徐氏五月初三日忌

光天　妣葉氏

延秀　妣紀氏　字鐘英

延哲　妣戴氏　繼妣葉氏

延禹　妣陳氏　又徐氏

延添——建明　無

延福　妣陳氏——延俊　無

建近

建蔭

建平

建廷

建仕

建良　生三子　無

建臨　生三子　無

建梅

建誼

建章

92

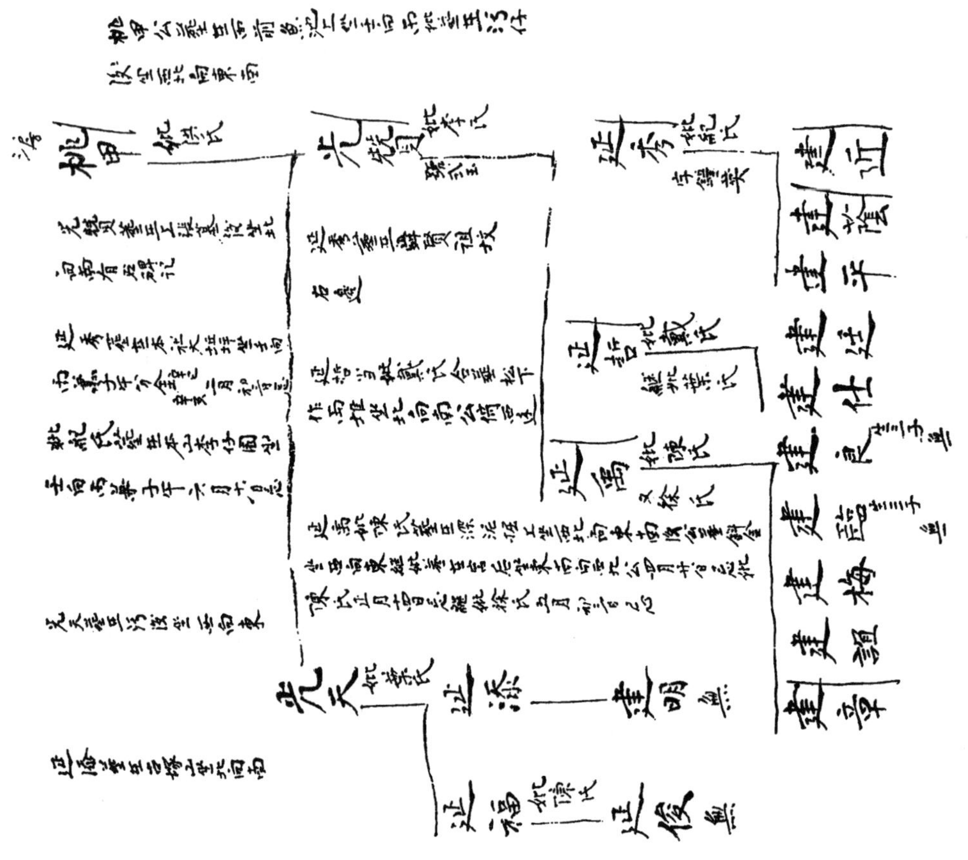

公墓在本社後壁坐亥向巳兼壬丙妣墓在尾埔坐丑向未
丙長總歸合公三月初三日忌妣七月十九日忌

桃選　妣曾林蔣氏　字舜舉

光愿墓在本社後壁丁向
光妣林氏再姑合葬在尾
埔有石碑記又妣李氏墓
在墓後亥巳向

光求墓在本鄉土名李仔園
坐壬向丙兼子午有石碑
法光琳張公墓記六月
初十日忌妣陵廷葬在公墓
邊右手見坐壬向丙兼亥巳
十一月廿三日忌

光愿　妣曾氏李氏　字必從　先妣林氏

光求　字君琳　妣趙氏

延進　妣林氏　字思銳
　建興
　建朕
　建旋

延南　字朝陽　妣蔣氏
　建從
　建成
　建命
　建禎
　建桓
　建恭

延□墓在三石琢山坐北向南

延任　字子璿　妣陳氏
　建敬
　建彝

延鎮　字子安　妣紀氏
　建恩
　建海

93

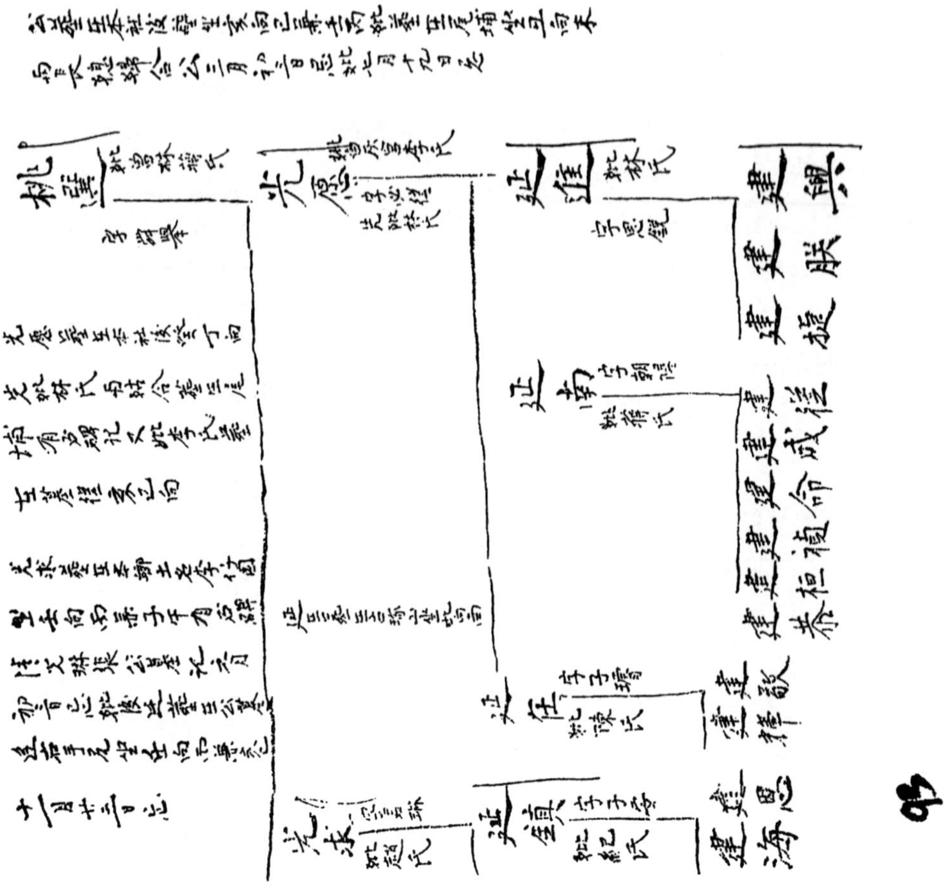

延鎮葬社松柏頭埕
上坐寅向申兼艮坤六月
廿二日忌 妣葬土古塚後
坐申向乙兼酉卯九月
十三日忌

延念葬土坂仔秧園
坐丑未兼癸丁九月
廿九日忌

先候妣合葬土松後
坐東向西九月初九日忌
妣五月初五日忌

延徐葬土埧墘坐東
向西七月十三日忌 妣葬
埧墘坐東南向西北 與
長子合葬 七月十九日忌

延愛葬土柄房地坐東北向
西南 妣葬土田埧田頂坂仔秧
園中念伯墓右邊並列
坐丑向未兼癸丁分金
丑丁未癸 十一月廿三日忌 妣
十一月廿五日忌

延文妣葬土尾埔癸丁兼
丑未 公五月廿四日忌 妣十月廿
二日忌 公葬土拾班山五龍
樓四舍湖大石頭右邊穴
信土鮎魷坑上坐甲向庚
兼寅申

先候 字爾公 妣許氏 妣正月十三日忌

建换 先妣李氏生三子無嗣 後妣吳氏云
出 公与妣仝葬土大垳坪南向 公六月十三日忌

延念 字永懷 妣趙氏

延愛 字遜仁 儒業 妣蔣氏 (1980)
乐譜

延文 字元漳 妣陳氏

延徐 妣紀氏

延郎 妣陳氏

建固

建心 住居翔鳳里泉園

建情 生二子至孫 住台

建魁 無傳

建双 養子無

建珠 住台

建椿 住居过渓后埔

建清

建玭

建沛

建夢

建换 無

建尊

建宴

建簡 無

建孝 無

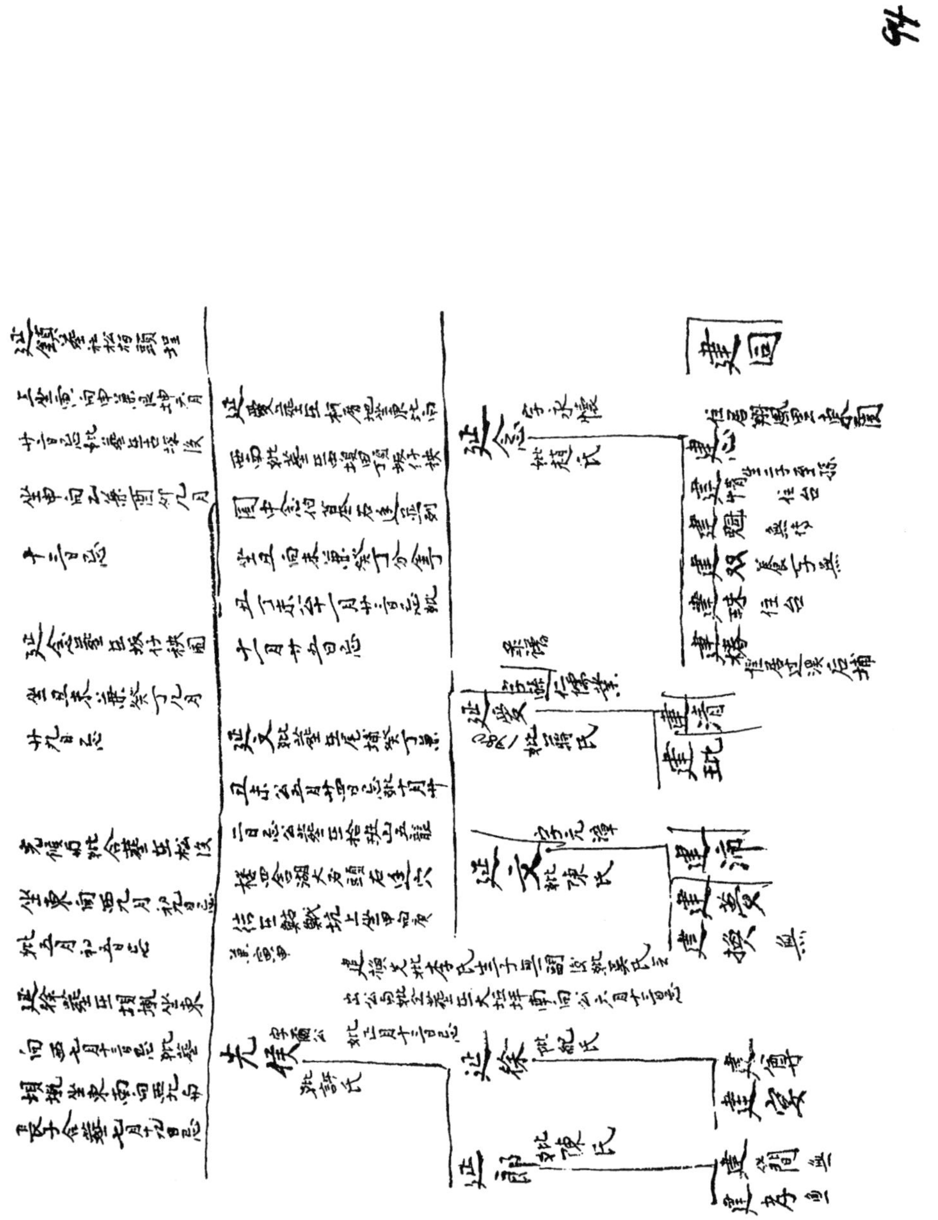

光伯葬在紅桃園坐東北向西南 妣葬在祖墓東邊坐北向南

光伯 妣陳氏

延達 妣吳氏

建亨 無
建起
建章
建取 無

延位 妣陳氏

建友 無
建水
建倩 生一子無
建享
建詩
建係
建六

文忠公派下

禹聲 妣洪氏 繼妣鄭氏 生子六 又妣劉氏

宜衛 次
宜苑 三
宜明 四
宜第
五宜脩
六宜使

禹純 妣陳氏生三子

長宜宣
次宜顯

禹器 妣沈氏生四子

長宜著
次宜煌
三宜章
四宜府

文耿公派下分三

建近塋在大墓壳近坐北向南 妣塋在蘇厝墓近坐西向東 公五月廿六日忌 妣七月十三日忌

建近 妣宋氏

乃會 妣陳氏

乃秋 妣莊氏

乃會塋在羊斗地坐東向西二月初七日忌

妻陳氏塋夏潭頂坐北向南

嘉井

侄東都

嘉洋 妣蔣氏

孫來

孫瑞

嘉虎 妣王氏

孫熙

孫蔡

嘉象 妣莊氏 又妣周氏

孫木

孫坐

孫金

孫漁 往南方不知何處

嘉篔 不知去向

乃秋塋在古董后坐東向西 妣莊氏塋在古董后坐西向東 公七月廿八日忌 妣四月十七日忌

嘉洋塋在埔乾坐東向西 妣塋在夏潭頂坐北向南 公二月廿四日忌 妣七月十六日忌

嘉虎塋在潭頂坐北向南 妣塋在埧墘坐東北向西南 公四月初一日忌 妣十月廿六日忌

嘉象妣莊氏塋在松仔下塋坐向南九月廿九日忌

又妣周氏塋在大墓西邊坐北向南十二月十八日忌

孫金塋在尾埔坐東北向西南

98

文耿

乃儒葬在胡厝墓东边坐壬向丙兼子午与妣合葬公四月廿四日忌妣五月十八日忌

乃儒 妣陈氏

嘉理 無

嘉元 無

嘉修 妣陈氏

嘉知 無

嘉理葬在伴坐东北向西南正月初七日忌

嘉元葬在河乾坐北向南六月初九日忌

嘉修葬在興子仔腳坐东北向西南二月廿日忌

妣陈氏葬在相仔地坐北向南五月十六日忌

嘉知葬在宫仔南交坐东向西三月初六日忌

孫波 妣盧氏

孫奕

孫玩 妣陈氏

孫標

孫茅

孫波葬在相仔地坐艮向坤兼寅甲八月十五日忌妣盧氏葬在土堇山坐乾向巽兼亥巳十月十三日忌

孫奕葬在河仔乾坐北向南八月廿六日忌

孫玩葬在泥堀頭坐北向南五月十二日忌

孫儒葬在河墘坐北向南正月十八日忌

孫茅葬在廈门山三月廿七日忌

子瓚 子玉 子田 子倫 子日

子康 子寬（往龍海 东） 子桃 子勇 子猴 子燒

97

98

孫神 住何厝

孫犬

孫遜

嘉勳

子烏基在鉾金坐西北向东南

八月廿四日忌

孫不 妣沈氏

子烏 妣陳氏

貽梗

子所

子房出祀

孫坐墓在坷坑坐东向西 正月十六日忌

孫坐 妣陳氏

子房 永涯

嘉榜葬[illegible]
淳上坐北向南公十一月十三日忌妣七月初六日忌
嘉培葬在四姑苜蓿垵坐东向西四月初四日忌

嘉榜 妣陈氏
嘉培

孫朝
孫單
孫坦

建蔭葬在本乡土地后寮头坐辛向乙兼戌辰妣合葬在父坟右畔坐辛向乙
兼戌辰公七月十九日忌妣二月廿三日忌

建蔭 字士成 妣徐氏

乃維葬在本山红柿园坐寅
向申兼甲庚妣附葬在垵
乾坐东向西兼甲庚分金
丁卯二月初一日忌妣十一月
丁酉
十六日忌

嘉宗葬在松下祖墓
右畔坐北向南四月初八日忌

嘉溪葬在松仔下坐北向
南七月廿四日忌

乃維 妣李氏

嘉浅葬在吉董山坐
乾向巽兼戌辰五月
十八日忌

嘉捶葬在橋塚山
坐北向南正月廿七日忌

嘉适 出祀
嘉宗
嘉溪
嘉浅 —— 孫坎 承継
嘉捶 —— 孫配

99

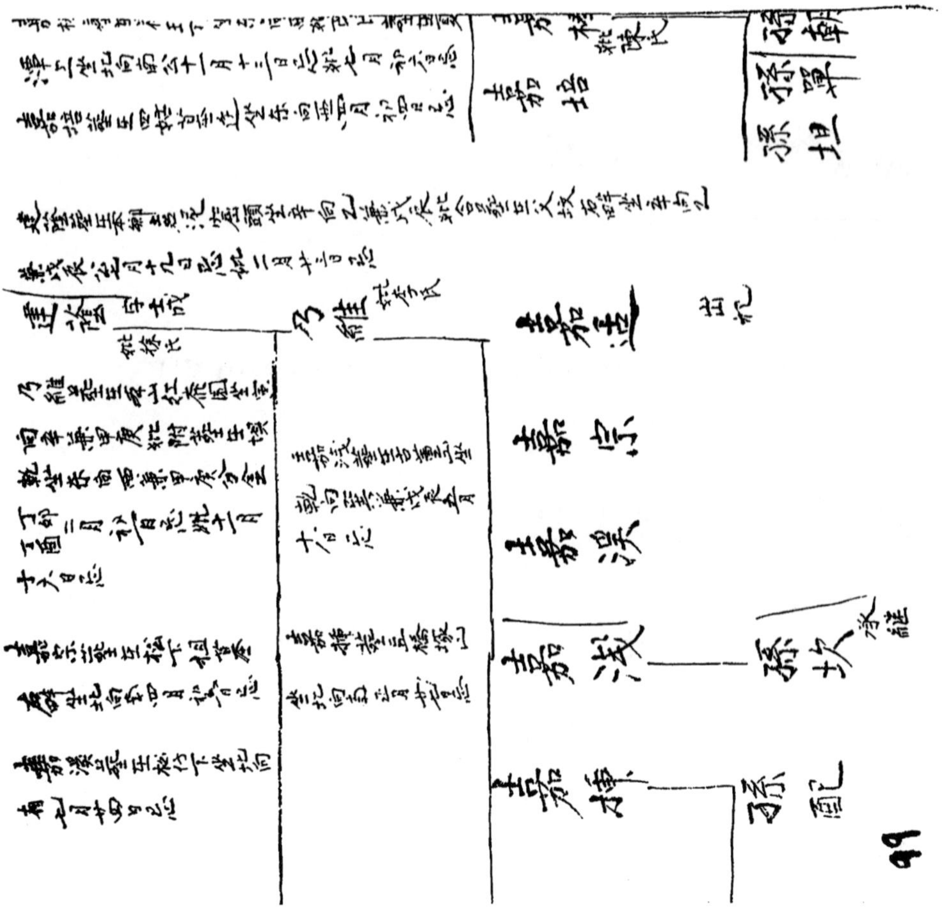

100

孫坎　妻吳氏

子銳

孫任爲人剛毅先貧苦後往廈爲商稍振家資娶歸陳氏生子有三

孫任　妻陳氏

子柳　妻陳氏

子鏡

子潛

孫忍　妣配氏

子祀

光勇 妣魏氏 —— 延釘 妣陳氏 —— 建惠 妣李氏 —— 乃聆

建湖 —— 乃香、乃齊、乃驅

乃道

勇公葬在長潭下坐艮向坤兼辛乙三月廿二
日忌妣魏氏十二月初十日忌但此魏祖媽先葬湖
厝墓口後再遷葬在於東園西山名獅尾穴
建湖孫合葬一墓穴坐西向東分金
延釘公葬在塘潭下艮向坤兼寅申
正月十六日忌妣陳氏葬在胡厝墓
口坐壬向丙兼子午六月初三日忌
建惠公穴妣李氏合葬在九都林頭山二雲嶺下東邊名後湖
形為青蛇赶蛤舉脈黃獅及第
當面兩水會元 穴坐丙向壬兼午子分金辛巳辛亥
公六月初十日忌妣十二月廿八日忌
建湖葬在獅山穴在獅尾內祖媽合葬九月十一日忌

九月十一日忌遷葬
於東園墓林頭樹後
名曰獅山穴乃獅尾穴
祖媽合葬坐西向東
分金乙辛丈向西蘭
進士墓后

光育 妣紀氏 —— 延讀 妣紀氏 —— 建佐

101

102

嘉适合葬丘吉橦祖墳坐艮向坤兼丑未妣葬丘坝墘坐卯向酉兼庚公正月十四日忌妣月初八日忌

玉鑾鳥公為人淵通英雅奮志詩書十九歲游泮二十餘歲之技取一等進庠紳士平居有曰天若假我以年雁塔題名易易也惜乎三十三歲而卒也葬丘本社河仔墘坐子向午兼癸丁妣附葬丘坝墘坐卯向酉兼甲庚公七月十五日忌妣六月初七日忌

玉鑾鳥　妣陳氏

字聲和庠生

嘉适　承継　妣陳氏

孫箏　出祀

孫志

孫任

孫坎　出祀

孫忍

公葬丘古董后坐西向东

建平　妣紀氏

乃素葬丘坝墘坐东向西

嘉墘葬丘坝墘坐东北向西南

乃素　妣蘇氏

乃織　往东都

乃旺　無

嘉墘

嘉港

嘉炮

孫箏　承継

孫禊　往龍堀

子龍

建進 妣李氏

乃陣葬在河墘坐北向南正月廿七日妣六月十三日忌
乃前以妣合葬在尾埔坐丑向未兼艮坤公九月十四日忌妣六月十三日忌
嘉加葬在學腳坐東向西南以妣合葬公七月十二日忌妣九月十四日忌
嘉緘葬在學腳坐東向西

乃陣

嘉墜 往台

孫滔 往台
孫榜

乃前 妣孫氏

嘉敦葬在泥埕坐西向東北九月初六日忌

嘉才之葬在大董山

嘉才 無

嘉加 妣孫氏

孫庆
孫極
孫本

蘊 往中西邦

嘉緘 妣孫氏

孫圍
孫錸
孫毛

嘉敦 無

103

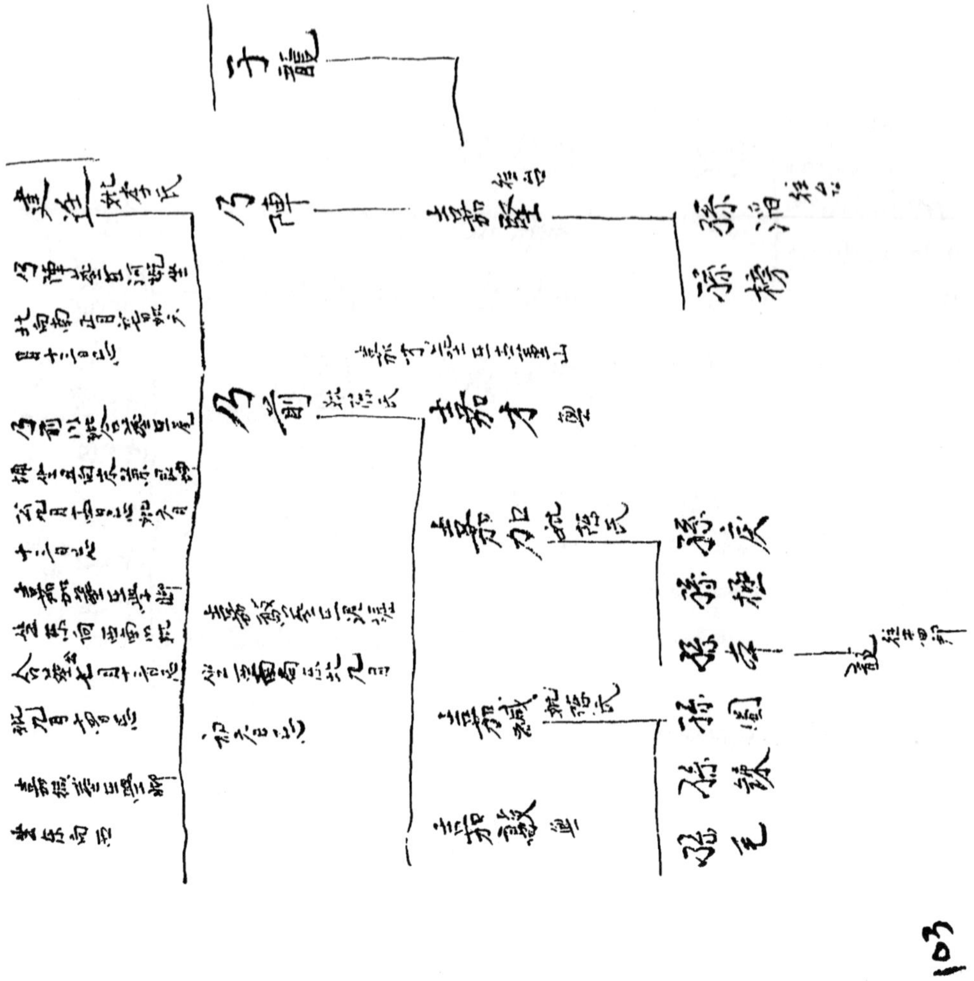

乃儒 妣徐氏

嘉理 無
嘉元 無
嘉修 妣徐氏
嘉知 無

孫波 妣盧氏
孫奕
孫玩 妣徐氏
孫標
孫茅

子瓊
子玉
子田
子倫
子日
子康
子寬 往龍溪
子桃
子秀
子拔
子燒

傳塋在胡厝墓東边坐壬向丙兼子午。妣合塋公。四月廿四日忌。妣五月十八日忌

嘉理之塋在仵坐東北向西南正月初七日忌

嘉元塋在河乾坐北向南六月初七日忌

嘉修塋在嶼仔脚坐東北向西南二月廿一日忌

妣徐氏塋在相仔地坐北向南三月十六日忌

嘉知塋在宮口南文坐東向西三月初六日忌

孫波塋在相仔地坐艮向坤兼寅申八月十五日忌。妣盧氏塋在三〇山坐北向〇兼癸巳十月十三日忌

孫奕塋在河仔乾坐北向南八月廿六日忌

孫玩塋在泥埕頭坐北向南五月十二日忌

孫儒塋在河仔坐北向南五月十八日忌　孫茅塋在廈门山三月廿七日忌

104

建仕葬在本山長寮頂坐庚向甲兼酉卯分金庚申庚寅 六月廿六日忌 三妣鄭氏与公合葬 六月廿
日忌 妣葬在大垣坪下地角坐壬丙亥巳 三月廿五日忌 二妣陈氏葬在蘇店山 五月初一日忌

建仕 妣葉氏
二妣陈氏 三妣鄭氏

乃参葬在學脚仕坐壬向丙兼子午 六月廿八日忌 妣陈氏葬在寮边坐东南向西北 十月廿七日忌

乃註葬在學脚坐壬向丙兼子午 四月十七日忌 妣鄭氏葬在學脚坐壬向丙兼子午 元月廿五日忌 二妣黄氏葬長寮坐庚向甲兼酉卯 七月初九日忌

乃豹葬在學脚坐壬向丙兼子午 七月初一日忌 妣葬在學脚坐壬向丙兼子午 九月廿一日忌

嘉攀葬在李脚坐壬向丙兼子午 四月十四日忌 妣盧氏葬在李脚坐癸向丁兼子午 九月初一日忌 孫国 七月十五日忌

乃参 妣陈氏
嘉攀 妣盧氏
孫德
子步
子牢

嘉包 妣朱氏
嘉包為人勁直与兄嘉攀分家伙有軒輊 寬宏之量 后稍振家資 娶婦朱氏 生子有三
孫草 妻蔡氏
孫炉 妣陈氏
孫能

乃註 妣鄭氏 继妣黄氏
嘉貌 妣黄氏
孫園 住实叻止
孫式
孫鳥
孫大

乃豹 妣陈氏
嘉丰 妣黄氏
孫案
孫達
孫千

105

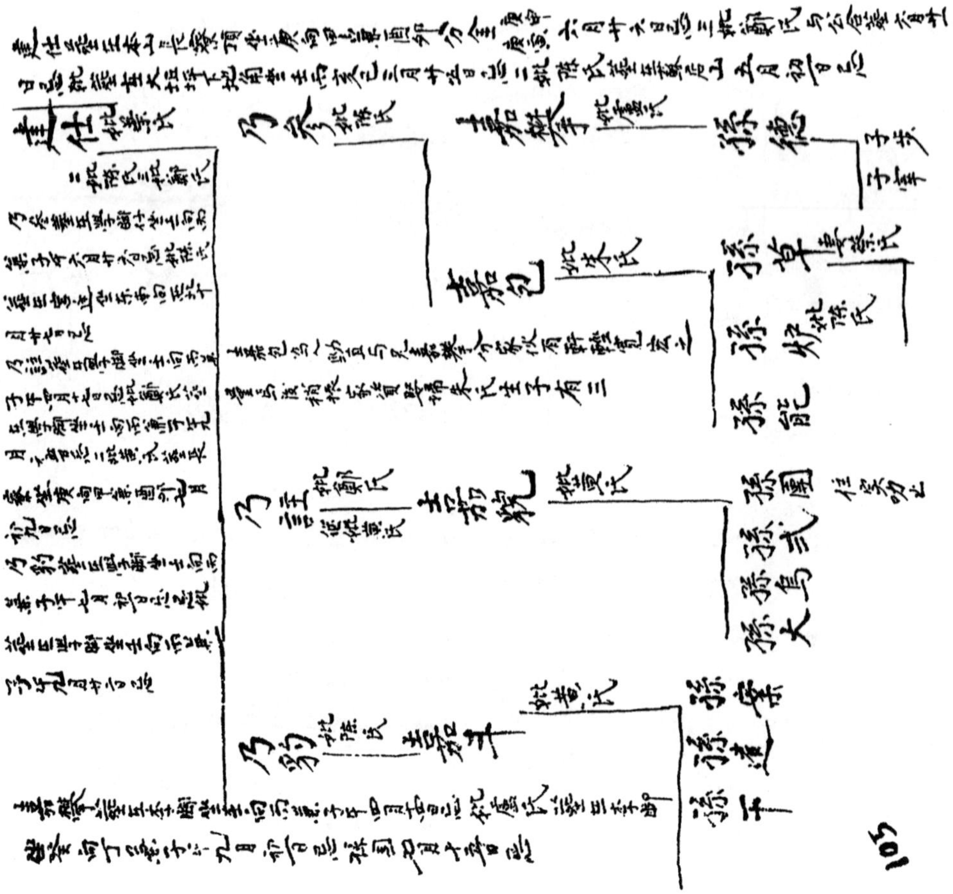

106

建梅 字建魁 妣紀氏

公葬在山頭頂坐申向寅兼酉卯四月初八日忌 妣紀氏與公合葬十月初九日忌

乃高葬在山頭頂坐申向寅兼酉卯七月十三日忌 妣葬在斜金祖墓邊坐西向東十二月初三日忌

乃旦葬在後塘坐丙向壬兼子午六月初三日忌 妣葬在長潭下坐癸向丁兼子午六月廿日忌

乃高 妣蘇氏

嘉丹葬在後塘坐亥向巳兼壬丙十二月廿八日忌 妣蔡七月廿四日 坐艮向坤兼寅申九月三十日忌

嘉遂葬在後塘坐北向南七月廿三日忌

乃旦 妣陳氏

乃江 無

嘉丹 妣紀氏 — 孫寬

嘉省 妣葉氏 — 孫太

嘉遂 — 孫殿 承嗣

嘉麟 妣陳氏 — 孫欽 — 子汀

嘉普 無嗣

嘉崔 妣蘇氏 — 孫聰

嘉省葬在長頭下坐東向西六月廿五日忌 妣葉氏與公合葬七月初九日忌

嘉麟葬在山頭頂坐亥向巳兼乾巽六月十七日忌

建誼 妣王氏

乃礼葬在王公坐東向西七月十一日忌 妣紀氏葬

公葬在斜金坐西向東九月三十日忌 妣王氏葬在興學溪仔坐北向南十月十八日忌

嘉魚日葬在雷腳仔坐癸向丁兼子午三月初三日忌

乃礼 妣紀氏 繼妣蔣氏

嘉魚日 妣紀氏 — 孫克 孫陽

嘉察 出祀

在壆腳仔坐壬向丙兼子午
正月初八日忌二妣蔣氏葬
在古董后坐乾向巽兼亥巳
二月廿六日忌

乃聰葬在王公坐東向
西七月廿九日忌妣王氏
葬在山頭頂坐東北向
西南五月初十日忌

孫漂
孫印
孫乞

嘉托 妻陳氏
孫反
孫殿 出祀

乃聰 妣王氏
嘉察 妣陳氏 承繼
孫周

公葬在埧塆坐東向西

建章 妣郭氏

乃慶 妣許氏

乃慶妣許氏葬在坂仔坐東向西

嘉山 往新加坡实功亡 妣李氏
孫蟬
孫振

嘉宥 無

嘉栽 無

乃通九月初四日忌

乃通
嘉泯

嘉宥葬在古董坐西向東

乃真 無傳 正月初九日忌

107

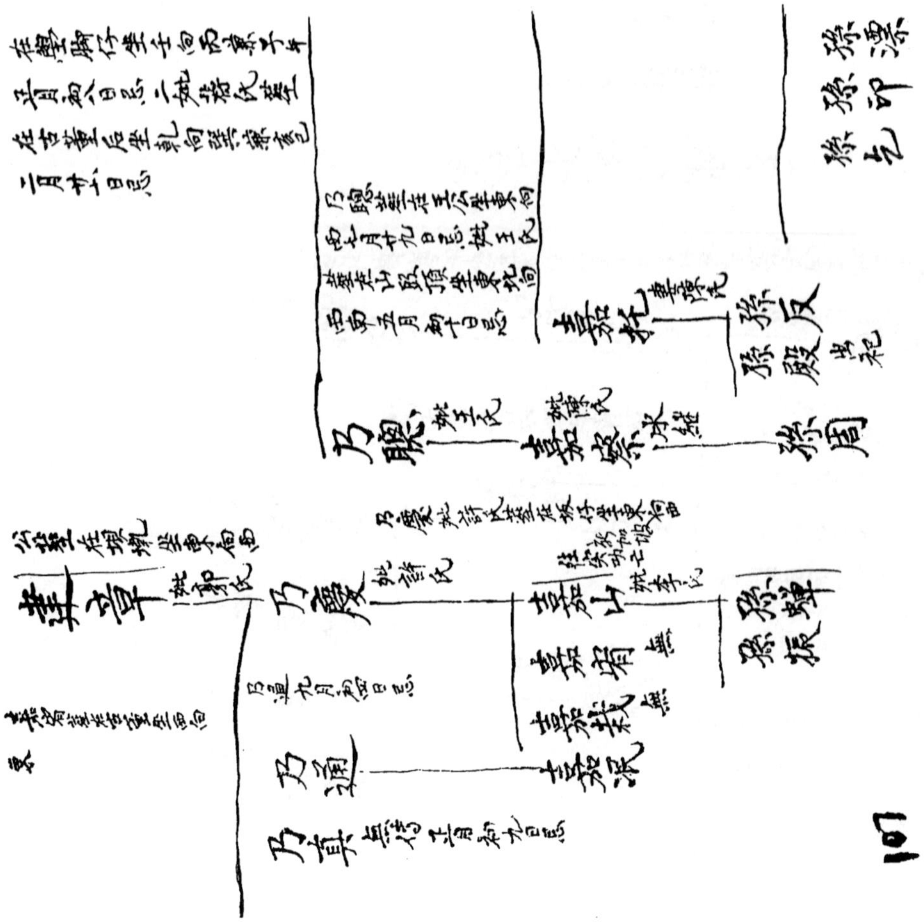

108

乃花　住沙尾

乃君　無傳　七月廿十日忌

文耿公派下分四

建興与妣王氏合葬在社口土名菅塘仔坐甲向庚兼卯酉

建興　字必從　妣王氏

- 乃雅　妣陳氏
  - 嘉樹　妣蘇氏

乃雅葬在厝穴頂坐東向西

- 乃庇　妣蔣氏
  - 嘉知　妣陳氏　繼妣又陳氏
  - 嘉宜　無傳

乃庇葬在厝穴頂坐寅向申兼甲庚分金庚寅庚申

妣蔣氏葬在本山土名中央頂垵仔坐壬向丙兼子午分金辛亥辛巳

- 乃盈　妣李氏
  - 嘉善　妣蔡氏
  - 嘉坪　妣李氏

乃盈葬在本山水岩屈頂　妣葬在本山

厝後田

- 乃丰

乃華葬在本山垻壠石碑墓左邊坐西向東妣葬在本山祖墓左邊坐西向東

乃華 妣陳氏
嘉皎 妻陳氏
宗棋
宗踏

文耿
嘉樹 妣蘇氏
宗持 妻刘氏
宗汜 妻紀氏
子買
子格

文耿
嘉知為人厚重温柔克勤儉白手成家娶婦陳氏生子三後又再娶陳氏生子四共生子有七葬在

嘉知 妣陳氏 繼妣又陳氏
宗夏 妻蔡氏
子旬
子漸 出祀
子性 妻王氏 後周氏
貽丁
子扶

109

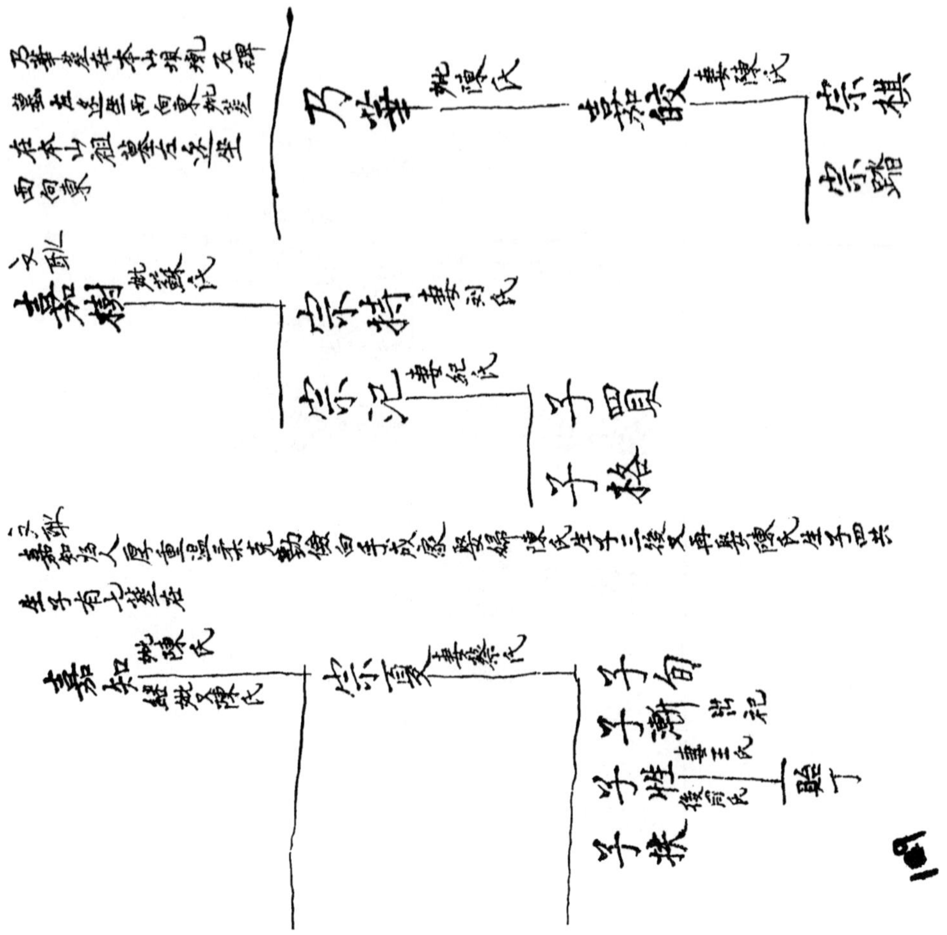

宗因　妻黃氏
　子札　出祀

宗彙　儒業
　子札　妻紀氏　承繼
　子漸　承繼

宗仁　妻陳氏
　子元　妻蔡氏　二娶林氏　三娶林氏

宗裕　妻陳氏　後李氏

宗藻　妻黃氏

宗協　妻陳氏　後李氏

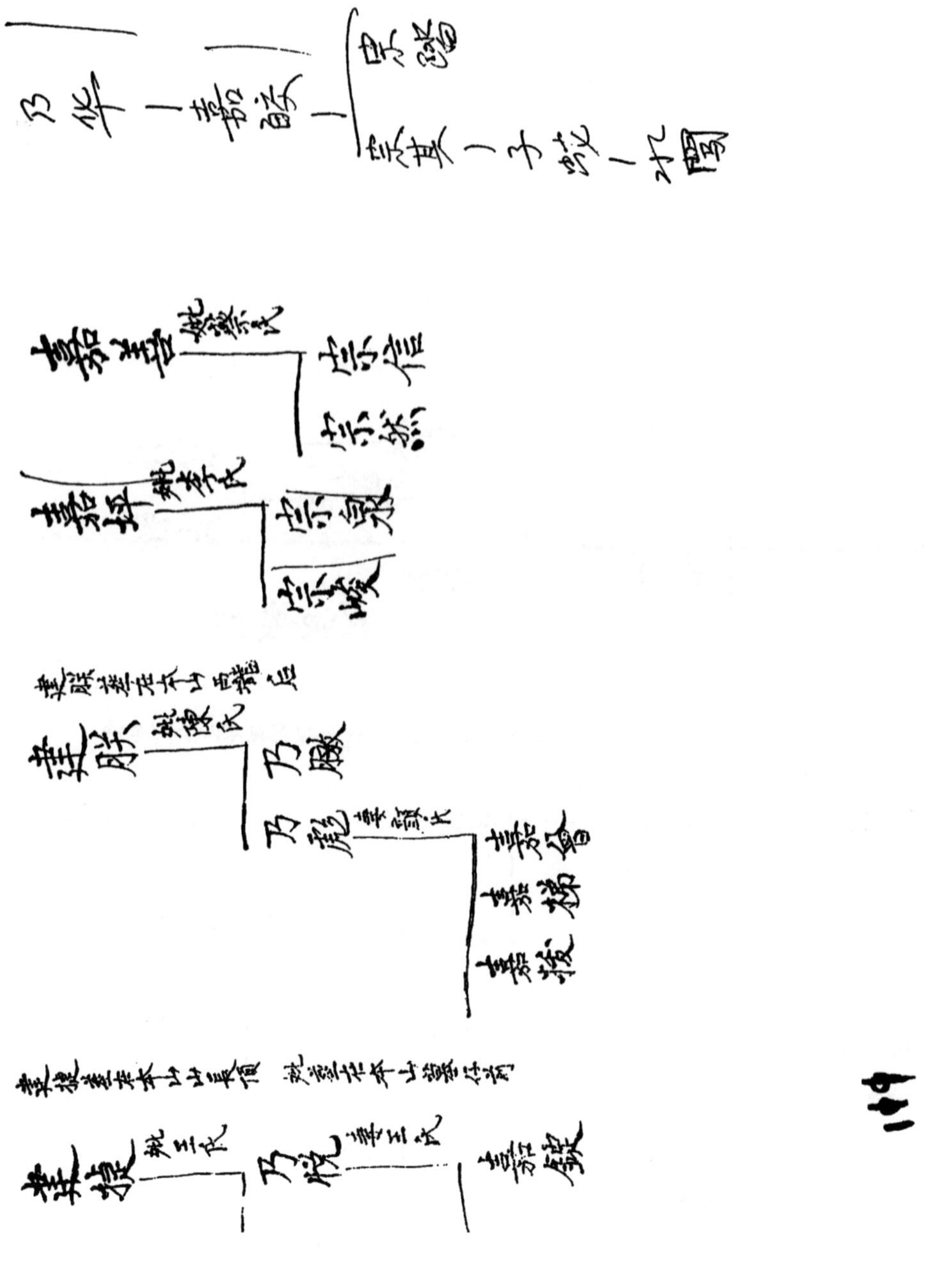
乃华
嘉畯
宗踏
宗其
子
宗信
宗然
宗泉
宗峻
嘉善 妣蔡氏
嘉坪 妣李氏
建朕 妣陳氏
建朕葬在本山西龍后
乃畷
乃彪 妻顏氏
嘉會
嘉梯
嘉核
建捷 妣王氏
建捷葬在本山山長頂
妣葬在本山墓仔前
乃悅 妻王氏
嘉錠
144

乃隨

嘉晒　子光丕卯　諸芫年十月十三日忌

宗帕

宗掃

乃沃　妻刘氏

嘉塔

嘉練　徙居海滄

嘉賞塋在松墘仔坐東向西九月初七日忌

逵從　妣沈氏

乃用　妣蔡氏

嘉賞

宗奢　承継

嘉學　妣陳氏

宗奢　出祀

宗棟

乃著

乃用塋在松仔下坐東向西六月十一日忌妣蔡氏与
公合塋六月十五日忌

嘉學塋在松脚仔坐東北向西南四月十六日忌妣陳氏
塋在松仔下坐東向西十月初三日忌

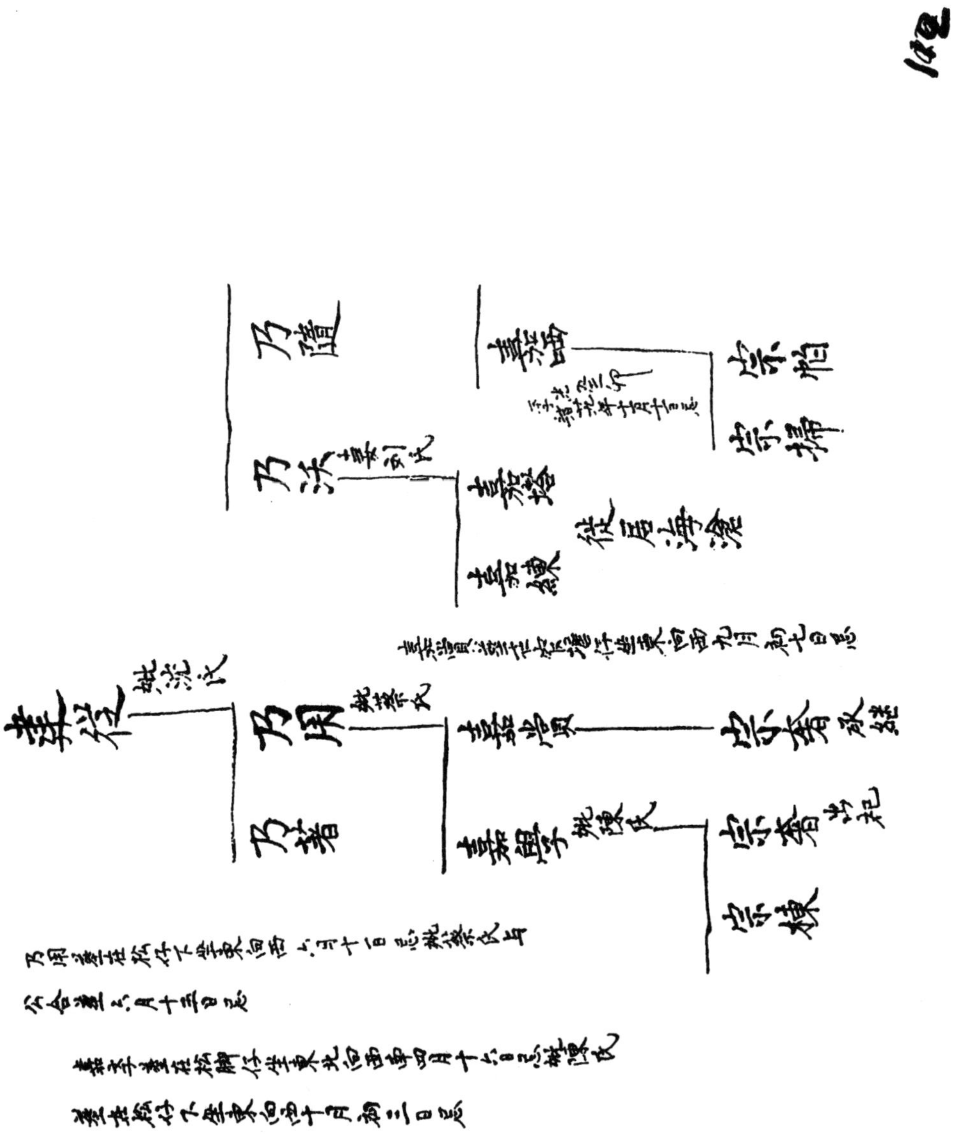

- 建成 妣楊氏
  - 乃歆
  - 乃江 俱往台
  - 乃諸

- 建命 妣許氏
  建命葬在赤汁仔 坐北向南
  - 乃奪 妣莊氏
    - 嘉材 往厦門居住
    - 嘉欉
    - 嘉坑
  - 乃勸

- 建禎 妣葉氏宜人 妣蔡氏宜人
  - 乃潭 妣顏氏宜人 印齊公 誥贈武德騎尉
    - 嘉錦 往厦門居住 官名張捷輝 特授滬尾營台北把總
    - 嘉兆 字子翊 官名張鳳翔 特授武德騎尉 歷任福建水師標後協中軍府 中協中軍府
  - 乃能

旧

1124

乃新

嘉芳　諱名標　邑庠生　官名張振玉

建桓葬在埕頂　七月廿九日忌

建桓　妣何氏

乃存

乃化　俱無傳

建恭　妣莊氏

乃棟　妣王氏

嘉藕

嘉沅

嘉長

乃慶

建敬　妣紀氏生子乃岳

建輝　妣蔡氏

乃圀

嘉東

- 建恩 妣李氏
  - 乃想 妣紀氏
    - 嘉耕 早亡
    - 嘉泉
  - 乃抱
- 建海 妣蘇氏
  - 乃堆
  - 乃琅 俱往井上居住

建同与妣俱葬在本社埕頂坐艮向坤兼丑未公正月十四日忌妣六月初五日忌

- 建同 字榮朝 妣洪氏
  - 乃彭 妣紀氏
    - 嘉未
    - 嘉姚
    - 嘉順
  - 乃賓 賔
    - 嘉眾
    - 嘉深
  - 乃鄉 妣彭氏
    - 嘉猱

乃彭葬在古亭山坐丁向癸兼午子六月初九日忌妣葬在赤草坐卯向酉兼乙辛十月初九日忌

乃鄉妣彭氏葬在埕頂坐寅向申兼甲庚十月初八日忌

115

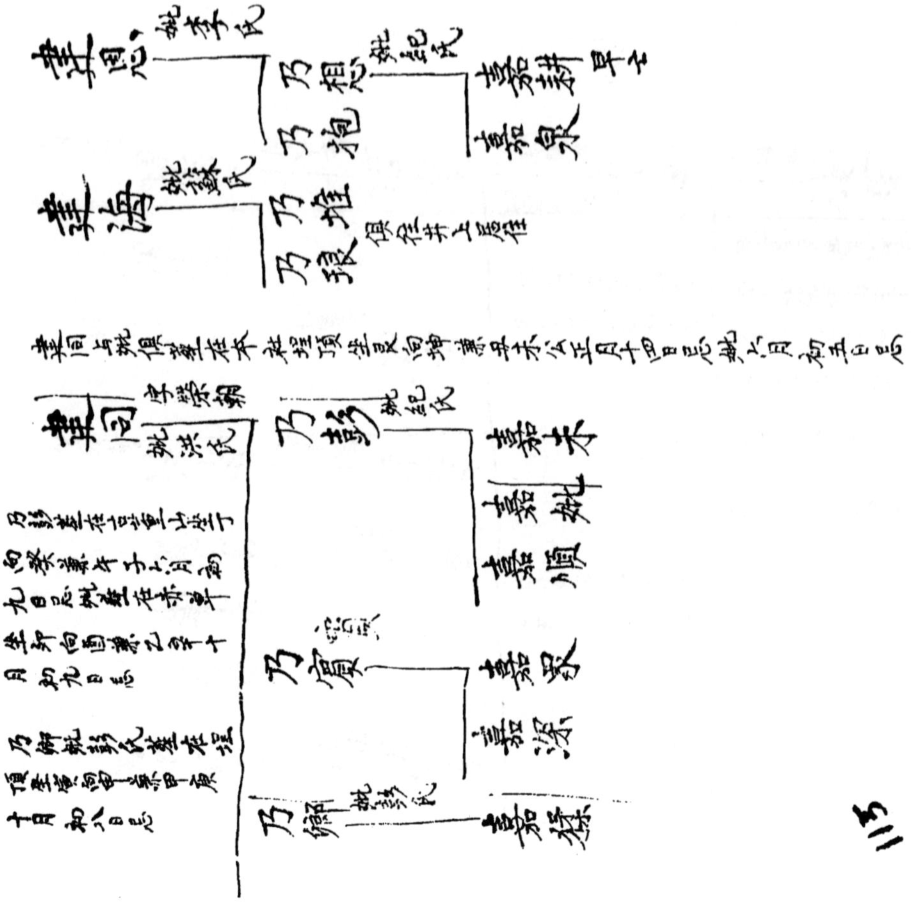

11

- 建清　妣陳氏
  - 乃縹与母合葬在李仔園地坐北向南 祖母五月十二日忌 先妣陳葬在後安 六月廿二日忌 繼妣陳氏葬在焊頂坐東向西十二月廿五日忌
- 乃滿
- 乃縹　妣陳氏　繼妣陳氏
  - 嘉瑕葬在李仔園坐北向南七月十一日忌
  - 嘉世葬在李仔園下地坐東北向西南五月初二日忌
  - 嘉瑕　妻紀氏
    - 宗墻　妻陳氏
    - 宗酒
  - 嘉萬　往番邦
    - 宗火　出祀
  - 嘉治　妻紀氏
    - 宗汗　妻陳氏
  - 嘉亮　妻李氏
    - 宗窟
    - 宗帯
    - 宗楚
  - 嘉世　妣陳氏
    - 宗火　承繼

乃珍墓在古董边坐西向東　十二月三十日忌
妣墓在厝坐東北向西南　六月十五日忌

乃顯墓在古董后坐西向東　十一月二十日忌

乃珍　妣陳氏
嘉看　承繼　妻陳氏
宗鍜
宗嶺

乃傳
嘉看　出祀
宗見
宗扶

乃傳墓在李仔園坐西北向東南　八月十五日忌

嘉醉墓在厝坐東向西　六月十四日忌

乃顯　妣陳氏
嘉醉
宗溢　承繼
嘉播　妻紀氏
宗鎩
嘉永　妻紀氏
宗溢　出祀

建玭墓在祉尾埕頂坐癸向丁兼丑未　十二月廿八日忌

建玭　字傀琭　儒業　妣葉氏

乃烘　字乃煌　儒業　妣陳氏

乃烘墓在埕頂坐東向西　十一月初四日忌　妣墓赤頸墓祖墓左边坐北向南　七月十八日忌

嘉浸墓在赤頸墓坐北向南　四月十八日忌　妣墓埕頂坐東北向西南　二月初十日忌

嘉浸　妣蘇氏
宗浮　妻陳氏
子哲
子和
子盈
秉
保
宗抛　妻陳氏

113

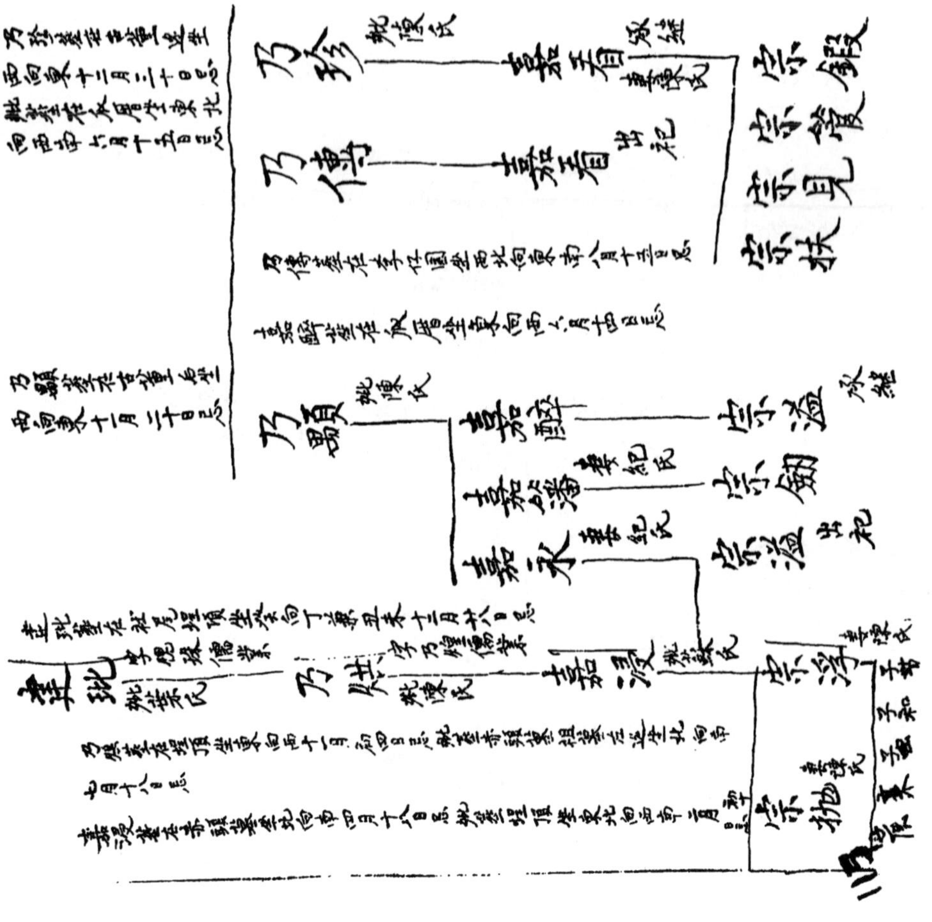

暨陳氏合葬在寺董山西南角坐乾向巽兼亥巳分金庚戌庚辰為丙水合衿

公十二月廿七日忌妣十月初三日忌

建沛　妣陳氏　字時澤

乃耳　妣許氏繼妣孫氏
- 嘉釵　往番邦亡
  - 宗樾　承繼
- 嘉契

乃景　妣葉氏
- 嘉眼　妣紀氏

乃炎　妣刘氏
- 嘉茂　妣吳氏繼妣林氏
  - 宗樾　妻陳氏　出祀
  - 宗送
  - 宗連

乃渺
- 嘉漂　妻洪氏
  - 宗堪

乃莪　妣陳氏
- 嘉凝　妻陳氏

嘉茂為一房之長者業於木匠先娶吳氏生子一後娶林氏生子二

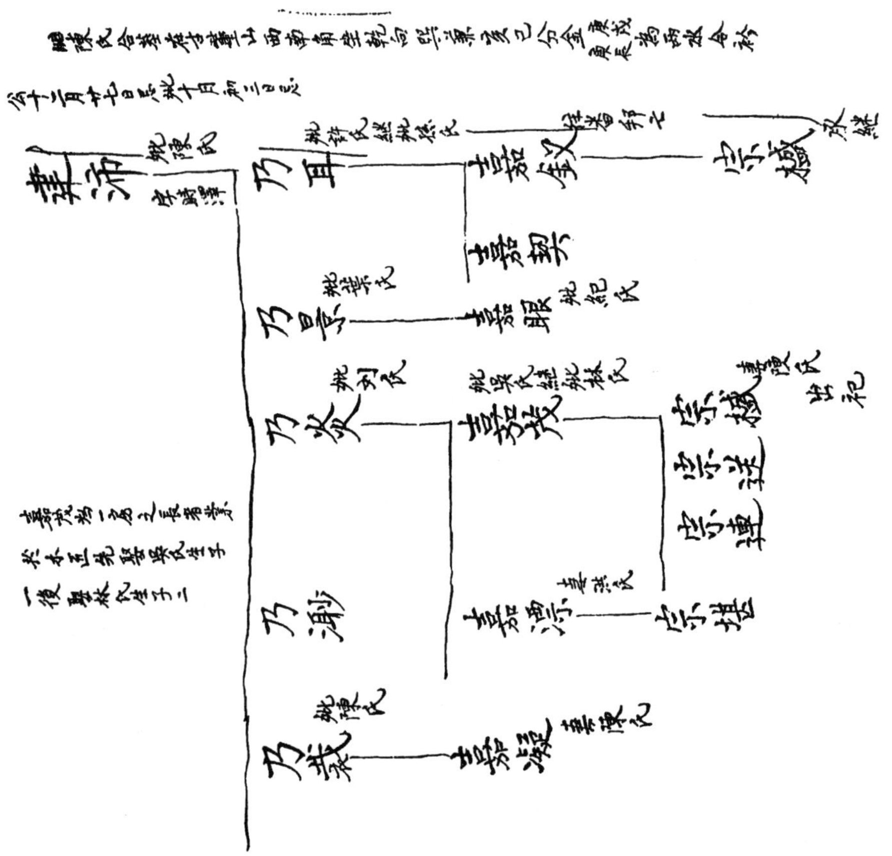

- 建夢 妣陳氏
  - 乃茶 字見周 妣孫氏
    - 嘉錄 妣陳氏
      - 宗過
    - 嘉席
    - 嘉虞 繼
  - 乃助
  - 乃應

- 建尊 妣陳氏
  - 乃德
  - 乃接 住東都
  - 乃機

建宴塟在埧墘坐東南向西北与三子合塟正月廿五日忌妣与
毋合塟坐東南向西北六月廿五日忌

- 建宴 妣葉氏
  - 乃萃 妣陳氏
    - 嘉沐 妣紀氏
      - 宗琴 妻陳氏
      - 宗棟
      - 宗草
    - 嘉提 妣林氏
      - 宗雲

乃萃塟在松后坐東北向西南二月十五日忌妣葉在古董坐西北向東月廿七日忌

乃義妣蘇氏与小嬸合塟在古董坐北向南九月十九日忌公八月初十日忌

119

嘉咨

乃義　妣蘇氏
嘉帕

乃西　妣陳氏
乃西葬在堤乳尘東南向西北与父合葬三月初五日忌　妣十月十三日忌
嘉雍
嘉炭
嘉區
嘉𫆀
嘉天
嘉擿　妻陳氏

建水　妣郭氏
乃欽　妣洪氏
嘉响　妻紀氏
宗約
乃廣　往南方不知何處
乃冷

達孚——乃藏 往彭湖

達詩 妣陳氏——乃隆
　　　　　　　乃酉 往彭湖
　　　　　　　乃熙
　　　　　　　乃時

達儀 妣吳氏——乃潘
　　　　　　　乃揮
　　　　　　　乃權
　　　　　　　乃就 往同安城居住

達六 妣陳氏——乃棚 往丙洲居住
　　　　　　　乃早
　　　　　　　乃上

- 嘉起
  - 乃淡
  - 乃攝
- 嘉幸
  - 乃分
  - 乃报
    - 嘉信
    - 嘉熱
    - 嘉鏗

文忠派下分住厓居

- 乃川
  - 嘉趋
  - 嘉汲　住甬尾居住
  - 嘉補

汶忠—汶浩—〔illegible〕

燕式 妣楊氏
- 宜鐸 字应熊 — 泳紀
- 宜極 妣許氏 邑庠生 字应熊 — 泳睽、泳錩、泳儒、泳在
- 宜振 妣楊氏 — 泳御
- 宜崗 妣郭氏 — 泳大

光長 妣紀氏 — 延力 妣葉氏 — 建吟 — 乃川、乃葛

建煥 — 乃快

建端 — 乃墻

建薦 妣陳氏 — 乃碰、乃錐

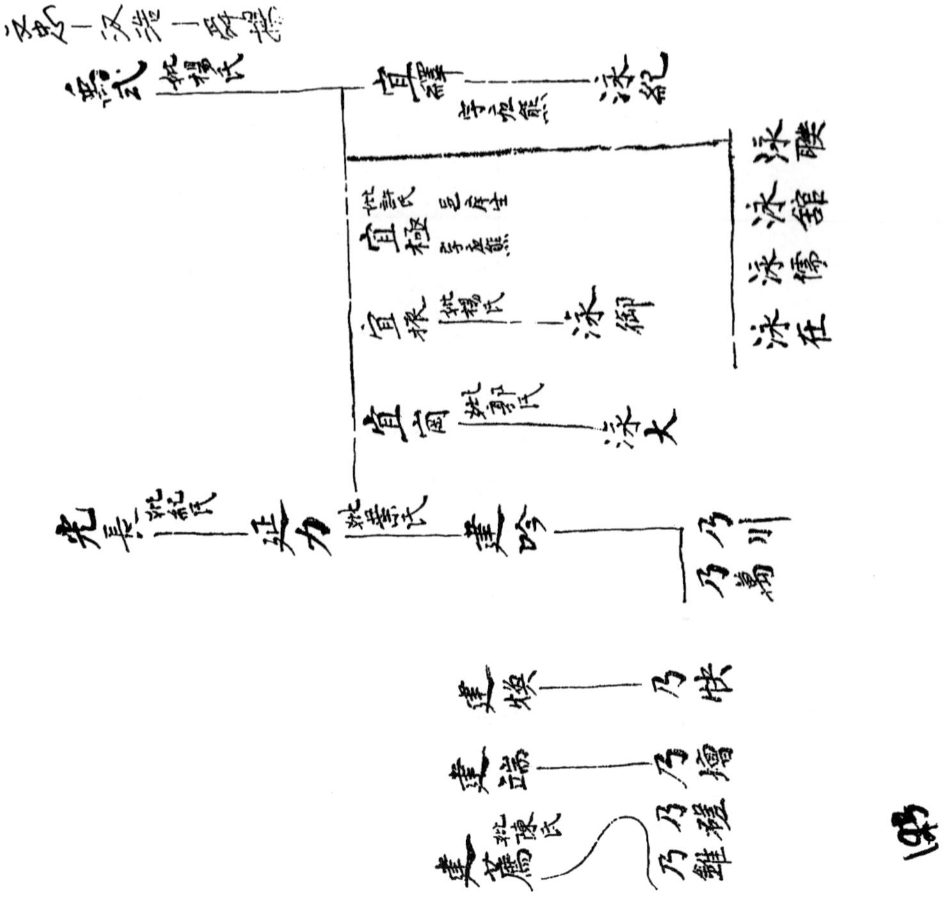

文忠派

光老　妣莊氏
- 延思　妣鄭氏
  - 建博　妣許氏
    - 乃源　忌
    - 汀黎
    - 四槐
  - 建第　妣陳氏
    - 普澤　妣柯氏
  - 建抱　妣李氏
    - 迎尚　早亡
    - 集落

129

光老葬在

延思葬在

建博葬在坡厝桶坐東向西十一月十九日忌

葬在坡尉仔坐東向西六月十九日

建第葬在宗祖厝坐東向西十月廿一日忌妣葬在宫仔后

坐東向西二月初拾日忌

建抱葬在鳥嘴坐東北向西南九月十一日忌妣李氏葬在澤塘上坐東北

向西南九月十九日忌

先考張文耿公派下分二

建博子

二乃源 妣蔡氏

嘉群

嘉群葬在東宮口坐北向南

嘉淵

乃源葬在赤雅尾坐東向西與蔡氏合葬在橋塚

麟魁 往西洛壙居住

二汀黎 妣陳氏

汀黎葬在松腳仔坐東向西十二月十三日忌妣陳氏九月初四日忌

嘉季

嘉暖 往上海

嘉暖葬在桐厝坐東北向西南

四槐 妣陳氏 繼妣紀氏

嘉并 嘉并妻宗氏

嘉柞

孫搨

孫秦

孫曼

四槐葬在牛料破仔坐東向西與先妣陳氏合葬五月廿五日忌先妣四月十三日忌繼妣紀氏葬[illegible]死望口生北向南十二月十七日忌

125

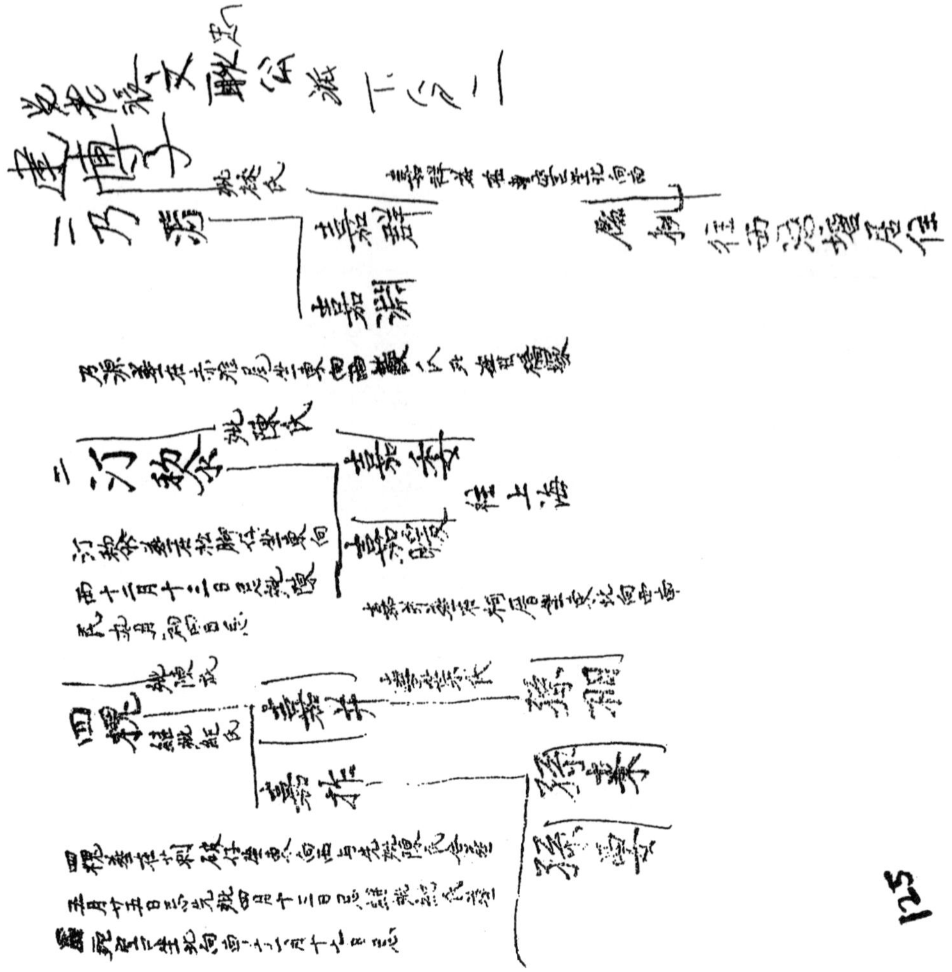

1216

光若派

建傳子

普澤葬在赤礁尾坐東向西六月初八日忌

普澤　妣林氏 —— 嘉顏　妻陳氏 —— 孫必
孫撻

嘉顏妻陳氏葬在長潭頂坐東向西八月廿十日忌

迎尚葬在古董逕坐北向南十月初七日忌

建抱子

迎尚 —— 嘉聿　承繼

集落　妣陳氏 —— 嘉舍　妻許氏 —— 孫墨
嘉聿　出祀　妻李氏 —— 孫壤
嘉槁　妻陳氏 —— 孫崎

集落葬在塘潭上坐東向西南九月十日忌

妣陳氏葬在古董逕坐北向南六月廿二日忌

遠吏子

乃驅 妣西氏 東向西廿月廿十日忌

寅粵娘 區葬在上□路□東南向西北二月廿七日忌 妣黃氏葬在□□仔頭上

嘉早 妻方氏

嘉三 往夷邦亡

嘉韋 妻黃氏

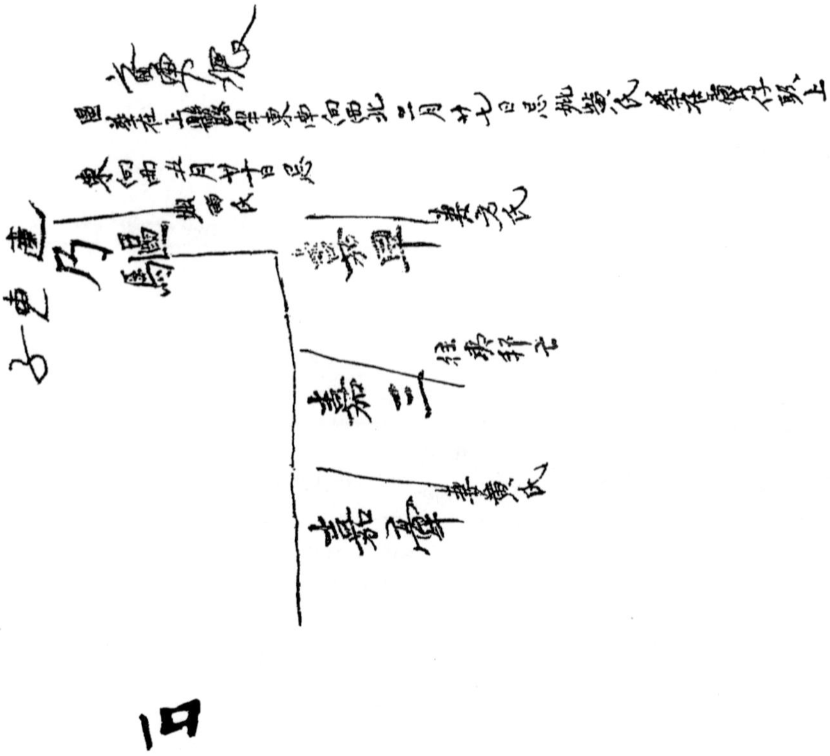

昆壽 狠

垂惠子

乃盼 妣陳氏
繼妣蕭氏

乃盼葬在林長山名鐘穴坐東向西與先妣合葬 二月十四日忌 先妣二月十四日忌

嘉壻

嘉推

往沙尾赤埕下

1288

乃香 妣林氏

乃香葬在桐居坐寅向申兼甲庚分金 庚寅 庚申 十月初一日忌

玉樹 妣陳氏

玉樹為人深潛智慧有外才先貧寒後往南邦販貨為商大得奇利白手成家

孫懇 妻施氏

孫縛 生于 辛于 妻陳氏 名慈在大鹽路等

孫薗 生于 辛于光緒 庚辰年三 初二日申時 葬在烟仔園 六月十二日忌

妣陳氏 生于 辛于

重腴本也
雲騰邑

礼曰君子将营宫室宗廟為先重所本也
始祖郡庠生寶菴公于
皇宋年间自張埭卜居柯井本生支漸繁衍
明末遭海氛而蕩析離居至
本朝康熙初年始得昇平復歸舊里皆廬草創未遑祠宇之制焉己丑歲十一世孫
元倍公念思享祀于私室不足以稱追崇展孝思因倡捐先業進丁酒歲息出
已資續蓋前進雍正甲辰歲遭火焚燬祀之復建後進时有儒崇永祉各叅
一簣之功自是越歲时合族以祭思者于是行礼焉第堪輿家以形體宜向前局而
十一世孫元興慨然不惜重赀暨族眾等醵力赞勷于乾隆癸巳秋構材興築
十三世孫世漸董其事以是年臘月落成噫是祠興復不一頓我
祖之靈有元培倡率于前元兴績成于後而族眾咸踴躍從事可见吾族尊祖
敬宗重本者代有人也凡我後嗣當体此意庶廟貌常新光靈永奠矣是
為序

詒德堂碑記

房孫邑庠生志董頓首拜撰文
董事十三世孫世漸
勉首十三世孫世和
十四世孫志桂
七世联哲任浙江桐卢知事
十五世孫耀全
大清乾隆癸巳年仲冬之穀旦勒石

重修詒德堂捐題條約碑記

竊謂敬宗尊祖溯本追源所宜尔也我族　詒德堂祖
祠修理於乾隆年间迄今百餘年屢想重修興事能如意議
修數年適裔孫允貢自安南回願附主三對允龍銀四
百捌拾元前首捐兩佰元以為倡而衆咸樂輸焉遂擇
吉興工终始於己丑九月落成於腊月尚有伸项再築東護祖
祠焕然雅觀於里斯振作越年元月安宅計合油漆入主共
费柒百十四元尚餘十陆元合作葦簹一项理合勒石誌之因
將再條约并捐题芳名列左　裔孫生员紹葦敬撰、

一議祠中厝屋及厝地作園者皆係承祖先遗置所有根
底一概归公惟本族人得轉相典賣其餘外姓不准私相授
受倘敢違禁從公究懲不代见至不得己報知绅者從
公設法敢犯禁者究治。

一議讀書為祠中元氣之本有能入泮者欲附主每對定
式貳拾元五貢蔭自己免项举人、貢蔭及其父進士蔭及其
祖能捐銜现任者如县知府依举人進士例果能品级
加高者照例議加升奬以示鼓励捐虚銜者另議捐
題芳名。　七世祖聪哲　任浙江桐庐知事

允貢捐龍銀弍佰元
市表捐龍銀叁拾元
仁權捐龍銀弍拾元

光緒拾陆年歲次庚寅八月
日董事十七世孫生员紹葦
撿瑶

［福建安溪］清溪魏氏族譜不分卷

佚名纂修

〔福建安溪〕《清溪魏氏族譜》不分卷，佚名纂修。是譜僅記世系，附載生卒年及葬地，餘付闕如。據譜所載，明成化間，魏氏開基祖陳興自祖家新康里宫苑鄉洪頭埔移居龍興里龍居鄉（今屬福建省安溪縣），至九世始見赴臺者。如九世文埕，譜記「卒在臺灣，兄弟之子輪流祭祀」；十世良益葬臺灣府諸羅縣新化里，良笑夫婦移居臺灣諸羅下加冬保；十二世起節，譜記「往臺」。自十四世至十六世，赴海外者甚夥，以十五世最多。十四世如聖城，記「卒在南洋」；聖葱、聖栳，皆亡於吉隆坡。十五世和順、經沃、經致、經諸等，皆卒於南洋；經尊「在叻亡」，叻即新加坡；其如經泉、經才記「卒在外夷」，南河記「外亡」，則皆未詳查者。十六世綸進、綸埕，俱云「外亡」。又十六世至十八世多在世者，僅録生年，其中或有客走海外者，亦莫能確知。據抄本影印。

清溪魏氏族譜世系錄

一世

開基祖陳興公係　友公次子别號陳興成化年
間自祖家新康里宮苑鄉洪頭埔移入龍興
里龍居鄉大坵頭居住為人忠義精通武藝
掃蕩九十三賊里中人免其塗炭議以金帛
酧謝公受之招集鄉人將所受之儀毫不染指
置地于虎崗山之麓起蓋菴堂名曰龍顯堂一
座崇祀半嶺荒菴之菩薩鄉人以為功加於
時德垂後裔因供奉神主于菴之右堂上題曰

婁氏族譜

開山功德主子孫世世烟祀與祖師菩薩匹休

焉歲進士胡 璉先生贈以聯曰施金建刹當年

開山如昨掃寇靖鄉此日功德猶存公有遺像

墓在磜柄祖厝後右額角

娶妣傅氏　公建祖宇在拜坪尾

坐　向　兼

男一　榮宗

二世

二世祖榮宗公係　陳興公之子葬在鳳斗鄉加雷

山大石下與男賜寅合葬俱丸棺

娶妣姚氏

男二　長宏賜　次宏寅

三世

三世祖宏賜公係　榮宗公長子字廣傳與父仝

葬娶妣林氏

男二　長昭宝　次昭成

魏氏族譜

三世祖宏寅公係　榮宗公次子字廣正號父兄金埜

娶妣謝氏

男三　長曰麟　次曰麒　三曰龍

四世

四世祖毅齋公係　賜公長子乳名聡寳字宗貴

公寛厚和平　貽謀燕翼盖屋黄宅墘坐巽向

乾兼辰戌生弘治十六年癸亥　十二月初八日吉

時辛隆慶三年己巳四月三十日酉時寿六十六

塟本山土名虎崗山目黃尾筊杯石下坐丑向未
娶妣顏氏大娘生正德二年戊辰
辛嘉靖壬戌年二月十三日卯時寿五十五与公合塟
男七 長添進 次添義 三添裕 四添衆
五添遲 六添瑗 七添柒

四世昭成公係 賜公次子字宗美公持己以温處世
以惠建屋大垢頭 塟黃宅墩坪坐
巳向亥兼巽乾
娶妣陳氏

男二　長釗蔭　次釗萌

四世曰麟公係　寅公長子字宗靈

娶妣鄭氏

男三　長洪助　次洪勉　三洪勝

四世曰麒公係　寅公次子字宗仁學習法戢号法正

娶妣　氏

男三　長洪眷　次洪科　三洪袁

四世曰龍公係　寅公三子字宗與

娶同安鼎尾人王氏 改节

男四　長洪福　次洪祿　三洪壽　四洪全

五世

五世添進公係　毅齋公長子字允升移居感化里湖頭

娶妣陳氏翔娘塟在感化里湖頭鄉牛角壠坐

癸向丁兼

男四　長重陽　次重華　三重秀　四重晏

魏氏族譜

五世添義公係　毅齋公次子字允宜号横山爲
人正言明理生加靖十四年乙未十月廿九日酉時
辛萬曆己未年二月十七日午時壽八十四　天
啟元年閏二月廿五日未時塟后湖大頂林坐
坤向艮棺前靣有大横石如桌靣四正
娶妣李氏爲人温柔慈愛生加靖乙未年十二
月廿九日辰時辛萬曆丙午年十二月廿三日巳
時寿七十二与卅公合塟
男三　長重榮　次重由　三重暦

五世添裕公係　毅齋公三子字允寬号崑山為人

寬慈能識地理生加靖丁酉年十月廿九日午

時卒萬曆庚寅年六月初一日　寿五十四塟

本山大畬坐坤向艮

娶妣劉氏生加靖己亥年九月初二日巳時卒

萬曆癸卯年十一月廿五日　與公合塟大畬

形号出口蛇

男四　長重貴　次重賢　三重智　四重燕

魏氏族譜

五世添衆公係　毅齋公四子

辛萬曆十八年八月初三日　塟軍營厝后

嶺邊　娶白砺劉氏　塟大營后獅宅

男二　長重恭　次重敬

五世添暹公係　毅齋公五子止

五世添瑗公係　毅齋公六子号樂野生　丁未

年閏九月廿二日亥時九十　癸巳年十月初二

日　至丙寅年迁瓦棺塟大畬坐丁向癸

娶妣胡氏生　丙午年十二月初七日亥時卒
辛未年九月十九日与公合塟大畬丁癸午子分
金丙午子
男一　重齊

五世添渠公係　穀齋公七子止

五世釗蔭公係　昭成公長子此派之子孫俱移在江西浙江
世系有載而譜牒無載

魏氏族譜

魏氏族譜

五世釗萌公係　昭成公次子字允著号次溪生嘉靖
庚戌年二月十六日子時卒崇禎癸未年十一月初
四日　寿九十四塟目黃坐丑向未　娶少卿王氏
生嘉靖乙卯年四月廿二日子時卒崇禎丁丑年
九月廿九日　塟大坵頭面前坐癸向丁　寿八
十四　五代三公
男三　長端堯　次端奎　三端吉
五世洪助公係　曰麟公長子　娶妣林氏
男一　主才

魏氏族譜

五世洪晃公係　曰麟公次子娶妣　氏止

五世洪勝公係　曰麟公三子　娶妣林氏
男一　高才

五世洪春係　曰麒公長子止

五世洪科係　曰麒公次子止

五世洪衷係　曰麒公三子娶妣　氏

男二　長養琅　次養瑰

五世洪福係　曰龍公長子娶妣楊氏

男一　養成

五世洪禄係　曰龍公次子　止

五世洪壽係　曰龍公三子　早故

五世洪全係 曰龍公四子止

六世

六世重陽係 添進公長子娶妣王氏

男三 長一仰 次一鳳 三一鳶

六世重華係 添進公次子娶妣陳氏

男一 長一全

六世重秀係 添進公三子娶妣黄氏

魏氏族譜

魏氏族譜

男三　長一曾　次一良　三行七止

六世重晏係　添進公四子止

六世重榮係　添義公長子娶姚廖氏

男四　一宣　一檜　仕川　仕朱外出

六世重由係　横山公次子字于礼娶劉氏妖續娶　氏

男四　長文　次彩　三英　四八仔

六世重曆係　横山公三子字于数号濵泉學習
法戢名法文直躬而行戒慎無私崇禎八年往
新縣閩家五人失三人　娶姚林氏
男一　國琮

六世重貴係　崑山公長子字于爵号仰昆其性愷
悌其行忠直娶吴氏續娶吴氏俱谷山人
男四　曰道　曰通　曰廷　曰棋

六世重賢係　崑山公次子字于舉号仰台為人

魏氏族譜

剛直娶妣林氏
男四　長曰平　次曰地　三曰輪　四曰選
六世重智係　崑山公三子字于哲号秀仙為人寬
厚聰明是以建造土楼生隆慶六年壬申十二月
廿日寅時卆崇禎十四年辛巳正月十二日
寿七十　塟本山大畬坪坐丁向癸　娶源口人楊
氏生萬曆二年甲戌閏十二月初九日子時辛順
治五年戊子正月廿二日　寿七十五　塟内楼
卯酉乙辛

男一　國熊

六世重燕係　崑山公四子字于居号逸泉為人正直剛平是以建造土樓生萬曆二年乙亥十月廿六日子時卆崇禎十三年庚辰四月廿二日未時寿六十六葬内楼夘酉乙辛　娶上地胡氏生萬曆壬午年二月初二日酉時卒萬曆乙夘年六月初八日　葬尾坪丁癸　又娶后宅葉氏生萬曆十五年丁亥正月廿一日　卒崇禎二年己巳六月廿二日酉時　葬空坵嶺　田中

三娶新春林氏生萬曆十一年癸未六月廿日

卆塋未詳

男三　長國治　次國策俱胡氏出　三國典葉氏出

六世重恭係　添衆公長子字于謙号東梅為人慈

惠生嘉靖乙丑年三月初三日子時卒天啟丙

寅年八月十八日　寿六十二塟團坑坂垵坤艮

未丑娶洋山陳氏十娘生隆慶元年丁卯

男四　一德　一盛　一忠　一統

六世重敬係　添衆公次子字于讓号實峯生嘉靖己巳年正月廿一日戌時辛癸未年七月初九日塟員林内坤艮　娶妣林氏生甲戌年六月十四日　辛丙申年四月廿九日　塟龍通鄉大山頭庚甲

男三　一柱　一材止　一棟

六世重齊係　添瑗公之子字于正号仰泉生萬曆甲戌年七月廿五日申時辛崇禎癸未年九月十七日巳時塟大演坂丑未　娶謝氏生萬曆甲

姜氏族譜

戌年十月初五日寅時辛天啟甲子年十二月初七
日　塟畲潭辛乙
男三　國藩　國溢　國藻
六世端志係　釗蔭公長子妣鄭氏
男四　一鵠　一翰　一元　一亨
六世端仕係　釗蔭公次子娶姚氏
六世端堯係　釗萌公長子字于則号濱涯壽九十四

娶妣胡氏
男三　一鼎　一喬　一娄
六世端奎係　釗葫公次子字于瓚号西涯
娶妣胡氏
男三　一範　一主　一太
六世端吉係　釗葫公三子字于旋号良在
娶妣楊氏
男四　一斗　一井　一上　一品

六世主才係　洪助公之子　娶妣　氏

男一　一楨

六世高子係　洪勝公之子娶妣　氏

男四　昭申　昭彰　昭富　昭慧

六世養琅係　洪東公長子　娶妣　氏

男一　啟甘止

六世養瑰係　洪東公次子娶姚　氏

男一　忠仔

六世養成係　洪福公之子　止

七世

七世一仰係　重陽公長子止

七世一鳳係　重陽公次子　娶姚　氏

男二　新永止　新桂止

七世一鸞係　重陽公三子　娶妣　氏

男一　新祖止

七世一全係　重華公之子止

七世一曾係　重秀公長子　娶妣　氏

男二　士澤止　士派

七世一良係　重秀公次子　娶妣　氏

男二　士俊　士趂止

七世行七係　重秀公三子　早故

七世一宣係　重榮公長子

七世一檜係　重榮公次子

七世仕川係　重榮公三子　以上俱止

魏氏族譜

七世仕朱係　重榮公四子　弘光元年往浙江常山

七世一文係　重由公長子

外出

七世國彩係　重由公次子

七世國英係　重由公三子止

七世八仔係　重由公四子止

七世國琮係　重曆公之子　娶姚　氏
男二　士萊外出　士錦止

七世國基
移江西玉山十里山

七世一道係　重貴公長子　娶姚　氏
男三　士英止　士望　士義止

七世一通係　重貴公次子　娶姚　氏
男一　士卿止

魏氏族譜

七世一廷係　重貴公三子　娶姚　氏

男一　烏仔止

七世一棋係　重貴公四子止

七世一平係　重賢公長子　娶姚　氏

男一　仕泰止　即士字是也

七世一地係　重賢公次子　娶姚　氏

男一　壬申止

七世一輪係　重賢公三子

七世一選係　重賢公四子　止

七世國熊係　秀仙公之子字君甫号我叶為人多能好施生萬曆三十六年戊申六月十八日申時卆康熙十六年丁巳十一月廿四日巳時壽七十葬大林尾大垢前午子丙壬瓦棺　左畔砂脚

鄭氏族譜

附塟次男士古公　娶妣尾塘林氏大娘生萬曆癸丑年六月廿七日申時卒順治六年己丑正月廿七日　年三十七后次娶二娘合塟福厨口庚甲酉卯　次娶后湖黃氏二娘為人孝順慈愛生萬曆丁巳年九月十二日子時卒順治乙未年十月十二日　年三十九臨終之時遺言願着孝服以殯子孫以為非礼不忍氣虽絕而目不瞑後如其遺命其目乃瞑与首妣合塟福厨口𠒇棺　三娶曾口坂林氏生萬曆癸丑年六月十八日申時卒順治己亥年十二月初二日未時年

四十七与 我叶公仝塋大林尾大坵田前午子丙
壬 四娶塘尾陳氏大娘生萬曆庚申年八月
十一日戌時辛康熙卅一年十一月初一日申時寿
七十三康熙四十二年癸未二月廿一日辰時奉
憲塟本山墓林塘坡丙壬午子木棺
男二 長士科 次士古 俱尾塘林氏出
七世國治係 逸泉公長子字君進号經環生萬
曆廿九年辛丑九月十四日亥時辛康熙戊申年
六月初二日酉時至康熙十四年十二月廿二日塟

路墘田中丙壬巳亥　娶龍居大坂林氏生萬曆
甲辰年三月十五日子時辛康熙甲寅年七月
廿六日亥時寿七十一塟本山林邊巳亥巽乾
男四　長士友（移江西玉山）　士初　士彥　士圓
七世國策係　逸泉公次子字君在号文竹生萬曆戊
申年十二月廿日巳時辛順治壬辰年七月初四日
巳時年四十五時林良計千餘人作乱延郷刘稻為
粮会五郷民兵初四日午時将戰公等叔兄弟姪十
五人巳時先到就西在龍居拜坪上与林賊交鋒

斬林賊七人賊敗走公等追之不意伏兵在油茶林內被傷中肩全身而歸不幸身故塟大林尾田頂丁癸未丑　娶姚洋山王氏生萬曆戊申年八月十八日卯時辛康熙壬戌年十一月廿四日寅時塟福厨內田中

男四　長士欽　次士登止　三士芳　四士玖止

七世國典係　逸泉公三子字君位号峻明生萬曆丙辰年六月十六日午時辛順治癸巳年正月十四日巳時年三十八塟后湖后林土地勘乙辛

卯酉　娶王氏生萬曆丙辰年十一月廿二日申時
卆康熙己卯年六月初九日亥時至康熙四十二
年二月廿二日寅時塟瓏仔內杉仔林崙丁癸
　　男一　士禧

八世

八世士科係　我叶公長子乳名見伯　生崇禎
十二年己卯十月廿七日辰時卒康熙甲子年二
月十二日巳時年四十五塟尾營白銀樹前丑未艮
坤　娶洪氏貴娘生崇禎癸未年七月初二日亥時

辛康熙丙辰年五月初二日寅時康熙四十二
年癸未十月塟石珩前与公墓皆金獅殿仙
公指示的后迁公尖石壠庚甲酉卯
無男 士古子孫輪祀
八世士古係 我叶公次子乳名娘治字啟論生崇禎
十五年壬午十一月初十日辰時辛康熙庚寅年
閏七月初四日辰時年六十九塟大林尾大坵田
前 我叶公墓左畔砂午子丙壬 娶傅氏偕
娘生順治丙戌年十月初六日未時辛康熙丁

魏氏族譜

亥年十一月廿七日未時年六十二至乾隆八年
十二月十一日寅時塟大林尾大坵田前坪窩
中巳亥巽乾　傅氏有像
男五長文星　次文逞　三文全　四文亨
五文典
八世士友係　經環公長子乳名如巳字啟諒
生天啟四年甲子九月二十日辰時鳥鎗揚名
如神卒康熙三十六年丁丑十二月十八日申時至
康熙四十三年十一月十二日辰時与陳妣合塟江

西省玉山縣一都十堡雷鼓山坐坤向艮　公于順
治十四年丁酉十月十五日起程移往江西省廣
信府玉山縣四十都戴家土名坂橋鋪高墩自
盖屋字申寅坤艮　先妣上地胡家娶的妖
次妣龍居陳氏墓与公仝塋
繼男二　長文瑞　次文昌

八世士初系　經環公次子字啟誠　生崇禎五
年壬申　辛康熙十六年丁巳六月
廿四日　塋后畬　娶圳兜林氏

姜氏族譜

男三　文昌出継　文起　文與

八世士彥係　經環公三子乳名伍字啓誌　生

崇禎十一年戊寅二月廿五日　辛康熙甲子

年二月三十日寅時年四十七塟大畲橫路頂

午子丁癸　妣陳氏順娘謚勤慈生崇禎甲申

年九月廿三日申時辛雍正元年癸卯四月廿七

日申時壽八十塟大畲申寅坤艮

男三　文業　文佳　文華

魏氏族譜

八世士圓係　經環公四子生隆武二年乙酉六月初七日　辛康熙癸酉年七月十四日未時与媽仝葬尖石壠困狗崙乾巽戌辰　娶林氏生順治戊戌年二月初七日巳時卆乾隆元年丙辰五月十三日寅時与公仝葬

男五文使　文盂　文妥　文功　文德出繼

八世士欽係　國策公長子字啟訓号心若生崇禎五年壬申十月廿四日酉時辛康熙甲申年六月初十日辰時寿七十三乾隆

劉氏族譜

乙亥年塟大坂鄉土名棗樹兜艮坤寅申
与王家墓姆仝塟公瓦棺在小邊与王家子
孫妥議合塟歷年祭墓之時配享不失免
致墓姆失祀　娶妣胡氏生崇禎八年乙亥
正月初四日酉時卒康熙十六年丁丑正月二
十日子時年四十三塟后畲丁癸午子与嵗
叔合塟嫣瓦棺在大邊
男四　文選　文即　文明出繼　文白止

八世士登係　國策公次子夭失敘　娶妣林氏

八世士芳係　國策公三子字啓詳号心田　生崇禎辛巳年四月十九日巳時卒康熙甲子年三月初四日巳時寿四十四　娶妣莊氏

男四　文迪　文貴　文吉　文寶

八世士玖係　國策公四子止　塋猫塘崙

娶妣　氏尾塘人

八世士禧係　國典公之子乳名七字啓信
生崇禎癸未年十月十一日酉時卒雍正元年
癸卯正月初七日亥時　娶妣王氏生弘治甲申
年十二月初八日卯時卒康熙庚午年正月廿九日
巳時塟大埧口坤艮申寅
繼男　文明

九世

九世文星係　士古公長子字日照号日福生康熙
乙巳年八月廿一日未時為人忠厚卒康熙戊戌
年四月廿三日巳時年五十四塟尖石壠田亥巳

乾巽　娶妣蘇氏初娘生康熙辛酉年六月十

二日　卒康熙壬寅年十月十一日酉時

墓迁与公仝塋

男三　良愷　良吟　良戚殤

九世文逞係　士古公次子卒在臺灣兄弟之子輪

流祭祀

九世文全係　士古公三子字曰脩号曰禄公生姿

穎異經史博通蓋華屋以安居建書齋以教督
置田産以燕謀創兵房以垂昆且也身任擇日
而得名天錫黄金而得壽是族党中之不多覯
者生康熙十四年乙卯六月初一日　卒乾
隆二十年乙亥四月廿六日辰時壽八十一塟
光差壠面向大坵頭内向戌辰乾巽外向乾巽
戌辰公建溪柄厝一座卯酉又溪柄厝右畔建書
齋一座　娶妣龍居烏石林人悉娘謚慈順
生康熙己丑年十月廿二日辰時卒乾隆甲申
年九月十八日酉時　塟在龍居大謀子午癸丁

男四　長良輝　次良俊　三良密　四良岩

九世文亨係　士古公四子字日年号日壽生康熙戊午年四月二十日酉時辛康熙己亥年十一月初四日酉時迁塟在苦坑内乾巽戌辰

娶上卿廖氏扳生康熙辛未年八月初二日酉時辛雍正辛亥年十一月十三日未時塟大林尾我叶公墓下坐丁向癸乾隆癸巳年塟

男一　良岐

[illegible]氏族譜

九世文典係　士古公五子字曰則号曰德　塟溪柄卯
酉甲庚　娶妣竹園周氏与婦進免媽周氏合塟在
大坵田崙坐向丁癸午子
男一　良岍

九世文起係　士初公長子　娶妣吴氏
男一　良俄止

九世文興係　士初公二子生康熙八年己酉九月初
一日辰時　卒康熙丙戌年八月初一日寅時年三十

八葬猫林塘酉卯甲庚　娶妣陳氏生康熙己巳年正月初八日辰時卒雍正七年己酉七月初一日酉時年四十一葬相踏石庚甲酉卯

男一　良伋

九世文業係　士彦公長子字日漢号日創葬吳邦西墘田壬丙亥巳　娶妣王氏

男三　良豦　良蕉　良端

九世文嘉係　士彦公次子字日景号日成生康熙辛

姜氏族譜

酉年二月二十日子時卒乾隆丁巳年八月初六日

午時年五十七乾隆十年十二月廿四日塟半山

乾巽戌辰　娶陳氏彼娘生康熙壬申年七月廿

四日丑時卒乾隆庚辰年十二月初六日子時年

六十九塟吴邦枣樹兜長崙尾　良坤寅申木棺

男五　良祖　良盼　良悦　良襃　良棟出繼

九世文華係　士彥公三子字日榮号日貴生康熙

甲子年　正月十一日酉時卒雍正癸丑年十一月

十六日申時年五十塟崎墘田巽乾辰戌兆　棺

娶妣謝氏坤娘生康熙庚辰年六月廿一日酉時辛
乾隆壬戌年八月初七日　年四十三塟猫塘峇
甲庚夘酉
繼男　良棟

九世文使係　士圓公長子　娶妣　氏
男二　良歷　良天俱移江西

九世文孟係　士圓公次子　娶妣　氏
男一　良通移江西

九世文妥係　士圓公三子　娶妣　氏

男一　良伴　在台故止

九世文光係　士圓公四子字曰耀号曰勳生　戊
辰年二月初四日辰時辛　戊辰年十一月廿六
日丑時塟水井壠寅申甲庚　娶陳氏伏娘生
康熙癸未年七月十七日巳時辛乾隆四十三年
閏六月初七日巳時塟大坂鄉寅申甲庚

男二　良眺　良賜

九世文選係　士欽公長子字曰勉号曰文生順治庚子年十一月廿一日酉時辛康熙辛卯年四月二十日未時年五十二塟土楼后丙壬巳亥　娶姚姚氏生康熙辛亥年正月十八日寅時辛雍正辛亥年正月廿二日申時与公合塟

男三　良採　良抑　良笑

九世文郎係　士欽公次子字曰綿号曰侍生康熙甲辰年三月十七日戌時辛康熙甲午年三月

初二日亥時年五十塟林邉卯酉甲庚　娶李氏改节

男一　良授

九世文白係　士欽公四子　生康熙壬子年正月十二日寅

時辛康熙丙子年三月初九日未時塟大畬

九世文迪係　士芳公長子　娶姚　氏

男一　良拔

九世文貴係　士芳公次子

九世文吉係　士芳公三子　娶姚氏

男一　良拱

九世文室係　士芳公四子

男一　良紟仝父往温州

九世文明係　士禧公子　号日星生康熙戊申年八月廿六日午時卒雍正辛亥年十月廿六日戌時塟尖石壠

魏氏族譜

娶姚林氏

男二　良綢　良繆

十世

十世良慥係　日福公長子字茂實号篤實生康熙壬午年八月初五日酉時卒乾隆辛丑年十月初一日寅時娶姚氏秀娘謚順慈生康熙乙酉年七月初九日寅時卒乾隆乙酉年九月初五日辰時寿六十一塟福厨垵内丙壬午子外丙壬巳亥木棺

男三長芳鄒 次芳甘 三芳會

十世良吟係 日福公次子字茂高号高咏公古道可風勤謹克敦雖農家者流能置産建屋誠鄉里之推崇者焉生康熙丙戌年二月廿二日寅時辛乾隆己亥年七月十八日寅時寿七十四塟龟山巽乾辰戌娶妣周氏惕娘生康熙己丑年十月十六日申時辛乾隆戊辰年五月廿七日未時乾隆甲戌年十二月十六日塟福厨大林尾崙前坤艮申寅盖屋即林

厝一座卯酉甲庚

男四　芳聘　芳蘭　芳曆　芳愷

十世良輝係　文全公長子　幼殤

十世良俊係　日祿公次子字茂英号克明公老成持重衣食饒腴置産建屋友于兄弟是以天錫之壽七旬有餘当時有贈以聯曰七十三兄弟四代兩公孫公生康熙甲午年十二月廿八日子時辛乾隆庚戌年二月初二日卯時

娶妣林氏聚娘生康熙乙未年十月十五日辰
時辛乾隆己酉年十二月初九日戌時塟永
潮尾丙壬巳亥 公塟大林尾蛇子崙巳亥
巽乾 盖鶴山厝二座上厝庚甲下厝辛乙
男四 芳旦 芳閱 芳輪 芳歐
十世良畬係 日祿公三子字茂蔡号蔡翁公制
行立心敦厚誠篤建屋創業敦友尊師族
人咸欽重焉生康熙戊戌年 七月初六日辰時
辛乾隆辛亥年六月廿二日子時塟福厨口庚

甲酉卯　娶妣林氏逆娘謚　勤慎生乾隆癸巳年

十月　辛　年九月初二日

續娶黃氏伴娘謚四慈生康熙壬寅年五月初

三日辰時卒嘉慶甲子年八月三十日未時塟

大寨癸丁子午　公建黃宅乾中厝

又築書樓一座于厝角上

男四　芳甲林氏出　芳斗早故　芳巻殤　芳石黃氏出

十世良岩係　日祿公四子字茂石号克山公朴寔

不事壟華力耕不辭劳瘁置田園以裕后創

屋宇以貽謀是人中之卓然者也生雍正六年
戊申六月三十日辰時卒乾隆癸丑年三月初一
日辰時葬吾邦大坂墓林坪 卯酉甲庚
娶妣陳氏于娘生雍正丁未年二月廿三日巳時
卒乾隆甲寅年七月廿七日寅時葬內心崙庚
甲申寅 建雲頭厝一座巳亥巽乾
男六 芳涉 芳漁 芳泅 芳潛殤 芳潤 芳瞻
十世良岐係 文享公之子字茂鳳号高鳳号高
山生康熙壬辰年十一月十五日寅時卒乾隆己

卯年三月初五日未時塟美鶯丑未癸丁瓦棺

娶妣王氏美娘生康熙丁酉年正月十五日酉時

辛塟未詳

男六　芳塲　芳稼俱殀　芳秋　芳穫　芳種　芳稀

十世良研係　文典公之子字茂礪生康熙丁酉年十月

十七日寅時辛乾隆壬寅年十一月十九日巳時

塟蛇仔崙甲庚寅申　娶周氏強娘与日德媽合

塟大坵田

男二　芳煥　芳草

十世良俄係　文起公之子字茂嫦止有遺業焉

十世良伋係　文興公之子字茂孔
娶胡氏應娘公故氏招贅
男二　芳貞　芳世

十世良彖係　文業公長子字茂重号盛善生康熙
癸酉年九月廿九日巳時辛乾隆癸未年五月初
六日申時是月初十日午時塟大畬丙壬午子

娶妣林氏專娘生康熙乙酉年九月初九日酉時
卒乾隆乙未年
男三　芳擬　芳安　芳忠

十世良兼係　文業公次子字茂理号盛德生康熙
己卯年十月十六日未時卒乾隆辛巳年四月
初一日未時　娶周氏尾娘生康熙庚寅年九月二
十日未時
抱養男　芳思

十世良端係　文業公三子号盛正生康熙壬午年

正月廿二日未時辛乾隆四十年乙未

娶廖氏素娘

生康熙壬辰年七月初九日未時

男二　芳恭　芳疊

十世良祖係　文嘉公長子字茂果号盛宗生康

熙庚寅年四月十四日申時辛乾隆乙酉年正

月初五日辰時塟坤墘巳亥丙壬

娶楊氏大娘生康熙辛丑年正月十一日酉時辛
乾隆五十三年四月十六日辰時寿六十八
抱養男　芳陣

十世良盼係　文嘉公次子字茂美号盛質生康熙
癸巳年閏正月廿四日辰時辛　乾隆甲戌年正月
十二日辰時
娶陳氏敏娘生康熙壬寅年二月十九日寅時
辛乾隆乙亥年六月廿三日寅時塟半山乾巽
亥巳

男三 芳樹 芳科 芳詣

十世良悅係 文嘉公三子字茂亦号盛大生康熙丙申年正月十八日午時卒乾隆甲申年十月廿九日寅時葬尖石壠田 娶林氏授娘謚勤慈生雍正甲辰年八月廿二日辰時卒乾隆癸巳年正月初十日寅時

男三 芳墜 芳望 芳字

十世良褒係 文嘉公四子字茂揚 生雍

正乙巳年二月初三日申時辛乾隆癸卯年十一
月十八日酉時年五十八
娶林氏閒娘生雍正乙卯年十月十二日酉時
辛乾隆辛亥年十一月初十日未時年五十七
男五　芳前　芳雍　芳浩　芳戎殤　芳止殤
十世良棟係　文華公之子字茂梁　生雍正戊申
年十月十六日丑時辛乾隆戊申年九月廿八日
午時

娶陳氏早娘生乾隆戊午年二月十六日未時

辛塋未詳

男四　芳換　芳謟殤　芳敀　芳变

十世良伴係　文宴公之子字莪所

娶林氏艮娘

男一　芳團

魏氏族譜

十世良躭係　文功公長子　　生雍正癸丑年

二月二十日丑時

娶楊氏成娘生乾隆乙亥年二月廿五日亥時

男二　芳昔　芳隐

十世良賜係　文功公次子　　生乾隆丁卯年

正月十八日巳時　辛　塟未悉

娶朱氏　生塟辛　莫敀

十世良採係　文選公長子字茂藻　生康
熙丁丑年正月二十日寅時辛乾隆壬申年
四月廿八日辰時年　五十六
娶姚氏盛娘生康熙己卯年三月廿七日酉時
辛乾隆癸亥年三月二十日丑時年四十五与
公合葬福廚田内申寅坤艮
男三　芳由　芳回　芳愿

十世良益係　文選公次子字茂善　生康
熙辛巳年九月初七日酉時辛乾隆庚辰年

劉氏族譜

十一月廿三日巳時年六十葬台湾府諸羅縣新
化里下加冬保仙草埔庄番仔寮坪癸丁子午
娶鄭氏引娘生康熙庚寅年閏七月三十日酉
時
男四　芳月　芳燦　芳江　芳海
十世良笑係　文選公三子字茂樂　生康
熙丙戌年五月廿四日戌時
娶李氏宜娘生　壬寅年十二月十四日
乾隆十九年夫婦

移居台湾諸羅下加冬保住

男一　芳貴

十世良授係　文郎公之子字茂與号盛　傳生康
熙辛卯年正月廿七日酉時辛　年六
月十一日　塟猫塘崙卯酉　娶鄭氏盡娘
生康熙壬辰年五月廿七日卯時辛乾隆己丑
年九月廿五日丑時塟福厨田内

男四　芳瑯　芳三　芳汝　芳淡

婁氏族譜

十世良拔係　文廸公之子字茂躍
娶　氏宜娘段节
男一　芳莫

十世良拱係　文吉公之子止

十世良綱係　文明公之子　娶妣　氏
男一　芳麟

十世良繆係　文明公次子娶妣　氏段节

男一 芳誥抱養

十世良報係 文高公之子娶妣唐氏城娘 生卒未詳

男四 芳剌 芳綵 芳向 芳琳

十世良郡係 文贊公長子字茂賢号兆聖生康熙辛卯年七月初一日午時卒乾隆辛巳年正月廿三日巳時 娶許氏好娘生康熙乙未年十一月初二日辰時卒乾隆辛巳年正月廿九日巳時公妣仝塟尾路寮前崙癸丁丑未

男二　芳先　芳見

十世良乘係　文贊公次子字茂千号兆億生

丙申年八月二十日午時卒乾隆己卯年二

月十九日寅時

十世良宣係　文誦公長子字茂揚　生康熙

戊戌年三月廿九日巳時

娶李氏雪娘生雍正乙巳年十二月初十日酉時

公妣卒葬未詳

男五　芳育　芳堅　芳春　芳標　芳任

十世良慈係　文誦公次子字茂忠　生雍
正癸丑年六月廿九日未時
娶妣蘇氏成娘生
乾隆庚申年七月初八日未時
男三　芳玩　芳現　芳珠

十世良仁係　文龍公之子　娶妣　氏
男二　芳申　芳習　查明对譜係芳君

魏氏族譜

十世良琴係　文載公之子　被番射死止

十一世 文取公派長房在大榮 按旧譜上下名次迷昧
者多無從力攷今只据旧譜体式而録之耳
十一世芳乾係 良賓公之子生雍正庚戌年八月
日 時
娶妣楊氏免娘生乾隆癸亥年二月十九日 時
公妣卒塟未詳
男一 起長
十一世芳坤係 良勤公継子 生乾隆丙辰年六月廿
一日 時
娶張氏謹娘生乾隆丙寅年九月初四日寅時

男一　起瑪

文帥公派

十一世芳等係　良月抱養子

十一世芳冬係　良起長子　娶妣　氏改节

男二　起安　起在

十一世芳次係　良起次子

文星公派

十一世芳鄒係 良慥公長子字公興 生雍正丙午年九月十二日丑時卒乾隆乙卯年四月廿二日辰時 娶林氏婉娘生雍正丁未年 卒乾隆己巳年五月十九日未時塟大林尾崙頭 士古媽墓左巽乾辰戌右畔附塟幼骸起作 次娶蔡氏担娘生雍正庚戌年正月廿三日申時卒乾隆乙酉年正月廿八日 三娶謝氏開娘生雍正庚戌年九月廿二日辰時

婁氏族譜

男三　赵璄　赵作殤　赵悟殤　俱蔡氏出

十一世芳甘孫　良慥公次子字公養一字肇美号和礼

生乾隆已未年七月十二日午時辛加慶丁已年七

月十四日未時

娶黃氏娉娘生乾隆甲子年十一月十八日寅時

辛乾隆壬午年五月十四日酉時又娶馬氏謹娘

謚勤慈生乾隆庚申年八月初七日午時辛乾

隆乙卯年九月十二日寅時

男二　赵珍　赵琛

十一世芳會係　良慥公三子字公合号和義生乾隆甲子年十月初十日酉時卒乾隆丙午年年七月廿四日未時　娶林氏春娘生乾隆甲子年二月初四日酉時卒乾隆戊年　月十四日酉時

十一世芳聘係　良吟公長子字公礼号以時生雍正丁未年六月十五日未時卒加慶九年十二月二十日辰時塋墓塘崙巳亥丙壬　娶梁氏

麥氏房譜

寶娘生乾隆戊午年八月十六日未時辛加慶戊
午年六月廿一日未時葬福厨口巽乾巳亥
男一　赵集

十一世芳蘭係　良吟公次子字公桂　　生雍正
壬子年三月廿七日巳時
娶林氏傒娘生乾隆辛酉年八月
廿七日巳時
男二　赵招　赵概

魏氏族譜

十一世芳歷係 良吟公三子字公理号有萬生雍正乙卯年九月廿七日丑時
娶林氏秦娘生乾隆己未年二月廿四日丑時
公塋墓林塘庚甲申寅
妣塋墓林塘丁癸午子
男五 起振 起新 起諒 起登 起配

十一世芳愷係 良吟公四子字公悌号元弟生乾隆丁卯年二月初九日子時辛 三月初二日 塟五坵仔丁癸未丑 娶陳氏壹娘生

乾隆乙亥年五月初一日辰時辛　十月

初九日　時

男三　起權　起選　起我

文全公派

十一世芳且係　良俊公長子字公喜号邦彥生雍正

甲寅年六月十一日卯時辛乾隆戊申年七月廿

三日未時塟半山丁癸未丑　娶胡氏坦娘謚鑾

雝生雍正甲寅年九月初八日未時辛乾隆壬寅

年四月初十日未時塟大埕田辰戌巽乾　又娶鄭

魏氏族譜

氏女娘謚警姿生乾隆乙丑年五月廿三日辰時卒
道光庚寅年九月十四日卯時葬崎墘巳亥巽乾
男四　起道　起昌　起郁　起猥

十一世芳閬係　良俊公次子字公觀号邦簡生乾隆
甲子年十一月初九日酉時卒　年六月
初二日　時迁葬在大林尾庚甲申寅　娶赤嶺
林氏引娘謚承順生乾隆己巳年五月廿二日巳
時卒乾隆庚戌年九月初六日　時葬大林尾庚
甲申寅

男四　起納　起斌　起雷　起查止

十一世芳翰係　良俊公三子字公藩　生乾隆
丁卯年九月廿九日戌時卒加慶乙卯年十月十
一日卯時塟犁頭坵甲庚卯酉　娶朱氏雪娘生
乾隆庚午年六月二十日戌時卒乾隆乙卯年八
月三十日午時塟蛇形崙邊乙辛卯酉
男四　起餘　起磋　起倉　起泰殤

十一世芳謳係　良俊公四子字公陽号邦啓生乾隆

辛未年三月初六日午時卒道光甲申年二月初
四日午時　塟谷脚辰戌乙辛
娶朱氏姜娘謚恵軫生乾隆丁丑年五月十七
日丑時卒加慶己卯年三月廿一日午時塟墩上
丁癸午子
男四　起盾　起捶　起憓殤　起祿

十一世芳甲係　良客公長子字公聯号聯科生乾
隆十年乙丑四月初九日酉時卒嘉慶己卯年二

月初六日巳時　娶胡氏舉娘謚勤慎生乾隆巳
巳年二月廿六日巳時辛道光巳丑年二月十四日巳
時公媽合葬大寨癸丁子午
男六　起洙殤　起芹　起殷出繼　起節止　起啓殤　起伍

十一世芳斗係　良審公次子字公魁号指季生
乾隆戊辰年七月廿六日酉時辛乾隆甲午年三
月十七日酉時葬石磅坐壬向丙　娶廖氏冷娘
生乾隆庚寅年七月十九日子時

男一　起般承繼

十一世芳苍係　良寀公三子生乾隆丙子年二月十八
日辰時

十一世芳石係　良寀公四子字公璞一字明中号金量
生乾隆廿八年癸未八月十五日酉時卒道光甲申
年十二月廿七日申時塟大坵田
娶林氏銀娘謚金懿生乾隆乙酉年八月十三日
巳時卒道光己丑年九月初二日戌時塟相叠石

男四　起統　起耦　起順止　起継殤

十一世芳涉係　良岩公長子字公濟号長拔生乾隆

丙寅年四月初八日酉時辛乾隆乙卯年三月十八日

卯時塟福厨墩　娶胡氏完娘謚規順生

乾隆丁卯年十月初一日寅時辛乾隆乙卯年八

月初一日丑時

男三　起筆　起墨殤　起熾止

十一世芳漁係　良岩公次子字公渊号長躍生乾隆

甲戌年三月十二日巳時辛　十二月廿八日
子時塟魁柄厝巽乾巳亥　娶妣陳氏約娘
生乾隆　辛　年九月十八日卯時
男三　起述　起出止　起忽止

十一世芳沙係　良岩公三子字公水号長門生乾隆
戊寅年三月十二日巳時辛塟在汰縣洋溪鄉土
名蕉坂后背白雀山乙辛　娶鄭氏錯娘
男五　起繭　起踏　起爾　起塔　起套

十一世芳濬係　良岩公四子生乾隆辛巳年八月初八
日酉時幼殤
十一世芳潤係　良岩公五子字公澤号長暑生乾
隆乙酉年十一月廿四日辰時卒　丙申年五月十
五日丑時塟瓦窑坪面向墓林塘大坵巽乾己亥
娶黃氏宗娘謚端靜生乾隆丙戌年八月廿日酉
時卒乾隆五十二年四月初一日酉時又娶陳氏京
娘謚淑靜生乾隆癸未年四月廿四日亥時卒加
慶癸亥年三月初一日午時二妣仝塟內心崙大坵

魏氏族譜

尾鳳尾錐坤艮申寅

男三　起泄殤　起保　起啓

十一世芳贍係　良岩公六子　号長嘉生乾隆

庚寅年閏五月廿三日子時辛加慶壬戌年 正月

廿六日寅時塟内心崙大圻

娶王氏差娘生　壬辰年三月廿四日卯時改节

男二　起座　起包

文亭公派

十一世芳塲係　良歧公長子生雍正甲寅年九月十九日巳時卒乾隆戊午年四月十六日辰時塟大林尾墓林塘坪為案

十一世芳稱係　良歧公次子号肇秀生乾隆丁巳年十一月廿六日寅時卒乾隆辛未年五月十九日酉時塟大林尾大坵田右

娶林氏鳳娘早故与稱合塟

十一世芳秋係　良歧公三子字公闡　生乾隆

庚申年六月廿八日酉時　娶陳氏廉娘生乾隆辛未年六月初七日午時

男三　起模　起音　起撻

十一世芳稷係　良歧公四子字公薪　生乾隆癸亥年十一月廿九日巳時　娶王氏是娘生乾隆丁丑年正月初五日午時

男一　起撻

姜氏族譜

十一世芳種係　良岐公五子　生乾隆
十一年丙寅三月廿九日午時
娶林氏雪娘生乾隆甲申
年十二月　日時

十一世芳稀係　良岐公子　查是六子
生乾隆庚午年八月初十日酉時

魏氏族譜

文典公派

十一世芳焕係　良研公長子字公章号有文生

雍正乙卯年　塟

大坂墓門口巽乾辰戌

娶林氏鸞娘住軍营　改节

抱養男　起來

十一世芳草係　良研公次子字公創号有茂生

乾隆丁卯年六月十九日亥時　辛未詳

塟内心崙丁癸午子

娶楊氏尾娘

文興公派

十一世芳貞係　良伋公長子字公完　生雍正

乙丑年七月初八日辰時查旧譜係是乾隆辛

年二月十二日　時

娶王氏文娘生乾隆癸酉年五月初十日卯時

辛　年五月初九日辰時

男三　起盛　起為　起乾此人失傳外無另標

係生乾隆丁未年五月初八日酉時旧譜正月

十一世芳世係 良伋公次子字公百 生乾隆
戊辰年十一月十五日酉時
娶謝氏

文業公派
十一世芳擬係 良彖公長子 公言是字 生雍正
丙午年九月廿三日亥時
娶陳氏
承繼男 起轉

魏氏族譜

魏氏族譜

十一世芳安係　良象公次子字公平　生乾隆
庚申年四月十九日午時
娶章氏末娘生乾隆丁丑年
五月廿二日未時
男三　起發　起註止　起福

十一世芳忠係　良象公三子字公廉　生乾隆
戊辰年十月十三日丑時
娶林氏治娘生乾隆壬午年

魏氏族譜

十月初六日未時

十一世芳思係　良兼公之子字公義　生乾
隆己未年二月初三日酉時
娶林氏益娘生乾隆
辛酉年五月廿八日酉時
男四　起衎　起山　起轉出繼　起顲

十一世芳恭係　良端公長子字公儉　生乾隆
戊午年五月十二日申時
娶蘇氏生　癸酉

劉氏族譜

年正月初五日寅時

男二　起畜　起蔿　俱止

十一世芳疊係　良端公次子　生乾隆甲子

年九月廿四日寅時

文嘉公派

十二世芳陣係　良祖公養子字公督　生乾隆

戊辰年閏七月初四日戌時卒乾隆丁酉年

娶林氏秉娘　歿节

男二 起正 起條

十一世芳樹係 良盼公長子字公宅 生乾隆壬戌年八月廿三日巳時 娶李氏猜娘生乾隆癸酉年九月初十日酉時

男二 起勇 起諂

十一世芳科係 良盼公次子 生乾隆戊辰年七月初五日戌時

十一世芳詣係　良盼公三子　生乾隆壬申
年四月廿三日寅時
十一世芳對係　良悦公長子字公爾　生乾隆甲
子年八月十七日戌時
娶張氏香娘生乾隆
年五月廿一日巳時
男三　起亶殤　起向　起水

十一世芳望係　悦公次子　生乾隆庚辰年四月
廿九日丑時　娶　氏
男一　起接

十一世芳字係　悦公三子　生乾隆癸未年九月
廿三日巳時
娶胡氏淑娘生乾隆丙戌年七月初一日辰時

十一世芳降係　褒公長子　生乾隆癸酉年七月
初八日子時

魏氏族譜

十一世芳前係　褒公次子　生乾隆辛巳年八月

初五日酉時　娶王氏敬娘　改节

十一世芳雍係　褒公三子　生乾隆丙戌年正月

十六日亥時

娶林氏佑娘生乾隆乙酉年正月十二日子時

男一　起紅

十一世芳浩係　褒公四子　生乾隆己丑年五月

廿一日申時

娶姚　氏

男一　起岡

十一世芳戎係　褒公五子　生乾隆癸巳年九

月初九日酉時

文華公派

十一世芳族係　棟公長子字公姓　生乾隆己卯

魏氏族譜

年正月廿八日午時卒加慶己卯年十一月十九日
申時　娶林氏靜娘生乾
隆壬午年正月初七日酉時卒加慶己卯年七月
十二日未時
男一　起想

十一世芳諂係　楝公次子　生乾隆辛巳年十一
月十七日亥時

十一世芳攺係　楝公三子字公國　生乾隆己丑年

九月十九日亥時辛

娶姚氏尾娘

男四　起培　起崇　起院　起欽

十一世芳夔係　棟公四子字公化号美鳳生乾隆辛丑

年閏五月廿二日辰時辛加慶己卯年四月初九日

寅時　娶李氏成娘生加慶庚

午年二月十六日　時辛道光廿八年八月廿五日未

時

姜氏族譜

男一　起居

文妟公派

十一世芳團係　良伴公之子　生乾隆甲

子年六月十九日辰時

文功公派

十一世芳經係　耽公長子　生乾隆己亥

年正月十五日戌時

十一世芳昔係　耽公次子字公壽　生乾隆
庚子年三月十七日未時
娶林氏輟娘改节
男二　起醒　十義

文選公派

十一世芳由係　良彩公長子字公富　生雍
正乙巳年二月十六日卯時
娶沈氏交娘生乾隆丁巳年四月十四日酉時
男一　起旦止

劉氏族譜

十一世芳回係　彩公次子　生乾隆丁巳年二月廿七日子時

男一　朝宗止

十一世芳愿係　彩公三子　生乾隆庚申年九月廿八日巳時

娶廖氏佳娘生乾隆辛巳年十二月十一日子時

男一　起財止

魏氏族譜

十一世芳月係　益公長子　　　　　生雍正戊申
年十月廿四日寅時
娶林氏　生乾隆丁巳年
男一　起鋭

十一世芳燦係　益公次子　　　　生雍正癸丑年
九月二十日卯時

十一世芳江係　益公三子　　　　生乾隆己未年
三月十五日巳時　往台

蔡氏房譜

十一世芳海　係　益公四子　生乾隆壬戌
年十一月十二日未時　在呂

十一世芳貴　係　良笑公之子　生乾隆乙亥年

文郎公派

十一世芳猲　係　援公長子字公成号美儀生雍正乙
卯年十二月初五日巳時卒乾隆乙卯年四月廿
五日寅時　娶蔡氏汝娘生乾隆

巳巳年三月廿一日辰時卒乾隆甲辰年七月

廿三日未時

男三　起墩　起瑞止　起因止

十一世芳三係　援公次子字公讓号美元生乾隆乙

丑年六月初六日亥時卒加慶丁丑年四月初五日

未時塟苦坑內丁癸　娶謝氏簪娘生乾隆丁丑

年七月初六日未時卒道光三年四月廿三日辰時

塟大坵脚

男二　起圭　起什

魏氏族譜

魏氏族譜

十一世芳汝係　授公三子　号美器生乾隆己巳
年六月三十日卯時卒乾隆乙卯年四月廿六日酉時

十一世芳淡係　授公四子　号美論生乾隆丙子年
三月初五日巳時卒乾隆丁未年三月十九日戌時

文迪公派

十一世芳莫係　良拔公之子　生乾隆
娶　氏 公妣卒塟莫考　男　起丙

文明公派

十一世芳麟　係　良絪公之子　字公趾

娶林氏流娘

男二　起志　起定

十一世芳誥　係　良繆公養子　字公叔

娶鄭氏柔娘

男二　起汪　起君

文誦公派

十一世芳育係　宣公長子　生乾隆癸亥年正月廿六日寅時辛

十一世芳堅係　宣公次子　生乾隆己巳年五月十六日午時辛

十一世芳春係　宣公三子　生乾隆辛未年十二月二十日午時辛

十一世芳標係　宣公四子　生乾隆辛巳年四
月廿七日午時
十一世芳伍係　宣公五子　生乾隆壬辰年
十一世芳玩係　慈公長子　生乾隆戊寅年十
一月十九日未時
十一世芳現係　慈公次子　生乾隆丙戌年二月
十五日寅時

十一世芳珠係　慈公三子　生乾隆癸巳年三月廿
八日午時
文龍公派
十一世芳申係　良仁公長子
十一世芳君係　良仁公次子
文德公派
十一世芳廷係　良禱公之子　生乾隆癸巳年十
月廿九日辰時

魏氏族譜

十二世 文星公派

十二世起境係 鄒公長子字興孝号念思生乾隆乙亥年正月廿四日丑時辛加慶庚申年二月初十日巳時塟大坵田 娶林氏諒娘生乾隆己卯年八月十六日申時辛加慶癸酉年九月十八日亥時塟厝仔

男二 賢聽 賢仍

十二世起珍係 甘公長子

娶妣廖氏　娘

十二世起琛係　甘公次子　移居西縣

娶妣蘇氏

男一　賢彩　止

十二世起集係　聘公長子字興迎号義所生乾

隆乙酉年正月初一日酉時辛加慶己未年五

月初三日丑時塟大猪脚石古上未丑坤艮

娶妣胡氏好娘生乾隆甲辰年九月十三日酉時

辛乾隆癸丑年正月初三日寅時塟墓塲崙艮
坤寅申
男一 賢釀

十二世起添係 聘公次子字興作 号慶籌生乾隆
庚子年七月初十日巳時辛道光甲午年五月初
一日寅時塟坋仔田丁癸午子 娶科名黃氏
詈娘生乾隆甲辰年五月初六日寅時辛咸豐
壬子年十二月初五日寅時塟文竹公墓脚丁癸
未丑 師子兄弟四人仝建東園厝一座甲庚寅申

魏氏族譜

麥上坊譜

男四　賢銓　賢贊　賢他　賢府

十二世起招係　蘭公長子　生乾隆丙戌年二

月十一日戌時

娶黃氏却娘生乾隆庚寅年九月十八日申時辛塋

未詳

男二　賢朱　賢貢外出

十二世起概係　蘭公次子字興銀号舉善生乾隆

己亥年二月初七日戌時辛道光戊戌年四月十五

日寅時塟墓塲后　娶林氏盡娘

生乾隆庚申年五月十四日卯時卒咸豐甲寅

年十二月十六日卯時

男四　賢漲殤　賢遠殤　賢淵　賢真殤

十二世起振係　歷公長子　号進松生乾隆庚辰年

十月廿三日丑時　塟尾簥乙辛卯酉

十二世起新係　歷公次子　生乾隆甲申年十月

十四日申時

十二世起亮係　歷公三子字興直号有文生乾隆己丑年十二月初四日寅時卒道光戊申年十一月十三日卯時葬太林尾垵庚甲酉卯　娶林氏滿娘謚存心生乾隆癸巳年三月十三日酉時卒道光三年十二月廿九日戌時葬肥猪脚丁癸午子

男二　賢明　賢倿殤

十二世起燈係　歷公四子　号玉輦生乾隆癸巳年十二月廿九日亥時葬福厨口申寅庚甲

十二世起配係　歷公五子　号道義生乾隆丁酉年二月初五日酉時

十二世起權係　愷公長子　号量度生乾隆乙未年七月初八日子時

十二世起選係　愷公次子　号揀丕生乾隆四十八年九月十三日申時辛道光癸未年七月初九日未時娶姚　氏　男一　賢卯

裴氏族譜

十二世起我係　愷公三子字興孫号與爾生乾隆辛亥年二月廿日亥時辛咸豐辛亥年八月初七日未時瘗大坵田崙甲庚卯酉娶阮氏儼娘生乾隆甲寅年二月廿二日戌時辛莫敓

男一　賢袋

公瘗大坵田崙丁癸未丑

妣瘗大坵田下甲庚卯酉

文全公派

十二世起道係　旦公長子字興德号説齋公生姿潁異百家書史口不絶吟手不釋卷其篤志力學如此生乾隆乙亥年八月初三日酉時辛乾隆癸丑

魏氏族譜

年八月十六日辰時塟墓林塘崙頂庚甲酉卯
娶胡氏傳娘改节
男二　長賢彪　次賢重殤
十二世起昌係　旦公次子字興文号説盛生乾隆
己卯年七月廿二日午時卒道光庚寅年六月廿
二日寅時塟墓林塘午子丁癸　娶妣林氏差
娘謚淑慈生乾隆丙戌年九月初一日戌時卒道
光壬辰年十月十三日亥時与媳婦王氏仁娘合
塟大坪畲庚甲申寅　昌公與餘公合塟

魏氏族譜

男四　賢時止　賢柳殤　賢顯　賢孔出繼

十二世起郁係　且公三子字興監号說勤生乾隆
乙酉年九月初十日辰時卒乾隆乙卯年五月十六
日未時葬大垣田角甲庚寅申　娶劉氏改节

男二　賢富　賢海殤

十二世起猥係　且公四子字興雲号說美生乾隆
乙未年十月初七日酉時卒道光癸巳年五月十
三日　時亡在廈門　娶孫氏益娘謚慈和生加

慶戊午年五月初六日戌時辛加慶癸酉年八月

初五日巳時葬牛運堀乾巽亥巳

男二 賢孔承繼 得福外出

十二世起納係 閱公長子 生乾隆

己丑年三月初九日丑時

娶林氏踰娘謚淑範

辛 四月廿一日 葬半山横路

又娶陳氏報娘

魏氏族譜

男三　賢畝　賢叔　賢連 俱外出

十二世起斌係　閲公次子字興質号説勝生乾隆
丙申年正月廿四日午時辛道光庚子年九月初
九日丑時葬苦坑内石竹庚甲酉卯　娶曽氏法
娘謚順利泉州人生乾隆丁酉年九月廿八日酉時
辛咸豐乙未年四月十六日午時葬苦坑内大坵
后壁庚甲酉卯

男四　賢竿　賢朝　双美 出繼　賢士

十二世起雷係　閱公三子字興雨号說電生乾隆
戊戌年十二月廿二日寅時辛　年十月初八
日　時葬半山頭　娶林氏蔭娘謚愛
慈生乾隆戊戌年　辛道光
庚寅年　十月十二日　時葬半山横路下
男二　賢榮　賢脩

十二世起餘係　翰公長子字興有号說力生乾隆
戊子年十月二十日寅時辛道光壬午年七月廿
七日卯時与　昌公合葬墓林塘午子丁癸　娶林

氏脫娘謚善懿生乾隆丙申年三月十五日巳時
辛道光廿四年五月十四日卯時塟犁頭坵
男四　賢徹　賢信　賢通出繼　賢惠

十二世起磋係　翰公次子字興切号説琢生乾隆庚
寅年八月廿五日申時辛道光十年又四月廿日丑
時塟崎墘崙庚甲酉卯　娶汪氏進娘生乾隆
丁亥年　辛道光丁酉年九月十六
日巳時妣謚寶姿与公合塟
男一　賢命

十二世起倉係翰公三子字興明号說智生乾隆丙申年四月廿九日巳時辛加慶甲戌年五月十五日卯時

男一　賢通承繼

十二世起看係歐公長子字興吉号說合生乾隆壬寅年十一月廿二日午時辛咸豐辛亥年九月初一日戌時

娶林氏準娘

生乾隆辛亥年十月十七日辰時

魏氏族譜

劉氏族譜

男三　賢波　賢坤殤　賢創抱養

十二世起捶係　歐公次子字興花　生乾隆己酉

年正月十六日酉時卒同治甲子年五月廿日酉時塟

内心崙卯酉甲庚　娶劉氏譓娘謚益慈

生加慶丙辰年十二月廿九日亥時卒道光甲申年九

月十六日亥時塟厝外崙庚甲申寅　又娶施氏聒

娘生加慶丁巳年二月十八日申時卒同治癸亥年十一

月十八日亥時塟半山横路頂丁癸

男二　賢懇施氏出　賢亦抱養

十二世起祿係　歐公三子字興夫号説兑生乾隆甲寅年
十二月十九日酉時辛道光丁亥年正月廿一日辰時葬
半山丙壬巳亥　娶李氏富娘謚勤敬生加慶丁巳年
十二月十八日酉時辛加慶乙亥年十月十九日亥時葬
漏溝垵　　又娶劉氏罕娘生乾隆庚戌年五
月廿四日巳時辛咸豐丙辰年八月十八日巳時葬半
山夘酉甲庚

男二　賢用　賢雖　俱劉氏出

十二世起芹係　甲公長子字興采号佑儉生乾隆壬辰
年四月十一日未時辛道光乙酉年　八月廿二日巳時
娶林氏税娘謚賦慎生乾隆癸巳年
七月廿七日丑時　辛加慶癸酉年四月初一日巳時葬
未詳
男三　賢丕殤　賢錦　賢庫　俱外出

十二世起節係　甲公三子字興制号佑文生乾隆戊戌年
七月十一日巳時辛加慶庚辰年　七月初七日辰時　往台

魏氏族谱

十二世起伍係　甲公四子字興音号佑律生乾隆丙午年

八月十八日寅時卒道光己酉年七月初四日巳時塟大

坂枣樹兜田内　　娶林氏岳娘謚惠慎生乾隆

甲寅年四月初六日巳時卒咸豐甲寅年九月初九

日午時

男三　賢守　賢点　賢慈

十二世起殷係　斗公之子字興咨号佑礼生乾隆甲午年

十月初二日申時卒道光庚寅年八月廿九日申時

娶李氏巧娘謚能慈生乾隆戊戌年八月十
五日亥時卒道光乙未年八月初八日申時
男三　賢敬　賢俗　賢宇

十二世起統係　石公長子字興論号佑壹生平虔毅剛方
却有智識充兵房而作吏給頂帶以榮身生乾隆甲
辰年三月十六日午時卒咸豐甲寅年十一月廿八日午時
娶林氏壬娘
男一　賢苗抱養

魏氏族譜

十二世起耦係　石公次子字興遇号佑文生乾隆戊申年
六月十七日寅時辛道光己酉年正月廿四日未時
娶林氏報娘生
加慶丙午年正月十八日亥時辛道光乙亥年七月初二
日申時
男二　賢滔
賢汀出

十二世起順係　石公三子字興治号國泰生乾隆甲寅年七
月初三日辰時辛加慶己卯年十月廿六日巳時

劉氏族譜

十二世起筆係　涉公長子字興硯号硯礪生乾隆丙戌年八
月初二日辰時卒乾隆乙卯年　四月初八日辰時塟苦坑内
石竹脚坤艮　娶廖氏矜娘殁节
男三　賢桂　賢能殤　賢攝止

十二世起熾係　涉公三子　生乾隆乙未年十二月十
七日辰時卒乾隆乙卯年　四月十七日　時

十二世起述係　漁公長子号子志　生乾隆庚子年正
月十八日子時卒　正月初四日　娶陳氏

劉娘生乾隆壬子年七月廿九日辰時卒道光丁未年
九月廿日丑時住沙県灰地
男三　賢厚　賢提嗣起還　賢杯止

十二世起出係　漁公次子

十二世起忽係　漁公三子

十二世起繭係　沙公長子　生乾隆乙巳年五月
廿三日巳時徙沙県洋溪太監墓順興厝

魏氏族譜

委上房譜

男一　賢蘊　抱養

十三世起踏係　沙公次子　生乾隆辛亥年三月廿

六日寅時

十二世起爾係　汷公三子　生乾隆甲寅年十月廿

日亥時辛咸豐乙卯年九月廿五日卯時

娶黃氏春娘生加慶壬申年

辛咸豐己未年九月廿一日

男一　賢蒔　抱養

十二世起塔係 沙公四子 生加慶己未年七月初一
日酉時
男一 賢請 抱養

十二世起套係 沙公五子字興語号順助生加慶辛酉
年十月廿五日亥時卒咸豐己未年九月十二日卯時
娶張氏端娘生加慶丁丑年十二月初六
日辰時卒咸豐己未年八月廿二日巳時
男二 賢階 抱養 賢川

十二世起泄係　潤公長子　生乾隆丙午年十二月

廿五日　塋墓林塘大坵

右申寅庚甲

十二世起保係　潤公次子字興淑号朝陽生乾隆庚戌年

正月十六日巳時卒道光丁酉年四月廿六日未時塋

半山赤粟倒崙后迁土楼邊旧厝角后巳亥巽乾瓦棺

娶林氏還娘謚儉懿生加慶辛酉年五月廿二日寅時

男五　賢談　賢聳出　賢豫出繼　賢託　賢爪殤

十二世起啓係　潤公三子　号朝輝生乾隆甲寅年二月十二日未時　塟苦坑内壬丙子午

承繼男　賢蒢

十二世起座係　贍公長子号成前生乾隆壬子年七月廿七日寅時辛加慶十九年十一月廿二日辰時塟虎厨坡

承繼男　賢七

姜氏房譜

十二世起色係　贍公次子字興與号成定生加慶戊午年八月十六日午時卒咸豐庚申年九月初四日丑時

娶蕭氏瓦娘謚南善生加慶戊辰年八月廿八日亥時卒道光己丑年十月廿日亥時

又娶吳氏專娘謚好慎生加慶辛未年十二月初六日酉時卒咸豐丁巳年八月十五日午時

男二　賢芬　賢七出繼

文享公派

十二世起模係　秋公長子　生　甲午年十一月廿六日

魏氏族譜

巳時

娶陳氏恍娘生 丙午年六月十九日酉時

公妣卒塟未詳

男一 賢宅

十二世起音係 秋公次子

十二世起撻係 秋公三子

十二世起提係 穫公三子

魏氏族譜

文典公派

十二世起來係　煥公之子字興日号德送生乾隆辛巳年

六月廿二日寅時　塋虎廚田

后坤艮　娶許氏族娘生乾隆癸未年　三月初三日卯

時

男二　賢旺　賢炮

文興公派

十二世起盛係　貞公長子　生乾隆甲午年十月十七

日卯時辛　年二月十二日酉時

娶林氏對娘生　癸卯年十二月十七日寅時卒道光
年十二月初三日亥時
男二　賢扡　賢帕

十二世起爲係　貞公次子字興業　生乾隆戊戌年五月
十四日亥時卒道光戊申年三月廿日卯時
娶林氏益娘生加慶己未年十二月初四日卯時卒咸
豐五年二月初六日辰時
男三　賢奮　賢莓　賢有

文業公派　住汊県

十二世起轉係　擬公之子

十二世起發係　安公長子

娶　氏　卒咸豐庚申

年三月十二日巳時

男二　賢青　賢長

十二世起註係　安公次子

十二世起福係　安公三子　男一　賢隆

十二世起衍係　思公長子

娶　氏

男二　賢犁　賢教

十二世起山係　思公次子

男一　賢仰

十二世起顯係　思公三子

十二世起畜係　恭公長子

十二世起萼係　恭公次子

文嘉公派

十二世起正係　陣公長子　辛八月十四日

娶　氏　辛十二月十二日

男一　賢姜

十二世起係係　陣公次子

十二世起勇係　樹公長子

十二世起謟係　樹公次子

男二　賢傳　賢均止

十二世起向係　對公次子

十二世起水係　對公三子

男一　賢念

十二世起接係　望公之子

十二世起紅係　雍公之子

十二世起叚係　浩公之子

文華公派

十二世起想係　族公之子生　丙午年四月初十日酉時辛
年九月十七日申時娶唐氏鈎娘生乾隆　寅年三月
初五日未時卒加慶丙子年四月初十日酉時

男一　賢飛

十二世起培係　攺公長子

十二世起崇係　攺公次子

魏氏族譜

十二世起阮係　政公三子

十二世起飲係　政公四子

十二世起居係　変公之子号存心生　丁卯年八月初三日亥時

辛咸豐五年十一月廿三日巳時　娶林氏田娘生　丑年

十月初六日卯時辛光緒十七年五月十六日未時

男三　賢乞　賢育　賢格

文功公派

十二世起醒係　昔公長子

十二世十義係　昔公次子

文選公派

十二世起旦係　由公之子

十二世朝宗係　回公之子

魏氏族譜

十二世起財係　顧公之子

十二世起銳係　月公之子

十二世起墩係　弼公長子号志仁生乾隆庚寅年二月十五
日子時卒道光三年二月十三日未時
承繼男　双美

十二世起瑞係弼公次子生乾隆乙亥年六月初四日巳時

十二世起囙係　弼公三子号志篤生乾隆壬寅年七月廿九日

子時卒道光甲辰年四月廿七日未時

十二世起圭係　三公長子字興治生乾隆庚子年九月廿六

日巳時卒咸豐甲寅年二月初二日卯時

娶王氏毛烋娘生加慶丁巳年六月廿四日酉時

男四　賢邑　賢冷　賢足止　賢重止

十二世起什係　三公次子字興純生乾隆甲辰年二月十七日

午時辛同治壬戌年九月初十日午時
娶楊氏孅娘生加慶四年二月廿五日酉時辛道光二年
五月廿五日未時
男二 賢同止 賢見

文廸公派
十二世起丙係 莫公之子 生乾隆壬辰年十一月十八日
丑時辛加慶丁卯年正月初七日巳時

文明公派

十二世起志係　麟公長子

十二世起定係　麟公次子

十二世起汪係　詰公長子

十二世起君係　詰公次子

十三世賢聽係　境公長子字忠民号盟放生乾隆甲寅年六月廿六日酉時辛同治丁卯年十一月三十日卯時
　　娶楊氏作娘生加慶辛酉年七月廿三日辰時辛同治庚午年九月初七日巳時
　　男二　聖趙　聖赤抱養

十三世賢仍係　境公次子　生加慶戊午年十月十三日丑時辛加慶己卯年三月廿九日辰時

十三世賢吉係　境公嗣子字孝良号際時生道光己

魏氏族譜

亥年九月廿九日卯時卒光緒庚寅年二月十一日戌

塟肥周坡頭未丑丁癸　娶胡氏机娘生道光癸卯

年五月廿三日酉時卒同治丁卯年八月十九日子時

公墓碑上寫曰雲公

經海聖趙三子嗣為孫双承賢仍

十三世賢讓係　集公子字忠源号陽成生乾隆乙卯

年八月廿六日辰時卒道光戊戌年五月初二日卯時塟

雲仔田丁癸未丑　娶唐氏最娘謚淑儉生加慶戊午年

九月初五日卯時卒咸豐戊午年正月廿日丑時塟大林尾

田中巽乾巳亥

男一　聖别

十三世賢銓係　添公長子字忠品　　生加慶十年十
一月初六日寅時辛道光八年五月十三日未時葬墓塲
崙庚甲申寅　娶姚氏順娘改节
抱養子　正坐

十三世賢贊係　添公次子字忠育号文山生加慶戊辰年
十二月廿九日酉時辛同治戊辰年七月廿一日丑時葬文竹
公墓田内　　娶陳氏蕉娘　　生加慶庚午年十二

魏氏族譜

月十八日卯時辛同治丙子年五月十七日卯時塟大林

美垵頭

男五　聖標殤　聖京　聖級　聖斗　聖知

十三世賢他係　添公三子字忠立号文宣　素誠實守分勤

謹力耕和以処己寬以待衆故能建厦屋以貽燕翼植

田產以裕后昆生加慶癸酉年正月初八日巳時辛光緒

壬戌年五月十二日卯時

娶唐氏親娘謚淑爱生加慶庚辰年正月初六日辰時

辛咸豊乙卯年十月初五日午時塟后畲椰行内丁

癸未丑 又娶胡氏端娘生加慶甲戌年三月十九日 時

卒光緒甲午年十月初二日辰時塟大坵田頂邦行

内丁癸午子

男二 聖池唐氏出 聖得承繼

十三世賢府係 添公四子字忠相号文州生加慶丙子年八

月十一日未時卒光緒辛卯年六月初七日未時塟虎厨垵

坤艮未丑 娶林氏什娘生道光辛卯年十二月廿三

日子時卒光緒己亥年七月十五日酉時塟墓在杉林頭

庚甲辛寅

男三 聖兜 聖茬即澆 聖鑾

十三世賢朱係　招公長子字忠强　生乾隆辛亥年五月廿二日寅時

娶王氏初娘生加慶丙寅年九月初八日子時辛　十一月十三日

男二　聖買抱養　聖唎

十三世賢貢係　招公次子生加慶庚午年正月初四日辰時

十三世賢遠係　概公次子号利國生道光甲申年正月初七
日酉時辛咸豐癸丑年八月

十三世賢淵係　概公三子字忠顏生道光乙酉年四月十
九日戌時
娶姚氏香娘生道光
辛卯年四月廿一日午時辛咸豐庚申年十二月初六日巳時

十三世賢真係　概公四子号寸眷生道光癸巳年十一月廿
八日未時辛道光癸卯年七月廿八日寅時

魏氏族譜

十三世賢明係　亮公長子字忠懷号士齋生加慶癸
亥年十一月初四日丑時辛咸豐壬子年十二月十四日辰時
塟　文竹公墓內坤艮申寅　娶鄭氏玉娘生加慶乙亥
年二月廿日卯時辛道光九年七月初六日　時塟
漏溝崙丙壬巳亥　又娶林氏苟娘生加慶丁丑年十一
月初二日子時辛光緒丙子年三月初二日午時塟杉
林大石頂午子丙壬
男四　聖吉　聖均　聖加　聖田

十三世賢佞係　亮公次子　　生加慶辛未
年二月廿七日卯時
塟大林尾巽乾辰戌

十三世賢卯係　選公子　　生　庚午年二
月十四日巳時

十三世賢袋係　我公子字忠連号文香生道光癸巳
年十二月初五日辰時卒光緒壬辰年十一月初八日戌時塟建
茶頭丙壬巳亥娶尤俊陳氏詠娘生道光戊戌年正月廿

七日卯時卒　年十一月初四日酉時塟大區田

男一　聖城

良俊公派

十三世賢彪係　道公長子字忠侯号維熊公体貌生
成循循規矩衣冠言動彬彬有礼是以毅然重任
兵房沛然廣振基業生乾隆庚子年　九月十九日
未時卒道光甲午年二月十六日未時塟水井壠石古
外巳亥巽乾　娶林氏金娘謚錫玉生乾隆丁巳年十
二月廿七日丑時卒同治己巳年　十月初七日酉時塟柿
樹墘生　向　兼

男三　聖鵬　聖迎　聖服

十三世賢重係　道公次子

十三世賢時係　昌公長子号維當生乾隆乙酉年十二月初九日亥時辛加慶辛酉年七月十九日　時塟寮仔林脚甲庚寅申

十三世賢栁係　昌公次子

十三世賢顯係　昌公三子字忠承号維秦公為人

有古道之風無僥薄之態眼識堅定地理精通

鄉里皆推崇焉生加慶己未年十一月十二日寅時

辛同治乙丑年正月廿九日亥時塟大坵脚

娶王氏仁娘謚儉慈生加慶庚午年正月初

四日寅時辛道光癸巳年六月十四日午時与林氏媽

淑慈合塟大坪畬庚甲申寅

男二聖牛　生己丑年三月廿九日丑時　聖持承維

十三世賢富係　郁公長子字忠偏号維榜　生乾隆戊申年十二月廿日未時辛咸豊辛酉年七月廿五日卯時塟大崙尾壬丙亥巳

十三世賢海係　郁公次子生乾隆丁未年五月初八日未時止

十三世賢孔係　猥公長子字忠開号維新生加慶壬戌年二月初九日寅時辛道光丁未年十一月廿一日辰時塟林仔邊卯酉兼甲庚娶　氏改节

十三世得福係　猥公次子生道光乙酉年二月十八日　時外出

十三世賢竿係　斌公長子字忠秩号維思生加慶丙辰年九月廿七日丑時卒咸豐甲寅年四月廿六日辰時葬大坂鄉西墘乾巽兼亥巳　娶林氏尭娘謚順發生加慶癸酉年八月十二日午時卒光緒十五年十二月初八日申時葬大林尾丁癸未丑

男六聖萬　聖艓出繼　聖鏡殤　聖由出繼　聖掂　聖有出繼

十三世賢朝係　斌公次子字忠廷号維爵生加慶庚申年八月廿三日申時辛道光丁未年十二月廿六日巳時

娶林氏呈娘　改节

十三世賢士係　斌公四子生加慶壬申年九月十三日申時辛同治乙丑年十二月十四日酉時

承繼男　聖艓

十三世賢菜係　雷公長子字忠經号維蒲生加慶己未年

魏氏族譜

八月十二日亥時卒咸豐辛亥年九月十七日午時塟

萿林仔辛乙戌辰

承繼男　聖有

十三世賢偹係　雷公次子　号維歲生加慶壬戌年

十月十三日寅時卒道光辛卯年十月初三日　時在台

承繼男　聖由

魏氏族譜

十三世賢鉄係　餘公長子字忠以号維耕生加慶辛酉年三月初五日寅時辛光緒乙亥年十月初八日未時葬大坵田午子丁癸　娶王氏成娘謚順慈生加慶丁丑年五月十六日未時辛道光十四年二月初八日丑時　又娶吳氏井娘謚上慈生加慶己巳年八月十六日未時辛咸豐庚申年三月十五日未時

男一　聖尺

十三世賢信係　餘公次子字忠和号維實生加慶甲子年十二月廿九日戌時辛同治辛未年六月初八日戌時

娶黄氏腹娘謚淑念生加慶庚辰年
十月十八日亥時辛道光甲辰年六月初六日巳時塟
坋仔田邦山庚甲申寅
男一　聖拱
十三世賢惠係　餘公四子字忠勢号維升生加慶乙亥
年三月十七日巳時辛光緒甲申年二月十七日辰時塟
大坪畬庚甲酉卯　娶李氏篇娘謚勤作生加慶庚辰
年八月廿七日酉時辛光緒丁丑年六月初四日未時
男二　聖心　聖星殤

十三世貿命係 礎公子字忠武号維孫生加慶乙丑年三月十九日卯時卒咸豊乙卯年九月廿一日酉時

娶林氏要娘生加慶丁卯年五月十五日未時卒道光十一年四月廿八日未時

嗣孫 絹水 孝志之子

十三世賢通係 倉公子字忠書号維古生加慶辛未年三月廿六日寅時卒咸豊戊午年十二月廿九日辰時

娶林氏昔娘改节

男三 聖殲 聖得出繼 聖樣

劉上房譜

十三世賢波係　盾公長子字忠浪号維良生加慶癸酉
年四月十一日酉時卒咸豐己未年十月十四日戌時
娶林氏綢娘謚順幼生加慶乙亥年四
月初二日酉時卒同治乙亥年十一月廿九日亥時
男三　聖偕　聖倫　聖次出繼

十三世賢創係　盾公次子字忠業号維草生道光丁亥
年七月初七日申時卒同治辛未年正月初九日辰時
男二　聖次承繼　聖再

十三世賢懇係　揀公長子字忠庶号維貌生道光丁
亥年五月廿七日亥時辛光緒乙亥年九月初九日巳
時葬杉林中崙頂巳亥巽乾　娶林氏三娘生道光
己丑年六月三十日午時辛光緒庚子年二月初九
日巳時
男一　聖彩抱養

十三世賢亦係　揀公次子字忠燕号維説生道光甲午
年九月初二日亥時辛光緒丙子年二月二十日申時
娶廖氏頡娘生道光戊戌年
四月十四日午時辛同治庚午年十月十七日酉時葬林

魏氏族譜

裴氏族譜

邊路頂乙辛卯酉

男三　聖平　聖火出　聖阮出

十三世賢用係　祿公長子字忠吾号維進生道光甲申年二月廿二日丑時辛同治癸酉年　八月十四日酉時葬牛運脚埔下乾巽戌辰　娶胡氏双娘生道光乙酉年十一月十七日未時辛咸豐辛酉年正月十二日巳時　又娶陳氏蒲娘謚順見生道光丁亥年四月十四日巳時辛同治丙寅年八月廿一日午時与前媽胡氏葬半山邦行内乾巽亥巳陳氏另墓

男二　聖耐　聖宰出繼

十三世賢雖係　祿公次子号維然生道光乙酉年十一月廿二日寅時辛光緒庚辰年十一月二十日辰時塟苦坑頭申寅庚甲

承繼男　聖宰

良寄公派

十三世賢錦係　芫公長子生嘉慶己未年七月十五日巳時

十三世賢庫係　芹公次子生嘉慶十六年七月廿九日未時皆外出

魏氏族譜

十三世賢守係　伍公長子字忠謀号維嚴生加慶甲戌年
二月初八日卯時卒咸豐辛酉年七月廿四日寅時塟
半山未丑坤艮　娶廖氏族娘生加慶癸未年五月初一
日申時卒同治乙亥年六月初三日未時
男二　聖從抱養　聖掛承繼

十三世賢點係　伍公次子字忠欽号維與生道光癸未
年二月初二日酉時卒同治癸酉年十一月二十日巳時
娶林氏修娘生道光甲申年二月初

三日卯時辛同治癸酉年五月廿六日寅時

男四　聖錠　聖山　聖掛出繼　聖上出繼

十三世賢慈係　伍公三子字忠愛号維祥譜志生資穎

異形神俊偉百家書史朝夕呻吟有此居心来日

必昌生道光乙未年正月初五日未時辛光緒壬寅年

十一月十八日亥時

娶黃氏柔娘謚順懿生道光

癸卯年三月十六日巳時辛光緒丙申年十一月十八日

時塟大寨田中

男　承繼聖上歿　抱養聖玩殤　招贅章盤

魏氏族譜

女四　次崔前刘　長配頂寨林家　三福山林　四招贅配胡家進門

十三世賢敬係　殷公長子字忠尊号鴻妙生加慶己未年三月廿五日丑時辛道光二十年十二月初三日巳時

娶林氏作娘謚佳慈生加慶甲子年七月廿六日辰時辛咸豐壬子年六月初二日申時

男四　聖譜　聖留　聖湊殤　聖董出繼

十三世賢俗係　殷公次子字忠標号鴻美生加慶庚午年四月廿九日巳時辛同治癸亥年四月廿七日卯時

娶胡氏鸞娘謚仁慈生道光癸未年
十月廿九日卯時卒咸豐甲寅年正月十四日未時
男二 聖董 聖要俱承繼
十三世賢宇係 殷公三子字忠宙号鴻盖生加慶癸酉年
四月初九日寅時卒同治已巳年十一月廿五日未時塟
埔頂丁癸未丑 娶林氏因娘生道光乙酉年六月廿
九日丑時卒光緒己卯年十二月十四日寅時塟埔頂與
公合塟
男三 聖華 聖郭 聖泄

劉氏族譜

十三世賢苗係　統公子字忠然　生加慶二十年六月十五日丑時　娶王氏改节
男二　聖審　聖要出繼

十三世賢滔係　藕公子生道光丁亥年十二月初七日午時

良岩公派

十三世賢桂係　筆公長子字忠良号同心生乾隆戊申年十二月十二日辰時辛咸豐丙辰年九月廿五日午時塟苦坑頭申寅　娶廖氏新娘謚淑慈生加慶甲子年

月初三日寅時辛道光辛卯年十一月廿日未時塟水井
壠巽乾辰戌 又娶王氏急娘 生加慶甲子年十
月廿七日酉時辛光緒庚辰年七月廿二日亥時丙壬午
子 男二 聖尚 聖論

十三世賢厚係 述公長子字忠裕号甸由生加慶己巳年
四月廿九日辰時辛咸豐庚申年 十月廿一日午時
娶林氏成娘 生加慶庚辰年 十月初
八日亥時辛道光乙巳年正月廿六日巳時
男一 聖簡

十三世賢杯係　述公次子号甸庇生加慶乙亥年正月廿七日
亥時卒道光己酉年八月廿二日未時

十三世賢藴係　薾公子生失攷卒咸豐辛酉年十一月初四
日巳時　娶黃氏錢娘

十三世賢等係　爾公子生道光丁酉年正月初九日辰時
娶黃氏椿娘生道光庚子年七月十四日辰時卒咸豐
甲寅年　八月初一日未時

魏氏族譜

十三世賢請係　塔公子

十三世賢階係　套公子字忠老生道光壬午年三月十二日子時　娶張氏宅娘攺节

十三世賢川係　套公次子生道光戊申年三月十二日申時

十三世賢談係　保公長子字忠有号明文譜志守寂安閑力作不懈有時擊壤以消憂有時尋山而問

魏氏族譜

水鄉中有事作倡樂從生加慶己卯年　四月廿七日
巳時辛光緒庚寅年八月十三日亥時
娶林氏宜娘生道光丁亥年十月十四日寅時辛　年
男三　聖椰　聖佻　聖湍

十三世賢託係　保公三子字忠師号寄文生道光庚寅
年四月十五日辰時辛光緒三十二年二月廿四日未時
娶林氏景娘生道光丙申年十月廿五日辰時辛光
緒庚辰年三月十七日寅時塟承潮尾巽乾辰戌

又娶黄氏瓔娘生　戊子年八月十六日巳時卒光緒丁
亥年十二月廿三日巳時
男四　聖溪　聖江　聖雲　聖令

十三世賢豫係　啟公子字忠廣号繡文生道光乙酉年
三月初二日子時
娶王氏周娘　生道光癸巳年十二
月初六日午時
男四　聖樹　聖菊　聖梯　聖魯

魏氏族譜

十三世賢七係　座公子生咸豐壬子年二月十三日子時辛光
緒丙子年十一月初八日未時
双承男　聖珍　芬公之子

十三世賢芬係　色公子　生道光壬寅年四月廿六
日未時
娶姚氏鸞娘生咸豐辛亥年十月十五日午時
男　聖珍双承七公　聖持　聖何

文享公派
十三世賢宅係　模公子　生加慶乙丑年三月廿六日
寅時
娶林氏想娘生加慶庚辰年十二月廿二
日未時
抱養子　聖國

文典公派

十三世賢旺係　來公長子字忠家号益友生乾隆乙巳年

六月廿三日卯時　　亡葬在安海

娶林氏温娘生加慶庚申年十月十三日丑時卒道光庚

戌年又八月十五日未時葬文竹公墓内庚甲

男三　聖权　聖妙俱殤　聖在

十三世賢炮係　來公次子号永响生加慶丙辰年六月廿四

日寅時　　葬磨塘崙丁癸

文興公派

十三世賢抄係　盛公長子字忠烈　　生加慶戊辰年又
五月廿三日戌時卒咸豐己未年六月初九日卯時
娶劉氏草娘生加慶庚辰年七月初七日丑
時卒　　年七月初二日子時
又娶王氏正娘生　　年八月初一日　時卒
年十一月廿九日亥時
男三　聖郡殤　聖捻　聖賎

十三世賢帕係 盛公次子字忠昆 生加慶甲戌年五月廿二日寅時辛咸豐辛酉年八月初十日酉時

娶唐氏請娘生道光甲申年四月廿七日丑時辛 年九月初八日酉時

男一 聖從

十三世賢等係 為公長子生道光己丑年十一月廿二日午時

娶林氏交娘生道光癸巳年七月廿九日申時

文業公派

十三世賢青係　發公長子　辛同治壬戌年正月廿六日

十三世賢長係　發公次子

十三世賢隆係　福公之子　辛咸豐二年七月初一日卯時

十三世賢犁係　衍公長子

十三世賢教係　衍公次子

十三世賢仰係　山公之子

文嘉公派

十三世賢姜係 正公之子 往沙県虔地 辛 七月廿七日丑時

娶陳氏金娘 男一 新興 失攷

十三世賢傳係 謟公長子

十三世賢均係 謟公次子

十三世賢念係 水公之子

文華公派

十三世賢飛係 想公之子

十三世賢乞係 居公長子号其諸生道光丙申年八月廿七日丑時

辛光緒廿一年四月初六日卯時亡汲縣　塋在尾坪　坤艮未丑

娶唐氏汲娘生咸豐壬子年十月初十日巳時辛光緒

十九年六月十二日丑時与公合塋

男五　聖葵抱養　聖俾　聖葉嗣格　聖葱　聖元

十三世賢育係　居公次子生道光己亥年三月初六日卯時

辛　年又七月初八日丑時　娶唐氏改节

男二　聖炎　聖桄

十三世賢格係　居公三子生道光戊申年三月廿四日卯時辛

光緒丁丑年十二月初六日 時

承嗣男 聖業

文郎公派

十三世賢美係 壕公子字忠西 生加慶戊辰年 五月

廿二日寅時辛同治 年正月廿六日申時

娶林氏月娘生加慶癸酉年十月初六日亥時辛光緒

辛巳年七月三十日未時

男三 聖腹 聖壽 聖求

十三世賢邑係 圭公長子字忠升 生加慶甲戌年九

月十三日丑時

魏氏族譜

娶胡氏好娘生加慶庚辰年五月十五日午時卒咸豐
癸丑年六月廿七日午時
又娶廖氏完娘
男一　聖智殤

十三世賢足係　圭公次子生道光癸巳年七月初三日酉
時卒咸豐癸丑年二月初三日辰時

十三世賢重係　圭公三子生道光丁酉年九月初六日寅
時卒咸豐戊午年七月十五日辰時

魏氏族譜

十三世賢同係　什公長子生道光五年八月二十日戌時辛
咸豐壬子年九月初二日戌時
十三世賢見係　什公次子生道光戊子年二月十三日卯時
查實是午時
娶廖氏奢娘生道光壬寅年四月初二日
卯時改节
男一　聖潭

文明公派

十三世賢滿係　志公之子

文星公之派

十四世聖趙係　聽公長子字孝雲号際會生道光丁亥年三月初七日未時卒光緒丁亥年十月廿七日辰時

娶新春林氏夾娘謚懿美生道光辛卯年十一月廿四日卯時卒光緒甲午年九月廿一日酉時

男　經猴　經銅　經海双承賢吉仍為孫

十四世聖赤係　聽公次子号正東生道光庚寅年

娶謝氏教娘殁节　男一　經歲

魏氏族譜

魏氏族譜

十四世聖别係　釀公之子　生道光癸未年十一月廿四日子時
辛光緒辛巳年十二月初九日巳時葬大林尾巽乾巳亥
兼承男　和順　嚣子

十四世聖嚣係　釀公嗣子字孝然　生咸豐乙卯
年五月初四日酉時辛　年十二月廿七日時葬大區田
娶胡氏靜娘　生咸豐乙卯年六月初六日未時辛民國
乙丑年十二月廿日丑時葬大區田
男　和順兼承　聖别 聖均

十四世聖坐係 銓公之子字孝香 生道光癸未
年九月十五日巳時辛同治癸酉年二月廿七日巳時
娶劉氏貼娘生道光庚寅年正月初
十日戌時辛道光己酉年三月廿五日辰時
又娶唐氏錫娘生 辛卯年二月十二日午時
辛同治壬申年四月初八日丑時
男二 經漕 經潘殤

十四世聖經係 贊公長子号思榮生道光丁酉年正月十九日
卯時辛光緒壬辰年十月 日辰時在台

魏氏族譜

十四世聖級係　贊公次子生道光壬寅年六月廿二日申時卒光
緒乙巳年正月十六日巳時葬大匩田
双承男　来成　咧子　綸連樹流　宜帶　祭祀
十四世聖斗係　贊公三子生道光己酉年十一月廿六日卯時
卒在台
十四世聖知係　贊公四子生咸豐乙卯年十二月廿二日午時卒于台
卒光緒庚辰年三月　日子時　公号思可
十四世聖池係　他公長子字孝龍号書價生道光甲辰年
二月十四日卯時卒光緒甲申年三月十五日卯時葬
陳世巃己亥丙壬　娶胡氏京娘生道光乙巳年十一月
廿七日未時卒光緒丙申年二月廿七日午時葬墓塘崙丑未癸丁

男二 經沃 經情

十四世聖得 係 他公次子 字孝所 生咸豐辛亥年

八月初七日巳時辛 八月廿九日 時

塟綢崙 娶林氏盖娘生咸豐辛亥年四月十二日巳時

辛 年九月初九日未時 墓塟石竹

男二 經雪 經截

十四世聖塊 係 府公長子 号思来 生道光庚戌年

二月十一日巳時辛光緒戊戌年 五月初十日 時

魏氏族譜

娶鳳斗姚氏引娘生道光己酉年二月十四日卯時

辛宣統元年五月十一日酉時

男三　經印　經多　經座　　女草娘配林家辛

十四世聖澆係　府公次子字孝其号書益生咸豐戊午年

四月廿四日未時辛民國壬子年十二月初六日巳時在垵海亡

娶胡氏妹娘生咸豐庚申年八月廿九日未時

辛民國辛未年八月廿八日巳時在叻汫水港亡

男　經稽

十四世聖鑾係 府公三子 号愚南生咸豐辛酉年四
月初一日申時卒民國壬戌年九月廿八日巳時塟
墓坋仔田
娶林氏吥娘生同治癸亥年葭月初三日酉時卒民
國乙亥年正月初七日丑時塟大區田
男二 經鼇 經楓

十四世聖買係 朱公長子 生道光丁亥年四月
初二日午時

十四世聖唎係 朱公次子 生道光甲辰年五月十
八日申時 男 来成 双承級

十四世聖果係 明公之子 生道光戊戌年腊月十

魏氏族譜

一日戌時卒同治乙巳年二月十四日辰時塟雲仔田
乙辛卯酉

十四世聖均係　明公次子　生道光甲辰年二月廿六日辰時
兼承男　和順囂子

十四世聖加係　明公三子生咸豐辛亥年四月初十日酉時

十四世聖田係　明公四子

十四世聖城係　袋公之子生同治甲子年正月初三日
未時卒在南洋

良俊公之派

十四世聖鵬 係 彪公長子字孝大号得老生加慶丁丑年
葭月廿七日辰時卒光緒丙戌年五月初二日未時
娶吳氏等娘謚待慈生加慶庚辰年十月
初三日亥時卒光緒己卯年十月初八日未時在沙県圭華草

男一 經輅抱養

十四世聖迎 係 彪公次子字孝礼号得来生道光甲辰年
腊月卅日丑時卒同治戊辰年五月初八日酉時塟杉
林腹丁癸 娶科名黃氏高娘生道光己亥年九月初
七日寅時

男二 經採 經致

十四世聖服係　彪公三子字孝衆号得衆生平處世以怡
以嘻云入見人無驕無忤雖非文斈之人恍有儒林之
態生道光壬辰年閏九月廿四日寅時卒光緒庚寅
年七月廿一日酉時与　兄迎公仝塋
男一　刋入抱養

十四世壂蒔係 顕公次子字孝挽号得志生道光戊戌年二
月初十日卯時辛同治庚午年九月二十日巳時
娶林氏乂娘謚順迭生道光庚子年十月廿二日
卯時辛同治甲戌年七月初二日戌時
男一 經躚

十四世聖萬係竿公長子字孝千号得文生道光甲午年八
月廿二日申時辛光緒辛巳年又七月廿四日酉時葬坋仔
田邦行丁癸未丑
娶赤嶺林氏咱娘生道光丁酉年二
月十二日子時辛同治乙丑年腊月初一日巳時与 公合葬
男一 經水

劉氏族譜

十四世聖拙係　竿公次子字孝岵号得拔生道光丙午年四月初十日酉時卒光緒丁酉年三月廿二日戌時塟苦坑杠基脚巽乾辰戌　娶林氏位娘生道光癸卯年葭月十二日酉時卒年腊月　日時

双承男　經坑　腴子　有女豆娘未字而卒

十四世聖番係　朝公子号得成生道光癸卯年腊月初二日丑時卒同治壬申年六月廿五日卯時塟大坵田前

十四世聖艇係 士公子字孝待号得意生道光己亥年十一
月初一日卯時辛光緒乙酉年七月初一日亥時塟杉
林頭丁癸 娶林瑞娘生道光丙午年十一月廿
三日巳時在廈
升来 再得 建致 宜带祭祀

十四世聖有係 菜公子 生道光己酉年
八月初四日辰時辛宣統己酉年十二月十九日亥時
塟在大畬
男 經助 南河 双承樹

氏族譜

十四世聖由係　僑公子号得有生道光癸卯年又七月

十六日酉時辛同治癸酉年四月十八日未時塟大

崙尾

經坑　長子　木盛三子　金山承繼

升来　再得　暫代祭祀

十四世聖尺係　鉄公子字孝粟号得粒生道光戊戌年

十月初二日午時辛光緒丙申年七月廿一日　時汊泉亡

娶朱寸娘出　又娶姚姜娘謚順女生道光乙

酉年腊月十九日已時辛同治庚午年十月初二日午時

承繼男　經業　綸月之子　木生再繼

十四世聖拱係 信公子字孝垂号得章生道光己亥年十月初五日酉時辛光緒辛卯年十月廿九日寅時在夷亡

娶王玉娘謚順斗生道光丙午年六月初十日酉時辛光緒甲午年三月廿八日酉時

男二 經仟 經業出繼

十四世聖心係 惠公長子字孝志号得誠 生道光己酉年二月廿日丑時辛民國丁巳年正月十九日 時葬在杉林崙 丁癸

娶王惜娘生咸豐庚申年正月十七日卯時辛民國己卯年臘月二十日未時葬官林仔 庚甲

男六 經朕 經慶出繼 清風 經諸 經五殁 絹水嗣賢命公為孫

魏氏族譜

魏氏族譜

十四世聖星係　惠公次子生咸豐丁巳年正月廿九日卯時歿

十四世聖樣係　通公子生咸豐甲寅年四月十三日丑時卒民

國廿八年三月廿八日辰時塟大區田

承繼男　經慶

十四世聖皆係　波公長子字孝春号得明生道光甲午年

腊月廿三日酉時卒光緒癸未年十一月初九日午時塟在小

脚坐南向北　娶胡濺娘　又娶王尾娘　皆出

男一　經獺 王氏出

十四世聖倫係　波公次子号得同生道光壬寅年九月
廿九日午時卒光緒癸巳年七月十四日午時
娶胡氏未婚而出
男二　經過殤　經入俱抱養

十四世聖次係　創公子　生道光庚戌年五月初
五日酉時卒民國壬戌年腊月初一日亥時塟嶹墘
中路頂　娶胡氏格娘生咸豐辛酉年十月廿九日
辰時未婚卒
又娶林銀娘生咸豐己未年七月廿七日辰時卒民
國壬午年八月廿八日未時
男二　經旺　經味

劉氏族譜

十四世聖再　係　釗公次子字孝思　生同治甲子年正月初九日寅時

娶林柳娘生光緒乙亥年九月十一日卯時

男　閃过

十四世聖彩　係　戀公子字孝色　生咸豐乙卯年九月十七日酉時卒光緒丙午年八月初五日寅時　娶胡氏未婚卒

又娶施乖娘生同治壬戌年腊月初四日未時卒民國廿三日正月十八日午時

男三　經對　經嚴　經第

幼婦林柿娘生光緒丙申年十月廿三日申時未婚卒

十四世聖平係　亦公子字孝正　生咸豐戊午年
十月廿六日卯時卒光緒廿八年三月廿九日巳時
娶蘇粽娘生光緒丙子年七月初十日辰時
辛　年五月十三日未時
男　經固

十四世聖耐係　用公之子字孝恐　生道光丙午
年二月十七日亥時
娶胡看娘生道光戊申年葭月初六日卯時卒同治
乙丑年十月初四日未時　又娶
王啓娘生咸豐辛亥年臘月初　日辰時卒同治甲

魏氏族譜

戊年十月十七日戌時　又娶廖閏娘
生道光庚戌年五月廿六日巳時辛民國癸酉年九
月廿二日辰時　葬在貢脚
男一　經悅廖氏出　美報半繼係經陣長子

十四世聖宰係　雖公之子字孝制　生咸豐丙辰
年三月十三日辰時辛民國丙寅年正月十八日申
時墓在苦坑頭
娶林庒娘生同治乙丑年九月初九日　時
辛民國辛巳年四月廿九日卯時葬貢脚
男三　經陣　經暹　經殿

十四世聖從係　守公長子字孝矩号隨意生道光丁未年八月十六日巳時卒光緒乙未年二月十一日午時
娶楊春娘生道光乙巳年十月十七日巳時卒光緒己丑年六月初一日辰時
男五　經泉　經財俱夭　經言出繼　經逢　經賜

十四世聖掛係　守公承繼子　生咸豐乙卯十月初八日寅時
承繼男　經言　經宗承繼

魏氏族譜

魏氏族譜

十四世聖錠係　點公長子　生咸豐庚戌年二月十
三日酉時卒同治辛未年十一月廿七日酉時

十四世聖山係　點公次子　生咸豐癸丑年三月
初一日未時卒民國壬子年二月初二日未時
○　綸飄　宜帯祭祀

十四世聖上係　維祥公承維子　生咸豐己未年
六月廿四日寅時

十四世章盤係　維祥公招贅子字孝全

生同治壬戌年臘月初四日子時

配浩娘　生同治丁丑年五月廿四日未時

男　經尊

十四世聖諧係　敬公長子字孝宣号德潤生道光壬午年十一月廿二日巳時卒咸豐辛酉年六月十三日辰時

娶林看娘生道光壬辰年九月初五日巳時改节

男二　經雹　經王

十四世聖留係　敬公次子字孝停号得連生道光丁亥年五月初一日酉時卒同治辛未年五月十五日午時

娶王姜娘謚維慈生道光乙未年七月十三日酉時卒咸豐辛亥年二月初六日酉時

承繼男　經王

十四世聖董係　俗公長子号得棠生道光己亥年五月初一日酉時卒同治乙丑年閏五月十一日午時

塟墓塘崙格甲庚寅申

双承男　經井　華子

十四世聖要係　俗公次子号得星生咸豐乙卯年十一
月初九日巳時卒光緒丙戌年正月十三日午時
双承男　經國華子

十四世聖華係　宇公長子字孝侍号得西生道光丙午
年十二月十二日酉時卒光緒廿八年六月廿四日
辰時墓塋三疊石内路下　坤艮辛寅
娶尤俊陳晏娘生咸豐辛亥年三月廿七日酉時卒
光緒庚辰年二月廿二日亥時塋福厨坡龍居墓下
己亥丙壬
又娶吾邦林陸娘生道光己酉年十一月廿二日卯
時卒光緒戊戌年四月初二日酉時塋大坵田外

卯酉甲庚

男三　經井双承董　經合双承郭　經國双承要

十四世聖郭係　字公次子字孝粉号得南生咸豊癸丑年十一月初一日丑時卒光緒丙辰年正月初九日酉時墓塋三疊石　巽乾

娶吾邦林吳娘生同治乙丑年六月初二日未時卒光緒甲午年十一月十九日酉時墓　福厨垵

巳亥

双承男　經合華子

十四世聖泄係　宇公三子字孝意号得北生同治癸亥
年二月十五日卯時辛民國十八年十一月廿一日
巳時塟大寨丑未艮坤与媽合穴
娶新春林京娘生同治甲戌年二月十七日亥時
辛民國壬戌年四月廿六日子時
招贅男　胡天賜　再承男　廖為政

十四世聖審係　苗公子　生咸豐壬子年八月初六
日未時
入贅　吳家娶　氏

良岩公之派
十四世聖尚係　桂子長子字孝宰　生道光丁亥

年十一月初四日午時
塟大坵田　庚甲酉卯　娶林到娘謚全慈生道
光己丑年正月初八日卯時辛咸豐己未年四月初
五日申時　塟大坵脚　酉卯辛乙
承繼男　經恭

十四世聖論係　桂公次子字孝議　生道光戊戌年
四月十五日酉時
娶林盡娘生道光辛丑年三月廿一日未時辛同治
戊辰年十二月初九日戌時
男二　經恭繼尚　經湿

魏氏族譜

十四世聖箾係　厚公子　　生道光己亥年十一
月初七日未時
娶　氏連娘　　住沙县圭猫草

十四世聖鈋係　談公長子字孝草号田鷹生道光乙巳
年三月十六日酉時辛同治丙子年五月初三日戌
時塟苦坑内　庚甲酉卯
娶九苑王爱娘生道光戊申年正月廿五日辰時
辛　年七月初六日　時
男二　經陀　經摸

十四世聖佻係　談公次子字孝綿　生咸豐庚申

年三月十九日辰時辛民國十六年四月廿一日
時
娶鳳斗姚成娘生同治丁卯年二月十二日未時辛
光緒廿九年二月十七日戌時
又娶　玉蘭娘　生
辛民國乙丑年八月十三日寅時塟叻大巴窑
男三　經瀨　經撩　經營出　經宗半繼聖榔

十四世聖溮係　談公三子字孝仁　生同治癸亥
年二月初一日寅時辛民國廿五年三月十一日未
時　娶后井王柳娘生同治丁卯年十月

十六日亥時卒光緒庚辰年三月廿八日子時

又娶翰苑李越娘生同治甲戌年七月十

四日巳時卒宣統元年四月廿五日未時

男　經謂

十四世聖魁係　賢託長子　號田斗生咸豐己未

年十月初一日酉時卒光緒丁亥年腊月廿日巳時

娶王免娘改节

半繼

男　經驕聖雲長子兼繼

十四世聖江係　賢託次子　生同治壬戌年九月初

七日丑時

十四世聖雲係　賢託三子字孝騰号田龍生同治戊辰年三月初七日辰時卒光緒戊辰年二月初二日卯時墓寮仔脚乙辛辰戌　娶劉註娘生同治癸酉年腊月初二日酉時卒民國戊寅年七月廿三日巳時墓雲頭尾坤艮辛寅

男　經驕半繼聖魁　經蓋半繼聖令　經傾

十四世聖令係　賢託四子　生光緒　年正月初七日子時卒民國壬申年三月初六日午時

娶林捺娘生光緒甲申年十一月初九日未時卒民國庚辰年三月廿一日戌時

半嗣男　經蓋　賜福嗣聖令公為孫

十四世聖樹係　豫公長子字孝玉号田敏生咸豐壬子年正月初五日寅時辛光緒庚辰年十月初十日未時　娶龍居林鸞娘生咸豐癸丑年正月十一日丑時辛民國癸酉年九月廿日寅時

双承男　南河（聖有次子）

十四世聖菊係　豫公次子字孝圃号田圃生咸豐丁巳年八月十九日子時辛同治九年七月廿六日未時

塟苦坑内酉卯辛乙

承繼男　經釵（聖梯子云繼）

十四世聖梯係　豫公三子字孝升号田航生同治壬戌

年正月初三日未時辛光緒戊子年六月廿七日寅
時塟芒崙格后卯酉甲庚　娶林　娘改节
男二　經釵出繼聖菊　經黎
十四世聖魯係　豫四子字孝倉　生同治戊辰年
十一月十六日亥時辛民國七年五月十三日　時
娶龍居林醒娘生同治癸酉年二
月十六日卯時辛民國丙戌年十一月廿九日丑時
男經素

十四世聖珍係　賢芬七双承子生光緒癸酉年二月十六日
卯時為民國乙亥年水災祖宇漂流崩壞珍公由南
洋䟗見景自出己財白銀弍佰外圓至民國廿八年
　重建足見為人子孫心念祖宗名芳
百世功德無量卒民國甲申年五月十六日卯時
　娶林信娘生光緒甲午年六月初六日寅時
男二　經通　經吉聖何次子承繼

十四世聖持係　賢芬次子　生光緒甲申年正月
初四日亥時　娶頂寨林西娘生光緒戊子
年四月廿六日午時卒民國丁丑年六月十七日　時

男三　先能　水仙　標香聖何三子半繼

十四世聖何係　賢芬三子　生光緒丁亥年正
月初四日丑時
娶項寨林香娘生光緒甲寅年臘月廿一日未時辛
民國卅乙年九月初八日　時

男三　經登　經吉半繼聖珍　標香半繼聖持

文享公之派

十四世聖國係　宅公子生道光辛丑年三月廿七日寅時

出贅

文典公之派

十四世聖在係　旺公子生道光辛卯年十月廿七日未時往沙県

文興公之派

十四世聖捻係　秋公次子生道光戊申年四月十三日

巳時辛　年六月初八日酉時

十四世聖賤係　秋公三子生咸豐辛亥年三月初二日

丑時辛民國　年腊月廿五日午時塟后畓坪外又叫埔頂

娶廖貼娘改节　生同治壬戌年七月初四日戌時
幼婦李員娘改节　生光緒癸巳年六月廿五日巳時
双承男　春水聖元子

十四世聖從係　帕公子　生道光戊申年六月十
一日午時辛　年五月初九日午時
娶劉氏未婚出

文華公之派
十四世聖葵係　乞公長子　号得花生同治乙丑年四
月初九日丑時辛民國四年七月初七日辰時塟古
石壠亥巳壬丙　娶王却娘生同治癸酉年又

六月廿六日卯時

男三　經典（半承俾公）　經冰　妖　經籐（半承葉公）

十四世聖俾係　乞公次子　生光緒乙亥年八

月廿六日丑時辛在外夷

双承男　經典聖葵子

十四世聖葱係　乞公四子　生光緒辛巳年八

月十六日丑時辛莫敀　亡在吉隆坡

娶廖潤娘生光緒己卯年　亡在吉隆坡

男三　福生　福林　来金

婁上房譜

十四世聖元　係　乞公五子　字　　生光緒丙戌年十月
廿七日酉時
娶温泉唐窓娘生光緒癸巳年十一月廿三日申時
辛民國卅三年四月廿五日巳時
男一　春水（半繼聖賤）

十四世聖炎　係　育公長子　　生光緒丁丑年正
月十三日午時辛民國廿五年九月十一日未時
經典　宜帶奉祀

十四世聖桄　係　育公次子　　生光緒辛巳年十一
月十二日申時隨母外出

娶林宝娘生光緒辛丑年十月初二日午時卒

年正月十一日　時亡吉隆坡

男一　進来

十四世聖葉係　格公嗣子　生光緒戊寅年八

月十四日丑時卒民國癸酉年十一月十九日酉時

娶龍居胡花娘生光緒己丑年五月二十日酉時卒

民國三年七月十五日午時

又娶胡根娘　生　年　月　日時

辛民國卅一年十二月初六日未時

羊繼男　經籐聖葵三子

春水兼帶奉祀

文郎公之派

劉氏族譜

十四世聖腴係　美公長子　生道光辛丑年
三月廿六日子時卒光緒丁丑年正月十二日　時
娶廖借娘出
男二　經綱殤　經坑双承聖拈

十四世聖壽係　美公次子　号得財生道光己酉年
四月廿六日辰時卒光緒十八年正月十四日卯時

十四世聖球係　美公三子字孝琳　生咸豐癸丑
年七月十三日午時辛民國癸丑年四月初七日申
時
娶溪兜王庄娘生同治甲戌年七月廿五日子時辛
光緒十九年七月十七日卯時
經典
經籐仝奉祀

文星公之派
十五世經猴係　趙公長子号南山生咸豐癸丑年腊月
廿七日寅時辛光緒甲午年五月初一日巳時

婁氏族譜

娶林静娘生咸豊戊午年腊月初四日酉時
辛光緒丁丑年七月初一日子時
又娶高却娘生同治丙寅年六月廿六日酉時辛
年三月廿六日　時亡在同安
男一　綸軲

十五世經銅係　趙公次子号南金生咸豊乙卯年二月
廿五日寅時卒光緒丁丑年腊月廿七日　時

魏氏族譜

十五世經歲係　赤公子号南豐生咸豐乙卯年十月十八日亥時辛光緒壬辰年八月二十日巳時

半繼男　脰脫經海次子

十五世經海係　仍公双承孫号南大生同治乙丑年九月十九日戌時辛民國癸亥年五月初七日未時

娶劉葉娘生同治癸酉年八月廿一日亥時辛民國廿九年十一月三十日亥時

男二　綸潘　脰脫半出繼經歲公

十五世和順係　聖（嚚 別號）兼承子生光緒庚寅年七月廿八日亥時卒在南洋

十五世經漕係　坣公子　生同治甲子年臘月廿六日未時卒光緒癸巳年五月十八日午時

娶李曲娘 改节

十五世來成係　聖級 唎双承子　生光緒庚辰年七月初八日丑時

十五世經沃係　池公長子　生光緒戊辰年臘月初八日未時　民國廿一年十一月初一日　時卒在南洋

娶廖悔娘生光緒乙亥年九月廿九日卯時卒民國
卅三年九月十一日卯時
半繼男　綸開
長男　東和
十五世經情係　池公次子　生同治庚午年
十月十四日午時卒民國十九年二月十三日未時
半繼男　綸開
男　綸兩　水來半繼經宗
十五世經雪係　孝所長子字子亮号銀成生同治庚午
年十一月十五日子時卒民國十一年十一月十七
日未時葬大匾田　娶廖微娘生光緒丁

姜氏房譜

丑年正月十一日辰時辛民国卅五年十月廿一日

寅時塟大區田

男　金川殤

十五世經截係　孝所次子　生光緒丁亥年七月

廿日午時辛民国壬戌年正月十一日辰時

男　綸超

十五世經印係　聖兜長子　生同治己巳年十

一月初七日戌時辛民国　年正月廿日酉時在

南洋亡　娶葉卜娘生辛莫敀

又娶林朱娘生光緒庚辰年九月十二日卯時　辛未悉

男三　清祥半繼經多　綸撥　金星

十五世經多係　聖兜次子　生同治癸酉年又

六月廿四日卯時辛未詳在外夷亡

娶台灣張斜娘生同治癸酉年七月廿五日　時辛

民国乙卯年六月初六日　時塟大區田

半繼男　清祥經卯子

十五世經座係　聖兜三子　生光緒辛巳年正

月廿五日辰時辛在外夷

姪　清祥奉祀

十五世經稽係　孝其之子字于考　生光緒戊寅年
七月十二日午時
娶劉先娘　生光緒己卯年五月初二日卯時
男　綸裁　綸連（半繼）經稽係鼇公之子

十五世經鼇係　聖鑾長子　生光緒丙戌年腊月
廿九日辰時卒民国乙亥年腊月十五日丑時塟大
區田　娶頂寨林金娘（改节）
男　綸連（乙半 丙繼）

十五世經楓係　聖鑾次子　生光緒己丑年
二月初十日寅時卒　年八月十七日　時

亡在南巨港
姪　綸連奉祀

良俊公之派
十五世經𥺊係　鵬公子号登基生道光辛亥年七月十
五日午時
娶鍾梅娘　生咸豐丁巳年八月十四日酉時辛
光緒甲申年十月十八日子時辛没県圭華草
男一　綸進
十五世經揉係　迎公長子　字子矯　生咸豐庚申
年正月初二日巳時

魏氏族譜

姜氏族譜

娶翰苑李員娘生同治庚午年五月廿日寅時

男　綸埕

十五世經致係　迎公次子字子敬　生同治甲子年八月廿九日午時卒民国庚申年腊月初十日酉時在南洋

娶唐先娘生光緒丁丑年九月十一日辰時卒民国廿一年三月十二日申時在南洋

男　綸鏡

十五世刋入係　服公子号登成生咸豐壬子年九月初九日未時卒光緒丁酉年三月十一日卯時塟半山横路邪行頭

魏氏族譜

十五世經躞係 蔣公子 字子肴 生同治壬戌年九月初四日午時辛民国壬戌年九月初四日酉時亡在南洋

娶王見娘 生光緒己卯年九月十六日丑時

承繼男 綸爵

芳且公派下子孫在外 兩儀佳声代奉祀

十五世經水係 萬公子 字子山 生咸豐己未年二月初五日未時辛民国乙丑年五月十五日午時

娶前邊朱銀娘生光緒癸酉年八月廿二日子時辛民国丁巳年七月初三日巳時

男 綸蒲 綸安 綸爵出繼

袁氏族譜

十五世經坑係　括腴双承子生同治庚午年四月十七日
丑時
娶王欄娘生光緒丙子年九月初六寅時

十五世經助係　聖有長子　生光緒辛卯年十月初
九日辛民国甲戌年三月廿一日申時
娶林条娘改节
承繼男　升来　承繼男　再得

十五世經業係　尺公子　生光緒辛巳年五月初
一日午時辛民国丁巳年
承繼孫　水生　綸月次子

十五世經仟係　拱公子字子銀號登国生同治癸亥年九月廿七日丑時卒民国壬子年八月十二日巳時
娶劉傳娘生同治戊辰年十月廿三日卯時卒民国戊寅年三月十八日未時
男　綸目

十五世經朕係　孝志長子字子明號登有生光緒戊寅年七月初七日辰時卒宣統　年四月十八日午時葬杠某脚　娶劉文娘生光緒庚辰年十月初八日卯時卒民国丁巳年二月十九日巳時葬大𡇵田
兼承男　兩儀
金定

魏氏族譜

十五世清風係　孝志三子　號登南生光緒庚寅年
腊月初七日酉時辛民国丁巳年二月初六日酉時
塟半路山横石頂　娶上郷廖氣娘生光緒甲午年八月廿
二日卯時辛民国丁巳年正月廿九日辰時塟大區田
男一　兩儀兼承經朕之枝

十五世經諸係　孝志四子　號登四生光緒癸巳年十
一月十八日戌時辛民国丁巳年三月初八日　時南洋亡
男　再來半承

十五世絹水係　孝志六子　號登全生光緒戊戌年三月

廿四日丑時辛民国吉年三月初十日時嗣賢侖為孫塟崎崁坡
娶吾邦林提娘生光緒壬寅年九月廿二日卯時辛
民国甲申年七月十二日　時
男　再来半云継經諸

十五世經慶係　聖樣之継子　號登祝生光緒丙戌年
五月二十日未時辛民国壬申年八月廿八日未時
娶李芼娘生光緒乙酉年八月初七日酉時
男三　金定継承經朕　金田　鉄条
慶公塟壕頂早田後壁

十五世經獺係　偕公子　號文淵生同治己巳七月初

魏氏族譜

十日未時辛民国辛未年五月廿五日寅時墓陳頭坡

娶黃予娘　生同治甲戌年二月初六日

申時辛民国壬子年二月初七日未時塋石竹仙脚惹

坐西向東

男　綸好　綸興半丙繼經入以

十五世經入係　倫公子　生光緒戊寅年正月

廿二日辰時卒莫詳　塋貢内田角

双承男　綸興

十五世經旺係　孝省子　生光緒壬辰年五月

廿四日寅時

娶溫梁唐緩娘　生光緒辛丑年十月初十日午時

男　萊美

魏氏族譜

十五世紆咮係 聖次子 生光緒辛丑年腊月
廿七日巳時辛民国卅四年六月廿七日寅時
娶上卿廖昵娘改节 男一 年富半繼

十五世經對係 孝色長子 生光緒壬午年七月
廿六日辰時辛民国庚辰年正月初五日午時
娶頂寨林哖娘生光緒辛卯年七月初四
日申時
男二 綸洋半繼經厳 庚申

十五世經嚴係 孝色次子 生光緒戊子年正
月廿四日寅時辛宣統己酉年六月廿九日戌時
承繼男 綸洋

劉氏族譜

十五世經第係　孝色三子　生光緒甲午年八

月廿三日寅時

娶火卿王玉娘生光緒丙午年二月廿七日酉時

男五　金庚　金玉　金石　金順　金連

十五世經髻係　聖再子　生光緒庚子年五月廿

四日寅時

半繼男　年富 經味子 半承枝

十五世經固係　聖平長子生光緒壬寅年五月初三日

戌時

十五世經悅係　孝忍子　生光緒丙戌年二月十九
日寅時辛民国己未年正月初六日辰時墓大區田鏡面
娶翰苑李員娘　改节
双承男　美報經陣子出繼

十五世經陣係　孝制子字子守　生光緒甲午年十月
廿八日辰時
娶后湖廖寬娘生光緒乙巳年六月初五日辰時
男一　美報半繼經悅

十五世經暹係　聖宰次子　生光緒辛丑年八
月十二日寅時辛民国丁亥年四月初九日未時塋
貢尾　娶鶴汀劉團娘生宣統庚戌年正月初吉亥時

魏氏族譜

魏氏族譜

男一　佳聲

十五世經殿係　聖宰三子　生光緒乙巳年二

月十八日午時卒　年五月廿八日申時葬石門港坐南北

娶溫泉唐鈐娘改节　男　綸秋

十五世經泉係　從公長子　生同治戊辰年正

月廿四日未時卒在外夷莫攷

十五世經才係　從公次子　生同治　年十一月

廿二日卯時卒在外夷莫攷

十五世經逢係　從公四子　生同治己卯年六

月初一日巳時卒民国十四年八月初三日巳時

娶項寨林最娘生光緒甲申年八月初四日丑時
卒民国庚申年九月廿一日午時
男　綸飄

十五世經賜係　從公五子　生同治癸未年四月廿
九日子時

十五世經言係　聖掷承繼子　生同治甲戌年腊月初
四日亥時

十五世經尊係　章盤子　生光緒庚子年三月初六日巳時卒
民国乙巳　年正月初二日　時　在叻亡

十五世經霆係　譜公子　号文引生咸豐丙辰年正月廿
六日辰時卒民国己未年二月初六日未時
半繼男綸在　薫承水澤　薫承進義

十五世經王係　留公承繼子　生咸豐庚申年十一
月十六日辰時　娶　氏娘
綸麵　水狗　進義　共帶祭祀

十五世經井係　聖董華双承子字子水号文泉生光緒乙
亥年七月十一日辰時卒民國十四年十月廿九日丑時
娶居龍頂寮林寶娘生光緒癸未年七
月初八日丑時卒光緒癸亥年九月廿九日　時
又娶科名黃容娘生光緒己丑年正月初六日卯時

男　水狗

十五世經国係　聖華要双承子字子定号文泰生光緒丁亥
年十一月初二日子時辛民国乙酉年七月十七日午時
娶頂寨林葱娘生光緒己亥年腊月初四日辰時辛民国
廿八年十一月十一日卯時

双承男　綸麵

十五世經合係　聖華郭双承子字子全号文和生光緒乙酉年
七月初四日辰時辛民国廿九年二月初七日辰時　墓在坤
墘丁癸
娶頂寨林徙娘生光緒辛卯年三月初二日巳時
辛民国丙戌年十月廿弍日午時

魏氏族譜

魏氏族譜

双承男　綸麵　綸在双承　綸綢

十五世胡　天賜半繼　係　聖泄招贅子　生民国丙申年六月初三日子時辛外

娶新春林旦娘生光緒壬寅年十月初三日酉時

男　進義半承經雹

十五世廖　為政係　聖泄再承子　生光緒丙申年三月廿三日卯時　辛民国卅四年九月二十日丑時

養繼男　玉斗

十五世經恭係　尚公繼子　字子儉　生同治壬戌年
七月初三日戌時卒民国壬申年二月廿一日戌時
娶唐椒娘生同治戊辰年四月十一日戌時卒民国
甲戌年十月廿九日子時
承繼男　綸馨　綸接代奉祀

十五世經温係　孝議次子　生同治丁卯年二月
初四日寅時卒光緒丙午年五月十二日午時
娶唐富娘生光緒辛巳年六月初七日午時卒光緒
壬寅年正月廿三日寅時

劉氏族譜

男　綸接

十五世經陀係　鉇公長子　字子彌　号敬華　生同治戊辰年十二
月廿四日酉時　卒民国十六年正月初十日申時
娶劉吱娘生光緒丙子年九月初五日亥時　卒宣統三年
臘月廿四日丑時

男　綸昌

十五世經撲係　鉇公次子

十五世經瀨係　孝綿長子　字子帶　生光緒甲申年四月
十八日丑時

娶頂寮林連娘生光緒癸巳年卒民国廿四日六月廿三日 時
生男三 綸交 綸毛 綸教
又娶海澄海村洪厝人顏順治娘生光緒己亥年腊月十一日 時
生男二 綸祥 綸獅

十五世經撩係 孝綿次子 字 号 生光緒庚寅年六月廿一日午時卒民国十九年三月十八日巳時
娶半地林姜娘生光緒丁亥年五月初八日巳時卒民国丙戌年十月十五日丑時
男 移居 綸添半經謂繼

劉氏族譜

十五世經宗係　孝綿三子聖御繼子　字　生光緒癸卯年二月十八日亥時卒民国癸酉年九月十七日　時

娶厦仙祖宮邊曾順英娘生光緒乙巳年十一月十五日寅時卒民国丁亥年二月廿二日丑時

男　水梨双承

十五世南河係　聖有樹双承子　生光緒甲午年正月廿七日戌時卒民国壬申年九月初三日申時外亡

娶鶴汀劉体娘生光緒癸卯年七月初三日申時

男二　升來承繼經助　建致養成

魏氏族譜

十五世經敘係　聖菊繼子　生光緒甲申年二月十八日已時　查經敘係　聖梯子

十五世經謂係　聖湍長子　生光緒壬辰年八月十二日酉時　民国壬午年為出征軍救国
半繼男　綸添　經燎次子

十五世經黎係　梯公子　生光緒丁亥年五月廿日已時
娶陳為娘生光緒丙申年正月初二日卯時
男五　猫聰　昭庭　金猴　半承先能　亜猫　添水

劉氏族譜

十五世經驕係　聖雲長子羋承祧為繼子　生光緒辛丑年六月初九

日未時

娶鳳斗姚溜娘生宣統己酉年七月初五日午時

男二　雨瑞　壬水云繼經傾

十五世經傾係　雲公次子生宣統己酉年八月十八日巳時

辛民国壬申年四月廿四日寅時

羋繼男　壬水經驕次子羋云繼

十五世經益係　雲公三子羋承令為嗣子　生光緒丙午年臘

月十二日寅時辛民国辛巳年正月十四日巳時

娶新春林宝娘生宣統辛亥年七月十七

日寅時

男 綸輝（妖） 半繼男 綸綱 賜福（养成）

十五世經素係 聖魯長子 生光緒辛丑年九月廿二日戌時卒民国丙戌年六月二十日未時

娶火卿王笑娘生宣統己酉年八月初九日辰時卒民国辛未年八月十五日酉

男 再得（半繼助公）

十五世經通係 聖珍長子 生宣統元年五月十三日子時卒（外夷）民国卅四年正月初七日巳時

娶王瑞娘（亡外夷）生卒未詳

魏氏族譜

魏氏族譜

又娶黃寶娘生宣統元年腊月廿四日申時

男四　天送　天福　天順　天国

十五世昆池係　聖和次子半承珍為継子　生民国戊辰年正月

初三日巳時

娶林金容娘生民国己巳年腊月初四日巳時

男　生川

十五世經登係　聖和長子　生宣統辛亥年十一月

廿九日寅時

娶黃桂英娘生民国己未年十月廿三日辰時

男四　記明　記隆　記三　記清

魏氏族譜

[illegible]聖持為繼子　生民国癸酉年三月十
二日巳時

十五世先能係　聖持長子　生民国壬子年正月
初三日未時辛民国辛未年四月十四日　時
半繼男　金發

十五世水仙係　聖持次子生民国丙辰年三月廿三日丑時

十五世經典係　聖葵長子字子謨生光緒辛卯年九月
卅日未時　娶龍居胡宿娘生光緒乙未年腊月
廿二日卯時娶上卿廖扁娘生民国甲寅年七月

姜氏房譜

廿六日未時

男　綸忠

十五世經氷係　聖葵次子　生光緒戊戌年閏三

月十九日申時

十五世經藤係　聖葵三子半承聖葉為繼子　生光緒庚子年七月

廿二日未時卒民国卅三年六月二十日寅時

娶南進陳格娘生宣統辛亥年九月初九日辰時

男　明月

十五世福林係　聖慈長子　生宣統己酉年正月十三

日子時　娶黃玉花娘生民国乙丑年六月十九日戌時

男一　南生

十五世来金係 聖葱次子 生民国壬申年五月
廿四日申時

十五世進来係 聖栊長子 生民国壬申年 月
日 時

樓上房譜

十五世春水係　聖元長子（賤繼）生宣統辛亥年五月廿七日寅時
娶項寨林惜娘生民国丙辰年五月十二日丑時

十六世綸軲係　猴公子号得車生同治乙酉年腊月十三日卯時卒光緒丙寅年五月初五日午時
娶溪邊坂胡須娘生光緒庚子年十月初一日丑時
男　春水

十六世綸潘係　經海長子　生光緒庚子年葭月十一
日寅時
娶陳益娘生光緒癸卯年二月二十日丑時
男一　瑞民

十六世脰脱係　經海次歲繼子　生民国庚戌年葭月卅
日寅時
娶后井王蚋娘生民国壬戌年八月初八日亥時
男　瑞成

十六世綸開係　經沃繼情長子　生光緒甲辰年四月初
一日巳時
娶胡秀娘生民国癸丑年正月初七日巳時卒在外

氏族譜

又娶蕭瑞来娘生民国己未年九月初六日申時

承繼男　金順

十六世東和係　經沃長子　生宣統庚戌年月日時娶刘簡娘
生民国癸丑年正月廿七日時男清水

十六世綸两係　經情次子　生民国壬子年正月十九日卯時

十六世水来係　經情三宗繼子　生民国丁巳年四月初四日申時

娶新春林茶娘生民国癸亥年二月十八日卯時

十六世金川係　子亮子　生光緒戊戌年三月初一日巳時

十六世綸秦係　經雪次子　生光緒庚子年三月十
六日巳時卒民国廿八年八月初二日亥時　葬竹仔田
娶溪邊坂胡定娘生光緒丁亥年二月初九日卯時　查是丁未
卒民国卅五年十月初四日戌時
男二　樹流半繼九廷　火性半繼超公　春生係是綸洋生子

十六世綸洋係　經雪三子　生光緒乙巳年二月
初六日寅時卒民国廿八年二月二十日未時
娶少卿王銅娘生宣統庚戌年六月廿四日午時
男　春生半繼九廷

十六世九廷係　經雪四子生民国乙卯年五月十九日

姜上房譜

戌時辛民国廿八年八月初二日亥時葬大林尾九廷号元致

半繼男樹流秦子　半繼男春生綸洋子

十六世綸趐係經闡長子生民国丙辰年三月廿

八日丑時

半繼男火性秦子

十六世清祥係經印長子多繼子生宣統元年五月初七

日巳時

十六世綸撥係繼印次子生民国甲寅年五月廿八日戌時

魏氏族譜

十六世綸宝係　經印三子　生民国丙辰年　月　日

時

娶林成娘

十六世金星係　經印四子　生民国己未年正月廿

四日巳時

娶王彩蘭娘生民国壬戌年五月十三日寅時

男　添成

十六世綸栽係　經稽長子　生光緒卅四年三月十

三日丑時

娶黃横娘生民国庚申年四月初五日子時

姜氏族譜

男　金桂

十六世綸連係　經鼉生子稽繼　生民国壬戌年七月廿一日巳時

娶上智胡財氣娘生民国癸亥年六月廿一日酉時

十六世綸鏡係　經致之子　生民国壬子年七月初四日丑時

娶林買娘生民国丁巳年五月廿一日　時

男　玉針

十六世綸爵係　經水之子瓔繼子　生宣統庚戌年二月廿日巳時辛民国卅三年十一月十七日巳時娶李甘樵娘生民国八年十一月十七日巳時　男　木生出繼經瓔

十六世綸進係　經粘子　生光緒己卯年葭月初十日辰時辛民国乙丑年腊月廿七日卯時外亡

十六世綸埕係　子嬌子　生光緒丁酉年五月初四日卯時辛未查外亡

十六世綸蒲係　子山子　生光緒癸巳年十月廿二日戌時辛民国六年二月初八日巳時

半繼男　金順木生双承　查木生係綸爵之子繼　經躔之嗣

升来再得　暫奉祀

魏氏族譜

十六世綸安係　經水次子　生民国己亥年八月廿五日
卯時辛外
升来再得　奉祀

十六世木成係　經坑長子　生民国戊申年十月初十日寅
時
娶林信娘　生民国壬子年　月　日　時
男四　金童　金順（木成次子，綸蒲継子）　金山　金庫

十六世張池係　經坑九賛継子　生辛未詳
配魏里治　生光緒丙午年六月初五日午時
男四　金生（外亡）　金鏢　金發　金通
升来代理祭祀功德

十六世升来係 南河長經劢繼子字臣日 生民国癸亥年正月廿九日巳時

娶翰苑李花娘生民国甲子年八月十九日寅時

辛民国丁亥年七月初一日申時

十六世建致係 南河養成子 生民国壬午年九月十一日巳時

十六世綸月係 子銀子 生光緒辛卯年六月十七日未時

娶陳授娘生宣統庚戌年十一月廿八日午時

辛民国癸未年七月十二日亥時

男二 寶川 木生 半承

姜氏族譜

十六世兩儀係　清風生（經朕繼）子字臣禮生民國壬子年四月初一
日卯時素本豪傑為人排難解忿倡脩祖宇民国丁亥董事修譜
鄉人咸欽可羨
娶温泉唐閨娘生民国丙辰年八月廿五日酉時
男　水松（半繼金定）

十六世金定係　經慶長子（經朕繼）　生民国壬子年六月廿
三日巳時辛民国辛未年九月廿四日酉時
男（半繼）　水松（兩儀子云繼）

十六世金田係　經慶次子　生民国丙辰年二月初
六日卯時辛民国辛未年四月十五日申時

十六世鉄条係　經慶三子字臣理生民国乙丑年十月

初一日酉時

娶鶴汀劉菊娘生民国戊辰年九月初三日丑時

十六世再来係　絹水之經諸繼子字臣吉生民国丙寅年正月

十一日酉時

幼婦吾邦林腰娘生民国戊寅年十一月廿二日未時

十六世綸好係　經獺長子　生光緒戊戌年九

月初二日子時卒民国丙戌年三月廿一日辰時

娶新春林進娘生光緒己亥年八月初九日未時

男二　金山　通港羊岳繼綸接

十六世綸興係　經獺次入繼子字臣泰生光緒庚子年腊月

[illegible]上房譜

廿二日亥時

娶吾邦林慈娘生宣統己酉年二月初六日卯時

男二　火生　飛龍

十六世榮美係　經旺長子　生民国丙寅年十一月廿四

日寅時

十六世年富係　經味之子半云繼閂髻　生民国乙亥年十一月初六

日未時

十六世綸洋係　經對長茂繼子　生民国甲寅年葭月十

七日亥時　民国　年为云征軍救国

十六世庚辛係　經對次子字臣修生民国癸亥年三月初二日申時

娶火卿王田娘生民国甲子年三月十三日酉時

十六世金庚係　經第長子　生民国戊辰年正月十五日未時

娶藍月順娘生民国庚午年四月十九日寅時

十六世金玉係　經第次子　生民国辛未年十月初二日巳時

十六世金石係　經第三子　生民国甲戌年七月廿六日卯時

魏氏族譜

姜氏族譜

十六世金順係　經第四子　生民国丁丑年五月十九日卯時

十六世金連係　經第五子　生民国庚辰年十月初九日午時

十六世美報係　經陣長
悦維子　生民国戊辰年正月初八日午時

娶頂寨林囡娘生民国壬申年四月十六日卯時（改）

娶吾邦林秀春生民国壬申年四月十八日子時

十六世佳聲係　經暹長子　生民国己卯年十二月廿九日丑時

十六世綸秋係　經殿之子　生民国廿一年八月十六日申時

十六世綸飄 係 經逢長子 生民国壬子年八月廿六日酉時

十六世綸在 係 經合之 雹繼子 生民国丁巳年二月十六日丑時
卒民国卅二年五月初二日酉時
兼承繼男 肇金 綸麵長子 云繼

十六世水澤 係 經井次 雹繼子 生民国庚申年九月初四日寅
時 至民国廿八年爲出征軍救国 卒未詳
兼承繼男 秉元

十六世進義 係 天賜之 經雹繼子 生民国壬申年十一月廿一日亥時

魏氏族譜

麥氏族譜

十六世玉斗係　廖為政繼子　生民国辛巳年正月十七日子時

十六世綸麵係　經国合長繼子字　生民国壬子年十月初八日午時

至民国乙亥年洪水為災漂流祖宇淨盡不顧己身親自护譜迄

今便知祖歷史

娶員竹楊金蓮娘生民国甲子年三月廿九日申時

男二　肇金出繼　肇玉

十六世綸綢係　經益合次繼子　生民国甲子年正月初五日丑時

魏氏族譜

十六世水狗係 經井長子蕪承聖董留公繼嗣字臣草生民国甲寅年五月
初七日未時民国卅六年董事脩譜盡心力以為
娶高明黄香娘生民国丁巳年葭月初三日酉時
男 秉元半岳繼

十六世綸馨係 經恭双承子 生光緒壬申年七月廿五日
寅時辛民国十四年十一月廿八日 時
綸接 宜帶祭祀
綸馨娶頂寨林葉娘生光緒己丑年五月十五日酉時
辛民国丁巳年九月初九日辰時

劉氏族譜

十六世綸接係經湿長子恭繼　生光緒辛丑年腊月廿八日寅時

娶廖楼娘生宣統己酉年八月廿一日寅時

半繼男　通港　係綸好次子承繼

十六世綸昌係經陀長子撲繼字臣榮　生光緒甲辰年七月初五日亥時

娶頂寨林捻娘生民国甲寅年十一月十五日丑時

承繼男　傳家姓王

十六世綸鳳（原有文）係　經瀨長子　生宣統己酉年臘月十八日亥時卒民国壬申年六月廿一日丑時

娶鶴汀劉急娘

又娶鳳斗姚牡丹娘生宣統辛亥年　月　日　時

男　樹海入養

十六世綸毛係　經瀨次子　生民国壬子年八月十二日寅時

娶黃鸞英娘生民国辛酉年正月初五日巳時

男　樹財

十六世綸教係　經瀨三子　生民国丁卯年十二月　日　時

十六世綸祥係　經瀨四子　生民国乙亥年八月十七日巳時

十六世綸獅係　經瀨五子　生民国丁丑年五月十七日寅時

十六世移居係　經撩長子　生民国庚寅年腊月十三日丑時

查係　庚申年

娶員竹楊在娘生民国戊辰年七月廿七日丑時

十六世再添係　經撩次子半承謂為継子　生民国戊辰年又二月初十日戌時

十六世建輝係　經益之子　生民国戊辰年又二月初六日午時

辛民国丙戌年七月初四日申時

十六世天送係　經通長子　生民国癸酉年六月初二日亥時

十六世天福係　經通次子　生民国丙子年腊月廿五日亥時

十六世天順係　經通三子　生民国戊寅年十一月廿八日申時

十六世天顧係　經通四子　生民国辛巳年二月二十日子時

十六世賜福嗣　聖令公為孫生民国丁亥年八月二十日卯時

魏氏族譜

十六世記明係　經登長子　生民国乙亥年十月廿三日辰時

十六世記隆係　經登次子　生民国己卯年九月廿三日未時

十六世記三係　經登三子　生民国壬午年六月十九日巳時

十六世記清係　經登四子　生民国丁亥年三月初三日子時

十六世雨瑞係　經驕長子　生民国乙巳年十月廿四日卯時

十六世壬水係　經驕次子　傾繼　生民国乙亥年十一月初九日亥時

十六世猫窓係　經黎長子　生民国甲子年腊月初十日午時

十六世昭庭係　經黎次子　生民国丁卯年九月初四日戌時

十六世金發係　經黎三子半承　先敏繼子　生民国己巳年　外亡

十六世亜猫係　經黎四子　生民国辛未年九月十五日巳時

十六世添水係　經黎五子　生民国丁丑年十月初七日卯時

十六世綸忠係　經曲之子　生民国壬申年二月十二日丑時

十六世綸月係　經籐之子　生民国甲戌年正月十七日辰時

十六世南生係　福林之子　生民国癸未年二月初八日申時

十七世春水係　綸軲長子　生民国戊辰年正月十六日　時

十七世瑞民係　綸潘長子　生民国丙子年八月十一日午時

十七世瑞成係　脭脫長子　生民国丁亥年十月廿九日戌時

十七世金順係　綸閑長子　生民国三十年正月廿九日酉時

十七世樹流係　綸春長子兼九廷繼子　生民国乙丑年十月初七日辰時

十七世火性係　綸秦次子趙繼　生民国癸酉年八月廿三日巳時

十七世春生係　綸洋之子九廷繼　生民国丙子年十月廿一日酉時

十七世清水係　東和長子　生民国壬午年正月廿九日酉時

十七世添成係　金星之子　生民国丁亥年五月廿一日辰時

十七世金桂係　綸裁長子　生民国癸未年九月廿五日辰時

十七世玉針係　綸鏡長子　生民国辛巳年三月十四日未時

十七世木生係　綸爵之子承經躩公繼孫　生民国卅乙年十月初五日寅時

十七世金童係　木成長子　生民国癸酉年五月廿一日巳時

十七世金順係 木成次子 綸蒲繼 生民国丙子年四月 日 時

十七世金山係 木成三子 生民国己卯年三月十三日卯時

十七世金庫係 木成四子 生民国壬午年三月十二日巳時

十七世金星係 張池魏里長子 外亡

十七世金鏢係 張池魏里次子 生民国癸丑年二月初三日子時

娶王好娘 男 雨海

魏氏族譜

十七世金發係　張池魏里三子　生民国丁丑年三月初三日午時

十七世金通係　張池魏里四子　生民国壬午年六月初七日子時

十七世宝川係　綸月長子　生民国甲戌年十月初六日寅時

十七世木生係　綸月次子　生民国丁丑年正月十九日未時

十七世水松係　兩儀之子兼承金定繼子　生民国辛巳年二月二十日辰時

魏氏族譜

十七世金山係　綸好長子　生民国十八年正月廿七日亥時

十七世通港係　綸好次子 半継綸接　生民国庚辰年二月廿七日寅時

十七世火生係　綸興長子　生民国己卯年十月初一日丑時

十七世飛龍係　綸興次子　生民国壬午年二月十九日辰時

十七世秉元係　水狗長子 澤継　生民国乙酉年三月十八日未時

十七世肇金係　綸麵長子 半継綸在　生民国乙酉年三月十一日丑時

劉氏族譜

十七世肇玉係　綸麵次子　生民国丁亥年九月初五日亥時

十七世樹海係　綸鳳長子　生民国丙戌年　月　日　時

十七世樹財係　綸毛長子　生民国丙子年元月十五日酉時

十七世傳家係　綸昌繼承子　生民国甲子年腊月初十日丑時

幼婦吾鄭大坂林綢娘生民国辛未年七月十二日午時

十八世雨海係　金鏢之子　生民国丁亥年正月十五日子時

魏氏族譜脩明所有遺亡失名祿位未及錄上一筆
招呼悉附于譜共登
公妣男婦列位宗親均附譜上伏祈　佑衆裔
孫等家〻進吉添丁進財

魏氏族譜

魏氏族譜

国家出版基金项目
NATIONAL PUBLICATION FOUNDATION

海上絲綢之路文獻集成

總主編　陳支平　陳春聲

民間譜牒編

82

主編　林　楓

海峽出版發行集團
THE STRAITS PUBLISHING & DISTRIBUTING GROUP
福建人民出版社

本册目次

［浙江慈溪］慈東方家堰方氏宗譜七卷首一卷（卷四至卷七）

童成章等纂修

慈東方家堰方氏宗譜

慈東方家堰方氏宗譜卷四

世次錄

小九公派

第二十六世聰行

學鵬公長子　瀚　行聰五八字企融

生清道光七年丁亥六月十七日

卒光緒九年癸未正月初五日年五十七歲

娶唐氏生清道光十五年乙未十月二十一日

卒　年　月　日

生一子　家業

合葬

學鵠公之子

渠　行聰百二三

生清道光二十六年丙午十二月二十四日

卒　年　月　日

娶　氏生　年　月　日

卒　年　月　日

合葬

學元公之子

淡行聰百九乳名瑞昆　從九品

生清道光二十三年癸卯正月初八日

卒　年　月　日

娶張氏生清咸豐三年癸丑五月初七日　時

卒光緒五年己卯十一月二十一日年二十七歲

學鴻公繼子係學鵬公次子

濂 行聰八十 字企周 從九品

生清道光十三年癸巳七月二十五日

卒 年 月 日

娶劉氏生清道光十四年甲午正月初五日

卒咸豐六年丙辰五月二十二日年二十三歲

繼娶張氏生清道光二十年庚子五月十一日

卒 年 月 日

生一子 家椒

合葬

學棠公之子

池　行聽百三一　字懋官　號國濬

生清道光三十年庚戌十二月二十一日戌時

卒民國四年乙卯夏正十二月二十日巳時壽六十六歲

娶王氏宗德公女生清道光二十六年丙午五月十一日

卒同治八年己巳五月十五日年二十四歲

繼娶王氏生清咸豐六年丙辰五月二十五日子時

卒光緒十二年丙戌六月初二日未時年三十一歲

又繼王氏生清咸豐三年癸丑九月十一日戌時

卒民國十九年庚午夏正八月廿一日申時壽七八歲

生二子長家樵次家模幼殤

合葬

實錄候選府同知於光緒四年二月十九日由監生

在直隷晉賑新捐滬局加捐正五品銜

學鄉公之子

水　行聰百十八　乳名銀水

生清道光二十五年乙巳六月十七日

卒同治十年辛未十二月初四日年二十七歲

娶曹氏改適

無嗣

葬

學偉公之子

澵　行聽百五六乳名野狗

生清同治六年丁卯四月二十日

娶　氏

學紹公
長子

洲　行聰百十

生清道光二十三年癸卯三月初十日

卒光緒五年己卯十一月初四日年三十四歲

娶　氏出

繼娶　氏生　年　月　日　時

卒光緒八年壬午　月　日　時

無嗣

合葬

學紹公次子

衍　行聽百十九

生清道光二十五年乙巳六月二十九日

卒同治十三年甲戌六月初一日年三十歲

未婚而卒

葬

學貴公繼子係
學富公長子

國盛　行聰一
生清乾隆五十七年壬子六月初八日
卒道光二十五年乙巳十二月初七日年五十四歲
娶童氏生清嘉慶十五年庚午六月二十三日
卒　年　月　日　時
生一子　家華
女三長適張斯琛　次適姚　三適
合葬沈家馬

學富公次子

國瑞 行聰二

生清乾隆六十年乙卯正月十六日

卒　年　十二月初一日

娶張氏生　年　正月初五日

卒　年　十二月初二日

生一子　家雲

女一

合葬

學富公
三子

國祥 行聽四

生清嘉慶四年己未十二月初九日

卒同治七年戊辰九月十六日壽七十歲

娶徐氏生清嘉慶十八年癸酉正月二十三日

卒同治十一年壬申十一月初五日壽六十歲

生一子 家槐

合葬

學安公長子

國賢行聰三

生清嘉慶四年己未十月二十九日

卒道光六年丙戌三月初四日年二十八歲

娶　氏改適

無嗣

厝沈家馬

學安公次子

國修 行聰十一

生清嘉慶八年癸亥正月二十八日

卒道光二十一年辛丑七月十四日年三十九歲

娶牙氏 欽旌節孝生清嘉慶十八年癸酉二月初一日

卒光緒四年戊寅八月二十六日壽六十六歲

無嗣

生一女適葛聖權

厝沈家馬

學安公三子

國恆　行聰　二六

生清嘉慶二十二年丁丑十月二十五日

生　年　月　日

娶莊氏生清道光十八年戊戌七月十六日

卒咸豐十一年辛酉八月十八日年二十四歲

無嗣

合葬

學利公之子

金爐 行聰十三

生清嘉慶九年甲子　月　日

卒咸豐九年己未六月十七日年五十六歲

娶　氏生　年　月　日

卒　年　月　日

生一子　蓮生

合葬

學明公之子

浩　行聰四十

生清道光二年壬午四月二十八日

卒　年　月　日

娶邵氏生清道光十七年丁酉　月　日

卒　年　月　日

無嗣

合葬

學仁公長子

國均 行聰七

生清嘉慶五年庚申正月初二日

卒道光七年丁亥三月十一日年二十八歲

未娶而卒

葬廟前畈父墳旁

學仁公
次子

國堦行聰十二

生清嘉慶八年癸亥十一月十一日

卒咸豐六年丙辰八月二十二日年五十四歲

娶范氏仲豪公女生清嘉慶二十年乙亥　月　日

卒光緒六年庚辰八月二十三日壽六十六歲

無嗣

生一女適盧瑞全

合葬

學仕公之子

芬　行聰八五

生清道光十五年乙未七月初六日

卒　年　月　日

娶童氏炳如公女生清道光十九年己亥十月二十五日

卒　年　月　日

生二子長家才次家海

合葬

學佐公之子

國 行聰百十四乳名壽福

生 年 月 日

卒 年 月 日

娶 氏

合葬

學山公長子

國奇　行聰十六

生清嘉慶十三年戊辰七月初七日

卒　年　月　日

娶　氏

無嗣

合葬

學山公次子

國章行聽十九

生清嘉慶十九年甲戌十月初九日

卒　年　月　日

娶應氏萬朝公女生清道光四年甲申十一月初六日

卒光緒六年庚辰十月二十日年五十七歲

生一子　傳來

合葬

學山公三子

國文行聰二五乳名阿新

生清嘉慶二十二年丁丑正月二十五日

卒　年　月　日

娶　氏

無嗣

合葬

學山公四子

國森行聰三一

生清嘉慶二十四年己卯八月初九日

卒　年　月　日

娶　氏

無嗣

合葬

學山公五子　國琛　行聰四八

生清道光三年癸未十月初九日

卒　年　月　日

娶　氏

無嗣

合葬

學山公六子

國才　行聰五二

生清道光五年乙酉八月十六日

卒　年　月　日

娶　氏

無嗣

合葬

學崑公長子

泰　行聰八七乳名阿七

生清道光十五年乙未十一月十三日

卒　年　月　日

娶洪氏其禧公女生清道光二十年庚子五月初八日

卒　年　月　日

生一女適童遜禧

無嗣以泰弟長子培根入繼

合葬

學崑公
次子

泰弟　行聰　乳名　年順

生　年　月　日

卒　年　月　日

娶　氏　生　年　月　日

卒　年　月　日

生二子　長培根出繼泰爲嗣　次培生

合葬

學崙公長子

榮　行聰四二

生清道光二年壬午十一月十三日

卒　年　月　日

娶韓氏 孝全公女 生　年　月　日

卒　年　月　日

無出

合葬

學崙公次子

華　行聰六三

生清道光八年戊子十一月十八日

卒同治十二年癸酉正月二十五日年四十六歲

娶應氏崙山公女生清道光十九年己亥十一月初七日

卒　年　月　日

無出

合葬堰之東首

學通公之子

春 行聰四一 字高林

生清道光二年壬午八月初四日

卒 年 月 日

娶姚氏生清道光十三年癸巳五月十六日

卒咸豐七年丁巳正月初九日年二十五歲

繼娶陸氏 節孝生清道光廿四年甲辰十一月廿七日

卒民國十六年丁卯夏正五月十五日壽八十四歲

無出

合葬父墳南首有墓碑

學進公長子

錫　行聰九一

生　年　月　日

卒　年　月　日

娶　氏

合葬

學進公次子

權　行聰九五

生清道光　年　月　日

卒　年　月　日

娶　氏生　年　月　日

合葬

學南公之子

乾　行聰亘九

生清道光二十九年己酉八月初六日

卒　年　月　日

娶　氏生　年　月　日

卒　年　月　日

合葬

學釧公之子

國聽　行六八　乳名鎭標

生清道光九年己丑四月二十九日

卒　年　月　日

娶姚氏　阿華公女　生清道光二十七年丁未五月初二日

卒同治元年壬戌九月十一日年十六歲

繼娶張氏生清道光二十二年壬寅　月　日

卒　年　月　日

生二子　長家潛　次如芝

合葬

學鍾公長子

國　行聰百六　乳名阿寶

生清道光二十二年壬寅四月初六日

卒　年　月　日

娶　氏

合葬

學鍾公
次子

國　行聰百二六　乳名阿雨

生清道光二十七年丁未九月二十五日

卒　年　月　日

娶　氏

合葬

學英公長子

國豐　行聰八

生清嘉慶五年庚申七月初四日

卒道光十九年己亥　月　日年四十歲

娶胡氏昌岳公女生清嘉慶十三年戊辰正月二十一日

卒　年　正月十二日

無嗣

合葬水斗邊大爿墳西首朝南

學英公次子

國登 行聰十

生清嘉慶七年壬戌七月初六日

卒咸豐九年己未十月二十二日年五十八歲

娶葛氏仁德公女 生清嘉慶十六年辛未七月　日

卒同治二年癸亥九月十五日年五十三歲

生二子 長天生 次福生 幼殤

合葬

學英公三子

國豈行聰十四字潤畝

生清嘉慶十二年丁卯　月　日

卒道光三十年庚戌六月二十九日年四十四歲

娶姚氏生　年　月　日

卒道光二十八年戊申正月初一日

生一子　惠生幼殤

合葬

學英公
四子

國順　行聰十七

生清嘉慶　年　九月十三日

卒道光十五年乙未七月十四日

未婚而卒

厝沈家馬

學潮公長子

國鎮行聰十八字祥增

生清嘉慶十八年癸酉四月二十九日

卒同治九年庚午六月二十九日年五十八歲

娶朱氏賢章公女生清道光元年辛巳四月二十八日

卒　年　月　日

無嗣以弟津次子家柱入繼

合葬與弟海

學﨟公次子

國定　行聰二二三

生清嘉慶二十一年丙子五月初六日

卒道光十六年丙申六月初九日年二十一歲

未婚而卒

葬水泮邊大爿父墳西首朝南

學豪公長子

國華　行聰二四

生　年　月　日

卒　年　月　日

娶　氏生　年　月　日

卒　年　月　日

無出

合葬沈家馬朝南

學豪公次子

國榮　行聰二十九

生清嘉慶二十三年戊寅　月　日

卒　年　月　日

娶　氏生　年　月　日

卒　年　月　日

無出

合葬

學豪公
圓子

國旦　行聰四三
生清道光二年壬午十二月　日
卒　年　月　日
娶　氏生　年　月　日
卒　年　月　日
無出
合葬

學豪公五子

國保 行聰七三 乳名阿十

生清道光十二年壬辰七月初四日

卒光緒二年丙子三月初十日年四十五歲

娶應氏 和上公女 生清道光二十七年丁未七月二十三日

卒光緒四年戊寅六月二十六日年三十二歲

無出

合葬

學常公
繼子係
學豪公
三子

國樹行聽三六字長春
生清道光元年辛巳正月二十九日
卒光緒三年丁丑八月二十日年五十七歲
娶曹氏奕泰公女生清道光十三年癸巳三月十五日
卒　年　月　日
生一女適孫小圭
無嗣以家標承值
合葬鍾家橋之南

學賓公長子淳　行聰三二　字德豐　國學生

生清嘉慶二十五年庚辰三月十九日

卒同治八年己巳二月初三日年五十歲

娶童氏智悅公女　生清嘉慶二十五年庚辰十一月二十九日

卒咸豐三年癸丑十月十四日年三十四歲

繼娶周氏在卿公女　生清道光十年庚寅二月廿四日

卒咸豐十年庚申九月初二日年三十一歲

又繼孔氏慶豐公女　生清道光二十二年壬寅七月十二日

卒民國十四年乙丑夏正九月十五日壽八十四歲

生二子　長家梁　次家桂

女三長適姚　次適曹　三適童

合葬

學寶公次子

津　行聰　四四　字水香

生清道光三年癸未正月初十日

卒光緒七年辛巳閏七月初一日年五十九歲

娶朱氏　世琪公女　生清道光四年甲申十月十二日

卒光緒二十四年戊戌五月二十一日壽七十五歲

生四子　長家楝　次家柱出繼國鎮為嗣　三家椿　四家棻

合葬二橋港

學賓公
三子

渙　行聽六一　號久龍

生清道光八年戊子十月十七日
卒光緒十八年壬辰十月十六日壽六十五歲
娶童氏宏綱公女生清道光七年丁亥九月二十四日
卒咸豐七年丁巳四月初六日年三十一歲
繼娶李氏生清道光十八年戊戌十二月初三日
卒光緒二十二年丙申四月初二日年五十九歲
生二子長家槤童出次家椠均李出
女二長適胡方洵童出　次適杜星墀李出
合葬二橋港朝西

學賓公
四子

清　行聰公二　官名景雲　字漪生　號伊笙　又號讀山　邑庠生
生清道光十三年癸巳十月初一日
卒光緒二十七年辛丑十一月十四日壽六十九歲
娶姚氏必禎公三女　生清道光十七年丁酉十二月初一日
卒同治七年戊辰十一月十五日年三十二歲
繼娶孔氏廣琳公女　生清道光三十年庚戌十二月十九日
卒民國十五年丙寅夏正七月十二日壽七十七歲
生三子　長家梴　次家槱　三家椒
女二　長適余蓮生　次適童夏蘭
合葬沈家馬小河坍坐北朝南讀山公墓有碑

學寶公五子

泮　行聰九三字彩泉

生清道光十七年丁酉五月二十日

卒咸豐三年癸丑九月十八日申時年十七歲

陰配杜氏義善公女生清道光十二年壬辰十二月初五日

卒咸豐十年庚申四月初一日年二十九歲

合葬

學實公六子

濡　行聰九七　字巨源

生清道光二十年庚子正月初二日

卒咸豐二年壬子八月初二日子時年十三歲

陰配孔氏傳澄公女　生清道光二十年庚子七月二十日

卒咸豐六年丙辰八月二十五日酉時年十七歲

合葬

學珍公長子

澐　行聽四五

生清道光三年癸未二月初三日

卒光緒元年乙亥九月十一日年五十三歲

娶胡氏方成公女生清道光六年丙戌九月初十日

卒光緒七年辛巳七月二十五日年五十六歲

生一子　家根

合葬

學珍公次子

瀞　行聽七八

生清道光十三年癸巳五月初二日

卒　年　月　日

娶周氏生清道光二十四年甲辰正月二十二日

卒光緒八年壬午八月二十二日年三十九歲

合葬

學珠公之子

盈　行聰七二

生清道光十二年壬辰五月初一日

卒　年　九月二十六日

娶唐氏隆仁公女生清道光十二年壬辰十月初五日

卒　年　八月十三日

生一子　家模

合葬

學麟公長子

淦　行聰六六　字以章　從九品

生清道光九年己丑三月初八日

卒同治十年辛未十月初六日年四十三歲

娶劉氏　配金公女　生清道光七年丁亥五月十八日

卒光緒三十一年乙巳九月初八日未時壽七十九歲

生二子　長家栻　次家桁

女一　適杜繼成

合葬

學鳳公繼子係學麟公次子

潮　行聰七七字清來

生清道光十三年癸巳正月初七日

卒光緒十一年乙酉十二月十六日年五十三歲

娶劉氏利泰公女生清道光十八年戊戌十二月十七日

卒同治四年乙丑二月初五日年二十八歲

繼娶劉氏元連公女生清道光二十八年戊申正月初六日

卒民國七年戊午夏正正月二十九日壽七十一歲

生四子長家杲次家梟三家森四家標

合葬屋後西首漕邊朝南

學孝公
繼子係
學存公
長子

淮　行聰二十七字以均　從九品

生清嘉慶二十三年戊寅九月初三日
卒同治四年乙丑十二月二十日年四十八歲
娶童氏智訓公女生清嘉慶十九年甲戌七月二十六日
卒光緒十二年丙戌七月初七日壽七十三歲
生二子長家梓次家榛
女二長適胡士修　次適胡丹成
合葬父墳南首有碑

學存公次子

治　行聰三五　字建平

生清嘉慶二十五年庚辰十二月初八日

卒同治元年壬戌四月十六日年四十三歲

娶羅氏光順公女生清道光二年壬午六月十九日

卒光緒三年丁丑九月二十一日年五十六歲

生四子長家樸次家懋三家楓四家楚出繼沼爲嗣

女一適洪寄良

合葬祖堂外西首父祀田內

學存公三子

沼　行聰四六字采蘩　覃恩上壽

生清道光三年癸未八月十一日

卒光緒十七年辛卯八月十四日壽六十九歲

娶張氏錫華公女生清道光七年丁亥九月初六日

卒光緒四年戊寅十一月十一日年五十二歲

生一女適胡士魁

無嗣以兄治四子家楚入繼

合葬二橋港山三分內長兄墓南首朝東有墓碑

學存公四子

濟　行聰七五字用舟

生清道光十二年壬辰十一月十五日

卒光緒二十八年壬寅十一月十三日壽七十一歲

娶費氏元相公女生清道光十七年丁酉十二月初三日

卒光緒十七年辛卯十二月十七日年五十五歲

生一子　家樞

女五長適朱景運　次適王　三適鍾　四適余　五適謝

合葬祖堂外北畈有墓碑

學麒公繼子係學章公長子

淮 行聽五九 字亦香

生清道光七年丁亥十月十八日

卒同治元年壬戌八月二十七日年三十六歲

娶童氏生清道光九年己丑十月十三日

卒同治十一年壬申正月初四日年四十四歲

生一子 家楠 兼祧瀛爲嗣

女一適姚寅谷

合葬父墳南首朝東

學彪公長子

溪　行聽五六字臨川

生清道光六年丙戌九月二十二日

卒同治九年庚午十二月初五日年四十五歲

娶杜氏智愈公女生清道光七年丁亥十一月二十七日

卒咸豐十年庚申七月初九日年三十四歲

繼娶　氏改適

生一子　家樟

合葬港底父墳西北首

學彪公次子

濬　行聰六九　乳名阿寶

生清道光九年己丑九月二十四日

卒光緒十三年丁亥正月初八日年五十九歲

娶姚氏成恩公女生清道光十七年丁酉十月二十九日

卒光緒十二年丙戌二月二十八日年五十歲

生一子　家棶

女一適孔軒德

合葬

學彪公三子

洵　行聰八一　字聖傳

生清道光十三年癸巳八月二十六日

卒光緒三十年甲辰八月初一日壽七十二歲

娶羅氏信孚公女生清道光二十一年辛丑閏三月初三日

卒光緒三十年甲辰九月初十日壽六十四歲

生一子　家燾

女二長適湯　次適童

合葬

學彪公四子　淵　行聰八六　乳名九榮

生清道光十五年乙未十一月十一日

卒光緒二十八年壬寅九月十六日壽六十八歲

娶童氏祥雲公女生清道光二十五年乙巳四月初六日

卒光緒五年己卯十月二十九日年三十五歲

繼娶朱氏燮章公女生清道光三十年庚戌十一月二十八日

卒民國十三年甲子夏正十二月十八日壽七十五歲

生三子長家梧次家楞三家禾

合葬

學章公
次子

瀛　行聰七一　字詠洲

生清道光十年庚寅九月十八日

卒光緒八年壬午八月十七日年五十三歲

娶姚氏醞濠公女生清道光十二年壬辰三月初九日

卒光緒十一年乙酉二月二十七日年五十四歲

無出以兄濰之子家楠兼祧

合葬二橋港前朝南

學辛公長子

源　行聰二二　字靜

生清嘉慶二十一年丙子四月初一日

卒道光三十年庚戌六月十五日年三十五歲

娶范氏志豪公女生清嘉慶二十一年丙子四月初五日

卒道光二十一年辛丑十月十四日年二十六歲

繼娶姚氏秀乾公女生清道光五年乙酉四月初一日

卒咸豐二年壬子七月二十七日年二十八歲

生一子　家榮

女一適翁海濤

合葬鎮邑鍾家邊

學宰公
次子

澄　行聰三四字瀓清　從九品

生清嘉慶二十五年庚辰八月二十一日

卒道光二十三年癸卯七月十一日年二十四歲

娶陳氏大昌公女　欽旌節孝生清道光元年辛巳七月二十五日

卒光緒五年己卯九月十七日年五十九歲

無出

合葬

學宰公四子

瀾　行聰五五　字正康

生清道光六年丙戌正月初五日

卒同治六年丁卯四月二十二日年四十二歲

娶胡氏昌義公女　生清道光七年丁亥閏五月二十四日

卒光緒十年甲申七月二十三日年五十八歲

無嗣

附葬叔學曾公墓右旁

學相公繼子係學宰公三子

濱　行聽四七字元康
生清道光三年癸未九月二十九日
卒同治五年丙寅八月二十一日年四十四歲
娶張氏其豐公女生清道光七年丁亥八月二十七日
卒道光二十六年丙午十二月十六日年二十歲
繼娶龔氏生清道光十三年癸巳二月初十日
卒光緒十年甲申十月十九日年五十二歲
無出
合葬徐顧西首朝西

學曾公長子

沛　行聰百一　乳名企堯　字雨田

生清道光二十年庚子七月十八日

卒光緒三十三年丁未九月初八日申時壽六十八歲

娶蔡氏守才公女生清道光二十八年戊申二月初七日

卒光緒十八年壬辰十一月初三日年四十五歲

生二子長家棣次家

合葬張家堰西北首朝南

學孟公繼子係學曾公次子

潔　行聽百二二　乳名企舜　字靜瀾

生清道光二十六年丙午十一月二十八日戌時

卒光緒十八年壬辰六月初六日年四十七歲

娶杜氏智或公女　生清道光二十七年丁未十一月二十六日

卒同治九年庚午六月十七日年二十四歲

繼娶李氏渭南公女　生清咸豐四年甲寅十一月初六日戌時

卒民國十年庚申夏正十二月初二日未時壽六十七歲

生三子　長家棨　次家槳　三家樂

合葬徐顧西首朝西

學魁公長子

溥　行聰五七

生清道光七年丁亥閏五月初三日

卒咸豐八年戊午七月初八日年三十二歲

娶周氏光鎬公女生清道光九年己丑十一月二十二日

卒光緒三年丁丑十二月初九日年四十九歲

生一子　家善

合葬

學魁公次子

淇　行聽九六

生清道光十八年戊戌正月十五日

卒　年　月　日

娶　氏

合葬

學魁公
三子

八福　行聰　百十一

生清道光二十三年癸卯四月十四日

卒　年　月　日

娶　氏

合葬

學元公
長子

涇　行聰八四

生清道光十五年乙未三月十五日

卒　年　七月初二日

娶王氏生清道光十七年丁酉十二月十二日

卒　年　十月二十八日

繼娶姚氏生清道光二十七年丁未十月初八日

卒　年　五月二十九日

又繼葉氏生清道光二十四年甲辰十二月二十一日

卒　年　月　日

生二子長家　次家　雲寶　女一適穆

學元公
次子

湖　行
聰九四

生清道光十七年丁酉十一月初六日

卒　年　二月十七日

娶曹氏生清道光二十年庚子二月二十二日

卒　年　三月二十一日

無出以弟海長子家榆入繼

合葬

學元公三子

海　行聽百三　乳名阿川

生清道光二十一年辛丑三月初五日

卒光緒七年辛巳正月十三日年四十一歲

娶陸氏生清道光二十八年戊申十一月初二日

卒　年　七月初八日

生二子長家榆出繼爲嗣湖　次家桐

合葬

學嘉公之子

渝　行聰七九

生清道光十三年癸巳五月初十日

卒同治六年丁卯二月十七日年三十五歲

娶朱氏生清道光十四年甲午十一月二十二日

卒同治五年丙寅六月十四日年三十三歲

生一子　家昌

合葬

學慶公
長子

國富行聰九九乳名春生
生清道光二十年庚子二月初二日
卒　年　月　日
娶蔡氏慈明公女生清道光二十二年壬寅八月十二日
卒　年　月　日
生二子長家　次家
合葬

學慶公次子

國宷行聰百二十七乳名小春

生清道光二十七年丁未十月初三日

卒　年　月　日

娶童氏薰堂公女生清咸豐元年辛亥八月初七日

卒　年　月　日

合葬

學乾公長子

泳　行聽三三　字觀瀾　國學生

生清嘉慶二十五年庚辰六月初七日

卒同治二年癸亥十月初二日年四十四歲

娶沈氏生清道光元年辛巳十二月初四日

卒道光三十年庚戌十一月二十六日年三十歲

繼娶邵氏生清道光十二年壬辰九月十八日

卒　年　月　日

繼室鄒氏生清道光二十二年壬寅十月十六日

卒　年　月　日

又副室施氏生　年　五月初九日

卒　年　正月初七日

生一子　家楣

合葬

學乾公次子

滋　行聽五一　字維新

生清道光五年乙酉七月初六日

卒同治五年丙寅九月初二日年四十二歲

娶洪氏朝揚公女　生清道光七年丁亥十月十一日

卒同治二年癸亥七月二十三日年三十七歲

生二子　長家楨　次家樵

女三　長適余　次適朱　三適劉

合葬

學乾公三子

溥　行聰百四　乳名瑞龍　字博泉

生清道光二十一年辛丑十一月二十五日

卒同治五年丙寅五月初十日年二十六歲

娶胡氏明高公女　生清道光二十一年辛丑四月十八日

卒　年　月　日

仁興坻值

合葬

學乾公
三子

澔　行聰百二一　乳名瑞齡

生清道光二十六年丙午三月十八日

卒　年　月　日

娶胡氏三多公女　生清道光二十五年乙巳十月初六日

卒　年　月　日

繼成承值

合葬孫家橋東首朝南

學秀公之子　國　行聰六七　乳名長福

生清道光九年己丑四月十六日

卒　年　月　日

娶劉氏生清道光二十一年辛丑三月十一日

卒　年　月　日

合葬

學科公
長子

國基 行聽六五

生清道光九年己丑二月初六日

卒光緒十八年壬辰十二月十一日壽六十四歲

娶陳氏 日聰公女 生清道光十一年辛卯七月初十日

卒同治十二年癸酉七月十二日年四十三歲

繼娶邵氏生清道光二十六年丙午六月二十四日

卒 年 八月二十一日

生二子長家 殤 次家浩

合葬

學科公次子　國貴　行聰百八　字雙林

生清道光二十二年壬寅十月二十二日

卒　年　十一月二十一日

娶杜氏　義榜公女　生清道光二十二年壬寅十二月二十日

卒　年　九月二十五日

生一子　家泉

合葬

學科公三子

國奎行聰百六字三元

生清道光二十四年甲辰十一月二十二日

卒光緒二十五年己亥二月初六日年五十六歲

娶沈氏文蘭公女生清道光二十八年戊申十一月二十一日

卒同治十二年癸酉十一月十三日年二十六歲

繼娶邵氏生清道光二十五年乙巳十一月十三日

卒光緒六年庚辰十月十七日年三十六歲

又繼徐氏生清道光二十一年辛丑十月二十七日

卒　年　六月二十八日

生二子長家財　次家水

學科公四子

國塾　行聰百三十　字連元

生清道光三十年庚戌九月二十三日

卒光緒十八年壬辰二月三十日年四十三歲

娶費氏生清同治元年壬戌八月初七日戌時

卒光緒元年乙亥十月初六日

繼娶杜氏生清同治元年壬戌八月初七日戌時

生一子　金桂

學周公長子

國英行聽二一

生清嘉慶二十年乙亥五月二十六日

卒咸豐十年庚申九月十五日年四十六歲

娶劉氏豐錦公女生清道光五年乙酉五月初一日

卒　年　月　日

合葬

學周公
次子

國榮　行聰三九

生清道光元年辛巳十二月十三日

卒道光二十四年甲辰九月十六日年二十四歲

未婚而卒

葬

學元公之子

國興 行聰三七

生清道光元年辛巳二月十四日

卒同治十三年甲戌八月初八日年五十四歲

娶鄔氏生清道光十七年丁酉三月十八日

卒咸豐七年丁巳十月二十八日年二十一歲

繼娶李氏改適

無出

合葬

學淸公長子

國柱　行聰九二

生淸道光十七年丁酉四月初五日

卒　年　月　日

娶　氏

葬

學濤公亥子

國楝行聽九八

生清道光二十年庚子正月二十九日

卒　年　月　日

娶　氏

葬

學清公

三子

國梓　行聰百七

生清道光二十二年壬寅八月二十日

卒　年　月　日

娶　氏

葬

學濤公
四子

國榆行聽百十七

生清道光二十五年乙巳正月二十七日

卒　年　月　日

娶　氏

葬

學濟公之子

國　行聰百十二

生清道光二十三年癸卯五月初十日

卒同治元年壬戌八月二十三日年二十歲

未婚而卒

葬

學伊公繼子係學尹公長子

國鰲　行聽三八

生清道光元年辛巳五月初十日

卒同治元年壬戌八月二十四日年四十二歲

娶余氏大綱公女生清道光十一年辛卯　月　日

卒　年　月　日

無嗣以國潮長子家琹入繼

合葬

學尹公
次子

國元　行聰六四

生清道光八年戊子十二月十二日

卒咸豐十年庚申三月初三日年三十三歲

娶沈氏生清道光二十一年辛丑十月二十六日

卒　年　月　日

合葬

學尹公三子

國潮 行聰八九 乳名野囝

生清道光十六年丙申十月十一日亥時

卒　年　月　日

娶周氏 在寬公女 生清道光二十六年丙午八月初九日

卒同治　年七月十一日

繼娶鍾氏生清道光二十九年己酉五月二十六日

卒　年九月二十一日

生二子長家琹 出繼國鰲爲嗣 次家玉

合葬

學君公之子

國鳳 行聰百二五 字長壽

生清道光二十七年丁未五月初四日

卒　年　月　日

娶李氏生清咸豐九年己未二月十九日

卒　年　月　日

生一子　家玕

合葬

學有公長子

國範 行聽百十五 字禹九 從九品

生清道光二十四年甲辰十月初七日子時

卒光緒廿一年乙未閏五月十二日巳時年五十二歲

娶張氏 肇恩公女 生清道光二十四年甲辰三月十九日未時

卒光緒十七年辛卯二月十六日戌時年四十八歲

生二子 長家璆 次家琳

女三 長適鎮邑徐江岸徐敬廷 次適鎮邑孔浦桂連

發 三適童市童謙槐

合葬

學有公次子

國第　行聰百三三

生清咸豐二年壬子六月初一日

卒光緒七年辛巳九月初八日年三十歲

娶葛氏生清咸豐四年甲寅正月二十四日

卒光緒九年癸未九月十六日年三十歲

合葬

學有公三子

國筦行聰百四七

生清咸豐十一年辛酉八月十六日酉時

卒民國十一年壬戌夏正五月二十二日壽六十二歲

娶龔氏生清同治四年乙丑三月初十日巳時

卒民國二十年辛未正月十五日卯時壽六十七歲

生一子　家烇

女一適趙

合葬

學能公之子

國　行聰　百四九

生　年　月　日

學本公繼子係學千公長子

國堯行聰百二十字其勳

生清道光二十六年丙午二月初四日

卒光緒十六年庚寅四月二十四日戌時年四十五歲

娶龔氏安保公女生清咸豐七年丁巳七月二十三日

生二子長家驥次家騤出繼國舜爲嗣

葬二橋港南朝東南首兩穴有碑

學宗公之子

國宰 行聽百四十 乳名允寶

生清咸豐七年丁巳九月二十四日

卒光緒十三年丁亥六月二十二日年三十一歲

娶徐氏 全津公女 生清咸豐七年丁巳九月十九日

卒光緒六年庚辰五月二十七日年二十四歲

無嗣家驥承值

合葬鎮邑沈家馬朝東南穴大伯父墳旁

學千公三子

國禹 行聽百三六 字甸山 業儒
生清咸豐四年甲寅八月初六日
卒光緒二十八年壬寅十月二十一日年四十九歲
娶應氏 阿來公女 生清同治元年壬戌六月十六日
卒光緒十二年丙戌十月三十日年二十五歲
繼娶陳氏 九齡公女 生清同治七年戊辰七月十一日亥時
生五子 長家驄 次家駉 三家駓 四家駒 五家駿
女一 適鍾
合葬

學千公四子　國履　行聰百五五

生清同治四年乙丑六月二十六日

卒光緒九年癸未七月二十七日未時年十九歲

陰配童氏大亨公女　生清光緒元年乙亥十一月十八日

卒光緒八年壬午九月十七日亥時

無嗣

合葬周家漕祖墳北首

學金公之子

國相行聰百四四乳名令理

生清咸豐九年己未九月初一日

娶戴氏瑞標公女生清同治三年甲子八月初四日

學基公之子

國懿行聰百四一字順源號子孝　居杭州

生　年　月　日

學錢公長子

國傳行聽百四三乳名允財

生清咸豐九年己未八月初八日

卒光緒　年　月　日

娶洪氏邦春公女生清同治六年丁卯二月十五日

卒光緒　年　月　日　時

生一子　生揚

合葬

學錢公次子　國佐　行聽百五十　乳名雲富

生清同治元年壬戌七月十一日卯時

卒民國十四年乙丑夏正七月廿三日壽六十四歲

娶張氏生清同治九年庚午閏十月初三日卯時

生四子　長家景　次連揚　三家喬　四家權

女一　適田湖胡

學芹公之子

國伊 行聰百五二 乳名雲秀

生清同治二年癸亥十一月初九日未時

卒民國十八年己巳夏正十月初一日壽六十七歲

娶張氏生清同治十年辛未七月二十六日子時

生三子 長才揚 次富揚 三揚

女一 適陳子明

學玖公之子

國尹　行聽百六三　乳名雲卿

生清光緒元年乙亥四月初十日辰時

娶鍾氏生清光緒十二年丙戌五月十二日午時

生　子長貴揚次貴章

女二長適張阿尺

學善公繼子係學千公次子

國舜行聰百三二字緒唐
生清咸豐元年辛亥五月十九日
卒光緒十五年己丑三月二十八日酉時年三十九歲
娶鍾氏全壽公女生清咸豐九年己未四月二十六日
卒光緒十二年丙戌六月初一日辰時年二十八歲
繼娶程氏世友公女生清同治八年己巳三月十三日亥時
生一子　家鈞殤
又以長兄國堯次子家騤入繼
合葬

學仙公長子

洤　行聽四九　乳名阿明

生清道光三年癸未十一月二十九日

卒道光二十一年辛丑八月十七日年一十九歲

未婚而卒

葬

學仙公次子

洓　行聽七十字文立

生清道光十年庚寅三月十六日

卒光緒十二年丙戌十月初七日年五十七歲

娶曹氏振揚公女生清道光十四年甲午十月二十二日

卒光緒三十二年丙午七月二十一日壽七十三歲

生四子長家柄次家龍三家虎四家興

女一適陳仁貴

合葬

學仙公三子

湝　行聰七四　字春巨　從九品

生清道光十二年壬辰九月十七日

卒光緒十六年庚寅十月二十九日亥時年五十九歲

娶沈氏文卓公女　生清道光十四年甲午七月十七日

卒民國三年甲寅夏正八月十四日壽八十一歲

生二子長家棋次家棖

合葬

學仙公四子

洪　行聰八八

生清道光十五年乙未十二月十九日

卒光緒十八年壬辰正月二十九日亥時年五十八歲

娶唐氏隆全公女生清道光十九年己亥十一月初十日

卒　年　月　日時

生三子長家相次家樹三家林

合葬對河朝南牌字國洪公是也

學槐公長子

淞　行聽百三九　字松年　號鱸章　業儒

生清咸豐五年乙卯十二月二十六日亥時

卒民國十四年乙丑夏正十二月十一日辰時壽七十一歲

娶盛氏　炳智公女　生清咸豐七年丁巳九月十九日寅時

卒光緒六年庚辰三月十九日午時年二十四歲

繼娶姚氏　配豪公女　生清咸豐十年庚申十一月二十日寅時

生二子　長家煃　次家煊

女二　長適周祖賡　次適邵賚耕

合葬

學槐公次子

濤　行聽百五四字柏年號聽帆

生清同治四年乙丑二月十六日戌時

卒光緒二十七年辛丑二月初八日子時年三十七歲

娶沈氏啓琅公女生清同治七年戊辰五月初一日巳時

生一子　家營

女一適杜新耕

學槐公三子

灤　行聰百五七　字永年　號榮水

生清同治六年丁卯七月十一日辰時

娶陳氏懿福長女　生清同治十年辛未七月十二日丑時

卒光緒三十一年乙巳九月十八日辰時年三十五歲

繼娶邵氏雲臺次女　生清光緒十三年丁亥七月初十日巳時

生二子　長家爔　次家炎

女三　長適貴駟橋劉振東　次適東邵邵竹村　三適

學棨公長子

波　行聰百四五　字未年　號錦蘭

生清咸豐九年己未十一月初七日子時

卒光緒三十三年丁未二月廿九日辰時年四十九歲

娶徐氏賓齡女　生清同治七年戊辰八月二十八日亥時

生三子　長家杰　次家照　三家燕

女三　長適洪　次適費　三適楊

學棨公
次子

漳　行聰百四八字酉年

生清咸豐十一年辛酉十一月十七日亥時

卒光緒十四年戊子十一月廿二日巳時年二十八歲

未婚而卒

葬

學楚公長子

沂　行聽百六九　字昌年

生清光緒九年癸未八月初八日子時

娶華氏生清光緒十一年乙酉二月初七日酉時

卒民國十七年戊辰夏正　月　日年四十四歲

無出螟蛉一子　家熹

學棟公之子

澧　行聽百六二字岑年號麗水

生清同治十三年甲戌正月二十四日亥時

娶林氏如錦長女生清光緒二年丙子八月二十七日辰時

生二子長家煥次家琰

女二長適應　次適鍾祥標

學槎公長子

汀　行聽百五八字大年號漁鄉　兼祧學杭公爲嗣

生清同治八年己巳正月二十六日戌時

娶徐氏燦麟公三女　生清同治十三年甲戌正月十二日

卒光緒二十九年癸卯七月初八日年三十歲

繼娶蔣氏俊讓公四女　生清光緒十三年丁亥十月二十日

卒宣統元年己酉十月二十日年二十三歲

生一子　家烺徐氏出

墳在周家漕南菱漕東邊父墳之南邊漁鄉方公之壽

域有碑

學權公次子

湝 行聽百六一 字生年 號曙樓

生清同治十二年癸酉閏六月初三日辰時

卒民國十一年壬戌夏正四月初三日未時年五十歲

聘劉氏履初公女 生 年 月 日 時

卒光緒十九年癸巳十一月十一日時

娶童氏顯庭公長女 生清光緒三年丁丑二月二十二日

卒宣統元年己酉五月二十日年三十三歲

繼娶王氏君孝公女 生清光緒八年壬午三月十九日卯時

生一子 家炘

女二

學程公三子

藩　行聽百六五　字運年　號菊甫

生清光緒二年丙子四月初六日

卒光緒三十三年丁未正月初十日年三十二歲

娶劉氏　步瀛次女　生清光緒三年丁丑七月二十八日戌時

卒民國十七年戊辰夏正八月廿二日未時年五十二歲

生一子　家勳

學權公長子

澮　行聰百六十　字賡年　號靜波

生清同治十二年癸酉三月初一日

卒光緒十八年壬辰九月十三日戌時年二十歲

未婚而卒

學權公次子

賡傳行聰百六四

生清光緒元年乙亥十二月十一日

卒民國三年甲寅夏正三月十五日年四十歲

未婚而卒

學權公
三子

香年 行聰百六八 字羹香
生清光緒八年壬午四月初九日
娶邵氏離歸母家

學林公長子

涵　行聰百六七字華年

生清光緒五年己卯九月十二日亥時

娶張氏馬徑世字長女　生清光緒七年辛巳四月初四日卯時

生二子長家揚次家興

女一適袁

學琳公次子

漁　行聰百七十　字榮年

生清光緒十三年丁亥十二月初五日亥時

卒民國十六年丁卯夏正二月二十日亥時年四十一歲

娶邵氏生清光緒十五年己丑四月初八日申時

生一子　家五麟

女二長適陳祖偉

學杭公
兼祧子
係學榷
公長子

汀　行聽百五八字大年號漁鄉

生庚詳本支

娶平山氏日本人　生清光緒九年癸未二月二十五日

生一子　家熷

慈東方家堰方氏宗譜

慈東方家堰方氏宗譜卷五

世次錄

小九公派

第二十七世明行

瀚公之子

家業行明二七乳名意香

生清咸豐八年戊午七月初二日

娶王氏生清同治五年丙寅十月初八日

卒民國　年　夏正　月　日　時

繼娶　氏生　年　月　日　時

生一子　瑞甫 繼配出

濂公之子

家榢行明六四

生清同治十一年壬申二月初十日

池公長子

家樚 行明八四 字文元

生清光緒二年丙子十二月二十二日卯時

娶朱氏 邑岸生雨亭公女 生清光緒十一年乙酉六月初二日丑時

生三子 長維益 次維新 三維鼎

女四 長幼殤 次適

圖盛公之子

家華　行明八八　乳名阿華

生道光廿三年癸卯六月廿八日

卒

娶史氏生清咸豐三年癸丑正月十七日

卒

生二子　長維恆　瑞興　次維興　興富

繼娶余氏生清道光三十年庚戌[illegible]月十三日

國瑞公之子

家雲 行明二 乳名雲德

生清道光十五年乙未閏六月十三日

卒　年　四月初八日

娶陸氏生清道光二十三年癸卯閏七月二十八日

卒　年　四月廿三日

繼娶莊氏生清道光二十五年乙巳十一月二十二日

卒　年　十一月初二日

生一子　維高

合葬

國祥公之子

家槐行明七乳名阿狗

生清道光二十五年乙巳七月十四日

卒光緒二十二年丙申二月十七日年五十二歲

娶應氏生清咸豐五年乙卯九月二十九日

卒民國四年乙卯夏正二月廿三日申時壽六十一歲

生二子長金有次金林

金爐公之子

家　行明三十　乳名蓮生

生清　年　月　日

芬公長子

家才行明三四乳名龍才

生清同治元年壬戌二月初七日

芬公次子

家海　行明七四　乳名龍海

生清同治十三年甲戌七月二十三日

未婚而卒

國章公之子

家　行明　乳名傳來

生清　年　月　日　時

泰公繼
子係泰
弟長子

家　行明　字培根
生清　年　月　日　時

泰用公次子

家　行明　字培生

生清　年　月　日　時

銀[illegible]公長子

家潛　行明五五　乳名如霖

生清同治七年戊辰七月二十九日

未婚而卒

鋃標公次子

家　行明六八乳名如芝

生清　年　月　日　時

國登公長子

家有　明六九　乳名天生

生清　年　月　日　時

國鎮公繼子係津公次子

家柱 行明十二 字作安

生清道光二十七年丁未十一月二十一日

卒光緒二十七年辛丑十月二十三日年五十五歲

娶朱氏生清道光二十九年己酉六月十五日

卒　年　十一月初十日

生一子　維萃

女一適鍾

淳公長子

家梁　行明六　乳名仁蘭　字琩軒

生清道光二十五年乙巳二月二十八日

卒同治九年庚午四月初八日年二十六歲

娶陳氏生清道光二十七年丁未十一月十九日

卒　年　五月初五日

無嗣

合葬

淳公次子

家桂　行明二八　字馥園

生清咸豐八年戊午八月初九日

卒光緒十四年戊子九月初九日年三十一歲

娶孔氏生清同治元年壬戌十二月初八日

生一子　維勳

津公長子

家棟行明五乳名仁芝字松堂

生清道光二十四年甲辰十一月二十五日

卒同治四年乙丑二月初五日年二十二歲

娶魯氏生清道光二十三年癸卯正月二十日

卒同治十三年甲戌四月初六日年三十二歲

無嗣以四弟家蓁長子維宏入繼

合葬沈家馬

津公三子

家椿　行明二二　字子壽　號茂萱

生清咸豐六年丙辰四月十九日

卒宣統元年己酉八月初五日午時　年五十四歲

娶姚氏　生清咸豐八年戊午十二月十五日巳時

卒民國十年辛酉夏正九月初四日未時　壽六十四歲

生一子　維喬

津公四子

家蓁 行明三三 字懷薰
生清同治元年壬戌二月初五日卯時
卒光緒二十年甲午正月初八日年三十三歲
娶杜氏生清同治三年甲子十月初八日子時
生三子 長維宏 出繼家棟爲嗣 次維成 出繼家樵爲嗣 三維
興
壽域在孫家橋東首朝南

子瀕公長

家樋行明四三字鳳田

生清同治四年乙丑九月二十三日

卒光緒二十五年己亥十二月二十二日年三十五歲

娶龔氏友槐長女生清同治七年戊辰九月二十一日

無嗣以弟家棨長子維剛入繼

葬二橋港朝西

淇公次子

家棨　行明八十　乳名深甫　號文輔

生清光緒二年丙子三月十一日辰時

娶邵氏　恒慶長女　生清光緒六年庚辰九月初十日亥時

生三子　長維剛　出繼家槤為嗣　次維永　三維能

女二　長適劉松齡　次適姚舜夫

壽城在二橋港朝西

子 湍公長

家梃 行明九十 號聽山

生清光緒四年戊寅十一月初一日

卒光緒二十八年壬寅二月初九日年二十五歲

娶董氏 旭初公女 生清光緒五年己卯十二月初三日

卒光緒二十九年癸卯六月初七日年二十五歲

無嗣

合葬二橋港

清公次子

家檩 行明九五 乳名玉庭 號纘山 又號平遠

生清光緒七年辛巳五月二十七日

娶趙氏 小竹翁女 生清光緒七年辛巳七月二十七日寅時

朱氏生清光緒十六年庚寅九月初八日

袁氏生清光緒十八年壬辰十月十六日

生一子 維顯

女一名正益

壽域在二橋港

清公三子

家椒 行明百五 號循山

生清光緒十一年乙酉五月十三日

卒光緒二十年甲午九月十三日年十歲

陰配陳氏 敏遜翁女 生清光緒十六年庚寅十一月二十二日

卒光緒二十五年己亥六月初八日年十歲

合葬沈家馬

子
澐公之

家根行明五四乳名阿才
生清同治七年戊辰四月二十一日
娶范氏生清光緒六年庚辰十二月初三日
生一子　維嘉兼祧家模爲嗣

盈公之子

家模　行明五八

生清同治九年庚午四月二十四日

卒　年　七月二十三日

娶龔氏改適

無嗣以家根子維嘉兼祧

諡公長子

家栻 行明十五字安雲

生清咸豐元年辛亥八月十四日

娶鍾氏 小阿四女 生清咸豐十一年辛酉九月初十日

卒光緒五年己卯二月二十六日年十九歲

繼娶 氏

生二子 長維紀宗 次維紀興

女一 適寧波城内湖橋頭天官第花菓廟徐蓮卿

淦公次子

家桁 行明四一 乳名山雲

生清同治四年乙丑五月二十五日　時

卒民國二十年辛未夏正四月初十日壽六十八歲

潮公長子

家杲　行明四十　字紹蓮

生清同治三年甲子十二月二十八日

潮公次子

家梟　行明四九　字紹美

生清同治六年丁卯十二月十六日

卒光緒九年癸未十二月二十六日年十七歲

未婚而卒

葬

潮公三子

家森行明六六字紹甫

生清同治十一年壬申十二月初八日

卒宣統二年庚戌七月初九日年三十九歲

娶陳氏生清光緒五年己卯　月　日

葬屋後西首父墳左首朝南

潮公四子

家標　行明九二　字瑞芝

生清光緒五年己卯四月二十八日

卒民國九年庚申夏正三月初六日年四十二歲

娶舒氏生清光緒二十年甲午三月初八日卯時

生一子　維安

葬屋後西首父墳右首朝南

淮公長子

家梓行明十乳名阿東

生清道光二十六年丙午十二月初六日

卒光緒七年辛巳十一月初一日年三十六歲

娶張氏肇鶴女生清道光二十六年丙午二月十五日

卒光緒二十七年辛丑二月二十五日年五十六歲

生一女適層瑞生

無嗣

合葬二橋港基田一分朝東北至河

淮公次子

家榛 行睒二四 乳名阿富

生清咸豐六年丙辰十月初四日

卒光緒四年戊寅七月二十四日年二十三歲

娶童氏 祥祿女 生清咸豐七年丁巳二月十七日

卒民國十五年丙寅夏正八月十九日壽七十歲

生一子 維相 未娶而卒 又以家樞長子維生入繼

合葬

治公長子

家模行明八字錫榮

生清道光二十五年乙巳十一月十七日

卒同治十一年壬申六月初九日年二十八歲

娶嚴氏改適

生一子　維楠

葬

治公次子

家松　行明十七　乳名小祥

生清咸豐二年壬子四月二十九日

卒同治十三年甲戌六月二十二日年二十三歲

未婚而卒

葬祖堂外西首祖祀田一分基內朝南

治公三子

家楓　行明十九　乳名迎祥

生清咸豐五年乙卯二月十七日

沼公繼子係治公四子

家楚　行明二九　乳名阿多　字與珍

生清咸豐八年戊午十二月二十八日

卒光緒二十九年癸卯十月初八日年四十六歲

娶沈氏生清同治五年丙寅九月二十一日

卒光緒二十七年辛丑十二月二十七日年三十六歲

生一子　維桂蓀

合葬祖堂西首漕邊朝南

濟公之子

家樞行明七九字雲富

生清光緒二年丙子二月十二日

卒民國十四年乙丑夏正十月十四日子時年五十歲

娶翁氏生清光緒二年丙子七月十五日

卒民國十三年甲子夏正十月初九日辰時年四十九歲

生二子長維生出繼家榛　次維垣

維生爲嗣

合葬

莞東方家坊方氏宗譜　卷五

濰公之子

家楠　行明二三　字益三　兼祧瀛公爲嗣

生清咸豐六年丙辰六月十七日

卒宣統元年己酉八月十七日年五十四歲

娶童氏女諱雲　生清咸豐十年庚申十二月初八日

生一子　維揚

思[illegible]堂

渼公之子

家樟　行明四六　乳名來運

生清同治六年丁卯七月二十一日

卒民國七年戊午夏正九月十七日　年五十二歲

娶張氏　生清光緒三年丁丑八月十五日

卒　年　月　日

繼娶金氏　生清光緒六年庚辰十月初八日

生二子　長維康　次維唐

女一　適余祖發

濬公之子

家棶 行明四五 乳名來福

生清同治六年丁卯六月初九日

娶　氏

無嗣以家楞長子維卿入繼

洵公之子

家標行明七三乳名善來

生清同治十三年甲戌七月初十日

娶陳氏生清光緒八年壬午　月　日　時

生二子長春雷次雨金

女二

瀾公長子

家梧　行明三七　乳名金生

生清同治二年癸亥八月初六日

卒光緒十七年辛卯十月二十七日年二十九歲

未娶而卒

葬

潤公次子

家楞行明五十乳名連生號坤泉

生清同治六年丁卯十二月二十三日辰時

娶嚴氏生清同治十年辛未九月十一日

卒光緒二十四年戊戌十一月二十九日年二十八歲

繼娶曹氏生清光緒元年乙亥九月十七日

生二子長維卿出繼家椋爲嗣　次維翔

澗公三子

家禾 行明九八 字瑞年

生清光緒八年壬午十二月十七日戌時

卒民國十六年丁卯夏正八月二十四日年四十六歲

娶陸氏意園公女 生清光緒十三年丁亥十一月二十六日

生一子 維龍

瀛公兼祧子係濰公子

家楠行明二三字益三

生配詳本支

生一子　維揚

源公之子

家榮　行明九　乳名松壽

生清道光二十六年丙午四月十五日

卒同治十三年甲戌十月二十一日年二十九歲

娶童氏生清　　年　　四月十二日

卒　　年　　正月二十五日

繼娶王氏改適

葬鎮邑張家堰西北首三叔祖墓旁

沛公長子

家楙 行明七五 乳名芝生 字友棠

生清同治十三年甲戌十一月十四日辰時

卒民國五年丙辰夏正正月十一日年四十三歲

娶張氏 耕三公女 生清光緒二年丙子十二月十一日

卒光緒三十二年丙午六月十一日年三十一歲

繼娶華氏生清光緒九年癸未正月十九日辰時

生二子 長宸金 次維新

女四 長適姚克文　次適唐雲齋　三適陳錦甫　四

適徐阿慶

沛公次子

家　行明

生清　年　月　日　時

潔公長子

家㮚行明七八乳名勤芝字佐廷

生清光緒元年乙亥十一月初八日亥時

卒民國十一年壬戌夏正正月初九日辰時年四十八歲

娶顧氏女德芳生清光緒五年己卯四月十六日未時

卒民國九年庚申夏正十一月二十八日年四十二歲

生三女長適湯元生　次適趙　三適陳伯冲

無嗣

合葬鍾界堰東首朝南

㴱公次子

家蘂 行明九一 乳名勤瑞 字蓉香

生清光緒五年己卯三月二十五日巳時

娶姚氏 蘆生女 生清光緒八年壬午十一月二十九日

卒光緒三十三年丁未十一月十一日年二十六歲

繼娶周氏 文慶女 生清光緒十七年辛卯十二月二十八日

卒民國八年己未夏正八月十九日年二十九歲

又繼姚氏 紹均女 生清光緒二十四年戊戌八月十五日

生三子 長維欽 次維鈞 三維鏞

澿公三子

家樂 行明百十 乳名誠甫 字筠生

生清光緒十二年丙戌六月十八日酉時

娶葛氏 女春生 生清光緒十七年辛卯三月二十四日未時

生二子 長維銘 次維劍

滿公之子

家善　行明十六　乳名阿行

生清咸豐二年壬子三月十八日

娶王氏　生清咸豐十年庚申三月三十日

涇公長子

家　行明八三

生清光緒二年丙子十一月十三日

湦公次子

家　行明九六字雲寶

生清光緒七年辛巳九月初十日

潮公繼子係瀚公長子

家榆　行明六十　字雲生

生清同治九年庚午正月十八日

娶張氏生清同治十三年甲戌四月十六日

卒　　年　　五月十四日

海公次子　家桐　行明七二　字雲林

生清同治十三年甲戌七月初八日

娶陳氏生清光緒三年丁丑八月二十日

卒民國八年己未夏正五月二十四日年四十三歲

生一女適童

淪公之子

家昌行明三一字義昌

生清咸豐十年庚申正月二十五日

卒民國三年甲寅夏正正月十六日巳時年五十五歲

娶周氏生清同治十一年壬申正月二十一日寅時

生四子長仁寶次仁興出繼家棡爲嗣三仁甫四適甫

女二長適童次適費

國富公長子

家　行明三九

生清同治二年癸亥十月十八日

國富公次子

家　行明九九

生清光緒九年癸未　月　日

泳公長子

家楣　行明三二

生清咸豐十年庚申三月十二日

娶周氏生清咸豐八年戊午十月十七日

無嗣以家昌次子仁興入繼

譜公次子

家樵　行明二一

生清咸豐六年丙辰四月初七日

娶童氏生清　年　十月十七日

無嗣以家棻次子維成入繼

合葬孫家橋東首朝南

國基公長子

家　　衍明七七

生清光緒元年乙亥八月初七日

未婚而卒

葬

國基公次子

家浩行明八七字德良

生清光緒三年丁丑十二月初六日

娶童氏歸母家

國貴公之子

家泉　行明四四

生清同治六年丁卯六月初三日

卒光緒二十八年壬寅八月初八日年三十六歲

娶洪氏生清光緒元年乙亥三月初三日

卒民國十八年己巳夏正八月十四日年五十五歲

國奎公長子

家財　行明六五

生清同治十一年壬申二月二十日

卒宣統三年辛亥十一月二十八日年四十歲

娶張氏生清光緒三年丁丑二月十四日

無嗣

葬上河章塅

國奎公
次子

家水　行明八二　乳名阿福

生清光緒二年丙子九月十一日戌時

娶徐氏生清光緒九年癸未十二月十二日申時

生二子　長維耕　次維耘

國華公子

家　行明百十三字金桂

生清光緒十八年壬辰五月二十一日酉時

娶嚴氏生清光緒二十二年丙申十月初六日卯時

生一子　維　友章

女二長適

國鰲公繼子係
國潮公長子

家琹　行明六七

生清　年　月　日　時

國潮公
次子

家玉　行明七十

生清同治十二年癸酉五月初八日

未婚而卒

國鳳公之子

家玕　行明九四

生清光緒七年辛巳五月初八日

未婚而卒

國範公長子

家璆行明七一乳名祖生號永研

生清同治十三年甲戌六月十二日未時

卒民國七年戊午夏正五月初一日子時年四十五歲

娶洪氏生清光緒五年己卯五月十四日午時

卒宣統元年己酉四月二十一日午時年三十一歲

繼娶劉氏生清光緒十三年丁亥十一月二十一日寅時

卒民國十三年甲子夏正五月十四日辰時年三十七歲

生一子　維權

國範公
次子

家琳　行明八五　乳名韻生

生清光緒三年丁丑三月二十八日辰時

卒民國七年戊午夏正八月廿九日未時年三十九歲

未婚而卒

葬

國箎公子

家烇行明百三五字榮棠

生清光緒二十八年壬寅四月初七日子時

卒民國二十年辛未夏正正月初一日子時年三十歲

娶華氏生清光緒二十九年癸卯三月十六日

卒民國十七年戊辰夏正七月十五日年二十六歲

繼娶邵氏生清光緒二十九年癸卯四月二十日申時

無嗣

國堯公長子

家驥行明八九號聲錫

生清光緒四年戊寅六月二十八日未時

娶周氏生清光緒十一年乙酉六月二十五日午時

卒民國十五年丙寅夏正十一月　日年四十二歲

繼娶戴氏生清光緒二十九年癸卯正月十二日寅時

生二子長維松次維柏

國禹公長子

家驄 行明百四 字珉揚 號子仙 又號餘三

生清光緒十年甲申九月初二日巳時

卒民國十九年庚午夏正六月二十九日 年四十九歲

娶陳氏 杏卿公女 生清光緒十四年戊子七月初二日申時

生二子 長維□ 永興 次維□ 永隆

國禹公次子

家駉　行明百十一　字賡揚　號聘魯

生清光緒十六年庚寅八月三十日寅時

卒民國十年辛酉夏正八月十六日年三十二歲

娶葉氏寶才公女　生清光緒二十六年庚子七月二十日寅時

國禹公
三子

家駓　行明百十七字琛揚

生清光緒十九年癸巳正月二十六日丑時

娶周氏慧高公長女　生清光緒三十一年乙巳十一月初五日辰時

國禹公四子

家駉　行明百二三　字宗揚

生清光緒二十二年丙申十月初六日寅時

未婚而卒

國禹公五子

家駿　行明百三四　字五揚

生清光緒二十八年壬寅正月二十一日戌時

娶周氏　才標公次女　生清光緒三十二年丙午閏四月初二日亥時

國傳公之子

家　行明　字生揚

生清　年　月　日時

卒　年　月　日時

娶　氏生清　年　月　日時

國佐公長子

家景行明百十二字仁揚

生清光緒十六年庚寅十月十一日亥時

娶龔氏生清　年　月　日　時

生二子長振華次德華

國佐公次子

家　行明百十五　字連揚

生清光緒十八年壬辰七月初十日　時

娶胡氏生清光緒　年　月　日　時

生四子長永華次松華三友華四得華

國佐公三子

家裔行明百二四字修揚

生清光緒二十三年丁酉十月初三日戌時

娶計氏生清光緒三十四年戊申七月初一日

生一女未字

國佐公
四子

家權 行明百三三 字瑞揚 號聯慶
生清光緒二十七年辛丑十一月二十日戌時
娶孔氏生清光緒三十一年乙巳十二月初三日寅時
生子 壽華

國伊公長子

家　行明百二一　字才揚

生清光緒二十年甲午九月初一日　時

娶洪氏生清光緒二十八年壬寅五月二十二日　時

生子維　𠻘臍

國伊公次子

家　行明百二八字富揚

生清光緒二十四年戊戌四月二十六日申時

娶顧氏生清　年　月　日時

國伊公三子　家　行明

生　年　月　日　時

國尹公長子

家　行明百三九字貴揚

生清光緒三十一年乙巳八月初八日申時

娶胡氏生民國五年丙辰夏正　月　日　時

國尹公次子

家　行明百五二字貴章

生民國十六年丁卯六月初六日　時

國舜公繼子係國堯公次子

家騤　行明百一　號載錫

生清光緒十年甲申二月二十一日亥時

娶徐氏生清光緒十七年辛卯九月初八日酉時

生三子　長維漢　次維豪　三維定

淶公長子

家柄行明二十字寄生

生清咸豐五年乙卯十二月初五日亥時

卒民國　年　夏正　月　日

娶孔氏女昭治生清同治十年辛未正月初五日

卒光緒二十年甲午七月初二日年二十四歲

無嗣

合葬

淶公次子

家龍　行明四二　字雲源

生清同治四年乙丑閏五月十六日未時

卒　年　月　日

未婚而卒

洙公三子

家虎行明五二字才源

生清同治七年戊辰正月初八日丑時

卒民國十六年丁卯夏正七月十二日寅時壽六十歲

娶桂氏有裕女生清光緒二年丙子　月　日　時

卒民國十七年戊辰夏正　月　日年五十三歲

生一子　維秀

合葬

淶公四
子

家興行明六三字申源

生清同治十一年壬申正月初六日子時

卒光緒二十八年壬寅五月初八日申時年三十一歲

未婚而卒

潽公長子

家棋行明二六字慶章　上海虹口設立醫室

生清咸豐七年丁巳七月十二日

卒光緒二十年甲午七月十四日年三十八歲

娶朱氏春生女　生清同治元年壬戌七月初九日

潜公次子

家棖行明三五乳名阿福

生清同治元年壬戌十月初十日

娶童氏離

繼娶　氏生清　年　月　日　時

生二子長維傳次維

洪公長子

家相　行明三八　字才章

生清同治二年癸亥十月初九日

卒光緒二十五年己亥十二月十四日　年三十七歲

娶應氏女　蘭生　生清同治九年庚午八月十一日

卒民國十五年丙寅夏正十二月初四日　年五十七歲

無嗣

合葬

洪公次子　家樹　行明五三　字永才

生清同治七年戊辰三月二十二日

卒民國二年癸丑夏正七月十一日年四十六歲

娶童氏　順元女　生清同治十二年癸酉十月二十六日亥時

卒民國十二年癸亥夏正八月初三日年五十一歲

生一子　維倫

女二　長適龔　次適洪

合葬

洪公三子

家林　行明八一　字運卿　號杏章
生清光緒二年丙子閏五月十五日子時
卒民國二年癸丑夏正七月十五日年二十八歲
娶陳氏　生清　年　正月二十一日
卒　年　六月初十日
生二女長適童　次適
無嗣
合葬

淞公長子

家炷行明百十九字祥卿號星耀

生清光緒十九年癸巳十月二十四日寅時

娶胡氏小明長女生清光緒二十三年丁酉十月十三日寅時

生子維文

濚公次子

家煊　行明百二五　字卿甫　號光耀

生清光緒二十三年丁酉十一月初六日未時

娶李氏　岳生女　生清光緒二十三年丁酉正月初七日

生子　維　聚發

女三

壽公之子

家瑩行明百二九乳名祖卿字奎揚號星華

生清光緒二十四年戊戌五月初二日子時

娶杜氏女行思生清光緒廿四年戊戌十一月初八日亥時

生子長維益次維寶三維善

女一

濼公長子

家燿　行明百十八　字禎卿　號介眉

生清光緒十九年癸巳五月初九日丑時

卒民國十年辛酉夏正八月十七日年二十九歲

娶杜氏　允來女　生清光緒二十七年辛丑六月廿五日巳時

卒民國八年己未夏正五月初四日年十九歲

合葬

潆公次子

家炎　行明百四四　字祺卿　號祝三

生清宣統二年庚戌六月二十四日巳時

娶張氏女　錫麟　生民國三年甲寅夏正七月二十一日

波公長子

家杰　行明百九　字炳祥

生清光緒十二年丙戌正月二十七日辰時

娶徐氏　對江沈徐家　生清光緒二十五年己亥十二月二十六日午時

生四子　長維恆　次維悅　三維　四維

波公次子

家照 行明百十六 字炳禕

生清光緒十八年壬辰八月十一日午時

聘陳氏生清光緒三十一年乙巳十二月十五日戌時

卒民國六年丁巳夏正七月二十三日戌時年十三歲

娶張氏生清光緒三十一年乙巳七月初八日辰時

生子 官文

波公三子

家燕行明百三八乳名炳狗號鑫祥

生清光緒三十一年乙巳六月二十八日戌時

娶童氏善慶公女生民國二年癸丑夏正四月十五日未時

沂公曾孫　家熹　行明百五十　字祥禕

蛤子

生民國十一年壬戌夏正三月二十一日時

禮公長子

家煥行明百二六字炳勳號煥文

生清光緒二十三年丁酉十一月十一日子時

卒民國十六年丁卯夏正正月廿九日辰時年三十一歲

娶李氏離歸母家

繼娶劉氏桂森次女生清光緒三十年甲辰　月　日

生一子　維鳴

禮玄房
子

家玻行　明百四三　字炳淵　號煥章

生清宣統元年己酉閏二月二十九日子時

卒民國十八年己巳以正四月二十日戌時年廿[illegible]歲

未婚而卒

葬

汀公長子

家烜行明百三十乳名祖紹字兆奎號祥燵又號屏壓

生清光緒二十六年庚子正月二十日酉時

娶周氏成棠公長女　生清光緒三十一年乙巳十一月二十七日亥時

生子　維鵬

滄公之子

家炘　行明百四七　乳名金輝

生民國三年甲寅夏正十月初七日午時

娶陳氏生民國七年戊午八月十七日

藻公之子

家勳行明百三三乳名祖勳號祥輝

生清光緒二十七年辛丑十二月初七日

卒民國十六年丁卯夏正七月初十日年二十七歲

娶胡氏開運公女生清光緒二十九年癸卯十月廿九日辰時

生一子　維鶴

女一

涵公長子

家榜　字明宣　西二　乳名德馥

生清光緒三十三年丁未十一月二十二日亥時

娶童氏女　鎮照　生清宣統元年己酉十二月十二日辰時

涵公次子

家興行明百四九乳名祖根

生民國九年庚申夏正十月十五日寅時

漁公之子

家

行明百五一　乳名五麟

生民國十三年甲子夏正十一月初一日戌時

汀公次子

家熠行明百四一乳名小娘字紹箕

生清光緒三十三年丁未六月二十八日丑時

娶高木氏日本人生清宣統元年己酉四月十五日　時

生子維

慈東方家堰方氏宗譜

慈東方家堰方氏宗譜卷六

世次錄

小九公派

第二十八世睿行

家業之子　維　行睿三八字瑞甫

生清光緒三十一年乙巳十月初四日卯時

家櫨長子

維益　行睿二八　字錦甫

生清光緒二十七年辛丑二月十五日未時

家爊亥子
維新行睿四八字祖賡
生清宣統二年庚戌十二月初十日巳時

家媓三
子

維鼎　行睿六四　字銘甫

生民國五年丙辰夏正正月初七日巳時

家華長子

維恆 行睿四六 乳名瑞興

生清宣統二年庚戌正月十五日丑時

娶黄氏生清光緒十七年辛卯四月初五日

卒

繼娶柳氏生清光緒十七年辛卯二月十三日

生一子 清甫

家華次子

維　行睿六七　乳名興富

生民國六年丁巳夏正四月十四日未時

家雲之子

維高行睿二字金福

生清同治元年壬戌十一月初三日 時

卒 年 五月二十一日

娶高氏生清同治九年庚午五月十七日戌時

生一子 清和

家槐長子

維睿　行十四　字金有

生清光緒　年　七月　日　時

未婚而卒

葬

家槐次子

維　行睿十七字金林

生清光緒十八年壬辰二月二十五日子時

娶徐氏阿榮女　生清光緒二十八年壬寅正月十七日戌時

生子清水

家柱之子

維萃 行睿七 號誠懋

生清光緒八年壬午八月二十九日午時

娶童氏生清光緒八年壬午七月初七日

卒光緒三十一年乙巳五月初二日年二十四歲

繼娶姚氏生清光緒十八年壬辰　月　日　時

生子長清泉 次清棣

家桂
子

維勳　行睿八

生清光緒九年癸未正月十九日未時

娶趙氏生清光緒十九年癸巳　月　日　時

生子清　友根

家棟繼子係家棻長子

維宏　行睿十　字維秀

生清光緒十二年丙戌十二月十五日未時

娶謝氏生清光緒十七年辛卯八月初八日　時

生子　清厚

女二未字

家椿之子

維喬　行睿九　字瑞和

生清光緒九年癸未十一月初四日巳時

娶王氏　清濤長女　生清光緒十三年丁亥十月三十日辰時

生子　清棠

家棻三子

維興　行宥二十

生清光緒二十年甲午二月初一日亥時

娶嚴氏生清光緒二十八年壬寅六月二十八日　時

生子　清堯

家鏈繼子係家燊長子

維鍘　行睿二七　號子慎

生清光緒二十六年庚子九月十一日卯時

娶傅氏長根長女　生清光緒三十年甲辰九月十三日子時

生子長清林　次清然

女一

家燊次子

維永行睿五一　號子升

生清宣統三年辛亥閏六月初四日寅時

娶龔氏錫麟長女生民國四年乙卯九月二十九日

家粲三子

維能行睿七三號孝子

生民國七年戊午夏正十二月二十九日巳時

家櫆長子

維顯 行睿五十 乳名松齡 號靜山 又號秉彝

生清宣統三年辛亥五月二十二日酉時

娶盛氏偉研女 生清宣統三年辛亥九月初二日辰時

生子 清曾

女 梅芳

家子維行睿

生　年　月　日　時

家根子

維嘉行睿五七字品華　兼祧家模

生民國二年癸丑夏正九月二十一日

娶傅氏生民國三年甲寅夏正二月二十八日

家模兼祧子係家根子

維嘉行睿五七字品華

生配詳本支

家楙長子 維 行睿二六 字紀宗

生清光緒二十五年己亥十二月初五日子時

娶謝氏鎮海謝家河塘 生清光緒廿九年癸卯十月初六日寅時

生子 樹財

女三均未字

家栻次子

維　行睿二九字紀興

生清光緒二十八年壬寅六月初一日寅時

娶潘氏蘇州尚書廟　生清光緒三十三年丁未八月二十四日酉時

生一女未字

家樑之子

維安　行睿七七　字維根

生民國八年己未夏正九月十五日戌時

家榛之子

維相　行睿五　乳名芝清

生清光緒三年丁丑八月初五日

卒光緒二十二年丙申七月二十九日年二十歲

未娶而卒

葬

家榛繼子係家楨長子

維生　行睿二五　字友生

生清光緒二十五年己亥九月二十四日

卒民國　年　夏正四月二十九日

娶范氏生清光緒二十六年庚子三月十五日申時

生二子長清耀次清

興華

家模子

維楠行睿四乳名阿南
生清同治十年辛未十一月初一日
卒民國十年辛酉夏正九月初五日年五十一歲
娶張氏鴻孝公女生清光緒八年壬午二月初三日時
葬祖堂西首漕邊朝南

家楚之子

維　行睿十一　字桂蓀

生清光緒　年　七月二十七日辰時

卒民國十九年庚午歲正三月二十六日

娶吳氏云來公女　生清光緒　年　正月十九日戌時

生一子　清鶴

葬後新屋西首漕堰坵

家樞次子

維垣　行睿四二　字泉生

生清宣統元年己酉正月十五日　時

娶胡氏生民國二年癸丑夏正九月二十三日　時

家楠之子

維揚　行睿十六　乳名挺生

生清光緒十七年辛卯九月十二日戌時

娶翁氏　寶林公女　生清光緒三十年甲辰八月二十日戌時

生子　清　紹章

家樟長子

維康行睿四四字慎齋

生清宣統元年己酉三月二十三日卯時

家樟次子

維唐行睿五八乳名如九字汝洲

生民國三年甲寅夏正四月初一日酉時

家棟繼子係家楞長子

維卿行睿三二乳名春陽
生清光緒二十九年癸卯二月初六日申時
娶丁氏增田公女生清光緒二十八年壬寅八月十四日　時
生子清祥
女一

子家齊長

維

衍睿四五乳名春雷

生清宣統元年己酉五月二十三日辰時

家樵亥
子

維

行賫六二乳名雨金

生民國四年乙卯夏正十一月十一日亥時

家楞次子

維翔　行睿五三　乳名春發

生清宣統三年辛亥十一月十四日寅時

娶嚴氏　春才公女　生民國三年甲寅夏正十一月二十一日酉時

家禾之子

維龍行睿六一乳名雲珍

生民國四年乙卯夏正九月二十四日

娶陸氏澄懷公女生民國　年　夏正　月　日　時

家棣長子

維　行睿二一　乳名宸金

生清光緒二十年甲午八月十四日亥時

娶韓氏生清光緒二十一年乙未八月十九日亥時

家棣次子

維新　行睿四七　乳名宸康

生清宣統二年庚戌四月二十三日卯時

娶應氏生民國三年甲寅夏正七月二十一日酉時

家欒長子

維欽　行睿五四　乳名炳奎

生民國元年壬子夏正二月二十九日

卒民國十六年丁卯夏正十月二十八日年十六歲

葬

家鏊次子

維鈞行睿六八乳名炳照

生民國六年丁巳夏正八月初七日寅時

家燊三子

維鏞　行睿九九　乳名炳榮

生民國十八年己巳夏正十月十四日未時

家樂長子

維銘行睿四十乳名宸奎字佑人

生清光緒三十三年丁未八月二十六日未時

娶吳氏誠浩女　生清宣統三年辛亥十月二十三日午時

家欒亥子

維釗行睿五二乳名炳章

生清宣統三年辛亥九月二十四日辰時

娶包氏行蒜公女　生清宣統三年辛亥閏六月十三日亥時

家昌長子
維行睿十五字仁寶
生清光緒十七年辛卯六月十五日辰時
娶王氏生清光緒二十七年辛丑十月十一日
卒民國十一年壬戌夏正閏五月初六日年二十二歲

家昌三
子

維　行睿三十　字仁甫

生清光緒二十八年壬寅八月十五日酉時

卒民國九年庚申夏正九月十八日年十九歲

陰配　氏

家昌四子

維行睿三六　字連甫

生清光緒三十年甲辰十月十四日寅時

娶徐氏生民國元年壬子夏正正月二十一日　時

家欄繼
子係家
昌次子

維　行睿二三　字仁興　承值溥公祀

生清光緒二十三年丁酉八月二十六日酉時

卒民國十九年庚午夏正七月十八日年三十四歲

娶錢氏生清光緒三十一年乙巳二月初五日巳時

生二子長清良次清忠

家樵繼子係家棻次子

維成　行睿十三　字紫章　承值潞公祀

生清光緒十六年庚寅十月初十日子時

娶胡氏　生清光緒二十六年庚子正月二十五日卯時

生子　淸鏞㳄

家水長子

維耕　行睿三四　小名祖耕

生清光緒二十九年癸卯九月十一日未時

娶童氏生清光緒三十三年丁未　月　日　時

生子清　來榮

家㳄次子

維耘行睿四九小名又耕

生清宣統三年辛亥正月初六日戌時

娶傅氏生民國二年癸丑夏正十一月二十一日辰時

金桂

子

維

行睿九二　字友章

生民國十五年丙寅夏正八月十一日寅時

家璆之子

維權　行睿三九　字鎮祥　號夢雪

生清光緒三十二年丙午十二月二十九日午時

娶洪氏生清光緒二十八年壬寅正月十二日午時

家蠙長子

維松　行睿八九　字祥華　號松鶴

生民國十四年乙丑夏正四月二十九日丑時

子家驥次

維柏行睿九八字漢華

生民國十八年己巳夏正六月十九日戌時

家驄長子

維睿　行六三　乳名永興

生民國四年乙卯夏正十二月十二日子時

子家驥亥

維　行睿九七乳名永隆

生民國十八年己巳夏正六月十一日　時

家景長子

維

行睿六十　字振華

生民國四年乙卯夏正七月二十七日酉時

家景亥子

維　行睿七五字德華

生民國八年己未夏正三月初四日丑時

連揚長子　維華　行睿七九　字永華

生民國九年庚申夏正十月十一日未時

子　漣揚次　維

行睿八二字松華

生民國十年辛酉夏正十二月二十五日戌時

連揚三子

維　行睿九一　字友華

生民國十五年丙寅夏正八月初四日申時

連揚四子
維行睿九六字得華
生民國十八年己巳夏正三月二十三日亥時

子 家權

維

行睿八五 字壽華 號德龍

生民國十一年壬戌夏正十一月二十七日　時

才揚
子

維
行睿百一　乳名嗷臍
生民國十九年庚午夏正十二月初七日子時

家麟長子　維漢　行睿五五　字金華

生民國二年癸丑夏正正月二十九日午時

娶盛氏生民國六年丁巳夏正七月十二日　時

家騤次子

維豪行睿六九字銅華

生民國七年戊午夏正二月二十日辰時

家駮三子

維定行睿八三字文華

生民國十一年壬戌夏正正月十二日未時

子家虎

維秀行睿三五字忠興

生清光緒三十年甲辰八月十六日丑時

家根長子維傳　行睿五六

生民國二年癸丑夏正八月十九日丑時

子家根亥

維　行睿七一　小名娘子

生民國七年戊午夏正十月二十五日

家樹之子　維倫行睿二二字彩濤

生清光緒二十二年丙申七月初二日午時

娶張氏生清光緒二十六年庚子十一月初一日午時

家㙍
子

維文行睿八十字文龍
生民國十年辛酉夏正五月十二日丑時

家煊
子

維　行睿九四　字聚發

生民國十五年丙寅夏正十月初十日卯時

家營長子

維益　行睿七六　字忠良

生民國八年己未夏正七月初九日巳時

家營次子　維寶　行睿八一　字賢良

生民國十年辛酉夏正十二月十五日寅時

家營三子

維善行睿一百字寶艮

生民國十九年庚午夏正閏六月初八日　時

家燕長子

維恬　行睿七二　字彩文

生民國七年戊午夏正十一月十七日亥時

家燕次子

維悅 行睿八四 字紹文

生民國十一年壬戌夏正二月二十五日辰時

家燕三子

維　行睿九三　字海文

生民國十五年丙寅夏正八月二十五日亥時

家杰四子

維　行睿百二　字德文

生民國十九年庚午夏正十二月二十二日午時

家熙子

維

行睿百三　字官文

生民國二十年辛未夏正六月初十日未時

家煥之子

維鳴行睿八七字鳴龍

生民國十二年癸亥夏正五月十五日巳時

家烺長子

維鵬 行睿八六 字夢飛

生民國十二年癸亥夏正正月十二日戌時

卒民國二十年辛未夏正正月十七日亥時

陰配 氏生 年 月 日

卒 年 月 日

家駒之子

維鶴 行睿八八 字夢龍

生民國十二年癸亥夏正十二月三十日巳時

家爝
子

維　行睿

生民國　年　夏正　月　日　時

第二十九世智行

維高之子　清和行智二乳名興隆

生清光緒十八年壬辰九月初一日辰時

娶楊氏生清光緒二十六年庚子　月　日時

金林長子　清水　行智十五　字雲棠

生民國十二年癸亥夏正十二月十七日卯時

維恆之子　澄清　行智　乳名興富

生民國六年丁巳夏正四月十四日亥時

維萃長子

清泉行智九字雪泉

生民國三年甲寅夏正二月十四日酉時

維萃次子

清棣行智十字雪棠

生民國七年戊午夏正十月三十日辰時

維勳之子

清　行智七字友根

生民國元年壬子夏正五月二十日辰時

維宏之子

清厚　行智十九　字承基

生民國十七年戊辰夏正二月二十八日酉時

継晉
子

清棠行智六字猶泉號仲禹
生清光緒三十三年丁未四月初九日巳時
娶胡氏春英翁女生民國六年丁巳夏正十一月十八日時

維興、

子

清堯行智十六字定發

生民國十三年甲子夏正十二月初四日寅時

維剛長子

清林行智十四字承美

生民國十二年癸亥夏正四月二十一日未時

維翮次子

清然行智十八字承惠

生民國十五年丙寅夏正五月十六日寅時

維顯長子

清曾行智二五乳名耀曾號樹芳

生民國二十年辛未夏正二月三十日辰時

紀宗子

清　行智二四　字樹財

生民國十九年庚午夏正八月十三日子時

維生長子

清耀行智十一字興章

生民國九年庚申夏正三月二十日子時

維生次子

清　行智二三　字興華

生民國十九年庚午夏正八月初八日酉時

桂蓀之子

清鶴 行智十三 字德興

生民國十一年壬戌夏正六月二十六日酉時

維揚
子

清

行智二一　字紹章

生民國十九年庚午夏正正月初八日子時

維卿子

清祥　行智十二　字伯勳

生民國十年辛酉夏正七月初八日寅時

仁興長子

清良行智十七　字承善

生民國十五年丙寅夏正三月二十九日戌時

子仁興次 清忠行智二三字承忠

生民國十九年庚午夏正三月十八日卯時

維耕子

清

行智二十 字來榮

生民國十八年己巳夏正二月初七日戌時

慈東方家堰方氏宗譜

慈東方家堰方氏宗譜卷七

世次錄

容九公派

第十八世 奎行

璧五公次子 奎六 行 奎六

生　年　月　日　時

卒　年　月　日　時

娶　氏生　年　月　日　時

卒　年　月　日　時

生一子 容九

合葬銀街斗

第十九世英行

奎六公之子　容九行英六

生　年　月　日　時

卒　年　月　日　時

娶　氏生　年　月　日　時

卒　年　月　日　時

生二子長德四次德五

合葬東畈

第二十世 桓行

容九公長子　德四 行桓七

生　年　月　日　時

卒　年　月　日　時

娶　氏生　年　月　日　時

卒　年　月　日　時

生一子 增

合葬東岸地朝南

容九公次子

德五　行桓八

生　年　月　日　時

卒　年　月　日　時

娶　氏生　年　月　日　時

卒　年　月　日　時

生一子　蓮

合葬東岸地朝南

第二十一世秀行

德四公之子　應　行秀七　字增

生　年　月　日　時

卒　年　月　日　時

娶　氏生　年　月　日　時

卒　年　月　日　時

生一子　士

合葬本菴後南來第一

德五公之子　應　行秀十二字蓮

生　年　月　日　時

卒　年　月　日　時

娶　氏生　年　月　日　時

卒　年　月　日　時

生一子　士

合葬東岸地朝南東來第三

第二十二世彥行

增公之子

士　行彥四

生　年　月　日　時

卒　年　月　日　時

娶　氏生　年　月　日　時

卒　年　月　日　時

生二子長朝芹次朝賓

合葬東岸地東邊朝東中穴

蓮公之子

士　行彥七

生　年　月　日　時

卒　年　月　日　時

娶　氏生　年　月　日　時

卒　年　月　日　時

生四子長朝爵次朝瑞三朝魁四朝貴

合葬東岸地朝南東來第三穴

第二十三世 謙行

士公長子 朝芹 行謙三十

生　年　月　日　時

卒　年　月　日　時

娶莊氏生　年　月　日　時

卒　年　月　日　時

生二子 長世忠 次世盛

合葬東岸地東邊父墳北穴

士公次子

朝賓　行謙三二

生　年　月　日　時

卒　年　月　日　時

娶莊氏生　年　月　日　時

卒　年　月　日　時

生三子長世　次忠其　三世

合葬東岸地東邊父墳南穴

士公長子

朝爵行謙三一

生　年　月　日　時

卒　年　月　日　時

娶龔氏生　年　月　日　時

卒　年　月　日　時

生二子長永祥次世甲

合葬東岸地朝南東來第四穴

士　公

次子

朝瑞行謙三四

生　年　月　日　時

卒　年　月　日　時

娶蘇氏生　年　月　日　時

卒　年　月　日　時

生三子長世英次世斌三永興

合葬東岸地朝南東來第五穴

十一公三子

朝魁行謙四十

生　年　月　日　時

卒　年　月　日　時

娶姚氏生　年　月　日　時

卒　年　月　日　時

生二子長世科次永順

合葬東岸地朝南東來第六穴

士
四子
公　朝貴　行謙四七

生　　年　　月　　日　　時
卒　　年　　月　　日　　時
娶陳氏生　　年　　月　　日　　時
卒　　年　　月　　日　　時
生一子　永元
合葬東岸地朝南東來第一穴

第二十四世和行

朝芹公長子

世忠行和十一

生　年　月　日時

卒　年　月　日時

娶張氏生　年　月　日時

卒　年　月　日時

繼一子　學金

合葬大畝下公地朝南

朝芹公次子　世盛　行和二二

生　年　月　日　時

卒　年　月　日　時

娶周氏　生　年　月　日　時

卒　年　月　日　時

生四子　長學星　次學標　三學三　四學四

合葬四都五畐方楊

朝賓公長子

世　行和三一

生　年　月　日時

卒　年　月　日時

娶　氏生　年　月　日時

卒　年　月　日時

無嗣

合葬本菴後朝西

朝賓公次子

忠其　行和三九　字宗瑞

生　年　月　日　時

卒　年　月　日　時

娶錢氏生　年　月　日　時

卒　年　月　日　時

生一子　宏艮

合葬

朝賓公三子

世　行和四六

生　年　月　日　時

卒　年　月　日　時

娶　氏生　年　月　日　時

卒　年　月　日　時

無嗣

合葬本菴後朝西

朝爵公長子

世　行和二　字永祥

生清乾隆五年庚申　月　日　時

卒嘉慶十六年辛未九月二十三日壽七十二歲

娶戴氏生清乾隆十二年丁卯五月二十七日　時

卒嘉慶二十四年己卯　月　日壽七十三歲

生四子　長學賢　次學聖　三學高　四學明

合葬東岸地朝南東來第十穴

朝爵公
次子

世甲 行 和三

生清乾隆九年甲子七月十一日　時

卒嘉慶六年辛酉四月十一日年五十八歲

娶吳氏生清乾隆二十四年己卯八月二十六日　時

卒道光十一年辛卯七月初九日壽七十三歲

生三子 長學良 次學如 三學蛤 出在河頭楊姓

女一 適薛炳

合葬東岸地朝南西來第二

朝瑞公長子

世英　行和六

生　年　月　日　時

卒　年　月　日　時

娶唐氏生　年　月　日　時

卒　年　月　日　時

無嗣以世斌長子學豐入繼

合葬東岸地朝南東來第四

朝瑞公次子

世斌　行和八

生清乾隆十二年丁卯四月十八日　時

卒嘉慶十一年丙寅八月十五日壽六十歲

娶韓氏生清乾隆二十七年壬午十一月初六日　時

卒道光十二年壬辰正月十二日壽七十一歲

生四子長學豐出繼世英爲嗣　次學見　三學倘　四學丹

女一適張大全

合葬東岸地朝南西來第三

三子
朝瑞公

永興 行和十七 名大智師 出家本菴

生　年　月　日　時

卒　年　月　日　時

葬

朝巖公長子

世科　行和三九

生清乾隆二十九年甲申十月初四日　時

卒嘉慶二十年乙亥二月初七日年五十二歲

娶葛氏生清乾隆四十一年丙申十一月初十日　時

卒道光十四年甲午三月十九日年五十九歲

生二子　長學凡　次學全出繼永順爲嗣

合葬五都五畠馮姓

朝魁公次子

世　行和五三　字永順

生清乾隆三十三年戊子四月初十日　時

卒嘉慶九年甲子六月初一日年三十七歲

娶　氏改適

無嗣以兄世科次子學全入繼

葬東岸地趁河獨穴

朝貴公之子

世　行和四九字永元　寓居杭州

生清乾隆三十二年丁亥　月　日　時

卒　年　月　日　時

娶　氏生　年　月　日　時

卒　年　月　日　時

合葬

氏宗譜　卷十

堂

第二十五世順行

世忠公繼子

學金行順百三四

生　年　月　日　時

卒　年　月　日　時

世盛公長子

學星　行順八五

生　　年　　月　　日　　時

卒　　年　　月　　日　　時

世盛公
次子

學標　行順百四

生　年　月　日　時

卒　年　月　日　時

世盛公　學三　行順百十三
三子

生清嘉慶二十三年戊寅九月二十八日　時

卒同治十三年甲戌四月二十日年五十七歲

娶林氏國泰公女　生清道光十年庚寅九月二十六日　時

卒　年　四月十九日　時

生四子　長元　次國恆　三國本　四國煊

合葬李家畈

世盛公四子

學四　行順百三十

生清道光二年壬午十二月初六日　時

卒同治元年壬戌七月二十六日年四十一歲

娶曹氏正杓公女生清道光十年庚寅七月十一日　時

卒民國二年癸丑夏正七月十三日　時壽八十四歲

生一子　國興

女二長適李德生　次適郎文紀

合葬馮家屋後

忠其公之子

學　行順百三六字宏艮

生　年　月　日　時

卒　年　月　日　時

娶陳氏生　年　月　日　時

卒　年　月　日　時

無嗣

合葬

永祥公
長子

學賢　行順五

生清乾隆三十四年己丑十二月二十八日　時

卒道光十四年甲午二月二十一日壽六十六歲

娶王氏生清　年　四月二十三日　時

卒　年　月　日時

生一子　東明

合葬沈家馬西邊依河朝南

永祥公次子　學聖　行順二九　字二興

生清乾隆五十七年壬子四月　日　時

卒　年　月　日時

娶王氏生清乾隆五十八年癸丑十月二十五日　時

卒嘉慶二十一年丙子四月二十三日年二十四歲

生二子　長阿祥　次阿毛

合葬

永祥公三子

學高　行順四九　寓居杭州

生　年　月　日　時

卒　年　月　日　時

娶柱氏生　年　月　日　時

卒　年　月　日　時

生一子　國

合葬

永祥公四子 學明 行順 八九

生清嘉慶十六年辛未　月　日　時

卒　年　月　日　時

娶王氏生　年　月　日　時

卒　年　月　日　時

無嗣

合葬東岸地靠東朝南獨穴

世甲公
長子

學艮行順二

生清乾隆五十四年己酉十月十九日　時

卒　年　月　日時

娶　氏生　年　月　日時

卒　年　月　日時

無嗣以弟學如長子恆入繼

合葬

世甲公次子

學如　行順三十

生清乾隆五十八年癸丑正月二十一日　時

卒道光二十三年癸卯十月二十二日年五十一歲

娶唐氏和才公女生清嘉慶十三年戊辰五月十三日　時

卒咸豐五年乙卯九月二十六日年四十八歲

生四子長恆出繼學良爲嗣　次悅　三性　四怡

女一適張斯文

厝東畈漕塘朝南

世英公繼子係世斌公長子

學豐　行順十九

生清乾隆五十二年丁未五月二十二日　時

卒道光二十四年甲辰七月初六日　時年五十八歲

娶陳氏生清嘉慶十二年丁卯五月十二日　時

卒同治八年己巳十月十九日　時壽六十三歲

生二子　長行　次杏　出繼學丹為嗣

女一　適桂阿烏

厝東畈路南朝南

世斌公次子

學見　行順三二

生清乾隆五十八年癸丑九月十一日　時

卒嘉慶二十五年庚辰九月初六日年二十八歲

未婚而卒

葬東畈路南朝南

世斌公三子

學尚　行順五十

生清嘉慶四年己未正月二十七日　時

卒咸豐五年乙卯十二月十一日　時年五十七歲

娶盧氏　聖宰公女　生清嘉慶二十年乙亥十月二十九日　時

卒光緒二年丙子十一月二十二日壽六十二歲

生一子　濼

女二長適劉貞潮　次適曹善友

合葬

世斌公四子

學丹　行順六一

生清嘉慶七年壬戌正月初四日　時

卒道光三十年庚戌十二月二十九日年四十九歲

娶盛氏生　年　月　日　時

卒　年　月　日　時

繼娶徐氏生　年　月　日　時

卒　年　月　日　時

又繼葉氏生　年　月　日　時

卒　年　月　日　時

無嗣以兄學豐次子杏入繼

世科公長子

學凡 行順三七

生清乾隆五十九年甲寅十二月十一日 時

卒 年 月 日 時

娶 氏改適

無嗣以學全長子鰲入繼

葬

永順公繼子係世科公次子　學全　行順六三

生清嘉慶七年壬戌十一月初十日　時

卒　年　二月初十日　時

娶徐氏生清嘉慶二十一年丙子　月　日　時

卒道光十四年甲午　月　日年十九歲

繼娶顏氏有富公女生清嘉慶二十年乙亥二月十九日　時

卒　年　三月初二日　時

生一子　鰲出繼學凡爲嗣

合葬

第二十六世聰行

學三公長子

元　行聰百三六　居才家橋

生清咸豐五年乙卯十二月十六日　時

卒光緒元年乙亥四月二十一日年二十一歲

娶徐氏允元公女生清咸豐五年乙卯　月　日　時

卒光緒七年辛巳十一月二十五日年二十七歲

無嗣

合葬

學三公次子

國恆　行聰百四六　居刁家橋

生清咸豐十年庚申三月十五日　時

卒　年　月　日　時

娶虞氏生清同治九年庚午三月初六日　時

卒　年　九月十四日　時

無嗣

合葬徐家屋後

學三公
三子

國本　行聽百五三　由才家橋居裘墅
生清同治三年甲子九月十八日　時
卒宣統三年辛亥六月十二日午時年四十八歲
娶周氏小小公女生清同治十三年甲戌十二月初三日辰時
生四子長家茂次家寶三家定四家宏
女二長適姚　次適張

學三公
四子

國煊　行聰百五九　居刁家橋

生清同治十二年癸酉正月十八日　時

卒民國十六年丁卯夏正正月十四日年五十五歲

娶謝氏生清光緒七年辛巳三月初一日酉時

生一子　家興

女二長適顏金坤　次適徐

學四公之子

國興 行聽百三四 名桂 號中和　居才家橋

生清咸豐三年癸丑正月二十三日　時

卒民國四年乙卯夏正八月初十日壽六十三歲

娶王氏 其全公女 生清咸豐十一年辛酉三月初六日　時

卒光緒十八年壬辰　月　日　時年三十二歲

生三子 長 家齊 次 家經 三 家煦

女一適邵

合葬徐家屋後

學賢公之子 國 行聰九 字東明

生清嘉慶七年壬戌　月　日　時

卒　年　月　日　時

娶應氏 進法公女 生　年　六月十六日　時

卒　年　月　日　時

無嗣

合葬

學聖公長子

國　行聰二十　乳名阿祥

生清嘉慶二十年乙亥正月十二日　時

卒道光二十六年丙午正月二十九日年三十二歲

娶費氏改適

生一子　家

葬

學聖公
次子

國仁 行聰三十 乳名阿毛

生清嘉慶二十四年己卯五月二十七日　時

卒同治元年壬戌八月二十六日年四十四歲

娶　氏

合葬

學高公之子

國　行聰　寓居杭州

生　年　月　日　時

娶　氏

學艮公繼子係學如公長子

恆　行聰五四　乳名唐金

生清道光五年乙酉十一月十三日　時

卒光緒六年庚辰十二月十九日年五十六歲

娶胡氏生清道光十九年己亥二月十二日　時

卒　年　月　日　時

生二子　長家祥　次家傳

合葬

學如公次子

悅　行聽六二乳名福金

生清道光八年戊子十一月十七日　時

卒光緒六年庚辰十一月十九日年五十三歲

娶張氏大秀公女生清道光二十年庚子十月二十三日　時

卒　年　月　日時

生二子長家彦次家高

合葬

學如公　三子

性　行聽八三　乳名小囝

生清道光十三年癸巳十月十五日　時

卒　年　八月二十三日　時

娶童氏景春公女　生清道光二十六年丙午七月十五日　時

卒民國三年甲寅夏正十二月初七日壽六十九歲

生二子長家富次家寬

女一適杜

合葬

學如公
四子

怡　行聰百二

生清道光二十一年辛丑二月十二日　時

卒　年　月　日　時

娶沈氏生清道光二十一年辛丑二月十二日　時

卒　年　月　日　時

無嗣

合葬

學豐公
長子

行　行聰六十

生清道光八年戊子八月二十一日　時

未婚而卒

葬

學倘公之子

澿　行聰百二四

生清道光二十七年丁未正月初七日時

娶童氏生清咸豐九年己未正月初十日時

生一子　家　運章

學丹公繼子係學豐公次子

杏　行聰百三七

生清咸豐四年甲寅九月初七日　時

學凡公繼子係學仝公之子

鰲　行聰一百

生清道光二十年庚子二月二十二日　時

卒　年　月　日　時

第二十七世 明行

國本公長子 家茂 行明百二三 兄弟四人世居裘墅

生清光緒二十二年丙申五月十一日戌時

娶裘氏生清光緒二十六年庚子二月二十三日午時

生四子 長維麟 次維龍 三維眞 四維揚

女一未字

國本公次子　家寶　行明百三一

生清光緒二十七年辛丑六月初九日申時

卒民國十六年丁卯夏正七月十六日年二十八歲

未婚而卒

葬

國本公三子

家定　行明百四十

生清光緒三十二年丙午七月二十五日辰時

國本公四子

家宏 行 明百四五

生清宣統二年庚戌八月二十四日 時

國煊公之子

家興　行明百三十六　乳名阿覺　世居方家橋

生清光緒二十九年癸卯九月初五日　時

卒民國二十年辛未夏正正月初九日年二十九歲

娶王氏生民國三年甲寅夏正十一月十五日　時

無嗣

葬

國顯公長子　家齊　行明百二　字子和　醫道　兄弟三人世居刁家橋

生清光緒十年甲申五月十五日　時

卒民國五年丙辰夏正八月初六日年三十三歲

娶陳氏生清光緒十四年戊子　月　日　時

卒民國十五年丙寅夏正十二月二十九日年三十九歲

生一子　維新

合葬

國興公次子

家經　行明百八

生清光緒十一年乙酉十月初七日戌時

娶孔氏生清光緒十五年己丑九月初二日　時

卒宣統三年辛亥九月初四日年二十三歲

國顯公　三子

家煦　行明百十四

生清光緒十八年壬辰六月三十日申時

阿祥公之子

家　行明

生清　年　月　日　時

恆公長子

家祥　行明六一

生清同治十年辛未七月二十一日　時

娶嚴氏生清光緒九年癸未　月　日　時

卒宣統元年己酉八月十七日年二十七歲

生女一適

恆公次子

家傳　行明八六

生清光緒三年丁丑十月十六日　時

卒民國十五年丙寅夏正七月初六日年五十歲

未娶而卒

葬

悅公長子

家彥　行明三六

生清同治元年壬戌十月二十八日　時

卒　年　月　日時

娶林氏改適

無嗣

葬

悦公次子

家高　行明四七

生清同治六年丁卯八月初二日　時

卒光緒三十年甲辰十月初五日年三十八歲

娶徐氏生清光緒四年戊寅十一月初三日　時

卒民國十五年丙寅夏正七月十三日年四十九歲

生三子長維才次維友三維發

合葬

性公長子　家富　行明五六

生清同治七年戊辰九月初三日　時

卒宣統元年己酉七月十二日年四十二歲

娶唐氏生清同治九年庚午十一月十三日　時

卒　年　七月初八日時

繼娶朱氏生清光緒四年戊寅十月十一日辰時

生一子　維賡

性公次子

家寬 行明百六

生清光緒十一年乙酉八月初四日巳時

卒宣統元年己酉七月二十八日年二十五歲

未娶而卒

葬

灤公之子

家　行明百三　小名運章

生清光緒十年甲申八月二十七日未時

第二十八世睿行

家茂長子　維麟行睿六五　兄弟四人均居裘墅

生民國五年丙辰夏正十一月初六日酉時

家茂亥
子

維龍 行 睿七十

生民國七年戊午夏正九月初二日申時

家茂三子

維真　行睿九五

生民國十六年丁卯夏正十二月初九日戌時

家茂四子 維揚 行睿百四

生民國二十年辛未夏正七月十六日午時

家齊之子

維新行睿四三　世居方家橋

生清宣統元年己酉三月初六日　時

卒民國十七年戊辰夏正六月二十七日年二十歲

未娶而卒

葬徐家屋後

家高長
子

維才 行睿二四 小名仁才

生清光緒二十五年己亥七月初六日寅時

卒民國十七年戊辰夏正四月初四日年三十歲

娶張氏 生清光緒三十二年丙午三月二十九日　時

無嗣

子家高大

維友行睿三一　小名仁有

生清光緒二十八年壬寅八月十八日戌時

娶李氏生　年　月　日　時

家高三 維發 行睿三七 小名仁發

子

生清光緒三十一年乙巳五月十六日申時

家富之子

維賡　行睿四一

生清光緒三十四年戊申八月初九日子時

娶顧氏生民國七年戊午夏正七月十二日　時

圖書在版編目（CIP）數據

海上絲綢之路文獻集成．民間譜牒編．第十輯 / 林楓主編．-- 福州：福建人民出版社，2024.7.
ISBN 978-7-211-09481-3

Ⅰ. K203

中國國家版本館CIP數據核字第2024DQ6246號

海上絲綢之路文獻集成·民間譜牒編（第十輯）

主　　編　林　楓
責任編輯　張輝蘭
助理編輯　李　科
美術編輯　白　玫
出版發行　福建人民出版社
電　　話　0591-87533169（發行部）
電子郵箱　fjpph7221@126.com
地　　址　福建省福州市東水路 76 號
經　　銷　福建新華發行（集團）有限責任公司
印刷裝訂　上海中華印刷有限公司
地　　址　上海市青浦區匯金路 889 號
電　　話　021-69213456
開　　本　787 毫米×1092 毫米　1/16
印　　張　215
版　　次　2024 年 7 月第 1 版第 1 次印刷
書　　號　ISBN 978-7-211-09481-3
定　　價　2800.00 元（共 7 册）

海上絲綢之路文獻集成

總主編　陳支平　陳春聲

民間譜牒編

77

主編　林楓

國家出版基金項目
NATIONAL PUBLICATION FOUNDATION

海峽出版發行集團
THE STRAITS PUBLISHING & DISTRIBUTING GROUP
福建人民出版社

本册目次

〔福建石獅〕蓮江東林宗譜不分卷〔二〕

王慶麟纂修

蓮江東林宗譜

蓮江東林宗譜

二民國丁亥年

默軒公派引前房

十三世

文才

仕福公長子
字君英
號愧心
生康熙丁未四月十三日戌時卒康熙辛巳七月廿四日寅時

配蔡氏
大崙女
謚勤靜

十四世

華雅

號諱妙
生康熙庚午三月初八日酉時卒乾隆癸酉正月廿九日寅時

配郭氏
石湖女
謚慈德
生康熙壬午

十五世

榮墀 殀

生雍正戊申十月初六日卒乾隆己巳八月初八日

榮參

華雅公次子
生雍正辛亥七月廿九日申時卒失

十六世

十七世

廿九日巳時
次配吳氏
生康熙乙丑
十一月十一
日巳時
卒乾隆辛未
六月初一日
子時
子二
公塋失考
周氏塋加埔
山坐巽乾

配蔡氏
塘邊女
生卒失
子一

仕福公三子
文進
字君祿

華謖
號諦軒

榮棕
生乾隆己未

號素恪生康熙戊午九月廿七日辰時卒雍正辛亥四月初三日戌時

配蔡氏

大崙女謚貞順生康熙乙丑四月初八日子時卒雍正癸酉六月廿四日巳時子一女二長適邱次適郭

生康熙丙戌八月初八日亥時卒乾隆癸酉四月初四日巳時

配蔡氏

古浮女生康熙癸巳九月初九日戌時卒雍正甲寅八月十六日巳時

次配蔡氏

大崙女生卒失考

二月初五日卒乾隆癸酉五月初二日

華謱公次子

榮彈

生康熙乙丑十二月初三日辰時卒失考

公塋加埔下
坐東向西
妣塋本山赤
石尾

子二

文宗
家德公長子
字君室
生康熙辛卯
五月廿三日
丑時
卒失
配洪氏
洪尾女
生康熙辛丑
十月十一日

華喬　養子
字子木
號懷新
生雍正甲寅
十二月廿六
日丑時
卒加慶己未
七月初八日
辰時
配薛氏

榮碧
字珍僕
生乾隆己卯
正月廿九日
酉時卒道光
丙戌八月十
二日酉時
塋青石
配郭氏
石湖女

肅硂
字恭審
生乾隆乙巳
七月初一日
卯時卒加慶
甲子五月初
三日巳時
配　氏改
子一
塋双潭刺界

艾留
生加慶乙丑
九月廿四日
巳時卒道光
癸巳三月二
十日巳時
塋沙埔

亥時
卒失
子一

生乾隆辛酉
九月廿九日
卒加慶壬申
二月十七日
亥時
子四女二
長適洪次適
許
公輿父母合
塋元頭山坐
癸丁
妣塋老鼠墩
甲庚寅申

生乾隆癸未
十二月初八
寅時卒乾隆
己亥二月廿
四辰時
塋石湖嚴君
宮边

次
配**蔡氏**
祥芝女
謚淑慎
生乾隆癸未
十月初十日
亥時卒乾隆
丁未七月廿
三日酉時
塋金墓山癸
丁丑未

岸大棺

榮碧庶次子
肅尊
生乾隆己酉
九月十五日
寅時卒道光
壬辰九月廿
五日戌時
配紀氏
生乾隆辛亥
六月十四日
酉時卒同治
丁卯正月廿
六日午時

艾福
殁淡
未詳

二一　普穑重修

三 配蔡氏
洛陽女
生乾隆戊子
六月初四日
午時卒道光
丙申四月初
三日未時
側室洪氏
生乾隆己丑
七月廿九日
亥時卒道光
丁酉十月初
十辰時
子三女二
長適王次適
紀

子一
公妣塋双潭
艮坤寅申

榮碧公三子
肅念
生加慶庚申
八月初七日
辰時卒道光
乙未六月初
八日寅時
配郭氏
前坑女
謚端莊
生加慶庚申

華喬公次子
榮賞
生乾隆壬辰
三月十三日
丑時卒乾隆
戊申二月十
三日巳時
殀
子一
塋沙田坐西
向東大棺一

十二月廿一
戌時卒道光
丁亥八月廿
九日酉時

肅揵
生乾隆癸丑
十月初一日
卒同治壬戌
二月十九日
戌時
配黃氏改
子二
塋双潭坐巽
乾辰戌

嗣子
艾幼殤

肅揵公次子
艾漢
生道光壬寅
十月十七日
辰時卒失
配　氏
生道光戊戌

華喬公三子

榮默

號不言
生乾隆甲午
九月初七日
申時卒乾隆
乙卯四月二
十日辰時

配紀氏

本里女
生乾隆丙申
七月十四日
午時卒道光

肅什

生乾隆壬子
二月十七日
辰時卒同治
丁卯七月廿
七日未時

配洪氏

本里大門女
生乾隆甲寅
正月二十日
卒同治丁卯
七月十七日

五月二十日
午時
卒失

艾吉 提

肅什公次子

艾幼

出承肅撻

肅什公三子

艾尾 提

壬辰四月廿
三日午時
子二

華喬公四子
榮圓
生乾隆辛丑

未時
子三女三
長適洪次適
紀三適李
公塋御史宸
妣塋双潭

榮默公次子
肅當
生加慶壬戌
十二月廿九
日酉時
卒失

肅炳
生卒失考

正月初五日
午時卒加慶
庚辰九月十
七日未時

配蔡氏改

子一女二
長適李
公歿于滬尾

開居錦江
冢好公次子

文旺

字君勝
號永昌
生康熙戊辰
九月初五日

華郡

字子州
號華牧
生康熙辛丑
又六月初三

榮接

生卒失
海亡

配　氏改

子時卒雍正
癸丑八月初
二日未時
配黃氏
崙浚女
生康熙丙子
五月廿二日
戌時
卒失
子二女二
俱適洪
公塋本山壙
頭圍内坐丑
未癸丁

巳時卒乾隆
癸未七月廿
三日辰時
配盧氏
赤湖女
謚勤業
生雍正己酉
九月十一日
亥時卒乾隆
戊申三月廿
三日午時
子二女一
適紀
公塋仙境洋
前坐東向西
妣塋青山頂
乾巽戌辰大棺

華郡嗣次子
榮塔
華卯三子入
承
生乾隆甲寅
正月三十日
酉時
卒失

文旺公次子
華勵
字子聲
號懷豔
生雍正壬子
十二月初十
日丑時卒乾
隆丁未五月
十一戌時
配周氏
石湖女
謚懿德
生乾隆庚申
九月十四日
卯時卒加慶
庚午六月十

榮面
號談定
生乾隆丙戌
四月廿二日
卯時卒乾隆
丁未五月初
八日亥時
聘謝氏改
嗣子一
與父并弟榮
庄合壟青石
乾巽亥巳兀
権三首

嗣子
肅亶
榮捷之子承
之
生卒失

七日卯時
子三女一
適石湖
公葬青石山
與長子三子
合葬乾巽亥
己瓦棺三首
妣葬亢頭墩
仔后乙辛辰
戌大棺一

華勵公次子
榮捷
生乾隆庚寅
七月廿三日
申時卒加慶
丁卯七月十
四日卯時
配周氏
日湖女
生乾隆乙未
四月廿四日
辰時卒道光
丙戌四月二
十日戌時
嗣子一
公歿于淡水

肅亶
出承榮面

肅馬
榮捷公嗣子
榮瑚三子承
之
生加慶庚辰
二月十一日
辛咸豐己未
十月十六日
寅時
葬夫人宮
配紀氏

生道光丁亥
二月十八日
未時卒道光
丙午六月廿
二日丑時
生女二
長適王次適
紀

華勵公三子
榮庄 殤
生乾隆甲午
七月十一日
丑時卒乾隆
丁未四月廿
三日丑時
與父并長兄
合塋青石乾

文嘉
冢好公三子
字君妙
號文腹
生康熙甲戌
三月十四日
酉時卒乾隆
壬戌三月初
四日巳時
配蔡氏
山兜女
生康熙壬午
四月初八日
午時
卒失

華操
字子備
號華陽
生康熙壬寅
五月廿六日
巳時卒乾隆
戊戌九月廿
二日午時
配蔡氏改
適許
子三女一
公塟水蛇穴
坐東向西改
與華保合塟

巽亥巳

榮水殤
生卒未詳

榮三
華操公次子
生卒失考

榮壯
華操公三子
生卒失考

子四女二
長適洪次適
吳
公塋本山仙
錦洋本地内
坐艮向坤

山仔洋

文嘉公次子
華腹
生雍正乙巳
八月十七日
未時卒乾隆
戊午四月十
五日辰時
塋山仔洋大
岸上坐東向
西

文嘉公三子
華約
生雍正辛亥
九月初十日

辰時

華勇

文嘉公四子
歿于窣港

生卒失

文居

冢好公四子

字君安
生康熙丙戌
三月十九日
寅時
卒失

配蔡氏

山兜女
生康熙庚寅

華送

生乾隆甲子
三月廿一日
亥時卒乾隆
戊寅十二月
廿四日辰時
代祀侄榮胡
塟山仔洋大
岸上坐北向
南

榮瑚

兼嗣

八月十六日
寅時
卒失考
子三女二
俱適蔡

文居公次子
華保
號懷和
生乾隆戊辰
十二月十三
日申時
卒加慶戊午
五月初六日
午時
配蔡氏
港塘山兜女
謚靜潔
生乾隆壬申
十月十二日
丑時卒加慶
乙丑正月初

榮瑚
蕭祀華送
字德器
生乾隆乙未
十二月初八
丑時卒道光
甲申五月初
五日未時
葬西埔垸角
配李氏
生乾隆己酉
八月初四日
辰時卒同治
壬戌又八月
十六日卯時

肅強
生加慶丙寅
六月初九日
辰時卒道光
丁未五月廿
九日卯時
葬山仔洋坐
癸丁丑未

榮瑚公次子
肅切
生加慶己巳
十一月十七
日卯時
卒咸豐乙卯
三月初九日

二日未時
子二女一
適蔡
公與華操合
塟山仔洋癸
丁丑未
妣塟青石山
大棺一

文居公三子
華胤
字啟明
號懷綏
生乾隆壬申

塟水園內
子三女一
適歐

華保公次子
榮哞
生加慶庚戌
七月廿八日
申時
卒失

榮膺
字德服
號振拳
生乾隆庚子

寅時
榮瑚公三子
肅馬
出承榮捷

肅漫
生加慶己巳
八月廿四日
巳時卒咸豐

三月十二日
子時卒加慶
庚午五月十
四日戌時
配黃氏
塘后女
生乾隆辛巳
七月十六日
酉時卒道光
乙酉十月十
九日未時
子三女二
長適洪次適
黃
公塋山仔洋
坐東向西

二月初十日
未時卒道光
戊子正月初
八日辰時
聘侯氏
洋厝女
生乾隆甲辰
十月初二日
卒加慶壬戌
六月初四日
塋洋厝山
配蔡氏
蓮塘女
生乾隆辛亥
十月初三日
寅時卒咸豐

甲寅又七月
十二日巳時

榮膺公次子
○肅開 殀
名翩開
生加慶甲戌
九月廿九日
寅時
卒失

榮膺公三子
○肅壽
名百壽
生加慶戊寅
二月十九日
申時

己未七月初八日戌時
塋山仔洋
子五
公塋山仔洋

華胤公次子
榮臣
名君臣
生乾隆辛亥十二月廿六日未時
卒失考

卒道光乙巳四月十九日酉時

榮膺公四子
肅礽
未詳

榮膺公五子
肅盞
未詳

華胤公三子
榮塔
出承華郡

振南公派
念蔘公之子
文志
業儒
諱乞
原名承志
又名郡瑛
字君集
號鄭與
生康熙乙卯七月廿一日亥時卒雍正庚戌四月初三日申時

華廣
字子大
號潤伯
生康熙丁丑九月十七日亥時卒乾隆庚午二月十一日午時
配王氏
南鎮前岐女

榮攀
字德援
生乾隆甲子十二月初二卯時
卒淡水
配蔡氏
蓮塘女
生九月廿三日

肅要
生乾隆癸丑八月廿四日戌時
卒失
配謝氏
本里女
生加慶丙辰三月十三日戌時

配吳氏
蓮湖女
謚儉柔
生康熙己未
十一月初六
日亥時
卒康熙丙申
五月廿三日
辰時
子四女一
適蔡
公塋台湾大
武郡山坐東
向西大棺一
妣塋加埔山
本地內四斗
圍頭祖叔墓

生卒失
子一
公塋西埔墩
上坐西向東

卒加慶
十一月初四
日酉時
子一女一
適淡水
妣塋淡水營
盤埔

卒失考
任淡水滬尾
港

文志公次子
○華賡
字子長
號啟伯
生康熙辛已
二月初一日
寅時卒乾隆
戊午八月廿
九日
女一適李

南坐西向東
大棺一

配陳氏
后頭女
生卒失
公附祖父母
合塋夫人宮
西埔墩坐西
向東瓦棺三
文志公三子

○華廩
字子邦
生康熙辛卯
二月十一日
戌時卒乾隆
餘失
塋夫人宮坐
西向東大棺

文志公四子
華廉 殤
生康熙乙未
四月廿五日
亥時
卒失

家端公之子
文賓
字君方
號義侯
生康熙癸丑
九月廿九日
巳時卒乾隆
已未正月十
二日子時
子六女一

華琬
字子用
號爾伯
生康熙庚辰
七月十八日
午時卒乾隆
丙子五月廿
八日未時
子一女一

榮富
字德爵
號文貴
生雍正甲辰
十月廿一日
巳時卒乾隆
壬午九月十
三日酉時
子二

肅夏
字恭春
號信厚
生乾隆辛未
四月十二日
申時卒加慶
壬申四月初
八日辰時
子一女三

文鑽 提

適吳
配龔氏
西邊女
謚慈懿
生康熙戊午九月廿八日酉時卒乾隆甲子四月初十日酉時
公塋加埔山本地內四斗園頭祖墓北坐壬丙子午大棺一
妣塋夫人宮西埔墩坐巽乾辰戌大棺

適陳
配王氏
本里女
謚勤素
生康熙乙酉八月廿八日未時卒乾隆壬申五月廿五日午時
公妣合塋西埔墩巽乾辰戌大棺二

配陳氏
亭下女
謚柔順
生雍正己酉五月廿六日丑時卒乾隆戊寅四月廿四日戌時

次配陳氏
龍安女
謚惠節
生雍正庚戌二月廿三日未時卒加慶丁巳五月初五日午時

長適王次適紀三適黃
配黃氏
崙后女
謚慈和
生乾隆辛未十月初九日辰時卒加慶丁巳六月初一日午時
公妣塋墩邊
公坐西向東
妣坐北向南

肅冬
榮富公次子

前妣塋夫人宮西埔墩坐西向東繼妣塋夫人宮坐北向南公塋山仔洋坐西向東

號哲秋生乾隆甲戌十月十五日丑時卒乾隆戊申三月初二日戌時塋仙境洋坐西向東大棺

華琰

文賓公次子

字子日號懷珉生康熙乙酉九月初六日亥時卒乾隆己亥五月初四日辰時

榮弁

號鷥斯生乾隆戊辰正月廿九日子時卒加慶辛未六月十七日酉時子二女一

肅适

號伯達生乾隆辛卯八月十四日戌時卒加慶戊午六月初三日未時子一女一

養子

艾等

提

配洪氏
龍堀女
謚儉約
生康熙壬辰
三月廿二日
午時卒乾隆
辛亥二月廿
六日戌時
子一女二
長適蔡次適
洪
公妣俱塋墩
尾坐西向東

華珩
文賓公三子

適歐
配傅氏
后湖女
謚端和
生乾隆庚午
二月十五日
辰時卒加慶
壬申六月廿
八日午時
公塋蛇空口
坐北向南
妣塋古塘內
坐東向西

榮蘭

適洪
配　氏改
公大棺塋壳
墩尾坐東向
西

肅達
榮弁公次子
出嗣榮頂

嗣子
肅齊

嗣子
艾力
提

字子勳
號舉伯
生康熙戊子
正月廿六日
戌時卒乾隆
甲申十月初
三日辰時
與父合塋加
埔

配蔡氏
蓮塘女
謚淑靜
生康熙丙申
六月二十日
辰時卒乾隆
庚寅五月廿
二日辰時

生乾隆己卯
八月廿一日
戌時
卒失

配陳氏
東安女
謚惠直
生乾隆壬午
八月十三日
卒乾隆乙卯
十月初十日
午時
嗣子一
妣塋墩尾坐
北向南

號肅賢
榮定六子入
承
生乾隆己亥
十月初六日
丑時卒加慶
己巳六月十
一日卯時

配蔡氏
古浮女
謚順素
生乾隆丙午
四月十一日
辰時卒加慶
己巳四月廿
三日酉時
嗣子一

妣塟墩尾坐西向東
子一女一
適蔡

文寶公四子

華璲

字子祥
號懷琦
生康熙己丑十月初四日申時卒乾隆癸巳九月初二日戌時

配歐氏

謚儉慈

榮昌

生乾隆壬戌十一月十八日丑時
卒乾隆壬午正月廿五日
附前母合塟西埔墩坐東向西

公妣俱塟墩邉乾巽亥巳

兼祧

肅傑

長子

文鵬

提

民國丁亥年

生康熙壬辰
四月廿三日
子時卒乾隆
甲申十月廿
六日巳時
次配陳氏
謚儉柔
生康熙辛丑
又六月廿六
申時卒乾隆
壬寅十一月
十七日午時
公塋西埔壞
坐北向南
子三女二
長適盧次適
蔡

華璲公次子
榮雙
字德美
號德成
生乾隆壬戌
十一月十八
日丑時
卒加慶庚午
三月廿一日
酉時
配陳氏
東安女
謚儉素
生乾隆乙亥
十月初六日
巳時

養子
肅八
生乾隆甲午
七月十八日
午時
卒失　外亡
配陳氏改

榮双養次子
肅愛
名心愛
生失
卒五月十一
日亥時

歐氏仝榮昌
合塋西埔墩
坐東向西
陳氏塋墩上
芦竹脚坐巽
乾巽辰戌

辛加慶丙辰
正月十四日
寅時
次
配王氏
水頭女
生乾隆癸未
十月十五日
亥時卒道光
戊申十二月
十七日酉時
子四
公與陳氏俱
塋墩頂坐東
向西大棺二

榮双養三子
肅所
生乾隆辛丑
十一月初三
卒乾隆乙卯
六月廿四日
午時
聘紀氏改
塋墩尾

榮双養四子
肅業
生乾隆甲寅
九月十九日
亥時

艾源提

卒咸豐壬子
八月十四日
酉時
配紀氏
生乾隆甲寅
十二月十四
卒失考
子一女二
長適郭次適
歐
公塋墩頂坐
東向西

華璲公三子
榮麟
號祥趾
生乾隆丁卯

肅有
生乾隆壬寅
十二月初七

養子
艾翰
提

十一月廿二日子時卒加慶戊午二月廿一日辰時

配蔡氏

溪前女謚從巽生乾隆戊寅四月初二日午時卒加慶乙丑十二月初十日辰時子三女一適吳公妣俱塋墩頂生東向西

寅時卒咸豐壬子九月初四日辰時

配蔡氏

古浮女生乾隆壬子十二月初二日寅時卒咸豐辛酉十月初九日戌時子三女一適紀

榮麟公次子

肅凌

肅有公次子

艾澤

提

肅有公三子

艾山

提

艾鳳

提

號雲騰
生乾隆丙午
正月初三日
卯時卒道光
壬寅九月初
二日戌時

配歐氏

本里女
謚慈範
生乾隆壬子
三月十五日
亥時卒咸豐
辛亥三月十
二日巳時
子四女三
長適郭次適
王三適紀殀

肅凌公次子
艾鶴
提

肅凌公三子
艾禽
提

肅凌公四子
艾燕
提

公妣合塋水尾岸坐巽乾己亥瓦棺二首

榮麟公三子

肅傑

字恭俊
號永豪
生乾隆甲寅九月十五日卯時卒道光辛巳九月廿一日戌時

配紀氏
本里女

艾鵬
出承榮昌為嗣孫

艾贊
肅傑公次子
提

謚善執
生加慶己未
正月初六日
戌時卒道光
辛己八月廿
五日卯時
子二

文賓公五子
華任
字子珍
號振信
生康熙壬辰
七月初二日
未時卒乾隆
戊午六月廿
四日午時
子一

子（養）
榮定
字德安
號靜得
生雍正庚戌
五月初九日
午時卒加慶
己未十一月
廿九日申時
子六女一

肅分
字恭三
生乾隆癸未
八月十九日
卯時卒道光
壬辰二月初
一日未時
配陳氏

艾粉
肅分公次子
提

艾牌
出承肅欣

艾筆
肅分公三子
提

配龔氏改
塟夫人宮坐
巽乾兼戌辰

適吳
配楊氏
本里女
謚恬平
生乾隆癸亥
九月廿七日
巳時卒加慶
辛未十一月
初八日戌時
公塟夫人宮
坐北向南瓦
棺一首
妣塟蓮埭山
水坑坐北向
南

亭下女
謚順靜
生乾隆癸未
八月十三日
子時卒加慶
己卯二月廿
四日辰時
塟官路邊坐
壬丙子午
子五女一
適紀

肅分公四子
艾硯
出承肅均

肅分公五子
艾力
出承肅齋

榮定公次子
肅考
生乾隆丙戌
正月初六日
寅時

卒失

聘洪氏 歿

启廳女

配蔡氏 改

祥芝女

榮定公三子

肅欣

生乾隆庚寅九月初六日寅時卒乾隆庚戌十月初六日戌時

聘紀氏 改

嗣子一

嗣子 **艾牌** 提

肅分次子承

塋墩尾坐西
向東

榮定公四子

肅機

生乾隆甲午
八月十五日
申時卒加慶
辛未十月初
八日申時

配許氏

裡內女
生乾隆己亥
九月二十日
辰時卒同治
癸亥三月初
八日午時

艾益
提

肅機公次子

艾全
提

子二
公塋破沙坐
東向西
妣塋墩尾坐
癸丁子午
榮定公五子

肅均

生乾隆丁酉
五月廿八日
辰時卒加慶
壬戌五月廿
九日辰時

配楊氏改

嗣子一
塋墩下坐西
向東

艾硯提

嗣子
肅分四子承
之

文賓公六子
華六
字子耳
號順伯
生康熙戊戌
十一月十九
戌時卒乾隆
丙子又九月
廿九日
配鄭氏 改
子一
葬南鎮山坐

養子
榮頂
生乾隆戊午
十二月十三
卯時
卒失
嗣子一

榮定公六子
肅齋
出承榮蘭

嗣子
肅逵
榮弁次子入
承
生乾隆癸巳
十一月廿五
日巳時
卒乾隆乙卯
九月十七日
酉時
聘楊氏 改
葬墩尾坐南

東向西

文訓

家翃公長子
字君詣
號美侯
生康熙己酉
十一月初二
日戌時
卒乾隆戊午
三月廿五日
寅時

配吳氏

坑口女
生康熙甲子
七月初十日
巳時卒康熙

華立

字子立
號懷參
生康熙丁亥
十月十八日
酉時卒乾隆
戊子四月十
四日寅時

配蔡氏

洋坑女
謚仁慈
生康熙辛卯
十一月初四
日丑時

榮勸

生乾隆丙辰
八月十三日
卒乾隆癸酉
二月初四日
未時

聘紀氏改

子一
與祖父母吳
氏王氏母張
氏及榮普合
塋墩頂坐北
向南瓦棺六
首

向北大棺

肅卿 養子

名卿然
生乾隆甲午
十二月廿八
子時卒道光
正月廿八日

配蔡氏

泉城女
生乾隆甲辰
八月十八日
辰時卒道光
壬午二月十
四日辰時
子四

艾取 提

肅卿公次子

艾帆

生加慶辛未
四月廿八日
午時卒咸豐
辛亥十月初
八日戌時
塋淡水
肅卿公三子

艾城

出承沛然

己亥十二月廿三日戌時

次配**王氏** 水頭女 生康熙辛酉六月十六日酉時卒雍正庚戌十月廿九日寅時 子一 公與吳氏王氏合塋西埔墩坐北向南瓦棺三首

卒乾隆戊寅三月初一日申時

次配**張氏** 湖中女 謚慎慈 生康熙丁亥正月初二日卯時卒乾隆乙亥二月十五日辰時 子三女一 適蔡 公與蔡氏合塋西埔墩坐西向東瓦棺二首

艾棚 肅卿公四子 出承肅串

榮裕 華立公次子 號敦義 生乾隆庚申六月十三日辰時卒乾隆壬寅十二月廿二日寅時

配**黃氏** 長園女 生乾隆乙亥四月初八日

肅沛 名沛然 字恭油 生乾隆乙亥十月十三日午時卒加慶丙子又六月廿六日酉時

配**傅氏**改 嗣子一

艾城 提 嗣子 本肅卿三子入承 生加慶乙亥十一月廿三寅時卒光緒戊寅六月初五日未時 塋沙溪坐西向東

張氏與舅姑
吳氏王氏及
子榮勸榮普
合瑩西埔墩
坐北向南瓦
棺六首

辰時卒加慶
十一月十二
未時
子一女一
適周
公瑩墩頂坐
東向西大棺
妣瑩墩腰坐
南向北

華立公三子
榮普
字德賓
號成美
生乾隆庚午
六月廿三日
酉時卒乾隆

養子 **肅串**
生乾隆丙午
七月初七日
巳時
卒失
嗣子一

嗣子 **艾棚** 提

甲寅九月廿三日酉時

配蔡氏

蓮塘女生乾隆壬午十一月二十酉時卒道光丁酉九月十九日巳時子二女一適洪公附祖文訓合塋壤頂瓦棺六首

配陳氏遜出

榮普公次子

肅殿

名邦殿字恭衛生乾隆己酉九月廿三日酉時卒道光戊戌又四月初一日未時

配紀氏遜出

次配蔡氏

山兜女

艾褒

生道光乙未八月十五日申時卒同治戊辰二月廿五日

生加慶乙丑
七月三十日
子一女一
公塋山仔洋
坐乙辛兼辰
戌

冢翊公次子
文燦
字君煥
號慈侯
生康熙辛亥
十二月廿六
酉時卒乾隆
甲子正月初
一日申時
配陳氏

華重
字子岳
號厚伯
生康熙丁亥
正月廿四日
酉時卒乾隆
戊午六月十
四日巳時
配黄氏改

榮梧
號培櫝
生雍正乙卯
四月廿六日
午時卒加慶
壬申七月十
四日
配蔡氏
蓮塘女

肅良
字恭弼
號易直
生乾隆庚辰
九月初五日
寅時卒加慶
丁巳十二月
初一日巳時
配許氏

艾梅
提

肅良公次子
艾楫
生乾隆乙巳
十月十九日
午時
卒失

浦邊女
生康熙乙丑十二月十八酉時
卒失
子四女二
長適蔡次適洪
公塋本山青石頂坐乾巽戌辰瓦棺一首

子一
公瓦棺塋西埔墩坐西向東

謚柔儉
生乾隆丁已二月初二日戌時卒加慶壬戌四月初八日酉時
子五女二
長適傅次適程
公塋墩頂坐西向東
妣塋墩頂坐北向南大棺一

裡內女
謚靜淑
生乾隆甲戌三月廿一日已時卒道光壬辰五月初五日卯時
子二
公仝肅套合塋墩頂坐東向西
妣塋墩頂坐巽乾辰戌

榮梧公次子
肅應
字恭對

文營
生乾隆壬子

號成報
生乾隆丙戌
六月廿二日
寅時卒加慶
丁巳二月初
八日午時

正月十二日
戌時
辛失

配楊氏 改

子一
塋墩頂坐北
向南
榮梧公三子

肅用
字恭慎
生乾隆己丑
五月初三日

兼祧 艾梅 提

未時卒乾隆
乙卯九月初
十日辰時
配吳氏改
嗣孫一
塋墩頂坐西
向東
榮梧公四子
○肅套
字恭脫
生乾隆庚寅
十月廿五日
寅時卒加慶
己未十一月
初八日酉時

配柯氏改
公與胞兄肅
良合塋

榮梧公五子
肅炮
生乾隆甲午
十月廿五日
辰時卒道光
乙酉六月初
四日亥時
配黃氏
崙后女
生乾隆辛丑
九月二十日
酉時

艾水
生加慶戊辰
九月十五日
卯時
卒淡水

肅炮公次子
艾雲
生加慶辛未
又三月十三
日未時
卒淡水

文爃公次子
華恢
字子甲
號狀伯
生康熙己丑
九月廿三日
子時卒乾隆
癸未正月十
一日辰時
子三女一

榮宇
生乾隆己未
十月十一日
戌時
卒失
配蔡氏
洋坑女
生乾隆辛酉
卒加慶庚辰
九月廿一日
未時
子二女一
適歐
考妣俱塋淡
水

肅稽 殤
生乾隆壬午
十一月廿五
日卒乾隆壬
辰五月廿二
塋墩頂

榮宇公次子
肅纇

艾𠂢 提

適歐陽
配蔡氏
蓮埭女
謚淑女
生康熙丙申
七月廿八日
卯時卒乾隆
壬午正月廿
一日酉時
公塋失考
妣塋潰內本
地岸上坐艮
坤寅申

三月初七日
辰時
卒失
子三女一
適紀

生乾隆戊子
八月廿一日
酉時卒加慶
己卯二月初
一日亥時
塋墩邉
配黃氏
生乾隆戊戌
九月十三日
酉時卒道光
己亥五月初
十日未時
塋渼水
子三女一
適王

肅顏公次子
○艾老 提

肅顏公三子
○艾賜 提

蓮江東林宗譜 引前房

榮宇公三子
肅檀
生乾隆乙未
十月十三日
卯時卒道光
己酉六月二
十巳時

配蔡氏
溪前女
生乾隆辛亥
九月二十日
未時卒道光
庚戌十月廿
八日辰時
于七
公妣俱塋淡

艾建
生加慶壬申
九月廿六日
辰時
卒失

肅檀公次子
艾闖 提

肅檀公三子
艾勅 提

肅檀公四子
艾栽
生道光丙戌
正月廿五日

七十六
二 民國丁亥年

水子孫現住淡水

辰時卒同治戊辰四月十四日丑時塟淡水

配洪氏

淡水女生道光丙中十月十二日丑時卒失

肅檀公五子

文播

生道光辛卯四月廿四日寅時卒咸豐丙辰八月廿七日酉時

華恹公次子
榮宙
號待書
生乾隆甲子
三月十六日

肅心
生乾隆己丑
十月初十日
卯時
七十七

塋淡水
配陳氏
犯族規生卒
宜削

肅檀公六子
艾田 提

肅檀公七子
艾園 提

養子
艾山
生加慶壬戌
六月十二日
辰時
二民國丁亥年

午時卒加慶
丁巳七月十
六日申時

配張氏
本里女
謚溫惠
生乾隆己巳
三月初八日
巳時卒加慶
甲子六月十
四日辰時
子三女一
適紀
公妣俱塟淡
水滬尾

卒失

配侯氏
洋厝女
生乾隆甲辰
正月廿九日
卯時卒失
子二
住淡水

榮宙公次子

肅儒
生乾隆丙申
九月十四日
丑時卒加慶
辛未七月廿
一日寅時

卒失外亡

肅心養次子

艾茅 殀

[illegible]引前房

塋淡水滬尾崎仔頂坡

榮寓公三子
肅打
生乾隆乙巳正月廿二日巳時卒加慶戊午八月初一日巳時
塋淡水

華恢公三子
榮煌
號冠冕
生乾隆庚辰四月十五日辰時卒加慶

肅炕
生乾隆丁酉八月十二日戌時卒道光戊戌十一月

七十八

肅炕公次子
艾煦
提

艾水
提

二民國丁亥年

戊午八月廿五日辰時
配許氏
石龜女
謚靜恬
生乾隆癸未九月廿九日辰時卒加慶丙辰十二月廿二日午時
次配鄭氏
龜湖女
生乾隆己卯十月初八日辰時
卒失考

廿八日巳時
配郭氏
石湖女
生加慶乙丑又六月初二酉時卒光绪丁丑七月十四日未時
子二女一
適洪
公塋元頭坐西向東

卒失考

子一女二
長適龟湖吳
次適本里蔡
公塋墩邉莿
界岸
許氏塋后廳
埔坐東向西

文燦公三子
華多
字子象
號懷理
生康熙戊戌
七月十一日
巳時卒加慶
丁巳十二月
十六日酉時
子二女一

榮諠
字義問
號德昭
生乾隆己巳
九月十七日
辰時卒乾隆
癸卯七月十
一日戌時
子四女三

肅愿
字恭繩
號罷愛
生乾隆辛卯
九月十七日
酉時卒加慶
戊辰四月廿
九日午時
子四
七十九

艾達
肅愿公次子
提

艾釵
肅愿公三子
提

艾瓊
肅愿公四子
提

適王
配王氏
謚儉朴
生康熙壬寅
九月初一日
丑時卒加慶
甲子十一月
初二日巳時
公妣合塋元
頭園内坐子
午壬丙大棺
二壙

長適吳次適
郭三適吳
配蔡氏
蓮塘女
謚節順
生乾隆癸酉
二月初十日
未時卒加慶
癸酉十二月
廿五日巳時
公塋蛇穴本
地内坐南向
北
妣塋加埔

配紀氏
謚勤敬
生乾隆壬辰
四月二十日
卯時卒道光
丙戌十一月
十七日亥時
公塋墩邉坐
東向西
妣塋墩邉

榮誼公次子
肅志
字恭于
號寵尚
生乾隆壬辰

文臻 提

文開 提

九月廿七日丑時卒加慶戊辰五月廿六日子時

配李氏

竹樹下女

謚節厚

生乾隆壬辰十月十四日申時卒道光庚寅四月初一日未時

子一

公塋官巷坐南向北

妣塋曲尺坐西向東

肅戀
榮諠公三子
字恭御
號寵眷
生乾隆丙申
七月廿一日
丑時卒嘉慶
甲子十二月
初二日巳時

配李氏
竹樹下女
謚貞端
生乾隆丙申
十月十四日
未時卒嘉慶
甲子十一月

艾揮 提
肅戀公次子

艾巨 提
肅戀公三子

艾允 提

初三日己時
次配王氏
五堡女
謚貞純
生乾隆戊戌
二月廿八日
子時卒道光
丁酉八月廿
一日戌時
子三女一
適石湖
公與前妣合
塟歷尺坐乾
巽戌辰瓦棺
二首
繼妣塟歷尺
坐巽乾巳亥

榮諠公四子
肅懲 業儒
字恭治
號荊舒
生乾隆戊戌
又六月廿八
日午時
卒加慶甲戌
又二月廿四
日酉時
配邱氏 改
子三
考塋厝尺園
內

艾黼 殤
肅懲公次子

艾述 提
肅懲公三子

艾就
生加慶壬申
十月十一日
辰時
卒失　外亡

華多養次子
榮彩
生乾隆壬午三月十八日巳時
卒失 外遊
配郭氏改

文燦公四子
華士
字子相
號懷吉
生康熙辛丑正月初九日子時卒加慶甲九月十

榮寵
生乾隆壬申六月廿九日辰時卒乾隆甲申五月十一日
聘 氏

辰時
配吳氏
裡內女
謚淑信
生雍正壬子
四月十五日
辰時卒乾隆
癸未五月初
九日未時
次配吳氏
邑湖女
生雍正壬子
五月十六日
寅時卒失
子四女一
適周

埜墩頂
華士公次子
榮進
字德益
號敦脩
生乾隆丙子
又九月十三
辰時卒加慶
丙寅七月廿
二日戌時
配歐氏
本里女
生乾隆壬午
十一月十六
寅時卒道光
丁酉四月廿

肅悠
字恭偶
生乾隆甲辰
四月初二日
亥時卒加慶
庚午四月十
四日辰時
配紀氏改
埜墩邉粟庭
下
榮進公次子
肅作
出承榮探

公瓦棺塋墩
頂
前妣與子榮
採合塋墩頂
後妣塋失

五日亥時
子三女一
適王
公歿于淡水
妣塋墩頂坐
南向北

華士公三子
榮採
字德試
生乾隆乙酉

榮進公三子
肅獻
生乾隆甲寅
七月初五日
午時卒道光
辛卯六月十
一日未時
配氏
生卒未詳
子一
公歿于蘇澳

艾亞 提

子 嗣
肅作 殀
本榮進次子
入承

三月十八日
未時卒乾隆
丙午九月初
六日午時
配吳氏改
嗣子一
塋壞頂
華士公四子
榮壹
生乾隆丙申
四月初二日
丑時卒乾隆
壬寅七月十
三日卯時
塋壞頂

生乾隆丁未
六月廿四日
卯時卒加慶
乙丑九月十
八日辰時
塋沙田內

冢翊公四子

文朗

字君侍

號善侯

生康熙壬戌正月初十日午時卒乾隆己未九月初三日巳時

配余氏

港邉女

生康熙乙亥八月二十日卯時卒乾隆癸酉四月廿八日辰時

華悌

字子孝

號懷孝

生康熙辛丑三月二十日午時卒乾隆戊申五月廿六日午時

配陳氏

后廳女

謚慎慈

生雍正乙卯二月初五日寅時卒乾隆戊申五月廿

榮侃

字德剛

號淑陶

生乾隆庚辰十月廿一日亥時卒乾隆戊申十二月十一日未時

配薛氏

謚静敏

生乾隆庚辰五月十九日戌時卒乾隆己亥十月二十日巳時

養子 **肅謨** 歿

生卒失考

子三女二
長適吳次適
謝
公塋本山官
路邊坐艮坤
寅申大棺一
妣塋本山官
路邊坐東向
西大棺一

六日午時
子二女一
適歐
公塋瀆內坐
甲庚卯酉
妣塋墩頂坐
巽乾亥戌

次
配　氏改
子一
公塋后龐埔
坐北向南
妣塋瀆內被
水決無

華悌公次子
榮藹
生乾隆丙戌
十二月廿一
辰時卒加慶
丙子九月十
九日巳時
子一女一

養子
肅彩
外遊

配王氏
水頭女
謚恬靜
生乾隆丙戌
十一月十五
戌時卒道光
壬辰六月初
十日未時

文朗公次子
華總
字子統
號懷靜
生雍正甲辰
五月初二日
辰時卒乾隆
辛丑十月廿

榮揪
字德安
號祥寬
生乾隆己卯
八月廿六日
子時卒乾隆
辛亥四月十

肅桃 歿
名瑶桃
生乾隆壬寅
十二月廿九
日戌時
卒加慶戊戌
五月初一日

一日申時
溺海亡
配蔡氏
謚順貞
蓮埭女
生雍正乙卯
四月廿六日
未時卒乾隆
甲辰三月初
五日卯時
塋墩頂坐東
向西
子二

九日丑時
配蔡氏
謚勤善
生乾隆己卯
六月初九日
午時卒加慶
丙寅七月初
一日寅時
子三
考妣俱塋墩
頂

塋淡水滬尾
營盤埔坐東
向西
榮搬公次子
肅厚
名博厚
生乾隆乙巳
五月初二日
卒加慶辛酉
八月初九日
酉時
塋淡水滬尾
營盤埔坐東
向西
榮搬公三子
肅聲

華總公次子
榮運
字德祿
號祥禧
生乾隆乙酉
四月廿九日
子時卒加慶
癸丑十月十
三日午時
配郭氏

名留聲
生加慶庚午
六月十二日
寅時
卒失
外游無踪

肅敦
名敦厚
字恭礼
生乾隆壬子
正月十二日
未時卒加慶
戊寅十月廿
四日寅時
聘許氏

艾苞
提

日湖女
生乾隆甲午
十二月廿九
日酉時
卒咸豐辛亥
二月廿六日
巳時
子一
公塋壕邉巽
乾巳亥
妣仝媳婦合
塋壕頭坐東
向西瓦棺二
首

未娶而卒
配紀氏
錦江女
生乾隆甲寅
十二月廿五
申時卒道光
又八月初二
子一女二
適王適傅
考與父合塋
壕頂瓦棺二
許氏塋日湖
山紀氏附姑
郭氏合塋壕
頭坐東向西
瓦棺二首

文朗公三子

華韞

字子藏
號藏山
生雍正乙卯五月廿二日申時卒乾隆戊申六月十七日未時
配吳氏改
子一
塟墩頂坐巽乾辰戌

養子 榮義

生卒失考

文品
字君詣
號養侯
生康熙癸亥
十一月初四
寅時卒乾隆
丁卯十二月
廿三日午時

配洪氏
水頭女
生康熙癸酉
六月十六日
酉時卒乾隆
甲子二月廿
四日戌時
子四女二

華恭
字子寬
號慎敬
生康熙丙申
十月初十日
寅時卒乾隆
丁巳八月十
六日溺海亡
嗣子一

華敬
文品公次子
字子賀
號誠軒

嗣子 **榮岱**
本華敬次子
入承
生乾隆丁丑
八月十三日
午時卒乾隆
戊戌二月廿
二日寅時
嗣子一
附父并兄榮
雄合塋山仔
洋瓦棺三首

榮雄
生乾隆庚午
十一月十三

嗣子 **肅豈**
胞兄榮旦長
子承之
生乾隆庚戌
十一月初八
巳時卒加慶
乙丑六月十
四日寅時
塋元頭下

嗣子 **肅嵩**
胞弟榮旦次
子入承

長適王次適
蔡
次
配卯氏
東埔女
生康熙戊寅
四月廿四日
酉時
卒失
公塋本山仙
錦洋大岸上
坐南向北大
棺一
洪氏塋本山
壙頭園坐東
向西大棺一

生雍正癸卯
二月初五日
亥時卒乾隆
癸未四月十
一日未時
配蔡氏
蓮埭女
謚慈德
生雍正庚戌
十二月廿四
日巳時
卒加慶丁巳
十月廿九日
丑時
子三女一
適紀
公與子榮雄

日申時
卒乾隆庚寅
九月十九日
未時
聘傅氏改
嗣子一
附父并榮岱
合塋

榮岱
華敬公次子
出承華恭

榮誕
華敬公三子
號維柜
生乾隆庚辰

肅豈
出承榮岱

民國丁亥年
一本 齊宣修

榮岱合塋山仔洋埔瓦棺三首
妣塋山仔洋埔坐北向南

榮誕公次子
肅嵩
出承榮雄

十二月十八日午時
卒加慶丙寅八月初三日寅時

配姚氏
謚慎節
生乾隆庚寅六月初六日
卒加慶庚午七月廿三日午時
子二女一
適黄
公塋山仔洋坐西向東
妣塋墩邊坐

文品公三子
華芳
字子春
號懷瑛
生雍正甲寅
十一月十二
申時卒乾隆
丙午七月初
一日亥時

配蔡氏
蓮埭女
謚敦厚
生雍正甲寅
十二月二十
日未時
卒加慶癸酉

西向東

榮都 殤
生乾隆辛巳
三月廿四日
申時
卒失

榮攬 儒業
華芳公次子
字德延
號博軒
生乾隆丁亥
四月十五日
丑時卒道光
乙未又六月
二十日申時
子四女一

肅御
名綸御
字尔器
號茂馥
生乾隆乙卯
六月廿一日
寅時卒道光
戊戌二月三
十日酉時

艾世
出承肅鑊

艾民
肅御公次子
出承肅鏤

六月廿二日午時

側室黃氏

生乾隆甲申九月初七日子時卒道光己酉正月廿二日寅時

公塋元頭穴坐巽乾戌辰大棺一

妣塋元頭穴坐亥巳大棺一

黃氏塋元頭

子五女三

長適紀次適黃

配洪氏

水頭女

謚孝順

生乾隆己丑正月廿八日巳時卒加慶庚辰三月廿七日未時

公與子綸鑊合塋元頭園內壬丙亥巳瓦棺二首

妣與子綸鋑合塋元頭山頂辛乙酉卯瓦棺二首

配蔡氏

祥芝女

生加慶丁巳五月初四日辰時卒同治甲子十月十九日戌時

子二

公塋山仔洋坐東向西

榮攬公次子

肅鋑（名綸鋑）

字尔磬

號誠篤

生加慶戊午

嗣子文民

生道光卒光緒己卯九月十六日

陳三適王

三月廿五日酉時
巳時卒道光殁艋舺
丁亥五月十
三日巳時
附母合塋元
頭山頂坐辛
乙酉卯瓦棺
二首
嗣子一
榮攬公三子

肅鑊 業儒
字尔貺
號邦國
生加慶乙丑
三月十七日
辰時卒咸豐
己未五月初

艾世 嗣子 提
胞兄肅鎁次
子入承

六日申時
嗣子一
附父合塟亢
頭圍内坐壬
丙兼亥巳亙
棺二首

榮攬公四子
肅鏵 殤
生加慶戊辰
正月廿二日
辰時卒加慶
辛未九月二
十日酉時

華芳公三子
榮榜
字德龍

肅楊
字尔柳

嗣子
艾鉄 提

號名時
生乾隆戊子
十二月十二
日丑時卒
道光辛巳九
月廿八日寅
時
配紀氏
謚慈順
生乾隆庚寅
二月十八日
卯時卒道光
丙戌九月十
七日未時
子一女二
長適吳次適
洪

名綸楊
號思依
生乾隆壬子
七月廿八日
卯時卒道光
丁亥六月初
三日巳時
配紀氏
生乾隆壬子
六月十九日
卯時卒道光
辛巳七月十
三日巳時
子二

庸楊養次子
○艾泉 提
生道光丁未
五月十四日
午時卒失
配蔡氏
山前女
生咸豐壬子
三月初七日
巳時卒失
女一適謝

公塋山仔洋
坐北向南

榮恩

華芳公四子
名恩提
字德惠
號知警
生乾隆壬辰
四月廿六日
戌時卒乾隆
甲寅八月十
二日午時

配紀氏
本里女
謚端節

肅洋

名綸洋
生乾隆癸丑
六月十六日
戌時卒道光
甲申六月十
五日未時
塟山仔洋埔

配蔡氏
蓮塘女
生乾隆甲寅
三月初三日

艾佔

出承肅八
肅洋公次子

艾鉄

出承肅揚

生乾隆乙未
十一月初三
午時卒道光
甲申五月十
六日卯時
公塋元頭園
內園岸
妣塋山仔洋
埔
子二

華芳公五子
榮拔 庶出

卯時卒光緒
乙亥十一月
初三戌時
子二

榮恩公次子
肅勒
生加慶甲子
九月初一日
戌時卒道光
十月十二日
塋淡水

聘紀氏改

肅燿 名綸燿

九十二

艾鈿 提

二民國丁亥年

字德莘
號上起
生乾隆甲辰
正月十五日
亥時卒道光
甲申三月初
三日午時
塟蘇鹿
配李氏
生乾隆丁未
七月初九日
寅時卒同治
辛未九月初
七日巳時
子一女一
適王
妣與肅燿合

字恭炳
號煥彩
生加慶戊辰
八月廿六日
酉時卒同治
己巳十二月
廿四日寅時
配郭氏
石湖女
謚敬順
生加慶辛未
十月廿四日
丑時卒光緒
丁丑七月十
五日卯時
子三女二
適紀適謝

肅燿公次子
文彬 提
肅燿公三子
文錠
生道光己酉
二月初四日
戌時卒失
配蔡氏
山前女
生咸豐癸丑
十一月廿四
午時卒光緒
丁丑七月十
八日巳時
塟仙錦洋后

文品公四子

華萬

字子數
號懷琛
生乾隆戊午
七月廿五日
酉時卒乾隆
辛亥六月初
一日亥時
子一女三

葬元頭園內
坐寅申甲庚
棺葬入山外
出墓堆

榮晚

生乾隆癸巳
又三月初八
日寅時
卒道光甲辰
二月廿八日
申時

配歐氏

公與母李氏
合葬元頭園
內穴坐寅申
甲庚棺葬入
山外出假堆
妣葬山仔洋
癸丁丑未

肅一 殁

生加慶壬申
九月十一日
戌時卒道光
戊戌二月廿
一日戌時
嗣子一

坐癸丁丑未

嗣子 **艾佔** 提

本肅洋長子
入承

長適王次適
洪三適郭
配李氏
蚶江女
生乾隆己未
五月初七日
丑時卒乾隆
癸未九月初
七日丑時
次配郭氏
后湖女
謚慎節
生乾隆丁巳
四月十一日
卯時卒加慶
戊午十月廿

生乾隆乙未
七月初九日
午時
卒失
子一

冢崙公長子
文崈
字君察
生康熙丁卯
五月廿三日
寅時卒康熙
戊戌正月廿
六日
配何氏
朋山嶺后垻

七日巳時
公塟在宜安
李氏塟山仔
洋岸北
郭氏塟墩頂
坐西向東

嗣子**華燮**殀
胞弟文會次
子承之
生乾隆戊午
三月十五日
辰時卒乾隆
甲申八月十
八日戌時
養子一
塟墩尾

養子**榮衍**
生卒失外亡

頭之女
生卒失
嗣子一女一
適錦江歐陽
公塋無考

冢岀公三子
文會
字君元
生康熙丙子
十月十七日
酉時卒乾隆
癸酉五月廿
三日酉時
配蔡氏
生康熙庚辰

華瑪
號懷厚
生雍正壬子
九月十五日
辰時卒乾隆
戊申六月十
二日丑時
配吳氏
裡內女

養子**榮沛**
生卒無考
名玉沛

華瑪養次子
榮鯉
名送鯉
生卒失考外
亡

養子**肅投**
生乾隆乙卯
十月初一日
辰時卒失

餘失考
子二女一
適王
公塋本山墩
項坐乾巽亥
巳瓦棺一首

謚朴儉
生乾隆乙丑
七月廿七日
卯時卒乾隆
己丑十一月
初二日卯時

次配吳氏
后安女
生乾隆戊午
三月十五日
辰時卒嘉慶
辛未正月初
九日戌時
子三
公塋陳董埔
坐巽乾辰戌
前妣塋陳董

配　氏
生卒失
子三

榮鳳
華瑪公三子

榮鯉養次子
肅罵
生嘉慶癸亥
又二月廿三
酉時
卒失

榮鯉公三子
肅打 殤
生嘉慶丙寅
三月十一日
戌時卒嘉慶
辛未四月初
一日午時

埔坐癸丁子午
繼妣塋元頭山坐南向北

生乾隆己丑十二月廿七日卯時卒淡水塋無考

華變
文會公次子
出承文容

文清
冢碁公之子
字君澄
號謙楚
生順治己丑十月十六日辰時卒康熙

華符
字子節
號華定
生康熙丁卯五月廿七日丑時卒乾隆

榮元
字德允
號長善
生康熙壬辰六月十三日卯時卒乾隆

肅拱
號附臣
生乾隆壬戌十月初五日亥時卒乾隆庚戌七月初

艾初
養子
提

已丑十一月
二十日
配吳氏
延陵女
謚慎慈
生順治辛丑
十一月十二
辰時卒乾隆
癸亥六月二
十日子時
子三女三
長適柯次適
蔡三適黃
公塋加埔山
布房內坐癸
丁丑未瓦棺
一首

甲子正月初
三日子時
配黃氏
謚純徽
生康熙戊辰
十月十三日
申時卒乾隆
戊寅十月十
八日卯時
子三女二
長適薛次適
蔡
公妣仝長子
長婦合塋崎
脊園角坐丙
壬午子瓦棺
四首

甲午九月廿
五日午時
配洪氏
洪窟女
謚彙巽
生康熙庚子
七月廿一日
巳時卒乾隆
丙子四月十
九日
子四女一
適李
公妣仝父母
合塋崎脊丙
壬午子瓦棺
四首

七日亥時
配蔡氏
謚質儉
生乾隆乙丑
正月初三日
丑時卒乾隆
甲寅六月廿
二日卯時
子一
公妣合塋沙
埔崎脊坐乙
辛辰戌瓦棺
二首
榮元公次子

肅覆
號肅祿
九十六

文初 代祀

二民國丁亥年

妣塋壙頭山
尾坐癸丁丑
未瓦棺一首

生乾隆甲子
十月廿七日
午時
卒乾隆丙申
四月十八日
酉時
無祀子一
附叔榮章合
塋水尾坐巽
乾瓦棺二首
榮元公三子

肅汀

號肅遠
生乾隆己巳
十二月十八
日亥時卒
加慶辛酉九

艾千 殤

肅汀公次子

艾往 殤

肅汀公三子

月初三日未
時
塋元頭頂

配蔡氏
山兜女
謚順靜
生乾隆壬午
十一月初七
日巳時
卒道光甲午
十一月十三
日吉時
子三女一
適山兜蔡
榮元公四子

肅玠

艾玉
生乾隆己酉
九月十二日
辰時卒加慶
癸酉十二月
十一日亥時
塋淡水

生乾隆庚辰十月十九日辰時卒十二月廿六日外亡

華符公次子

榮章 字德猷 號煥文 生雍正丙午二月廿八日辰時卒乾隆壬辰十二月十七日卯時 配黃氏 改 子一

肅註 生乾隆己丑七月初七日午時 卒失 住淡水

文清公次子

華洽

字子度
號懷邦
生康熙辛未三月十二日丑時卒乾隆庚寅七月廿二日亥時
子二女三

興侄肅霞合塋水尾坐艮坤瓦棺二首

華符公三子

榮然 殤

生卒失

榮湔

字德籯
號閒山
生雍正癸丑十二月廿七日寅時卒乾隆丙午五月十九日辰時

肅晃

字恭明
號厚直
生乾隆戊寅八月廿二日午時卒加慶癸酉正月廿二日辰時
子一女二

艾肴

生乾隆辛亥六月十七日午時卒道光癸巳五月初一日巳時
塋坑頭

長適王次適
蔡三適黃
聘蔡氏
蓮塘女
謚朴柔
未娶而亡
生八月廿九
配王氏
五福女
謚質儉
生康熙癸未
十一月廿五
戌時卒乾隆
癸未八月初
九日戌時
側室陳氏

配郭氏
前坑女
謚恬柔
生乾隆丙辰
十一月十六
午時卒加慶
庚午三月十
一日申時
公附父母合
塋加埔瓦棺
二首
妣塋破沙園
內坐西向東
子二女三
長適洪次適
吳三適吳

長適施次適
配紀氏
謚遜淑
生乾隆壬午
十一月二十
日午時
卒道光壬辰
六月十三日
丑時
公與曾祖父
母合塋山仔
洋甲庚寅申
瓦棺三首
妣塋破沙園
內

生失
卒乾隆壬辰
八月廿五日
未時
公與王氏併
子榮滿合塋
加埔山布房
瓦棺三首

榮笑
華洽公次子
字德晏
號榮言
生乾隆庚申
十一月二十
日卯時
卒乾隆庚寅
正月廿一日
巳時

肅比
榮滿公次子
生乾隆癸巳
三月廿三日
申時
卒失考

肅牙
生乾隆乙酉
十二月十一
午時卒加慶
丁巳十二月
初九日午時
配紀氏改
子一

艾碭
生乾隆乙卯
十二月初三
戌時卒

塋元頭埔后

肅吟

榮笑公次子
號好嘯
生乾隆甲午
十二月初二
辰時卒道光
己丑八月十
八日辰時

配傅氏

后湖女
謚柔愛
生乾隆庚申
十月十六日
丑時卒乾隆
己亥三月廿
四日辰時
子二
公塋加埔坐
癸向丁
妣塋破沙坐
乾向巽

華超

文清公三子
字子拔

榮當

字德讓

肅奈

生乾隆

號懷起
生康熙甲戌
正月十六日
丑時卒乾隆
乙丑二月十
三日戌時

配吳氏

仙錦女
謚慈德
生康熙丁丑
九月初五日
卒乾隆癸酉
三月二十日
午時
子一
公妣合塟前
宮南本地內

號明山
生雍正壬子
五月十四日
辰時卒乾隆
甲寅二月十
九日

配王氏

水頭女
生失考
卒乾隆乙酉
二月十二日
酉時
子一
公塟元頭山
后甲庚寅申
妣塟元頭山
后本園岸上

餘失考
外亡

坐辰戌乙辛

瓦搥二首

蓮江東林宗譜

十七世

引前派住蚶江

肅什公長子

艾吉

生道光丙戌十一月十七戌時卒失

配黃氏

南安女

生道光辛卯三月初四日未時卒失

男二

十八世

哲前

又名扮

生咸豐己未十一月廿四酉時卒失

配許氏

裡內女

生同治丁卯十一月初十酉時卒失

子一

十九世

謀耍

生光緒癸未七月初八日酉時卒民國癸酉二月廿二酉時

配許氏

名摺娘

生光緒丁酉十月十三日

二十世

聖清

生民國甲子二月初四日寅時卒民國甲申十月十七日辰時

聖水

謀耍公次子

生民國丁卯

一

廿一世

二民國丁亥年

男二

十月十二日卒民國丙子二月初四日

艾吉公次子
哲蓮
出承艾尾

肅什公三子
艾尾
生道光癸巳二月初九日酉時卒同治癸酉十二月廿九酉時塋夫人宮坐北

嗣子
哲蓮
本艾吉次子入承生同治丙寅八月十八日酉時卒失

嗣子一

艾鑽
肅夏公之子
號弥堅
生乾隆庚子
十月十七日
卯時卒道光
戊申八月廿
六日戌時
配蔡氏
名器娘
號侃儀
蓮埭女
生乾隆壬子

哲船
字甘棠
號木鐸
生加慶癸酉
正月初四日
午時卒咸豐
己未十一月
十七未時
配王氏
名梅娘
號素勤
生六月廿四

謀招
出承哲錠

謀蟬
哲船公次子
號
生咸豐丙辰
十一月十八
日卒失

五月廿七日巳時卒道光乙未七月十六日巳時
考塋壞仔頭坐乙辛辰戌
妣附塋
男六

卒同治甲戌三月廿二日
公塋元頭下坐庚甲申寅
侑哲錠附之
男二

哲為
艾鑽公次子
出宗姑家

哲舵
艾鑽公三子
名油甘
號厚忠

謀顧
生咸豐壬子
六月二十日

生道光壬午年
卒同治丙寅三月十七日
配蔡氏
名雪娘
生道光己亥九月初五日
卒光緒丙申十一月初一
塟墩上坐東
男二嗣女三
長嫌次和三
未治

卒光緒丙申十二月十七子時

○謀深
哲舵公次子
出承哲伏嗣

哲錠
艾鑽公四子
生道光甲申
七月十五日
辛咸豐辛亥
三月十九日
夘時
附塋長兄坟
嗣子一

謀哲
嗣子
本哲存長子
入承
生咸豐甲寅
四月廿二日
卒失

哲廳
艾鑽公五子
名腰
號敬堂
生道光戊子

謀便
生咸豐丙辰
十二月廿一
午時卒光緒

聖歪
出承謀頂

六月廿七日午時卒光緒丁酉六月十四日酉時

配許氏

名甲娘

謚慈安

生道光乙未七月十七日卯時卒光緒丙戌四月十七辰時

塋十三埔后

坐西

男四女一

名炒治

乙巳五月十八戌時

配蔡氏改

考塋夫人宫

坐西

男一女二

長

次冷治夭

哲廳公次子

謀頂

生同治乙丑四月初八日戌時卒光緒甲午十月初

嗣子聖歪

名歪頭

係謀便之子

入承

生光緒癸巳

四巳時
塋淡水
配王氏
旅台未詳
嗣子一

正月廿一日
酉時卒光緒
乙巳五月十
八戌時

哲廳公三子
謀借
生同治戊辰
正月初八日
戌時卒光緒
丙子十月初
九日午時

謀盤
哲廳公四子
未詳

哲伏
艾鑽公六子
生道光癸巳七月廿七日申時卒光緒丙戌五月初九日巳時
塋墩上坐西
嗣子一

謀深
嗣子
本哲舵次子入承
生光緒丙子四月廿二日巳時卒光緒丙戌四月廿七午時
塋益口山

艾等
肅适公長子
號遵礼
生加慶戊辰
九月廿二日
午時卒道光
戊申八月十
三巳時

配歐陽氏
名寳娘
生加慶丙子
十二月初四
巳時卒光緒
己卯二月十
八酉時
塟本山西埔

哲廣
字哲執
生道光丙申
八月十六日
卒光緒戊戌
八月廿七日
巳時
塟壋上

哲濕
艾等公次子
字哲輝
號松軒
生道光戊戌

謀知
字
生同治辛未
十一月初三

聖乞
名天乞
生民國庚午
八月十三日

坐丑未癸丁
男四女一
適石湖郭

十二月初九
卒光緒乙未
五月廿七日
配王氏
生咸豐壬子
名蔭娘
八月
卒民國壬戌
五月廿一日
丑時
葬本山墩上
坐西
子四女一
名梅

日卯時
卒民國癸酉
正月二十日
配吳氏
名碟娘
生光緒癸卯
十一月廿九
亥時
子二

哲濕公次子
謀音
生光緒丙子
八月十五日

酉時

謀知公次子
聖泉
名天泉
生民國丙子
三月十六日
卯時

六

丑時卒光緒丁未四月廿五申時塟本山蓮池潭坐北

哲濕公三子

謀薦

字敏均

生光緒癸未七月十二日酉時卒光緒丙戌六月十二日酉時

哲濕公四子

謀佑

名天佑
生光緒丙戌
四月十五日
戌時卒光緒
壬寅七月初
九未時
葬西坡坐南

配歐氏

名送娘
生光緒壬辰
十一月十四
卯時卒光緒
壬寅三月廿
五巳時

塋益口山坐東

哲頫
艾等公三子
出承艾贊嗣

哲礁
艾等公四子
出承艾潭

艾力
肅齋公嗣子
字寬餘
號位山
本肅分五子

哲從
名悳
號雲菴
生道光辛卯

謀奢
字華亭
號豪菴
生咸豐己未

聖楚
字聖湘
號瀟軒
生光緒己卯

積意
禔

入承
生加慶甲子
六月十三日
巳時卒光緒
丁丑六月二
十子時

配許氏
名玉娘
謚敬順
本里女
生加慶己巳
十月初五日
戌時卒道光
壬辰九月初
一日子時

次配謝氏
六月十二日
寅時卒同治
癸亥七月初
三日

配洪氏
名李娘
號淑慈
天旌節孝
生道光甲申
正月初八日
巳時卒光緒
丁未四月十
四日巳時
塟本地衙門
子祔焉
男一女一
名審治

二月三十日
卯時卒光緒
丙午四月初
九日午時

配程氏
名檝娘
謚勤儉
生咸豐辛酉
七月初七日
卒民國辛酉
三月十四日
辰時
考塟附母坟
在衙門邊
妣塟衙門邊
坐北
男四女二俱

二月廿二日
子時卒光緒
戊申四月初
五日巳時
塟衙門邊

配鄭氏
名打娘
生光緒壬辰
二月初三日
卒光緒甲辰
七月初十日

次配王氏
名合娘
號式順
生光緒丙戌
年

名閨娘
謚慈儉
石湖女
生加慶庚午
十月十四日
卯時卒光緒
己卯又三月
初七巳時
公塋錦田洋
坐壬丙子午
妣塋墩上坐
乾巽戌辰
次妣塋金鐘
潭頂艮坤丑
未
子四

殤

卒光緒丁未
五月初十日
公塋衙門邉
次妣塋十王
前
男一女一
名巧治夭

謀奮公次子

○**聖墻**

字炳垣
生光緒辛巳
二月初九日
午時卒光緒
壬寅六月初

九日子時
塋錦田洋坐
巽乾辰戌
甲辰年主進
大宗

聖升 謀奢公三子 夭

聖樸 謀奢公四子 夭

艾力公次子
哲鎮
字信爵
號守謙
生道光甲午
八月初四日
未時卒光緒
戊寅十月初
七亥時
配洪氏
名香娘
謚淑德
生道光丁酉
七月廿八日
辰時卒光緒
丁丑六月廿

謀眺
字謀望
號敏瞻
生咸豐庚申
二月十七日
寅時卒光緒
庚辰十一月
十六丑時
主晉大宗
配吳氏
名最娘
號柔惠
生同治癸亥
十一月初八
亥時卒光緒

聖堅
字
號志誠
生光緒己卯
九月初十日
寅時卒失
配蔡氏
名鈕娘
嗣子一

嗣子
積松 禔
本聖明次子
入承

三日己時
男四女二
長乖治適蓮
塘蔡次挨治
適本里王

卒光緒戊戌
正月廿五日
寅時
公塋本山嶺
上坐甲庚寅
申
男二

謀眺嗣次子
聖珪殤
本謀碖長子
入承

哲鎮公次子
謀托
字謀璋
號敵烘
生同治壬戌
十一月十一
丑時卒光緒
丁亥十一月

聖榮
字君顯
號耀軒
生光緒癸未
八月十六日
申時卒光緒
戊申四月初
十

積豪
提

民國丁亥年
重修

初九日子時
塋本山墩頭
坐北
配孫氏改
男一女一
名刈治

一日午時
塋夫人宫坐
東向西
配紀氏
名遷娘
生光緒己丑
年
卒宣統己酉
十一月
酉時
塋夫人宫坐
東
子一

哲鎮公三子
謀倫
字敏岩

聖珪
出承謀銚

號紫嵐
生同治壬申
十一月廿八
辰時卒光緒
辛丑十月十
二申時

配郭氏

名趕娘
日湖女
生光緒乙酉
十月廿八日
卒光緒丙午
四月十三日
卯時
塟夫人宫坐
乾巽己亥
妣塟夫人宫

戊辰加乾巽
男一

謀海
哲鎮公四子
殤

哲福
艾力公三子
出承艾全

哲丁
艾力公四子
又名哲鍬
字信起
號扳園
生道光辛丑

謀爵
字敏爵
號古修
生同治己巳
七月十七日

二月三十日
未時卒光緒
癸巳五月廿
一巳時

配王氏

名香娘
號芳節
水頭女
生道光甲辰
九月初九日
亥時卒光緒
癸卯三月廿
六戌時
塟墩頭坐壬
丙亥巳
男二

未時卒光緒
戊戌五月十
一酉時

配王氏

名梭娘
號慈順
生同治辛未
七月十一日
寅時卒光緒
辛卯七月初
二酉時
塟本山墩上
坐辛乙戌辰
妣塟本山墩
上乾巽巳亥

謀清
哲丁公次子
名永昌
生光緒庚辰十一月初十
卒光緒戊申五月初九日未時

哲注

艾鵬
榮昌公嗣孫
字寬程
號雲搏
肅傑公長子入承
生加慶丁丑

十月初八日亥時卒光緒辛巳五月十四日巳時

配洪氏

名麗娘生加慶己卯十月初四日辰時卒光緒丁酉六月廿六卯時公塋金山墓狗頭迎坐丑未癸丁妣塋加埔后苦塘坐癸丁子午

哲錫

艾鵬公次子字信懷生咸豐壬子三月初四日未時卒光緒丙申二月三十日未時

配王氏

名銀娘生咸豐甲寅七月初十日辰時卒光緒己卯正月初二子時

謀傳

名書傳生光緒甲申十一月初八卯時卒光緒乙未八月廿九日午時塋墩頭坐丙壬

謀祥

哲錫公次子

甲辰年進主
大宗
男四女三
長適本里紀
次適本地蔡
三適淡水黃

次配蔡氏
名株娘
生同治壬戌
四月初五日
戌時卒光緒
己丑二月初
八亥時
三配洪氏
名刘娘
諡淑勤
后廳女
生同治壬戌
十二月十五
卯時卒光緒
辛丑四月十
九日己時

哲錫公三子
○謀添
名沙添
生光緒

公塋葢口山
坐乙辛辰戌
妣塋墩頭坐
南
三妣塋本山
崙内坐癸丁
子午
甲辰年主進
大宗
男三女一

艾鵬公三子

○哲樹

出承艾贊

艾源

肅業公之子

生道光甲申十月初十日卯時卒咸豐辛亥又八月廿一亥時歿台湾

配許氏

裡內女

哲成

艾鵬公四子

生

哲兩

嗣子

字哲壤本艾褒四子入承

生咸豐甲寅二月廿八日午時卒光緒丁未五月十四巳時

謀塾

生光緒乙酉三月廿三日亥時卒光緒丙申十一月十九亥時

生道光辛卯
七月十九日
夘時卒失
嗣子一

配蔡氏娘
生咸豐戊午
九月初五日
午時卒光緒
丙申十二月
初一未時
次配 氏
生卒未詳
考祔塋父坟
在本山崙内
坐東
妣塋隘口山
男三女二
長嫌適下浦
蔡次宝治幼

哲丙公次子
○謀貫
生光緒丙申
七月初四日
巳時卒宣統
庚戌二月二
十午時

哲丙公三子
○謀傳
生卒未詳

夭

肅有公長子
艾暡
號莫蒙
生加慶辛未
八月十五日
酉時卒道光
庚寅五月十
六卯時
配王氏 改
考興次弟瓦
棺塟水尾坐
東
養子一

養子
哲羅
生道光庚寅
八月十八日
午時卒咸豐
癸丑正月二
十日戌時
塟元頭埔
嗣子二

嗣子
謀便
本哲聽養子
入承
生卒未詳

謀希
哲羅嗣次子
名謀禧
本哲教次子
入承
生同治丁卯
正月初三日

寅時卒光緒丁丑七月十四日卯時葬本山水尾坐東

肅有公次子

艾澤

字畝選

生加慶己卯又四月廿二巳時卒道光癸卯七月初六日巳時

配紀氏

名葉娘

哲教

諱曹

字子質

生道光庚子四月十二日未時卒光緒壬辰十月廿八日子時

配蔡氏

謀昇

字

生同治癸亥十月廿八日午時卒民國癸亥七月廿一申時

配洪氏

名嶢娘

聖守

本里女
生加慶己卯
十二月十九
寅時卒同治
甲戌十二月
二十日申時
考附塋水尾
兄坟
妣塋墩上洋
仔内坐丙壬
次婦附爲
男三女一
適蓮塘蔡

名占娘
號慈順
山前女
生道光甲辰
九月初十日
亥時卒光緒
辛卯十月廿
一丑時
考塋水尾坐
艮坤寅申
男三

生光緒癸未
三月十四日
未時卒光緒
己亥九月十
九日午時
考塋水尾坐
北
妣塋本山双
潭墩坐北
男一女一
名怗治

哲教公次子

○謀希

出承哲羅

謀郡 哲教公三子 殤

哲槌 艾澤嗣次子 又名礁 本艾等四子入承 生道光丁未十月廿六日已時卒光緒丙戌四月初六未時
配蔡氏 名絹娘

謀蒲 住嗅叻 又名菩 生光緒乙亥十一月初九辰時

號俊紱蓮塘女生咸豐乙卯十二月十一寅時卒光緒己亥九月廿五日亥時塟墩上坐西妣塟本山洋后坐壬丙已亥

男二

哲樋公次子

謀錢

住嗹叻

號

生光緒

配　氏

養子一

養子

聖智

艾澤公三子
哲爐
又名蟯本高山公三子入承生同治甲子六月初二日酉時卒光緒甲辰五月初七日申時歿淡水

肅有公三子
艾高
名高山字寬名

嗣子
哲令
字哲川本艾取長子

號深軒
生道光丁亥
十一月廿二
卯時卒光緒
癸巳六月十
二巳時

配謝氏
名串娘
石湖女
生道光辛卯
八月十七日
酉時卒咸豐
辛亥十一月
十七巳時

次配紀氏
名士娘

入承
生道光乙巳
八月廿二日
寅時卒光緒
辛卯十月廿
八日巳時
海亡

○哲桂
艾高公次子
名冬桂
生咸豐辛酉
九月十一日
子時卒光緒
丁丑八月初
九日寅時海亡

生道光丁亥十一月十一卒光緒丙申十二月十三日午時考塟本山墩上坐東妣塟水尾坐北男三女二長草治幼殤次適本里紀

哲爐

艾高公三子

出承艾澤

艾鳳

肅凌公長子

名飛鳳

哲鈎

號輝亭　出承艾鶴
生加慶癸酉
十一月三十
日辰時卒
光緒丙子十
一月廿九日

配紀氏

名月娘
號慈順
生加慶乙亥
年卒同治庚
午十二月十
九日寅時
塋水尾坐壬
丙亥巳
考塋墩仔坐
東　子一

肅凌公次子

艾鶴

生道光癸未九月廿六日巳時卒道光乙巳十月十四日寅時

葬淡水

嗣子一

嗣子

哲鈎

本艾鳳之子入承

生道光乙巳八月十二日丑時卒光緒癸未六月十三辰時

配郭氏

名反娘

號徽柔

石湖女

生道光戊申

謀行

生同治癸酉三月初四日未時卒民國庚辰二月初一日

配王氏

名乖娘

生光緒戊寅十二月十六卒民國丙寅十一月廿九日吉時

聖雁

生宣統辛亥二月廿五日

配黃氏

名对娘

生民國癸丑十一月初二

男四女二

積根

又名火根

生民國癸酉十一月廿四午時

聖雁公次子

積章

又名文章

生民國丁丑十二月初一

八月廿七日
辰時卒光緒
丁酉四月十
一日酉時
考塟本山崙
內坐南
男二女一
適本里紀

男二女二
長適台北擇
日沙木柵
次

長金桂次冬
子未字

寅時

聖雁公三子
積雄
又名文雄
生民國庚辰
九月十七日
巳時

謀行公次子
聖鶯
住台北
生民國壬子
三月廿五日
已時

聖雁公四子
積川
又名文川
生民國壬午
九月初一日
丑時

配吴氏
名月桃
生民國乙卯
八月十五日
戌時

女二長琼花
次悅治未字

哲鈞公次子
謀助
又名素性
生光緒乙亥

正月初五日
申時

肅凌公三子

艾禽

字輝琴
號信義
生道光戊子
十月二十日
巳時卒光緒
乙酉二月十
一辰時

配王氏

名勸娘
號慈順
本里女

哲河

出承艾燕

哲潤

艾禽公次子
生同治癸酉
正月二十日
戌時卒失

生道光戊戌
四月初八日
戌時卒光緒
丙子八月十
九午時
公塟本山水
尾坐艮坤寅
申妣塟墩上
坐東
男二女一名
味治

肅凌公四子

艾燕

字渚浣
號正卿
生道光丙申

嗣子

哲河

艾禽長子承
生同治庚午
八月十一日

十一月初五巳時卒失
日卯時
卒同治丁卯
三月十三日
辰時
塟水尾坐癸
丁丑未
嗣子一

艾贊
肅傑公次子
字寬育
號其妙
生加慶庚辰
三月初十日
午時卒道光

嗣子 哲頻
本艾等三子
入承
生道光辛丑
十二月廿四
寅時卒失

戊戌又四月
初十日午時
配紀氏改
考塋壞上
嗣子二

哲樹
艾贊公次子
字信玉
號瓊斎
生咸豐己未
九月初四日
巳時卒光緒
庚子六月初
十日
配陳氏
名糖娘
號懿恭
生同治癸酉
八月廿三日

謀投
生
卒
男一

聖来
外甥入承
生民國己卯
十一月十一
辰時

午時卒光緒
辛卯二月初
五寅時
次配吳氏
名带娘
謚慈紳
生同治癸酉
十月十五日
酉時卒光緒
己亥九月廿
七日申時
公塋台北自
新庄海亡
次妣塋本山
洋后坐丙壬
己亥
子一女一名

省治適前坡
塋

艾粉
肅分公長子
號秉章
生乾隆丙午
又七月十九
午時卒道光
乙巳九月初
五日巳時

配郭氏
名淵娘
謚敬勤
石湖女
生乾隆癸丑

哲鋤
承肅考公後

哲煨
艾粉公次子
出承艾盞嗣

哲篡
艾粉公三子
名哲串
號

謀什
殤

六月廿九日丑時卒道光辛巳七月十五日未時

次配邱氏名蕘娘生乾隆辛亥五月廿五日卒咸豐癸丑五月十七日卯時考壂本山墩上坐北妣壂石湖山上

男六

生道光癸未八月廿三日未時卒咸豐癸丑四月三十日壂墩上西東

配黃氏名嬌娘鋪錦女生道光乙酉六月廿七日卯時卒光緒己丑正月初十日亥時公壂墩上坐西

子三

謀揖 哲篡公次子 出承哲水

謀赤 哲篡公三子 殤 嗣子一

聖培 嗣子 本謀愚長子入承後出承仙境為嗣

哲旺
艾粉公四子
出宗邱下邱

哲水
艾粉公五子
生道光庚寅七月初九日亥時卒咸豐乙卯八月廿八日酉時
葬墩上坐西
配邱氏

嗣子 **謀摺**
本哲篡次子入承
生卒未詳
嗣子一

嗣子 **聖鑾**
名金鑾

嗣子 **積泉**
提

卲下女
生卒未詳
嗣子一

哲興
艾粉公六子
生道光乙未
六月十一日
寅時卒宣統
己酉九月十
七亥時
配謝氏
本里女
生
卒

謀愚
字君竹
號魯豪
生咸豐丁巳
七月十七日
未時卒光緒
乙巳六月十
九午時
配郭氏
名担娘

聖培
出承謀赤

聖走
謀愚公次子
生道光戊寅
九月廿八日
卒宣統己酉
四月初一日
嗣子一

嗣子**積怨**
本聖培次子
入承
生民國乙丑
十一月初八
日

生子二女一
適古浮蔡

石湖女
生同治癸亥
辛光緒丙午
四月廿三日
午時
公塋錦山洋
坐南
子三女二
長柗治適永
寧

聖執
謀愚公三子
生道光癸未
六月廿九日
酉時卒光緒
辛丑五月初
二酉時

謀漢
哲興公次子
名文峧
生道光己酉

聖成
生光緒乙酉
五月二十日

積泉
出承聖塋

二月廿二日酉時卒光緒丙午又四月十四卯時塟墩上西東

配紀氏

名蔭娘本里女生同治己巳十一月十五日未時

男一

卯時卒民國壬午四月廿一午時塟后湖樹東西

配蔡氏

名聘娘生光緒己丑三月廿四日卯時

子二女四長欝治適本里許次衛治適沙塘王三詮治適后湖

聖成公次子

積影

名水影生民國己未十一月初八寅時

郭四箕治適
古山洪

艾筆
肅分公三子
號管城
生乾隆辛亥
九月十七日
辰時卒咸豐
甲寅十二月
廿八辰時
塟錦田洋坐
南

配許氏
名艮娘
號慈順

哲闇
生加慶己卯
六月廿五日
卯時卒咸豐
庚申五月初
六日酉時
塟益口山
嗣子一

哲寔
艾筆公次子
生道光壬子

謀替
嗣子
本哲從之子
入承
生

謀豈
生咸豐壬子

生乾隆乙卯
九月廿九日
辰時卒同治
己巳九月初
三日酉時
塟錦田洋坐
南
男二女一
適本里紀

十二月十四
戌時卒光緒
乙酉二月初
五亥時

配李氏

名莉娘
本里女
生道光庚寅
九月十八日
午時卒光緒
壬寅六月廿
五日
公塟本山河
田內坐丙壬
己亥
妣塟墩頭坐
乾巽亥巳

六月廿八日
卯時卒失

男一

艾牌

肅欣公嗣子
號章直
本肅分三子
入承
生乾隆己酉
三月十七日
辰時卒咸豐
癸丑九月初
十日戌時

配紀氏

名愛娘
本里女
生乾隆壬子

哲虔

生加慶乙亥
十二月十九
戌時卒咸豐
辛酉四月初
八戌時
塟墩上坐東
西

配洪氏 改

男三

謀輔 殤

謀草

哲虔公次子
字
號
生

謀棚

哲虔公三子

三月十七日
辰時卒同治
辛未正月廿
一日辰時
公塋本山錦
田洋
妣塋后埔廳
坐北向南
男一

肅考兼嗣子

艾粉

哲鋤

號信義
係艾粉長子
入承
生加慶戊寅
二月初五日

字
號
生

謀鄭

名謀癸
生咸豐癸丑
年
卒民國壬子
六月初一日

二民國丁亥年

亥時卒光緒
乙未正月廿
五未時

未時
塋境主宮南
坐南向北

配張氏

名粒娘
號儉順
生道光己丑
十月初十日
午時卒光緒
甲辰四月十
九日卯時
考塋本山河
田坐南向北
妣塋墩上坐
乾巽戌辰
男一女一夭

肅機公長子

艾益

生加慶戊午九月十一日寅時卒咸豐癸丑四月初四酉時

配蔡氏

名陰娘祥芝女生加慶己未九月三十日亥時卒光緒乙酉十二月廿三子時考壑墩上坐

哲煨

本艾粉次子入承生道光辛巳三月廿三日卯時卒同治壬寅五月十九申時

配許氏

生卒失考壑台湾淡水男一

謀愚

出承哲與

南向北
妣塋沙田坐
東向西
男二女一
盒治適本里
紀

艾全
肅機公次子
生加慶乙丑
十一月初九
巳時卒道光
丁亥五月廿
六酉時
塋浦內
嗣子二

哲江
艾益公次子
殤

哲賴
嗣子
本艾硯次子
入承
生道光戊子
十月廿九日
酉時卒同治
癸酉六月廿
五戌時
塋夫人宫坐

配蔡氏

謀送
養子
名天送
生同治戊辰
七月十五日
酉時卒

壬丙亥巳
養子一

生同治癸酉
三月三十日
卯時卒

哲塘

艾金嗣次子
名天福
字信祿
號瑤池
艾力公三子
入承
生道光戊戌
五月十三日
酉時卒光緒
甲辰四月十
四巳時

謀汪

名謀盾
字敏瑞
號戰菴
生同治己巳
十二月十八
卯時卒光緒
辛丑五月廿
八卯時
葬安海坑狎
路亭邊坐壬
丙巳亥

聖壽

生光緒庚寅
九月初三日
亥時卒光緒
甲辰四月廿
五辰時
葬本山塚

聖畧

謀汪公次子

配吳氏
名發娘
謚慈祥
本里女
生道光乙亥
五月十二日
未時卒光緒
丁酉三月三
十日卯時
公塋芋田
男一女一名
慈治適本里
歐

配楊氏改
男三

生光緒丙申
四月十七日
亥時卒光緒
戊申四月初
三日亥時

聖明
諱汪公三子
名海明
生光緒丙午
正月初三日
辰時卒民國
壬申四月十
四戌時

配蔡氏

積祥
出承聖堅

積德提
聖明公次子

名鉗娘
生光緒
八月初八日

男二

肅均公嗣子
艾硯
號貴榮
本肅分四子
入承
生乾隆甲寅
八月廿三日
酉時卒道光
戊戌六月十
六日戌時

哲樵
又名乂
生道光辛巳
十一月廿五
寅時卒光緒
己丑三月三
十日亥時
配紀氏

養子
謀亦
出承哲錐

謀柏
哲樵公次子
生咸豐己未
年

聖安
生光緒乙酉
二月十七日
卒光緒戊戌
三十二

配謝氏
名子娘
號碩惠
本里女
生加慶己未
三月初九日
子時卒加慶
庚辰四月初
三日申時
次配周氏
名箱娘
謚柔和
生乾隆乙卯
八月廿二日
巳時卒咸豐
辛酉六月二

名牽娘
本里女
生道光丙申
十二月十七
巳時卒光緒
丙午五月初
十日巳時
子三

卒民國乙卯
七月初一日
未時
配紀氏
名口娘
本里女
生
卒
男二

謀沙
哲樵公三子

十月廿二日

聖核
謀拍公次子
出承謀沙

嗣子
聖核

十日已時
考塟台灣鹿
港畨瓦
妣塟本山墩
邊坐東
次妣塟夫人
宫坐壬丙亥
巳
子三

生同治戊辰
七月十五日
辰時卒宣統
己酉正月初
八日
配蔡氏
名畔娘
蓮塘女
生同治癸酉
年
卒宣統庚戌
三月初十日
亥時
考塟益口山
坐北
妣塟本山新
塚坐南

係謀柏次子
入承
生光緒甲午
十一月十六
亥時卒光緒
庚子十一月
廿六酉時

嗣子一

哲賴
艾硯公次子
出承艾全

哲錐
艾硯公三子
生道光乙巳
卒同治
七月十七日
塟益口山
嗣子一

配紀氏

謀亦
嗣子
本哲樵養子
入承
生咸豐己未
七月廿四日
亥時卒

生同治甲子三月二十日卯時卒失

按舊譜載哲樵公之子謀奕查哲樵神主孝男載謀拍謀沙并無載及謀奕按謀拍與謀奕同庚妣亦同姓謀拍之妣紀氏生卒失詳想謀奕即謀拍無疑矣姑并誌之以俟後人查核

蘆溪黃氏族譜　四

肅然公長子

艾取

號善世
生加慶癸亥
十二月十五
酉時卒同治
辛未二月廿
一日午時

聘許氏
六歲夭亡

次配郭氏
名魁娘
生道光乙未
年
卒光緒己亥

哲川
出承高山

哲體
艾取養次子
生咸豐丁巳
正月廿四日
卯時卒光緒
壬六月初一
午時
葬在番邦八
宅里

配許氏
許厝女

二一　善齋重修

十二月初一日
考壅墩上坐
癸丁子午
男二女一

沛然公嗣子
艾城
係輊然三子
入承
兼承敦厚嗣
生加慶乙亥
十一月廿三
亥時卒光緒
戊寅六月初
五日未時

生同治壬戌
正月十七日
巳時卒失

嗣子
哲鐘
名金鐘
本艾芑長子
入承
生咸豐壬子
正月十二日
辰時卒咸豐
丙辰六月十
九日申時

塟沙溪坐西
嗣子一

肅串公嗣子
艾棚
號志義
輊然公四子
入承
生加慶己卯
二月廿二日
寅時卒光緒
乙亥十月初
九寅時
塟山仔洋
養子一

亡年五歲

養子
哲京
生道光庚戌
十一月十一
巳時卒失

配蘇氏
本里女
生咸豐戊午
十二月十八
卯時卒失

邦殿公之子

艾褒

名褒雙
生道光乙未
八月十五日
申時卒同治
戊辰二月廿
五日

哲雨

出承艾源

配許氏

名衫娘
號柔範
生道光辛卯
七月十九日
卒光緒丙申
十一月十六
寅時

子一

肅良公長子
艾梅
名標梅
號得寶
生乾隆壬寅
十月十五日
申時卒道光
壬辰正月十
九卯時
配蔡氏
名丑娘
號勤信
古浮女

哲續 殤

艾梅公次子
哲抱
出承肅用為
孫

艾梅公三子
哲坪
一名堋
號承志

生乾隆丙午
七月初四日
辰時卒同治
庚午三月初
二酉時
公塋夫人宮
坐西
男四女一名
昔治

生加慶丁丑
七月十三日
戌時卒咸豐
辛酉四月廿
一卯時
塋山仔洋坐
壬丙

艾梅公四子

哲欺

名哲柿
號純直
生道光丁亥
九月十四日
未時卒光緒
壬辰十二月

謀傳

名冉傳
生光緒丁丑
四月十七日
酉時

廿九日卯時

配張氏

名的娘
壕上女
生道光丙午
九月十六日
亥時卒光緒
己亥十二月
廿四亥時
考塋本山徛
門邊坐壬丙
亥巳妣塋本
山土名五軍
公坐東向西
養子一

配傅氏

名鑾娘
生光緒辛巳
九月初一日
戌時卒光緒
庚子正月廿
四日丑時
塋蓋口山

艾梅
肅良公長子
兼承肅用
生配未詳

哲抱
肅用公嗣孫
本艾梅次子
承之
生加慶甲戌
五月初九日
卒失

艾𠂢
肅額公長子
生加慶辛酉
二月十五日
寅時卒同治
壬申四月初
一日

哲怎
嗣子
名哲簪
號哲仙
係艾賜公三
子承之
生咸豐甲寅
又七月二十

謀寶
哲頭之子兼
承
生甲詳后

配　氏
生卒失
考塟淡水
嗣子一

巳時卒宣統
己酉二月十
九日巳時

配　氏
生卒失

次
配邱氏
名吉娘
生咸豐戊午
年
卒光緒乙酉
九月廿三日
寅時
歿塟在淡水
生女一不治
兼嗣子一

肅穎公次子

艾老

生加慶壬申八月廿五日戌時卒八月初八日歿塋在淡水嗣子一

嗣子

哲頭

本艾賜次子承之生道光庚戌正月十九日未時卒光緒丙戌十月十八日寅時

配李氏

名碟娘甦慈謙生同治壬戌年卒光緒丁酉

謀寶

兼承哲怎嗣生光緒癸巳年卒民國甲寅九月廿三日子時塋益口山

四月初八日戌時
考塋淡水
男一女一名綢治
養女一名發治
幼殤

肅穎公三子
艾賜
字寬錫
號純齋
生加慶丁丑二月廿四日卯時卒光緒甲申六月廿八日巳時

哲祖
殤

艾賜公次子
哲頭
出承艾老

配蘇氏
名晡娘
大州女
生道光丁亥
六月十七日
亥時卒光緒
辛丑九月廿
一日巳時
公塋墩上
妣塋墩仔坡
男六女二
長適下州涞
次適古浮蔡

艾賜公三子
哲怎
出承艾朿

艾賜公四子
哲菜
生咸豐戊午
八月三十日
巳時卒失

艾賜公五子
哲嘴
生咸豐庚申
十二月十五

謀揉

卯時辛光緒己亥十月廿五日午時

配王氏

名嫌娘生同治辛未十一月初三丑時辛光緒壬寅十二月十三戌時

考塋墩仔上

妣塋墩仔上坐東

男一女一名桂治

艾賜公六子

哲笋

生同治乙丑五月初十日卯時卒光緒戊子七月廿二日申時塟淡水

肅檀公次子

艾闖

生加慶丁丑七月十七日未時卒失

配張氏

哲龍

住居淡水

生咸豐癸丑二月十二日午時

淡水女
生道光戊子
九月十八日
寅時卒失
男二

艾閣公次子
哲生
生咸豐丁巳
又五月
卒
七月初十日

肅檀公三子
艾勅
生加慶庚辰
正月廿五日
酉時卒咸豐
癸丑三月十
二日卯時

哲屋
生道光丁未
十一月廿七
巳時卒失

葬淡水
配陳氏改
男一

肅檀公六子
艾田
生道光癸巳
十一月廿三
寅時卒失
住台湾
嗣子一

嗣子
哲長
係艾園三子
入承
居台湾生卒
未詳

肅檀公七子

艾園

居台灣
生道光癸巳
十一月廿三
寅時卒失

配張氏

淡水女
生道光癸卯
十一月廿三
酉時卒失
男三
按公之生日
與六兄艾田
同庚未知有
悞否抑或同

哲獅

居台名烏獅
生咸豐庚申
四月廿五日
巳時卒未詳

艾園公次子

哲水 名春水

生同治癸亥
三月十二日
辰時卒未詳

胎未詳

艾德 公之子
生卒未詳
配氏
生卒失
男四

哲長 艾園公三子
出承艾田

哲的 殤

哲佑 艾德公次子
名神佑
生道光乙巳八月初八日
卒同治乙丑五月十八日

艾德公三子
○**哲獅**殤
生咸豐丁巳
三月初六日
卒失

艾德公四子
○**哲成**
名天成
生同治丙寅
十二月十五
卯時
卒未詳

肅炕公長子
艾煦
字艾賜
號福生
生道光甲午
正月十六日
亥時卒光緒
乙巳十一月
十八戌時
配郭氏
名榜娘
號慈裕
惠安女
生道光戊申
八月十六日
亥時卒光緒

哲忠
出承艾水

艾煦公次子
哲連
生光緒丙子
九月初二日
寅時卒民國
癸未十一月
廿三申時
葬老鼠墩
配蔡氏
名錢娘
玉埔女

謀情
殤

哲連公次子
謀煌
出承哲忠

甲辰九月初
八寅時
公塋壙上坐
壬丙子午
妣塋五軍宮
口坐東
男五女二
長適本里紀
次適赤湖蔡

生光緒
四月廿一日
卒民國戊辰
九月初十日
男二女四
長箕治適洪
窟洪次報治
適本里紀三
腰治適本里
紀四参治適
赤湖蔡

哲添
艾煦公三子
生光緒壬午
正月初九日

未時卒未詳

哲益 艾煦公四子

號進軒

生光緒乙酉正月十三日己時卒光緒丁未四月十三未時塟本山墩上坐北

哲單 艾煦公五子

殤

艾水
肅炕公次子
生道光庚子四月初三日午時卒同治乙丑三月廿八日戌時
嗣子一

嗣子 **哲忠**
本艾煦長子入承
生同治癸酉十月十六日寅時卒光緒丁未十一月十三戌時

配紀氏
名波娘
本里女
生光緒壬辰年
卒光緒丙午四月二十日

嗣子 **謀煌**
本哲連次子入承
生民國乙丑七月十四日午時

配郭氏
名箕娘
石湖女
生民國戊辰六月十八日申時

艾達
肅愿公長子
號善檥
生乾隆辛亥
十一月初七
日未時
卒未詳
配蔡氏
名㛑娘
古浮女
生加慶丙辰
十二月初六
酉時
考塋㘘叻坡
嗣子一

哲湄
出承艾琮嗣

謀却
哲湄公次子
生道光庚戌
八月十七日
未時卒光緒
癸未九月初
五未時
塋在淡水王
公宮邊
嗣子二

聖寶
名金宝
謀旺長子入
承
生光緒丁亥
六月十九日
午時卒光緒
丙申十二月
初六未時

二民國丁亥年

辰時卒道光
壬午八月十
五午時

次配李氏

名田娘
生乾隆癸丑
十月廿五日
卒咸豐癸丑
五月初七日
寅時
公塋台灣苏
厝
妣塋墩上
次妣塋墩上
男一

哲湄公三子

謀旺

生咸豐甲寅

謀却嗣次子

聖仁

係謀旺四子
入承
號均䰟
生光緒戊戌
九月十七日
卒光緒癸邜
正月初七日
酉時
塋埕口山坐
南

聖寶

出承謀却

五月二十日
未時卒光緒
丙午又四月
初三寅時
配郎氏
名笑娘
生同治甲子
十二月十四
日未時卒失
塋墩上坐北
男六女二
長適本里紀
次適浚後吳

謀旺公次子
聖香—積棠 [illegible]
名孝香
生光緒戊子
四月廿五日
卒民國癸酉
五月廿一日
未時
塋三潭山墩
坐西
配郎氏
名蕊娘
松棣女
生光緒癸卯
五月初三日

二民國丁亥年

辰時卒民國
戊寅正月初
七子時
男一女一
碖治

謀旺公三子
○聖透
出承謀箬

謀旺公四子
○聖仁
出承謀却

謀旺公五子
聖設
出承謀傎

謀旺公六子
聖屈
生光緒癸夘七月廿二日酉時卒民國壬子四月廿五酉時

艾釵
肅愿公次子
字寬玉
生加慶丁巳
十月初三日
戌時卒咸豐
庚申八月廿
八日巳時

配洪氏
名銀娘
洪寮女
生加慶丁卯
三月廿五日
亥時卒光緒
丙戌正月廿
八日酉時

哲煥
生道光乙酉
十一月十一
卯時卒同治
庚午十一月
初四巳時
塟元頭山

配紀氏改
子二

謀居殤
生
正月廿一日
卒
六月十九日

謀甲
哲煥公次子
號
本哲眼三子
入承

考葬本山双
潭坐甲庚寅
申
妣葬墩上
男三女一名
類治適于杆
頭

配陳氏
名問娘
號知莊
本里女
生光緒辛卯
三月初五日
卯時卒宣統
庚戌七月廿
二未時
葬本山草埔
園坐東
次配卯氏改

哲眼
艾欽公次子
出承艾琮

謀欠
次子
生光緒丙子
二月初三日
申時卒
七月初七日

配王氏
名甌娘
本里女
生光緒甲午
正月初十日
寅時

男三女二長
秇治適

聖達
出承謀當

聖福
謀欠公次子
殤

聖春
謀欠公三子
生民國戊午
正月三十日
酉時

肅恩公三子
艾瓊
生加慶庚申四月廿五日戌時卒加慶戊寅七月十

艾釵公三子
哲屋
出承艾臻

嗣子
哲湄
名湄洲
字花白
號素直晉祠
又號志卿

謀誅
字謀來晉祠
號禱齋
又號尚調
生道光乙巳

次養女朗治
適本里本宗

聖潭
名金潭
生光緒丁丑六月初三日巳時卒光緒
五十

配周氏
石湖女
生民國

積培
本外甥入紹
提

民國丁亥年

七日丑時
嗣子二

艾達長子入
承
生加慶戊寅
三月初七日
子時卒同治
癸酉十二月
十九日辰時
葬墩頭坐西

配紀氏
名碟娘
本里女
生道光庚寅
五月十一日
巳時卒光緒
戊戌十月廿
六寅時
葬双潭边坐

十二月初九
亥時卒光緒
丙午四月初
七日巳時
葬夫八宫坐
東

配郭氏
名　娘
號恭順
石湖女
生咸豐丁巳
五月二十日
子時卒民國
癸丑五月十
六未時
葬双潭边
子二女一

癸卯正月初
一日寅時
葬洋后坐北
養子一

聖秋
謀
諱誅公次子
號在桂晋祠
生光緒庚辰
七月初五日
巳時卒民國
丁丑七月初
一卯時

配歐氏
名雪娘

積庭
係外甥入承
禔

積盛
聖秋公次子
禔

東向西
男六

名清治適赤
湖蔡

本里女
生光緒庚寅
三月十九日
卒光緒丁未
四月十六日
未時
塟夫人宮坐
東
次配劉氏
生光緒庚寅
二月初六日
卒民國壬子
四月初六日
塟本山蛇穴
坐東
三配盧氏

五十一

二民國丁亥年

名糊娘
石湖女
生光緒己丑
十二月廿九
午時

男二女二
長養女蔭治
幼殤次訓治
適后安吳

哲湄公次子
○謀却
出承艾達為
孫

哲湄公三子

謀旺

出承艾達為

孫

哲湄公四子

謀筶

名鬐

生咸豐乙未

九月初一日

辰時卒光緒

壬午八月十

七未時

塋淡水大樹

庭

嗣子一

嗣子

聖透

生光緒庚寅

十月十四日

卒光緒庚子

九月十六日

辰時

塋混上坐東

哲湄公五子

謀鴛

又名沓
諱謀貨
生同治丁卯
十月初七日
卒光緒癸卯
四月十一日
酉時
塟盖口山坐
北
嗣子一

嗣子

聖設

本謀旺五子
入承
生光緒辛丑
三月廿九日
未時卒民國
壬子五月初
三午時

哲湄公六子

謀山

字謀六
號尚礼晉祿
生同治癸酉
四月十六日
午時卒民國
戊午八月十
七日未時
葬本山墩仔
坐東

配紀氏

名地娘
本里女
生光緒戊寅
十月初一日

養子

聖盾

生民國甲戌

巳時
養子一
生女一名欺
適本里紀

艾瓊嗣次子
哲眼
字蓮江
號㧑園
本艾釵次子
入承
生道光癸巳
正月初二日
卒民國丙辰
九月廿三日
未時

謀當
生同治辛未
十一月初七
亥時卒失
配歐氏
名畔娘
號守貞
本里女

嗣子
聖達
本謀久長子
入承
生民國癸丑
六月十八日
巳時
配紀氏

積
殤

塋墩上坐癸丁子午

配紀氏

名乾娘
號淑恭
本里女
生道光戊申十一月廿八未時卒光緒乙巳五月十七日巳時
塋墩上坐北
男四女二
長不治適本里紀次芋治適本里李

生正月十四卒九月廿五未笄而歿

次配傅氏

名麵娘
生光緒乙酉正月初二日酉時卒宣統己酉四月廿三日酉時
塋本山屈橋坐北

三配李氏

名類娘
號同儉
生光緒癸未

名須娘
本里女
生民國甲寅五月初七日卯時

謀當公次子

聖賢

生民國辛酉二月初一日寅時

五十四

民國丁亥年

九月廿三日
卒宣統辛亥
二月初七日
寅時
塟本山五斗
埔坐
四
配紀氏
名研娘
本里女
生光緒辛巳
二月十六日

男二女四長
鏡治適本里
歐陽次貝治
適浦內涑三

配紀氏
本里女
生民國癸亥
六月廿二日

宣治適鋪錦
黃田渙治適
石湖郭

謀欠
哲眼公次子
出承艾釵為孫

謀甲
哲眼公三子
出承哲煥

謀空 — **聖財**
哲眼公四子

生光緒甲申
八月十六日
卒失殁嘖叻
配蔡氏
名宝娘
號順儉
生光緒乙未
三月十六日
未時卒民國
丙辰七月十
四日午時
次**配吳氏**
名儉娘
仙境女
生光緒戊戌

字貞財
生民國丁卯

肅愿公四子

艾臻

字艾眞
生加慶丙寅
四月十八日
卒道光
四月十九日
嗣子一

嗣子

哲屋

本艾欽三子
入承
號涂德
生道光癸夘
五月初二日
亥時卒光緒

謀水

號敏斋
生光緒戊寅
四月初一日
亥時卒民國
辛未八月廿
七日戌時

子一女二
養女照治適
后安本宗次
續治適青陽
莊

聖閣

又名堆
生光緒庚子
六月十二日
辰時卒光緒
乙巳四月廿
九日夘時

甲辰二月十八日戌時

配紀氏

名牽娘
號慈順
本里女
生咸豐庚申六月初三日申時卒光緒乙未又五月廿三戌時
考塋本山墩上坐巽乾辰戌妣塋墩上坐酉
男四女一惜治適許

配王氏

名井娘
號淑懿
本里女
生光緒己卯十月十六日
考塋本山墩上坐癸丁子午
生男六養女三長箕治適洪寮洪次臘治適本宗林三緝治適石栖桊

塋益口山坐東

聖海

謀水公次子
字惠潮
號靖波
生光緒辛丑十二月初三未時

配紀氏

金娘
本里女
生光緒甲辰正月初十日

積純

殤

積炳

聖海公次子
提

積鎮

聖海公三子
殤

公妣拾骸合
塟於原處坐
巽乾辰戌分
金丙辰丙戌
内坐巽乾己
亥兮金庚辰
庚戌

辰時
子五女五
長晋治適本
里王次拱治
適東坡卯三
勉治四速治
五英双胎

聖海公四子
積苑
出承聖福

聖海公五子
積善
出承聖法

謀水公三子
聖摺
出承謀大

聖褫　謀水公四子
字
號西亭
生宣統庚戌
二月初八日
卯時

配紀氏
名荷娘
號淑英
本里女
生光緒丁未
七月初十日
辛民國癸酉

積鐘
名金鐘
生民國己巳
四月廿九日
卯時

積樑　聖褫公次子　殤

積森　聖褫公三子
出承聖福

七月初一日
午時
次配謝氏
名煥娘
石湖女
生宣統辛亥
十一月初二
日辰時

元配塋虎壞
東間埔坐西
男三女四
長淑珠紀出
次淑美三淑
宝四淑鳶俱
謝出

聖法
謀水公五子
出承謀角

聖福
謀水公六子
名天福
生民國戊午
十一月初一
卒民國乙亥
十月廿三日
塟安南
嗣子二

積苑
嗣子
名文苑
本聖海四子
入承
生民國甲戌
三月廿九日
卯時

哲屋公次子
謀培
生光緒壬午
正月初七日

五十九

聖福嗣次子
積森
名春森
本聖褫三子
入承
生民國癸未
五月十九日
卯時

二民國丁亥年

子時卒塋莫詳

謀火

哲屋公三子
生光緒庚寅二月十八日亥時卒光緒丙午年又四月十八日未時
嗣子一

聖楫

嗣子
本謀水三子入承
生光緒乙巳十二月十三酉時卒民國癸丑四月初二卯時
塋蓮花潭東畔坐西東

哲屋公四子
謀角
字棟樑
生光緒癸巳
三月十四日
辰時卒民國
壬子十二月
十四酉時
殁于嘵呥
嗣子一

嗣子
聖法
本謀水五子
入承
生民國乙卯
十月初二日
卯時卒民國
戊午八月初
二寅時
嗣子一

嗣子
積善
又名嫌
本聖海五子
入承
生民國壬午
二月初三日
酉時

肅志公之子
艾蘭名開
生加慶戊午
六月初一日
午時

哲挸
又名頭
字哲譴
生道光己丑

謀鼠殤

卒道光乙巳
七月廿三日
申時

配李氏

名謹娘
本里女
生加慶癸亥
十月初九日
亥時卒同治
甲戌十二月
初八日卯時
公妣合塋墩
上坐西向東
男一女二
長適石湖郭
次適后湖傅

十二月二十
寅時卒光緒
己亥二月初
七日未時

配曾氏

名花娘
獺窟女
生道光乙未
八月廿三日
卯時卒光緒
甲辰七月十
五日丑時
公塋双潭埔
坐北妣塋双
潭坐東
子一女一名
鑾治

艾揀

肅鑾公長子
字寬絪
號盟新
生加慶丙寅
八月廿八日
子時卒光緒
丙戌四月廿
七未時

配謝氏

名美娘
號慈範
本里女
生加慶丙寅

哲冉

出承艾巨

哲本

艾穅公次子
出承艾述

哲添

艾揀公三子
生咸豐丙辰
四月廿八日
戌時卒光緒

謀吉

生光緒庚寅
年
卒光緒丙午

六十一

二民國丁亥年

二月廿九日酉時卒光緒甲辰二月廿一辰時享壽九十九公塋洋后坐西妣塋洋后子三

癸卯正月十一酉時

配施氏

名愛娘大厦女生同治庚午二月初七日卯時卒光緒丁未四月十三亥時考塋合塋曲尺内坐寅申甲庚子附烏

男一

十二月三十日

塋附父母坟

肅鏊公次子

艾巨

號
生加慶己巳
二月初三日
戌時卒道光
辛丑十月廿
六日未時
塋曲尺坐北

聘李氏改

嗣子一

嗣子

哲冉

號
又名粍
艾棟長子入
承
生道光癸卯
十一月廿九
酉時卒光緒
乙巳五月初
十日未時

配洪氏

名改娘
本里女
生咸豐壬子
七月初二日

謀發

字
又名炒
生同治辛未
七月十一日
丑時卒光緒
壬寅四月廿
一日未時

配歐陽氏

名惠娘
本里女
生光緒癸未
年正月十六

聖海

字
號靖波禄位
生光緒辛丑
十月初三日
巳時

配謝氏

名糠娘
古山女
生宣統庚戌
十月十三日

嗣子

積華殤

聖土之子入
承

積生

出承謀諒

積恩

聖海公三子
名天恩
生民國甲申
十二月十四
巳時

亥時卒光緒
甲辰五月十
九酉時
考妣合葬曲
尺坐寅申甲
庚子附焉
男二女四
長波治適本
里紀次芋治
適祥芝　三
寄治適石湖
郭四信治幼
殤

考附葬父坟
男一養女一
送治適本里
紀

男三女三
長燕治適東
坡卯次素治
三景治

哲冉公次子
謀昌
出承參就嗣

艾縕

號樸厚
生加慶乙亥
五月初八日
申時卒同治
癸酉十二月
廿九戌時

配蔡氏

名乃娘
號圃範
蓮埭女
生道光戊子
七月十五日
辰時卒光緒
壬午三月廿

哲成

名臭
又名有成
生道光庚戌
十月廿九日
辰時
卒未詳

配王氏

名救娘
本里女
生咸豐丙辰
八月十六日
辰時卒光緒

謀蛙

生光緒壬午
八月廿五日
酉時

五未時
考妣俱塟曲
尺坐酉東
男一

癸卯四月初
四日卯時
塟曲尺坐寅
申甲庚
男一女一名
蔴治幼夭

肅愢公次子
艾述
字繼述
生加慶己巳
四月二十日
巳時卒失
塟淡水
嗣子一

嗣子
哲本
名哲崘
本艾摔次子
入承
生咸豐辛亥
七月十五日
申時卒光緒
丁酉六月十

諆諒
號
生光緒己丑
九月初一日
卯時卒民國
甲寅五月廿
五卯時
塟曲尺坐酉

聖

積生
號
本聖海次子
入承
生民國辛巳
八月廿五日
子時

五日未時

配郭氏

名飯娘

號勤質

石湖女

生咸豐甲寅

十二月十七

申時卒光緒

戊寅八月廿

四戌時

次配郭氏

名鳳娘

號勤慈

石湖女

生咸豐乙卯

三月廿五日

嗣孫一

卒光緒丙申十一月廿二午時

考塋曲尺穴坐西向東

元妣塋曲尺坐西於民國甲寅年又五月廿三日拾骸合塋曲尺坐寅申甲庚繼同附焉

男一繼女一名波治

肅慜公三子

艾參

名參就
生加慶壬申
十月十一日
寅時卒失
嗣孫一

哲

謀昌

本哲冉次子
入承
生光緒丙子
四月廿六日
申時卒光緒
辛丑五月三
十日午時
塟附祖父母
坟在曲尺穴
坐寅申甲庚

艾亞

肅猷公養子

號純樸

生道光丙戌十月初十日午時卒光緒乙酉七月十二日戌時

配陳氏

名碯娘

生道光丙申十二月初一卯時卒光緒己亥十二月十五日未時

公妣俱塋墩

哲逃 殤

哲訓

艾亞公次子

生同治辛未十一月初五巳時卒失

上坐東向西
男二女二
長棟治
次盞治

艾苞
敦厚公次子
又名峅
生加慶丁丑
十一月十七
亥時卒光緒
丁丑八月十
五日申時
配王氏
名鉛娘
殁温恭

哲鐘
出承艾城

哲階
艾苞公次子
生咸豐丙辰
九月初五日
辰時卒同治
乙丑八月初
一日丑時

龍塘女
生道光己丑
八月初二日
午時卒光緒
丁酉正月十
二日酉時
考葬本山仙
錦洋坐東
男四女一

艾芑公三子

哲炎

生咸豐己未
十一月廿八
戌時卒光緒
丙戌四月初
七日巳時

配紀氏
生
卒
男一

謀極

生
卒

哲晏 艾芑公四子

生同治庚午九月廿六日辰時卒同治癸酉三月十九日未時

艾民

肅錶公嗣子 名長民 本肅鉚公次子入承 生道光癸巳十月二十日申時卒光緒己卯九月十

哲和 嗣子

名九使 字哲琳 輔世公四子入承 生同治癸酉九月廿七日亥時卒失

謀士

名士水 生光緒

配氏

名蕉娘

六日酉時
塋淡水王公
宮口
嗣子一

配　氏

子一

肅鏤公嗣子

艾輔

名輔世
號素直
肅鏤公長子
入承
生道光癸未
十二月廿七
申時卒光緒
癸巳六月初
二日巳時

哲水

名金水
又名撈
生咸豐辛酉
二月初六日
未時卒民國
壬申正月十
三日戌時

配陳氏

謀

聖良

外甥孫入承
生民國丙寅
八月初四日
酉時

配胡氏
名莉娘
號坤順
郭厝女
生道光戊戌
四月初九日
亥時卒光緒
庚辰正月十
二巳時
公妣俱塋本
山洋后坐癸
丁癸未
男四女一

名玉娘
台灣女
生同治壬申
年
卒光緒丁未
四月初五日
嗣孫一女二
長羽治適本
里紀次養女
琳治幼殤

輔世公次子
哲搭 殤

輔世公三子

哲慶

生同治丁卯五月廿五日辰時卒民國戊辰六月十七日葬本山蓮池潭坐東

輔世公四子

哲和

出承長民

肅揚公嗣子

艾鐵

名艾枃
號樸誠
綸泮公次子
入承
生道光癸未
三月初五日
亥時卒光緒
辛巳三月廿
一亥時

配許氏

名盒娘
石湖女
生道光丙申
十一月廿九

哲磬

本艾佔三子
入承
生咸豐丙辰
正月廿二日
戌時卒失

哲池

艾鉄公次子
出承艾佔

哲此

艾鉄公三子

謀莉

六十九

二民國丁亥年

亥時卒光緒
己亥十月初
二日
考塋台灣府
城關帝庙邊
穴金盤探珠
妣塋本山洋
后坐南
男三
側室　氏
生女一及治
適本里何

生同治壬申
三月初五日
寅時卒光緒
戊子六月廿
六日申時
殁塋在淡水
嗣子一

生
配何氏
名品娘
生光緒庚辰
年
卒光緒己亥
九月廿五日
子時
塋本山洋后
坐南

肅揚養次子

艾泉

生道光乙巳十月十四日辰時卒光緒壬寅六月廿八日未時

配蔡氏

名老娘山前女生咸豐壬子三月初七日巳時卒失嗣子一女一適青蓮謝

哲次

名次九號滄齋生同治辛未十一月初五卒民國己巳二月初二日申時

配蔡氏

名舍娘山前女生光緒癸未八月十八日卯時

謀丕 殤

謀獅

哲次公次子生光緒乙巳六月廿七日巳時

配郭氏

名參娘石湖女生民國癸丑十一月廿五

男三女一
適崙后黃

卒　正月
廿六日
殁葬在[口寔]叻

哲次公三子
○謀坪
生民國丁巳
十月廿九日
酉時

肅燿公長子

文鉗

字寬鉞
號惟緘
生道光己丑
十二月廿四
子時卒咸豐
丙辰七月十
五巳時

配郭氏

名瞈娘
石湖女
生光緒甲午
四月十四日
酉時卒光緒
己亥十月十

哲煌

名哲育
生咸豐壬子
八月廿二日
卯時卒同治
癸酉六月廿
八巳時
塟本山土名
宮穴坐巽乾
己亥
按君因父商
於台夜遇刦
匪損財斃命
府縣憲台蒙
昧大冤未伸
君乃偹呈赴

七日寅時
塟本山洋后
男三
嗣女一清彬
長女承

京御前呈控
歸途遭害歿
在浦城案懸
三十餘年始
白

艾鉗公次子

哲炮

本清彬長子
入承
生咸豐庚申
三月初七日
卯時卒光緒
戊戌七月初
五日申時
塟淡水

艾鉗公三子

哲材

名衡材

清彬三子入

承

生同治庚午

正月初六日

辰時卒光緒

丙子五月初

十亥時

塟本山墩上

坐東向西

肅燿公次子

艾彬

原名清彬
字寬質
號寬讓
生道光乙未
十月初三日
戌時卒光緒
丁丑正月廿
六午時

配洪氏

名京娘
洪窟女
生道光丁酉
六月廿六日
子時卒光緒

哲炮

出承艾鈕

哲福

艾彬公次子
名景福
生同治戊寅
十二月廿四
巳時卒光緒
己亥十月十
九日丑時

配陳氏

名玉娘
台灣女

己亥十月十二日未時
考塋本山洋后坐癸丁丑未
妣塋山仔洋
男三女二
長閙治
次益治

肅八公嗣子
艾佔
名艾銅
號朴誠
肅洋公三子
入承

生同治壬申年
卒光緒丁未四月初五日
考塋洋后

艾彬公三子
哲材
出承艾鉗

哲糊
生咸豐壬子正月初十日寅時
卒光緒乙巳五月十

生加慶庚辰
二月初九日
戌時卒同治
庚午五月廿
五亥時

配蔡氏
名趧娘
號慈惠
龍塘女
生道光乙酉
十月二十日
寅時卒光緒
丙申七月初
六未時
享壽七十二
考葬仙錦洋
艮坤癸未

八日
葬夫人宮坐
南

○哲從
艾佔公次子
生咸豐癸丑
十月廿九日
未時卒失

○哲池
艾佔公三子
生卒失

男五女一
適蓮塘蔡

艾佔公四子
哲嗸
出承艾鉄

艾佔公五子
哲岸
生咸豐己未
八月初一日
巳時卒光緒
戊子十一月
十二亥時
殁塟在淡水

肅拱公養子
艾礽
字寬民
生乾隆丙申
三月十四日
寅時卒加慶
壬申十二月
廿四酉時
配洪氏
本里女
生乾隆甲辰
三月初七日
亥時卒道光
辛卯九月廿
九日巳時
考妣合壟坑

哲禱
生道光辛巳
七月十五日
亥時卒道光
辛丑四月初
五申時
配紀氏
生加慶戊寅
四月廿一日
未時卒道光
癸卯七月初
二酉時
養子一

養子
謀扶殤

頭山坐甲庚
寅申瓦棺二
首

男一

肅康公嗣子

艾時

字寬行
肅綏公長子
入承
生乾隆甲午
正月廿九日
亥時卒道光
癸未七月初
二酉時
塟山仔洋坐
巳亥乾巽

哲戴

生加慶丁巳
八月初一日
巳時卒道光
壬辰十一月
初十日寅時

配傅氏
生乾隆乙未
四月初四日
亥時卒道光
壬辰正月十
八日亥時
子一

艾炙
肅庶公次子
生乾隆庚戌
七月二十日
寅時卒道光
辛巳四月初
五日卯時

哲佃
外出

附祖父母合
塋益口山坐
東西

配　氏

子一

肅綸公次子

艾字

生乾隆壬寅
十月廿四日
酉時卒道光
庚戌三月初
一日巳時

配黄氏

哲揩

生道光庚戌
八月廿四日
辰時卒咸豐
庚申四月初
三午時
嗣子一

嗣子

謀順
殤

民國丁亥年

惠安女
生失卒亦未
詳
公妣合塋元
頭坐東
男一女二
長適蓮埭蔡
次適松茂張

肅和公長子

文餘

字寬瑞
生乾隆壬辰
六月初六日
丑時卒道光
辛巳十一月

哲裁

生加慶丙辰
七月廿五日
申時卒加慶
甲戌四月十
五日午時

廿七日戌時

配黃氏

塘後女
生乾隆丁酉
十二月廿一
丑時卒咸豐
丙辰二月初
五卯時
塋墩仔坐乾
巽戌辰
男二女一
適石湖周

肅同公長子

艾善

字寬弘

艾餘公次子

哲獎

生加慶己未
十月初五日
卯時卒道光
丁酉五月廿
八日巳時

哲象

生加慶丁己

號好德
生乾隆壬辰
二月十二日
辰時卒加慶
辛未十一月
十六子時
塟墩仔頂

配王氏

謚慈恬
本里女
生乾隆丙辰
十月初五日
亥時卒道光
戊戌又四月
初三未時
塟本山墩仔
男二女一

八月廿八日
戌時卒道光
丙戌三月廿
四日巳時
塟淡水

艾善公次子

哲獅

生加慶辛酉
十二月十七
卒道光己亥
三月十九日

適松茂吳

肅合公長子

艾賢 — **哲成** 殤

字寬仁
號彰信
生乾隆己亥
十月初二日
巳時卒加慶
戊辰十一月
二十戌時
塋益口山坐
北

配王氏

諡柔慰

生乾隆辛丑十一月廿八子時卒加慶丙寅九月廿六日戌時塋崙后坐東

子一

艾薺

生乾隆己酉五月初八日申時卒咸豐己未三月十二日

配吳氏

哲添

生加慶乙亥四月廿四日辰時卒道光辛卯三月十一辰時

生乾隆癸丑二月廿六日辰時卒道光乙巳二月初二未時男三女一適本鄉歐

哲禠 殤
艾蕣公次子

哲獺
艾蕣公三子
外亡

艾灶
肅合公三子
生乾隆癸丑十月十五日寅時卒失
配王氏
生卒失

哲荇
出承艾篤

民國丁亥年

住淡水
男一

艾飽
肅安嗣次子
本肅和三子
入承
生乾隆丁未
八月初九日
丑時卒咸豐
辛亥十二月
初七辰時
配王氏
謚柔慈
生

哲查
生卒未詳

哲養
艾飽公次子
生道光乙酉
十二月初一
亥時卒同治
癸酉十月廿
八未時
葬淡水

五月初七日
未時
卒道光乙巳
正月初八日
戌時
子二

肅祖嗣長子
艾琢
本肅顕長子
入承
生乾隆丁未
六月廿八日
未時卒道光
甲申三月十
九日卯時

嗣子
哲行
本艾灶之子
入承
外出

配王氏改

嗣子一

艾洸

肅經公養子

號厚誠

生乾隆癸卯正月初五日辰時卒加慶乙亥十月初三日酉時

葬元頭山后坐南向北

配黃氏改

哲侯

外出

男一

肅紹公養子
艾治
生乾隆癸卯十一月廿二巳時卒道光庚子二月廿四日辰時
葬大門坡

配紀氏
生乾隆辛亥四月十四日寅時卒咸豐癸丑六月初

哲鋪
生道光壬午三月廿四日寅時卒道光丁未四月廿二日未時
養子一

養子
謀頂
生同治癸亥十月廿七日酉時卒民國壬申十二月十三申時
養子一

聖鉗
名欺頭
生光緒甲午八月十四日戌時卒民國庚申八月十五戌時
葬本山后路
樹坐東

二酉時
塋元頭
男二女一
適本里紀

哲碩
艾治養次子
生卒未詳

配許氏
生卒未詳
男二

謀助 養子 殤
生光緒乙亥
三月初九日
寅時卒失

謀赤
哲碩公次子
生光緒乙未
十二月十四
日

配紀氏
生光緒丙午
九月廿二日

聖國
名愛國
生民國甲申
十月

肅閣公養子

艾劍

生乾隆甲寅
正月初十日
酉時卒
九月初五日
塟淡水

配王氏

生加慶己未

哲文

出承肅廷

哲蹇

艾劍公次子
生道光癸未
八月廿一日
巳時卒光緒

謀晏

生咸豐己未
九月初二日
未時卒光緒

申時

男一女二
長字治次敏
治俱未字

民國丁亥年

六月二十日
未時卒道光
戊戌八月初
四日卯時
男二

肅廷公嗣孫

艾

庚寅十二月
十八日午時

配吳氏

生道光丁酉
三月廿五日
午時卒光緒
甲辰三月十
六日未時
塟嶺上
子一女二

哲文

本艾剡長子
入承
生加慶丁丑
五月十九日

丁未正月初
九日卯時

配陳氏

生咸豐丙辰
年
卒光緒己亥
八月二十日
寅時
塟本山什王
坡坐西

嗣子

謀晏

卒道光戊戌四月廿三日
塟淡水

肅瑾公長子
艾問
生加慶庚申八月廿六日辰時卒道光辛卯三月初九辰時
塟沙田
配蔡氏
生加慶壬戌十一月初三申時卒道光

哲坫
出承三房

八十三

己丑六月初
五未時
塋沙田
子一

蓮江東林宗譜

第十世

廷輅

字于宣

生万曆癸巳十一月初十

卒順治庚子一月初九日

洪氏

万曆戊戌月十八日

順治戊戌月十一日

三女一

十一世

際保

生崇禎己巳二月廿八日

卒康熙壬寅十一月初八

配王氏

生崇禎壬申八月廿八日

卒失

女一適蔡

廷輅公次子

世

十三世

引機房

民國丁亥年

適侯
公妣附父國
揚公毋謝氏
塋后山本地
内坐丁癸

際治
生崇禎壬申
五月廿七日
卒康熙丙戌
八月初六日
卯時

配程氏
生崇禎丙子
正月初二日
卒康熙己巳
七月初一日
子一女二
適王　適蔡
公妣塋西宮
邉十五石下
男仕榮附塋

仕榮
號富厚
生順治己亥
十二月廿四
卒康熙甲申
九月廿七日

配王氏
生康熙丁未
八月初三日
卒乾隆壬戌
正月廿六日
公附塋父坟
妣塋郭厝頭
本地内坐東
向西大棺一
壙

文珍
仕榮公次子
緹

文考
出承際六公

文嘉
仕榮公三子
緹

維賢公次子
廷懷
生万曆辛丑十月廿四日
卒戊子年五月十二日
配郭氏

坐東向西瓦
棺三首

子三女二
長適龍塘王
次適水頭王

廷輅公三子
六英 出承廷懷
生崇禎壬午三月初五日
卒康熙癸未八月廿二日

却英
生崇禎甲戌八月初四日
卒失

嗣子
六英
本廷輅三子

仕

嗣孫
文考
生康熙甲戌

生万曆甲寅
二月初五日
卒康熙庚申
七月十八日
子三女二
適許　適劉

入承
嗣孫一

漈英
廷懷公三子
生崇禎壬午
六月廿一日
餘失

八月初一日
卒雍正丙午
十月初八日

配王氏
生女一適洪
塟坑山前京
尾坑與弟文
佳同穴

子
貝
一酉
二日

道立
生失
卒十二月初
五日

道正
維貴公次子

朝光
殀

子一
適郭 迟蔡
公與兄國良
合塟加埔下
祖墓北共三
壙

生万曆壬辰
十二月十一
卒壬寅年四
月初七日
子三

五月廿五日
卒順治乙未
二月三十日
子一
考妣合塟水
坑内園上坐
癸向丁

建軌公次子
際盛
生万曆己未
六月廿二日
卒康熙乙巳
四月廿九日
配盧氏
生天啟丁卯

生康熙己酉
五月十五日
卒雍正己酉
三月初三日
子二女四
適朱適陳適
洪適許
合塟水坑内

鶯使 外遊

十月十八日
卒壬寅年五
月初一日
子一

廷執公三子
際會
生天啟癸亥
二月三十日
卒康熙乙巳
五月初一日
配程氏
生崇禎己巳
九月廿九日
卒失
子一

壹使
外遊

生康熙壬申
十二月廿八
日巳時卒
乾隆癸酉五
月十一日午

配邱氏
生康熙庚辰
十二月初三
巳時卒乾隆
戊子十二月
廿五寅時
子三女二
適陳 適洪
公妣與長男
文堅合塋深
路尾坐艮坤
寅申瓦棺三

○文波 提
仕贈公三子

○文淡 提
字君成
生雍正癸丑
十月初一日
子時卒失

配邱氏
生乾隆癸亥
三月十五日
午時

廷叅 維亨公次子
字于鳳
生万曆丙午
正月廿四日
卒失
配唐氏
生万曆甲寅
二月十六日
卒崇禎辛未
六月初五日
繼配陳氏
生万曆乙卯
八月初二日
卒失子二

際寛 殤

顯郎 廷叅公之子 外遊

十三日申時
子三女二
適吳 適蔡
公妣合塋楊
井後大岸上
坐西向東瓦
棺二首

八日酉時
子三女三
適張適郭適
蔡
考妣合塋大
對山坐艮坤
寅申長男耀
光附塋瓦棺
三首

際章公次子
仕譜
字言進
號宗系
生康熙庚午
四月初八日
巳時卒乾隆

次配陳氏
生乾隆戊午
十二月十八
卯時卒失

仕憲公三子
文鶴提
生雍正辛亥
十月廿六日
巳時卒失

仕譜公次子
德光提

字君祥
瑞光提
生雍正癸卯

己已五月廿五日丑時

配陳氏

生康熙庚辰五月初四日寅時卒乾隆戊寅正月廿一日辰時子三女一適王

合葬蘆竹后瓦棺二首

際章公三子

仕贈

字言送

號恩人

十一月十九寅時卒乾隆甲戌又四月廿六日巳時

配周氏

生卒失

仕譜公三子

任光 緹

生雍正壬子十二月十四子時卒失

文堅 緹

仕贈公次子

六日卯時
子三女二
適陳　適周
公妣合壟郭
厝頭坐東向
西瓦棺二首

八日酉時
子四女二
適劉　適陳
合壟鳳脚川
男文森文泰
附壟瓦棺共
四首

仕旺
際玉公次子
字言佳
號仕興
生康熙戊午
八月十八日
卯時
卒雍正丁未
十月十九日

生康熙壬辰
十月十四日
巳時卒乾隆
辛巳九月廿
五日

配周氏

次配洪氏

文南
生卒俱失
提

文銓
仕旺公次子
鍉

文為
仕旺公三子
生康熙乙未

蓮江夏林氏宗譜

己時

配陳氏

生康熙壬戌
十月初五日
寅時卒乾隆
戊午八月廿
二日酉時
子五女二
適吳　適陳
公垄郭厝頭
妣垄加埔山

七月初六日
戌時卒乾隆
甲子六月初
九日未時
仕旺公四子

文忠

生康熙辛丑
正月十七日
亥時卒失
仕旺公五子

文通

生雍正甲辰
二月初六日
卒乾隆乙丑
六月十三日
戌時

次配楊氏
生天啟癸亥
十月廿五日
生女一適楊

崇敬公次子
維亨
字國仁
號心泉
生万曆丁丑
十月初四日
卒万曆戊午
三月初五日
配黃氏
生万曆己卯
七月初一日

廷瓚
字子鸞
生万曆戊戌
正月廿一日
卒康熙甲辰
五月三十日
辰時
配陳氏
生万曆壬午
七月初八日

際貴
字幼介
生崇禎戊辰
八月廿一日
卒康熙甲辰
八月廿一日
配洪氏
生崇禎癸酉
十月二十日
卒失

卒崇禎戊辰
四月初五日
子三女二
適郭　適黄
塟本里郭厝
頭坐甲向庚

卒康熙乙巳
八月廿五日
酉時
子四女一
適黄
公與祖媽合
塟郭厝頭
妣塟加埔下
祖墓北坐甲
向庚

生女一
適永春王姓
廷瓚公次子

際玉
字幼璽
號元寶
生崇禎乙亥
七月二十日
巳時卒康熙
己丑七月廿
一日辰時
配黄氏
生崇禎庚辰
十月初五日
亥時卒雍正
癸卯九月初

仕雅
字言錫
號清俊
生康熙庚戌
八月三十日
卯時卒雍正
壬子九月二
十日辰時
配蔡氏
生康熙癸丑
八月初七日
巳時卒乾隆
辛酉八月初

文森
生康熙壬午
十月廿六日
未時卒雍正
戊申正月十
五日戌時
附塟父坟在
加埔山

仕雅公次子
文叅　提

仕雅公三子
文惠

廷瓚公三子

際發 殀

生崇禎戊寅
八月十四日
卒康熙乙巳

仕某 提

字言在
號原良
生康熙甲子
十一月十九
亥時卒乾隆
戊辰又七月
初六日辰時

配劉氏

生康熙戊辰
三月初四日
亥時卒乾隆
丙戌正月廿
六日申時
子四女二
適周 適洪

文梅 提

仕某公次子

文菊 提

仕某公三子

文果 提

仕某公四子

文結

生雍正辛亥
十一月初三
戌時卒乾隆
丙子四月初
七日

八月十七日
酉

廷瓚公四子

際章

字
號
生崇禎壬午
四月十九日
戌時卒康熙
辛卯十一月
廿七日未時

配張氏

生順治乙未
六月廿五日
亥時卒雍正
戊申十二月

公塋郭厝頭
妣塋本山鳳
脚村

仕憲

字言德
號榮夫
生康熙辛酉
十二月初一
辰時卒乾隆
己巳八月初
七日酉時

配郭氏

生康熙壬申
十二月初九
辰時卒乾隆
丁丑三月十

耀光 提

仕憲次子

道生 提

生康熙乙巳
二月十九日
丑時卒失

元配洪氏

生雍正甲寅
五月初九日
寅時卒乾隆
九月十五日
亥時

際可公三子
仕思
字言擇
號誠忠
生康熙丁巳八月十五日卯時卒乾隆辛未四月廿四日午時
配蔡氏
生康熙戊辰七月二十日酉時卒乾隆己卯四月廿四日
側室　氏

文儒 提
仕思公次子

文貴 提
字君介
生雍正辛亥三月初三日子時卒失
配　氏

文謹
仕思公三子
生乾隆甲子正月初一日戌時卒失

維新公四子
廷璧
生卒失考

維新公五子
廷謝
字于臺
生万曆丙午
正月十三日
配洪氏
生万曆丙辰
四月廿三日
卒戊子年五
月初八日

生康熙癸未
五月廿一日
子三女二
適黃　適陳
公塋本都古
山鄉如塋本山
西埔

生乾隆丙戌
九月初三日
子時卒失

字幼蜚
生万曆甲寅
二月初五日
卒失

配陳氏
生崇禎辛未
八月初三日
卒失 子一

廷瑞公四子

際朱

厚公 外出

字幼赤
生天啟丁卯
十一月二十
卒失

配張氏

際諸

生崇禎壬申四月初七日卒失　子一

廷瑞公五子

字幼日

生崇禎壬申六月初十日卒失

配謝氏

生崇禎甲戌六月初三日卒失　子一

玉公

外出

廷琰

維新公次子

無傳

維
字國賓
號双泉
生加靖丙寅
正月初九日
卒万曆戊午
二月初九日
配吳氏
生隆慶戊辰
六月十二日
卒崇禎癸卯
四月廿九日

廷軾
維禎公次子

廷瑞
字于淑
號近泉
生万曆丁亥
八月初八日
卒康熙
二月廿六日
配張氏
生万曆丁亥
九月
卒万曆戊午
正月初五日

際華
字幼賓
生万曆戊申
十一月初二
卒八月十八
配周氏
生天啟辛酉
二月初二日
卒康熙辛巳
三月初九日
子三

德公 殤

仕麟
際華公次子
號處士
生崇禎辛巳
十月廿二日
卒康熙戊戌
六月初十日
寅時

文三 緹

子五女二
長適許次適
紀

次配蔡氏
生万曆癸巳
十月初六日
卒失
子五
張塋壙頭山

孫二
廷瑞公次子
生万曆庚戌
十二月二十
卒崇禎癸未
三月初九日
附胞叔廷琰
塋古山前

配洪氏
生順治乙酉
二月廿四日
卯時卒康熙
己丑七月初
十日寅時
子一女二
適丁　適洪
公塋古壙大
岸上妣塋加
埔下

際英
廷瑞公三子

仕宣
際華公三子

新郎殤
出養祥芝鄉

六月初三日辰時卒乾隆三月廿五日
四月初二日丑時卒失
配氏改
子一

十三世

引後房
孔璇公派
仕榮公長子
文珍
號振玩
生康熙庚午十一月廿三酉時卒乾隆丙子二月初八日
配洪氏
龍窟女
生康熙癸酉

十四世

華攀
字子拊
號懿厚
生康熙丁酉七月十一日戌時卒乾隆癸卯六月初三日酉時
聘郭氏
未笄而歿莚

十五世

榮長
生乾隆丁未十二月初七戌時卒道光丙戌十一月廿九日巳時
葬郭厝頭
配吳氏
新洪堀女
生乾隆壬午

十六世

肅晟
生乾隆辛丑十月廿八日午時卒加慶癸亥七月十五日
配　氏改
嗣孫一
歿于浙江

十七世

兼祧
艾錐
提

神奉祀

配李氏
水頭女
謚勤儉
生雍正甲辰
九月十八日
午時卒乾隆
癸巳十二月
廿一申時
子四
公與子榮贇
合塋郭厝頭
瓦棺二首
妣與姑合塋
郭厝頭瓦棺
二首

五月初四日
戌時卒道光
壬辰又九月
初七日酉時
塋后石
子二女二
長適日湖郭
次適赤湖蔡

榮長嗣次子

肅胎
胞弟榮強次
子承之
生加慶庚申
三月初一日
申時卒同治
戊辰三月十
七日巳時
塋宫后坐西
向東

配黃氏
惠安女
生加慶乙丑
十月十八日
辰時卒光緒

艾答
出承肅晃

肅胎公次子

艾錐
提

二月初三日
未時
子二

華扳公次子
○榮碎
出嗣華呏

華扳公三子
○榮贊
名成贊
號德貞
生乾隆戊寅
十一月初四
己時卒乾隆
甲辰三月廿
一日未時
聘侯氏改

嗣子
○肅晃
胞弟榮強長
子承之
生乾隆壬子
十二月三十
卯時卒道光
乙巳八月十
三日酉時
嗣子一
歿于淡水

嗣子
○艾答
提

華哖　文珍公次子

嗣子二　公與父合葬郭厝頭瓦棺二首

榮強　華扳公四子　出承文佳公為嗣孫

榮碎　嗣子

肅挑　榮贅嗣次子　胞弟榮碎三子承之　生加慶丙辰九月廿九日午時　卒道光丁未五月初二日寅時

肅頓

四十八

艾答　蕉　桃　提

二民國丁亥年

生雍正己酉
九月十九日
午時卒乾隆
壬戌八月初
九日酉時
上殤
嗣子一

華拔四子入
承
號元姓
生乾隆乙亥
十月初四日
卯時卒加慶
己未八月十
六日辰時

配蔡氏
山兜女
生乾隆乙酉
九月廿八日
巳時卒道光
丙午又五月
廿九寅時
子三女一
適水頭王

生乾隆庚子
十二月初六
卒五月十八
嗣孫一
歿于淡水

肅矼
榮碎公次子
生十二月三
十日
卒七月初一
歿于淡水

肅挑
榮碎公三子
出承榮賛

公塋赤塗墘
大棺
妣塋宮后大
棺

仕榮公三子
文佳
生康熙己卯
十一月十二
巳時卒雍正
丁未正月初
二日申時
嗣孫一
塋坑山前京
尾坑本宅地
峙上坐北向
南與兄文考

兼祧
華攀

四子
榮強
文佳公嗣孫
生乾隆辛巳
十月十九日
戌時卒加慶
己卯六月初
一日酉時
配洪氏
坑園女
生乾隆乙酉

肅晃
出承榮贊

榮強公次子
肅胎
出承榮長

榮強公三子
肅串
生加慶壬戌

艾益
生咸豐甲寅

全穴瓦棺二首

文買
子
生康熙庚辰三月十六日

華變
字子化
號守山

正月十一日午時卒道光甲午十月初十日申時子三女二長適蔡次適薛公妣合塋坑山邊瓦棺二

榮天
名由天
生乾隆丙子

九月廿七日巳時卒咸豐己未四月初五日卯時

配吳氏
松茂女
生加慶戊寅十二月十五午時
卒失
子二女二

肅明
生乾隆壬寅十二月十三

二月初六日辰時卒失

艾成
肅串公次子
任淡水

艾滿
提

未時卒雍正
己酉四月十
三日辰時
配謝氏
石湖女
生康熙甲辰
六月十九日
卒乾隆癸酉
八月十七日
未時
子三
公塋本山双
潭上坐壬向
丙

生雍正戊申
十月初八日
戌時卒乾隆
乙卯十一月
三十日卯時
配謝氏
古山女
謚莊儉
生乾隆丙辰
八月初四日
辰時卒加慶
癸亥七月十
一日未時
子一女二
長適洪次適
陳
公妣俱塋双

十一月廿二
亥時卒道光
壬辰八月初
二日己時
塋赤塗潭
配郭氏
前坑女
謚勤儉
生乾隆乙酉
二月初七日
卒乾隆癸卯
三月廿八日
己時
次配龔氏
前頭女
謚懿儉

己時卒道光
戊子四月廿
八日酉時
殁于淡水
配吳氏
生乾隆癸卯
十月廿一日
丑時卒加慶
癸亥十一月
初三辰時
塋后石
次配蔡氏
生乾隆癸丑
八月十二日
酉時卒道光
乙酉十二月

肅明公嗣子
○艾汀
殤

蘇氏族譜　二一　善齋重鈔

潭大棺二

生乾隆辛巳
二月十九日
午時卒加慶
甲戌二月二
十日戌時
子二女一
適甜江紀
郭氏塟古山
前

廿一酉時
子二

肅許
榮天公次子
字恭道
生乾隆辛亥
八月十二日
酉時卒五月
十九日巳時
配許氏
厝仔女
生加慶癸亥
十一月十二
卒道光乙巳

艾茂 提
肅許公次子
艾舌 提
肅許公三子
艾繖 提
肅許公四子
艾鈌 提
肅許公五子

三月廿八日
戌時
子五
公塋古柄坐
南向北
妣塋水坑坐
北向南

艾域 提

文買公次子
華荷
生雍正甲寅
十月十五日
子時
卒失 外亡

文買公三子
華章

生乾隆辛酉
六月十五日
酉時
卒失　外亡

文泰 丁
生康熙癸巳
二月十三日
辰時卒乾隆
戊寅十月十
九日未時
配王氏
大埔女
生康熙丁酉
二月廿三日
辰時

華起
字子發
號思持
生乾隆戊午
十一月廿二
戌時卒加慶
壬戌九月初
三日卯時
葬水坑內大
棺
配周氏

榮投
號德宿
生乾隆己丑
十二月初七
卯時卒加慶
己巳九月初
一日戌時
配謝氏改
子一女一
適紀
公塋荒敗

肅熾
生加慶丁巳
四月十一日
午時卒道光
丙午三月廿
二日寅時
配郭氏
日湖女
生加慶丙寅
卒道光丙午
四月二十日

艾田 提

肅熾公次子
艾世
未詳

卒失
子三女二
長適石獅
次適古山
公塋洋墓山

日湖女
謚勤儉
生乾隆壬戌
八月初八日
卯時卒乾隆
壬辰二月廿
九日酉時
塋売墩瓦棺
次配顏氏
鈔坑女
謚寬臭
生乾隆己巳
十一月廿四
未時卒乾隆
庚子十二月
廿二日午時
塋后石大棺

生子二

華起公次子
榮認殀
生乾隆丁未
八月十四日
寅時卒加慶
己巳二月廿
三日酉時
塋売墩

三配黄氏改
子二女二
長適周次適
洪

華員
文秦公次子
號端篤
生乾隆丁卯
十一月二十
亥時卒乾隆
壬寅正月二
十日亥時
配鄭氏改

嗣子**榮望**
胞弟東瑛長
承之
生乾隆甲辰
又三月廿七
未時卒失
嗣子一

嗣子**肅樊**
榮嗹長子入
承
生卒失

嗣子一
公塋尭墩頂

華瑛

文泰公三子
名東瑛
號雲呈
生乾隆壬申七月十二日卯時卒加慶己未四月初一日酉時

配李氏
埔頂女
生乾隆癸未七月廿九日

榮望

出承華員

榮綁

華瑛公次子
生乾隆丙午十月十五日酉時卒道光壬寅六月初九日戌時

民國丁亥年

酉時卒失
子四女一
適許
公塋壳墩中
央一堆係東
瑛公
東一堆係華
員公
西一堆係招
来夫之墓
又東畔起姆
墓又西畔榮
認華起之墓
又再西畔榮
拨之墓

榮視
華瑛公三子
生乾隆癸丑
十二月十八
戌時卒失

榮嗹
華瑛公四子
生加慶丁巳
二月廿八日
戌時
卒道光乙未
四月廿二日
戌時
配陳氏

肅樊
出承榮望
榮嗹公次子

肅鎖
生道光甲辰
正月三十日
辰時
卒失

仕麟公之子
文三
字君才
生康熙乙酉
三月初六日

華縣
號成候
生乾隆庚申
四月初二日

榮呈 殀
生卒失
配郭氏改

生加慶癸酉
三月初九日
寅時
卒失在淡水
子三

配蔡氏
古浮女
生道光丁未
卒失

肅鐠
榮噠公三子
生道光
卒八月初二
申時

卯時
卒失
配洪氏
龍窟女
生康熙戊戌
正月廿四日
戌時
卒失
子二女一
適連

亥時卒加慶
庚午九月十
七日巳時
配陳氏
祥芝女
生乾隆辛未
九月二十日
辰時卒乾隆
丙申五月十
九日巳時
次
配　氏
生乾隆丙寅
七月初七日
卯時卒加慶
己巳十二月

華縣公次子
榮植
歿
生卒失

華縣嗣三子
榮疊
華賞次子承
之
生加慶丁巳
十二月廿一
卯時卒道光
乙未三月廿
一日午時

嗣子
肅厘
榮葉之子承
之
生道光辛卯
二月初八日
亥時卒失
配楊氏

艾添
未詳

塋西壙
子三

生道光壬寅
八月廿八日
午時
卒失
子一

華玷
文三公次子
生乾隆癸酉
二月初八日
辰時卒乾隆
壬子十二月
廿九日寅時
配郭氏
惠安女
謚勤慎

榮藿
生加慶
辛正月廿九
巳時
歿于淡水

生乾隆戊辰
卒加慶己巳
三月廿一日
酉時
子一
公殁于呂宋
妣瘞西埔坐
南向北

仕戎公之子
文興
字君勝
生康熙丁丑
又三月十七
亥時卒失
配謝氏

華猛
字子成
生雍正己酉
正月廿九日
卒失
配　氏

大廈女
生康熙己丑
正月初七日
辰時
卒雍正乙卯
又四月初一
丑時
子三
公塋南鎮山

玉盤女
生卒失

○華廉
文興公次子
生雍正辛亥
二月廿九日
午時
卒失
兄弟居住玉
環州小𫞠竹

○華未
文興公三子
生雍正癸丑
六月十五日

未時
卒失

仕俟公長子
文請
字君益
號敦誠
生康熙乙亥
十月初七日
亥時卒乾隆
辛酉八月廿
九日卯時
配吳氏
裡內女
生康熙戊寅
十一月廿一

華然 殤
生康熙己亥
十月廿五日
辰時卒雍正
戊申五月廿
七日

華倘
文請公嗣子
文志次子入
承
生乾隆丙寅

榮切
生卒失

申時
卒失
子二女二
長適周次適
薛
公附父仕侯
公塋郭厝頭

仕侯公次子
文志
號君量
生康熙癸未
十月十九日
戌時卒乾隆
十二月初八
寅時卒乾隆
甲寅十月十
六日
配氏
生卒失
子一女一
適紀
公塋郭厝頭
大棺

華進
名進光
生雍正甲寅
十一月廿六
辰時

兼祧
榮華

長子
肅抄
華進公嗣孫
生加慶辛未
二月廿一日
子時

艾琶　提

肅抄公次子
艾水　提

癸酉二月廿六日午時
配邱氏
厝上女
生康熙丁亥四月廿四日酉時
卒失
子四女一
適洪
公塋本山西埔

卒失
配鄭氏改
嗣孫一

卒同治己巳十一月廿六未時
聘郭氏
日湖女
未娶而卒
配許氏
洪尾女
生加慶庚辰五月三十日酉時卒道光己酉五月廿五日寅時
次配邱氏
生加慶己卯

三月十一日
辛光緒庚子
六月廿六日
寅時
子二

文志公次子
華略 殤
名武略
生康熙丁巳
四月十二日
已時卒乾隆
丙寅十二月
十二日卯時

文志公三子
華布

榮香 殤

號允誠
生乾隆辛酉
十月初十日
辰時卒乾隆
戊申三月十
九日未時
配陳氏
本里女
生卒失
子二
公塟鳳尾山
妣塟鷺石下

名回香
生卒失

華布嗣次子
榮華
字德岳
華奪三子承
之
生乾隆丁未
十二月初一
丑時卒道光
庚戌九月十
四日寅時
配陳氏
水頭女
生乾隆庚戌

肅抄
出承華進
榮華公次子
肅抹
生加慶乙亥
七月十五日
亥時卒道光
戊申十二月
十七日卯時
配吳氏改

十一月廿五
辰時卒咸豐
辛亥四月十
五日酉時
子五女一
適蓮塘蔡
公妣俱塟嶺
仔上坐東向
西

榮華公三子
肅撥
生加慶戊寅
四月廿二日
卒咸豐丁巳
八月二十日
辰時
嗣子一
塟嶺仔上坐
北向

嗣子
艾蝦
提

榮華公四子
肅欉
生加慶庚辰
十二月廿五
卒光緒庚寅

艾蝦
提

九月廿九日戌時

配陳氏

水頭女生道光辛巳十月廿四日巳時卒光緒癸未七月十五日申時子一女二長適紀次適蔡

榮華公五子

肅腴

生道光丙戌八月初四日

艾性 提

生同治癸亥三月十三日

卒同治癸亥
七月十四日
酉時
塋亮墩上
配周氏
石湖女
生道光己亥
十一月十二
卒光緒己亥
八月初十日
午時
子一女一
適赤湖蔡

巳時卒失
配謝氏
后湖女
生十二月初
四日巳時

○華倘
文志公四子
出承文請

文順
字君和
生康熙己丑
八月十一日
巳時
卒失
配蔡氏
本里女
生康熙乙未
十月廿一日
酉時
卒失
子二女三
長適王次適
劉三適洪

華蔭
字子庇
魏仕誠
生雍正甲寅
十月十一日
巳時卒加慶
庚午正月初
十日未時
配洪氏
洪塚女
謚寬慈
生乾隆戊午
十二月初十
巳時卒乾隆
癸卯七月初

榮敏
生乾隆戊寅
五月初六日
子時卒道光
己亥正月十
五日亥時
配蔡氏
蓮塘女
生乾隆庚辰
十月十五日
亥時卒道光
甲申又七月
十四日巳時
子三女一
適水頭吳

肅摺
生乾隆辛丑
十月十五日
辰時卒道光
戊戌二月初
三日戌時
配柯氏
上郭女
生加慶丁巳
三月初二日
酉時卒道光
壬辰八月初
六日寅時
次配**王氏**

艾尾 提
肅摺公次子

艾不
生道光壬午
六月十一日
寅時卒道光
辛丑四月廿
三日寅時
塋塔下
配曾氏 改
肅摺公三子

艾樓 提

二日午時
子六女一
適洪
公葬鳳脚村
坐南向北大
棺一
妣與姑併葬
壽合葬后山
瓦棺三首

公妣合葬塔
下坐東向西
瓦棺二首

五堡女
生加慶丁巳
十一月十七
亥時卒同治
己巳八月十
三日未時
子三
公仝元妣合
葬鳳脚村坐
東向西瓦棺
二首

榮敏公次子
〇**肅鑠**
出承榮壽

榮敏公三子
〇**肅東**

榮祿
華蔭公次子
生乾隆庚辰七月十七日丑時卒乾隆壬寅六月十九日
出承榮賜

配氏改
塋台湾

榮壽
華蔭公三子
生乾隆癸未七月初二日寅時卒乾隆

嗣子肅鑠
胞兄榮敏次子承之
生乾隆丁未

戊申五月三
十日午時
聘洪氏 改
嗣子一
塟后山路頂

華蔭公四子
榮賜
字德高
生乾隆丙戌
七月廿二日
子時卒加慶
庚申二月初
一日子時
配蔡氏 改

八月十八日
未時卒道光
壬午十一月
十九日午時

嗣子
肅東 殤
胞兄榮敏三
子承之
生乾隆甲寅
十一月廿二
卯時卒加慶
丁巳三月十
九日寅時

嗣子一

榮彪

華蔭公五子
生乾隆癸巳
六月初六日
未時卒加慶
癸酉十一月
三十日午時
塟淡水山

榮恢

華蔭公六子
出承華蘭

華蘭

文順公次子

嗣子

榮恢

一名春粟
生正月十五
日戌時
卒三月二十
配蔡氏
生道光壬午
正月廿九日
卒光緒辛巳
五月廿一日
未時
子二

肅籍公次子
艾盆 未詳

華奪公次子
榮秤
出嗣華全

華奪公三子

榮華
出嗣華布
華奪公四子

榮撫
出嗣
華奪公五子

榮勸
生加慶丁己
四月十四日
未時卒道光
丁未十二月
十一日未時
配傅氏
前壁女

肅斟
生道光甲申
正月初六日
戌時卒四月
十二日巳時
配蔡氏改
子一

艾刺 提
生咸豐己未
九月十九日
巳時卒失
配蔡氏
生同治壬申
十二月十七
亥時卒失

生加慶庚申九月二十日亥時卒同治丙寅八月初一日未時
子五女二
長適蓮塘蔡
次適蚶江紀

榮勸公次子
肅緻
生道光庚寅十一月初二寅時卒同治癸酉四月初十未時
配氏
亂倫弗書姓及生卒
子一女二

艾寧 提
生同治丁卯十月十五日寅時卒

榮勸公三子

肅敦

生道光癸巳九月初八日卯時卒同治己巳四月廿四日酉時塟淡水

榮勸公四子

肅視

生道光丁酉五月廿一日未時卒同治甲子八月十三日戌時

養子一

艾甲

生同治壬戌八月廿五日寅時卒

文佐公次子
華全
字子勝
號朴寔
生乾隆辛未
又五月初七

嗣子
榮秤
華奪次子入承
字德平
生乾隆癸卯

向西大棺一

榮勸公五子
肅咏 歿
生道光又七
月十四日巳
時卒八月十
一日卯時

肅建
生加慶丁卯
二月初五日
戌時卒同治
辛未八月初

艾仁
出嗣肅賴

艾房
肅建公次子
提

戌時卒乾隆
庚子九月二
十日未時
歿于天津
配吳氏改
嗣子三

五月廿八日
寅時卒咸豐
庚申二月初
十日巳時
配許氏
厝仔女
生乾隆癸卯
五月廿八日
寅時卒咸豐
庚申五月廿
六日酉時
子四

八日辰時
配許氏
厝仔女
生加慶戊辰
五月初四日
卯時卒光緒
辛卯二月廿
四日申時
子五女一
適蚶江吳
公埜嶺仔上
坐南向北

肅建公三子
〇艾躌 提
肅建公四子
〇艾搭
生道光癸卯
九月初十日
巳時卒失
配洪氏
生道光甲辰
七月廿五日
卒失
肅建公五子
〇艾折
出承肅抹

肅賴
榮秤公次子
生加慶己巳五月廿八日
歿于府下
嗣子一

艾仁 嗣子
肅建長子入承
提

肅分
榮秤公三子
生加慶戊寅六月廿六日寅時卒光緒乙酉九月初三日丑時

艾怕
出承肅抹

艾篇
肅分公次子
生咸豐戊午
提

配邱氏
厝仔女
生道光庚寅
二月初五日
己時卒光緒
丁酉十二月
初十日子時
子四女二
長適蔡

七月廿七日
戌時卒

配王氏
蚶江女
生同治辛未
三月十八日
酉時卒

肅分公三子
艾葉 提
生咸豐辛酉
十二月廿四
戌時卒

肅分公四子
艾撓 提
生同治甲戌

榮秤公四子
肅抹
生道光壬午
二月初三日
卒道光戊申
十二月十七
卯時
嗣子二
塟古柄坐南
向北

四月十八日
巳時
卒失

嗣子
艾折
肅建五子入
承
生道光丁未
三月十六日
午時卒光緒
丁丑十一月
十六日海亡
聘蔡氏
赤湖女
生咸豐辛酉

肅抹嗣次子

艾怡 提

肅分長子入承

生道光庚戌四月初四日巳時卒失

配郭氏

石湖女

生同治壬戌五月十二日酉時卒失

華全嗣次子

榮雪

經禧長子承

生加慶丙辰十月初九日巳時卒道光戊戌九月廿八日巳時

配謝氏 改

榮葉

華全嗣三子

華賞長子承之

生加慶丙辰十月初九日巳時卒道光乙未二月廿九日酉時

肅悅

生道光戊子三月廿九日卯時

卒失

任淡水

文佐公三子

華喜

名經喜

字子悅

生乾隆癸未五月初七日未時卒道光辛卯七月廿……時

配王氏

生加慶十月十二日卒光緒乙亥七月廿九日申時歿淡水

子二

榮雪

出嗣華全

華喜公次子

榮車

生加慶丁已九月廿二日

榮葉公次子

肅厘

出嗣

肅蚋

生卒失

……惠安

配黃氏
院后女
生乾隆庚寅
十一月十五
午時卒道光
乙巳五月十
一日未時
子二女一
適涷

文佐公四子

華賞
字子賜
生乾隆戊子
四月初六日
巳時

巳時卒道光
戊戌九月廿
六日卯時

配　氏改
子一

榮葉

榮疊
出嗣華全
華賞公次子

卒失

配蔡氏
塘邉女
生乾隆丙申
十一月初六
寅時
卒失
子四女一
適蔡

出承華縣
華賞公三子

榮壙
生加慶戊辰
九月初二日
卯時卒道光
丁酉八月十
九日辰時

配　氏改

子一

肅桶殀
生卒失
塟蚶江

華賞公四子

榮賀
生加慶壬申
四月十七日
巳時卒失

仕思公長子
文瑜
字君美
生康熙辛卯
十一月初四
己時卒乾隆
戊寅四月十
三日亥時
配吳氏
古山女
生康熙戊戌
正月初七日
子時
卒失
嗣孫二女一
適鄭

兼祧
華群

兼祧
華奪

三子
榮朮
文瑜公嗣孫
生乾隆辛未
四月廿六日
辰時
卒于台湾

四子
榮撚
文瑜公次嗣
孫
字德明
生乾隆丁未
十二月初一

肅場
生加慶癸酉
六月廿一日
酉時卒咸豐
辛亥又八月
廿八日辰時

艾節
生道光己酉
四月初五日
丑時卒失
配陳氏
繼提

民國丁亥年

丑時卒道光
戊子五月廿
四日辰時
塟塔下

配紀氏
蚶江女
生乾隆甲寅
四月十八日
未時卒同治
甲子十一月
廿八日巳時
塟后山
子三女一
適蚶江歿

配　氏改
子二
公歿于艋舺

生咸豐辛亥
三月廿二日
酉時卒失

肅塲公次子
艾輕
生咸豐辛亥
十二月廿九
巳時卒失

榮撫公次子
肅富
生加慶丙子
十二月十八
未時卒光緒

丁亥正月廿七日亥時
兄弟俱住淡水

仕思庶次子
文貴
生雍正辛亥三月初三日子時
卒失

華送
生卒失
外亡

榮撫公三子
肅坐
生加慶庚辰四月十五日午時
卒失

配氏
生乾隆甲子
正月初一日
戌時
卒失
子二

文貴公次子
華有
生卒失
塋古山前塚
地

仕雅公次子
文叅
生康熙丙戌
正月廿七日
亥時卒雍正
癸丑十一月
十九日戌時
配蔡氏

字子典
華則
生雍正庚戌
二月廿五日
戌時
卒失外遊
配周氏

榮學
生乾隆壬午
八月十四日
亥時
卒失

溪前女
生康熙丁亥
二月十五日
卒乾隆戊午
二月十五日
子一
公附父母塋
加埔鳳脚村
長兄文森附
塋瓦棺四首

石湖女
生乾隆庚申
五月初一日
午時
卒七月十三
子一
妣塋西宮邊
后石

仕旺公長子

文南

字君陽
生康熙丙戌
三月初九日
寅時

華接 殤

生雍正甲寅
十二月廿五
卒乾隆壬戌
二月廿四日

卒失
配吳氏
坑口女
生康熙丁亥
十二月廿八
戌時
卒失
子二女二
長適紀次適
吳

文南公次子
華梓
生乾隆癸亥
五月初三日
巳時
卒失
配陳氏
洪尾女
謚勤儉
生乾隆乙亥
正月初一日
辰時卒乾隆
壬子七月十
二日午時
子五女二

榮山
字德海
生乾隆乙未
十月廿三日
丑時卒道光
己酉八月初
七日辰時
配郭氏
日湖女
生乾隆己酉
二月廿三日
丑時
卒失
子一

肅僩
生加慶己巳
二月十五日
申時卒咸豐
庚申六月初
八日寅時
配張氏
赤湖女
生道光辛巳
三月廿六日
卒失
子一
妣塋布房基
坐北向南

乂箭
提

長適水頭王
次幼亡
公壄失
妣與舅姑合
壄水坑瓦棺
三首

華杼公次子
榮信
生乾隆己亥
八月
卒加慶
餘失壄淡水
嗣子一

嗣子
肅杓
榮奔長子承
之
生道光辛卯
六月廿九日
丑時卒光緒
戊戌八月廿
一日巳時
配紀氏
坩江女
生道光壬寅
九月初十日
辰時卒光緒
丙午五月廿

艾革 提
生同治甲子
九月廿五日
申時卒失
配蔡氏
赤湖女
生同治辛未
十一月十七
日寅時
卒失

艾弁 未詳
肅杓公次子

六日
子二女二
長適王次

華杼公三子
榮常
生乾隆壬寅
十月十三日
卒道光戊戌
二月初五日
寅時
配蔡氏
草邉女
生乾隆甲寅
六月十九日
卒失任台湾
子一

肅乜
生道光辛卯
二月初二日
亥時
卒失
任淡水

公塋水坑

華杼公四子
榮盒
生乾隆己酉八月初八日寅時卒道光丁酉八月廿七日午時
配王氏
蚶江女
生加慶戊辰九月初四日午時
卒失
子四

肅揀 歿
生道光丁亥九月十九日亥時卒同治甲子九月廿四日寅時
塋淡水

榮盒公次子
肅七
生道光壬辰六月初七日子時
卒失

七十六

榮龕公三子

肅髻

生道光甲午
十月十六日
寅時卒同治
丁卯十一月
廿四日戌時
瘞塔下坐東
向西大棺一

榮龕公四子

肅浸

生道光戊申
七月初七日
卯時
卒失

華杼公五子

榮奔

生乾隆己酉八月初八日寅時卒咸豐辛酉二月十四日

配邱氏

厝上女

生十二月廿一日卒五月初七日未時

子三女一

適洪

公妣合葬古山前坐北向

肅杓

出承榮信

榮奔公次子

肅雞

字恭鳴

生道光甲午十二月二十亥時卒光緒乙未八月十七日子時

配蔡氏

蓮塘女

生道光丙午十月初一日

養子

艾昇

生咸豐甲寅正月初九日卒失

配陳氏

淡水女

生同治壬戌卒失

南

酉時
卒失
子一女一

榮奔公三子
肅壽
字恭仁
生道光甲辰
四月十四日
酉時卒光緒
丁亥十月初
十日亥時
配蔡氏
蓮坑扳女
生咸豐庚申
十二月初四

艾轉
未詳

肅壽公次子
艾的
未詳

午時卒光緒
壬寅六月初
七日辰時
子二

仕旺公次子
文銓
字君東
生康熙癸巳
正月十八日
卯時卒乾隆
癸酉正月初
四日酉時
配陳氏
港塘女
生康熙癸巳
正月廿九日

華鎮
號撫守
生乾隆戊午
十一月廿七
酉時卒加慶
丁卯十一月
十五日申時
配鄭氏
龜湖女
生乾隆丙寅
正月初二日

榮密
殀
生卒失

丑時
卒失
子三

卯時
卒失
子一女一
適后洋楊
公塋后山路
上

華蕪
文銓公次子
出養港塘

華哇
文銓公三子
號朴寔
生乾隆丁卯
正月十五日

榮甘
生乾隆庚子
八月初十日
巳時卒道光

肅椒
生道光甲申
正月十二日
亥時卒道光

艾成
夭

仕某公長子
文梅
字君春
生康熙戊子
十二月初六

寅時卒乾隆
戊申四月十
二日午時
配氏
生卒失
子一
公塋浙江鳳
尾山

華仙
生乾隆丙辰
七月廿八日
丑時卒乾隆

戊戌五月廿
二日未時
配張氏
按頭女
生乾隆壬子
九月廿六日
亥時卒同治
己巳十二月
廿九日
子一

兼祧
榮還

戊申四月廿
五日未時
配王氏改
子二

長子
肅孫
一名抝
華仙嗣孫
生加慶乙丑

肅椒公次子
艾不
生咸豐甲寅
十二月廿四
卒失

艾盤
提

未時卒乾隆壬午四月十一日未時
配歐氏
錦江女
生康熙癸已十一月十七寅時卒雍正辛亥正月初十日酉時
次配蔡氏
生康熙壬辰十二月十九日酉時
卒失
子三女一

庚辰七月廿一日卯時
配陳氏改
嗣孫一

文梅公次子
華柔
出承文菊

十一月十七日己時
卒同治甲戌九月初三日午時
配薛氏
生加慶乙亥六月廿二日丑時卒同治戊辰十一月十三日午時
子二
考妣俱葬淡水

艾樹
肅孫嗣次子
生咸豐丁已四月初六日丑時卒失

公塋鳳脚村
坐東向西大
棺一

文梅公三子
華潤
生乾隆乙丑
十二月十六
亥時
卒失外游

仕某公次子
文菊
生康熙甲午
八月初四日
午時卒乾隆
辛酉二月十
七日辰時
聘郭氏

嗣子
華柔
文梅公次子
承之
號和緩
生乾隆戊午
十二月初一
酉時卒加慶
戊辰正月十

榮招
生卒失

華柔公次子
榮還
生乾隆丁酉
正月廿四日

肅孫
出承華仙為
嗣孫

石湖女
生卒未詳
嗣子一

七日寅時
配洪氏
大埔女
謚勤慈
生乾隆丁卯
正月初八日
子時卒乾隆
庚寅五月廿
八日未時
次配柯氏
塘市女
謚順慈
生乾隆辛未
三月十三日
午時卒乾隆
癸丑十月十

寅時卒同治
壬戌四月廿
八日卯時
配王氏
謚懿範
生乾隆壬寅
十一月二十
申時卒道光
丙申四月初
二日辰時
次配楊氏
謚閨慈
生乾隆庚戌
八月十二日
午時卒同治
甲子九月初

榮還公次子
肅深
字恭廉
生加慶己巳
五月初九日
卯時卒咸豐
庚申五月廿
二日辰時
配蔡氏
蓮塘女
謚閨德
生加慶己卯
六月十四日
巳時卒同治
甲子九月十
二日午時

艾城
生道光甲辰
八月十一日
辰時卒光緒
戊寅四月廿
九日寅時
葬赤塗崙頂
坐東
配蔡氏
古浮女
生咸豐辛己
八月廿一日
酉時卒失

一日午時
子二
公妣合塋鳳
腳村

九日寅時
子五女一
適蚶江王

子四女二
長適古浮蔡
次適墓下王
公塋郭厝頭
坐東向西
妣塋應奇潭
坐東向西

肅深公次子
艾鯉
出承肅床

肅深公三子
艾樹
出承肅孫

肅深公四子
艾桂
生咸豐辛酉
二月十五日
亥時卒失

榮還公三子
肅炒
出嗣

榮還公四子
肅床
生加慶丙子十一月十五巳時卒道光丁酉五月廿三日午時
嗣子三

嗣子
艾盈
肅河長子承
譜

肅床嗣次子
艾椿
生道光甲辰正月廿五日酉時卒同治丁卯三月初七日丑時
配黄氏改

榮還公五子
肅乳
字恭鹿
生加慶己卯
六月十九日
亥時卒同治
丁卯三月初
七日辰時

肅床嗣三子
艾鯉 提
肅涂次子入
承
生道光己酉
四月十六日
丑時卒失

艾椿
出承肅床
肅乳公次子

艾獅
住淡水
肅乳公三子

配黄氏
鋪錦女
生加慶庚辰
二月十七日
巳時
卒失
側室尤氏
莆田女
生道光乙未
六月十七日
卒失
子四女一
適淡水張
公塋淡水中
奎府聚

艾龍
住淡水
肅乳公四子
艾慶
殀

仕某公三子

文果
生雍正丁未十二月十九戌時卒乾隆壬午五月初七日申時
配周氏
石湖女
生雍正壬子十月初一日未時卒失
子一
公塋無考

華福
名番福
生乾隆丁丑十一月十四戌時卒加慶壬戌六月十一日
歿于北山
配翁氏 改
子二

榮胡
生乾隆庚子九月十七日酉時卒加慶庚午
餘失 海亡
嗣子一

嗣子 **肅河**
一名炒
卿飲賓
字恭岳
榮還三子承之
生加慶癸酉八月廿一日巳時卒同治丁卯九月廿六日寅時
配謝氏
赤湖女
生加慶丁丑十二月廿五

艾盈
出承肅床
肅河公次子

艾洋
肅河公三子
提

艾洲
肅河公四子
夭

艾炳
提

酉時卒失
子四 女二

文燿
仕憲公長子
字君日
號振焜
生康熙丁酉
正月廿一日
午時卒乾隆
丙戌二月二
十日子時
配邱氏

華審
字子祥
生乾隆庚申
十一月十三
辰時卒加慶
甲子六月初
八日申時
配吳氏
松茂女

榮鷂
華福公次子
生卒失

榮恩
生卒塋失

榮株
華審公次子
字德根
生乾隆庚寅
五月二十日
未時卒乾隆

肅路
一名智
生乾隆己酉
十一月廿九
亥時

艾痛
生加慶壬申
三月廿一日
戌時
卒失

厝上女
生康熙戊戌
七月十七日
寅時
卒失
子三女一
適卯

生乾隆丁卯
十二月廿八
己時
卒失
子二
公塋洋崙頂
本地內大棺
一

文耀公次子
華駆
號明理
生乾隆丁卯
五月初五日
亥時卒加慶
庚申四月初

乙卯三月十
三日海亡
子一

榮蓁
生乾隆辛卯
十一月十七
戌時卒加慶
丁巳八月廿
三日戌時

卒失

配竹氏
泉城女
生乾隆壬子
十一月十九
巳時
卒失
子一

肅科
名連科
字恭提
生乾隆壬子
六月三十日
辰時
八十四

艾鄠
提

肅科公次子
艾椅
提

二日巳時

配陳氏

台州女

謚寬惠

生乾隆癸酉

六月廿七日

戌時卒乾隆

庚子四月初

一日戌時

子三女一

公神主大燼

塟布房路墘

妣與姑合塟

亮墩東水坑

內

配邱氏

東坡女

生乾隆甲午

正月初十日

未時卒加慶

己巳五月十

六日午時

子一

公塟古柄坐

南向北大棺

一

妣塟布房坐

北向南大棺

一

華堅公次子

榮朗

卒道光乙酉

八月初三日

丑時

塟布房墓

配邱氏

東坡女

謚勤淑

生加慶丙辰

三月十二日

午時卒咸豐

丁巳十月十

四日酉時

塟嶺仔上

子二

肅鍊 殀

字德明
號脩業
生乾隆乙未
八月廿三日
寅時卒加慶
壬戌八月廿
五日酉時
外亡
聘張氏
興化女未嫁
而殀
配王氏
五堡女
生乾隆己亥
十一月廿三
寅時卒道光

生加慶戊午
正月二十日
寅時卒道光
丁亥二月十
七日午時

丙申四月十六日寅時
子一
公塋嶺仔上坐東向西

華騂公三子
榮選
字德澤
生乾隆辛丑三月廿八日酉時卒加慶己卯六月十二日子時
殁于艋舺
配郭氏改

肅鞋
生加慶乙亥十月初八日子時卒咸豐丁巳正月廿六日丑時
嗣孫一
塋東塔埔坐東向西

兼祧
艾[illegible]
提

文耀公三子
華入
出承文生

子一

仕憲公次子
文生
名道生
字君本
生雍正乙巳
二月十九日
丑時
卒失
聘洪氏

嗣子**華入**
字子孝
文耀三子承
之
生乾隆己巳
正月廿三日
亥時卒加慶
丙辰四月廿
九日卯時

榮麻
生卒塋失

華入公次子
榮跳
生乾隆乙巳
三月廿八日

肅腰
生加慶丁卯
八月十二日

民國丁亥年

后廳女
生雍正甲寅
五月初九日
寅時卒乾隆
九月十五日

配陳氏
洪尾女
生乾隆戊午
十二月十八
卯時
卒失
嗣子一

任憲公三子

文鶴

生雍正辛亥

配吳氏
松蔭女
生乾隆辛巳
五月初一日
卯時
卒失
子二
公塋尭墩頂
大棺一

嗣子

華渠

文彼五子承

卯時卒加慶
餘失

配蔡氏改

子一

榮行

生加慶丁巳

戌時
卒失

十月廿六日
巳時
卒失
嗣子一

之
生乾隆丙申
十月十六日
巳時辛加慶
庚申七月初
二日未時
配　氏改
子一
公塋浙江東
白山

八月初六日
巳時
卒失　外游

仕譜公之子
文德
名德光
字君明
生康熙辛丑
餘失

華篆
生乾隆甲子
二月三十日
戌時
卒失

榮溪
字德潤
生乾隆乙巳
九月二十日
午時

肅花殤
名天花
生加慶甲戌
七月十四日
丑時

配鄭氏
洪尾女
生康熙辛丑
十一月廿七
日辰時
卒乾隆癸酉
三月十四日
丑時
子二

配吳氏
龜湖女
謚孝慈
生乾隆乙亥
十一月十一
日午時
卒加慶戊午
八月十五日
巳時
子二女二
長適賴次
妣壟双潭頂
坐南向北大
梠一

文德公次子
華雖 出宗

卒失　外游　卒失

配紀氏
蚶江女
生乾隆壬子
又四月廿一
戌時
卒失
子一

華篆公次子
榮炭
出嗣

文瑞
仕譜公次子
字君祥
生雍正癸卯
十一月十九
寅時
卒乾隆甲戌
又四月廿六
日巳時
配周氏
亭下女
生卒失
子一

華浪 嗣子
文波四子承
之
生乾隆壬辰
六月初五日
辰時卒加慶
乙丑又六月
十八日巳時
配洪氏 改
嗣子二
公塋古柄坐
南向北大棺
一

榮體 嗣子
華恰三子承
之
生加慶癸亥
十一月十五
日酉時
卒失外游

榮代
華浪嗣次子
華水次子承
之
生加慶丙寅
二月廿五日

肅戀
生道光癸卯
十月廿八日
酉時卒光緒
庚辰五月十

艾義 提
肅戀公次子

午時辛同治己巳正月廿辰時

配黄氏

謚瑞慈

生加慶丙寅五月初九日卯時辛道光戊申十一月十一日申時

次配駱氏

生加慶戊寅七月十三日辛同治丙寅十月十四日子時

九日酉時

配蔡氏

蓮坑坂女

生咸豐癸丑十二月初一戌時辛光緒庚寅正月十九日辰時

子二女一

公塋圳岸坐東向西

艾樹 出承肅孫

仕譜公三子
文任
名任光
生雍正壬子
十二月十四
日子時
卒失
配氏
生卒失
子一

華山
字子川
生乾隆壬辰
十二月十三
日戌時
卒加慶丙辰
七月廿八日
嗣子一
塟游江鳳尾
風颶澳

生子一

嗣子榮炭
華篆次子承
之
生乾隆戊申
十月初一日
卯時
卒失　外游

文堅
仕贈公長子
字君厚
生雍正甲辰
九月初六日
丑時
卒失
配周氏
生雍正辛亥
正月十七日
辰時
卒失
子二 女二
長適蔡

華原
生乾隆丙子
三月初十日
巳時
卒乾隆十二
月三十日
嗣子一
塋犬門山

華雨
文堅公次子
號承職

榮節
嗣子
華雨長子承
之
生乾隆甲寅
三月初五日
寅時卒道光
乙巳二月十
四日寅時
配王氏 改
子二

榮節
出承華原

肅擴
生卒失
住塘頭

肅淺
榮節公次子
出承榮肥

生乾隆壬午
十一月十三
日未時
卒加慶庚午
十月十六日
子時

配楊氏

惠安女
生乾隆乙未
正月十六日
辰時卒道光
己酉三月廿
一日申時
子五女一
公塋塔下坐
西向東大棺
一

華雨公次子

榮爬

生加慶丁巳
六月十三日
辰時
卒道光己亥
十二月廿四
日未時
嗣子一
與弟榮粒合
塋戠鷲石边瓦
棺二首

嗣子

肅淺

榮節次子承
之
生卒失

華雨公三子

榮粒

生加慶己未

十一月廿六未時卒道光辛丑六月初六日亥時與兄榮𣬸合塋

○榮搭
華雨公四子
出嗣

○榮牽
華雨公五子
出宗

仕贈公次子
文波
字君澤
生雍正丁未
九月廿三日
辰時
卒失
配王氏
五福女
生乾隆丁巳
九月初八日
戌時
卒失
子三

華飽
生乾隆丁丑
正月廿二日
酉時卒加慶
庚申八月廿
七日午時
溺海亡
配蔡氏
生乾隆庚辰
十二月初八
巳時卒乾隆
丙午十一月
初五日卯時
次配陳氏改

榮揪夭
生卒失
華飽公次子
榮撤夭
生卒失
華飽公四子
榮梭
生乾隆壬子
四月廿七日
歿于外方
華飽公四子
榮妻

肅度

子四
妣塋埔仔尾
坐西向東大
棺一

生加慶丁巳
四月廿五日
未時卒
五月初四日
辰時

配蔡氏
赤湖女
生加慶辛未
六月廿三日
酉時
卒失
子二

生七月廿九
日
卒三月廿九
日

榮妻公次子

肅甫
生道光甲午
三月廿五日
未時卒同治
庚午八月初
六日丑時

文波公次子

華恰
生乾隆壬午

榮登
生乾隆乙卯

七月二十日丑時卒加慶丁丑三月初七日酉時

配王氏

錦江女生乾隆庚寅九月初七日寅時卒乾隆乙卯四月三十日未時

次配王氏

塘頭女生乾隆丙戌三月初八日酉時卒咸豐

二月十四日卒加慶癸酉十一月廿六日塟淡水

華恰公次子

榮揺

生卒失

華恰公三子

榮舗

生加慶己未六月十九日未時卒咸豐癸丑五月十七日未時

辛亥十二月初四日午時
公塋塔下
前妣塋鶖石下坐東向西
大棺一
子五女一
適柯

配氏
生加慶戊辰七月十九日酉時卒道光丙戌十月十一日未時

榮體
華恰公四子出承華浪

榮胆
華恰公五子
生加慶戊辰四月初二日申時卒道光

文波公三子

華水

生乾隆丙戌六月十九日辰時卒道光庚寅十二月二十日酉時葬郭厝頭

配紀氏

東安女生乾隆丁酉二月初二日

庚子三月初九日卯時葬蓮塘路外坐西向東

榮僕

生加慶壬戌六月廿二日午時卒失

配郭氏

謚愛德生加慶乙丑十月十八日卯時卒道光乙巳九月初

肅桃

生道光辛丑四月二十日卒光緒己亥十月初七日

配　氏

生光緒庚寅五月初十日卯時卒光緒戊寅七月初一日酉時

九十三

二民國丁亥年

卯時卒咸豐
壬子六月十
七日申時
葬郭厝頭
子三女一
適蚶江吳

六日巳時
子一女一
適蔡

華水公次子
○**榮袋**
出承華浪

華水公三子
○**榮霉**殀
生加慶壬申
五月十一日
亥時卒道光
丁酉七月初
三日卯時
葬古塘圳岸
上

華水公四子

榮千

生加慶丁丑五月初一日酉時卒道光庚子五月初四日巳時

歿

嗣子一

嗣子

肅瞻

榮搭長子承之

生道光丁酉十月十八日未時卒光緒戊寅七月初一日酉時

配邱氏

坵下女

生咸豐辛亥六月十三日寅時卒光緒庚寅五月初十日卯時

艾澀 提

生同治庚午十月十七日子時卒失

肅瞻公次子

艾壁 住台北

生同治癸酉十月三十日酉時卒失

肅瞻公三子

艾扐 提

仕贈公三子
文淡
字君成
生雍正癸丑
十月初一日
子時
卒失
配邱氏
東坡女
生乾隆癸亥
三月十五日
午時
卒失
子二

華草
生乾隆丁亥
十一月三十
酉時卒加慶
癸亥又二月
初八日巳時
配黃氏
前山女
生乾隆乙未
四月初八日
卒失
嗣子二
公塋石洞山
大棺一

嗣子
榮搭
華雨四子承
之
生加慶癸亥
十一月十二
未時卒同治
己巳正月十
五日辰時
配張氏
謚惠愛
生加慶己卯
八月廿三日
卯時卒同治
癸酉六月廿

子三

肅瞻
出承榮千
榮搭公次子

肅闘
生道光甲辰
十一月二十
日未時
卒失
配蔡氏
生咸豐戊午
正月廿三日
卯時卒失
子三

艾忠 提
肅門公次子

艾貴 殤
肅門公三子

艾韜 提

六日未時
子五女一
適石湖周
公妣俱塋赤
塗寮坐北向
南

榮搭公三子
肅泊
生咸豐壬子
七月初三日
卯時
卒光緒壬寅
五月十六日
寅時
配許氏
東園女
生同治癸亥
十月廿九日
亥時
卒光緒壬寅
五月十四日
戌時

艾忍 提

肅泊公次子
艾蝭 提

肅泊公三子
艾螺 提

肅泊公四子
艾傳 提

肅泊公五子
艾份 提

肅泊公六子
艾諒 提

子六

肅毛
榮搭公四子
生咸豐丙辰
七月初七日
辰時
卒失

配蔡氏
蓮坑坂女
生同治辛未
三月初六日
寅時
卒失
子二女二

艾寬
提

艾籐
肅毛公次子
提

長適蓮坑坂
蔡次適裡內
吳

榮搭公五子
肅細
生咸豐庚申
八月十六日
未時卒民國
甲子三月十
二日申時
配蔡氏
生光緒丁丑
六月十四日
午時卒宣統
庚戌二月廿

艾基
生光緒戊戌
六月初七日

七日申時

華草嗣次子

榮印

華佇長子承
之
生加慶癸酉
正月十三日
巳時
卒失外游

文淡公次子

華佇

生乾隆丁酉
五月廿二日
辰時卒道光
戊申五月廿

榮印

出承華草

八日申時

配王氏
五堡女
生乾隆丁未
四月初二日
辰時卒道光
丁未三月初
十日丑時
子三女一

華竹公次子

榮題
生加慶丁丑
六月初十日
辰時
卒失

配蔡氏
蓮塘女
生道光辛卯
十月十一日
卒光緒丙子
七月廿三日
子時
子一
妣塋赤塗頂

肅箴
生咸豐丁巳
正月初一日
戌時
卒光緒戊戌
九月廿五日
戌時

配盧氏
生光緒乙亥
卒光緒庚子
十一月十七
日

二民國丁亥年

華佇公三子

榮池

名韓祈
生道光丙戌
五月十八日
辰時
卒同治甲戌
九月初九日
亥時
殁于淡水

十七世　十八世　十九世　二十世、廿一世

引後派

肅胎公次子

艾錐

號

生道光辛丑七月初九日午時卒光緒壬午九月廿七日子時

葬宮后坐東

配張氏

生咸豐壬子十二月廿三

哲約

出承肅晟為孫

艾錐公次子

哲卒

號志生晉祠

生同治癸酉

謀亨

生宣統己酉十月廿一日

民國丁亥年

卒光緒丙午
三月廿三日
戌時
男五

七月廿四日
卒民國戊辰
九月十四日
戌時
配蔡氏
名瞈娘
蓮坑坂女
生光緒戊子
六月初二日
男二女四
長適蚶江紀
次適東坡邱
三適石湖郭
四適石湖郭

酉時
配蔡氏
名正娘
石湖女
生民國癸丑
六月初八日
丑時
女三
長適
次適蘇厝
三

○謀透
哲卒公次子
生民國丁巳
十一月初一
卯時

○哲氣
艾錐公三子
出承艾畲
生光緒丙子
正月初十日
酉時卒未詳

○哲腰
艾錐公四子

生光緒戊寅十一月初三酉時卒失

哲目

艾錐公五子
生光緒壬午三月廿九日辰時卒失

艾錐

肅晟公嗣孫

哲約

本艾錐長子入承肅晟為嗣孫

謀福

號尚祿祿位
生光緒丁未八月

聖榕

名清榕
生民國庚午又六月初二

生同治辛未七月廿九日亥時卒民國壬午十二月十七未時

配紀氏

名悉娘生光緒庚寅七月初六日戌時卒民國庚午十二月初九日丑時子二女四長適塘頭吳次適蚶江吳三適蚶江紀四殀

配邱氏

名箕娘東坡女生宣統己酉十一月初二戌時卒民國壬午九月二十日未時塋加埔坐東男二女一

哲約公次子

謀榮

生民國己未

謀福公次子

聖楠

名清楠生民國丁丑十月初三日

六月初二日

肅晃公嗣子

艾答

本肅胎公長子入承生道光乙未四月初七日寅時卒光緒丁亥正月初四日卯時

配紀氏

名劉娘生道光癸卯七月廿九日辰時卒光緒

哲乞

出承肅頊為嗣孫

哲潭

艾答公次子生同治乙丑七月初二日午時卒失

哲屈

艾答公三子

甲申四月十五日酉時
男三

肅頴公嗣孫
艾答

生同治壬申五月廿七日巳時

哲乞
號
生同治癸亥三月十九日申時卒光緒丙申十二月二十辰時

配王氏
名怯娘
生光緒乙亥

二民國丁亥年

正月廿九日
卒光緒丙申
十一月廿三
丑時

肅明公長子
艾滿
字寬盈
生加慶庚辰
五月初五日
午時卒咸豐
辛亥七月廿
四日午時
配曾氏
淡水女
生道光癸巳

哲誠
生道光乙巳
年
卒
配鄧氏
生咸豐辛亥
十月廿六日
亥時卒
男一

謀炎
生光緒乙亥
五月初五日
未時

八月初三日戌時卒咸豐己未六月初一日巳時

子一

文茂

肅許公長子

字寬賜

生道光甲申六月廿八日

卒光緒甲申七月十八日未時塋淡水

配王氏

名妹娘

哲知

生咸豐丁巳正月廿七日

卒光緒辛卯六月二十日亥時

配郭氏

名腰娘

生同治己巳

謀乘

生光緒丁亥十月十一日巳時

配王氏

名貝娘

沙塘女

聖助

生民國己未五月初二日巳時

配 氏

台灣女

五

二民國丁亥年

生道光壬辰
十一月廿一
卒光緒庚寅
四月廿九日
辰時
男三女一
適洪窟洪

十一月初九
卒光緒庚子
十二月十四
日吉時
男一

生光緒戊戌
六月廿九日
辰時
男五女一名
香蓀未字

謀乖公次子
聖仿
生民國壬戌
七月初四日
辰時
出承謀汀嗣

謀乖公三子
聖排
生民國甲子
十月廿二日

丑時

謀乖公四子
○聖添
生民國壬申
七月廿七日
寅時

謀乖公五子
聖熱
出承聖屯
生民國乙亥
八月初八日
寅時

艾茂公次子
哲耳
出承巻内肅
切為嗣孫
生同治癸亥
九月廿七日
卒民國己未

謀敦
又名天恩
生光緒庚寅
七月初二日
子時卒民國
壬寅七月十

又七月初一 五日
日戌時
配蔡氏
名片娘
生光緒庚辰
十月初七日
申時卒光緒
癸卯正月廿
九日巳時
次配蔡氏
名掠娘
生光緒己亥
四月十七日
酉時卒未詳
男一

哲權

艾茂公三子

出承艾舌

艾舌

肅許公次子

生道光戊子十一月十七丑時卒光緒戊寅四月廿九日

配邱氏

新洪窟女

生道光癸卯

哲權

嗣子

本艾茂三子入承

生同治丙寅六月初八日卒民國丙寅八月初十日午時

配蔡氏

謀枝

生民國丁巳六月初六日丑時

配曾氏

名好娘

紺江女

十一月三十日丑時卒光緒己亥四月十二日嗣子一子一女二長適蚶江紀

名富娘生光緒庚辰八月廿五日丑時卒光緒己亥四月初四日戌時男三女四長適内厝前張次春治適沙塘王三笑治適塘頭王四洒適祥芝陳

次配黄氏

名梅桂生同治壬申十月十五日巳時卒民國

生民國丁卯九月

○謀註

哲權公次子生民國己未九月初九日申時

丁外二月廿四日戌時

哲權公三子
謀愿
生民國壬戌六月廿六日巳時

艾舌公之子
哲錠
生同治庚午正月初一日巳時

哲淮
又名江淮
生同治庚午十二月十三子時
卒失

肅許公三子
艾微
生道光戊戌六月初十日
卒未詳

配蔡氏
祥芝女
生道光丙午

八月廿二日
酉時
卒未詳
男二

文徽公次子
哲進
生同治甲戌
七月廿四日
巳時
卒未詳

肅許公五子
文域
生道光庚子
十二月廿二
卒失

養子
哲慶
生同治癸酉
十二月廿五
酉時卒失

配陳氏
生道光丙午
二月二十日
巳時卒

男一

艾田
肅熾公長子
生道光戊戌
六月廿四日
卒

哲發
生同治丁卯
四月十三日
巳時卒失

配王氏

生道光乙巳
九月初九日
卯時
卒

男一

芠琶
肅抄公長子
又名琵琶
生道光壬寅
正月十九日
午時卒民國
庚申十一月
十四寅時

哲鉗
生同治丙寅
十月初八日
巳時卒光緒
壬寅四月廿
三未時

配傅氏

謀水
又名滿水
生光緒丙戌
六月廿三日
巳時卒光緒
丁未五月初
三未時

配許氏
名店娘
生道光丙午
七月十四日
卒民國丁夘
十二月初八
戌時
男七女二

生光緒戊寅
六月十六日
卒光緒丁未
五月初五日
寅時
男一女一殤

哲江
艾琶公次子
出承艾水

哲垵
艾琶公三子
配

謀川
生宣統庚戌

生同治辛未正月廿五日午時卒民國乙酉正月初六日子時

配謝氏

名硯娘生光緒乙巳年卒民國壬子二月十三日酉時男三女二長腰治適杏墩王次配治適庫腳李

卒宣統辛亥年

○**謀拋**

哲垵公次子生宣統辛亥七月三十日卒民國甲申九月十九日亡台灣基隆頭

謀祥
哲垵嗣三子
本哲蛟三子
入承
生民國乙卯
二月十四日
卒民國甲申
五月初四日
歿台湾基隆
頭
嗣子一

聖錫
嗣子

哲炝
艾琶公四子
生光緒辛巳
十月初九日

酉時卒光緒丁未四月二十日申時

○哲祿

艾琶公五子

生光緒己丑十一月廿九酉時卒光緒戊申十二月初二丑時

○哲　艾琶公六子

○哲　艾琶公七子

肅抄公次子

艾水

生道光戊申
七月十三日
辛同治甲戌
十一月十一
日海亡
嗣子一

嗣子

哲江

本琵琶次子
入承
生同治己巳
十月初二日
戌時卒光緒
辛丑十一月
十五日巳時

配蔡氏

名京娘
生光緒辛巳
八月廿五日
午時卒光緒
己亥五月廿
一午時

謀囯

生光緒庚子
十一月十四
寅時

配蔡氏

名琴娘
生民國甲寅
正月三十日

男一女二
長秀治次瑞

聖菊

生民國辛丑
十二月初九
未時

治俱未字

次配邱氏
名鳳娘
生光緒癸未十月十六日
卒民國庚辰四月十五日
酉時
男一

肅撥公嗣子

艾蝦

又名挨蝦
本肅欉之子
入承
生咸豐癸丑
十一月十一
申時卒光緒
己亥十二月
初八戌時

配蔡氏

名栽娘
生同治癸亥
十月廿四日
辰時卒光緒
乙未八月初

哲嚷

生光緒壬午
九月初五日
卯時
卒未詳

艾蝦公次子

哲標

生光緒丙戌
三月初六日

謀越

生民國庚申
二月初一日
寅時卒民國
乙酉七月二
十日未時

七日丑時

次配紀氏

名京娘
生同治丙寅
十一月廿四
申時

男三女一
適青陽莊

配蔡氏

名遏娘
生光緒庚子
六月廿一日

男三女四
長泰治適洪
窟洪次籠治
三潘治俱未
字

歿啶叻

配蔡氏

名甜娘
生民國甲子
九月初四日
未時

○謀蒜

哲標公次子
生民國壬戌
正月初六日
申時

哲典
艾蝦公三子
生光緒己丑

謀贊
生民國丙寅

謀左
哲標公三子
生民國癸亥十一月十四巳時

八月十三日
巳時

配許氏
名讓娘
生光緒癸卯
九月十二日
酉時
男三女三
長有次卜五
歲夭三茅俱
未字

十月初九日
戌時

謀景
哲典公次子
七歲夭

謀滿
哲典公三子
生民國乙酉
十一月廿一
寅時

肅腆公之子

艾性

生同治癸亥
三月十三日
巳時卒光緒
丁酉十二月
廿八日子時
亡淡水

配謝氏

生同治庚午
卒光緒乙亥
五月廿四日
寅時

哲畫

生光緒癸巳
十二月初四
酉時卒光緒
辛丑六月
九日寅時

配氏

名註娘
生光緒乙巳
年
卒民國戊辰
十一月初十

子一

日丑時

肅摺公長子

艾尾

名吉軒

生加慶丁丑

八月十八日

卒光緒乙酉

七月廿九日

辰時

配吳氏

生加慶戊辰

十二月十九

卒光緒乙亥

哲輔

生

十二月十八

卒

十一月

塟泉州牛佃

頭

哲干

艾尾公次子

生道光乙巳

謀欺

生光緒丁丑

五月廿三日
卯時
男四女二
長適蓮塘蔡
次適石湖盧

正月初九日
午時卒
二月十七日
塋塔下
配歐氏
名燁娘
生咸豐甲寅
十二月二十
子時卒光緒
丁酉四月廿
四日辰時
男二

八月十六日
寅時卒光緒
甲辰十二月
廿六戌時
配蔡氏
名祥飽
生光緒乙酉
十月十二日
申時卒光緒
庚子又八月
初八午時

哲干公嗣子
謀粒

聖升

本哲剡次子
入承
生光緒庚寅
五月廿五日
辰時

配陳氏
名閑娘
亭下女
生光緒癸夘
十一月廿八
巳時

男三女一名
訓未字

生民國乙丑
四月初四日
丑時

謀粒公次子
聖夢
生民國丁丑
八月十四日
巳時

艾尾公三子

哲剡

生道光己酉
六月初五日
卒光緒丁未
八月二十日
巳時

謀飯

號
生光緒癸未
五月初八日
未時

謀粒公三子

聖義

生民國癸未
九月初五日
酉時

聖賜

生民國丙寅
三月十五日

配蔡氏

配蔡氏
名罵娘
生咸豐辛酉
五月初五日
酉時卒光緒
丙午四月二
十日亥時
男四

配許氏
名反娘
蚶江女
生光緒戊戌
正月二十日

名錦娘
蓮塘女
生民國丁卯
六月十八日
卯時

養子一女一
淑治未字

哲剡公次子

○**謀堆**
生未詳
卒嘆叻

謀粒
哲剣公三子
出承哲干

謀造
哲剣公四子
又名看計
生光緒乙未八月廿九日
卒光緒丙午四月初一日未時

哲挺
艾尾公四子
出承艾楼

肅擢公三子
艾樓
國學生
名容敬
字寬居
又名双樓
生道光丙戌
十二月初五
酉時卒光緒
丙午又四月
十八日未時
塟本地鳳脚
村坐丙壬己
亥
配蔡氏
赤湖女

嗣子
哲挺
字信友
本艾尾四子
入承
生咸豐丙辰
十一月十九
亥時卒失
配髙氏
生咸豐丁巳
十月十九日
子時卒失
男一

謀
住台灣未詳

生道光甲午十月初二日卯時卒光緒丙子三月廿三巳時

次配杜氏

生咸豐壬子三月初十日丑時卒光緒丁亥五月十五午時

嗣子一男二

艾樓公次子

哲園

生咸豐戊午十月十二日戌時卒光緒丙戌六月初三申時

配蔡氏

名金娘

生同治丁卯九月初九日卯時卒光緒己亥十月廿四日卯時

男一

謀添

生卒未詳

民國丁亥年

艾楼公三子
哲枝
生光緒庚辰
五月初十日
住台灣

肅創公長子
艾障
生道光甲申
十月廿一日
酉時卒道光
戊申十二月
初五巳時

本艾宿長子
入承
哲頂
生咸豐辛酉
正月十六日
丑時卒光绪

配許氏 歿甲申三月十五日寅時
嗣子三

哲猛 艾障公嗣子 本艾宿三子入承 生同治丙寅九月廿三日酉時辛宣統己酉又二月廿四日
配紀氏

謀坤 生光緒辛丑二月十六日
配蔡氏 名鑠娘 生民國乙卯

名罕娘
生光緒戊寅
九月廿五日

男

養女一名歐
莧未字

哲猛公次子
謀透
生光緒甲辰
十月廿一日
寅時

配蔡氏
名蔭娘

聖玄
生民國丁卯
十月初九日

生宣統辛亥十月三十日卒民國丙子十二月廿五巳時塟本山東路邉坐北

次配**邱氏**

名純娘生民國丙辰二月廿五日寅時男四女一名瑞治未字

謀透公次子

○**聖祝**

生民國甲戌四月初三日

謀透公三子

○**聖錫**

生民國己卯十月十七日巳時

艾漳嗣三子
哲金
又名金生
本艾耍次子
入承
生光緒丙子
四月十三日
辰時卒民國

謀透公四子
聖謀
生民國丙申
三月初十日
亥時

戊辰三月十
二日辰時

哲頂
出承艾障

肅創公次子
艾宿
字寬縮
號孫定晋祠
生道光己丑
六月十九日
亥時卒光緒
丙戌四月初
四日午時
配蔡氏

艾宿公次子
哲永
號志久晋祠
生同治癸亥
九月十九日
卯時卒民國

謀恪
號
生光緒丙申
六月廿五日
戌時卒光緒

名鈣娘
生道光辛丑
四月十二日
卒民國戊午
五月廿一日
巳時
男七

己巳五月二
十日申時

配蔡氏
名笨娘
生光緒乙亥
九月十八日
酉時卒光緒
辛丑六月初
五日未時

次配陳氏
名選娘
生光緒乙亥
正月十八日
卒民國甲申
十一月十二
子時

戊申六月初
九日午時
塟本山九后
坐西

○**謀起**
哲永公次子
生光緒戊戌
七月初九日
酉時卒光緒
丙午四月初
八日巳時

男四

哲永公三子
謀鶴
生宣統己酉
正月廿八日
戌時
配蔡氏
名匪娘
生民國辛酉
年
男一養女一
名廿治

聖建
名建寅
生民國壬午
正月廿一日
戌時
出承謀屡

謀慶
哲永公四子
生民國壬戌十一月
卒民國辛巳二月廿二日
嗣子一

嗣子
聖建

哲猛
艾宿公三子
出承艾璋

哲錦
艾宿公四子

嗣子
謀柿

生同治己巳五月初十日丑時卒光緒丙申十二月初八日歿淡水嗣子一

艾宿公五子

○哲沙

生同治壬申四月初八日酉時

艾宿公六子
哲打
生同治甲戌六月廿七日酉時

艾宿公七子
哲捷
號
生光緒辛巳二月十五日

謀

酉時卒民國丁夘十月廿四日未時

配蔡氏

名蜂娘

生光緒甲午七月十六日亥時卒民國辛未六月初一日酉時

男三

謀狀

哲捷公次子

生卒未詳

歿在基隆港頭

謀恤

哲捷公三子

生民國辛酉二月十八日

兼嗣

聖建

丑時卒民國
辛未四月初
一日未時
嗣子一

肅創公三子
艾耍
生道光辛丑
八月廿六日
寅時卒光緒
戊寅四月初
二申時
配蔡氏
名欝娘
生咸豐辛亥
年

哲生
生光緒丙子
四月十三日
辰時卒民國
戊辰三月十
二日辰時
配邱氏
生光緒己卯

謀柏
生民國丁巳
五月十一日
元配邱氏
生民國己未
卒民國丙戌
三月廿丑時
配蔡氏
名輕娘
生民國戊辰

聖斌
生民國甲申
二月十六日
戌時

十二月初八
辛民國己巳
五月十七日
男二女一

哲雪
艾要公次子

辛民國丙戌
三月二十日
丑時
男二

十一月
男一

謀世
哲生公次子
生民國己未
八月廿八日
卒民國戊寅
九月廿六日
卯時
嗣子一

聖菊
嗣子
本謀固之子
入承

生光緒甲申
十一月廿九
卒民國庚子
十一月十四

肅習公之子

艾粽

生道光庚子
八月十八日
申時卒光緒
乙未九月十
九日未時

配楊氏

生道光乙巳
十月十二日
寅時卒光緒

哲木 殤

哲醮

艾粽公次子
生同治乙丑
正月廿七日
丑時卒

配王氏

丙子七月十
七日戌時
歿淡水
生男四女一

淡水女
生同治庚午

艾粽公三子
哲教
生同治壬申
三月初二日
辰時
卒

艾粽公嗣子
哲墻
生同治甲戌

正月十三日
卯時卒失

肅看公長子
艾熇
生道光辛卯
六月十九日
未時卒光緒
癸卯十一月
初九日未時
配謝氏
名硯娘
生道光癸卯
五月廿六日
巳時卒光緒

哲軫
生同治戊辰
又四月廿九
卒宣統辛亥
九月初六日
嗣子一

嗣子
謀慶
生光緒乙巳
六月十二日
卒宣統辛亥
十一月廿七

艾熇公次子
哲古
出承艾卜

癸巳八月十九日丑時
男三

艾煏公三子
哲吝
號雲亭
生同治甲戌正月十九日
卒民國辛巳十二月初二酉時
配蔡氏
名罵娘
生光緒戊子五月廿一日
卒民國甲子十月初一日寅時

謀慶
出承哲軫

哲吝公次子
謀仲

哲吝公三子
謀玉
號崑崗
生民國甲寅十月廿七日

次配**施氏**
名愛娘
生光緒甲辰
三月廿七日
丑時卒民國
乙亥十月廿
三日卯時
塟闕公頭脚
男三授子一
女三長心適
上莪吳次信
適水頭王三
礐適㘵林桊

哲吝公四子
謀成
又名順成
生民國癸酉
三月初七日
申時

艾卜

肅看公次子

號

生道光乙未四月初二日酉時卒光緒癸未二月初五戌時

配王氏

名椒娘

生咸豐壬子年

卒光緒乙亥六月初八日寅時

塟塔下坐北

哲古

嗣子

本艾熘次子入承

生同治辛未八月二十日

卒光緒戊申五月廿四日

配蔡氏

名錢娘

生光緒辛卯

卒民國乙巳四月廿一日

男二

謀松

謀黃

哲古公次子

嗣子一

肅看公三子
艾挑
生道光甲辰七月十九日戌時卒光緒乙未五月初一日申時
歿淡水
配紀氏
名塞娘
生道光丙午二月初十日

哲謙
又名呆
生同治庚午三月廿六日卯時卒民國壬戌十月十八日辰時
塋闕公頭樹仔墓坐東
配蔡氏
名喜娘

謀尌
出承哲錠

謀業
哲謙公次子
生光緒乙巳九月廿四日酉時卒民國戊寅十二月初二巳時

外男
聖報

申時卒民國壬申正月廿八日申時
男二

生光緒乙亥三月十二日卯時
男四

配張氏
名玉燕
生民國丙辰五月十六日
卒民國壬午五月廿二日
塟本山土坔
坐西
外男一女一
葉治未字

謀極
哲謙公三子
號

聖炖
生民國癸未

生民國癸丑
五月廿二日
子時

十月十六日
巳時

配陳氏

名秀珍
浦內女
生民國乙丑
十月初七日
卯時

男一

哲謙公四子

謀棵

又名良生

生民國己未十月初一日酉時

艾挑公次子

哲笨

生光緒庚辰十一月二十日午時

卒光緒庚子又八月初二酉時

肅看公四子
艾冬
又名三冬
號孫承晋祠
生咸豐甲寅
十一月廿五
卯時卒光緒
己亥五月十
九日酉時
配蔡氏
名擇娘
生咸豐辛酉
八月十五日
卒民國丙辰
十一月廿四

哲佐
名扳
生光緒壬午
六月廿八日
卯時卒光緒
庚子十二月
廿二日

艾冬公次子
哲斗
又名宝斗
生光緒庚寅

謀餒
生民國乙丑
九月廿三日

日子時
男四

正月初一日
寅時

卯時

配蔡氏
名末娘
生光緒辛卯
十二月十二
卒民國丙戌
二月初二日
戌時
塟闕公頭坐
東
男三女三
長烏炒適沙
塘王次烏僅
適赤湖吳三

配王氏
名川娘
生民國丁卯

哲斗公次子
謀棟
出承哲限

哲斗公三子
謀磁

沿治未字

生民國庚辰
正月十八日
寅時

艾冬公三子

○**哲式**

生光緒癸巳
二月十六日
巳時卒光緒
丁未三月廿
三日未時

艾冬公四子
哲限
生光緒乙未
十二月廿五

嗣子
謀棟
本哲斗次子
入承
生民國庚午
十一月初一
寅時

嗣子一

肅嘢公養子
艾剌
又名大財
生咸豐己未
九月十九日
卒民國己卯

哲簿
生光緒庚寅
八月初六日
辰時

謀春
生民國壬申
十一月十三
卯時

四月初七日
卯時
配蔡氏
名謙娘
生同治癸酉
十一月十二
亥時卒光緒
壬寅五月初
三申時
男二

配紀氏
名聖娘
生光緒癸巳
十一月十六
亥時卒民國
丙戌正月初
四日戌時
男二女一
税治未字

艾刺公次子
○哲陳
號

生光緒丙申
正月廿二日
卒民國戊午
六月初六日

肅磁公養子
艾寧
又名赤此
生同治丁卯
十月十五日
寅時卒
五月初九日
申時
配蔡氏
名巧娘
蓮塘女

嗣子
哲浪
生民國丁巳
二月十一日
子時
配盧氏
名讓娘
生民國癸亥
正月廿五日

養子
謀造
生民國戊寅
九月十五日

哲浪養次子
謀卿
名華卿

生光緒丙子十一月初一巳時
嗣子一

養子二女一
進治未字

生民國丙戌三月十六日

艾房

肅建公次子
生卒未詳
嗣子一

嗣子 哲良

本艾仁長子入承
生咸豐己未九月廿四日
卯時卒光緒丁酉十一月十九申時

謀文

生光緒丁亥九月廿四日
卒光緒丁未四月廿七日戌時

配傅氏
名綢娘
生同治丁夘
年
卒光緒乙亥
五月十二日
午時
男四

○謀蟠
哲良公次子
生宣統己酉
五月廿三日
巳時卒民國
壬戌六月廿
三日巳時

○謀説
哲良公三子

○謀食
哲良公四子
俱住台灣

肅建公三子

艾躌

號

生道光辛丑正月初十日亥時卒光緒壬辰九月廿四日未時

塟古山前

配蔡氏

名洒娘

生道光戊申十二月廿七

卒民國庚申八月初一日

哲和

號

生同治壬申正月廿九日卯時卒光緒庚寅十月初六日卯時

塟赤塗嶺

艾躌公次子

哲偵

生光緒癸未二月廿八日

未時
男四女二

卒光緒丙午
四月十三日

艾[illegible]公三子
○哲帕
生光緒
正月廿七日
卒失亡淡水

艾[illegible]公四子
○哲係
生光緒庚辰
二月廿八日
戌時

民國丁亥年

肅頓公嗣子

艾仁

本肅建長子
入承
字寬義
號則榮
生道光戊子
七月廿五日
亥時卒同治
壬申五月廿
九日未時
塟古柄園頭
坐東

配蔡氏

哲良

出承艾房

哲秉

艾仁公次子
生同治乙丑
三月廿六日
卒失
養子一

謀㕦

養子
生光緒丙申
卒民國己卯
六月十一日

名罵娘
生道光庚子
正月廿八日
卒光緒乙巳
五月初四日
寅時
男三

哲錠
艾仁公五子
生同治己巳
七月十九日
戌時卒光緒
庚寅十月廿
四日巳時
嗣子一

嗣子 **謀尌**
本哲謙長子
入承
生光緒己亥
九月初四日
卒宣統己酉
十一月初五

艾篇
肅分公次子
生咸豐戊午
七月廿七日
戌時卒光緒
戊子三月十

嗣子 **哲傎**

六日巳時

配王氏

生同治辛未
三月十八日
戌時卒失

嗣子一

肅分公三子

艾葉

號
生咸豐辛酉
十二月廿四
戌時卒民國
乙丑六月十

哲昌

號
生光緒辛丑
十月廿八日
未時

謀謙

生民國丙寅
正月初六日
巳時

聖專

生民國丁亥
七月十五日
午時

三日卯時

配黃氏

名次娘

生光緒丙子

十一月廿三

巳時卒民國

丙戌十二月

十三日未時

男二女一

配蔡氏

名最娘

苦山女

生光緒丙午

六月初十日

酉時

男五女二

長幸治適塘

頭王次免未

字

配謝氏

名緌娘

苦山女

生民國丁卯

三月十九日

卯時

男一

○**謀印**

哲昌公次子

生民國戊辰

八月廿一日

丑時

謀腹

哲昌公四子

生民國乙亥九月廿九日未時

謀清

哲昌公三子

生民國壬申八月初八日卯時卒民國壬午十月十二日酉時

謀火
哲昌公五子
生民國乙酉七月廿二日卯時

肅分公四子

艾撓

號

生同治甲戌

四月十八日

巳時卒宣統

己酉十二月

十二日

配蔡氏

名鴨娘

生光緒甲申

五月十七日

子時卒光緒

庚子十一月

十七日丑時

嗣孫二

哲

嗣孫

謀卯

本哲昌次子

入承

生甲詳前

艾撓公嗣孫

謀榜

本哲㒷之子

入承

生甲詳后

肅抹嗣次子
艾怕
字定遠
生道光庚戌
四月初四日
巳時卒光緒
乙未十二月
廿二酉時
配郭氏
名嗱娘
生同治癸亥
正月十一日
卒光緒乙巳
正月十一日

養子
哲興
生光緒丁亥
十一月十一
卒民國乙亥
六月廿六日
巳時
配郭氏
名妙娘
石湖女
生光緒辛丑
九月廿四日
亥時

謀榜
半承艾擁為
孫
生民國戊午
十一月三十
戌時
配曾氏
名領娘
苦山女
生民國甲子

聖長
生民國丙戌
正月廿七日
戌時
出承謀懺

亥時
塋關公頭下
男三女一
名螺治幼殤

男二女三
長麵適石湖
郭次楸適惠
安陳三丙未
皈丙逝

男一

謀儀
哲央公次子
生民國丙寅
十二月十六
寅時卒民國
丙戌三月十
四卯時
嗣子一

聖長
嗣子
本謀榜之子
入承

艾怕公次子
哲來
生光緒辛卯十一月初五巳時卒民國丁卯五月初四日巳時

艾怕公三子
哲團
生光緒甲午七月廿五日申時卒光緒戊申六月初一日未時

肅塲公長子

艾節

生道光己酉
四月初五日
丑時卒光緒
癸巳三月廿
七日未時
塟大崎洛圭
毋穴坐西

配陳氏

名假娘
生咸豐辛亥
三月廿二日
酉時卒光緒
甲辰八月十
五日卯時

哲塗

名秀塗
住台灣未詳

塋独角其麟
山坐艮坤寅
申
男一

肅蹈公養子
艾箭
字寬弘
生道光壬寅
十一月十六
卯時卒光緒
己丑十二月
廿五日辰時
配蔡氏
生咸豐壬子

嗣子
哲照
本艾錐之子
入承
生光緒丙子
正月初十日
酉時

民國丁亥年

六月廿一日
戌時卒同治
辛未三月廿
申時
塟嶺仔頂坐
南
次配周氏改
三配邱氏
生歲豐癸丑
六月廿五日
丑時卒宣統
庚戌二月十
四日
嗣子一

艾莩

肅杓公長子

生同治甲子九月廿五日申時卒光緒辛卯四月十四日亥時

配蔡氏

名不娘

生同治辛未十一月廿三辰時卒光緒庚子十二月廿六日卯時

男二

哲殿

生卒未詳

哲倍

艾莩公次子

生四月初九日

卒二月二十日

肅孫公長子
艾盤
生道光庚子
五月十六日
卒未詳
配高氏
生道光甲辰
正月初八日
辰時
卒失
男二

哲煌
生同治辛未
十一月初三
巳時

艾盤公次子
哲波
生光緒丙子
正月廿三日
寅時

艾盈
肅床公嗣子
本肅炒長子
入承
生道光乙未
十月初三日
酉時卒未詳
配盧氏
石湖女
生道光壬辰
九月初三日
辰時卒失
男四女三
住淡水

哲燦 殤

哲章
艾盈公養子
生咸豐庚申
八月廿五日
寅時卒未詳
配周氏
淡水女
生咸豐辛酉
五月十二日
卒失

謀超
嗣子
生宣統庚戌

嗣子一

艾盈公三子
哲耀
出承艾炳

艾盈公四子
哲禮 殤

肅床嗣三子
艾鯉
生道光己酉
四月廿七日
卒光緒甲午
十二月二十

哲希
生光緒癸未
三月初十日
卒光緒丁酉
正月十七日

配氏
生卒未詳
男一

艾洋
肅炒公次子
生道光丁酉
八月廿九日
巳時
卒失詳
配高氏
生道光辛丑
十一月廿六
酉時卒失

養子
哲建
生同治丙寅
正月初六日
巳時卒失
住淡水

養子一

肅炒公四子

艾炳

生咸豐癸丑十二月廿九寅時卒光緒乙亥正月十一日戌時

嗣子一

嗣子

哲耀

本艾盈三子入承

生同治甲子正月十七日卯時卒失

肅科公長子

艾鍔

生加慶乙亥十一月初十卯時卒同治癸亥六月二十酉時塋塔下

配盧氏

生道光丁亥十一月初三午時卒光緒壬午三月廿四日酉時男三女一適東坡鄉

哲勇

出承艾椅

哲比

艾鍔公次子出承肅鞋為孫

哲令

艾鍔公三子生咸豐辛酉三月廿九月戌時卒失

艾椅
肅科公次子
生加慶庚戌
三月初四日
寅時卒道光
乙巳三月十
一日未時
娶嶺仔頂
嗣子一

嗣子哲勇
本艾𩧓長子
入承
生道光壬寅
十二月初五
午時

艾義
肅戀公長子
號孫仗晉祠
生同治辛未
十二月十六
丑時卒民國
壬子四月十
四日戌時
塟本山淡后
坐東

配陳氏
名月娘
生光緒戊寅
十一月初五
卒民國甲申
正月初六日

哲出
生光緒丁酉
十二月十七

配孫氏
生光緒丙午
年

男三女二
長甘治適惠
安陳次未字

謀柱
哲出公長子
七歲夭

謀來
哲出公次子
又名有来

子時
塋加埔坐東
男一女三
長適蚶江許
次適洪窟洪
三秀蓮適台
灣王

生民國甲戌
七月二十日
酉時

肅瞻公長子

艾澀

號孫羞晉祠
生同治庚午
十月十七日
子時卒民國
丁巳十二月
十八日寅時

配紀氏

哲薦

號
生民國癸丑
八月十六日
寅時

謀然

又名自然
生民國壬午
三月十一日
亥時

塋浚岸
配胡氏
郭厝女
名黍娘
生光緒乙酉
四月十二日
酉時卒光緒
乙巳四月十
一未時
次
配張氏
名註娘
生光緒己丑
十月初六日
戌時

名環娘
十月二十日
生民國辛酉

男一
㈠哲奢
生民國癸亥
九月二十日

男一女二
長瑶適洪窟
洪次相適東
安王

肅瞻公三子

艾扐

又名粟
號孫菽晉祠
生光緒丁丑
十月初二日
酉時卒民國
甲戌六月初
五申時
塟大浚

哲從

生光緒戊申
十月廿六日
午時

配劉氏

名謹娘
大保女

謀轍

又名祖轍
生民國丁丑
十月廿二日
戌時

引後房

配蔡氏
名腰娘
蓮坑坂女
生光緒壬辰
八月十六日
酉時
男三女二
長團適石湖
郭次巽適蓮
坑坂蔡

生民國丁巳
四月初十日
男三女一

哲從公次子
謀航
又名祖航
生民國乙酉

哲從公三子
謀培
生民國丁亥

艾麟公次子
哲麟
生民國戊午
正月十六日
未時

謀輝
生民國丁亥
七月十二日
卯時

配王氏
名最娘
水頭女
生民國甲子
十一月初一
男一養女一
玉治未字

肅闢公三子
艾韜
號孫畧晋祿
生光緒丙申
六月初六日
亥時

配蔡氏
名烏甲
蓮坑坂女
生光緒甲辰
二月廿六日

哲興
生民國丁卯
五月初十日
卯時

艾韜公次子
哲越
生民國甲戌
正月十五日
寅時

亥時卒民國乙酉十二月廿五夘時男四女二長秀珠次秀治俱未字

艾齡公三子
哲淑
生民國戊寅三月初六日巳時

艾齡公四子
哲助
生民國癸未八月十五日

子時

肅泊公長子
艾忍
號孫受晉祠
生光緒辛巳
四月廿七日
卒民國癸酉
六月十九日
辰時
塋浚岸坐北
配歐氏
名宣娘
生光緒丙申
九月初六日

哲炎
生宣統辛亥
八月三十日
酉時
配蔡氏
名旦娘
本鄉女
生民國戊辰
三月廿三日

男二女四
長適洪窟洪
次釗適蓮坑
坂蔡三惜適
浦内余四未
字

艾忍公次子

哲恩

生民國丙辰
九月十一日
卒十二月十
九日年十三
歲夭

庸泊公次子

艾蝭

生光緒癸未
十二月十二
卒宣統辛亥

嗣子

哲炎

本艾忍之子
入承
生甲詳前

七月十五日
酉時
歿寔叻
嗣子一

肅毛公長子
艾寬
生光緒戊戌
卒民國
嗣子一女二
長適蓮坑坂
蔡次適裡內
吳

嗣子
哲祐

肅細公之子

艾基

生光緒戊戌六月初七日卒民國辛酉正月廿二日戌時嗣子一

嗣子哲淑

本艾翰三子入承

肅户公之子
艾舉
生光緒丙戌
年
卒宣統辛亥
十月初九日
配郭氏
名註娘
生光緒乙未
卒民國癸丑
三月廿四日
嗣孫一
査肅户之子
艾舉未知何
派按此主牌
錯悞今附之

哲

謀造
本哲浪之子
入承
生甲詳前

蓮江東林宗譜

蓮江林氏宗譜

二民國丁亥年

孔真公派住厝仔房

十三世

文富　令科公養子

生康熙乙卯八月廿八日未時卒康熙庚子二月初七日申時

配蔡氏　洪尾女　生康熙乙丑十一月廿五巳時

十四世

華耳　名順耳

生康熙己亥九月初十日辰時卒乾隆乙未十月十三日

配張氏　洪尾女　生雍正壬子十一月廿八

十五世

榮春　名換春

生乾隆甲戌十二月廿八日未時卒加慶戊寅十二月十二日申時

配王氏　水頭女　謚懿德

十六世

肅買

生加慶丙辰九月初七日亥時卒道光丁酉四月十八日酉時

聘康氏　大堡女

配郭氏　謚閨範　生加慶戊午

十七世

文宏　提

文鴛　肅買公次子　提

卒乾隆壬申十二月廿二已時子一女一適水頭洪公塋双潭上本地內坐南向北瓦棺一首在西畔第二位妣塋双潭上本地內坐南向北與公比連大棺一在東畔第一位

日未時卒乾隆癸未十一月初一

次配**曾氏**

前檜女生雍正戊申十月十九日午時卒乾隆庚午五月廿二日未時子二女一適李公仝次妣合塋赤塗堀瓦棺二首張氏塋埔頂本宅地岸上

生乾隆戊子三月十四日卯時卒道光丁酉三月廿九日未時子二女一適洪住淡水

十月十一日寅時卒咸豐庚申三月十五日午時子二女一適蔡妣塋漲潭下坐北向南

肅怨

榮春公次子生加慶辛酉五月廿二日亥時卒咸豐甲寅又七月十九日子二

艾轉 提

艾來

肅怨公次子生道光甲辰十月十六日卒失

坐南向北瓦
棺一

配王氏
水頭女
生加慶壬戌
正月十七日
子時
卒失
次
配楊氏
生加慶乙丑
十一月十五
卒道光丁酉
四月十九日

華耳公次子
榮觳
生乾隆辛巳
二月初四日

辰時
卒失

文貴
令科公次子
生康熙庚申
七月初七日
巳時卒乾隆
己巳十月廿
七日巳時
配蔡氏
本里女
生康熙己巳
三月廿五日
卒雍正丁未
七月廿八日
戌時

華才
生康熙丁亥
十一月十二
戌時
卒乾隆
配氏
生康熙
餘失
子二
住霞浦縣三
沙鄉

榮
未詳

榮
華才公次子
未詳

民國丁亥年

子五
公塋大平頭
土名仙人鋸
板坐北向南
大棺一
蔡氏塋福寧
府霞埔縣七
都土名沙工
坐西向東大
棺一
住福頂縣南
鎮后澳

文貴公次子
華疊
生康熙庚寅
三月十七日
辰時
卒失
配洪氏
埔頂女
生雍正甲辰
四月廿九日
寅時
卒失
子二
住福鼎縣南
鎮鄉后澳底

榮送
生乾隆己巳
六月廿八日
寅時
卒失

華疊公次子
榮鑄
名趙鑄
生乾隆丙子
九月十一日
酉時
卒失考

令科公三子

文貴公三子
華來 殀
生康熙壬辰
六月廿七日
亥時
卒失

文貴公四子
華現 殀
生卒失

文貴公五子
華基
生卒失

文錦

號振繡 生康熙甲子二月初二日亥時卒乾隆己未七月廿八日午時

配王氏

埔頂女 生康熙庚申四月初八日戌時卒乾隆丁卯九月十五日巳時 子四女二 俱適蚶江紀

華獅

生康熙壬辰八月廿二日巳時卒乾隆壬寅四月初五日卯時

配郭氏

上郭女 生雍正甲辰正月十五日亥時卒乾隆戊申　月初七日 子二女一 適吳 公塋東堤后

榮甘 殀

生乾隆辛未五月廿七日申時卒乾隆 餘失

榮鳳

華獅公次子 名玉鳳 生乾隆己卯十一月廿三亥時卒乾隆 餘失

公塋尭墩前
本地岸上坐
東向西瓦棺
一首
王氏塋塔下
三斗地内坐
東向西大棺
一

本地内
妣塋山兜山
面

華黨

文錦公次子
號剛健
生康熙丁酉
七月廿二日
亥時卒乾隆
甲寅二月初
二日午時

配曾氏
東安女
謚勤慈
生雍正己酉

榮邁

名粤邁
生乾隆戊寅
十月十一日
子時卒道光
丁亥七月初
五日巳時

配陳氏
東安女
謚勤慈
生乾隆庚寅

肅粿

生乾隆壬子
十一月廿八
午時
卒咸豐辛酉
十月初一日
午時

肅劍 殀

榮邁公次子
生加慶己未

九月廿二日丑時卒加慶戊午五月十九日申時子一女二長適崙后次適鈇塘

七月十五日午時卒加慶壬申二月初八日午時子二女一出養妣塋東安目界園巽乾辰戌

九月廿七日子時卒道光丙戌八月十八日未時

文錦公三子

華外

號勤海生雍正庚戌五月二十日子時卒加慶己未七月十六日午時

榮記

生乾隆戊子十一月十二酉時卒失

配王氏改

公緣事在外

配謝氏
生失
卒道光丙戌
九月廿四日
未時
子二

女一
適柑江糠

文錦公四子
華正
生雍正甲寅
十一月廿三
卒失
入贅祥芝鄉
寓烏任鄉

華外公次子
榮蟳
生乾隆丙午
五月廿三日
戌時
卒失

文興 信科公長子

字君發

生康熙丁未五月初八日辰時卒雍正癸丑正月初五日未時

配紀氏

錦江女

生康熙甲寅十一月二十亥時卒康熙丁亥二月初五日

子一女三

華丁 名進丁

生康熙甲申九月初四日未時卒乾隆丙戌二月初十日丑時

配洪氏

抗園女

生康熙戊子十月初十日未時卒雍正辛亥十月十三日午時

次配紀氏

榮蔕

生雍正癸丑六月初九日亥時卒乾隆辰辰八月廿一日卯時

配蔡氏 改

嗣子一

與三繼母吳氏合塟元頭山瓦棺二首

華丁公次子

榮賂 殤

生卒失

嗣子 **肅宗**

本榮雷長子入承

生卒失

長適王次適
蔡三適吳
公塋洋墓本
地岍上坐南
向北大棺一
妣坑山后地
岸上坐南向
北瓦棺一首

東安女
生康熙戊子
四月十三日
亥時卒乾隆
庚辰七月初
二日巳時
三配吳氏
后安女
生康熙丁亥
九月初四日
戌時卒乾隆
壬午十月廿
一日巳時
公與紀氏合
塋元頭坐東
向西瓦棺二
首

榮田
華丁公三子
號順性
生乾隆己未
三月十八日
卒加慶丁巳
正月初十日
酉時
配曾氏
龍安女
生乾隆庚午
七月二十日
辰時
卒失
子四女一
適王

肅沙
生乾隆丁酉
九月廿七日
丑時卒加慶
丙寅六月廿
五日午時
配王氏改

肅糖
榮田公次子
生乾隆癸卯
十月十九日
卒加慶壬戌
六月廿二日

吳氏仝長子
榮帶合塋元
頭本地內坐
東向西瓦棺
二首
子五女一

公塋赤奎塬
坐南向北

己時
榮田公三子
肅門
字恭闌
生乾隆丙午
四月十七日
卯時卒道光
乙巳四月廿
八日戌時
配王氏
塘頭女
謚慈嫺
生乾隆癸丑
十月廿二日
亥時卒道光
辛丑正月初

文水 樓諱

肅門公次子
艾營 提

華丁公四子
榮園 殤
生卒失
壟元頭坐西向東

六日卯時
子式女三
長適紀次適
黄三適陳

榮田公四子
肅粽
生乾隆己酉
七月十三日
卯時
卒失

華丁公五子

榮壘

生乾隆丁卯
正月初二日
卒失

配吳氏

謚柔和
蚶江女
生乾隆乙亥
正月初二日
卒加慶己未
四月十四日
巳時
子六女二
長適周次適
郭

肅稟

出承榮帯
榮壘公次子

肅塗

生乾隆庚子
十二月二十
日丑時卒
道光辛卯六
月初五日未
時

配陳氏

謚勤慎
生乾隆己酉
十一月初二

艾河

生道光壬午
六月十七日
寅時卒咸豐
甲寅十月廿
一日寅時
溺水

公塋失考
妣塋赤塗埭
坐南向北大
棺

卒同治癸亥
四月廿九日
未時
子一
公塋淡水

滎壘公三子

肅借

生乾隆甲辰
十一月十八
巳時卒道光
己丑七月十
四日酉時

聘黃氏

山内女
生乾隆癸丑

艾井

生加慶甲戌
五月初七日
巳時
卒失

七月初十日
未時
卒加慶
配蔡氏改
子一女二
俱適王
公塋淡水
犖壘公四子

肅菜
生乾隆丁未
正月十六日
酉時卒道光
庚子五月十
七日未時
配吳氏

艾贊
生道光戊戌
五月十四日
辰時卒咸豐
甲寅八月卅
日歿于　棚頂

謚順節
生加慶庚申
九月三十日
辰時卒咸豐
戊午六月初
八日未時
子二

肅菜公次子
艾旦未詳

榮壘公五子
肅產歿
生乾隆辛亥
八月廿九日
己時卒加慶
癸酉七月十
六日已時
塟赤塗堀坐
南向北

榮壘公六子
肅困 歿
生乾隆癸丑六月廿五日卯時卒加慶己卯十一月十一日未時

信科公次子
文穰
字君豐
號振德
生康熙辛亥八月初四日午時卒雍正癸丑正月初六日午時

華群
生康熙丁亥十月初六日亥時卒乾隆乙巳九月十八日卯時
配陳氏

榮葛
生乾隆己未十二月初六戌時
卒失

華群公次子
榮綦

配陳氏
亭下女
謚勤儉
生康熙癸亥
三月初七日
巳時卒雍正
庚戌十二月
初六日午時
子三女一
適黃
公妣附公媽
塋古山東狗
石邊本地內
坐丁癸瓦棺
四首

石栖湖邉女
生康熙丁亥
八月廿五日
亥時卒乾隆
戊申四月二
十日
子三女三
長適陳次適
吳三適郭
公塋狗石坐
東向西
妣塋古山后
坐南向北

華崇
文穰公次子
殤

生乾隆壬戌
十二月廿七
日申時
卒失

榮术
華群公三子
出承

生康熙壬辰十月廿六日丑時卒失文穰公三子

華尊

號成美

生康熙壬寅二月廿五日亥時卒乾隆戊寅四月廿六日

配紀氏改

子一女一

適洪

榮厓

生乾隆癸酉十月廿一日寅時

卒失

陞科公之子

文見

生康熙丁未正月十一日辰時

卒失考

殤

養子一

華二 養子

名進二

生康熙戊辰六月初四日卯時卒康熙己亥六月廿九日

配洪氏

錦江女

生卒失

子一

榮象

號鈍言

生康熙戊戌五月廿九日亥時卒乾隆丁酉四月廿九日戌時

配王氏

水頭女

謚慈愛

生雍正庚戌三月廿五日酉時卒乾隆戊申三月十三日

肅來 歿

生卒未詳

子一
公塋赤塗堀
坐南向北大
棺一
妣塋古山前
坐東向西大
棺一

文黼
其輯公六子
生順治甲申
十月廿一日
子時卒康熙
辛巳六月廿
二未時
配曾氏
謚慈惠

華德
號光蔭
生康熙丙辰
七月初三日
戌時卒康熙
丙申四月十
八日申時
配蔡氏

榮醴
生康熙丁亥
四月十八日
午時卒乾隆
乙亥六月二
十日巳時
配王氏
五堡女

肅乞
生乾隆己未
四月廿一日
酉時卒乾隆
辛丑六月初
六日海亡
配　氏
生乾隆癸酉

生順治壬辰十月初三日巳時卒康熙戊戌十月十亥時
子三女二
俱適王
考妣合塋五福山邉本地内坐東向西瓦棺二首

蓮塘女
生康熙乙丑十二月初十日卒乾隆癸酉三月廿八日未時
子一女一
公塋五堡山邉本地内坐東向西瓦棺一首

生康熙甲午五月初五日午時卒乾隆庚子六月二十日巳時
子二女二
長適陳次適侯
妣塋五堡山龍井

七月二十日午時卒乾隆癸巳十月十八日寅時
次
配　氏改
妣塋西沙岸

肅當
榮醴公次子
生乾隆乙丑正月初九日子時卒乾隆戊申正月十八日丑時
配王氏

艾談
養子
生乾隆壬子
餘失考

五堡女
生失
卒乾隆
六月十八日
公與母俱塟
龍井大棺二
穴
王氏塟打鉄
山岸
子一

華棨
文黼公次子
號光明
生康熙庚午
八月十八日
戌時卒乾隆

榮潦
生康熙丁酉
十二月十三
亥時卒乾隆
乙亥六月二

肅文
生乾隆甲子
十一月十三
戌時卒加慶
辛酉十一月

艾夏
生乾隆丙申
十一月十六
日寅時卒失
外出

辛巳五月初
六日酉時
配王氏
五堡女
生康熙丁丑
九月廿五日
午時卒乾隆
丙戌十二月
廿六日酉時
子六女一
適王
公妣合塟后
宅坐巳亥瓦
棺二首

十日巳時
配謝氏
赤湖女
生雍正甲辰
九月十九日
亥時卒乾隆
丙子五月廿
四日未時
子三
妣塟湖前坐
南向北大棺
一榮潦夫妻
仝塟瓦棺三
首

十六日丑時
配邱氏
塘頭女
生乾隆甲戌
十二月初十
日子時卒
乾隆丁酉九
月二十日酉
時
繼娶之妻乃
係乱倫生卒
痛貶
子一
考妣俱塟打
鉄山岸坐東
向西

肅武
榮潦公次子
生乾隆丁夘
九月十三日
戌時
卒失

配胡氏
洪墄女
生乾隆甲戌
餘失考
子三女一
適古浮蔡

艾㕦
出承肅駕
肅武公次子

艾登
生乾隆乙巳
二月十五日
午時卒失

配蔡氏
蓮坑坂女
生卒失

艾篇
肅武公三子
生三月十四

日巳時
卒失

肅韜
榮潦公三子
出承榮遷

榮源
華棠公次子
生康熙辛丑
四月二十日
巳時卒乾隆
乙巳九月十
七日亥時
配邱氏
厝上女
生雍正己酉

肅愛
生乾隆癸酉
三月廿八日
未時
卒失
配王氏
生乾隆己卯
三月十六日
卯時卒乾隆

艾英
生乾隆丙午
又七月廿七
日亥時
卒失
配盧氏
生乾隆甲寅
六月十八日
辰時

二月十六日
酉時卒乾隆
癸丑二月十
八日卯時
子二女二
長適王
公妣與嫂謝
氏合塋湖前
坐南向北

丁酉六月十
七日未時
塋后山頂兎
棺一首
次
配盧氏
炉厝女
生乾隆庚辰
十二月廿一
申時卒加慶
壬申十一月
十三日戌時
塋五堡山邉
大棺一穴
子二女二
長適王次適
卯

卒失
肅癸公次子
艾道 未詳

榮源嗣次子
肅秦
胞弟榮鑄三子入承
生乾隆癸巳十二月二十日申時
卒失
配王氏
五堡女
生乾隆丁酉三月二十日酉時
卒失考
子三女二
長適王

艾堂
生加慶癸亥八月初六日亥時卒失

肅秦公次子
艾貼
生加慶乙丑七月廿二日丑時
卒失

肅秦公三子
艾更
生加慶戊辰五月初四日

華案公三子
榮遷
生雍正甲辰
三月十二日
午時卒乾隆
癸酉五月初
八日未時
配王氏改
嗣子一
公與榮白合
塟湖前坐南
向北

嗣子
肅韜
榮潦三子入
承
字恭畧
生乾隆辛未
十二月十九
未時卒加慶
戊辰九月廿
五日　海亡
配謝氏
赤湖女
生乾隆癸未
四月初一日
戌時卒加慶

酉時卒失

文澤 提

文買
生加慶壬戌
三月初十日
辰時
卒失

榮推
華棠公四子
生雍正戊申七月十五日亥時卒乾隆

肅送 名送來
生乾隆戊寅十一月十六子時
卒失
子二

四十三

癸亥七月廿三日巳時
配次蔡氏
赤湖女
生乾隆乙亥九月廿三日酉時
卒失
謝氏塋湖前大棺一穴

戊寅五月廿
五日
配邱氏改
子一
塋漢洋石塘
山坐西向東

卒乾隆辛丑
六月初六日
午時
海亡

華案公五子
榮鑄
生雍正辛亥
八月十二日
亥時卒乾隆
庚戌十一月
初五日
配王氏

名光保
肅保
生乾隆辛巳
十二月十九
戌時卒失
配王氏
本里女

艾為
生乾隆辛亥
四月十四日
亥時
卒失
配郭氏
上埭女

西墩女
生乾隆辛酉十一月初九辰時
卒失
子五女二
長適王次適卯
公塋秦山水澚
妣塋五堡井頭

生乾隆庚寅十二月廿五丑時卒失
子五

生乾隆乙卯五月初五日午時卒失
肅保公次子

艾兜

生乾隆乙卯七月初二日酉時卒失
肅保公三子

艾好

生乾隆丙寅十月廿三日午時
卒失考
肅保公四子

二民國丁亥年

二一世　善　齊重修

艾廳
生嘉慶己巳
五月廿三日
亥時
卒失

艾譜
肅保公五子
生嘉慶甲戌
六月廿八日
丑時
卒失考

榮鑄公次子
肅鬐
出承榮定

榮鑄公三子

肅秦
出承榮源
榮鑄公四子

肅快
名快生
生乾隆己亥
十二月廿九
日丑時
卒失

配王氏
五堡女
生乾隆
六月十八日
辰時
卒失

艾景
生加慶乙丑
七月二十日
卯時
卒失
肅快公次子

艾祥
生加慶丁卯
七月廿一日
戌時
卒失
肅快公三子

二民國丁亥年

子三

艾响
生加慶壬申
七月十七日
子時
卒失

榮鑄公五子

肅財
生乾隆壬寅
十月廿五日
丑時
卒失

配王氏
五堡女
生乾隆庚戌
十月十八日

艾戴
生加慶戊辰
十一月初一
酉時卒失

配邱氏
洋厝女
生加慶癸酉
六月廿九日
卒失考

酉時
卒失考
子一

華棨公六子
榮定
生乾隆丙辰四月十九日申時卒乾隆己丑九月初三日丑時
配張氏
奈厝前女
生乾隆丙寅九月初二日亥時卒乾隆己未九月十

嗣子
肅髻
榮鑄次子承之
生乾隆庚寅九月初七日巳時
卒未詳
配蔡氏
蓮坑坂女
生乾隆辛丑十二月廿二日寅時

艾榜
生加慶戊辰七月十四日子時
卒失

二日丑時　卒失
嗣子一　子一
公壟打鉄山
岸坐東向西
大棺一
妣壟打鉄山
岸坐西向東
大棺一

文黼公三子
華齊 𣧑
字光茂
生卒失考

麒椿公之子
文遴
生順治丙戌
九月初六日

養子
華輔
生康熙甲寅
十二月初十

榮白
生康熙乙酉
四月初九日

嗣子
肅汀
榮首長子入
承

艾鵲 提

未時
卒失考
配王氏
五福西尾女
生卒失考
子一
公塟本里龍
井邉坐巳向
亥兼辰戌
王氏塟本山

寅時卒康熙
己亥六月廿
九日申時
塟失考
配王氏
五堡女
諡勤儉
生康熙乙丑
正月初三日
戌時卒乾隆
乙丑九月初
一日辰時
子二女二
長適王次適
吳
妣塟龍井邉
巽乾巳亥

卒雍正辛亥
六月二十日
嗣子一
興榮遷合塟

文部
肅汀公次子
提

字恭皃
號振渚
生雍正癸丑
六月初一日
酉時卒加慶
己巳八月初
五日午時
配王氏
五堡女
生乾隆己未
六月廿一日
午時卒乾隆
乙巳五月廿
五日未時
子二女二
長適蔡次適
王

華輔公次子

榮首

生康熙辛卯二月廿五日丑時卒乾隆壬辰七月廿八日辰時

配胡氏

新洪窟女生康熙壬辰八月初十日未時卒乾隆

公塟長伋土垵南坐乾巽亥巳

妣塟岩后坑

肅汀

出承榮白

榮首公次子

肅總

生乾隆丁巳十一月初二日卯時卒乾隆丁酉九月初二日寅時外亡

艾察

生乾隆庚寅五月十二日巳時卒加慶己未九月廿六日申時

塟福州

壬子七月初
五日卯時
子三女一
適王
公妣合葬岩
后坑

配王氏改
子一

榮首公三子
肅篤
生乾隆己巳
二月廿七日
酉時卒乾隆
戊戌四月廿
七日未時
配胡氏改
嗣子一女一
適邱
公葬岩后坑

嗣子**艾吽**
生乾隆庚午
十月初九日
申時
卒嘉慶辛未
又三月十九
日戌時
葬東城山岸

海上絲綢之路文獻集成

總主編 陳支平 陳春聲

民間譜牒編 78

主編 林楓

国家出版基金项目
NATIONAL PUBLICATION FOUNDATION

海峽出版發行集團
THE STRAITS PUBLISHING & DISTRIBUTING GROUP
福建人民出版社

本册目次

〔福建石獅〕蓮江東林宗譜不分卷〔三〕

王慶麟纂修

蓮江東林宗譜

十七世 十八世 十九世 二十世 廿一世

后湖派

肅晏公長子

艾石

生乾隆戊寅正月十六日子時卒加慶癸酉八月初七日午時

配紀氏

生乾隆庚辰十一月初四巳時卒乾丁未七月初九

養子 **哲因**

生乾隆甲寅六月廿六日寅時卒失

午時
塋西埔
次
配紀氏
生乾隆乙酉
十一月十五
巳時卒未詳
公塋西埔鷲
石頂坐巽乾
亥巳
男一

肅晏公次子
艾嵜
生乾隆甲申
十一月初八

哲摺
生卒未詳

日申時
卒加慶丙辰
三月十四日
酉時
配許氏
生乾隆戊子
六月十九日
辰時卒未詳
男一女一
適蚶江王

肅耿公之子
艾陳
號舉善

哲来
生卒失

生乾隆壬辰
四月
卒加慶庚申
九月十四日
外亡

配許氏

謚儉素
生乾隆癸巳
五月十五日
戌時卒加慶
戊午二月廿
四日巳時
塟橫頂邉坐
東
男二

艾陳嗣次子

哲久

本艾岩三子
入承
生加慶丁卯
十二月十七
巳時卒失

艾岩
肅忠公之子
生乾隆丁亥
十二月十八
戌時卒未詳
配許氏
生乾隆丁亥
九月初七日
丑時卒未詳
男三女一
適東安涑

哲財
生乾隆壬子
殤

哲旺
艾岩公次子
生加慶丁巳
四月廿三日
午時卒

肅成公長子
艾執
生乾隆壬午
又五月廿二
酉時卒加慶
丁卯八月十
一日卯時
塟鷲石山
配蔡氏
生乾隆癸未
二月初六日
亥時卒道光

艾岩公三子
哲久
出承哲湅

哲徽
生乾隆癸卯
九月廿四日
戌時卒道光
乙巳三月廿
七日歿彰化
配王氏
生乾隆乙巳
十二月廿二
辰時卒咸豐
癸丑三月十

謀道
生加慶庚午
八月廿三日
亥時外出

丁酉八月十
七日戌時
塋陳董山
男四女三
長適古浮蔡
次適蚶江丁
三適蚶江王

一日子時
塋頂東塔
男一女一
適蚶江丁

艾執公次子
哲柏
生乾隆丙午
又七月初五
未時卒道光
壬午六月初
二日亥時
塋東塔坡
配邱氏

謀果
生加慶己巳
六月十六日
酉時卒同治
癸酉十一月
初二戌時
公海亡
配紀氏

聖溪
生道光丁酉
十月十四日
戌時卒

生乾隆己酉三月十二日申時卒同治辛未四月廿八日申時
塋山頭下
男三

生加慶壬申五月初五日
男二女一

哲柏公次子
謀于
生加慶壬申七月十二日午時卒道光丁未十二月初五巳時
塋益口山

謀果公次子
聖坑
生道光辛丑九月二十日巳時卒同治壬申十月初十日海亡

哲柏公三子

謀益

生加慶乙亥八月初九日亥時卒未詳

配**駱氏**

生道光庚子十一月初三

男二女一

適石湖郭

聖幼

生同治壬申二月初九日亥時卒

謀益公次子

聖賜

哲花

文執公三子

生未詳

卒加慶丙辰二月初十日酉時

哲進

文執公四子

生加慶戊午六月初五日辰時卒鹿港

配邱氏　改

謀河

生道光己丑十一月廿四卒咸豐壬子九月初二日海亡

男一

肅成公次子

艾益

生乾隆甲申十二月初九戌時卒嘉慶甲子五月十九日辰時

配洪氏

生乾隆丁亥十二月廿五寅時卒道光壬辰八月初三日卯時

哲粉

生乾隆丙午八月廿三日戌時卒道光丙戌海亡

配王氏

生乾隆辛亥五月十九日戌時卒道光壬辰正月廿五日戌時

葬東塔坡坐

民國丁亥年

塋東塔坡坐
北
男三女二
長適甜江歐

東

哲企

艾蓋公次子
生加慶丁已
十二月初四
未時卒道光
壬辰七月初
三日申時
塋東塔坡

哲步

艾蓋公三子
生加慶庚申

十一月十七日辰時卒道光丙戌正月廿六日辰時塟橫頂西

肅成公五子
艾嬌
生乾隆十二月初二戌時卒道光壬辰正月廿三日卯時塟溧董坡坐東

哲墻
生加慶庚申四月廿五日辰時卒道光壬辰正月十九日卯時
配歐氏改
嗣子一

嗣子
謀廸
本哲選長子入承
生道光己亥四月初二日亥時卒
配郭氏

聖象
殤

配邱氏
生乾隆乙未
十二月初六
戌時卒道光
丙申七月廿
五未時
塋裡內坡坐
東
男四女二
長適蚶江洪
次適蚶江謝

公塋東塔坡

哲選
艾嬌公次子
生加慶癸亥
三月廿三日
辰時卒咸豐
癸丑八月十
三日申時
配郭氏
生加慶乙亥
九月廿一日

生咸豐丁巳
九月十三日
卒
男一女二

謀廸
出承哲墻
哲選養次子

謀
生咸豐乙
三月十三日
巳時卒

丑時卒失

男二

配王氏

生咸豐庚申

年

卒

艾嬌公三子

○哲言

生加慶己巳

二月三十日

亥時卒外亡

艾嬌公四子

○哲錠

生加慶癸酉三月初五日酉時卒于彰化

肅慥公長子

艾偶

生乾隆甲申十二月初九辰時卒未詳

配王氏

生乾隆丙戌十二月廿五卒未詳

男一

哲直

生乾隆乙卯十一月十八日寅時卒失

肅智公長子
艾邁
生乾隆丁亥
七月廿二日
未時卒未詳

配劉氏
生乾隆乙未
十一月三十
子時卒失
男二女一
適洪寮洪

哲投
生乾隆乙卯
六月初六日
酉時卒未詳

艾邁公次子
哲好
生加慶癸酉
七月初三日
酉時卒

艾本
肅政公長子
字寬立
生乾隆乙亥五月廿三日寅時卒加慶丙子五月十六日巳時
配郭氏
生乾隆戊寅三月十七日戌時卒加慶　十二月廿一日戌時
男六女一適本鄉許

哲僑
生卒未詳

哲快
艾本公次子
生卒未詳

哲朕
艾本公三子
生卒未詳

哲炮
艾本公四子

生卒未詳

艾本公五子
○哲審
生卒未詳

艾本公六子
○哲服
生卒未詳

艾應
肅政公次子
字寬谷
生乾隆戊寅十二月廿二寅時卒乾隆二月廿三日
配謝氏
生乾隆
卒三月十七
次配吴氏
生卒失
男二

哲瑶
生卒未詳

哲盤
艾應公次子
生卒失

肅政公三子
艾伍
字寬隊
生乾隆癸未
正月初二日
戌時卒加慶
庚午八月廿
七日外亡
配蔡氏
生乾隆己酉
三月廿二日
巳時卒乾隆
三月廿
一日酉時

哲草
生卒失

艾伍公次子
哲笑
生卒未詳

次
配王氏改
男二女一
適五堡王

肅政公四子
艾建
生乾隆戊子六月廿八日寅時卒乾隆乙卯八月廿八日未時
配王氏改
男一

哲粘
生卒未詳

肅政公五子
艾寅
生乾隆甲午十一月初一寅時卒道光己酉六月初二丑時
葬橫頂邊
配許氏
生乾隆己亥十二月廿八酉時卒道光庚寅十一月初二酉時

哲花 殤

艾寅公次子
哲居
生加慶壬戌十一月初二亥時卒失
配王氏
蚶江女
生加慶乙丑五月十七日

謀廷
生道光丁亥年卒五月十三日

哲居公次子
謀箱

與長媳王氏
合塋烏龜下
坐北
次
配蔡氏
蓮塘女
生乾隆丙申
七月十三日
卒咸豐甲寅
二月初三日
塋橫頂邊坐
巽乾辰戌
男四女二
長適蚶江紀
次適石湖郭

亥時卒道光
甲午五月十
七日午時
附艾寅及前
妣合塋
次
配邱氏
生加慶丙子
年
卒光緒辛己
四月初六日
未時
塋橫頂山
男三女三
長適永寧陳
次適石湖周
三適東坡邱

出承哲軒
哲居公三子
○謀閭
生咸豐癸丑
五月廿六日
午時卒光緒
丙子八月十
三日亥時

艾寅公三子
哲軒
生加慶甲戌四月初四日巳時卒道光庚子八月十一日寅時

配許氏改

嗣子一

嗣子
謀箱
本哲居次子入承
生道光癸卯七月十六日亥時卒未詳

艾寅公四子
哲包
生道光壬午

謀求殤

十一月初六辰時卒光緒戊寅九月十五酉時

配周氏

石湖女

生道光乙酉年

卒同治丙寅二月初一日巳時

塟橫頂湢坐東

次

配蔡氏

生道光戊子

餘失

男一女一

文講
肅連公長子
生乾隆庚寅
八月廿三日
午時卒道光
癸未四月十
五日申時
塟鵝石坐艮
坤丑未
配郭氏
生乾隆辛巳
九月初十日
亥時

子養
哲篆
生加慶壬戌
八月廿五日
午時卒道光
乙巳五月初
二日戌時
塟東塔坡坐
東

卒加慶丁丑
三月十一日
未時
塟橫頂邉坐
南
次配紀氏
生乾隆庚子
十一月初六
卒道光癸已
四月廿一日
丑時
塟洪尾后海
墘
男二

哲帶
艾講嗣次子
本艾培四子
入承
生加慶壬申
年
卒道光甲辰
五月初一日
塟東塔坡坐
東

肅連公次子

艾培

生乾隆戊戌又六月初六巳時卒道光丙戌五月初一日卯時塟橫頂墩坐東

配蔡氏

生乾隆己酉二月十八日亥時卒加慶乙亥三月十三日午時塟橫頂迹坐

哲千

生加慶甲子二月初八日亥時卒

配紀氏

生加慶壬申五月廿五日巳時卒

男二女一

適本里歐

謀美

出承哲羌

謀錦

哲千公次子

生道光癸卯五月十四日辰時卒

配蔡氏

生咸豐庚申十月初六日辰時卒

北
次配歐氏
生乾隆戊戌
十月十六日
午時卒加慶
己卯四月十
九日卯時
塟后壁埔坐
北
三配蔡氏
生乾隆辛亥
五月二十日
寅時卒咸豐
戊午四月廿
七日未時
塟東蓉埔北

哲醉
艾培公次子
外亡未詳

哲姜
艾培公三子
生加慶己巳
三月十二日
酉時卒道光
癸巳七月
歿滬尾
塟益口山
嗣子一

嗣子**謀美**
本哲千長子
入承
生道光戊戌
四月廿六日
未時卒

男四女三
長適本鄉洪
次適本鄉紀
三適水頭王

哲帶
艾培公四子
出承艾講

艾全
肅連公四子
生乾隆壬寅十二月廿四亥時卒道光戊子四月十七申時
配李氏

哲花
生加慶甲戌九月廿三日卒同治丁夘八月廿五日塟益口山
配盧氏

謀戇
生道光丙午九月十二日卒同治庚午八月廿九日寅時

民國丁亥年

生乾隆甲辰
二月初十日
丑時卒加慶
乙丑七月二
十日戌時
公埜鵝石下
坐乾巽戌辰

次配吳氏
生乾隆己酉
八月十四日
辰時卒加慶
戊辰正月十
七日午時

三配王氏
生乾隆庚戌
五月初七日

石湖女
生加慶戊寅
七月二十日
酉時卒戊豊
己未二月初
六日未時
埜衙門邊
男一

辰時卒咸豐
癸丑八月廿
一日寅時
男一女一
適水頭王

肅連公六子

艾剖

生乾隆庚戌
十一月廿三
戌時卒道光
壬辰八月二
十日
配蔡氏改

哲盈

生加慶壬申
六月十九日
卯時卒道光
壬寅六月十
一未時
殁在底港

男一

艾守
肅報公長子
生乾涂乙酉六月初八日辰時卒加慶壬申正月廿八日巳時
配邱氏
生卒未詳
生男三

哲草
生乾涂

哲改
艾守公次子
生卒未詳

哲排
艾守公三子
出承艾射

艾爾
肅報公次子
生乾隆
餘失卒亦未
詳

哲順
又名猿
生卒未詳

配
氏改
男一

艾射
肅報公三子

哲排
嗣子

生乾隆甲午十一月十八酉時卒加慶壬戌十二月廿八日
嗣子一

係艾守三子入承
生卒未詳

艾營
肅申公長子
生乾隆三月初六日卯時卒未詳

配　氏
生八月廿六申時

哲要
生卒失

哲愛
艾營公次子

卒失詳
男二

艾琛
肅為公長子
生乾隆己卯
六月廿六日
寅時卒乾隆
戊申正月廿
三日己時
配氏改
男一

哲課
外出未詳
生卒失詳

肅為公次子
艾篤
養子 哲兜
生卒失詳
生乾隆壬辰
二月廿八日
戌時卒未詳

配　氏
生乾隆己酉
十月初五日
未時卒失
子一

肅從公之子
艾講
嗣子 哲員
本艾探長子
生乾隆丁卯

十二月初六申時卒乾隆戊子七月十一日未時嗣子一

艾探

肅卿公之子生乾隆丙戌五月二十日午時卒道光己酉十月十四日酉時葬黄牛石南

入承生乾隆壬子正月廿三日未時卒道光庚寅九月初八日寅時葬東塔埔

哲員

出承哲講

哲予

艾探公次子生乾隆甲寅

謀

聖咆

養孫生咸豐戊午

坐癸丁丑未

配楊氏

生乾隆辛卯五月初十日已時卒道光辛卯五月初一日辰時塟大塭山邉坐乾巽亥已

男五女一

適蚶江紀

十一月十一已時卒同治乙丑十月廿一日丑時

配周氏

石湖女

生加慶丁卯九月廿一日申時卒失

生女一

養孫一

艾探公三子

哲恩

號

九月廿二日未時卒

配許氏

裡內女

生同治甲子七月初九日已時卒

生加慶乙丑
正月十五日
寅時卒淡水

哲義
艾探公四子
生加慶壬戌
十月初十日
亥時卒淡水

哲幼
艾探公五子
生加慶辛未
又三月初五

養子 謀来
生道光癸卯
五月二十日

辰時卒淡水
養子一

艾的
肅莪公長子
生乾隆庚辰
五月初一日
亥時卒加慶
戊午正月廿
四日戌時
葬土墪內坐
東
配謝氏
青蓮女

哲愛
生乾隆丙午
六月初五日
卒道光丁亥
七月廿二日
未時
嗣子一

辰時卒同治
己巳十二月
廿四日海亡

嗣子 **謀瑶**
本哲撻長子
入承
生道光己丑
正月廿八日
寅時卒咸豐
辛酉七月廿
五日海亡
配吳氏改

生乾隆辛巳十月廿五日酉時卒乾隆壬寅五月廿九日辰時附葬姑合塋鵝石東坐癸丁丑未瓦棺三首

次配蔡氏改

男三女一

適東坡卯

○**哲炎**

艾的公次子

出承艾朕

○**哲塔**

艾的嗣三子

本艾拋三子

入承

生加慶辛未七月初四日酉時卒同治壬戌四月廿九午時

艾抛
庸莪公次子
生乾隆戊子十月廿五日亥時卒道光癸巳五月初八日未時
塟后堡山坐壬丙亥巳

配邱氏
厝上女
生乾隆癸巳又三月十一酉時卒咸豐丁巳四月十

哲撻
生加慶丁巳八月十五日卯時卒道光戊申八月廿一日未時

配蔡氏
古浮女
生加慶癸亥十月初九日酉時卒道光甲辰八月初十日丑時
男二

謀瑶
出承哲愛

謀僚
謀撻公次子

三日夘時
葬后路樹巽
乾巳亥
男三女一
適東坡邱

艾拋公次子
哲城
生加慶丁夘
八月廿一日
辰時卒道光
乙未六月十
六日午時
塟東塔埔

艾拋公三子
哲塔
出承艾的

民國丁亥年

肅褒公長子
艾朕
名深
生乾隆壬辰
正月廿二日
酉時卒道光
甲申二月廿
三日與父母
合塋鵝石山
坐北

配郭氏
埔仔尾女
生乾隆壬辰
十月三十日
酉時卒乾隆
甲寅十月十

嗣子
哲炎
本艾的次子
入承
生乾隆己酉
十一月十七
亥時卒失

哲喜
艾朕公次子
出承艾視

哲懼
艾朕公三子

六日未時出承艾什
塋湖砱坐北
次配氏改
嗣子男二
女一適甘江
紀

肅褒公三子
艾雜
生乾隆戊戌
六月初一日
寅時卒加慶
戊午正月十
四日卯時
塋土塗內坐

嗣子哲懼
本艾朕三子
入承
又名隻
字必双
號卓亭
生加慶辛未

諜益
又名嘉
生道光甲辰
九月初七日
寅時卒光緒
壬寅五月廿
五日未時

聖賜
生光緒戊寅
二月廿二日
寅時卒民國
癸丑六月初
七日

二民國丁亥年

巽乾辰戌
嗣子一

四月十九日
酉時卒光緒
己丑十月初
四日巳時
葬鵝石脚坐
北
配張氏
惠安女
生加慶庚辰
十二月廿七
寅時卒光緒
癸巳二月初
十日午時
男二

葬九斗坐東
配傅氏
名雪娘
石湖女
生道光丁酉
年
卒民國壬申
九月初九日
申時
葬益口山坐
東
男二女三
長未詳次早
夭三嫌治

謀益公次子
聖栁
又名金栁
生光緒乙酉
七月初五日
未時卒光緒
乙巳五月初
二巳時
葬后湖路坐
北

謀祖
哲懼公次子
出承哲喜

艾視
肅褒公四子
生乾隆庚子十二月初九寅時卒加慶辛未四月廿四戌時
葬浦内坐西
配氏改
子一

哲喜
生加慶辛未四月十九日申時卒失
嗣子一

謀祖
嗣子
本哲懼次子入承
生咸豐壬子正月十一日寅時卒失

肅梨公之子
艾念 名令
生加慶癸亥二月初二日卒道光庚戌四月廿二日
配吳氏
名保娘
生加慶丙子九月十五日午時卒光緒庚寅三月廿四日酉時
子三
塟金帽山

哲桶
生道光丁酉五月廿九日卒咸豐庚申四月十三日
塟益口山

謀

聖智 奉祀

哲蚶
艾念公次子
生卒未詳
配柯氏
生失詳
卒光緒己亥

謀

聖蘇
名金蘇
生光緒丙戌十二月初三卯時卒光緒丙午人四月

八月十二日廿一日卯時
嗣孫一

哲傳 殤
艾念公三子

艾穆
肅海公長子
生乾隆壬辰正月廿九日酉時卒加慶壬戌十二月廿一日海亡
配 氏改

哲鉗
生卒未詳

男一

肅海公四子

艾寔

生乾隆甲午

三月初九日

辰時卒未詳

配莊氏

生乾隆辛卯

十二月廿六

戌時卒未詳

男一

哲脫

生卒未詳

肅騶公之子

艾素

生道光庚寅
又四月廿六
卯時卒失

配傅氏

生道光庚子
年
卒未詳
男一

哲準

生同治乙丑
七月廿六日
丑時卒失

艾羅

肅璜公次子

號佳城

生乾隆辛卯

六月十三日

未時卒道光

壬辰十二月

初五卯時

配紀氏

生乾隆乙未

又十月十二

卯時卒咸豐

辛亥六月初

一日寅時

公妣合塋鵝

石前坐東

哲尊

生乾隆甲寅

七月十六日

午時卒同治

丙寅十月十

九巳時

塋東山巷坐

巽乾辰戌

配洪氏

謚端德

生加慶癸亥

三月廿七日

卒同治癸酉

又六月廿九

酉時

謀曉

生道光丁亥

正月廿五日

寅時卒同治

辛未四月十

四未時

塋橫頂山

配紀氏

謚柔順

蚶江女

生道光辛卯

八月十五日

卒同治壬戌

五月初六日

午時

聖于

生咸豐戊午

六月初六日

戌時卒光緒

辛巳十月十

五巳時

塋橫頂邉坐

北

蓮江東林宗譜 後堡房 廿八 二民國丁亥年

男四女二
長適蚶江蔡
次適蚶江紀

塋鷺石壬丙
亥巳
男五女一
適山前蔡

次配謝氏
赤湖女
生道光丙申
二月十五日
卒光緒癸巳
十一月十一
男一女一

哲尊公次子
○謀走
出承毋舅
生道光戊子
十月廿六日
卒光緒丁酉

三月初七日未時塟本山坐南

哲尊公三子

謀青

生道光辛卯四月廿四日丑時卒光緒癸巳十二月廿二日巳時

配**蔡氏**

名蜓娘古浮女生咸豐乙卯

聖好

生同治甲戌六月廿八日辰時卒

八月廿七日
午時辛光緒
辛巳又七月
初五戌時
男一女二
長適本里吳
次適洋井郭

謀潭
哲尊公四子
出承哲銅

謀打
哲尊公五子
生道光甲辰

聖海
出承哲秤為

廿九

十一月十八
卒光緒丙午
六月十五日
巳時
配洪氏
名閩娘
生咸豐己未
八月二十日
卒光緒癸卯
十一月二十日
未時
塋赤塗仔坐
東
男五

孫
生光緒庚辰
九月十二日
午時卒光緒
丙午七月二
十日午時
塋赤塗仔坐
東

諜打公次子
○聖灶
生光緒辛巳
十二月十一
酉時卒光緒
壬寅六月廿
七酉時

塋烏竝下

謀打公三子
聖綠
生光緒乙酉
十一月廿四
卒光緒乙巳
六月廿三日
未時
塋本山烏邑
下坐東

謀打公四子
聖板

艾耀公次子
哲柔
生加慶丁巳
正月十二日
戌時卒加慶
庚午四月初
十日巳時

生光緒丁酉
年
卒民國戊辰
三月二十日
殁嘓叻

諜打公五子
聖
殤

葬樣頂過坐西

哲銅
艾羅公三子
生加慶甲子七月十一日巳時卒道光丙午又五月十九戌時
配蔡氏改
公葬東山巷坐東
男二女一
適厝上邱

嗣子
謀潭
本哲蕁四子入承
生道光戊戌十二月初四寅時卒咸豐庚申八月初三辰時
葬烏龜下坐東

民國丁亥年

謀雪

哲銅公次子
生道光丙午
十月初二日
卒失

哲妹

艾耀公四子
生加慶戊寅
五月十五日
卒咸豐辛亥
五月十六日
卯時
塋與父母同
穴

肅璜公三子

艾字

號明修
生道光甲午
十月廿七日
辰時卒咸豐
丁巳十月初
二卯時

配蔡氏

生乾隆丁酉
十一月十七
午時卒加慶
丁丑四月廿
八日巳時
公塋鹿港顏
厝庄丑未艮

哲予

生加慶丙辰
十一月廿一
子時卒失

配蔡氏

蓮埭女
生卒失

哲捷

艾字公次子
生加慶戊辰
八月廿二日
辰時

民國丁亥年

坤
如塟鵝石前
坐北
次
配蔡氏
生乾隆戊申
二月廿九日
丑時卒道光
壬午六月十
八日辰時
塟浦內坐東
三
配紀氏
生乾隆甲辰
年
卒道光戊戌
五月初二日
未時

卒咸豐甲寅
四月廿九日
亥時
塟鵝石下坐
巽乾
配王氏
裡內女
生失
卒咸豐癸丑
八月十九日
寅時

葬烏石下坐北
男三女一
適蚶江何
子孫住廒港

艾字公三子
哲免
生加慶壬申七月初九日辰時卒同治甲戌二月初四日戌時
配洪氏
后寮庄女生道光辛己二月十三日卯時卒失
生男二

謀松
生道光癸卯正月初五日戌時卒失
配黃氏
生道光癸卯十二月初八戌時卒同治乙丑七月初三辰時
次配石氏
生道光丁未十二月廿五卯時卒

聖珍
生同治丙寅十二月廿八戌時卒

謀松公次子
聖忠殤

男二

哲免公次子

謀柳

生咸豐丙辰

九月初三日

卯時卒失

配黃氏

生咸豐丙辰

四月十五日

卒未詳

肅璜公四子

艾燿

字寬燿
生乾隆戊戌
七月十六日
丑時卒道光
己亥十一月
廿八申時
塟烏石下坐
北

配**吳氏**
未皈而逝

次配**王氏**
五堡女
生乾隆戊戌

哲秤

生加慶庚申
十月廿四日
卯時卒光緒
丙子十一月
廿一日
歿于廣港

配**張氏**
生加慶丙戌
十月廿日
卒光緒戊寅
二月十七日
辰時
塟横頂邉坐
東兼嗣子一

兼祧

謀打

聖海

生甲詳前

七月廿七日辰時卒同治癸亥正月初三子時塟橫頂迹坐巽乾己亥男二女一適甜江紀

哲焼

艾燿公次子

生加慶壬申十月初三日卒光緒丁丑十二月十七子時

艾口

肅璜公五子

生乾隆乙巳七月廿九日巳時卒道光辛巳八月十

哲欣

嗣子係艾亞長子入承

生加慶己巳正月初一日

八日辰時
塟龜盤尾坐
乾巽亥巳

卯時卒失

配傅氏
生乾隆己酉
五月廿六日
卒加慶庚午
六月十五日
塟東塔埔
嗣子一

艾亞
肅璜公八子
字
號成軒

哲欣
出承艾口

生乾隆庚戌十一月十八巳時卒道光乙巳五月十四酉時

配蔡氏

謚儉順

生乾隆辛亥十月十五日酉時卒咸豐甲寅六月廿六日午時

公妣合塋鵝石坐乾巽戌辰

男四女一

艾亞公次子

哲反

生加慶丁丑十月初七日子時卒光緒丁丑十二月初八未時

配卯氏

生道光癸未五月初四日卯時卒光緒丙子二月初三午時

公妣俱塋橫頂山

子三女一

謀訓

生道光丙午九月廿五日丑時卒光緒戊寅正月廿一酉時

哲反公次子

謀性

號

生咸豐甲寅八月十一日丑時卒民國庚申十二月

聖寬

生光緒辛巳又七月廿九戌時卒光緒壬寅六月三十日卯時

適杏墩王

廿七日亥時

配郭氏

名畫娘
生咸豐辛酉
九月廿五日
戌時卒光緒
丁未五月十
六寅時
塋本山艾頂
安坐東
男三女三
長適石湖郭
次夭三連治

塋艾嶺迹坐
東

聖吟

諱性公次子
生光緒辛卯
五月十八日
丑時卒光緒
壬寅六月廿
六酉時
塋艾嶺山坐
東

聖局

諱性公三子

積贊

二民國丁亥年

號
生光緒癸巳
十一月初八
辰時

配許氏
未皈而卒
名設娘
生光緒丙申
二月廿六日
卯時卒光緒
戊申二月廿
三申時
塟本山田內

次
配郭氏

十一歲夭

聖局公次子
積頂
生民國乙丑
十二月廿五

聖局公三子
積良
八歲夭

名盤娘
石湖女
生光緒戊戌
十二月十二
亥時卒民國
甲寅十一月
十四酉時
塋艾頂山坐
西

三配陳氏
名素娘
生光緒丁酉
年
卒民國庚辰
二月十八日
亥時
塋橫金墩坐

西
男三女三
長乾治次三
俱未字

哲皮公三子
謀荷
出承哲京

艾亞公三子
哲岞
生十月廿四
日
卒六月初一
附塋父母坟

艾亞公四子
哲京
生十月初八
卒九月廿一
塋淡水
嗣子一

嗣子
謀荷
本哲反三子
入承
生咸豐己未
六月十三日
酉時卒光緒
壬寅七月初
二子時
塋艾嶺山坐
東

肅璜公九子
艾看
生加慶己未
二月十七日

哲車
生道光己丑
十一月廿三

三十八

丑時卒道光甲辰八月廿三日酉時塋橫頂迹坐乙辛辰戌

配蔡氏

諡慈愛生加慶癸亥十二月初二卒道光乙巳六月廿一日寅時塋橫頂迹坐北

男二

亥時卒道光乙巳六月初六亥時塋橫頂迹坐北

艾看公次子

哲盾

生道光辛卯九月十六日亥時卒同治乙丑四月十九戌時塋橫頂迹坐北

肅璜公十子
艾犾
生加慶己巳五月初九日戌時卒十一月初五歿淡水
配郭氏
生加慶癸酉正月廿五日卯時卒道光丁酉九月初三卯時
塋烏垕下坐

哲挨
生道光乙酉年餘失

哲美
艾犾公次子
生道光乙未十月廿九日
卒失

西向東
男二

肅丙公之子
艾堤
生乾隆辛卯
十二月初六
亥時卒失
配氏
生男一

哲[口胡]
生卒未詳

肅彭公長子

艾婢

生乾隆
二月十二日
卒八月初一

配梁氏

生乾隆辛酉
八月廿一日
午時卒同治
辛未六月廿
六日戌時
男一

哲尚

生道光戊戌
二月廿二日
卒失

配王氏

生道光癸卯
十一月十三
亥時卒未詳
男二女一

謀姑

生同治丙寅
七月十三日
酉時卒

謀草

哲尚公次子
生同治庚午
十一月廿四
子時卒失

肅彭公次子
艾合
生乾隆辛亥六月初十日酉時卒道光庚子正月廿九日申時
子一

養子
哲行
生道光壬午正月廿五日寅時卒道光乙未十一月廿三午時
塋橫頂山坐北

肅王公長子
艾鵬
生乾隆癸丑十一月十四未時卒道光

哲卑
生卒未詳

壬午七月初九日辰時

配蔡氏

生加慶戊午年

卒道光庚戌六月初七日己時

男二

艾鵬公次子

哲岸

生加慶己卯六月十五日辰時卒道光丁未四月廿二未時

肅王公次子

艾還

生加慶丁丑正月十一日

卒失

哲使

生道光甲辰四月十五日

卒失

謀喃

出宗

生六月初三日

配邱氏
生加慶己卯
年
卒同治乙丑
三月初一日
己時
男二

配邱氏
生三月初五
日吉時
卒六月初八
男二

○哲花
艾逯公次子
殤

卒二月初一
日

○謀求
哲使公次子
生同治甲戌
七月初八日
亥時卒失

配許氏
生七月十一
卒十一月初
六日
男一女二

○聖強
生光緒辛丑
八月十二日
亥時

配王氏
名嫌娘
生民國乙丑

肅告公三子

艾覽

生加慶己夘七月廿六日寅時卒道光丁未六月廿八日午時

塟横頂后

配　氏

男一

哲怕

生道光己亥年餘失

艾等

肅吉公長子
生加慶丁卯
十月廿四日
丑時卒咸豐
庚申八月初
三寅時
塋烏石下

配邱氏

東坡女
生加慶庚辰
正月廿九日
酉時卒失
男三

哲敦

字信礼
生道光丙午
五月十四日
寅時卒失

配邱氏

東坡女
生咸豐辛酉
二月十七日
寅時卒失

哲紀鴐

艾等公次子

生咸豐辛亥四月十二日午時卒失

哲聰

艾等公三子

出承艾要

艾要

肅吉公次子

生加慶戊寅四月初九日卯時卒同治丙寅六月初四日午時

哲聰

嗣子

本艾等三子入承

生咸豐乙卯五月十九日酉時卒

配陳氏
生道光丁酉十月廿三日寅時卒同治甲子六月十一日卯時塟橫頂邉公塋橫頂埔嗣子一

艾邁 — **哲坪** 殤

肅戩公次子
生加慶丁丑年餘失
塟衍逃坐西

配蔡氏改

子一

艾卯

肅瑜公長子

生加慶戊辰

六月初一日

辰時卒咸豐

壬子五月廿

二酉時

配蔡氏

生卒失

歿台湾

男一女二

哲甘

生道光己亥

四月初七日

卒咸豐己未

七月十七日

申時海亡

配紀氏改

肅瑜公次子

艾佩

生加慶壬申十二月初一辰時卒咸豐辛酉十二月廿四酉時

配李氏

生加慶庚辰八月十三日卯時卒失

側室黄氏

生道光壬午

養子哲講

生咸豐乙卯年餘失

十月廿六日
卒同治乙丑
正月廿七日
亥時
男一女一
適台湾
公妣俱殁承
天府

肅瑜公三子
艾于
生道光壬午
二月初七日
卒咸豐壬子
四月十四日
未時

子養
哲牌
生道光乙已
三月十一日
已時卒失
配郭氏

民國丁亥年

配蘇氏改

生咸豐癸丑十月十八日
卒光緒乙巳九月廿一日
午時

養子一

肅瑜公四子

艾平

字寬治
生道光癸未七月初五日
午時卒光緒辛巳八月初一日辰時
塋橫頂山坐北向南

養子 **哲輝**

生咸豐庚申十月初十日
辰時卒失

肅庄公長子
艾觀
字寬魚
號孫銜晉祠
生加慶辛未
九月初三日
酉時卒失
配郭氏
生道光辛巳
三月廿二日
卒光緒丁丑
二月廿五日
亥時
塋草埔園坐
北
男三

哲哖
出承肅花為
孫

哲瞈
艾觀公次子
生道光庚戌
六月廿八日
巳時卒失
嗣子一

嗣子
謀業
本哲庫長子
入承
生光緒己卯
十一月二十
酉時卒光緒
丁未四月三
十日寅時
塋在名雀仔
坐東

嗣子
聖嶢
本謀尾長子
入承
生民國癸亥
十二月十二
巳時
配黃氏
名笑生民國

艾觀公三子
哲軍
號志報晉祠
生同治壬戌
十一月初九
未時卒失
配郭氏
名走娘
石湖女
生同治丙寅
三月廿五日
午時
男三女一

嗣子一
謀贊
生光緒辛卯
四月廿七日
酉時
配蔡氏
名信娘
蓮埭女
生光緒己亥
男五女二

辛酉十月廿
四亥時
女一美玉
養子**聖生**殤
謀贊公次子
聖仲
又名仲民
生民國辛酉

名令適崙后黃

長垂治適塘後黃次未字

側室　氏

生卒未詳

謀贊公三子

聖漢

又名漢民

生民國壬戌十二月廿二已時

謀贊公四子

聖滾

十七歲夭

謀贊公五子

聖心

又名心愿

生民國丙戌
四月廿二日
酉時

哲軍公次子

謀諒

名尚原晋祠
生光緒丁未
十月初一日
酉時卒民國
甲申九月初
一日

配洪氏

名秀娘

聖華

出承謀輕
生民國庚午

謀諒公次子

聖保

又名天保
生民國甲戌

生民國壬子
七月廿五日
辰時卒民國
辛未五月廿
六日巳時
次配蔡氏
名共娘
蓮塘女
生民國乙未
六月十二日
寅時
男三

六月初五日
亥時

謀諒公三子
○聖恩
又名天恩
生民國戊寅
四月初五日
未時

謀輕
哲軍公三子
十五歲夭
嗣子一

聖華
嗣子
本謀誴長子
入承
生甲列生父
支下

艾借
肅庄公次子
字寬秉
號孫重晋祠
生加慶丁丑
二月廿三日
酉時卒失

配駱氏
惠安女

哲庫
號
生道光庚戌
九月十二日
己時卒光緒
辛丑十月初
四日
塟名崔仔

謀業
出承哲蹁

生道光丙戌
十一月初二
未時卒失
男四

配蔡氏
后湖女
生咸豐辛酉
十二月初十
卒民國甲申
十一月初四
未時
塋九使寮
男七

哲庫公次子
謀昌
生光緒癸未
三月三十日
未時卒民國
戊午十二月
廿四日
歿嗹叻

嗣子聖覿
本謀頭長子
入承
生民國乙丑
正月廿七日
酉時

配蔡氏
名抄娘
生光緒戊戌
二月初一日
酉時

男一女一名

紡適郭厝棨

哲庫公三子

謀把

生光緒己丑
十一月十四
卒光緒丁未
五月十四日
戌時
塋葢口山坐
南
嗣子一

嗣子

聖乞

本謀頭次子
入泳
生民國辛未
七月廿八日
酉時

哲庫公四子

謀尾

生光緒甲申

聖嶢

生民國癸亥

十一月廿一
卒民國乙亥
三月初九日
巳時亡嚏吻
配何氏
名鉗娘
生光緒丙午
男三女四
長延適后湖
謝次牙適后
垵蔡三免四
琹未字

十二月十二
巳時
出承謀業
配黃氏
名笑娘
生民國辛酉
十月廿四日
亥時
女一美玉未
字
謀尾公次子
聖長
五十一
生民國甲戌

二民國丁亥年

正月十一日巳時

聖彬
謀尾公三子
出宗福鼎縣林却
生民國辛巳六月初一日卯時

謀頭
哲庫公五子

聖聽

生光緒丁酉十一月初五
卒民國六月初八日
塟九使寮
配氏
次配氏
生男三

謀誄
哲庫公六子

出承謀吕

聖乞
謀頭公次子
出承謀把

聖員
謀頭公三子
生民國甲戌二月十一日酉時

生卒未詳

哲庫公七子

謀副

生光緒壬寅四月十五日寅時卒光緒丙午五月初一酉時

塋后湖樹坐西

艾借公次子

哲衫

生咸豐癸丑十一月廿二

日戌時
卒失
配張氏
未婚而卒
生同治丙寅
年餘失
次配蔡氏
赤湖女
生同治丁卯
年餘失

艾借公三子
哲欠
號志世

謀忠
號尚信晉祠

聖約
生民國丙辰

二民國丁亥年

又名烏九
生咸豐庚申
正月廿一日
戌時卒失
配薛氏
本里女
生同治己巳
十一月初八
辰時卒失
子一

生光緒丁亥
十月十四日
午時卒民國
八月十八日
酉時
配張氏
名甲娘
生光緒乙未
八月廿四日
寅時卒民國
戊寅十一月
十五酉時
塟東頭山園
内坐東
男四女四
長綢適水頭
任次渡適塘

正月廿八日
戌時
配許氏

謀忠公次子
○聖歪
出承謀食
生民國壬戌
五月十六日
配蔡氏名錦
生民國丁卯

謀忠公三子
○聖靜
出承謀洒

市柯三執四
宇未字

生民國丁卯
八月十八日

聖抱
謀忠公四子
生民國乙亥
八月初六日
戌時卒民國
丙戌二月初
八日未時
塟大人埔坐
南

哲追
艾借公四子

謀

號
生同治甲子
八月初五日
巳時卒失
配　氏
子三

謀硤
生光緒戊午
卒民國癸未
正月廿　日
配郭氏
名鶯娘
生光緒戊申
卒民國乙酉
十一月十一
男二
夫妻歿嘡叻
貓佇

聖順
生民國丙子
年

聖鉗
謀硤公次子
生民國戊寅
年

蓮江東林宗譜 後堡房

二

民國丁亥年

肅庄公三子
艾打
號
字寬毬
生道光乙未
六月初四日
酉時卒
六月初九日

哲為
殤

艾打公次子
哲磨
號志程晉祠
生同治壬戌

生光緒甲辰
十二月初一
男三女三
長看適石湖
郭次奩三朗
幼未字

配郭氏
石湖女
生道光壬寅
六月初五日
申時卒
五月廿八日
男五女一

十一月廿一
戌時卒
六月十九日
配郭氏
生卒失
次配李氏
名愛娘
生卒失

艾打公三子
哲屢
號志漢晋祠
生同治丙寅

養子
謀油
生光緒丁亥
十月十二日

聖良
出宗郭姓

六月廿七日
卒民國乙亥
四月廿五日
子時

配蔡氏
名宝娘
生光緒
十一月廿六
日卒
四月初六日
公塋益口山
坐癸丁丑未

次
配蔡氏
名斜娘
赤湖女
生同治庚午

卒民國壬午
正月十九日
未時
塋九使寮坐
東

配 氏
男一女二
長珠次嫌未
字

謀成
哲慶公次子
生光緒丙申
四月初三日

聖德
生民國丙寅
十月廿四日

積龍
外男
生民國壬午
十月初一日

四月廿二日

男三　女一

蔡治適大厦

謝

卒民國乙亥

七月廿七日

卯時

配郭氏

名桃娘

生光緒甲辰

十月廿五日

男二女一

名野適王頂

謀天

哲屡公三子

廿歲殁

卒民國己卯

五月十九日

酉時

外男一

聖元

謀成公次子

生民國己巳

五月二十日

未時

艾打公四子

哲秦

號志胃晉祠
生同治戊辰
十一月初四
酉時卒民國
丙子九月廿
二丑時
塋厝上潭坐
乙辛卯酉

配程氏

名益娘
大厦女
生未詳
卒七月初八

又名春意

謀意

號尚虔祿位
生光緒乙巳
正月十三日
子時卒民國
丙戌十二月
十四日卯時
塋五房樹坐
東向西

配蔡氏

名掐娘
赤湖女
生光緒丁未

聖清

謀意公次子

聖賢 夭

謀意公三子

聖國

六歲夭

謀意公四子

聖從

生民國丙子

二民國丁亥年

次配蔡氏
名浸娘
祥芝女
生光緒甲申
九月廿七日
男四女四
長實適石湖
郭次却適浦
内蔡三適紀
厝四和適洛
陽張

二月初二日
男五女二
長秀霞次秀
碧俱未字

謀來
哲秦公次子
號

九月初四日

聖永
謀意公五子
又名海永
生民國甲申
十二月十七
卯時

聖白
出承哲六為

生光緒丁未二月廿九日

生民國壬午五月廿五日戌時

配郭氏

名惜娘

石湖女

生民國戊午六月初四日

男一女二

長秀真次淑

延俱未字

哲秦公三子
謀財
生民國甲寅
正月十四日

配莊氏
名碧英
生民國己巳

哲秦公四子
謀火
四歲夭

肅雄公嗣子

艾文

本肅英長子
入承
生加慶丙子
四月初九日
午時卒失

配吳氏
裡内女

艾打公五子

哲盤

生同治甲戌
五月廿七日
寅時卒失

哲錦

生咸豐丙辰
六月初六日
申時卒失

配紀氏
蚶江女
生咸豐戊午
正月十三日

生道光戊子
九月二十日
酉時卒失
男三女一
適蚶江許

巳時卒失

哲樹
艾爻公次子
生咸豐己未
七月十九日
戌時卒失

哲碟
艾文公三子
出宗蚶江

肅英公次子
艾現
生加慶己卯
四月十六日
申時卒失

配曾氏
裡內女
生道光壬辰
正月初八日
酉時卒光緒
己亥三月初
四卯時
塟橫頂邊坐
艮坤癸未
男二女二
長適

哲海
生咸豐丁巳
九月初六日
申時卒失

艾現公次子
哲山
生同治戊辰
九月初六日
子時卒未詳

次適裡內吳

艾粿

肅房公長子
生加慶戊寅八月初八日丑時卒失

配麥氏

頭北女
生道光己丑五月初六日未時卒失
男二

哲河 殤

哲根

艾粿嗣次子
本艾類之子入承
生咸豐戊午十月初三日寅時卒失

艾類
肅房公次子
生加慶庚辰十一月十七亥時卒失

配氏
生卒未詳
男一

哲根
出承艾粿

艾觀
肅花公兼祧
生甲列生父支下

哲哖
號志絨晋祠
生道光癸夘八月初三日

謀毓
生同治辛未十一月初四寅時

民國丁亥年

巳時卒失
男四女三
長適厝仔
次適大厦
三適祥芝

卒失

謀石
哲哞公次子
名石頭
生同治甲戌
四月廿八日
辰時卒失

配氏

子一

聖宗
生宣統辛亥
年
卒失

謀水
哲哞公三子

生光緒己卯正月初一日辰時卒失

謀踏
哲哖公四子
生光緒辛巳四月初一日午時

配蔡氏
生在喤叻未詳

聖枝
生民國癸丑卒未詳

男一

哲哞公五子

謀便

號尚利晉祠
生光緒壬辰
七月廿一日
卒民國庚申
正月三十日
戌時
塟九使寮

配胡氏

名綫娘
生光緒壬寅
三月十六日

嗣子

聖金

本謀水長子
入承
名崴
生民國己巳
二月初二日
酉時

肅淵公次子

艾棣

生道光戊戌十一月初七戌時卒失

配蔡氏

甘江女生咸豐乙卯十月初七日己時卒失

哲扁

生光緒辛已又七月廿五辰時

卯時卒民國庚辰八月廿六日亥時葬五房樹嗣子一

二民國丁亥年

男一

肅葛公長子

艾圖

生乾隆己卯
九月十六日
亥時卒咸豐
庚申七月十
一日酉時

配程氏

生加慶壬戌
十月廿五日
午時卒道光
戊子四月初
一日酉時

哲白

生道光壬午
十月廿九日
卒失

配陳氏

生道光乙酉
六月十八日
寅時卒失

男一

養子 **謀来**

生咸豐辛亥
十二月廿九
申時卒失

生男一

艾掌

肅鵠公長子
字寬示
生乾隆己亥
正月十七日
寅時卒道光
壬辰四月十
九日巳時

配許氏

謚淑慎
東店女
生乾隆己亥
十二月十三

哲藉

生加慶癸亥
正月初一日
戌時卒道光
戊申二月初
四日申時

配紀氏

犯族規生卒
宜削
男二女一
適塘邉蔡

謀厄

出承本族水
坑

謀熙

哲藉公次子
生道光丁未
正月十五日
戌時卒失

子時卒道光
丁酉六月初
三未時
公妣合塋橫
頂山坐西
男四女一
適蚶江王

哲鉄
艾掌公次子
生加慶甲子
十月初六日
申時卒道光
丁酉九月十
九日申時
配曾氏改
男二
公塋橫頂邊
坐北

謀耳
出宗蚶江

謀盛
哲鉄公次子
殤

艾掌公三子

哲巒

生加慶丙寅八月廿一日寅時六六月廿二日

艾掌公四子

哲獅

生道光辛巳十月初五日子時卒道光壬寅六月十六日亥時

肅鵲公次子
艾駪
生乾隆戊申
十二月初九
辰時卒咸豐
己未四月初
五日未時
配劉氏
崇武女
生乾隆甲寅
二月十一日
辰時卒同治
癸酉三月初
三日辰時
塋頂東塔
公塋橫頂坐

子眷
哲両
生加慶庚辰
二月廿弍日
卒光緒丙子
二月初六日
戌時
塋底籐巷

北向南
生男一

艾琴
肅匡公長子
生乾隆丙午
五月廿六日
巳時卒道光
丁未五月十
九丑時
配郭氏
生乾隆庚戌
十一月廿六
巳時卒道光
癸未十月初

哲栗
生加慶己巳
九月廿六日
亥時卒道光
壬辰四月十
二日戌時
嗣子一

嗣子 謀續
本哲炒長子
入承
生道光己酉
十月十五日
辰時卒失
配蔡氏
生道光己酉
年
女一

六日丑時
男六

艾琴公次子
哲炒
生加慶壬申
三月十五日
巳時卒同治
乙丑正月十
七夘時
配紀氏
生道光甲申
十月十七日
酉時卒失
男三

謀續
出承哲栗

哲炒公次子
謀坪
出承哲六

哲炒公三子
謀發
生咸豐乙夘
三月十六日
夘時卒失
配洪氏

生咸豐辛酉
十月十七日
巳時卒失

艾琴公三子
哲千
生加慶甲戌
七月十五日
午時卒同治
甲子十二月
初一日辰時

艾琴公四子
哲挪
出承艾藝

艾琴公五子
哲兜
生加慶戊寅
十二月初六
申時卒失
配謝氏
生道光丁亥
八月十六日
卒失
男二

謀破
生咸豐壬子
四月十六日
午時卒失

哲兜公次子
謀来
出承哲六

艾琴公六子
哲六
生加慶庚辰

嗣子
謀坪
本哲炒次子

聖白
奉祀

十二月廿二
酉時卒同治
癸亥六月初
三日己時
嗣子二

入承
生咸豐壬子
三月廿九日
辰時卒失

○謀來
哲六嗣次子
本哲兜次子
入承
生同治癸亥
十一月廿二
申時卒失
配陳氏
生同治丙寅
八月十九日

卒失

肅臣公次子
艾藝
號枝香
生乾隆甲寅
十一月廿一
子時卒同治
壬戌十月初
五巳時
配郭氏
石湖女
生加慶乙丑
六月初十日
丑時卒同治
癸亥七月初

嗣子
哲挪
本艾琴四子
入承
生加慶丁丑
三月廿二日
丑時卒同治
丙寅十月十
四酉時
配許氏
生道光辛卯
三月初七日
丑時卒咸豐
丁巳十月初

六日巳時
嗣子一

庸臣公四子
艾珠
號重宝
生加慶戊辰
七月廿二日
未時卒同治
乙丑九月十
七日午時
塋埔仔尾
嗣子一

嗣
哲志
子本艾憲三子
入承
生咸豐丁巳
五月初七日
巳時卒民國
壬午九月廿
四日寅時
配鄭氏
名好娘
生

七日

肅却公嗣子

艾潛

號淵明
本肅葛三子
入承
生加慶壬戌
八月十二日
亥時卒光緒
乙亥七月十
二寅時

配蔡氏

古浮女
生加慶辛未

女一適后湖

哲祐

生道光乙未
正月初二日
戌時卒失

配許氏

淡水女
生道光癸卯
十一月十一
未時卒失
男一

諜松

又名青松
生同治壬戌
七月廿五日
午時卒失

配張氏

生同治丙寅
十月初十日
午時卒失

九月十三日
寅時卒失
男二

肅却公三子
艾魴
生加慶辛未
六月初九日
未時卒道光
辛卯九月初
九日午時
嗣子二

艾潛公次子
哲炎
出承艾魴

嗣子
哲炎
本艾潛次子
入承
生道光甲辰
八月十六日
戌時卒失

配陳氏
生咸豐癸丑
五月初九日
卯時卒失

哲章

艾魴公嗣子

本艾有次子入承

生道光丁未七月廿五日辰時卒失

配周氏

淡水女

生道光丁未七月初七日巳時卒失

男二

謀爽

生同治乙丑三月廿五日未時卒失

配蔡氏

生同治丙寅十二月初八酉時卒失

謀鏗

哲章公次子

字

生同治癸酉八月十九日丑時卒失

肅都公四子

艾有

生加慶甲戌又二月初三寅時卒失

配郭氏

生道光乙酉八月十九日午時卒失

男弍

哲聽

生道光癸卯四月廿八日寅時卒失

配王氏

生道光癸卯九月十三日丑時卒失

男六女三

謀良 殤

哲聽公次子

謀生

生同治乙丑七月十五日戌時卒失

哲聽公三子

謀建 殤

哲聽公四子
謀秋
生同治壬申
三月十二日
丑時卒失

哲聽公五子
謀炉
生同治癸酉
六月十九日
丑時卒失

哲聽公六子
謀蟳
生同治甲戌
十二月廿五
辰時卒失

艾有公次子
哲炮
生咸豐甲寅
四月二十日
午時卒失
配戴氏
淡水女
生咸豐甲寅
二月廿一日

寅時卒失

艾慮
肅寧公之子
字寬安
生加慶甲戌
十一月十六
子時卒同治
丁夘四月廿
五日丑時
塟横頂山坐
南

配郭氏
石湖女
生加慶己夘
十一月十四

哲容 殤

哲勤
艾慮公次子
生道光戊申
六月廿四日
戌時卒宣統
己酉九月初
五日亥時

配邱氏
生咸豐辛酉
七月廿二日

謀士
生道光丙午
四月十一日
寅時卒民國
乙夘七月十
六日酉時

日辰時
卒光緒癸巳
九月十五日
戌時
男五女二
長適石湖郭
次適蚶江紀

酉時
卒民國庚辰
十一月初二
巳時
男二

艾憲公三子
哲志
出承艾珠

哲勤公次子
謀鏡
生失
卒民國正月
初五日
配邱氏
生失
卒八月廿二
女二
長適后湖傅
次適郭厝蔡

哲開　艾憲公四子　殤

哲慶　艾憲公五子　出承艾莉

艾溪　肅詩公次子　生加慶戊辰十二月初四戌時卒道光乙巳五月十九日酉時　塋橫頂迹坐

哲鰍　出宗

謀痦

西向東

配紀氏改

子一

艾有

肅托公外男

生卒失

配氏

生男二

哲蒲

生

七月廿一日

卒

十一月十五

配蔡氏

生三月十六

卒七月十五

男一

謀水

號尚泉祿位

生光緒丁未

六月廿五日

辰時

配蔡氏

名打娘

聖金

出承謀便

謀水公次子

聖街

生民國甲戌

三月十七日

午時

七十五

二民國丁亥年

赤湖女
生民國甲寅
十二月廿七日
卒民國丙寅
正月廿三日
次
配蔡氏
名巽娘
裡內女
生宣統己酉
二月初三日
男三女三
長滿次圓三
池俱未字

諜水公三子
聖京
五歲夭

艾有公次子
哲慈
生卒未詳

配氏

哲沃 出承艾莉

艾霉
肅註公長子
生道光己丑
二月廿五日
寅時卒失
配許氏
生道光甲辰
九月廿五日
申時卒失
男一女一

艾莉
肅註公次子
生道光壬辰十二月初八申時卒同治甲子九月十四日午時
塋橫頂邊坐西
嗣子二

哲慶
嗣子
本艾憲五子入承
生同治乙丑八月廿一日卯時卒民國辛酉九月廿二日卯時

哲沃
艾莉嗣次子
本艾靈之子入承
生同治庚午

謀箕
名水箕

三月三十日
未時卒失

配　氏

子一

肅奕公長子

艾璇

生乾隆壬申
七月廿五日
辰時卒失

配　氏

子一

哲順

未詳

肅綢公長子

文念

生加慶癸酉
又二月初二
子時卒
四月廿二日
塟東嶅坐東

配吳氏

生加慶丙子
九月十五日
午時卒失
男一

哲白

又名哲鉗
生道光辛丑
十二月初四
戌時卒失

配柯氏

蚶江女
生咸豐庚申
二月十九日
未時卒失
子一

謀

生光緒丁丑
五月十六日
巳時卒光緒
丙申六月廿
二日酉時

十七世　十八世　十九世　二十世　廿一世

晉仔房

肅買公長子

艾宏

生加慶庚辰十二月初五辰時卒同治壬戌五月初一日夘時

配王氏

生道光甲午四月卒未詳

男二

哲益

生道光壬辰十二月十六卒光緒乙亥七月三十日

哲馬

艾宏公次子

生咸豐辛亥二月十九日

戌時卒未詳

艾鴐

肅買公次子
生道光甲申
八月廿六日
寅時卒咸豐
乙卯八月十
六日海亡

配蔡氏
犯規生卒宜
削去
男一

哲伏

生咸豐乙卯
三月十三日
午時卒光緒
丁未六月廿
六日卯時

配蔡氏
生卒失
男一女三
長次殤三適
高林王

諜差

生光緒庚寅
八月廿四日
戌時

配金氏
名環娘
生光緒壬辰
四月十一日
卯時

艾轉

肅恕公長子

生道光丁亥十一月十七巳時卒失

配周氏

生道光丙申正月廿九日午時卒失

男四

女一殤

哲樹

生咸豐戊午十月初九日巳時卒失

哲德

艾轉公次子

生同治甲子六月初九日卯時卒失

艾轉公三子
哲追
生同治丁卯
正月十四日
申時卒失

艾轉公四子
哲助
生同治甲戌
二月十三日
巳時卒失

肅悶公長子
艾連
生加慶庚辰三月十八日辰時卒光緒庚辰正月十四日酉時
子一

養子
哲微
生同治甲子十月十三日寅時卒失

肅悶公次子
艾營
生道光癸未五月廿八日辰時卒光緒庚辰十一月

養子
哲米
生道光己丑十月十五日申時卒光緒丁未

初一巳時
養子二
四月十七日

艾營公養子
哲真
生同治戊辰
三月廿三日
未時卒光緒
甲申七月廿
三酉時

肅翻公長子
艾澤
生乾隆壬寅
十二月十一
戌時卒失

養子
哲蘭

配邱氏
生卒失
次配王氏
生乾隆乙巳
八月十三日
巳時卒失
男一女二
長適五堡王

肅汀公長子
艾鵲
生乾隆辛巳
十月十八日
寅時卒乾隆

養子哲庭
生乾隆癸丑
八月廿四日
午時

戊申七月廿一寅時
配王氏
生乾隆戊子十一月廿九午時卒加慶五月廿七日午時
塋蓮池山岸
男三

卒失

艾鵲養次子
哲着
生加慶戊午十一月廿九寅時卒失

艾鵲養三子
哲訖
生加慶辛酉四月十七日卯時卒失

肅汀公次子
艾部
生乾隆己丑
十月十八日
亥時卒失
配王氏
生乾隆戊戌
五月二十日
已時卒失
男一女一
適五堡王

哲乂
生加慶辛酉
三月廿四日
申時卒失

十三世　十四世　十五世　十六世　十七世

十三世

后湖房

必昌公次子

文貴

字君顯
生康熙辛未
六月廿四日
未時
卒失考

配邱氏

東埔女
謚淑慎
生康熙丙子
七月十五日

十四世

華丁

字子寧
號希詰
生康熙丁酉
十月初二日
戌時卒乾隆
癸巳十二月
十九日巳時

配吳氏

廿都山邊女
生康熙丁酉

十五世

榮完 殤

生卒未詳
華丁公次子

榮次

字德序
號見聞
生乾隆甲子
十二月初三
辰時卒乾隆
庚戌十二月
廿五日巳時

十六世

肅北

生乾隆辛卯
二月初五日
未時
卒失考

配許氏

后堡女

十七世

艾并 殤

未時卒乾隆
戊午五月十
三日丑時

配次莊氏

浦口女
生康熙己丑
九月十七日
酉時
卒失
子五女二
長適傅 邱出
次適紀 莊出
邱氏塋廿三
都蓮埭埔赤
塗嶺燕宿內
坐辰向戌兼
巽乾

六月十五日
酉時卒加慶
丙辰八月十
一日丑時
子五女二
長適蔡次適
邱
公塋山邉鄉
坐北向南瓦
棺一
妣塋鷲石山
乾巽戌辰

配邱氏

厝上女
生乾隆辛未
三月初八日
亥時卒加慶
戊寅正月十
六日酉時
子五
公塋后沙墩
坐北向南

生乾隆辛卯
卒乾隆丁己
餘失
子一
妣塋后堡后
壁山坐西向
東

榮次公次子

肅爽

生乾隆甲午
十月十八日
戌時卒加慶
己未八月廿
三日午時

配蔡氏

嗣子 **艾愚**

生加慶丁卯
八月十四日
卯時
卒失

蓮塘女
生乾隆壬辰
餘失
嗣子一
公塋黃金墩
坐北向南

榮次公三子
肅請
生乾隆己亥
二月初六日
卯時卒加慶
己卯九月初
五日申時
配黃氏改
子一女一
適卯

艾愚
出承肅爽

塋埔內
榮次公四子
肅戰
生乾隆辛丑
十月廿五日
亥時卒道光
壬辰八月初
八日子時
配李氏
橫頂女
生加慶丁巳
十一月十九
日戌時卒道
光戊子四月
初三日亥時
子二女一

文笨
生加慶甲戌
八月廿六日
未時
卒失
配張氏改

肅笨公次子
文邁提

華丁公三子
榮敬
號榮莊
生乾隆丁卯
十月十五日
酉時卒加慶
癸亥四月初
七日酉時

適郭
公塋東塔下
坐東向西
妣塋橫頂墩
巽乾辰戌
榮次公五子
肅拔
出嗣

肅墩 殤
生乾隆癸巳
五月初四日
餘失
榮敬公次子
肅瑜

艾[石卯] 提

二 民國丁亥年

配邱氏
東坡女
生乾隆乙亥
十二月十三
酉時卒道光
庚寅十二月
初一日辰時
子五女一
公塋黃金墩
坐北向南
妣塋橫頂墩
巽乾辰戌

字恭瑾
生乾隆乙未
八月初八日
巳時卒咸豐
辛亥六月初
九日酉時
配郭氏
日湖女
生乾隆甲辰
正月十六日
戌時卒咸豐
甲寅四月廿
一日酉時
子四女一
公塋打狗石
坐北向南
妣塋四斗岸

○艾佩
肅瑜公次子
提

○艾于
肅瑜公三子
提

○艾平
肅瑜公四子
提

坐北向南
榮敬公三子
肅計
字恭策
生乾隆戊戌
三月初二日
丑時卒道光
壬辰四月廿
八日酉時
配蔡氏
古浮女
生乾隆丙午
十月初三日
未時卒道光
壬寅八月初
十日申時

艾特
出養紀家
肅計公次子
艾賧
提
肅計公三子
艾欺
歿淡水未詳
肅計公四子
艾洪
歿淡水未詳

子四女一
適紀
公妣合塟烏
坵下坐巽乾
己亥瓦棺二
首

肅剖
榮敬公四子
殤
生卒失

肅庄
榮敬公五子
字恭村
生乾隆癸卯
五月十九日
酉時卒同治
癸亥五月十

艾觀
肅庄公次子
提

艾借
肅庄公三子
提

一日午時

聘吳氏蚶江女未娶而卒

配郭氏謚洋井女生乾隆庚戌九月初七日亥時卒同治辛未七月廿二日申時子三女一適郭

公塋長簝坐巽乾己亥

妣塋四坵內

○艾打提

坐艮坤癸丑

榮頂
華丁公四子
字榮益
生乾隆乙亥七月十七日寅時卒道光乙酉六月初一日寅時

配李氏
橫頂女
生乾隆己卯六月三十日丑時卒加慶壬申三月初十日午時

肅姜 殤
生乾隆戊戌
餘失

肅超
榮頂公次子
號群英
生乾隆壬寅十月廿七日寅時卒道光己酉七月十四日戌時

配薛氏
錦江女

艾錠
生加慶丙寅七月初二日午時卒失

艾[辶+普] 未詳
肅超公次子

艾瓶 提
肅超公三子

子三
公塟橫頂邉
坐東向西
妣塟后堡厝
后艮坤寅申

生乾隆壬寅
十月廿九日
寅時卒同治
癸酉二月初
八日辰時
子三女四
長適紀次適
蔡三適
四適古浮蔡

榮頂嗣三子

肅抜

本榮次五子
入承
生乾隆丁未
九月二十日
丑時卒加慶

丁丑六月十四日酉時

聘邱氏 改

塟橫頂邉坐巽乾己亥

華丁公五子

榮台

字口成

號榮志

生乾隆庚辰十二月初九日酉時卒加慶癸亥正月十九日己時

配陳氏

肅科

生乾隆癸卯九月廿九日

卒失

榮台公次子

肅博

生乾隆丁未四月十二日

日湖女
生乾隆甲申
十二月初十
日巳時
卒加慶己未
十二月廿三
酉時
子四
公妣合塋銅
董山坐東向
西瓦棺二首

巳時
卒失

配蔡氏
溪前女
生乾隆癸卯
十月初一日
卯時
卒失

肅約 殤
榮台公三子
生卒未詳

肅倫
榮台公四子
生乾隆甲寅
十月初十日

戌時
卒失

文貴公次子
華該
字子應
生雍正丁未
六月廿三日
辰時卒乾隆
丁亥十二月
十二日丑時
配陳氏
謚節閔
生雍正庚戌
五月二十日
申時卒乾隆
己巳五月初

榮禎
生乾隆戊辰
三月初八日
辰時卒乾隆
辛亥十一月
十九日亥時
配邱氏
謚儉質
生乾隆癸酉
十二月廿七
辰時卒乾隆
乙巳二月廿
八日酉時

肅向
生乾隆甲辰
五月初十日
辰時
卒失

六日寅時
次配蔡氏
塘市女
生雍正癸丑
十月十五日
寅時卒加慶
庚午六月廿
五日酉時
子五女一
適伍堡張
公全華集合
塋鷲石山前
乾巽戌辰
陳氏塋本鄉
后墩艮坤丑
未

生子一
公塋未詳
妣塋黃金墩
坐子向午
華該公次子

榮祥
生乾隆癸酉
五月廿三日
巳時卒乾隆
四月廿三日
外亡
配駱氏
生乾隆己亥
二月廿三日
辰時卒乾隆
甲午六月廿

嗣子肅省
本榮質次子
入承
生加慶乙丑
六月初二日
辰時
卒失

一日未時
嗣子一
妣塋黄金墩
坐北向南

榮瑞
華該公三子
出嗣

榮質
華該公四子
生乾隆癸未
六月十九日
亥時
卒失
配蔡氏
祥芝女

肅強
生乾隆己酉
三月廿八日
辰時
卒失
榮質公次子

肅肴

生乾隆戊子十二月初六日丑時
卒失
子二女二
長適王次適

出嗣榮祥

榮輿
華該公五子
生卒未詳

華凑
文貴公三子
字子會
號敦怡
生雍正庚戌六月廿八日

榮肇
字德闢
號敦睦
生乾隆庚午六月廿九日

肅佐
生乾隆丙申十二月十四未時
卒失

艾揩
生加慶戊午六月十九日戌時
卒失

戌時卒乾隆
戊子七月廿
八日申時
配陳氏
祥芝女
生雍正癸丑
九月廿一日
亥時卒加慶
癸亥十月廿
九日未時
子三女一
適蔡
公與子榮攸
合塋西山頭
子午壬丙
妣塋西山頭
坐北向南

戌時卒加慶
戊午八月十
八日未時
配傅氏
前堡女
生乾隆壬申
八月初八日
辰時卒乾隆
丙午七月初
三日酉時
次配張氏
生乾隆辛巳
二月十五日
午時
卒失
子三女二

配許氏
本里女
生乾隆戊戌
八月初六日
丑時
卒失
子二

榮聳公次子
肅雄
出嗣榮廣

榮聳公三子
肅房
出嗣榮攸

肅佐公次子
艾佃
生加慶壬戌
十月十一日
戌時
卒失

長適郭次適劉公與弟榮廣合塋西山頭瓦棺二首傅氏塋西山頭子午壬丙瓦棺一

華湊公次子
榮廣
字德大
號真正
生乾隆辛巳十一月初四日未卒加慶丙辰二月初三日午時

嗣子
肅雄
榮摩次子承
生乾隆壬寅七月廿九日酉時卒道光壬辰正月初六日未時
嗣子一

嗣子
艾文
提
本肅英長子入承

配邱氏
前美厝女
生乾隆丙申
四月廿二日
卯時卒道光
戊戌七月三
十日辰時
子二
公與兄榮聲
合塋西山頭
子午壬丙
妣塋橫頂邉
乙辛辰戌

塋橫頂邉壬
丙子午
榮廣嗣次子

肅英
字恭豪
生乾隆庚戌
十一月十九
寅時卒同治
乙丑七月初
四日午時

配許氏
本里女
生乾隆癸丑
十月初一日
丑時卒失
子四女一

艾文
出承肅雄
肅英公次子

艾現 提
肅英公三子

艾飯 殤
肅英公四子

艾籃 未詳

華湊公三子
榮攸
生乾隆丙戌八月初六日寅時卒乾隆丙午六月初六日戌時
嗣子
附父合葬西山頭子午壬丙

適紀公塋橫頂邉坐艮坤丑未

嗣子
肅房
本榮肇三子入承
生乾隆丁未十一月十七丑時
卒失

配蔡氏
古浮女
生乾隆辛亥十一月十六亥時卒失

艾粿
提

肅房公次子
艾類
提

民國丁亥年

文貴公四子

華齋
字子陳
號楚山
生雍正癸丑六月初七日卯時卒乾隆己亥十月初五日巳時
配蔡氏
謚懿慈
生雍正甲寅正月廿四日巳時卒加慶丙辰二月廿

榮達
字德通
號宏德
生乾隆甲戌九月初七日酉時卒乾隆丙午六月十六日酉時
配許氏
本鄉女
生乾隆甲戌九月廿一日
卒失
子二女一

子二

肅聽
生乾隆甲午十一月初二丑時卒加慶丙辰四月十五日申時
殀
子一
瓦棺與祖父合塟西山頭
榮達公次子

肅牙
生乾隆己亥十月廿五日

艾犢
未詳

九日申時
子四女一
適蔡
公妣與三婦
許氏合塋西
山頭子午壬
丙瓦棺三首

適洪
公瓦棺塋右
沙墩

華齋公次子
榮江
字德漢
號榮遠
生乾隆庚辰
六月十七日
戌時卒加慶
癸亥正月初
十日戌時
塋下路宮
配紀氏

丑時卒加慶
辛酉二月廿
二日卯時
歿
塋下路宮

肅配 殤
生卒失
榮江公次子

肅問 殤
生卒失
榮江嗣三子

肅錸
本榮川之子
入承

坩江女
謚貞靜
生乾隆辛己
十月初五日
酉時卒乾隆
癸卯九月十
九日申時
次配邱氏
謚端靜
生乾隆壬午
卒加慶丙辰
三月十七日
巳時
子四女一卯壯
二妣合西山
頭

生卒失
榮江嗣四子
肅花
榮川之子承
生加慶壬戌
二月廿六日
酉時卒加慶
庚辰十一月
十一日酉時
聘紀氏
錦江女
幼亡九月十
九日
嗣孫一
塟下路宮坐
乙辛辰戌

桃 兼
艾觀
提

華齋公三子
榮川
生乾隆己丑十一月初一寅時卒道光壬午六月廿三日卯時
配許氏
謚惠慈
生乾隆壬辰正月廿四日辰時卒加慶丙辰三月十六日辰時
次配俞氏

肅璉
生乾隆壬子十二月初二日丑時
卒失 外亡
配高氏
蚶江女
生加慶己未八月十三日亥時卒同治己巳八月十六日午時
葬蚶江山
榮川公次子

生乾隆乙未正月初六日亥時卒道光甲辰十一月初九日卯時子五
公塋鷲石坐北向南
許氏附公姑合塋西山頭瓦棺三首
俞氏塋下路宮辰戌葬乾

肅錸
出嗣榮江
榮川公三子

肅花
出嗣榮珏
榮川公四子

肅淵
生加慶甲子十二月十四巳時卒咸豐癸丑五月初七日寅時

配周氏
石湖女

艾欉
生道光三月三十日
卒梧棲
肅淵公次子

艾埭
提

生加慶壬申
七月十八日
亥時卒咸豐
已未十二月
初三日午時
子二女一
適蔡
公塟石湖山
坐南向北
妣塟東塔尾
癸丁丑未
榮川公五子
肅標
生加慶戊寅
四月初一日
卒失

蓮汀東林宗譜

華齊公四子
榮漢 殀
生乾隆
餘失

文貴公五子
華集
生乾隆丙辰十月十三日酉時卒乾隆戊寅四月廿六日酉時
配氏 改
嗣子一
公仝次兄合
塟鷲石山頂

嗣子
榮瑞
本華該三子入承
號榮吉
生乾隆庚辰十月初一日未時卒加慶庚午五月十六日戌時
配蔡氏

肅鬆
生乾隆己酉六月十六日申時卒失

榮瑞公次子
肅轉
生乾隆癸丑十月十六日午時卒失

乾巽戌辰五
棺二首

生乾隆己丑
十月十三日
申時卒道光
己酉二月十
一日寅時
子三
公塟后堡山
巽乾己亥
妣塟東塔下

榮瑞公三子

肅創

生加慶丁未
八月初八日
巳時卒道光
戊申八月廿
九日酉時

配呂氏

生加慶丙子
十二月廿二
日巳時
卒道光甲辰
十二月廿二
日辰時
公塟東塔埔

二民國丁亥年

文京
丑公之次子
生康熙辛丑正月初五日未時卒康熙丁卯七月十五日未時
子一

華福 養子
字子德
號廷祿
生康熙壬申十月十一日丑時卒乾隆己卯正月十七日辰時
配曾氏
塘市女
生康熙辛巳五月初一日酉時卒乾隆丁未三月初九日巳時

榮怡
字德悅
號榮徒
生康熙庚子六月廿八日未時卒乾隆辛巳九月十五日申時
配洪氏 改
子二
附父合塋洪厝山坐北向南
女一適龔

肅直 殤
生乾隆庚辰十二月廿五寅時
卒失
榮怡嗣次子

肅葛
本榮勢次子入承
生乾隆庚寅八月十七日亥時卒咸豐癸丑十一月十二日未時
子五女一

艾圖 提
肅葛公次子

艾順
生加慶己未九月十六日巳時卒道光乙未十一月初一日辰時

子四女三
長適張次適
歐三適蔡
公興長子榮
怡合塋洪厝
山坐北向南
瓦棺二首

適蔡

配許氏

本里女
生乾隆庚寅
十一月三十
日卯時
卒道光己酉
七月十三日
巳時

肅葛公三子

艾潛

出承肅却

肅葛公四子

艾德

生加慶乙丑
正月廿三日
亥時卒道光
庚寅八月初
九日辰時

肅葛公五子

艾牛

殤

華福公次子

榮棟

字德樑
號榮宇
生雍正乙巳
四月二十日
申時卒乾隆
丁酉十二月
初六日午時

配傅氏

莆僅女
生雍正丙午
正月廿五日
戌時卒加慶
甲子十二月
初二日寅時

肅鵲

號餘力
生乾隆甲戌
又四月廿七
辰時卒加慶
甲戌二月十
四日酉時

配郭氏

上埭女
謚慈德
生乾隆己卯
十二月初七
卯時卒道光
丁酉四月廿
三日亥時

艾掌 提

肅鵲公次子

艾虢 提

肅鵲公三子

艾琚

生乾隆辛亥
十一月十六
亥時卒道光
庚寅七月廿
四日未時
肅鵲公四子

艾企 殤

子一女二
長適紀次適
薛
妣塋西埔下
艮坤寅申

華福公三子
榮勢
字德志
號榮泰
生乾隆丁巳
九月十九日
丑時卒加慶
癸酉二月初

子四女二
長適張次適
蔡
公塋黃金墩
辰戌乙辛大
棺一
妣塋橫頂邊
坐南向北大
棺一

肅臣
字君平
生乾隆乙酉
正月十五日
辰時卒道光
丁酉二月初
五日戌時

艾琴 提

肅臣公次子
艾藝 提

肅臣公三子
艾水

五日卯時
配蔡氏
蓮塘女
生乾隆戊午
十月廿五日
酉時卒加慶
丁巳十二月
廿一日未時
次配歐氏
蚶江女
生乾隆庚申
五月初九日
卒加慶壬申
十月初一日
寅時
子四女二

配紀氏
蚶江女
生乾隆乙酉
三月初七日
辰時卒道光
丁酉二月初
五日戌時
子四女二
長適謝次適
許
公妣合塋橫
頂邊生乙辛
卯酉瓦棺二
首
榮勢公次子
肅葛

生加慶己未
二月初六日
酉時卒同治
甲戌八月廿
六日申時
肅臣公四子
艾珠
提

蓮江林氏家譜 後垵房

長適前頭蔡
次適塘后黃
公塋裡內烏
龜山壬丙子
午大棺
蔡氏塋橫頂
邊壬丙子午
瓦棺
歐氏塋橫頂
邊壬丙子午
大棺

出承榮怡
榮勢公三子
肅郄
生乾隆丁酉
六月十八日
戌時卒道光
丙申五月初
十日午時
配王氏
前頭女
生乾隆戊戌
十月十七日
酉時卒咸豐
甲寅六月初
四日辰時
子三

艾賢 殤

肅却嗣次子
艾潛 提

肅却公三子
艾舫 提

肅却公四子
艾有 提

十八

二民國丁亥年

榮勢公四子

肅寧

字恭康
生乾隆庚子
三月初五日
午時卒道光
甲申又七月
廿五日卯時

配王氏
五堡女
生乾隆乙卯
七月十四日
酉時卒光緒
乙酉四月初
十日巳時
子一女二

文慮 提

華福公四子
榮在
生乾隆癸亥
四月十六日
申時卒加慶
辛酉十一月
十四日戌時
外亡
塟魯湖東西
配蔡氏
赤湖女
生乾隆乙丑

長適蔡次適
靈
公塋橫頂邊
坐乙辛卯酉

肅讀 殤
未詳

榮在公次子
肅詩
生乾隆壬辰
十二月初九
日巳時
卒道光乙巳
五月廿九日
寅時
子二女一

十九

文滚
生加慶丁卯
三月十五日
卯時卒道光、
丁酉十三日
巳時
配紀氏 改

二

民國丁亥年

十月十一日丑時卒乾隆癸卯二月廿八日卯時塟西埔下坐北向南

次配蔡氏祥芝女生乾隆庚辰二月十四日辰時卒道光戊戌十月十六日亥時塟橫頂邉乙辛卯酉子八女一適赤湖謝

適紀

配謝氏錦江女生乾隆丁酉五月十三日卒加慶庚辰六月十五日午時

○肅託 榮在公三子外游

○肅論 歿 榮在公四子生乾隆乙未十月十二日

塟大堀山巽乾巳亥

肅詩公次子

○艾溪 提

亥時卒加慶
己巳四月十
一日申時
塋東界墩坐
艮坤丑未
榮在公五子

○肅謀 出贅
未詳
榮在公六子

○肅謹
生乾隆乙巳
二月十四日
酉時卒加慶
丁丑四月十
三日外亡
榮在公七子

肅註

生乾隆庚辰八月十五日未時卒同治壬戌正月十二日子時

子二

塋横頂邉坐東向西

榮在公八子

肅說

生卒未詳

艾霉 提

艾莉 提

必興公長子
文恩
字君澤
生康熙癸丑
四月廿一日
戌時卒乾隆
辛酉三月初
四日戌時
配王氏
蓮埭橋頭女
謚勤慈
生康熙庚辰
八月十二日
卯時卒雍正
戊申六月初
九日未〻

嗣子
華禮
文卯公長子
入承
生雍正壬子
二月十七日
辰時卒乾隆
庚辰四月十
六日丑時
配郭氏改
子一女二
俱適橫頂蔡
公塋黃金墩
甲庚卯酉兼
棺

榮義
生乾隆乙亥
九月廿七日
申時
卒失

嗣子一女一
適傅
公妣合塟本
山鷲石比坐
丙壬子午
必興嗣次子

文印

華禮
出承文恩

號廷憲
係必才四子
入承
生康熙壬午
又六月十三
未時卒乾隆
庚辰三月十
四日子時

配蔡氏

蓮埭女
謚淑慎
生康熙己丑
四月初八日
卯時卒乾隆
庚辰四月初
四日午時
子一女一，
適蔡
公塋在本里
黄金墩坐甲
向庚兼卯酉
大棺一

文瑩
生配及年甲

兼祧
華連
生卒詳前

次子
榮明
字君德

肅裕
生康熙戊戌

艾珏
生乾隆丙寅

列上提

號能輔
生康熙庚午
又六月三十
日寅時卒
乾隆丁丑十
月初十日未
時
配王氏
五堡女
生康熙癸酉
十月初五日
未時
卒失
子二女二
長適盧次適
王
公仝子肅裕

十月初五日
丑時卒乾隆
庚申四月廿
一日酉時
配傅氏
前堡女
生雍正戊申
十月廿四日
酉時
卒失
公附父合塋
西山頭壬丙
子午瓦棺二
首
子三女一
適邱

六月二十日
卯時
卒失
配謝氏
生卒失

肅裕公次子
艾萬
生乾隆壬申
二月廿九日
卯時卒失

肅裕公三子
艾耀 出宗

合葬西山頭
壬丙子午在
曾祖墓左畔

榮明公次子
肅奕
生康熙壬寅
四月初二日
未時卒乾隆
配李氏
錦江女
生雍正壬子
五月二十日
卯時
卒失
子三

艾璇 提
肅奕公次子

艾秦
生乾隆丙子
九月十二日
酉時
卒失

肅奕公三子
艾吟
生乾隆辛巳
十一月廿六
辰時
卒失

文富

必才公長子

字君有
號能豪
生康熙辛未
四月廿七日
夘時卒雍正
丁夘三月廿
六日丑時

配陳氏

生卒失
子一女一
公塟南安卅
三都烏山寺
口坐辛乙戌
辰兎棺一首

華燕

生雍正癸夘
十二月廿二
夘時卒乾隆
辛亥九月初
七日未時

配李氏

本里女
生雍正丁未
五月十四日
午時卒乾隆
丙戌九月十
七未時
子三女三
長適蔡次適

榮好

生乾隆丁丑
十月十九日
辰時卒加慶
丁丑八月十
九日午時

配吳氏

生乾隆甲戌
四月廿六日
亥時卒道光
癸巳五月初
六日戌時
子一女二
俱適塘邊蔡
公塟黄金墩

肅愿

生加慶丁巳
六月十六日
夘時
卒道光辛巳
三月十三日
午時

吳三適戴公塋莉界外墩亥已壬丙大棺妣塋莉界外墩辛乙酉卯兎棺

坐東向西妣塋横頂迹坐南向北

華燕公次子
榮及
生乾隆庚申七月十七日寅時卒乾隆戊申二月
配蔡氏豉
子一
公外亡塋魯湖山

養子
肅服豉
生乾隆甲寅八月廿七日卒失

華燕公三子

榮立
生乾隆壬午十一月初三酉時卒道光丁亥二月十一日卯時
子一

養子 **肅跳**
生乾隆乙卯二月廿九日卯時卒道光丁酉七月十九日酉時

配 氏改

塟東塔塔下坐東向西

必才公次子 **文蔭**
生康熙乙亥四月廿二日卯時
卒失

養子 **華恭**
字子禮
號攜讓
生雍正戊申正月十五日

榮思
生乾隆乙亥三月十七日申時卒正月廿四日

肅綢
生乾隆戊戌九月廿九日丑時卒三月初七日

艾念 提

配張氏
內厝女
生康熙丁亥
六月初四日
未時
卒失
側室吳氏
生康熙戊戌
八月廿九日
子二

丑時卒乾隆
辛丑十月廿
一日申時
配吳氏
生雍正壬子
十二月初四
卒乾隆辛亥
正月十二日
酉時
子三女二
長適粘次適
蔡
公塋外地笨
港山
妣塋鷲石山
坐南向北

配許氏
生乾隆己卯
六月十九日
戌時卒四月
廿四日
子四女一
適歐
妣與肅綱合
塋銅董坐北
向南

配蔡氏
生乾隆己亥
九月初八日
辰時卒五月
初十日
子三女三
長適王次適
周三適歐
公仝母合塋
妣塋銅董坐
北向南

肅綱公次子
以直
生加慶己巳
三月廿九日
巳時卒三月
廿三日
塋益九山坐
北
配氏
生三月廿九
日卒三月廿
八日
塋橫頂墩東
西
肅綱公三子

艾田
生二月十四
日卒二月十
五日
塋葢九山坐
酉

肅輟 殤
榮思公次子
生乾隆丁未
九月廿三日
酉時
卒失

肅栳
榮思公三子
出承榮專

榮思公四子
肅衛
出承榮娶

華恭公次子
榮專
生乾隆丁丑
九月二十日
卒失外亡
配邱氏改
嗣子一

嗣子
肅桄
本榮思三子
入承
生乾隆辛亥
三月初三日
申時
殀卒

華恭公三子
榮取
生乾隆辛巳

嗣子
肅衛
本榮思四子

十一月初七寅時卒乾隆壬寅四月初二日未時
配邱氏改
嗣子一
塋墩頭㕘坐東向西

入承
生乾隆甲寅七月十三日午時
卒失

華信
文蔭養次子
生雍正辛亥十一月初十戌時
卒失
配邱氏

榮却
生乾隆餘失
配　氏
生卒失
子二

肅瑞
生卒失考

肅
榮却公次子
未詳

厝上女
生乾隆丙辰
九月廿六日
丑時卒乾隆
壬午五月廿
四日午時
次
配氏
生卒失
子一

知止公后湖派

文殿
燦宇公長子
乳名大
字君柱
號振殿
生天啟乙丑
八月初五日
丑時卒康熙
甲戌五月初
四日子時
配黃氏
墩上女
生崇禎癸亥
五月初五日

華勇
字子質
號俟質
生康熙丁未
三月十七日
卯時卒雍正
壬子二月初
六日午時
配許氏
后花女
謚淑慎
生康熙壬子
三月初二日

榮園
生康熙丙子
四月初十日
戌時卒乾隆
甲戌六月十
八日未時
配黃氏
塔仔山女
謚勤順
生康熙辛巳
七月十四日
寅時卒乾隆
戊寅七月十

肅秀
生雍正
餘失
殤

肅晏
榮園公次子
生雍正庚戌
四月廿九日
寅時卒加慶
丙辰二月廿
四日申時
配張氏
生雍正庚戌

艾石
提

艾滸
肅晏公次子
提

艾旦
肅晏公三子

午時卒順治
癸亥二月初
十日亥時
次配**邱氏**
上湶女
謚勤慈
生崇禎庚午
九月初七日
戌時卒康熙
壬午十二月
十九日戌時
子二女一
適邱
公與黃氏合
塋東山頂背
後坐丁癸骸
棺二壙

卯時卒乾隆
戊辰十一月
廿四日丑時
子四女四
長適謝次適
傅三適陳四
適王
公與弟附母
邱氏合塋鷲
石塔仔山坐
辛乙瓦棺三
首

五日辰時
子六女二
適黃適謝
公塋雞公石
下辛乙酉卯
大棺一
妣塋上園頭
艮坤寅申

五月初八日
未時卒加慶
戊午二月初
十日申時
子三
公塋撻圳墩
妣塋西埔下

榮園公三子
肅成
出承榮長

榮園公四子
肅双
生雍正甲寅
六月二十日
辰時卒乾隆
辛卯六月初

出承肅双

嗣子**艾旦**
生乾隆己未
正月二十日
酉時卒加慶
丙辰二月初

卯氏葬鵝石
塔仔山南畔
坐辛向乙男
華勇華贊仝
附葬瓦棺三
首

九日午時
配傅氏 改
子二

七日巳時

肅双公次子
艾揆 殤

榮團公五子
肅耿
字恭美
生乾隆丙辰
八月初四日
丑時卒乾隆
丙申八月十
七日辰時
配傅氏
前堡女
生乾隆甲子

艾陳 提

三月廿三日
午時卒乾隆
乙卯八月廿
四日寅時
子一
公妣俱塋西
埔坐北向南
大棺二
犖園公六子

肅忠
生乾隆己未
正月初七日
巳時卒乾隆
丁亥九月十
八日戌時
配傅氏 改

艾岩 提

榮長
華勇公次子
生康熙辛巳三月十七日酉時卒乾隆丙午二月十一日酉時
配蔡氏　改
嗣子一
塋鵝石下坐南向北
子一
瓦棺塋鵝石頂坐北向南

嗣子 **肅成**
本榮園三子入承
生雍正壬子八月初九日辰時卒乾隆癸丑十月十五日酉時
配許氏
生乾隆丙辰二月廿四日丑時

艾執
肅成公次子
提

艾蓋
肅成公三子
提

艾追
肅成公四子
殤

艾降
肅成公五子
殤

艾嬌
提

卒乾隆丙子
七月十二日
未時

次
配**蔡氏**
古浮女
生乾隆丙辰
十一月初九
酉時卒加慶
甲戌正月十
戌時
子五女二
長適邱次適
洪
公及二妣俱
塋西埔下坐
北向南大樓

華勇公三子
榮嘉
號敦柔
生康熙甲申
正月初一日
巳時卒乾隆
丙申十二月
初九日寅時
配傅氏
前堡女
謚懿慈
生康熙己丑
六月十五日
丑時卒乾隆
癸卯十二月
十七日申時

肅象
生雍正甲寅
正月初九日
丑時卒乾隆
戊申五月初
五日辰時
配陳氏
東安女
生雍正乙卯
十一月十三
辰時卒乾隆
戊申四月十
八日午時
子五女二
長適蔡次適

文幼
生乾隆辛巳
六月十七日
申時卒乾隆
戊申五月初
五辰時
附胞叔埜塔
仔湥
肅象公次子
文埭
生乾隆甲申
十月廿八日
未時卒乾隆
戊申五月廿
一日丑時

子三女三
長適李次適
蔡三適歐
公妣與肅宝
合塋鵝石下
瓦棺三首南
北向

王
公妣合塋西
埔坐東向西
瓦棺二首

肅衆公三子
艾良
生乾隆辛夘
四月十五日
酉時卒乾隆
戊申四月廿
八日申時
塋西埔坐北
肅衆公四子
艾闊
出承肅宝
肅衆公五子
艾衛
生乾隆

榮嘉公次子

肅慥

生乾隆甲子十月二十日丑時卒加慶丙辰八月初二日未時

配許氏

生乾隆丙寅三月廿二日卯時

卒失

子五女一

適蔡

文偶 提

文宰

肅慥公次子

生乾隆辛卯二月廿四日丑時

卒失

文賽

肅慥公三子

生乾隆丙申七月廿九日丑時

卒失

榮嘉公三子
肅寶
生乾隆辛未十二月初八丑時卒乾隆甲辰三月十

肅慥公四子
艾顯
生乾隆辛丑十月廿二日丑時卒失

肅慥公五子
艾泉
出承肅宝

艾爺
幼殤

嗣子
艾闖
肅泉次子入

榮品 華勇公四子

八日午時

配歐氏 坩江女 生乾隆乙亥三月十八日午時卒乾隆壬申六月二十日巳時 子三 公附父丗合塋鷲石下瓦棺三首 妣塋鵝石下艮坤丑未

肅致

承

艾泉 提 生乾隆丙申卒乾隆戊申 肅宝嗣三子 本肅慥五子 承之 未詳

艾邁 提

生乾隆辛卯七月初一日巳時卒乾隆乙巳八月十八日午時

配許氏

謚勤慎

生康熙甲午十月初八日酉時卒乾隆甲戌五月初七日巳時

次配許氏

后花女

生康熙壬寅十一月十三

生雍正甲寅八月初六日卯時卒乾隆癸丑八月廿二日

配王氏

蚶江女

生乾隆己未二月初十日卒加慶壬申四月十七日酉時

子一女二

長適洪次適蔡

公塋台湾

妣塋鵝石下

巳時卒乾隆
壬申六月初
一日丑時
公塋鷺石前
前妣塋東山
巷東西
子四女一
適王

坐北向南

榮品公次子
肅飄
生乾隆丙寅
五月廿八日
巳時
卒失
聘郭氏
生卒未詳

榮品公三子
肅經
生乾隆乙亥
十二月初一
子時卒乾隆
乙卯八月廿

艾音
生卒失

肅經公次子
艾察
未詳

四日酉時
配邱氏改
子五女一
適王
塋鵝石坐西
向東

榮品公四子
肅蘊
生乾隆己卯
十月初二日
辰時卒加慶
戊辰九月十

肅經公三子
艾船
未詳

肅經公四子
艾慊
出承本宗巷
内

肅經公五子
艾學
未詳

肅蘊公次子
艾延
未詳

艾絨
未詳

文殿公次子
華賛
字子参
號俟参
生康熙壬子
四月初三日
辰時卒雍正

榮鸞
生康熙辛巳
六月十七日
巳時卒乾隆
己亥五月廿
六日未時

四日巳時
配陳氏
亭下女
生乾隆癸未
正月十三日
酉時
卒失
子四女一
適王

肅政
字恭政
生雍正庚戌
二月廿五日
辰時卒加慶
庚戌八月廿

肅蘊公三子
艾曹 未詳

肅蘊公四子
艾齒 未詳

肅政公次子
艾本 提

肅政公三子
艾應 提

己酉正月廿
三日辰時
配洪氏
水頭女
謚柔慈
生康熙己未
七月初三日
未時卒乾隆
丁卯九月初
五日巳時
子三女三
長適王次適
傳三適蔡
公與兄附母
合塋妣仝榮
郡合塋鷺石
前艮坤寅申

配黃氏
崙后女
生康熙己丑
七月十三日
亥時卒乾隆
壬申三月初
二日卯時
子四女二
長適郭次適
傅
公塋鷺石南
癸丁丑未
妣與長媳戴
氏合塋西埔
下巽乾辰戌
瓦棺二首

四日午時
配戴氏
生雍正壬子
三月十七日
戌時卒乾隆
辛卯四月廿
二日申時
子五女一
適王
公塋鷺石前
坐乾巽戌辰
妣仝姑黃氏
合塋西埔下
瓦棺二首
次配傅氏
生卒失

艾伍 提
肅政公四子
艾建 提
肅政公五子
艾寅 提

瓦棺三首

榮鳶公次子
肅甲
出承

榮鳶公三子
肅連
生乾隆甲子
六月十二日
子時卒加慶
丙辰十月廿
九日卯時
配郭氏
石湖女
生乾隆辛未
五月十五日
五十五

艾講 提
肅連公次子
艾培 提
肅連公三子
艾悠 殤
肅連公四子
艾全 提
肅連公五子

辰時卒道光乙酉四月十七日卯時子六女一
適蔡
公仝父合塋鷺石癸丁丑未
妣塋銅董坐北向南

肅濟
榮鶯公四子
生乾隆丁卯八月十九日申時卒乾隆四月廿四日子三女二

艾毅　殤

艾剖
肅連公六子
提

艾統　殤

艾香
肅濟公次子
未詳

配 氏改

榮有
華賛公次子
號秉恭
生康熙戊子六月廿二日午時卒乾隆癸酉九月廿七日巳時
配陳氏
前堡女
生卒失
子二女三

肅通
生乾隆戊午正月廿六日辰時卒乾隆五月廿六日
子四
配 氏改

艾暖
肅濟公嗣子
擧諱

艾暖
出承肅濟

艾能
肅通公次子
生乾隆
餘失

艾更
肅通公三子
生乾隆
餘失

長適歐次適
卯三適蔡
考與弟榮郡
附母洪氏合
塋鵝石前

肅報
榮有公次子
生乾隆癸亥
四月十四日
己時卒乾隆
戊申四月十
四日寅時
配王氏
五堡女
生乾隆乙卯

艾戰
肅通公四子
生乾隆
餘失
俱不傳

艾守 提
肅報公次子

艾爾 提
肅報公三子

艾射 提
肅報公四子

艾藩

華贊公次子
榮郡
生康熙辛卯
九月廿九日
酉時卒乾隆
己未八月廿
二日辰時
配程氏 改

十月十五日
卒加慶癸酉
正月初二日
巳時
子四女一
適塘市
公塋鵝石北
坐東向西

嗣子 肅申
本榮鶯次子
入承
生乾隆庚申
五月初一日
丑時卒乾隆
庚戌三月十
六日未時

生乾隆
外亡未詳

艾營 提

肅申公次子
艾歲 擧諱

肅申公三子
艾有 未詳

大厦女
嗣子一
與兄榮有附
毋合塋

艾樓
肅申公四子
未詳

配洪氏
錦江女
生乾隆庚午
四月初八日
戌時加慶丁
巳六月初五
未時
子四女二
長適薛次適
卯
公妣合塋鵝
石前

文賜
仕衫公之子
字君錫
生康熙乙巳

華益
名公益
字子輝

榮斗
生乾隆己未
三月廿四日

肅研
生卒失詳

二月十六日
巳時卒雍正
乙巳九月初
三日辰時
配蔡氏
官田女
謚勤慈
生康熙癸丑
正月廿六日
戌時卒雍正
丙午九月廿
六日戌時
子四女二
長次俱適蔡
□妣附□母
塋本里鴦石
下坐艮坤申

生康熙辛巳
七月十三日
酉時卒乾隆
己巳七月廿
五日巳時
配李氏
東店女
生康熙癸未
六月廿二日
申時卒雍正
戊申五月廿
八日午時
子一女一
適蔡
公附曾祖伯
得三公合塋
雞母石北坐

巳時
卒失
子二
殀

榮斗公次子
肅曉
出承榮夏

寅冢婦李氏
仝附塋瓦棺
五首

西向東瓦棺
三首
妣附祖考妣
及曾姑合塋
鵞石艮坤寅
申瓦棺五首

文賜公次子

華送

號正毅
生康熙乙酉
十月初三日
酉時卒乾隆
丙子四月廿
一日辰時

配吳氏

榮雅

生乾隆辛酉
十二月十八
酉時卒失
殀

聘郭氏

前堡女
生卒失

龜湖女
生康熙壬寅
六月十二日
辰時
卒失
子二女一
公葬下路宮
卯酉乙辛大
棺一

文賜公三子
華勅
生康熙庚寅
二月二十日
戌時卒乾隆
壬寅五月十
七日寅時

華送公次子
榮傳 殤
生乾隆戊辰
十月十七日
酉時
卒失

榮春
生乾隆丙寅
十二月廿五
寅時卒失
配蔡氏

嗣子
肅奈
本榮均三子
入承
生乾隆戊戌
正月十九日
丑時

配蔡氏
赤湖女
生雍正癸卯
十月初一日
寅時卒加慶
辛酉四月初
六日卯時
子五
公與子榮秋
合塋鵝石南
坐北向南大
棺一

赤湖女一　卒加慶庚午
生乾隆庚午　十月廿七日
十二月初一　巳時
寅時卒乾隆　塋鷲石山坐
甲午四月十　巽乾辰戌
五日未時
次配王氏
前頭女
生乾隆
十一月初九
未時卒失
嗣子一
公塋未詳
二妣合塋湖
岑埔坐東向
西瓦棺二首

榮夏

華勃公次子

生乾隆戊辰十一月十六寅時卒加慶戊午四月十五日丑時

配許氏

赤湖女

生乾隆辛未八月十三日未時卒乾隆乙未正月十七日

子二

肅鹿

生卒失

外亡

嗣子一

肅晚

榮夏嗣次子

本榮斗次子承之

生卒失

子二

艾快

嗣子

本肅晚之子入承

未詳

艾快

出承肅鹿

艾意

肅晚公次子

出承肅乾

公塋横頂迹坐北向南大棺一
妣塋湖岑埔坐東向西瓦棺一

榮秋
華勃公三子
生乾隆壬申九月十三日戌時卒乾隆戊申五月廿九日巳時
配歐氏
祀規宜痛腚

肅乾
生乾隆己亥四月十三日巳時
卒加慶五月初二日酉時
嗣子一
塋横頂坐西

嗣子**艾意** 未詳
本肅曉次子入泳

子二女一
適蔡
與父合塋鵝
石坐東向西

華勃公四子
榮冬
生乾隆丁丑
十二月初三
寅時卒加慶
丙辰七月初

向東

肅浩
榮秋公次子
生乾隆壬寅
正月十四日
未時卒加慶
四月二十日
未時
塋橫頂邊坐
西向東

肅設 殀
榮冬公次子
生卒失
外亡

六日辰時
配許氏改
后堡女
次配紀氏改
坩江女
子二女一
適洪
公横頂邉乾
巽戌辰

華勃公五子
榮尾
生卒失
配蔡氏改

肅情
生加慶丁巳
正月初九日
申時
卒失

肅詰
生乾隆丙午
八月二十日
卯時卒失

文和
仕八公長子
字君達

華助
生康熙己丑

華甫
文賜公四子
出宗

生子二

肅啟
榮尾公次子
生乾隆壬子十一月十一丑時卒加慶庚午十一月
餘失
墓橫頂邉坐西向東

生康熙癸亥
五月初六日
戌時卒雍正
戊申四月十
八日巳時
配許氏
后花女
謚勤儉
生康熙癸亥
五月初八日
未時卒康熙
壬寅四月十
六日未時
子一女二
長適楊次適
福州李
公與弟文洽

二月十五日
午時
卒雍正戊申
四月廿二日
瓦棺塟南安
烏石脚墓前
鄉土名水磨
上乙辛辰戌

附父母塋南安卅三都烏山脚柯坑鄉橋頭園内坐壬丙兼巳亥瓦棺四首許氏塋在石獅義塚山

仕八公次子

文洽

字君合
號君美
生康熙丙寅三月廿一日戌時卒雍正戊申五月廿

華妙

字子省
生康熙丙申十月十一日巳時卒乾隆甲辰正月初四日酉時

榮懇

字德摯
生乾隆壬戌正月十九日申時卒乾隆丁未九月十二日午時

肅宣 殀

生乾隆九月十三日酉時卒乾隆四月初四日未時

一戌時

配戴氏
長福女
謚勤慈
生康熙壬申
十月十三日
戌時卒乾隆
己卯三月廿
九日卯時
子一女一
適福州周
公與兄文和
附父母塋南
安卅三都烏
山腳柯坑鄉
橋頭園內坐
壬丙兼亥巳

配洪氏
錦江女
生康熙癸卯
四月廿八日
辰時卒加慶
甲子十月初
一日亥時
子四女二
長適泉城府
口王次適東
坡邱

配許氏
本里女
生乾隆壬戌
五月廿九日
酉時
卒失
子五女二

榮懇公次子
榮昂
生乾隆辛卯
八月初二日
卯時卒乾隆
戊申五月廿
七日酉時

榮懇公三子
肅唱
生乾隆
餘失　外亡

榮懇公四子
肅皎
出嗣

瓦棺四首
妣塟本里上
沙坐丙向壬
兼巳亥大棺
一

華妙公次子
榮純
生乾隆乙丑
五月初三日
寅時卒加慶
已巳八月十
七日戌時
配卯氏
厝上女
生乾隆戊辰
三月廿二日
亥時

榮懋公五子
肅晃
生卒失

肅泮
生乾隆庚寅
四月十八日
辰時卒失
配郭氏
日湖女
生乾隆庚寅
十一月廿七
午時
卒失
子三

艾時
生乾隆癸丑
二月十六日
夘時
卒失

肅泮公次子
艾坦
出嗣

肅泮公三子
艾貌

卒加慶壬申
八月廿六日
酉時
子三女一
適蔡
公妣塋鵝石
南公坐癸丁
子午妣坐艮
坤寅申

生加慶戊午
三月十四日
卯時
卒失

榮純公次子
肅煥
生乾隆乙未
六月十六日
戌時
卒失
配王氏
五堡女
生乾隆庚戌
九月初二日
寅時卒加慶
己巳七月十

華妙公三子
榮識
字春光
號明德
生乾隆庚午

三日辰時
無傳

榮純公三子
肅洄
生乾隆己亥
六月二十日
辰時卒加慶
丙寅正月十
二日未時
殀
嗣子一

嗣子
艾坦
生乾隆乙卯
九月初六日
戌時
卒失

肅護
生乾隆戊申
二月初八日
亥時

民國丁亥年

九月初二日酉時卒加慶庚午六月初十日午時

配郭氏

日湖女

生乾隆甲戌三月廿八日卒乾隆戊戌七月十九日戌時

子五

公塟鷲石坐西向東

妣塟橫頂迹坐西向東

卒失

榮識公次子

肅當

出承上長榮溪

榮識公三子

肅徙

出承下長

榮識公四子

肅欝

生卒失

榮識公五子

肅樹

生卒失

華妙公四子

榮力

生卒失

配董氏

永寧女

生乾隆辛巳十一月廿五亥時卒乾隆丁未七月初九日午時

子二

後娶一妻六乖人倫生卒宜痛貶

肅交

生乾隆癸卯二月十九日丑時

卒失

肅瑤

榮力公次子

生乾隆丙午五月廿三日酉時

卒失

文攀
日永公長子
號君桂
生康熙丁未
六月十一日
卯時卒乾隆
甲子三月十
八日戌時
配盧氏
石栖女
謚淑慎
生康熙癸丑
十一月廿二
辰時卒乾隆
戊辰十二月
初六日丑時

華錦
號挺高
生康熙辛未
十一月廿六
辰時卒雍正
乙巳十月初
六日申時
配薛氏
錦江女
生卒失
子二
公瓦棺塋鵝
石前坐北向
南

榮偉
生康熙壬寅
十月十九日
辰時卒乾隆
庚辰正月廿
三日巳時
配陳氏改
子一女二
長適郭次適
侯
公塋鵝石祖
墓側坐東向
西

肅桃
生乾隆己卯
正月初八日
卯時
卒失

子三女四
長適王次適
仝三適吳四
適傅
公塋本山鵝
前坐北向南
瓦棺一首
妣塋本山鷲
石園内坐庚
向甲兼酉卯
瓦棺一首

華錦公次子
榮然
生雍正甲辰
九月廿三日
戌時
卒失
配王氏
伍堡女
生雍正壬子
五月初七日
巳時
卒失
子四

肅準
生乾隆辛未
十二月初七
未時
卒失
配 氏
生卒失
子二

榮然公次子
肅趙
生乾隆丁丑
十月十一日
巳時

艾向
未詳

肅準公次子
艾夏
未詳

艾

卒失

配　氏

生卒失

子一

榮然公三子

肅雲——艾

生乾隆辛巳

主月十二日

巳時卒失

配　氏

生卒失

子一

榮然公四子

文敉公次子
華程
生康熙甲戌
正月十四日
丑時卒
正月初八日
餘失

文敉公三子
華服
生康熙庚寅
八月廿七日
辰時卒雍正

肅心
生乾隆己丑
餘失

戊申十一月三十日酉時瓦棺塟鵞石前坐北向南

日永公次子

文尊

號能高
生康熙壬子八月初一日戌時卒康熙壬辰五月廿九日
配許氏
生卒失
子一女一
適前山許

華扶

生康熙庚寅十月初十日亥時卒乾隆己卯十二月初十日午時
配陳氏
亭下女
生康熙丙申六月十九日亥時卒乾隆

榮均

號榮業
生乾隆辛酉七月十一日卯時卒乾隆丁未七月初四日
配謝氏
山兜女
謚儉柔
生乾隆乙丑

肅臨

字恭莊
生乾隆辛卯九月廿八日卒加慶甲戌三月十六日午時
配紀氏
蚶江女
謚勤素
生乾隆丙申

艾

公塟在大灣
山大棺一壙

己卯十二月
廿九日未時
子二女四
適前山許
適錦江洪
適赤湖蔡
適祥芝周
公妣俱塟下
路宫坐北向
南

五月十五日
未時卒乾隆
己亥十二月
廿六日
子三女一
合塟鷲石坐
北向南瓦棺
二首

三月初三日
巳時卒加慶
辛未三月初
八日丑時
次配吳氏
裡內女
生乾隆丙申
十月十三日
巳時卒失
子一
考塟塔仔山
祖墓尾坐西
向東
紀氏塟鵝石
前坐巽乾辰
戌
榮均公次子

肅霞

生乾隆甲午

卒加慶乙丑

餘失

殀　外亡

榮均公三子

肅奈

生卒失

華扶公次子

榮弁

殀

生乾隆丁卯

四月十三日

午時卒乾隆

乙未九月廿

九日　外亡

日乞公長子
文平
號君治
生康熙丁卯
十一月廿一
戌時卒乾隆
丁卯六月十
九日辰時
配張氏
本里女
生康熙庚午
餘失
卒康熙戊午
四月初九日
次配曾氏

華祺
生康熙戊戌
二月初九日
丑時卒乾隆
庚辰正月十
九日午時
配郭氏
生卒失
生女一
公塋鷲石祖
墓口東西向

華順
文平公次子
出養

湖西女
生康熙壬申
六月初一日
酉時卒乾隆
癸酉八月初
二日戌時
公塟本山鵞
石下大棺一
張氏塟本山
鵞沙下坐東
向西大棺一
曾氏塟本山
鵞石下坐南
向北大棺一
子二女一
適邱

日乞公次子

文安

號君宝
生康熙甲戌
十一月十三
亥時卒乾隆
庚辰正月初
一日巳時

配吳氏

生康熙己卯
十一月十六
辰時卒乾隆
己卯十二月
初十日亥時
子二女一
適曾

華注

號廷注
生康熙辛丑
正月二十日
卯時卒乾隆
乙丑九月廿
一日卯時

配王氏

生卒失
公塟鷲石下
坐南向北大
棺

華墀

文安公次子

榮椅

肅緘

公葬本里下
路宮坐東向
西大椬一
妣葬本里下
路宮坐北向
南大椬一

生乾隆丁巳
又九月廿九
卯時卒乾隆
己酉八月初
六日巳時

配蔡氏

龍安女
生乾隆乙丑
五月十二日
未時
卒失
子五
公葬石塔仔
石頂

生乾隆己丑
九月十二日
卯時
卒失

配王氏

南安長福女
生乾隆辛亥
四月廿八日
辰時
卒失
子一

生加慶壬申
十月廿九日
戌時
卒失

華墇公次子

榮脫 出宗

華墇公三子

榮守

文俊
日萬公長子
號子朝
生崇禎己巳
七月廿五日

華興
字子起
號挺龍
生順治辛丑

榮前
出嗣
華埠公四子
生乾隆辛丑
二月廿六日
巳時
卒失

榮財
華埠公五子
生卒失詳

榮球
號玉球
生康熙辛未
五月十一日

肅宗
號世宝
生雍正癸卯
十月初十日

文萼
生乾隆己亥
十一月初五
卯時卒乾隆

辰時卒康熙
辛未二月初
七日午時
配曾氏
湖西女
生崇禎癸酉
五月初十日
未時卒康熙
戊子十二月
廿七日辰時
子三女三
長適洪次適
謝三適吳
公妣合塋鷲
石北坐丁向
癸冢男華共
附塋瓦棺三

六月廿八日
未時卒康熙
己丑三月廿
三日巳時
配張氏
菴上女
謚勤慈
生康熙戊申
十二月十一
未時卒雍正
戊申六月廿
二日巳時
子四女一
適李
公附父母塋
鷲石北坐丁
癸瓦棺三首

巳時卒雍正
戊申六月廿
六日酉時
配曾氏
泉城女
謚勤柔
生康熙甲戌
卒雍正戊申
六月廿六日
戌時
子一女一
適陳
合塋東山頂
己亥巽乾瓦
棺二首

卯時卒乾隆
庚辰二月廿
三日巳時
配蔡氏
生卒失
子一
公塋湖砱坐
乙向辛

戊申二月初
九日寅時
配黃氏
生乾隆甲申
四月廿三日
丑時卒乾隆
乙巳六月十
八日巳時

妣葬上園頭
與第三婦仝
穴坐北向南

榮麟
華興公次子
生康熙丙子
十二月廿一
寅時卒康熙
己亥六月廿
九日未時
殀

榮鳳
華興公三子
號德彩
生康熙己卯
十二月廿四
巳時卒乾隆
丁丑十月廿
日卯時

肅為
號質直
生雍正甲寅
十一月廿五
丑時卒乾隆
壬子九月十
五日子時

艾琛 提

肅為公次子
艾篤 提

肅為公三子
艾大 未詳

配黃氏
崙后女
謚勤順
生康熙己卯
十二月廿四
巳時
卒雍正戊申
六月廿二日
卯時

次
配葉氏
溝頭女
謚儉質
生康熙癸未
十一月廿一
巳時卒乾隆
乙未八月十

配王氏
五堡女
謚柔順
生乾隆戊午
二月廿五日
寅時
卒失
子四女三
俱適邱

榮鳳公次子
肅楚 殤

生卒未詳
榮鳳公三子
肅璋

艾此 未詳

肅為公四子
艾降 未詳

文俊公次子

八日酉時
子三女一
適王
公塋赤塗田
上坐丙向壬
大棺一
黃氏附姑張
氏合塋上園
頭坐北向南
瓦棺二首
葉氏塋赤塗
內巳亥丙壬
華興公四子

○榮鸞
出嗣

生乾隆甲子
三月十五日
亥時卒乾隆
乙未十二月
初三日戌時
配謝氏改
子一女一
適伍堡
塋后堡羅埔
尾坐東向西

華會
號儀同
生康熙庚戌正月廿四日戌時卒雍正丁未七月廿七日巳時

配曾氏
湖西女
謚勤慈
生康熙丙寅五月廿二日巳時卒雍正戊申六月初五日午時
子三女三

榮盈
號德華
生康熙丁亥正月廿五日酉時卒乾隆戊寅十月廿六日子時

配程氏
大厦女
謚儉柔
生康熙丙申卒乾隆甲辰正月廿一日巳時
子三
公塋北關下

肅倫
生乾隆辛酉五月十四日子時卒乾隆乙巳四月廿四日辰時
塟滂縛尾坐丙壬巳亥

肅答
榮盈公次子
生乾隆丁卯五月廿七日丑時
卒失

長適戴次適傅三適黃公妣合塋鵝石北坐丁癸瓦棺二首

門山大棺一妣塋澇縛尾東西向

榮盈公三子
肅卻
生卒失
配氏
生卒未詳
子二

艾

肅卻公次子
艾

華會公次子
榮華 殤
生卒未詳

文俊公三子
華合
字俟符
號應節
生康熙甲寅

榮琬
號植朴
生康熙乙亥
十二月初九

肅從
字恭龍
生雍正丙午
二月初三日

艾講 提

七月廿六日
寅時卒康熙
丙子十二月
廿八日丑時
配邱氏改
厝上女
子一
附祖父母合
塋東山頂坐
己向亥瓦棺
三首

亥時卒乾隆
乙酉三月十
八日辰時
配張氏
敞口女
謚嚴慈
生康熙甲申
七月初八日
申時卒乾隆
丙申十月十
四日午時
子二女二
長適赤湖次
適亭下
公妣并媳紀
氏合塋鷲石
下坐癸丁

戌時卒乾隆
乙巳五月廿
二日巳時
配謝氏
青蓮女
生雍正庚戌
五月初十日
子時卒乾隆
庚午四月初
十日未時
次配楊氏
生雍正庚戌
正月十三日
申時卒乾隆
乙未十一月
初四日巳時

三

配王氏

錦江女
生雍正乙卯
十二月十九
辰時卒乾隆
壬申十二月
初九日辰時
子一
公仝楊王二
妣合塋鷲石
山坐癸向丁
謝氏塋青蓮
山

肅卿

榮琬公次子

艾探 提

生乾隆丁巳九月十二日戌時卒乾隆戊申三月廿八日卯時

配紀氏

蚶江女生乾隆辛酉五月二十日申時卒乾隆己丑十一月三十日亥時

子一

公塟魯湖山妣附翁姑合塟鷲石山亥己壬丙

日萬公三子

文昌

乳名香
字君盛
號能昌
生崇禎己卯
十月初九日
戌時卒乾隆
癸巳二月初
三日卯時
配胡氏
石頭女
謚勤慈
生順治甲申
十月初六日
巳時卒乾隆

華吉

號廷美
生康熙丁卯
六月初四日
未時卒雍正
戊申七月初
五丑時
配許氏
本里女
謚勤柔
生康熙庚午
五月廿三日
亥時卒雍正
戊申六月廿
二日未時

榮盛

嗣子
本族華揔三
子入承
生康熙辛巳
十二月初八
巳時卒乾隆
乙酉又二月
初一日寅時
配蔡氏
塘邊女
生康熙戊子
八月初四日
丑時卒乾隆
丙申五月十
三日戌時

肅莪

字恭蓼
生雍正壬子
四月廿七日
未時卒乾隆
丁丑十二月
初八日酉時
配許氏
本里女
生雍正壬子
三月十一日
巳時卒乾隆
乙未五月初
四日午時
子二女二

艾的

提

艾抱

肅莪公次子
提

癸巳三月初九日巳時
子一
公妣合塋鷲石前坐艮向坤瓦棺二首

子二女二
適田下謝
適蚶江李
公妣附祖叔日近公合塋晉嶺后內坑鄉洪厝湖崙辛乙戌辰瓦棺三首

子二女三
長適王次適郭三適王
合塋鷲石東西山癸丁丑未瓦棺二首

長適傅次適吳
公妣仝長子合塋西山頭坐癸丁丑未瓦棺三首

肅褒
榮盛公次子
字恭奬
生乾隆己未九月廿九日卯時卒加慶戊辰六月十二日戌時
配曾氏

艾朕 提
肅褒公次子

艾玖
生乾隆乙未十一月廿七亥時卒乾隆戊申五月十八日亥時

東安女
生乾隆庚申
十月初三日
卒乾隆辛巳
八月初七日
酉時
次陳氏
配
厝上女
生乾隆辛酉
五月十七日
酉時
卒加慶
子四
公與陳氏及
艾朕合壟鴛
石山坐北向

與世合壟西
山頭丁癸未
丑

艾雛
肅褒公三子
提

艾視
肅褒公四子
提

南瓦棺三首曾氏與次子艾玖合塋酉山頭坐癸丁丑未瓦棺二首

榮朝 華吉公次子 殤
生卒未詳

文爵 日華公之子
號君祿
生崇禎己卯三月十一日子時卒康熙乙未八月十

華晚
字子成
號廷春
生康熙庚午十二月三十
日巳時

榮保
生康熙庚寅十一月廿六辰時卒失
配傅氏

肅梨
生乾隆壬戌三月廿二日戌時卒失
配　氏 改

艾令 提

四日巳時

配戴氏

本里女
生順治壬辰
十一月十九
戌時卒雍正
乙巳五月初
七日丑時
子一女三
長適陳次適
洪三適盧
公妣合塋本
里東山頂後
坐申向寅庚
申兎棺二首

卒乾隆庚辰
二月廿八日
卯時

配戴氏

長福女
謚淑慎
生康熙辛未
十月十三日
辰時卒乾隆
庚申二月廿
三日戌時
子三女二
適本里蔡適
厝上卯
公妣俱塋赤
塗田上辰戌
乙辛大棺二

生康熙辛丑
又六月廿三
日子時
卒失
子三

華晚公次子

子一

榮保公次子

肅璧

生乾隆乙丑
三月十四日
巳時
卒失

榮保公三子

肅仟

生乾隆己巳
八月十六日
辰時
卒失

堆

榮性
生康熙癸巳
又五月十二
日寅時
卒失住台湾
配謝氏
生雍正甲辰
十月初十日
丑時
卒失
子二

肅賓
生乾隆癸亥
八月初五日
辰時
卒失

肅啟
榮性公次子
生乾隆丙子
十二月廿九
子時
卒失

榮睿
華晚公三子
生康熙辛丑
五月十七日

肅
生卒失
外亡

日森公長子
文宇
字君夏
生崇禎丁丑六月初二日丑時卒康熙

養子
華都
號侯邑
生康熙癸丑十二月廿五日亥時

午時
卒失外游

配紀氏
錦江女
生雍正癸丑十月初二日辰時
卒失
生女一

榮道
號德理
生康熙丁亥四月廿六日丑時卒乾隆

嗣子
肅采
本榮仁長子入承
字恭地
生乾隆戊午

艾邦
住南鎮

艾凜
肅采公次子
未詳

壬辰正月十四日卯時

配周氏

謚儉慈

生崇禎甲辰八月初六日卯時卒康熙丁丑又三月初十亥時

子一女一

適洪

公妣合塋五堡鴻山石眠床坐癸未兼癸丁瓦棺二首

卒乾隆甲子九月十四日午時

配邱氏

厝上女

生康熙壬戌四月廿八日巳時

卒失

子四

公塋五堡山腰壬丙大棺

乙亥六月二十日辰時

配邱氏

厝上女

生康熙壬辰五月十五日巳時卒乾隆己丑八月初四日巳時

子三女二

長適戴次適傅

公塋西埔下坐北向南瓦棺

十二月十八申時

卒失

配蔡氏

蓮厝女

生乾隆己未十一月廿四亥時

卒失

子三

滎道公次子

肅琴

生乾隆辛酉正月初一日寅時卒乾隆壬午六月十

文璉

肅采公三子

未詳

三日戌時

配王氏 改

葬軍路邊大岸頂坐西向東

肅伍

榮道公三子

生乾隆辛未十一月十七未時卒乾隆丙申八月十七日未時

配氏

生卒失

子一

艾笑

未詳

公與肅衫肅勳合塋軍路邉坐乾巽戌辰瓦棺三首

華都公次子

榮開

生康熙癸巳六月初七日丑時卒乾隆甲申十二月十二日酉時

配洪氏

水頭女

生康熙戊戌四月十五日卯時卒乾隆

肅袍

字恭錦

生乾隆庚申九月初五日巳時卒乾隆戊戌八月初十日子時

配　氏

生乾隆

卒乾隆戊戌二月廿七日

艾懷 殤

肅袍公次子

艾魯 殤

肅袍公三子

艾蘇 殤

戌時
子三
公妣墓破沙
內坐北向南
大棺

榮開公次子
肅海
生乾隆丁卯
五月廿五日
辰時卒乾隆
庚子四月十
四日午時
配邱氏
厝上女
生乾隆五月
十二日巳時

艾穏 提

肅海公次子
艾寔 提

卒失
子二
公與父毋合
塋軍路邉坐
乾巽戍辰兎
棺三首

○肅衫殀
榮開公三子
生乾隆辛未
六月十三日
辰時卒乾隆
庚子四月廿
四日辰時
與肅伍肅敷
合塋軍路邉

榮開公四子

華都公三子
榮仁
字德全
生康熙丙申
又三月初一
戌時卒乾隆
己丑六月廿
六日寅時

肅勲
生乾隆丙子
三月廿一日
丑時卒乾隆
庚子四月初
七日子時
與肅伍肅衫
合塋瓦棺三

肅采
出承榮道
榮仁公次子

肅東
生乾隆甲子
四月十五日

配張氏
本里女
生康熙乙未
十月十九日
巳時卒乾隆
庚子二月三
十日酉時
子四女二
長適郭次適
王
公妣仝次子
三子合塋五
堡長仅山坑
巷仔乙辛辰
戌

戌時卒乾隆
壬午八月十
六日辰時
聘邱氏改
東坡女
塋鴉石下坐
東向西
榮仁公三子
○肅西殀
生乾隆丁卯
八月二十日
辰時卒乾隆
庚子三月十
五日未時
榮仁公四子

肅南
生乾隆庚午十一月初四未時
卒失
配氏
生乾隆甲戌六月廿八日
卒失
子一

艾珠
生乾隆乙卯九月十八日戌時
卒失

華都公四子
榮昭
生雍正甲辰七月初十日巳時卒乾隆

肅定 殤
生乾隆戊寅二月十四日未時

庚子四月初
一日午時
配王氏
五堡女
生雍正甲寅
三月十八日
子時卒加慶
庚午四月初
七日子時
子四

辛乾隆庚子
三月十七日
酉時
榮昭公次子
肅選
生乾隆辛巳
二月十一日
亥時卒乾隆
甲寅五月初
三日巳時
葬五堡西墩
水蛇山尾坐
甲庚寅申大
棺
配郭氏
惠安女

生乾隆己丑
七月初八日
辰時卒乾隆
丙午五月初
四日巳時
妣塋軍路邊
乾巽戌辰瓦
棺

肅郎
榮眙公三子

肅君
出嗣
榮眙公四子
生乾隆己丑
十一月廿二
巳時卒加慶

壬戌三月初
五日　外亡
配王氏 改

日森公三子
文侯
字君弁
號能靜
生順治癸未
十二月初四
辰時卒康熙
己丑二月十
七日辰時
配蔡氏
金田女
生卒失

華旺
字子盛
生康熙己未
十月初三日
辰時卒雍正
餘失
配傅氏
東店女
謚勤柔
生康熙丁巳
二月十九日

榮榜
生康熙丙申
餘失詳
寓呂宋

公塋赤塗田
上坐南向北
大棺一
生子三

酉時卒雍正
乙巳二月十
九日酉時
次
配　氏
生卒失
子一

華起
文侯公次子
生康熙甲戌
五月十五日
戌時卒乾隆
壬申八月廿
二日
配　氏

榮博
生乾隆辛酉
十一月十八
日寅時
卒失
嗣子一

肅郎
嗣子
榮貽公三子
入承
生乾隆乙酉
十一月十五
卒乾隆甲寅
八月初九日
吉時　海亡

艾徒
生乾隆辛亥
四月十三日
戌時
卒失

生康熙己丑
二月二十日
卒乾隆壬申
十二月十八
日丑時
子一

文侯公三子
○**華智**
生卒未詳

配王氏
五堡女
生乾隆辛卯
十一月十二
日丑時卒乾
隆壬子十月
廿六日丑時
子一
妣塋五堡山
龍井乾巽戌
辰大棺一

日真公之子
文遜
生卒失
配氏
生卒未詳
子一
住福州樓門
外柴坊邉

養子
華壽
生康熙
餘失詳
配黃氏
四安女
生卒未詳
子一
住福州井楼
門外柴坊邉

養子
榮兆
生卒失
住福州井楼
門外柴坊邉

日近公之子
文君
字君位
生天啟甲子

華連
字子輝
生順治壬辰

榮悌
字德孝
生康熙癸亥

肅華
生康熙戊戌
六月廿九日

艾放
未詳

正月廿五日
寅時卒康熙
甲子十一月
廿四日亥時
配王氏
生崇禎甲戌
九月初六日
寅時卒康熙
己巳九月初
六日寅時
次
配黃氏
生崇禎辛未
十月廿八日
戌時卒失
子二
公葬嶺后水

三月初三日
亥時卒康熙
乙亥十月十
六日辰時
配許氏
官洋礄頭女
生順治己亥
七月初六日
辰時卒康熙
己未二月初
七日酉時
次
配陳氏
生康熙壬寅
正月廿八日
子時卒雍正
丙午八月廿

十一月初五
寅時卒乾隆
己卯九月初
五日丑時
配童氏
泉城北門女
生康熙乙亥
五月廿三日
丑時
卒失
子三
公葬內坑鄉
塗田厝頭東
西

亥時卒乾隆
己卯十一月
十六日巳時
配戴氏
坂頭田中央
女
生康熙辛丑
十二月廿六
日辰時
卒乾隆辛丑
八月十四日
卯時
子一
公葬塗田土
地宮后坐東
向西
妣葬塗田大

卯山坐北向南

王氏塟泉城北門外湖岸第三十埰址

黃氏塟嶺后小溪頭巾石下坐北向南

七日辰時

子二

公興繼妣合塟內坑鄉塗田燕仔石前田后乙辛卯酉

華連公次子
榮明
出嗣

湖口坐東向西

榮悌公次子
肅登
出宗

榮悌公三子
肅富
生乾隆丙辰四月廿三日辰時

卒失

文君公次子

華總

字子家
生康熙戊申
九月十八日
丑時卒乾隆
乙丑二月十
六日戌時

配邱氏

生康熙庚戌
九月二十日
子時卒雍正
丙午九月廿
三日辰時
子五
合葬內坑鄉

榮淡

字德清
生康熙壬辰
八月廿七日
申時
卒失

配曾氏

南安茶林女
生康熙辛巳
九月廿九日
卯時卒雍正
甲寅十二月
初八日

次配**莊氏**

肅愿

生康熙壬寅
二月初十日
辰時卒乾隆
辛未六月廿
六日丑時

配王氏

生卒失
生女一適黃
公塋崩湖崙
瓦棺后坐甲
庚寅申

宮后崙癸丁
丑未

大石后女
生失
卒乾隆丙辰
又九月廿八
日辰時
三配劉氏
大石后女
生康熙己丑
六月十七日
巳時卒乾隆
辛未十月初
八日午時
子二女一
適河市陳
公塋未詳
曾氏塋內坑

榮淡公次子
肅志
生雍正己酉
三月十五日
丑時卒失
配莊氏
庄潯女
生雍正壬子
八月初三日
辰時
卒失
子一女二

艾懷 未詳

油柑㞮崙癸丁丑未兎棺莊刘二妣合塋產坑崙癸丁丑未未兎棺二首

榮蔭

華總公次子

字德庇

生康熙戊寅四月初一日寅時

卒失

配許氏

田邉女

生康熙癸未

肅興

生雍正丙午十一月初八寅時卒乾隆丙寅十月廿八日夘時

兎棺塋宫仔後坐西向東

榮蔭公次子

十二月廿九亥時卒乾隆己巳十二月十四日戌時

次配杜氏

官洋女

生康熙癸丑十二月廿九日卯時卒乾隆癸酉八月廿八日巳時

子三

公塟失

許氏塟四十四都烏楸尾洗脚湖癸丁

肅書

生雍正庚戌七月初八日申時

卒失

配劉氏

仙遊女

生雍正壬子十一月廿八戌時卒乾隆辛未正月十三日未時

次配劉氏

官洋女

生雍正癸丑

民國丁亥年

丑未
杜氏塟內坑
座行內園后
坐北向南

十二月廿九
卯時
卒失
前妣塟馬鞍
湖坐北向南
大棺
榮蔭公三子

肅祐

生雍正甲寅
三月初六日
酉時
卒失

配韓氏

嶺田女
生乾隆己未
十月廿六日

艾通

未詳

酉時
卒失
子一

華總公三子
榮盛
出嗣

華總公四子
榮籌
字德謀
生康熙乙酉
六月十二日
亥時卒乾隆
丙寅又三月
廿二日辰時
配李氏

肅衷
生雍正甲寅
正月初九日
亥時卒失
配蔡氏
厝上女
生乾隆壬戌

坂頭女
生康熙丁亥
十一月初四
酉時卒失
子二女一
適謝
公附曾祖叔
日瑞公合塋
內坑对面湖
坐癸丁丑未
瓦棺二首

華總公五子
榮鑄
字德鐘
生康熙癸巳
十二月廿二

七月餘失

榮籌公次子
肅霞
生乾隆戊午
二月初四日
酉時
卒失

肅良
生乾隆丙辰
十二月初七
辰時

艾紋
未詳

日戌時
卒失
配楊氏
市田女
生康熙甲午
十二月初一
辰時
卒失
子三女三
長適王次適
謝三適蘇
兄弟仝住晉
江嶺后內坑
鄉

卒失
配凃氏
溪內女
生乾隆丙辰
餘失
子一女一

榮鑄公次子
肅相
生乾隆己巳
九月十四日
巳時
卒失

榮鑄公三子
肅與

文得
日進公長子
生康熙丙寅二月初八日辰時卒康熙甲子四月廿五日
配謝氏
赤湖女
生卒失
子一

華康
生卒失
嗣子一

嗣子榮清
本華群次子入承
生乾隆乙酉三月十九日丑時卒正月十二
配李氏
錦江女
生乾隆辛卯十二月十七

生乾隆戊寅六月初一日未時
卒失

肅駟
名馬四
出嗣

榮清公次子

肅車
出嗣

榮清公三子

肅譜
名公譜
生加慶

日進公次子

文天

生康熙甲戌二月初七日未時

卒失

配李氏

錦江女

謚淑慎

生康熙丙戌

養子

華群

生雍正戊申三月十八日子時卒乾隆壬寅四月十六日酉時

配蔡氏

生雍正壬子十一月三十

日午時

卒正月十三

子三

公妣合塟鶯石南坐北向南

榮擬

生乾隆己卯九月廿一日卯時

卒失

嗣子一

華群公次子

榮清

餘失詳

嗣子

肅駟

名駟馬

榮清長子入承

生乾隆壬子六月初八日午時

卒失子一

文素

提

十一月廿三
辰時卒乾隆
庚午十一月
十三日辰時
次配**葉氏**
東門外赤石
女生康熙乙
酉十二月初
四日戌時
卒失
子三女三
長適許次適
姚三適紀
李氏塟東岳
山布政坊西
土名銀州坐
辰戌乙辛在

日丑時
卒加慶癸亥
七月十二日
巳時
子二
公與繼母葉
氏併弟田真
合塟本山蚶
江路坐北向
南瓦棺三首

出承華康

文天公次子

華理
名連理
生雍正乙卯
十一月廿七
卯時卒乾隆

榮謁殀
生乾隆丁卯
十一月十八
亥時
卒失

肅

舅姑墓左側
瓦棺一首

壬午十月初
四日丑時
配紀氏
錦江女
生雍正乙卯
九月初二日
亥時卒加慶
甲戌九月二
十日巳時
子二女三
長適劉次適
郭三適蔡
公葬鰲石下
本園内艮坤
寅申
妣葬鰲石坐

子一
葬鰲石下坐
坐南向北

榮閏
華理公次子
生乾隆己丑
十一月初四
丑時卒乾隆
癸丑八月廿
八日辰時
殁
子一
葬福州法場
申

肅意
生乾隆辛丑
餘失

民國丁亥年

東向西大棺
一
文天公三子

華真

名田真
生乾隆甲子
正月初九日
戌時卒乾隆
壬辰十月初
一日酉時

配傅氏

前堡女
生卒失
子一
公與繼母併
兄華群合塋

榮球

生乾隆辛卯
十一月廿五
戌時卒加慶
庚申正月十
四日申時
殀
嗣子一

嗣子 **肅車**

本榮清次子
入承
生加慶丙辰
八月廿四日
卯時
卒失

必立公長子

文順

名子順
生卒失考
外遊
子五

華昂

文順公次子

華孟

文順公三子

華崇

文順公四子

華使

文順公五子

華淡

兄弟俱外游
生卒塋未詳

文隆

必益公長子
號能良
生順治己卯
九月廿三日
子時卒康熙
壬申十月初
五日申時
配蕭氏
謚勤慈
生順治戊寅
七月初五日
午時卒康熙
乙酉十二月
初四日酉時

華祖

字子先
號廷宗
生康熙乙丑
六月廿九日
戌時卒乾隆
辛酉八月初
六日酉時
配洪氏
水頭后間女
謚勤慈
生康熙乙丑
十月二十日
寅時卒雍正
丁未又三月

榮助

字勝力
號篤信
生康熙戊子
二月十四日
寅時卒乾隆
庚寅七月廿
二日戌時
配謝氏
生康熙乙未
二月廿八日
丑時卒乾隆
辛丑九月十
九日巳時
子五女二

肅容

生雍正乙卯
八月初二日
辰時卒乾隆
辛丑八月十
六日亥時
配歐氏
蚶江女
生乾隆己未
二月初七日
辰時
卒失
子三女一
公塋東山巷
內坐北向南

文敏 殤

文髻 肅容公次子 失諱

文粉 肅容公三子 失諱

子一
公妣附父母
塋鷲石前坐
艮向坤兗棺
四首

初十日午時
次配郭氏
生康熙己卯
十一月廿四
辰時卒乾隆
癸巳十二月
十七日酉時
子四女五
長適侯次適
許三適許四
適洪五適王
公妣附胞叔
文瑞合塋鷲
石前坐丙向
壬兗棺三首
郭氏塋鷲石
前丙壬子午

長適陳次適
洪
公塋鷲石前
坐北向南
妣塋鷲石西
坐北向南

榮助公次子
肅鬆
生乾隆丁巳
九月二十日
寅時卒乾隆
辛丑七月初
十日巳時

榮助公三子
肅留
生乾隆丁卯
八月廿八日
未時卒乾隆
戊申三月三
十日午時
配陳氏 改

艾赤 殤

肅留公次子
艾笑 殤

无棺一

子二
塟鵞石西坐
巽乾辰戌

肅汀
榮助公四子
生乾隆辛未
正月初五日
辰時
卒失
配吴氏
前山女
生卒失
子二

艾楚
殤

艾闖
肅汀公次子
殤

肅老
榮助公五子

艾岱
未詳

生乾隆丙子七月廿九日午時卒乾隆戊申五月初四日午時

配邱氏

東坡女生乾隆丁亥八月廿七日酉時卒乾隆戊申五月十三日巳時

子一

公妣俱塟鴛石西巽乾辰戌

華祖公次子
榮載
字德持
號良戈
生康熙庚寅
三月初四日
戌時卒乾隆
庚午正月十
七日亥時
配王氏
塘頭女
謚儉慈
生康熙戊戌
九月廿四日
未時卒乾隆
庚戌四月二

肅璜
字恭璧
生乾隆己未
十月初七日
丑時卒加慶
庚辰十二月
初八日辰時
配王氏
五堡女
生乾隆甲子
九月二十日
辰時卒乾隆
壬寅六月廿
二未時
次配蔡氏

艾壹 殤
肅璜公次子
艾羅 提
肅璜公三子
艾宇 提
肅璜公四子
艾耀 提 俱盂
肅璜公五子
艾振 未詳
肅璜公六子
艾齊 殤 俱前妾出

十日午時
子二女一
適前山吳
公同縈科合
葬東界園內
坐巽向乾兄
棺二首
妣葬鷲石前
乾巽亥己

祥芝女
生乾隆丙子
四月初十日
卯時卒加慶
丙辰十月初
三日申時
側室紀氏
生乾隆甲申
五月初七日
寅時卒乾隆
戊申六月初
二日卯時
次側室紀氏
生乾隆庚寅
十一月廿六
亥時卒加慶

肅璜公七子
艾口 提 蔡出
肅璜公八子
艾亞 提
肅璜公九子
艾看 提
肅璜公十子
艾猿 提 俱后妾出

二月廿七日
塋鷲石前
公塋鷲石前
坐乾巽戌辰
王氏蔡氏仝
附姑王氏合
塋鷲石前坐
乾巽亥巳瓦
棺三首
前妾塋鷲石
前坐北向南
子十女二
長適蔡次適
紀
子孫今居現
住鹿港

榮載公次子
肅兩
生乾隆丁卯十二月初六日巳時
卒乾隆戊申三月廿八日
配洪氏
蚶江女
生卒失
子一
公塋戎鳶石西東西向

艾提
提

華祖公三子
榮科

生康熙甲午
三月廿九日
丑時卒乾隆
戊午正月初
一日酉時
與兄榮載合
塋

華祖公四子

榮陞

生乾隆丙辰
二月初十日
申時卒加慶
癸亥又二月
廿九日午時

配郭氏
日湖女

肅彭

生乾隆癸未
十二月廿七
日巳時
卒加慶壬申
四月廿三日
未時

配紀氏

養子

艾婢

提

肅彭公次子

艾合

提

生乾隆辛酉
正月廿六日
亥時卒加慶
庚申五月十
四日辰時
子五女二
長適蓮塘蔡
次適古浮蔡
妣塋鷲石前
乾巽戍辰

蚶江女
生乾隆丁亥
五月廿九日
辰時卒乾隆
乙卯三月廿
八日亥時
次配**吳氏**
蓮埭女
生乾隆丁亥
八月廿二日
未時卒失
子二女一
適蚶江陳
公輿紀氏俱
塋橫頂邉坐
北向南

榮陞公次子

肅用

生乾隆丁亥八月廿八日寅時卒道光辛卯十二月初七日寅時

配蔡氏

蓮塘女生乾隆辛卯八月初三日酉時卒道光壬辰二月廿六日卯時

子一

公妣合葬鵞

文棚

生嘉慶戊午正月十三日卯時卒失

石西
榮陞公三子
肅王
生乾隆庚寅
九月十二日
卒乾隆乙卯
八月廿三日
酉時
配邱氏
東坡女
生乾隆甲午
八月十二日
酉時卒咸豐
辛亥二月初
三日未時
子二

艾騰
提

肅王公次子
艾還
提

公塋鷲石坐南向北
妣塋大嶺山坐南向北
榮陞公四子

肅告
字恭善
生乾隆丁酉五月十五日酉時卒道光辛巳十一月十五日酉時
配邱氏
東坡女
謚勤儉

艾裁
未詳

艾棹
肅告公次子
生加慶癸酉三月十五日辰時卒失

艾覽
肅告公三子
提

生乾隆丁酉八月十五日酉時卒咸豐丁巳四月初四日辰時

子三

公妣合塟東山巷坐南向北

肅吉

榮陞公五子

字恭祥

生乾隆庚子二月二十日酉時卒咸豐丁巳正月十四日巳時

艾等

肅吉公次子

提

艾耍

肅吉公三子

提

艾追

配蔡氏
蓮坑坂女
謚勤儉
生乾隆甲辰
六月初二日
辰時卒道光
乙巳三月廿
六日巳時
子三女一
適蔡
公塋橫頂邉
妣塋蓮塘山

生道光癸未
五月初五日
卒失

文端
必蓋公三子
號君莊
生崇禎壬午

華佛
撫子
生卒失
週歲從毋来

十一月初二　嫁
未時
卒康熙癸巳
六月廿二日
子時
配史氏
生順治壬辰
十一月初四
寅時
卒失
子一
公塟本里鵝
石北坐丙向
壬胞姪華祖
併婦洪氏仝
附塟瓦棺三
首

［福建晉江］錦塘紫雲黃氏譜牒不分卷

黃瑞庭纂修

〔福建晉江〕《錦塘紫雲黄氏譜牒》不分卷，黄瑞庭纂修。紫雲黄氏居今福建省晉江市池店鎮潘湖村。開閩始祖元方，西晉時由河南光州固始縣入爲晉安守，永嘉末避居侯官烏石山麓。傳十二世至守恭，唐垂拱二年（六八六）開支泉州，分四子於四安（安溪、南安、惠安、同安），其二房紀公居惠安東門外錦谿里。明嘉靖間，紀公後人耋齋以業商徙居晉江錦塘鄉。是譜首載黄瑞庭序，繼以四安黄氏世系字譜、世系圖，後録開閩始祖元方、開支泉州始祖守恭、分支惠安錦田始祖紀公、開基錦塘始祖耋齋及其派下十四世裔孫暨配，各爲小傳。按黄序云其族「世出文人商賈之流，多有經商外埠者」，考以小傳，八世美璞弱冠即客遊臺南府，後發跡於此，因營建巨艦，往來各埠，運載貨物；其庶出子成生分支臺灣臺南府，爲入臺始基祖。美璞派下，十世世德、十二世敏齋皆能張大其業，兼營工商，所造貨物，遍銷臺省；十三世惠菴，即黄瑞庭也，入基督教，民國七年（一九一八）挈次子則熙、胞侄則珍買輪南渡菲律賓謀生，越數年則熙妻亦赴菲島，共同經營事業。是譜即黄瑞庭於菲律賓纂修。據民國間抄本影印。

錦塘紫雲黄氏譜牒

錦塘紫雲黃氏譜牒序

國有國史族有族譜族譜也者猶國之有史也國史者備載一代君之聖愚臣之賢姦作後代之鑑誡族譜者詳記歷世祖德宗功作後世之法則叙述子孫之賢不肖作後世之勉勵其次如祖宗支派之源流個人生卒之歲月塋處之方向條條不紊一目瞭然俾為其後者無遺忘之憾焉譜之為用大矣哉吾族自明代中葉開基始祖耋齋公由惠邑錦谿里業羅布來我邑貿易覩其山川秀麗風俗淳粹於是挈家遷居焉因名其鄉曰錦塘（俗呼古塘）蓋以錦為號者以誌不忘本也鄉在泉州府晉

江縣南門外廿八都距郡城一十五里（以鄉村俗鋪計之若以官鋪計之約有二十里）鄉之北隅有紅塘橋聖蹟（係青陽石鼓廟慈濟顯應威烈明王順正大夫王（聖蹟志黃其姓）未化身時在此橋頭車水還蔡寶謨學士處）又有大溪受九十九溪之水至雙溝口分為兩岐一支轉東北由陳翁橋（橋在錢頭鄉蒲清狀元及第吳晉故宅對面）從六陡門（係宋明間三李陳蘇五大姓慈善家同貲明郡守所建築耗巨貲圮而復築數易而後成其厥功為泉南水利第一）流入郡城新橋大溪一支向東直由陳江（俗呼陳埭）通于海吾鄉之西北隅有吟嘯橋（唐歐陽公詹字行周讀書處吟嘯乃其齋號也）跨大溪之上又二里乃鳳池鄉（俗呼池店）李姓大族（富翁李五公故居）我鄉之東三里許係青陽市（明季萬曆間狀元及第莊際昌故居）為泉南名鄉也本鄉之東南

隅有土山一座俗呼塔山（外鄉人或呼曰鷄籠山又呼曰赤山蓋獨峙不與他山相連形似塔又似鷄籠土色純紅故也）條發脈最近之山吾鄉有五姓黃曾洪蔡俞（明季都督俞武襄公大猷之後）是也五姓中獨我族居正脈之陽羅裳南拱清源北峙紫帽如端笏而朝面獅桃虎左山右水環抱如帶于是世出文人商賈之流多有經商外埠者蓋八世祖美璞公發跡於臺南壽稱巨賈焉九世祖紫輝公為邑中名士後之繼起者正綿綿未有艾也是為序

裔孫縣廷禮鏞氏盥手敬撰并書

泉州開元寺紫雲四安黃氏世系字譜

先人詒禮則（14世）　奕世種書田　文章昭國瑞
忠孝本家傳　行達明新學　修崇德性天
安分齊仁壽　和光樂太平　多福宜自取
丕承乃後賢　以斯善繼述　振繩億萬年

紫雲四安黃氏祠堂在泉州府治城內西大街開元寺後進左畔門上一金字匾大書檀樾祠三安僑欲觀覽祠堂內容立冬日祠門大開聽其出入無阻如平時必須向管戒壇住持僧幫明取鎖匙方能得進也蓋立冬日祭祠堂並往西門外石坑（即西坡鄉蕭清名宦忠諫御史陳瘞錦故宅在其傍）祭掃開基始祖長者守恭公封塋凡四安派下裔孫均持燈籠一盞一面書紫雲黃一（面書詒安堂）隨帶菜品香花鞭炮上墓其值當辦祭條就經紀綱綸四安派下子孫輪流假如首年值當南安經公派下子孫次年值當惠安紀公派下子孫其次值當安溪綱

公派下子孫其次值當同安綸公派下子孫凡值當者必請族中碩望紳耆主祭循環相

轉週而復始誠萬世繇遵不替之盛典也

旨

大中華民國九年歲次庚申秋月穀旦派下裔孫瑞庭禮鏞氏盥手

敬書於菲律濱島翔雅詩閣省羅沙禮示社巷正書室之深處

世系圖

開闢始祖元方公

開支泉州始祖守恭公

分支四安始祖

三房安溪開基祖參山綱公

長房南安開基祖呂洋經公

二房惠安開基祖錦田紀公

四房同安開基祖金淵綸公

錦塘開基始祖臺齋公——二世西軒公

三世

三房 傳七世絕祀祖墓湮沒難考

長房臨田公

二房 分支馬柵四存在鄉關被顏大

四房西田公 子孫相繼

四世

三房敦敬公

長房

二房

四房

五世

四房

二房憐山公

長房

三房

五房

六世

三房

長房學古公

二房鄉憐公

四房

七世

二房日暄公

長房號秀公

三房號富公

八世

三房 公諱自炎

長房矢璞公諱自玉

二房愛亭公諱自及

四房岸亭公諱自平

九世

三房遠芳公諱丙生

十世

世朋公諱先瓊

十一世

長子侯忠府公諱人緝

次子含照府公諱人鵬

長房英擬公諱炳生

十世

長房世業府君諱先秀

二房德義公諱先旦

二房紫輝公諱陞階

十世

長房世德公諱先奠

二房庭煥公諱先彩

四房支庶子諱成生

十世

分支臺南府開基

九世

二房紫章公諱仲安

十世

長房世寀公諱先鑽

十一世

子諱人旋府君

二房諱先焌府君

長房奕度公諱伯達

十世

子豐使府君 乳名先肴 諱歷師

三房 公諱叔平

九世

長房浩燧公諱游生

十世

長房世烈公諱先節

二房熾德公諱先康

二房紫詳公諱竊生

十世

三子世章府君諱先諧

長子世澤府君諱先坪

次子世粦府君諱先欣

四子世水府君諱先熾

十一世

四房秉正公諱人乩

二房九泉公諱人鶴

長房誠慎公諱人蘇

三房睦義公諱人凸

五房克復公諱人庥

十二世

長房諱詒谷

二房諱詒婁

十二世

三房諱詒沃

長房諱詒慈

二房諱詒尕

四房諱詒棣

十二世

三房諱詒澄

長房諱詒拳

二房諱詒不

四房諱詒予

十三世

三子禮升

長子禮塈

次子禮澌

四子禮博

十三世

長子禮鯉

十三世

次子禮鵝

長子禮奐

三子禮鵬

十三世

長子禮朝

十三世

長子禮郡

次子禮錫

十三世

承祧子禮銳

十一世
長子諱人番

十二世
次子名詒桃
長子名詒戩
三子名詒培

十三世
長子名火跙
次子名雙塔

十一世
三房漫厚公諱人垒
長房耆梅府君諱人井
二房鑒礁公諱人礁
四房丞秀府君諱人妙

十二世
長子名詒鯤

十二世
次子善韶府君諱詒琴
長子善吟府君諱詒柴
三子名詒棚

十二世

四房昭德公 諱 詒沁
十三世
承祧子錦釵 字 禮綉
十四世
嗣子則堯

二房畫義公 諱 詒眷
十三世
長子禮讓 字 子國
十四世
長子則永
次子則壤

長房敏齋公 諱 詒作
十三世
三子文榮 字 禮華
十四世
長子則珍
次子則燦

長子麗水 字 禮鋪

次子錦釵 字 禮繡
十四世
次子則才
長子則堆
三子則堯

四子陸桂 字 禮蔽

三房質軒公 諱 詒龍
十三世
三子禮泉 字 子源
長子禮切 字 子磋
十四世
三子則婁
長子則目
次子則發
四子則卜
次子禮慶 字 子家
四子禮青 字 子遐

五房直軒公 諱 詒役

十四世

次子則熙 字敬仲

長子則奕 字伯芳

三子則安 字叔平

十五世

五子壽麟

三子壽山

長子壽珍

次子壽南

四子壽榕

十六世

長子

長子鋼生

長子勇

次子强

長子淩字

十七世

長子

長子

長子

十五世

長子壽楣 字少奕

十五世

長子迺生

十四世　螟蛉子名則長

十四世　螟蛉子名則逸

十四世　長子則南

附錄備考

妣許氏　生於辛酉年六月十九日寅時於壬申年八月十九日辰時卒享壽七十有二齡

故考號顯公　生於庚辰年六月廿一日於庚申年閏八月十七日卒享壽四十一齡

妣許氏　號勤慎生於甲申年正月初七日於乙亥年十月廿九日卒享壽五十三齡

祔男士誅　生於己酉年九月廿二日於癸酉年三月十六日卒壽二十五齡

（此三位係合一木主）

以上二木主係龕中列第一階之木主也其木主中並不書明出於何朝代亦不書明生卒於何帝號之年歲其昭穆亦不分于是難究何世何人之考妣誰人之昆仲子孫故此難得稽考明白固錄于此以備參查

閩始祖元方公

由河南光州固始縣入閩仕晉為晉安守永嘉末中州板蕩避居侯官烏石山麓因號其巷曰黃巷傳十二世分居泉州

開支泉州始祖守恭公

唐垂拱二年以桑樹生蓮花捨宅爲寺，是爲泉州開元寺。公四子於四安居之事，載郡誌

分支惠安錦田始祖紀公

行二孝悌愛衆克家力學急公尚義有乃父風四安推盛焉居惠安東門外錦谿里（俗呼後邊）距崇武鎮十餘里鄉之西南隅大路邊有大石碑鐫錦谿里三大字祠堂後巖石磊磊石縫中產五色雌虎云

開基錦塘始祖耋齋公暨配妣曾氏

紫雲衍派於我邑自明嘉靖間由惠安錦谿里徙居晉江南門外廿八都開基錦塘鄉(俗呼苦塘)墓葬在鄉之南距鄉六里同都許厝鄉西隙坐壬向丙(左肩有一大石基係廿四都塘頭王姓之隣鄉廿五都后廳鄉洪姓之祖墳

二世西軒公暨配妣洪氏

莪齋公長子時有明萬曆間倭寇(即日本番奴)擾閩浙海濱公被賊拿去妣塋在本鄉宮

后生四子長醮田公　次分支馬棚四石柱　鄉開族　三傳七世絕祀　四西田公

三世臨田公暨配媽楊氏

西軒公長子生于宋嘉熙庠生四子均無惟分田發上總下葬塋在本處塔山下坐辰向

成萩巽乾

四世敎敬公暨配妣許氏

臨田公三子天性孝友為鄉里稱墓塟在本處塔山大舍墓右畔坐巽向乾白鷺穴（俗呼白頭鷺墓

妣另塟本鄉大晉后坐來朝西　生子五

五世幃山公暨配妣許氏繼妣洪氏

敢敌公次子勤謹力田好為人排難解紛鄉里有善人之目葬塋本處塔山后坐塔山面江拜坐丑向未兼癸丁并妣同丘　生子五

繼妣另塋本處坑岈頂

六世學古公暨配妣俞氏

嶂山公長子承父業生於前清順治十年癸巳九月二十二日子時於康熙四十八年己丑六月初三日戌時卒享壽五十有七齡葬塋本山林柄尾坐寅向申兼甲庚次子日暄公祔塟于側

妣武襄公大猷派下孫女性孝謹不媿大家名媛生於康熙七年戊申三月十六日吉時於乾隆十四年己巳八月初十日丑時卒享壽八十有二齡葬卜塋在八仙山南鵰眠犬山下横龍腰結呼骨中内穴坐辛向乙兼酉卯九世孫浩發公十世孫世德公祔塟于左右

生子三

六世邦憐公暨配妣　氏

憐山公次子生於康熙五年丙午三月三十日亥時於雍正五年丁未三月廿二日丑時

卒享壽六十有二齡

配妣　氏

生女却治

學古公派下譜系

七世號秀公

學古公長子生於康熙二十四年乙丑九月初七日巳時於康熙五十一年壬辰七月初五日午時卒享壽二十八齡

[illegible]

七世明暄公暨配媽鄭氏

學古公次子名曰學賢生於前清康熙二十八年己巳七月初六日丑時於乾隆十一年丙寅七月初二日寅時卒享壽五十有八齡

妣生於康熙三十年辛未七月廿三日卯時於乾隆十八年癸酉二月初一日寅時卒享壽六十有三齡

考妣均附葬於林柄尾　學古公之側

生子四長名自玉　次名自及　三名自炎　四名自逵

七世號富公暨配妣　氏

學古公三子生於康熙三十一年壬申二月廿八日戌時於乾隆八年癸亥十月十九日亥時卒享壽五十有二齡

配妣　氏

生子名卯

晉江黃氏譜牒

日暄公派下譜系

八世美璞公暨配姚洪氏庶姚　氏

日暄公長子諱自玉字和璧號璞亭又號荆山性至孝非義不取弱冠客遊臺南府初操
渡舟業有富翁倩邀其甲春來命下莊收賬歸向公舟求濟艤船抵碼頭人衆擁擠其甲
惝怳登岸銀囊遺舟中囊內白鏹數百元搭客衆多亦難辨為誰遺不得已暫且收下以
俟尋者逾時甲惝怳奔至江干找覓亦不敢強指為遺公之舟但云若無原項必不敢回
見東家決欲投江自盡哀情可愍公詢其銀數及標誌皆符慨然盡數與還甲喜出望外
感激莫名願留百金為報公堅拒分文不受甲感泣歸述其情於東家富翁讚嘆公之高
義命甲敦請公來行相幫于是公棄擲舟業從富翁遊矣甚得富翁懽大為提拔不數稔

四十六

富有鉅貲矣於是自創生理行號曰萬成後復建二號曰萬春曰萬源弟兄分掌各操一
業至是上下紋之數百計矣又建造巨艦數艘川走各埠運載貨物餘裕之資建回梓里
蓋廈屋置產業兼作一切慈善之舉居然大家矣未幾次子紫輝公遊泮水進身黌宫為
邑中名士傳云明德之後必有達人書曰作善降祥易曰積善之家必有餘慶
宇宙獨一大主宰真神耶和華永生天父真上帝之祝福於公可謂厚矣願世世子子孫孫宜以公
之德行為法以感格　天父真上帝之施恩祝福誠心所願公生於前清康熙五十九
年庚子九月廿二日戌時於乾隆五十七年壬子九月十六日亥時卒享壽七十有三齡
德厚福鴻祿足而壽考亦高宜哉
妣閨名悅娘本鄉名媛性孝謹賢淑善事翁姑和睦妯娌敬上禮下撫育子女家庭整肅
使公無內顧之憂生於雍正八年庚戌八月十七日酉時於嘉慶二十一年丙子正月十

六日午時卒享壽八十有七齡頭髮皓白如雪今之耳孫猶以白毛媽爲稱云　公壽逾古稀妣亦期頤可謂一門雙慶孝妣合葬東關外二十五里新尾山之麓其山主顧姓（欲往其鄉由泉州城出東門從福州大路至五里松溪沙坡點心店邊轉左手即拿碗手巡婆金嶺虎砂橋又名虎跳橋便是）係砌築大石墓穴坐癸向丁兼子午嘉慶十二年先塋公于左道光九年妣添于右（墓之三肩有一奇穴名老蚌穴係一大石天然之穴無封口惟雨礙棺俗呼逢金對排半沒於土中云

嫡出之子三　長名炳生　次名陞階　三名戒生

在臺灣台南府鄉罷　氏庶出之子名成生母子分支在臺南府開族子孫至今繁盛云

八世霞亭公暨配妣洪氏

日暄公次子諱自及生於雍正四年丙午十月十五日子時於乾隆四十五年庚子三月初五日子時卒享壽五十有五齡

妣生於乾隆三年戊午七月初八日寅時於乾隆五十一年丙午六月十五日午時卒享壽四十有九齡

生子三　長名允适　次名允突　三名允平

八世諱自炎府君

日暄公三子

八世岍亭公暨配妣吳氏

日暄公四子諱自逞生於滿清雍正十三年乙卯九月十七日亥時於乾隆　年七月初九日亥時卒

妣閨名有娘生於乾隆八年癸亥十一月初二日酉時於嘉慶廿一年丙子二月廿六日辰時卒享壽七十有四齡

考妣合葬張閣三十六崙飯盤山坐丑向未兼癸丁

生子二　長名濟生　次名霸生

富公派下譜系

八世　諱　自卯府君

號富公之子

美璞公派下譜系

九世奕輝公暨配妣洪氏二媽葉氏

排行一

美璞公長子諱炳生生於滿清乾隆十四年己巳十二月廿六日子時於乾隆五十四年己酉十一月十八日戌時卒享壽四十有一齡

妣生於乾隆十六年辛未十一月十九日卯時於乾隆三十四年己丑二月初五日申時卒享壽十九齡

二媽閨名勤娘生於乾隆十年乙丑七月初三日午時於道光八年戊子十一月廿七日酉時卒享壽八十有四齡

生子一　名光秀　養子一　名光旦

九世紫輝公暨配姚崔氏 排行二

美璞公次子諱階階字吉侯邑庠生性剛毅嘗手撰箴言彙集及名公家禮以訓弟姪子孫家庭嚴肅如朝廷男非冠帶不會客女非簪褐不上堂然困於場屋屢試冠軍而不中第晚年設教於鄉里中有善人之目而鄉中五姓均遵其約束雖婦人孺子有難平之事莫不詣公求判公以一言折之皆唯唯聽服其寬仁愛衆諸善蹟更僕難數終公之世隣里鄉黨無纍爭之事又且篤於陰騭興水利築濟堤葺橋梁澤及枯骨出己貲修塚地無主之墳與隣鄉王姓同文社友共伸約禁兩鄉不許在塚地樵牧得免踏踐墳塚每年逢三秋之月兩鄉輪流刈芟墓草頒戲申禁至今不替云公生平惟以書香不繼為念蓋長子不甚喜讀書次子又放蕩好賭故也行年五旬有四適我十一世祖誠愼公誕生是者

謂此子命格清奇（五術之輩不顧德行因事逢迎惟誑言騙人錢財為不二法門吾人惟以守己安分盡人事而為之以冀　帝祝切戒妄信若輩之妖言為宜）可繼書香公因而喜得佳孫受七情所感無病善終蒙召之日即中秋佳節係誠慎公湯餅會後一日也親眷戚屬咸集一堂公含笑而卒論者謂公樂善之報云公生於滿清乾隆二十一年丙子二月二十日辰時於嘉慶十四年己巳八月十五日巳時卒壽五十有四春秋

妣青陽大族名媛淑順慈惠徽範素著道光十二年夏秋間泉屬大疫流行染者多不治子媳孫曾十染八九妣姓杳（未奉耶穌基督教之人凡祈禱必須姓杳）祈禱宇宙獨一大主宰真神天父上帝祈求闔門平安願以身代翌日病者皆起而妣既無疾赴召矣衆如所請精誠感格其應如響云妣生於乾隆二十七年壬午五月十三日未時卒於道光十

二年壬辰七月十二日巳時卒享壽七十有一齡

考妣合葬紫帽山下寮內鄉媽墓山之麓穴坐寅向申兼甲庚

生子二　長名先莫　次名先彩

生女二　長適本鄉曾雲修子孫亦盛　次適梅與鄉儒者洪璧先

九世遠芳公暨配妣莊氏

美璞公三子諱戒生生於乾隆二十九年甲申十一月初三日子時於嘉慶二十一年丙子九月十九日申時卒享壽五十有三齡

妣生於乾隆三十一年丙戌十一月二十四日寅時於道光十七年丁酉六月十四日午時卒享壽七十有二齡

生子一　名先璞

九世支庶子　諱成生暨配妣　氏

美璞公庶出子分支吉安務吉安府開族譜系俟考

震亭公派下譜系

九世奕度公排行三暨配妣　氏

震亭公長子諱允适生於乾隆二十六年辛巳六月初六日午時於乾隆五十九年甲寅十二月初五日巳時卒享壽三十四齡

妣

生子一　名先肴

九世禜章公暨配妣魏氏

排行六

霞亭公次子諱允哭生於乾隆三十一年丙戌三月十八日亥時於道光十二年壬辰三月十五日卯時卒享壽六十有七齡

妣閨名有娘生於乾隆三十七年壬辰十一月十九日寅時於道光十六年丙申十月初五日卯時卒享壽六十有五齡

生子二　長名先鑽　次名先烪

九世諱允平府君 排行九

霞亭公三子

紫雲黃氏譜牒　九世允平府君

岓亭公派下譜系

九世浩發公（排行四）暨配妣魏氏

岓亭公長子諱澍生生於乾隆二十八年癸未七月初六日午時於道光十六年丙申正月初一日寅時卒享壽七十有四齡墓祔塟六世媽左側

妣閨名坦娘生於乾隆三十一年丙戌四月初三日未時於道光十三年癸巳五月廿三日巳時卒享壽六十有八齡

生子二　長名先節　次名先廉

九世紫詳公（排行七）暨配妣莊氏

岓亭公次子 諱 霸生 生於乾隆三十一年丙戌八月廿八日酉時於道光十三年癸巳五月十一日申時卒享壽六十有八齡

妣閨名蓋娘生於乾隆三十八年癸巳九月初九日子時於咸豐二年壬子三月初七日午時卒享壽八十齡

生子四 長名先坪 次名先欣 三名先詰 四名先熾

美璞公派下譜系

十世世業府君 排行二

奕輝公長子諱先秀生於乾隆五十四年己酉八月初三日午時於嘉慶十五年庚午十一月廿二日酉時没享壽二十二齡

十世德義公暨配妣盧氏 排行三

奕輝公螟蛉子 諱先旦生於乾隆五十六年辛亥三月初八日辰時於咸豐三年癸丑正月初六日卯時卒享壽六十有三齡

妣閨名七娘生於嘉慶三年戊午十一月廿二日丑時於道光十七年丁酉六月十九日午時卒享壽四十齡

美璞公派下譜系

十世世德公（排行一）暨配先室賴氏繼妣吳氏

紫輝公長子諱先莫生於乾隆四十五年庚子十月初一日吉時於道光十二年壬辰二月初一日巳時卒享壽五十有三齡葬祔塋於　六世媽右側公生平天性孝友自奉樸素不喜讀書曾奉父命躬詣石碼鎮訪求製造洋金之術(以竹紙和錫箔為之其款式甚夥工商並行雖則迷信之物亦謀生之一助也該貨消售於臺灣淡水鹿港臺南府諸埠)

聘室賴氏蘇塘鄉名媛閨名勤娘號端靜生於乾隆四十六年辛丑十一月廿二日午時於嘉慶五年庚申六月二十二日戌時卒享壽二十春秋未婚而玉殞墓塋在蘇塘山

繼妣閨名令娘德性溫和母儀作式奎門外山兜鄉大族名媛生於乾隆四十七年壬寅

七月十二日巳時於道光十七年丁酉五月初十日辰時卒享壽五十有六齡葬塋在大

山頂(梅貝鄉洪族公山)其墓離塗房忍素公墓貓殺鼠穴左肩約有二百餘步墓頂有粕

子樹一小株為記次子人鶴祔塋于側

生子五　長名人蘇　次名人鶴　三名人凸　四名人鼠　五名人底

生女二　長適車厝鄉王姓　次適延塘鄉莊姓

十世庭煥公暨配妣楊氏

排行七

紫輝公次子諱光彩生於嘉慶三年戊午二月十五日巳時於同治八年己巳九月初二日申時卒享壽七十有二齡葬塋在萊堂口澇仔坑

妣閨名抱娘生於嘉慶十年乙丑五月十三日辰時於光緒三年丁丑九月十二日戌時卒享壽七十有三齡葬另塋坑岈仔

無嗣

美璞公派下譜系

十世世明公排行六暨配妣吳氏

遠芳公之子諱先璦生於嘉慶元年丙辰九月三十日寅時於咸豐二年壬子十月十四日辰時卒享壽五十有七齡

妣閨名蜂娘生於嘉慶十四年己巳十二月廿五日卯時於光緒十二年丙戌正月初六日巳時卒享壽七十有八齡

生子二　長名人階　次名人鷄　女一適陳氏

震亭公派下譜系

十世豐便府君 排行十四

爽庚公之子 乳名先看 諱歷師 生於嘉慶二十三年十月十七日子時於道光十八年戊戌正月初二日卯時歿享壽二十一齡

十世世寒公暨配妣紀氏 排行五

紫章公長子諱先鑽生於乾隆六十年乙卯九月初六日酉時於道光十七年丁酉四月

二十四日午時卒享壽四十有三齡

妣閨名貫娘生於嘉慶五年庚申八月初四日巳時

生子一　名人捷　女一　名錐姑適林氏

十世諱先烪府君　排行九

紫章公次子生於嘉慶八年癸亥十一月二十三日亥時於道光十七年丁酉六月二十日辰時没享壽三十五齡

岓亭公派下譜系

十世世烈公暨配妣曾氏

浩發公長子　諱先節生於嘉慶

妣閨名　生於

生子一　名人番　女一　名粧治適本鄉曾氏

考妣木主皆被人盗奉去仙店鄉祭祀

十世成德公暨配妣謝氏

排行十二

浩發公次子　諱先康生於嘉慶十四年己巳六月十三日寅時於光緒元年乙亥八月二十一日午時卒享壽六十有七齡

妣閨名信娘生於嘉慶二十一年丙子三月二十八日辰時於光緒二十四年戊戌三月廿五日申時卒享壽八十有三齡

生子四　長名人井　次名人飛　三名人塗　四名人妙

生女二　長適洪氏　次適唐氏

十世世澤府君

排行四

紫詳公長子　諱先坪生於乾隆五十九年甲寅七月二十日子時於道光三年癸未九月初二日吉時沒于臺灣

十世世輝府君

排行八

紫詳公次子　諱先欣生於嘉慶五年庚申四月十二日巳時於道光三年癸未七月初十日吉時沒于臺灣

十世世章府君 排行十

紫詳公三子　諱先諾生於嘉慶十年乙丑閏六月二十四日卯時於道光十三年癸巳四月二十四日吉時沒于臺灣

十世世水府君

排行十三

崇詳公四子諱先熾生平不務生業專以遊蕩為事與鼠竊狗偷之徒為伍致罹非法之禍而累公房公業蕩盡自亦難逃法網不得其死於福州南校場身首異處渠生於嘉慶十九年甲戌七月二十一日亥時於道光二十六年丙午十月十四日午時沒

美璞公派下譜系

十一世誠慎公暨配姚俞氏 排行一

世德公長子 諱 人蘇字洵如號眉山天性峭直渾厚讀書不成喜音律為御前清客中之魁亞交遊遍泉南皆一時名賢弱冠婚娶後諸昆弟求析産公將父祖所遺田園産業一概讓與寸絲半縷均無所取其宏量非人可及行年五旬長子能克家承舊業進身貨殖傳中公盡將家事委之日彈琵琶吹洞簫含飴弄孫與里人為逸樂之會子五均成立聯姻大族名媛女三皆適名族公生於前清嘉慶十四年己巳八月十二日戌時於同治十年辛未六月初三日卯時壽終於正寢享壽六十有三歲

妣閨名棗娘號勤篤武襄公大猷派下孫女淑性端莊閫範燕妣上孝翁姑下訓子女治家井井有法當公與諸昆季分爨後又無恆産家計維艱予女盈前(俗語云跌落仔坑)惟

以十指為謀生之計公於而立不惑二十年之間異常困難妣怡然安之若素絕無怠容茹苦含辛日夜勤事紡績以助饔飧迨及諸子長成家事充裕輒推己及人其秉性宏量之慨於女界中絕無而僅有者恒見貧寠饑寒無告者莫不解衣衣之推食食之資貸於人約期而償人向其歛遺其窮苦之況不但不忍責負更歛貲以助之其惻隱之心難於縷述享壽八旬有三齡蒙

天父上帝召回天堂之日孫曾數十成人者二十餘人長幼咸集滿堂妣含笑而終妣生於嘉慶二十一年丙子正月十五日吉時於光緒二十四年戊戌三月初六日巳時卒附牛眠於南邑卅三都金坑（俗呼深坑）竹口鄉對面山之麓土名後井坑穴坐坤向艮兼未丑（全座產山並穴前圍四址山前至山後長六十餘丈闊三十餘丈皆向竹口鄉吳姓給來契據分明前後左右均有界址三十餘處圍四址交山主吳姓耕種山之產米亦交吳姓代為完

納光緒十九年癸巳四月公塟于左光緒二十九年癸卯十月妣淼塟於右墓牌後有墓誌銘可考

生子五　長名詒作　次名詒着　三名詒龍　四名詒池　五名詒俊

生女三　長名挑治適張氏　次名惜治適賴氏　三名綫治適許氏

十一世九泉府君 排行二

世德公次子諱人鶴字九皋生於嘉慶十七年壬申十月十二日卯時於道光十七年丁酉七月十二日巳時卒享壽二十六齡墓祔葬於　世德媽右側

十一世睦義公暨配妣林氏 排行三

世德公三子諱人凸生於嘉慶十九年甲戌十月十七日辰時於同治二年癸亥十二月三十日亥時卒享壽五十齡墓葬塔山下　臨田公墓左側

妣閨名縣娘生於嘉慶二十四年己卯二月十二日寅時於光緒二十八年壬寅六月十一日辰時卒享壽八十有四齡

生子四　長名詒毅　次名詒求　三名詒決　四名詒澗　生女一名銀治適莊氏

十一世秉正公排行四暨配妣陳氏

世德公四子諱人乾生於道光元年辛巳六月初四日申時於光緒三十年甲辰七月二十八日巳時卒享壽八十有四齡葬塔山邊

妣閨名車娘生於道光九年己丑十二月十八日子時於光緒九年癸未七月二十六日戌時卒享壽五十有五齡葬埜林柄尾坐寅向申兼甲庚

生子二　長名詒眷　次名詒姿　女二　長適洪氏　次適楊氏

十一世克復公暨配妣李氏 排行五

世德公五子諱人氏天性陰險忌刻生於道光三年癸未十月初二日酉時於光緒十九年癸巳五月十七日戌時卒享壽七十有一齡

妣閨名京娘生於道光十三年癸巳四月二十四日卯時於光緒二十三年丁酉七月初三日申時卒享壽六十有五齡

夫婦生平皆以溺女爲能事可謂殘忍極矣

生子四長名諮夲　次名諮不　三名諮漩　四名諮子　生女六均於盆下溺斃在胎

十一世僥心府君 排行六

世朋公長子諱人豁生於道光十六年丙申四月十一日申時於同治十一年壬申八月十六日歿于臺灣鹿港

十一世金懸府君 排行七

世明公次子諱人鵝生於道光十八年戊戌　月　日　時於民國三年甲寅七月初八日卯時卒享壽七十有七齡

震亭公派下譜系

十一世諱人揵府君

世[illegible]公之子

岍亭公派下譜系

十一世諱人番公暨配妣洪氏

世烈公之子

妣閨名不娘

生子三　長名諂勸　次名諂挑　三名諂貝

分支仙店鄉開族

十一世查務府居 排行八

成德公長子諱人井生於道光二十一年辛丑四月十四日寅時於同治九年庚午六月十五日酉時卒享壽三十齡

配陳氏改節

生女名益治適陳江丁氏

十一世堅礁公暨配妣朱氏（排行十一）

成穗公次子諱人礁生於道光二十四年甲辰六月三十日戌時於光緒二十五年己亥正月初七日戌時卒享壽五十有六齡

配朱氏閨名詮娘生於咸豐八年戊午七月十八日吉時

生子三　長名詒串　次名詒琴　三名詒糊　生女一適王氏

十一世温厚公

排行十二

成德公三子諱人澄生於咸豐五年乙卯十月十二日巳時於光緒二十三年丁酉三月初八日午時卒享壽四十有三齡

配林氏改節

生子一名諂鯱

十一世永方府君 排行十三

成德公四子諱人妙生於咸豐八年戊午　月　日　時於宣統二年庚戌四月初一日辰時卒享壽五十有三齡

美璞公派下譜系

十二世敏齋公暨配姚丁氏 排行一

誠慎公長子諱詒作字振聲天性孝友篤志敏恭喜怒不形於色善於貿易而不背乎正道純以忠厚待人因所製造貨物馳名徧全臺人咸樂購用之又善繼父志克繩祖武其生平經營產業均與諸昆弟共一毫無私鄉里稱焉生於前清道光十六年丙申三月初五日申時於光緒十八年壬辰十一月初七日丑時卒享壽五十有七齡於光緒二十年甲午九月二十四日午時卜葬於府治南關外距郡城十九里南北官路傍二十二都仕村鄉秀峰山東面之麓土名楮梅石頂穴坐辛向乙兼戌辰

妣閨名星娘陳江大族巾齋公房名媛性貞烈知大有男子胸襟然事舅姑以孝事良人

以敬撫子女以嚴待妯娌以和治家內外整肅誠不愧為女中之傑也生於道光二十七年丁未四月初四日吉時於光緒十三年丁亥正月初六日悞中鴉片毒申時卒享壽四十有二歸於光緒十九年癸巳十一月阡塟於茂厝山土名許(此許字泉州腔呼苦)山頭之麓(此塋尚虛右壙以待後世子孫之有福者祔焉)穴坐艮向坤兼丑未距 敏齋公之墓僅里餘考妣兩塋廬牌後均有墓誌銘亦皆築砌壯麗計費白鏹千餘緡云

生子四長名恩水字禮鏵 次名錦釵字禮緇 三名文榮字禮華 四名陸桂字禮樑

生女二長名宿治適賴氏 次名貞治殤

以錦釵嗣諒池為後

十二世晝義公暨配妣蘇氏 排行二

誠慎公次子諱詒着性鹵直生於道光十九年己亥四月初一日巳時於光緒十七年辛卯九月十八日辰時卒享壽五十有三齡

妣閨名𣳢娘生於咸豐二年壬子三月初一日戌時於光緒三十二年丙午正月初二日巳時卒享壽五十有五齡無出

螟蛉子一名禮讓

五十
十二世實軒公暨配妣陳氏 排行四

誠慎公三子諱韶龍性温和寡言記勤於治生於道光二十五年乙巳三月二十七日辰時生於光緒二十八年壬寅十月二十五日辰時卒享壽五十有八齡葬本山林柄尾穴坐甲向庚兼寅申

配陳氏閨名嚳娘生於咸豐八年戊午九月二十三日巳時

生子四　長名禮坳　次名禮慶　三名禮泉　四名禮青　生女名鳳治適青陽莊氏

十二世賢德公 排行五

誠慎公四子諱詒池才德兼優惜不永年生於道光二十七年丁未十二月廿七日亥時於同治十二年癸酉九月二十一日午時卒享壽二十有七齡葬埜大山頂貓毆鼠左肩大石下

配莊氏未婚改節

承繼子一名錦釵係撫入詒作之次子

十二世直軒公暨配妣蔡氏

排行十一

誠慎公五子諱詒俊生於咸豐七年丁巳四月十六日卯時於光緒二十八年壬寅六月十三日子時卒享壽四十有六齡葬蔡坑嶄仔

妣閨名寶娘生於咸豐十年庚申九月十七日巳時於光緒二十年甲午三月十七日卯時卒享壽三十有五齡葬蔡坑溝頂

生子皆殤生女名掩治適許氏

十二世荆春府君 排行三

睦義公長子諱詒懋生於道光二十三年癸卯閏七月廿八日戌時於同治十年辛未七月初三日辰時卒享壽二十九齡

配李氏改節

十二世

排行八

睦義公次子，名詒泉，生於咸豐三年癸丑七月廿六日吉時

配莊氏，閨名蔭娘，生於同治二年癸亥十月廿七日吉時

生子三　長名禮泉　次名禮쐺　三名禮鵬　生女一，適莊氏

十二世順德公（排行九）暨配妣李氏

睦義公三子　諱詒沃　生於咸豐五年乙卯十二月廿二日寅時　於光緒三十一年乙巳十一月十八日巳時卒　享壽五十有一齡

妣閨名鳳娘　生於同治十二年癸酉正月十二日丑時　於光緒二十二年丙申九月二十日丑時自縊而沒　享壽二十四齡

生子一　名禮涎

十二世信亭公

排行十三

睦齋公四子，諱諧洞，生於咸豐十年庚申十一月初三日午時，於宣統二年庚戌十一月十七日巳時卒，享壽五十有一齡。

配莊氏，改節，此婦不貞，違越祖宗遺訓，辱及先人，當衆共棄之，以儆其後人。

生子一，名禮朝；女一，適陳氏。

十二世忠亭公排行六暨配妣莊氏

秉正公長子諱詒春生於道光三十年庚戌六月初二日丑時於光緒二十四年戊戌閏三月廿五日戌時卒享壽四十九齡

配莊氏閨名早娘生於咸豐四年甲寅四月初二日未時於中華民國八年己未九月廿三日申時卒享壽六十有齡

生子四　長名禮敢　次名禮漸　三名禮升　四名禮博　生女一適王氏

十二世義全府君 排行七

秉正公次子諱詒婺生於咸豐三年癸丑四月初一日亥時於光緒十四年戊子八月十九日丑時卒享壽三十六齡

配洪氏改節

十二世信義公暨配妣李氏 排行十

克復公長子諱詒券生於咸豐六年丙辰二月初八日吉時於光緒二十九年癸卯正月初三日酉時卒享壽四十有八齡

妣閨名艇娘生於同治五年丙寅二月二十日卯時於光緒二十八年壬寅五月廿六日申時卒享壽三十有七齡

生子二　長名禮那　次名禮錫　以禮錫嗣詒予為後承祧兩房　生女一適洪氏

紫雲黄氏譜牒　　十二世呼堂府君　　一百〇八

十二世呼堂府君

排行十二

克復公次子諱諦不生於咸豐九年己未二月初五日寅時於光緒元年乙亥正月二十日午時卒享壽一十七齡

十二世源順府君 排行十四

克復公三子諱詒遜生於咸豐十一年辛酉十二月二十日巳時於光緒五年己卯二月十五日申時沒享壽十九齡

十二世詒于府君

排行十五

嘉德公四子　諱詒于生於同治六年丁卯正月初七日卯時於民國八年己未四月初八日辰時卒享壽五十三齡

配林氏髮夫在日嫌貧求去而改節

撫一子名禮錫係撫入詒拳之次子

峅亭公派下譜系

十二世詒戩公排行十六暨配妣　氏

人番公長子諱詒戩

配　氏閨名

生子二　長名禮阯　次名禮塔

分支仙店鄉開族

十二世詒挑

排行十七

人番公次子 諱詒挑

配氏

分支仙店鄉開族

十二世詒貝

人番公三子諱詒貝

配　氏

分支仙店鄉開族

紫雲黃氏譜牒　十二世詒貝　第一卜　一百十三

十二世善吟府君 排行十八

臤熙公長子 諱詒串生於光緒三年丁丑六月廿九日戌時於光緒二十七年辛丑九月十六日午時卒享壽二十五齡

十二世善韶府君 排行十九

堅礁公次子 諱詒琴 生於光緒十年甲申八月廿三日巳時 於光緒二十二年丙申五月初六日卯時卒 享壽十三齡

十二世

排行二十

堅烈公三子名詒糊生於光緒十八年壬辰六月初九日酉時

配　氏

排行二十一

十二世

温厚公之子 名 詒鯤 生於光緒二十年甲午十二月初四日戌時

配 氏

美璞公派下誠慎公房譜系

十三世惠菴公 排行一 暨配妣賴氏

誠慎公之孫敏齋公長子乳名麗水字禮錦又字金生號惠菴又號崧齡讀書不成捐納清太學生名瑞庭生於 救主降生一千八百六十六年即中華滿清同治五年丙寅陰曆五月初六日未時弱冠承父遺業好山水之遊學青鳥之術因滿清光緒二十年甲午之役割讓臺灣全地與日本締和故是日奴治臺閩滑本國利源歷禁泉盤之貨不許進口於是別鄉井挈家僑居於福州省垣遊歷延建間復創德年藥房生理於南台國礎街破除迷信入美以美會信奉耶穌基督救靈之福音崇奉惟謹深蒙宇宙獨一大主宰真神范有全能全權萬光至聖至上至仁愛至慈悲耶和華永生 天父真上帝寵

大鴻恩俾罪得赦而獲永生天堂之福之願望日日朝暮三餐祈禱不輟荷蒙
保惠師聖神時刻居住肉心多得聖靈充滿能力民國六年全國發起個人播道之大目的凡熱
心基督徒者莫不代　主作工引人皈依
天父上帝之責任于是受　聖神大感動著書四卷宣道勸化萬民悔罪改過信奉
耶穌基督福音認識
宇宙獨一大主宰真神耶和華永生天父真上帝俾萬衆齊登天堂之福所著之書一曰個人播道
勸言一曰社會箴一曰求得救宜認真論一曰神蹟此四本書印刊數千卷蒙各會各堂
牧師代為廣佈深蒙　聖神能力感動萬民閱該書立刻悔改皈依
上主以後再望　聖神感動復著他書勸世喚醒我同胞破除迷信皈依基督盡此餘生代　上主
作工惟冀　基督福音傳徧地極　救主耶穌速速降臨審判世間誠心所願孰意世道

滄桑白雲蒼狗一千九百十四年四月歐洲空前之大戰爭猝然而起滋蔓全世界延長
五春秋甚且福無雙至禍不單行一千九百十七八年（即中華民國六七年）北京中
央政府因解散國會之故與西南護法軍政府互爭雄長蹂躪五行省延袤萬餘里閩陝
蜀湘鄂江右均入戰區滇桂粵黔靖國護法民黨三軍佔據汀漳龍興泉永延建邵諸縣
福建督軍李厚基由詔安敗退福州土匪乘機竊發于是全閩震動且歐洲大戰未平省
中市場蕭條又兼三弟婦林氏挈其子女避亂來省相依家計兇女界與貴浩繁最其所
入不供所出更加不支矣　麗不得已將生理家事卸交冢子則滇管理向省垣政府外交
司給出經商護照移文駐省美國領事核准偕次子則熙胞姪則珍買棹南渡菲律濱島
謀生初受知於南邑蔡肖成君委掌財帳兩務次子則熙亦任重職而胞姪則珍則求近
垠華中西學校肄業矣

配賴氏閨名粮娘崇德版築鄉即賴厝頭抔腳乎大族名懸淑性恭儉謹範素著德言
容工四德兼備孝謹勝於常格治家適於允品無一日可貽翁姑良人之憂所憾者惟之
受官詩經傳之教育識若有受文明教育之栽培堪與曹大家東漢班昭扶風班彪之女
班固班超之妹適平陽曹壽為妻續成漢史封曹大家媲美蓋不幸生於滿清專制之時
代守古女子無才便是德之腐敗遺訓泉屬之鄉未受歐美之文化無女學校之建設又
肉眼無珠不識　耶穌基督救靈福音為至聖至上之聖教以致悞盡許多聰明賢淑之
女子無與男子受同等之教育惜哉吾願普世之人暨吾家世世子子孫孫當聯絡與
基督聖教連屬所生育之子女皆宜送進　聖教書院肄業受文明之教育娶媳切宜擇
聘受女學堂高等教育之名媛蓋良妻可以相夫賢母所育子女不至於不肖西諺有云
賢妻良母乃生育哲子女之基礎誠哉是言也勉旃　妣生於

救主降生一千八百六十六年即中華滿清同治五年丙寅陰歷七月十八日巳時於　救主降

生一千九百十年即滿清宣統二年庚戌陰歷四月十六日丑時卒享壽四十有五齡塋

暫瘞於本處塔山下　瓞田公墓右畔溝仔墘坐東朝西

生子三　長名則渼　次名則熙　三名則安　生女三長名鵖治適陂江竹脚房丁氏

次名家齊　三名好治適陂江滸尾境奕山公房伯宗公之孫少伯公之次郎丁玉椿君

十三世

排行二

誠慎公之孫敏齋公次子名錦釵字禮綢承嗣賢德公為後生於同治八年己巳九月廿四日未時

配吳氏閨名味娘性長舌生於同治十年辛未四月廿三日吉時

生子三　長名則堆　次名則才　三名則堯以則堯承嗣父為後　生女二長適洪氏

次未字

十三世榮泉公排行四暨配妣賴氏繼妣林氏

誠慎公之孫敏齋公三子乳名火般諱文榮字禮華性忠勤禮讓惜不永年生於同治十三年甲戌九月廿一日巳時於宣統二年庚戌五月十二日巳時卒享壽三十有七齡墓葬本處塔山下水晶墓口

妣閨名細娘生於光緒三年丁丑正月廿二日巳時於光緒二十四年戊戌閏三月初六日亥時卒享壽二十二齡所出子女各一均無服之殤葬塋水晶墓後右畔

繼妣林氏閨名龍眼泉腔呼迎研娟陝江湖尾鄉名媛性柔和寡言語生於光緒六年庚

辰七月初五日吉時

生子二　長名則珍　次名則燦　女二　長無服之殤　次名妹治又名碧霞許聘於

肖垣甑奕女樂棪

十三世謙亭公排行三暨配妣吳氏

誠慎公之孫黃蕃公螟蛉子　諱禮讓字子國生於同治十三年甲戌正月初七日卯時於光緒三十四年戊申十月廿三日午時卒享壽三十有五齡

妣閨名捌娘於光緒五年己卯七月初七日巳時生於光緒三十二年丙午正月初九日辰時卒享壽二十八齡

生子二　長名則永　次名則壤　生女一適張氏又適吳氏

十三世忠良公暨配妣許氏 排行五

誠慎公之孫實軒公長子諱禮切字子磋生於光緒元年乙亥九月初一日丑時於民國二年癸丑三月初六日戌時卒享壽三十九齡

妣閨名閑娘生於光緒三年丁丑十一月廿一日丑時於民國六年丁巳閏二月十二日卯時卒享壽四十一齡

生子四　長名則目　次名則發　三名則棗　四名則卜

十三世　暨配先室莊氏

排行六

誠慎公之孫寅軒公次子　名禮發字子家生於光緒四年戊寅八月初八日丑時

配莊氏閨名喜娘生於光緒五年己卯八月廿九日丑時於宣統二年庚戌五月十二日

辰時卒享壽三十齡

十三世

排行十二

誠慎公之孫賁軒公三子名禮泉字子滾生於光緒十三年丁亥十二月十一日午時

配莊氏閨名城娘生於光緒二十七年辛丑七月初九日酉時

排行十五

十三世

誠慎公之孫晉軒公四子　名禮謙字子遜生於光緒十八年壬辰九月十五日申時

配　氏

十三世

誠慎公之孫賢德公之嗣子名錦欽字禮績

美璞公派下睦義公房譜系

排行十一

十三世清溪府君

睦義公之孫諱宋長子諱樸臭生於光緒十二年丙戌十月十九日亥時於光緒三十四年戊申十月廿九日辰時沒享壽二十三齡

排行十八

十三世

睦義公之孫諂宋次子 名禮崽 生於光緒二十五年己亥十月廿一日申時

配 氏

排行二十

十三世

睦義公之孫詒宋三子　名祖尉生於光緒三十四年戊申二月初八日卯時

配　氏

排行十六

十三世

睦義公之孫順德公之子名禮經生於光緒十九年癸巳三月初九日戌時

配 氏

十三世

排行十九

睦庵公之孫信亭公之子　名禮朝生於光緒三十三年丁未十月廿三日申時

配　氏

美璞公派下秉正公房譜系

十三世金整府君 排行七

秉正公之孫忠亭公長子 諱禮敎生於光緒五年己卯五月廿六日戌時於光緒二十八年壬寅二月二十日午時沒享壽二十四齡

十三世明峰公 排行九

東正公之孫忠亭公次子 諱禎衢生於光緒七年辛巳九月初二日寅時卒於宣統二年庚戌四月廿七日巳時卒享壽三十齡

配李氏改節　無出

螟蛉子一名則溪

十三世承實府君 排行十

秉正公之孫忠亭公三子諱禮升生於光緒十年甲申二月初四日辰時於宣統二年庚戌三月廿五日沒享壽二十七齡

十三世

排行十七

東正公之孫忠亭公四子　名禮博生於光緒十九年癸巳三月初十日未時

配莊氏閨名恨娘生於光緒二十三年丙申十一月十七日吉時

生子　長幽南

美璞公派下克復公房譜系

十三世那堂府君 排行十三

克復公之孫信義公長子諱禮那生於光緒十四年戊子十一月廿三日丑時於光緒三十三年丁未九月廿五日巳時没享壽二十歲

排行十四

十三世

克復公之孫信義公次子名禮鶴嗣許于為後承祧兩房生於光緒十八年壬辰六月初三日辰時

配曾氏閨名觀娘生於光緒三十二年丙午四月初六日丑時

十三世

克復公之孫詒于嗣子名禮錫

岓亭公派下人番公房譜系

十三世

人番公之孫諱戩長子　名禮跙

配　氏

建居仙店鄉

十三世

人番公之孫詒戩次子名禮塔

建居仙店鄉

岈亭公派下堅樵公房譜系

十三世

崊亭公派下温厚公房譜系

十三世

美璞公派下敏齋公房譜系

排行一

十四世

敏齋公之孫惠菴公長子　乳名則爽字伯芳生於
救主降生一千八百八十八年即中華前清光緒十四年戊子六月初九日午時

配丁氏陳江中璿公房太學士篤慎公之長女閨名添治育才女學校學生名懷琛生於
救主降生一千八百八十七年即中華前清光緒十三年丁亥九月廿一日辰時於一千九百十
六年信奉　耶穌基督救靈之福音皈依
宇宙獨一大主宰真神耶和華永生天父真上帝于　救主一千九百十七年九月即中華民國六
年九月受美以美會天安堂牧師以
父子聖神之名施洗禮入會又舉作女佈道會會員

生子　長名壽楫字步奕

十四世

排行三

敏齋公之孫惠菴公次子 乳名 則熙 字敬仲 生於

救主降生一千八百九十三年即中華前清光緒十九年癸巳三月十六日申時

自幼孝友成性至於成立寬仁博愛善與人交篤慎勤謹敬於治生且又天資聰慧靈巧專心研究各種機器之學頗有心得弱冠在省垣受聘合春聯任職東香港莊務民國七年逢機會偕其乃父渡菲律濱島初任蔡晉益公司米絞機器師民國十一年改任陳師戈公司米絞機器師其嘗謂欲振興國家務於富強商務發達必須賴機器之力及至渡菲更潛心研諳精益求精竟達到目的三二年回國抱機器救國的宗旨開工廠只因社會制度腐敗和戰亂不久遂倒 生活所迫乃憑聰明才智不斷變換生計开設家庭手工作坊諸如造紙紡紗紡机籐木鉄家具等等

紫雲黄氏譜牒　十四世　一百六十二

解放後入泉州力生織廠為機器師 於农历一九六九年四月廿六日卒於福州享壽七十有六齡墓葬許墻

黄氏祖坟處

配柯氏福建同安縣望族名媛閨名依妹學生名淑英字韻秋生於

救主降生一千九百零一年即中華滿清光緒二十七年辛丑十二月初二日未時肄業於尚垣

華英女學堂畢業後進懿德女道學校信奉

耶穌基督救靈福音皈依

宇宙獨一大主宰真神耶和華永生天父真上帝於　救主一千九百十七年即中華民國六年八

月受美以美會天安堂美國教士高智先生以

父子聖神之名施洗禮入會又舉作女佈道會會員一九二二年畢業於懿德女道學校越年正月

進彔珍女師範學校插初級上班第二年學畢即獨自一人赴菲律賓扶佐丈夫事業於一九三三年

因病偕夫回國長住榕城爲人賢淑樂觀豁達勤勞儉樸和睦鄰里熱心公益历任居民組長主任

是居委會工作積極分子幾十年如一日相夫教子歷盡滄桑為撫育十個兒女長大成人操勞一生其備宗[illegible]

國勞動婦女之美德其慈母形象令十個兒女眷念不忘於一九八九年（農歷己巳年）十二月十三日卒享壽九十齡墓葬

許塘黃氏祖坟處

生子五長名壽珍次名壽南三名壽山四名壽樑五名壽麟生五女長名毓美適福州林文威次名

毓秀適石獅陳植吟三女毓敏適江蘇劉勇強四女毓華適福州張金秋五女毓沂適福州林依星

排行九

十四世

敏齋公之孫惠菴公三子 乳名則安字叔平與堂生 名鏜號劍臣生於
救主降生一千九百零二年即中華前清光緒二十八年壬寅正月十七日辰時天性聰慧穎悟博聞
強記初肄業於省垣私立兩等小學校續肄業於培元高等書院畢業後再進鶴齡英華
書院篤信
耶穌基督救靈之福音皈依
宇宙獨一大主宰真神耶和華永生天父真上帝於 救主一千九百十六年即中華民國五年二
月受美以美會美國教士盧會督以
父子聖神之名施洗禮入會一九二三年即民國十二年五月畢業於鶴齡英華書院中班第五名

紫雲黃氏譜牒　十四世　一百六十六

就本年八月又進省垣福建大學原名協和大學肄業

辜

十三世
陸桂

十四世
則園
則溝
則基

十五世
長裁
長庚
川坡

十六世
河濃
河明
河毅

生一子河毅生共和甲戌年二月廿三日午時 女一婉清